Pauvreté économique et pauvreté sociale
à Byzance, 4e – 7e siècles

ÉCOLE DES HAUTES ÉTUDES EN SCIENCES SOCIALES
Centre de Recherches Historiques

Civilisations et Sociétés 48

MOUTON · PARIS · LA HAYE

EVELYNE PATLAGEAN

Pauvreté économique et pauvreté sociale

à Byzance
4e — 7e siècles

MOUTON · PARIS · LA HAYE

Ouvrage honoré d'une subvention du Ministère de l'Education Nationale

Photos couvertures; *Estropiés dans l'attente du miracle.* (Evangéliaire, sryiaque de Rabula, copié en 586—587. Florence, Bibl. Medicea-Laurenziana, Cod. Medic. Plut. I. 56, f° 11 — détail). (*Photo: Pineider, Florence.*)

ISBN: 90-279-7933-2 (Mouton, La Haye)
      2-7193-0835-8 (Mouton, Paris)
      2-7132-0066-0 (E.H.E.S.S., Paris)

Parmi tant de maîtres, de collègues et d'amis qui devraient figurer dans ma page liminaire, je nomme avec une gratitude particulière M. Jacques Le Goff, par la grâce de qui ce livre succède à bien des conversations chaleureuses; M. André Chastagnol, le plus attentif des juges, et tout auprès M. Robert Etienne; M. Michel Mollat, le maître d'œuvre des travaux sur les pauvretés médiévales; et M. Louis Robert, dont je venais jadis écouter les leçons. Enfin, ma pensée va aux êtres diversement chers auprès desquels j'ai trouvé le réconfort.

Ce m'est un doux et pieux devoir que de dédier mon livre à la mémoire de mon père, mon premier maître comme il arrive souvent. Je voudrais rappeler le souvenir d'une promenade que nous fîmes ensemble dans un autre monde et dans un autre siècle, à Antibes, en 1941 ou 1942. Condamnée par l'ordre nouveau, notre famille était là en sursis, dans une rue tranquille, bordée de jardins solitaires. Mon enfance me dispensait provisoirement de connaître notre situation, et mon père était trop riche d'expérience et d'étude pour ne pas la dévisager. Ce matin-là, il m'expliqua très simplement pourquoi se produisaient les guerres de conquête. Je me suis souvenue longtemps de ses paroles. Elles soulevaient de proche en proche toutes les questions qui m'ont occupée depuis.

Sommaire

Liste des abréviations

Abréviations utilisées dans les références à la documentation

AA. SS.	*Acta Sanctorum.*
Agap. Memb.	Agapius de Membidj.
Agath·	Agathiae, *Historiarum Lib. V.*
Alex. Trall.	Alexander Trallianus.
Amm.	Ammianus Marcellinus.
Anast. mon., *Narrat.* (chiffres romains)	Anastasii monachi, *Narrationes XXXVIII vel XLII.*
Anast. mon., *Narrat.* (chiffres arabes)	Anastasii monachi, *Narrationes.*
Anon. *enarr. S. Sophiae.*	Anonymi *Enarratio de aedificatione templi S. Sophiae.*
Anon. *Reb. Bell.*	Anonymi *De Rebus Bellicis.*
Apopht. N . . .	*Apophtegmata Patrum* 1.
Arist., *Eth. Nicom.*	Aristoteles, *Ethica ad Nicomachum.*
Bas. Caes.	Basilius Magnus . . . , *Opera omnia.*
Bas. Caes., c.	Βασιλείου, Κανόνες.
Bas. Caes., *Ep.*	Basile (saint), *Lettres.*
Bas. Caes., *Hom. richesse.*	Basile (saint), *Homélies sur la richesse.*
Basil. Seleuc., *Or.*	Basilius Seleuciensis . . . *Orationes.*
BHG 3	Halkin, *Bibliotheca Hagiographica Graeca.*
BHG 3, 79-80	«Anastasie la patrice».
BHG 3, 120-123i	«L'orfèvre (*sic*) Andronicus . . .»
BHG 3, 618	«Eulogius le carrier».
BHG 3, 2101	«La religieuse que l'on croyait être une ivrognesse».
BHG 3, 2102	«Le saint mendiant».
BHG 3, 2255	«Marc le Fou».
C. Carthag.	Κανόνες τῆς ἐν Καρθαγένῃ . . . συνόδου.
C. Gangr.	Lauchert, F., *Die Kanones* . . .
C. Laod.	Κανόνες τῆς ἐν Λαοδικείᾳ συνόδου
C. SS. App.	Κανόνες τῶν ἁγίων ἀποστόλων.
C. Trull.	Κανόνες τῆς ἐν τῷ Τρούλλῳ . . . συνόδου.
CIL	*Corpus Inscriptionum Latinarum.*
CJ	*Corpus Juris Civilis,* t. II, *Codex Justinianus.*
CSCO	*Corpus Scriptorum Christianorum Orientalium.*
CSCO Script. Syri III/4	*Chronica minora, Script. Syri* . . .

CTh	*Theodosiani libri XVI* ...
Callinic., *V. Hypat.*	*Callinici, de vita S. Hypatii liber.*
Choric. Gaz.	*Choricius, Orationes* ...
Chron. Nestor.	*Chronique Nestorienne.*
ChronP	*Chronicon Paschale.*
Cod. Paris. Coisl. 126	*Apophtegmata Patrum 2.*
Const. Apost.	*Didascalia et constitutiones apostolorum.*
Cosm. Indicopl.	Cosmas Indicopleustes.
Cyrill. Scythop., *V. N* ...	Kyrillos von Skythopolis.
Dan. Scet.	Voir *BHG 3* ...
Dig.	*Corpus Juris Civilis*, t. I, *Digesta.*
Doroth. Gaz., *V. Dosithei*	Dorothée de Gaza, *Vie de Dosithée.*
Ecl.	Ἐκλογὴ τῶν νόμων.
Ed.	Numérotation traditionnelle de certaines Novelles de Justinien. Concordance dans l'édition Zachariä von Lingenthal, t. II, p. 431.
Elias Nisib.	Elias Nisibenus, *Opus chronologicum.*
Epan.	Ἐπαναγωγὴ τοῦ νόμου.
Epiph., *Haeres.*	Epiphanii ..., *Adversus haereses sive Panarion.*
EPHESOS	*Forschungen in Ephesos.*
Eunap.	Eunapii, *Fragmenta.*
Eus. Alex., *Hom.*	Eusebius Alexandrinus patriarcha, *Sermones.*
Eus. Emes., *Hom.*	Eusèbe d'Emèse, *Discours conservés en latin.*
Evagr., *HE*	Evagrii, *Historia Ecclesiastica.*
FIRA	*Fontes Iuris Romani Anteiustiniani.*
Godefroid, *ad CTh*	*Codex Theodosianus perpet. comm.* J. Gothofredi.
Greg. Naz.	Gregorius Theologus ..., *Opera omnia.*
Greg. Naz., *Discours funèbre.*	Grégoire de Nazianze, *Discours funèbre.*
Greg. Nyss., *Paup. amand. Or. I/II*	Gregorius Nyssenus, *De pauperibus amandis* ...
Greg. Nyss., *Sermones.*	Gregorii Nysseni, *Sermones.*
Greg. Nyss., *V. Macrinae*	Gregorii Nysseni, *Vita Macrinae.*
Greg. Nyss., *Virg.*	Grégoire de Nysse, *Traité de la virginité.*
Hieron., *Epist.*	Hieronymi, *Epistula* ...
Hist. Gr. Min.	*Historici graeci minores.*
Hydat.	Hydatii Lemici, *Continuatio* ...
IG	*Inscriptiones Graecae.*
IGC	Grégoire, *Recueil des inscriptions grecques* ...
IGLS	*Inscriptions grecques et latines de la Syrie.*
Inst.	*Corpus Juris Civilis*, t. I, *Institutiones.*
Instit. graeca paraphr.	*Institutionum graeca paraphrasis* ...
Isid. Hispal.	Isidori iunioris episcopi Hispalensis, *Chronica* ...
Itin. Adamn.	Adamnani, *De locis sanctis.*
Itin. Antonin.	Antonini Placentini, *Itinerarium.*
JGR	*Jus Graeco-Romanum.*
JNov.	Imp. Iustiniani pp. A., *Novellae.*
Joh. Antioch.	Johannis Antiocheni, *Fragmenta.*
Joh. Biclar.	Johannis abbatis Biclarensis, *Chronica.*
Joh. Chrysost.	Joannes (*sic*) Chrysostomus, *Opera omnia.*
Joh. Chrysost. *A Théodore.*	Jean Chrysostome, *A Théodore.*
Joh. Chrysost. *Cat. Bapt.*	Jean Chrysostome, *Huit catéchèses baptismales* ...
Joh. Chrysost., *Cohab. Susp. Obs. Virg.*	Jean Chrysostome, *Les cohabitations* ...

Joh. Chrysost., *Lettres
 à Olympias.*   Jean Chrysostome, *Lettres d'exil à Olympias* ...
Joh. Chrysost., *Virg.*   Jean Chrysostome, *La virginité.*
Joh. Damasc., *Haeres.*   Johannis Damasceni, *De Haeresibus* ...
Joh. Eph.   Nau, F., «Analyse de la seconde partie ...»
Joh. Eph. *E. Sts*   John of Ephesus, *Lives of the Eastern saints.*
Joh. Eph., *HE III*   Iohannis Ephesini, *Historiae Ecclesiasticae pars tertia.*
Joh. Eph., HE Fgmt.   Johannis episcopi Ephesi, *Histor. Eccl. fragmenta.*
Joh. Eph., *Hist.*   Iohannis Ephesini, *Historiae Ecclesiasticae* ..., p. 210-261.
Joh. Lyd., *Mag.*   Johannes Lydus, *De magistratibus.*
Joh. Lyd., *Mens.*   Johannes Lydus, *De mensibus.*
Joh. Mosch., *Prat. Spir.*   Johannes Moschus, *Pratum Spirituale.*
Jordan., *Get.*   Jordanis, *Getica.*
Jul.   Julian (*The works of the emperor*).
Jul., *Misop.*   Julian ..., *Misopogon.*
LW   Le Bas, Waddington, *Inscriptions grecques et latines.*
Leont. Neap., *V. Joh.
 Eleem.*   Leontios von Neapolis, *Leben des hl. Johannes* ...
Leont. Neap., *V. Sym. Sal.* Leontios von Neapolis, *Das Leben des hl. Narren* ...
Lib., *Disc. Patron.*   Libanius, *Discours sur les patronages.*
Lib., *Ep.*   Libanius, *Opera omnia* ..., *Epistulae.*
Lib., *Or.*   Libanius, *Opera omnia* ..., *Orationes.*
Malal.   Johannis Malalae, *Chronographia.*
Malal., *fr.*   Johannis Malalae, *Fragmenta* ...
Malchi, *Fgmt.*   Malchi, *Fragmenta.*
MAMA   *Monumenta Asiae Minoris Antiqua.*
Marc. Diac., *V. Porph. Gaz.* Marc le Diacre, *Vie de Porphyre.*
Marcell. Com.   Marcellini comitis, *Chronicon.*
Menandr.   Menandri, *Fragmenta.*
MGH   *Monumenta Germaniae Historica.*
MGH Chronica minora   *Chronica minora saec. V, VI, VII.*
Mich. Syr.   Michel le Syrien, *Chronique.*
Mirac. Artem.   *Miracula S. Artemii.*
Mirac. Dem.   *Miracula S. Demetrii.*
Mirac. Georg.   *Miracula S. Georgii.*
Mirac. Nic. Myr.   *Miracula Nicolae Myrensis.*
N.   Voir ci-dessus *Ed.*
N.G.   Κεφάλαια Νόμου Γεωργικοῦ.
Nau   *Apophtegmata Patrum 2.*
Niceph., *Brev.*   Nicephori patriarchi, *Breviarium.*
Nili, *Ep.*   Nilus abbas, *Epistularum libri IV.*
Nili, *Narrat.*   Nilus abbas, *Narrationes VII.*
Nomoc. XIV tit.   Φωτίου ... Νομοκάνων.
Nov. CTh   *Theodosiani libri XVI* ...
Orib.   *Oribasius.*
PG   *Patrologiae cursus completus ... series graeca.*
PL   *Patrologiae cursus completus ... series latina.*
PNess   *Excavations at Nessana*, vol. III: *Non-literary papyri.*
PO   *Patrologia Orientalis.*
Pallad., *Hist. Laus.*   Palladius, *Historia Lausiaca.*
Patria CP.   Ps. Codini *Origines.*
Paul. Diac., *Hist. Langob.* Pauli Diaconi, *Historia Langobardorum.*
Philost.   Philostorgius, *Kirchengeschichte.*
Prat. Spir. Add. Berol.   *Pratum Spirituale, Additamenta Berolinensia.*
Prat. Spir. Add. Marc.   *Pratum Spirituale, Additamenta Marciana.*

Prat. Spir. Add. Paris.	*Pratum Spirituale, Additamenta Parisiensia.*
Prat. Spir. Add. Vind.	*Pratum Spirituale, Additamenta Vindobonensia.*
Prisc.	Prisci, *Fragmenta.*
Proc., *Aed.*	Procopius, *Buildings.*
Proc., *Bell.*	Procopius, *History of the wars.*
Proc., *HA*	Procopius, *The Anecdota* ...
Proch. N.	Πρόχειρος Νόμος
Ps. Jos. Styl. in Chron. ps.	
Dion.	*Chronicon pseudo-dionysianum vulgo dictum.*
RP	Rhallis, Potlis, Σύνταγμα Κανόνων.
Script. Orig. CP I.	*Scriptores Originum Constantinopolitanorum.*
Socr., *HE*	Socratis, *Historia Ecclesiastica.*
Soz., *HE*	Sozomenus, *Kirchengeschichte.*
TAM	*Tituli Asiae Minoris.*
Theod. Cyr., *Ep. Sakk.,*	
Sirmond.	Théodoret de Cyr, *Correspondance.*
Theod. Cyr., *Haer. Fab.*	Theodoreti Cyrensis, *Compendium* ...
Theod. Cyr., *HE*	Theodoretus Cyrensis ..., *Historica Ecclesiastica.*
Theod. Cyr., *HRe*	Theodoretus Cyrensis ..., *Historia Religiosa.*
Theod. Lect.	Theodorus Lector.
Theoph.	Theophanis, *Chronographia*
Theoph. Simoc.	Theophylactus Simocatta.
Timoth. Constantinop.	
Redd. Eccl.	Timothei presbyteri, *De his qui ad ecclesiam* ...
V. Abr. et Mariae	*Vita Abraham et Mariae.*
V. Alyp. Styl.	*Vita Alypii Stylitae.*
V. Anast. Persae	*Vita Anastasii Persae.*
V. Dan. Styl.	*Vita Danielis Stylitae.*
V. Georg. Chozib.	*Vita Georgii Chozibitani.*
V. Geras.	*Vita Gerasimi monachi.*
V. Hilar.	*Vita Hilarionis.*
V. Marciani.	*Vita Marciani oeconomi.*
V. Marcell. Acoem.	*Vita Marcelli Acoemetorum archimandritae.*
V. Marthae m. Sym. Styl.	
iun.	*Vita Marthae matris Symeonis Stylitae iunioris.*
V. Nicol. Sion.	*Vita Nicolai Sionitae.*
V. Olymp. diacon.	*Vita Olympiadis diaconissae.*
V. Paul. Edess.	*Vita Pauli Edesseni.*
V. Sampson.	*Vita Sampsonis.*
V. Ste Mélanie.	*Vie de Sainte Mélanie.*
V. Sym. Styl. jr	*Vie ancienne de Saint Syméon Stylite le jeune.*
V. Theod. coenob. a. Theod.	*Vita Theodosii coenobiarchae.*
V. Theod. Syk.	*Vie de Théodore de Sykéôn.*
Vict. Tonnen.	Victoris Tonnenensis ..., *Chronica.*
Zach. Mityl.	Zachariah of Mitylene(*sic*).
Zos.	Zosimi ..., *Historia nova.*

Introduction

L'intention première de ce travail a jadis été une bonne intention. Il devait envisager le peuple, les humiliés sans visage sur la masse desquels s'enlevait l'édifice brillant de la société byzantine pendant la période où elle glisse de sa structure antique à sa structure médiévale. Au fil du temps, l'apprentissage des sources, et aussi l'évolution des perspectives et des méthodes d'analyse des sociétés traditionnelles me firent mesurer l'ingénuité du projet initial.

L'énoncé du problème se révéla très vite insuffisamment ajusté à la société dont je voulais faire l'histoire. Les sources écrites étaient nombreuses et diverses. Elles ressuscitaient lentement un paysage social évanoui, mais leur langage en imposait ce faisant les termes exacts, qui portaient d'ailleurs eux-mêmes la marque du changement historique. Dès le début du 4e siècle, le classement social implicitement usité par les textes tend à reposer sur une antinomie entre les riches et les pauvres. Les pauvres sont au surplus désignés par deux termes différents, qui correspondent à des situations et à des rôles sociaux différents, le pauvre actif, qui se procure lui-même une part de biens au demeurant insuffisante, et le pauvre inactif et entièrement démuni, qui peut seulement recevoir ce qu'on lui donne. L'antinomie des riches et des pauvres tend à remplacer celles des citoyens et des non-citoyens, des *honestiores* et des *humiliores*, des citoyens donateurs et des citoyens bénéficiaires, qui fondaient les relations sociales dans les cités aux beaux jours de l'Empire romain, et qui deviennent alors inadéquates, en même temps que la forme même de la cité. L'antinomie nouvelle a l'originalité de mettre en lumière l'aspect économique des relations sociales, dont la réalité était précisément offusquée jusque-là par l'expression écrasante des relations civiles. Certes, aucune formule sociale ne surgit brusquement. L'antinomie des riches et des pauvres, associés ou affrontés, mais constamment inséparables, continue en même temps qu'elle les transforme les antinomies civiles qui l'ont précédée : la différenciation dont j'ai choisi pour ma part de considérer d'abord le mécanisme économique demeurait en fait perçue par les contemporains comme celle des statuts juridiques et des rôles sociaux et politiques, au sein d'une cité encore antique et encore vivante. Le

1

problème historique était embusqué là, dans la discordance entre la question que j'avais posée et la réponse qui m'était faite : d'où le double intitulé de ce livre.

Ce problème s'avérait donc être celui des pauvres. Mais la pauvreté ne pouvait en fin de compte se définir sinon par référence à toute la société, comme une limite économique et sociale, comme un ensemble cohérent au sein d'un réseau général de relations dont elle devenait ainsi une clef. A peine déterminé, le sujet se dépassait lui-même. C'était la preuve que l'énoncé touchait juste. Encore fallait-il établir le questionnaire de travail.

Dans la forme particulière de sensibilité au monde qu'on appelle le goût de l'histoire, rien n'est plus personnel que l'intuition qui inspire le choix initial d'une société passée, et il n'y a pas lieu de s'en expliquer. L'élaboration du questionnaire doit en revanche être retracée, parce qu'une entreprise historique ne peut elle-même se concevoir en dehors du moment contemporain de l'histoire. «Je ne peins pas l'être, je peins le passage», notait jadis l'admirable Montaigne, et certes aucun historien ne pourrait avoir meilleure profession de foi que ce propos rêveur. Les siècles auxquels le présent livre est consacré ont été considérés depuis longtemps comme un des passages importants de l'histoire européenne. Mais passage d'un être à un autre chez nos maîtres d'hier : Bas-Empire, haut Moyen Age, autant de façons de les qualifier comme un intervalle incertain entre deux formes certaines, ou plus exactement dotées de certitude par le choix même de l'objet historique. Formes politiques chez Montesquieu et ses descendants, plus attentifs à la sénescence du prodigieux modèle romain qu'à sa longue survie médiévale. Formes ethniques des grandes historiographies nationales du 19ᵉ et du 20ᵉ siècle, qui infusent leur propre conscience aux rencontres du vieil homme antique et des jeunes barbares germains ou slaves. Formes culturelles, les plus ambiguës et les plus difficiles peut-être pour des esprits longtemps instruits à se sentir en sécurité dans la clarté pérenne des humanités, souvent chrétiens et souvent sceptiques, et en outre éprouvés durant ces dernières décennies par des tourmentes qui balayaient les refuges classiques. Formes économiques et sociales enfin, que Marx jugeait déterminées par la succession des modes de production, situant précisément au cours de cette période le déclin de l'esclavage et la montée de la dépendance. Tant il est banalement vrai que l'histoire est l'œuvre de l'historien, délibérément et passionnellement modelée par lui dans la masse infinie et indifférente du matériau disponible. Aucune de ces intentions nationales, religieuses ou sociales n'est aujourd'hui caduque en vérité. Une seule peut-être demeure désormais tout à fait étrangère à la plupart d'entre nous, celle de compter les défections occidentales et les survies byzantines parce qu'on ressent comme intolérable la fin de la société antique, ou pour mieux dire l'écoulement même du temps à cet endroit de l'histoire. Notre culture contemporaine est devenue apte à penser le passage en lui-même, et non plus comme un intervalle entre deux êtres, et justifié seulement par eux. Ceci implique aussi une autre attitude à l'égard de la documentation. Nous ne faisons plus le tri des sources écrites entre bonnes et mauvaises, qui reposait en fin de compte sur les critères culturels imposés par l'historien lui-même, et sur les questions qu'il était d'avance résolu à poser. Et nous attachons un sens toujours plus riche aux sources matérielles. Ou pour mieux dire, le discours dans tous ses genres, et les choses sous toutes leurs formes constituent ensemble une trame documentaire totale que l'on prendra en main sans idées et sans préférences, avec l'unique souci de n'en rien perdre, et de ne rien proposer qui n'en rende entièrement compte.

Le champ devient alors extrêmement vaste. La plus belle récolte de faits quotidiens se trouve dans les récits neufs de l'hagiographie, dont le propos même exige de les rassembler, et qui donne ainsi à l'imagination historique son premier aliment. La littérature traditionnelle est double à cette époque, selon que les auteurs se font ou non une conception chrétienne de leur œuvre et du monde : en tout état de cause, l'historiographie, la rhétorique, les correspondances apportent leur quote-part sur les événements et les institutions. Enfin, les décisions du législateur impérial ou de ses représentants, et celles de l'Eglise, s'entendent comme des constats, comme des choix faits par un groupe dirigeant, et des facteurs de l'évolution dans la mesure où elles étaient à la fois exécutoires et contrecarrées. La pratique s'est exprimée de son côté par l'écrit. On a publié en 1958 le premier et à ce jour le seul fond important de papyri des 6e-7e siècles qui provienne d'une province orientale autre que l'Egypte, en l'espèce de Palestine méridionale, et il apporte sur plusieurs points des éclaircissements décisifs. Mais partout, et depuis longtemps, des milliers d'inscriptions sont venues au jour, affiches administratives, règlements, privilèges, bornages, stèles funéraires, dédicaces appelant la protection divine. De tels documents participent à la fois du discours et de l'objet. On en peut dire autant des monnaies qui signalent l'activité des échanges lorsqu'elles sont dispersées à travers les niveaux urbains, la mise en sûreté de l'accumulation lorsqu'elles s'entassent en trésors, l'évolution d'une politique ou d'une conjoncture lorsqu'on met en séries leurs poids et leurs titres. Des objets proprement dits il reste des exemplaires relevés dans les fouilles, et des images dans les mosaïques ou les illustrations de manuscrits contemporains. Il reste aussi les sites modelés par les hommes de ce temps, et les paysages qu'ils auraient parfois reconnus. En ce domaine beaucoup de nos questions demeurent encore privées de réponse, mais peuvent en espérer une dans l'avenir.

Ainsi inventorié, le matériel de l'histoire que je me proposais d'écrire soulevait d'emblée un problème fondamental. Nous ajoutons en effet aujourd'hui à celles qu'on a évoquées plus haut une périodisation qui n'est plus définie par le choix d'un objet mais, changement significatif, par l'application d'une méthode. Les années 50 ont vu le prodigieux essor de l'histoire quantative, dont les débuts remontent à l'avant-guerre, mais dont les règles se sont alors codifiées avec finesse. A cause d'elle, le milieu du 20e siècle conçoit en fait une nouvelle coupure de l'histoire européenne, déterminée par le moment où la mémoire sociale est devenue chiffrée. Au congrès international des sciences historiques réuni à Rome en 1955, des historiens des économies médiévales proposaient de la fixer au seuil des deux derniers siècles du Moyen Age en considération du matériel disponible. Le changement dans l'outillage mental de l'activité économique a pu s'opérer autour du 12ᵉ siècle. La réponse ne sera jamais une. Mais de toute façon, quelles que fussent les limites temporelles tracées par la question que j'avais moi-même choisie, mon terrain s'étendait en tout état de cause bien avant l'époque où l'abstraction universaliste du chiffre avait transformé tant les structures sociales européennes que leur interprétation aujourd'hui, en multipliant les relations possibles entre les faits, mais aussi en conférant à chaque catégorie de faits une autonomie beaucoup plus sensible. Non que des chiffres ne fussent conservés dans la mémoire de la société que j'allais étudier. Loin d'en manquer, j'en avais trop au contraire pour une histoire où ils ne pouvaient être déterminants, et où leur place et leur fonction ne constituaient dès lors qu'un problème historique ajouté à tous les autres. Mais le plus urgent n'était pas là. D'appartenir moi-même à une société postérieure au contraire à la mise en chiffres du réseau des relations sociales, j'avais oublié, ou plutôt je n'avais jamais su, ce que celles-ci pouvaient être dans les sociétés non quantitatives, comment s'y établissait leur ordre d'importance au sein de l'ensemble, quelle forme et quelle mesure d'indépendance y prenait chacune d'elles. C'était cela qu'il me fallait d'abord comprendre.

En 1957, on s'en souvient, Claude Lévi-Strauss publia *L'anthropologie structurale*, où bien des perspectives ouvertes jadis par Marcel Mauss trouvaient leur aboutissement. Le mouvement d'idées suscité par ce livre n'est pas encore épuisé, et il n'est pas utile de rappeler ici les discussions souvent mordantes qu'il a provoquées. En dépit de ce qu'il y avait d'immobilité marmoréenne dans la pensée de l'auteur, l'analyse structurale s'offrit aux historiens comme un instrument merveilleusement adapté à comprendre sans en rien laisser perdre les sociétés encore assez peu différenciées pour que nul ordre de faits ne pût y être autonome, ni même peut-être à lui seul décisif, ce que sont en un mot les sociétés non quantitatives du passé européen. Appliquée à celle que je voulais étudier, elle la dépouillait des ornements qui l'avaient rendue faussement familière, elle lui restituait d'un coup la nudité frémissante, l'étrangeté unique de la vie, elle la rendait équivalente à tant d'autres, et enfin par là même, comme tant d'autres, singulière. Libéré de toute mémoire scolaire et de toute dignité académique, un monde gisait en pièces, dont il fallait découvrir l'ajustement continuellement modifié par le temps de l'histoire.

Aucun historien ne peut, me semble-t-il, concevoir même à l'état de limite théorique le caractère fini du nomre de structures sociales possibles, sur quoi débouche au plus lointain la perspective de Lévi-Strauss. Il eût même été dangereux de quêter des suggestions littérales, fût-ce au sein de sociétés grossièrement comparables à celle que j'avais choisie par l'usage de l'écriture, la relation entre villes et campagnes, l'existence d'un droit public et d'un Etat, voire la pratique du christianisme. Mais la lecture des livres d'ethnologie me permettait d'imaginer l'expérience mentale qui m'a été refusée de naissance, et dont je peux, pour cette raison même, chercher à concevoir de l'extérieur les contours. A mesure que je lisais, je voyais s'esquisser devant moi des configurations sociales que j'avais jusque-là ignorées, et dont la plus grande étrangeté résidait à mes yeux dans des modes de circulation et de répartition des biens qui n'étaient fondés nulle part de façon exclusive ou même déterminante sur l'échange profitable et sur les médiations monétaires. Ce caractère est central puisqu'il entraîne une modification correspondante des autres catégories constitutives de tout modèle économique, les modes de production et de consommation. Or il se manifeste de façon éclatante dans les sociétés européennes des premiers siècles chrétiens, dans la société byzantine entre autres. Mais si sa mise en évidence est primordiale dans la mesure où elle détermine la méthode d'analyse économique et sociale à suivre, son étude se placera au milieu et non au commencement de ce livre. Celui-ci s'est proposé, répétons-le, comme toute étude historique deux fins contradictoires. L'une est de comprendre une société du passé en soumettant l'analyse à ses catégories, en abdiquant les miennes. L'autre est de rendre compte de cette société, d'expliquer sa constitution et ses changements, ce que je ne peux faire sans reprendre aussitôt en main les catégories mêmes que j'avais abandonnées. La succession des chapitres qui le composent répond tant bien que mal aux deux préoccupations à la fois.

Les pauvres devaient tout d'abord revivre, se laisser imaginer. Leur nourriture et surtout leur habitat ne révèlent pas seulement des différences quantitatives, ou simplement matérielles, mais bien l'infériorité statutaire d'une personnalité sociale incomplète. Et cependant, pour nous, la consommation des pauvres définit la limite des biens jugés indispensables dans une société donnée, compte tenu de sa culture matérielle, la limite de ce que l'individu doit s'y procurer pour subsister. De même, la maladie, la vieillesse sont des causes de pauvreté spécifiquement invoquées par les sources. Mais à nos yeux la morbidité, la durée moyenne de la vie, le nombre des hommes seraient des facteurs de la capacité globale de production et des besoins sociaux assez significatifs pour que nous fassions au moins la tentative de les connaître.

L'histoire de ces pauvres byzantins, et l'histoire de la société où ils naquirent et où ils vécurent, épousent les formes des associations qui réunissaient les hommes pour consommer, pour produire, pour subir la contrainte des autorités politiques ou spirituelles, familles, villes, villages, monastères. A l'exception de ces derniers, nouveaux venus de première importance, l'existence de ces associations est bien antérieure au christianisme, et elle s'est poursuivie dans la société christianisée, mais avec des changements qui finissent par modifier leur fonction sociale et aussi leur importance relative dans la production et la redistribution des biens. Ce sont les cadres dans lesquels on doit commenter la circulation des biens à travers la société byzantine de cette époque. Elle s'y fait selon trois modes, le transfert profitable, qui n'est pas généralisé ni déterminant, le transfert gracieux, sous les multiples formes antiques et chrétiennes du don, le transfert obligé, rente foncière, impôt, extorsion, toutes les formes de *non-economic constraint* dont A. P. Čajanov a si bien montré les rapports ambigus avec le marché à propos du servage russe, et D. Thorner l'organisation sociale. La société byzantine est ainsi irriguée des campagnes aux villes, selon le système hérité de l'Antiquité romaine. Mais en cela aussi on observe des changements au cours des premiers siècles chrétiens, altérations ou innovations dans les formes urbaines et rurales elles-mêmes, modifications de leur importance relative, mouvements longs ou violents des hommes. En somme, il est impossible de constituer une échelle unique des valeurs sur laquelle on pourrait situer la pauvreté byzantine, parce qu'une telle échelle n'a pas existé, parce que chacun des modes de transfert des biens définit une relation sociale particulière, dans laquelle l'un des partenaires est qualifié de pauvre. Autrement dit, je peux et je dois déplorer les lacunes accidentelles de ma documentation, les historiographes perdus, les fouilles incomplètes, les inscriptions encore enfouies, les monnaies dispersées hors de leur site. Mais ce ne sont que détails, si graves soient-ils. En dépit d'eux, la mémoire sociale a choisi, et retenu pour moi, ce qui était vital pour elle. Elle était simplement la mémoire différente d'une société différente. L'absence de chiffres correspondait à une structure sociale au sein de laquelle il était impossible de reconnaître séparément, même dans une abstraction provisoire, les inégalités économiques, sociales, juridiques, qui déterminaient ses catégories constituantes.

Jusque-là l'histoire des débuts de Byzance et des pauvres byzantins se laisse retracer sans que nous franchissions le cercle conceptuel dans lequel nous nous sommes enfermés avec nos sujets et nos témoins, avec nos sources. Mais cette résignation ne nous est pas naturelle. Nous sommes bientôt tentés de chercher à son déroulement une explication qui soit d'un type familier pour nous, c'est-à-dire quantitative. Nous avons beau savoir d'avance que nous ne pourrons pas l'exprimer complètement par des relations entre des quantités chiffrées, nous sommes incapables de la concevoir sous d'autres espèces. La montée de la pauvreté est-elle l'affirmation neuve des humiliés de toujours, ou bien réellement un déséquilibre social nouveau, signifie-t-elle un excès d'hommes accumulé par rapport à des possibilités de production demeurées stables, ou bien une aggravation brutale – et en ce cas pour quelle raison ? – de la contrainte exercée par le fisc et par le maître du sol, tels sont les termes de la question qui implique de proche en proche l'histoire sociale des maîtres du sol, l'histoire économique de la monnaie et des prix, l'histoire politique des exigences de l'autorité. Or les chiffres qui ne sont pas indispensables à l'analyse d'une structure conventionnellement immobilisée par l'historien le deviennent aussitôt que celui-ci envisage une étude diachronique, et cela pour deux raisons. Tout d'abord, naïvement, il me paraît impossible de communiquer avec ma propre information sans leur abstraction illusoire et bienfaisante, d'apprécier à l'aune de mon présent ce que Fernand Braudel appelle la mesure du siècle, la mesure matérielle d'une société antérieure à la mienne et de la distance historique qui nous sépare. Ensuite, je ne sais pas tracer les variations démographiques ou économiques qui déclenchent des modifications sociales sans connaître les variables chiffrées habituelles à de pareils exposés, les volumes des produits, les prix des biens et des services, le nombre des hommes qui ont produit et qui ont consommé. En fait, à mesure que j'avançais dans mon travail, je peinais à situer à leur juste place les indications chiffrées relativement nombreuses que je rencontrais, et j'hésitais sans cesse, là où elles faisaient défaut, entre le constat d'impossibilité de répondre à une question légitime, et l'aveu d'illégitimité structurale de la question elle-même. Je n'étais plus sûre que ces variables qui me manquaient fussent toutes décisives pour l'histoire que je voulais écrire, que l'on pût même y parler des mouvements ascendants ou déclinants dans les termes qui m'étaient familiers, ou bien réciproquement y définir une stagnation, comme l'avait fait Roberto Lopez, de façon d'ailleurs très suggestive, avec des critères qui étaient propres aux Etats-Unis des années 50. Ou pour mieux dire, la définition des mouvements concevables appartenait déjà au domaine de ma recherche, non à celui de mes moyens d'analyse. On verra en temps voulu les partis que j'ai cru pouvoir adopter.

En fin de compte, j'ai retenu deux ensembles de chiffres. Les plus maniables ont été élaborés par moi à partir des séries documentaires qui n'étaient pas aussi longues que je l'eusse souhaité, mais qui offraient l'homogénéité nécessaire. La durée moyenne de la vie d'après les âges au décès d'un cimetière où la mention en était générale, l'origine des hommes dans un monastère dont toutes les tombes la précisaient, la dispersion chronologique des monnaies perdues sur un même site urbain, ou celle des constructions d'églises monastiques en Palestine, autant d'échantillons isolés, locaux, dont on ne doit étirer la signification ni dans l'espace ni dans le temps, et qui jettent pourtant, à l'endroit de leur découverte, de petites taches de lumière dans une mer de ténèbres. Les autres chiffres sont donnés par les sources écrites. Ce sont des sommes en espèces, des quantités de biens de consommation, des dénombrements d'hommes. Du point de vue critique, il convient, je crois, de distinguer les chiffres conservés dans les sources selon leur importance. Les plus petits sont les plus sûrs, car ils ont été notés au fil de l'expérience quotidienne, ou du moins inspirés par elle, qu'il s'agisse de prix usuels ou de petits groupes d'hommes, par exemple les membres d'une communauté monastique. Les chiffres élevés peuvent être sûrs aussi lorsqu'il s'agit de sommes officielles que des historiographes ont puisées à bonne source, comme les dépenses militaires que Jean Lydus a notées. Mais les grands nombres d'hommes, ceux des mortalités catastrophiques par exemple, sont en revanche sujets à caution. Du point de vue historique, je ne pouvais tirer le même parti de toutes les données, pour la double fin de me représenter l'ordre de grandeur des faits, et d'en retracer à distance l'évolution dans le temps. Les petits chiffres m'ont suggéré la mesure de l'époque par échantillons ou par rapprochement tolérable de données isolées, la durée moyenne de la vie, le nombre d'enfants par ménage, les rations alimentaires, les rapports entre les prix des biens de consommation et d'équipement les plus usuels, sans que la documentation permette de suivre des variations dans le temps. Je ne me dissimule d'ailleurs pas le caractère abstrait d'un nombre d'années quand on ignore les âges physiologiques, ou d'une quantité de nourriture quand les aliments sont différents des nôtres, et eux-mêmes divers sous une dénomination identique. Mais il en va de même pour des histoires mieux documentées. En revanche, les grands chiffres n'ont pas été utiles. Je les aurais voulus organisés autour de deux problèmes conjoncturels, la quantité de monnaie et l'équilibre des paiements d'une part, les variations de la population d'autre part. Sur

2*

le second point, les chiffres m'ont paru si dangereux que je les ai franchement négligés ; j'ai essayé de reconstituer globalement, sur d'autres bases documentaires, les mouvements vers le plus ou vers le moins. Sur le premier en revanche, les chiffres relevés dans les textes étaient moins douteux qu'insuffisants. Le problème eût réclamé en compensation une documentation numismatique et archéologique énorme, étendue à l'ensemble des pays avec lesquels l'Empire d'Orient entretint pendant cette période des relations commerciales, diplomatiques ou belliqueuses. C'était là tout un autre champ d'étude, immense, et je me contenterai en fait de quelques suggestions.

Il me reste à dire les limites géographiques et chronologiques à l'intérieur desquelles s'est établi mon livre. Géographiquement, une fois exclues, d'un côté l'Egypte, dont la documentation trop riche et les réalités trop particulières eussent déséquilibré l'enquête, de l'autre les régions du Balkan et de l'Italie, qui appartiennent à un domaine entièrement différent, il reste un espace cohérent, limité à l'Est par la Mésopotamie et la steppe syro-palestinienne, à l'Ouest par la mer, au Nord par la Thrace, arrière-pays de la capitale d'où arrivent le blé et les envahisseurs, au Sud par la mer Rouge et par les confins arides de la Palestine, où l'influence égyptienne est déjà forte, comme le montrent les unités de mesure employées dans la petite ville de Nessana d'où proviennent les seuls papyri qui figurent parmi nos sources. La documentation est du reste fort inégalement répartie entre la vaste Asie Mineure d'un côté, la Syrie et la Palestine de l'autre, mieux explorées, plus disertes, et j'avoue qu'elle n'a pas toujours permis d'approfondir les diversités régionales autant qu'il eût été nécessaire.

Le découpage chronologique d'une période que je définissais par un faisceau de transformations sociales ne pouvait pas être rigide. J'avais à faire d'abord autant d'histoires aux chronologies séparées, dont la convergence ne pouvait apparaître qu'à la fin du travail et comme son premier résultat. Certes, la christianisation officielle est un seuil, les atteintes géographiques subies par l'Empire byzantin au 7e siècle en constituent un autre : deux événements, deux dates. Leur précision induirait ici en erreur. Certains commencements se montrent dans les dernières décennies du 3e siècle, ou du moins au début du 4e. C'est seulement au milieu de ce dernier, ou plus précisément avec le règne de Julien, que l'on voit à la fois clairement et complètement jetées les bases de l'organisation sociale dont l'évolution se poursuivra désormais jusqu'à la tourmente mal connue du 7e siècle, au lendemain de laquelle un autre monde surgit. Et même à ce moment, sous les remous violents qui provoquent à leur tour un ensemble de modifications longues de la société byzantine, il n'y a pas eu de vraie rupture, et il convient parfois aussi d'observer après le début, voire après la fin du 7e siècle, la continuation ou l'aboutissement de ce que l'on voyait poindre bien avant le 6e.

En somme je ne sais si, en termes traditionnels, j'ai retracé ici la fin d'une histoire antique ou le début d'une histoire médiévale. Le lecteur en jugera. Pour moi, tandis que j'écrivais, je n'avais pas sous les yeux la majesté mélancolique d'un déclin, mais la fermentation obscure et vigoureuse d'une société naissante.

1. Pauvres et riches dans le langage des textes

Justifions d'abord notre énoncé. Le concept courant de *classes sociales*, dont chacun de nous fait un usage quotidien, suppose que les rôles économiques sont à la fois autonomes et déterminants dans la définition, les relations, la hiérar chie des groupes sociaux. Ainsi entendu, il est inadéquat à la réalité sociale byzantine entre le 4e et le 7e siècle, et surtout à l'intelligence de ses formes le plus humbles. La première exploration des textes me persuadait très vite que, si je voulais pouvoir recueillir leur information, je devais au préalable découvrir leurs catégories, les termes dans lesquels, à leur suite, l'his torien doit poser le problème social de leur temps. Ce premier chapitre abor dera donc l'histoire par le langage. Celui d'une société disparue, à jamais éva dée du champ de l'observation directe, reste dans tous les cas le premier maître de l'historien. Piège et miroir à la fois, il dispense à ce dernier l'illusion et la vérité. Mais son importance est particulièrement grande dans tout essai d'his toire sociale des débuts de l'époque byzantine. Car c'est encore une société du discours. Et une société dont le discours a eu le privilège de traverser le temps. En sorte que ce premier chapitre, traitant de la classification sociale par lui pro posée à l'historien, s'oblige en même temps à passer en revue les formes variées qu'il prenait, et sous lesquelles il est pour nous compte rendu de l'époque.

La civilisation byzantine à ses débuts paraît la lente transformation de la civili sation antique, laquelle se définissait par la cité et par le discours, organique ment liés l'un à l'autre. On entendra par cité une forme citadine des rapports sociaux, explicitement fondés sur des valeurs civiques, la concorde entre les citoyens, la compétition en générosité des citoyens éminents, et sur un classe ment social tout entier déterminé par les exigences de vie et de survie de la forme citadine. Et on entendra par discours la forme de communication élaborée et abondante qui accompagne nécessairement une telle forme de vie sociale, et qui se soumet à des règles et à des concepts fonctionnels au sein de celle-ci[1].

1. Etude d'un exemple caractéristique par
   Petit, *Libanius*.

Au cours de la période de plus de deux siècles qui va être étudiée, on voit se défaire, éclater la structure citadine de la vie sociale dans l'Empire, sous la poussée de facteurs multiples, ethniques, religieux, politiques, sociaux, qui se renforcent l'un l'autre. Le discours se modifie en conséquence, et le langage des sources atteste une somme cohérente de modifications des termes et oppositions de termes servant au classement social. Le sujet de ce livre se justifie par ce changement que l'historien aborde au niveau du discours, lent, imparfait, inégal selon les catégories de sources, tandis que les différences régionales entre ces dernières peuvent en revanche être ignorées pour l'examen qui nous occupe.

Examen par lequel nous devons nécessairement commencer parce que le discours est déterminant pour notre recherche, qu'il soit encore fidèle à la structure antique, ou déjà infléchi par la structure nouvelle en voie de formation. Nous sommes en effet contraints de donner une place prépondérante à celles des sources que dominent les exigences du discours, parce qu'elles occupent la première place dans notre documentation sur cette époque, même pour qui souhaite observer d'abord les faits économiques, comme c'est mon dessein. Tout d'abord, nous n'avons pas assez de documents d'archives. Les sources papyrologiques se réduisent, outre quelques pièces isolées[2], au fond de Nessana (Hafir el-Auja), dans la steppe palestinienne, bien publié, bien situé dans un contexte archéologique minutieusement exploré, de grande signification, mais enfin d'une signification enclose dans ses propres limites. Ensuite, documents d'archives aussi, sous une forme accordée à la cité antique, les textes épigraphiques sont abondants et éloquents ; mais toute une partie d'entre eux, jusqu'au 6e siècle, met encore en œuvre les valeurs civiles et municipales de la cité antique, illustrées par le discours habituel à celle-ci : ce sont les nombreuses et précieuses inscriptions qui, à travers tout l'Empire, commémorent les constructions d'intérêt public, et font l'éloge de leurs fondateurs. A plus forte raison la documentation archéologique, dont on verra la richesse, n'est-elle pas séparable en l'occurrence d'une interprétation appuyée sur les textes ; la culture matérielle ne peut pas être ici un point de départ, et les formes des monuments publics, civils ou religieux, comme de l'habitat le plus humble, ne se comprennent pas avant que le discours, épigraphique ou littéraire, n'explique à l'historien leur signification sociale. En somme, notre documentation, dans ses données comme dans ses lacunes, renvoie à l'étude initiale du discours comme à une préface nécessaire.

Les apparences d'un classement civique se maintiennent durant toute la période, dans certains contextes plus que dans d'autres, avec des significations variables, qu'il importe de peser. Mais en fait la classification sociale fondée sur les valeurs civiques, et relative à la structure antique de la cité que l'on a définie plus haut, tend à être supplantée par une classification qui demeure étrangère à ces valeurs et à cette structure, et qui s'exprime en termes et oppositions de

---

2. *Cf*. Bataille, *Papyrus, passim.*

termes de caractère économique[3]. L'opposition entre le *démos* et ses différents contraires passe au second plan, et s'altère, avant d'être plus tard entièrement défigurée. L'opposition entre pauvres et riches devient primordiale. Non que le classement civique ait jamais été ou soit dès lors vide de signification économique. Non que le classement économique se suffise à lui-même, puisque sa finalité demeure sociale et institutionnelle. Mais, dans la structure sociale que nous cherchons à connaître, nous constatons que l'accent se déplace des oppositions civiles vers les oppositions économiques. C'est comme cela que vient au premier plan l'opposition entre riches et pauvres, et qu'elle s'avère la meilleure pour notre propos, car la signification économique, la signification sociale et juridique s'y laissent saisir, dans des relations hautement éclairantes pour toute la structure de la société byzantine naissante. N'est-ce pas dire que la catégorie des pauvres s'avère la plus intéressante aussi au regard de notre problématique moderne des sociétés traditionnelles ? Il nous faut donc entreprendre inventaire et classement des termes désignant dans nos sources la pauvreté et son contraire, en oppositions significatives. Mais il faut aussi voir, plus rapidement, ce qui reste des antiques oppositions civiques. Car dans le rapport entre les deux modes de classement le discours livre la clef du problème politique.

1. L'ÉVOLUTION DU CLASSEMENT SOCIAL DANS LES TEXTES JURIDIQUES

Ce discours en crise, en cours de transformation, s'exprime dans les textes juridiques et dans la littérature administrative, dans la rhétorique d'inspiration antique ou chrétienne, dans les œuvres d'historiographie et d'hagiographie, et dans certains types d'inscriptions. Le point de départ sera fourni par les textes juridiques ; ce sont eux qui attestent de la façon la plus objective le passage d'un mode de classement social à un autre que nous retrouverons, illustré et confirmé, dans le reste des sources.

Les textes juridiques[4] sont à certains égards proches des documents d'archives et semblent avoir avec les situations réelles le même rapport privilégié. Les attendus de la loi présentent toujours, en effet, le constat justificatif de la situation qui la fait naître ; et même les lois plus anciennes admises dans le Code Justinien sont considérées par les rédacteurs comme répondant à une situation toujours vivante. Mais, d'un autre côté, le discours que nous recherchons est explicite, par définition, dans des textes destinés à la communauté civile, et très sensible, à cause de la valeur pratique de ces textes, aux changements que nous cherchons à saisir. Sensibilité accrue sans doute par un événement d'une très grande importance, le passage du latin au grec dans la législation, qui a entraîné une mise à jour frappante des termes.

3. Le développement qui suit doit beaucoup à la méthode de Bösl, «Potens und pauper», et aux questions posées par Mollat, «Pauvreté au Moyen Age».

4. *Cf.* Wenger, *Quellen des römischen Rechts;* Zachariä von Lingenthal, *Geschichte des griech.-röm. Rechts*; Gaudemet, *Droit séculier et droit de l'Eglise.*

Carte 1. *Carte documentaire généra*

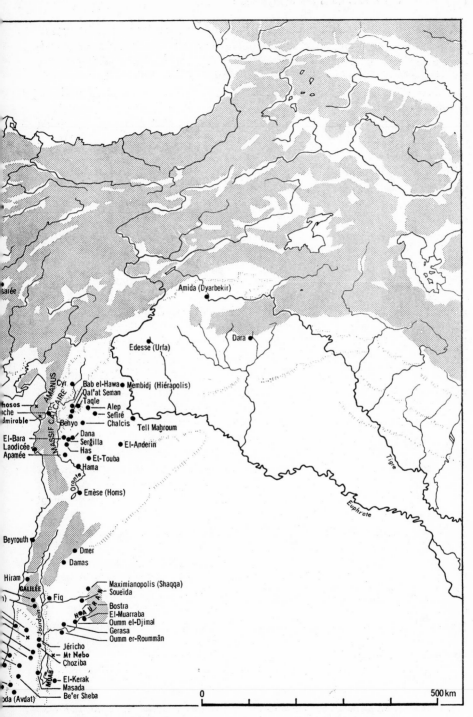

...ons des textes et sites archéologiques

Le point de départ de l'évolution est à prendre dans les textes des grands juristes de l'époque sévérienne, Papinien, Ulpien, Paul, dont le Digeste a constitué une anthologie. La société sur laquelle ceux-ci légifèrent se définit encore au sein de la cité traditionnelle ; c'est dire que les oppositions de termes qui leur servent à y classer les différentes catégories d'hommes ne se déterminent pas au premier chef par le critère économique, même si elles lui font déjà sa part. Elles restent de nature civile, en tout état de cause, elles classent l'individu en fonction des devoirs et des droits qui fondent le fonctionnement de la cité.

G. Cardascia a naguère brillamment montré que l'égalité théorique des citoyens de la cité romaine ne résiste pas aux facteurs de différenciation sociale qui jouent à Rome à l'époque républicaine, et portent leur fruit dans la pratique judiciaire dès le début de l'Empire[5]. On retrouve alors dans ce domaine la tendance de la société romaine à se diviser en deux catégories inégales, et inégalement traitées en l'espèce, surtout en matière pénale. Une opposition se constitue en effet sous les termes bien connus d'*honestiores* et d'*humiliores*, et, si elle n'est pas sans produire quelques incapacités civiles, elle se manifeste surtout en droit pénal, selon des modes qui seront pleinement sanctionnés dans le droit des Sévères. Elle aboutit à privilégier l'*honestior* en modifiant à son bénéfice, pour un délit donné, la peine fixée par le droit commun. On n'a pas oublié l'analyse aiguë au terme de laquelle l'auteur concluait que *honestiores/humiliores* ne sont jamais des catégories du droit, même et surtout dans les textes législatifs, car ceux-ci entérinent l'opposition, mais n'en définissent jamais juridiquement les termes. Il n'y a donc pas eu constitution d'un *ordre*, écrivait-il, c'est-à-dire d'un groupe «organisé juridiquement autour d'une fonction sociale ou politique», mais tout au plus une tendance, qui ne s'est pas accomplie, à ériger des *classes* en *états*, c'est-à-dire à sanctionner en droit, par un statut différentiel complet, l'existence de fait de deux classes réciproquement exclusives. Parvenue à ce terme, d'ailleurs, l'impeccable trajectoire du juriste laissait l'historien quelque peu insatisfait, car elle reposait sur une définition des classes qui semblait empruntée à la logique mathématique plus qu'à l'observation des situations concrètes : «ensemble d'individus assimilables les uns aux autres, en éliminant les causes de distinction tenant à l'âge, au sexe, à la profession», la classe était posée comme «non seulement inorganisée, mais encore imprécise». Des objections venaient aussitôt à l'esprit : non seulement le problème fondamental du contenu économique du concept de classe était esquivé, mais les facteurs que l'on convenait d'éliminer étaient ceux-là même qui, dans telle ou telle société, servaient au classement. Ceci en vérité ne touche ni à la solidité des rapports établis par Cardascia entre l'*ordre*, l'*état*, et la *classe*, ni surtout à notre sujet propre. Il nous faut en effet commencer notre étude là où s'achevait la sienne, au Bas-Empire. Pour cette période, Cardascia relevait et contestait chez ses devanciers les propositions suivantes : dans le droit pénal du Bas-Empire, l'opposition s'efface parce qu'on revient au principe de la sanction unique ;

---

5. Cardascia, «*Honestiores* et *humiliores*». Pour le Haut-Empire, voir aussi Garnsey, *Social structure and legal privilege.*

elle est remplacée, d'autre part, par l'opposition entre riches et pauvres, qui, toujours en droit pénal, s'affirme par les variations de peine échelonnées selon la fortune du coupable ; enfin, l'opposition *liberi/servi* reprendrait valeur.

Cardascia laissait sans commentaire cette dernière affirmation, à laquelle, fort justement, il ne donnait pas grand poids. L'esclavage n'est plus, en effet, un critère social déterminant au Bas-Empire, parce que, sans disparaître, il est en concurrence, de plus en plus, avec d'autres formes d'aliénation personnelle. En outre, si les jurisconsultes du 3ᵉ siècle recueillis par le Digeste font valoir à l'occasion l'opposition *liberi/servi*[6], ils tendent cependant à lui substituer en droit pénal une commune opposition des esclaves et des *humiliores* aux *honestiores*[7]. En revanche, Cardascia s'attachait à montrer que, dans ce même domaine où l'opposition *honestiores/humiliores* ne peut aboutir, on l'a vu, à la définition de deux états antinomiques, elle demeure parfaitement valide au Bas-Empire, tandis que l'opposition riches/pauvres devient déterminante seulement dans les législations barbares plus tardives, et ne supplante pas au Bas-Empire l'opposition précédente : elle apparaît pourtant, mais dans la mesure des circonstances et des besoins. La démonstration s'appuyait à peu près exclusivement sur le droit du domaine occidental, auquel l'auteur avait limité son propos, c'est-à-dire le Code Théodosien, les *Sententiae Pauli*, et toute leur postérité barbare[8].

La vitalité de l'opposition y paraît attestée par de nouvelles lois, en droit pénal où la variation de la peine selon la qualité du prévenu s'applique à des délits nouveaux, ou à propos de la preuve. Cela n'exclut pas, en effet, une évolution du droit pénal, qui par d'autres voies et pour d'autres raisons, tend à choisir la sanction unique, la mort très souvent, pour une série de nouveaux délits. Cela n'exclut pas non plus une appréciation variable de la peine en fonction de la fortune du coupable dans quelques cas particuliers, cinq en tout, selon Cardascia. Mais il n'y aurait pas lieu en somme de contester le caractère toujours fondamental de l'opposition *honestiores/humiliores*, au moins en droit pénal.

Il n'est pas de notre propos de suivre l'auteur sur le terrain occidental. Nous nous attacherons en revanche à la trop brève esquisse de démonstration qu'il donne pour le droit justinien. Il se borne en fait à souligner que les textes du Haut-Empire, dans lesquels s'affirme l'opposition *honestiores/humiliores*, ont été précisément conservés par les compilations justiniennes du Digeste et des Institutes, sans compter les constitutions du Code Justinien reprises du Code

6. *Cf.* Hermogène (*Dig.* XLVII X 45), qui établit pour la sanction de l'*iniuria* une échelle à trois degrés, le fouet pour les esclaves, les verges pour les hommes libres *humilioris quidem loci*, et pour les autres des peines limitées d'exil ou d'*interdictio*.

7. *Cf.* Callistrate (*Dig.* XLVIII XIX 28, § 11-12), qui prescrit identiquement la peine du feu pour l'esclave coupable d'attentat contre son maître, et les *liberi plebeii et humiles* coupables d'un crime analogue. Macer (*Dig.* XLVIII XIX 10) semble même poser le principe général d'une identification pénale des esclaves et des *humiliores*.

8. Sur ces textes voir Gaudemet, *Droit séculier et droit de l'Eglise*.

Théodosien. Il faut en conclure, selon lui, que cette opposition, sans être la seule, n'était pas le moins du monde périmée pour le législateur du 6e siècle. Or, cet argument, conforme en effet à une certaine vérité de la législation justinienne, n'est pas décisif, parce que celle-ci se crée sur plusieurs registres à la fois ; si elle se veut conservatrice de la législation antérieure, où une opposition comme celle des *honestiores* et des *humiliores* est un mode d'expression des valeurs civiques, et civiles, qui président au classement social, elle accuse en même temps l'évolution qui tend à constituer un classement social sur des oppositions au premier chef économiques. Différents facteurs ont infléchi en ce sens le discours juridique : la dégénérescence, finalement mortelle, des mécanismes de la cité antique, dont les premières atteintes remontent très haut, en sorte que l'amorce du nouveau classement se découvre déjà dans ces mêmes jurisconsultes du Haut-Empire, sur lesquels s'appuie la démonstration de Cardascia ; la christianisation des catégories, concomitante à cette dégénérescence ; enfin le passage du latin au grec, qui provoque dans la législation orientale une véritable libération des concepts. Nous avons eu l'occasion de montrer cela sur un tout autre exemple, celui du système de parenté[9], dont l'évolution, en réalité analogue dans les deux parties de l'ancien Empire romain, est attestée beaucoup plus tôt en Orient, parce que les textes occidentaux, jusqu'au 10e siècle au moins, demeurent prisonniers de la nomenclature latine traditionnelle, formulée par le droit romain, tandis que les textes grecs, qui ne subissent pas cette empreinte, demeurent libres de fonder leur propre nomenclature en fonction de la réalité. Nous allons examiner ces facteurs d'un nouveau classement, non pour contester la survie de l'opposition *honestiores/humiliores* établie par Cardascia, mais pour montrer qu'elle-même, et la notion d'*infamia* qui en est le corollaire en droit civil, et notamment en droit public, cessent d'être déterminantes dans le droit romano-byzantin de notre période, parce que le principe économique du classement juridique, donc social, qui investissait déjà les oppositions de nature civile, va triompher explicitement. L'*infamia*, qui n'entrait pas dans le propos de Cardascia, entraînait en droit privé, comme en droit public, des incapacités dont la nature prouve que les personnes concernées étaient assimilées aux *humiliores* en droit pénal, l'incapacité de témoigner[10], et surtout d'accéder aux *honores*. Quand elle n'est pas la sanction de certains délits, elle est la conséquence d'activités jugées incompatibles avec la plénitude de la vie civique, en particulier celles qui touchent à la scène, et à la prostitution[11].

Or, tout comme *humilis*, les termes d'*infamis, vilis*, sont chargés d'une équivoque entre le critère civique et le critère économique, qui est normale et indifférente dans la perspective purement institutionnelle adoptée par le droit classique, mais qui va paraître de plus en plus illogique à mesure que les mécanismes de la cité s'enrayent. Equivoque qui semble encore intacte au 4e siècle, et même après, dans bien des cas touchant aux institutions traditionnelles : interdiction politique, en 394, de mettre à côté des images impériales, dans les lieux publics,

9. Patlagean, «Représentation byzantine de la parenté».

10. *Dig.* XXII V (*De testibus*).

11. *Dig.* III II (*De his qui notantur infamia*).

des images de mimes ou d'histrions[12] ; renouvellement des restrictions au mariage des sénateurs au 4e et au 5e siècle[13], avant les adoucissements apportés par Justinien, et souvent expliqués par référence à Théodora[14] ; incapacité des personnes qualifiées de *viles* d'être coupables du délit d'adultère[15], ou victimes de l'*atrox iniuria*[16]. En fait, sous cette validité apparente, les notions de *vilis*, *infamis*, *humiliores*, sont investies par la vigueur croissante de la détermination économique. Déjà Callistrate juge absurde la pratique d'exclure les marchands d'objets domestiques (*utensilia*) du décurionat, et conteste que leur situation pénale, qui est celle des *humiliores*, entraîne leur *infamia* à l'égard des charges publiques[17] ; en effet, la dégénérescence du système municipal interdit désormais le gaspillage de ressources que représenterait une discrimination trop radicale. Dès le début du 4e siècle, on prend le parti d'exclure les *infames* des dignités, mais non des charges[18]. De même, dans le cas déjà cité des mariages d'*illustres*, le législateur proteste contre la confusion courante entre *infamia* et pauvreté[19]. Solution venue d'en haut à des problèmes particuliers de survie institutionnelle, dira-t-on ; certes, mais solution rendue possible par un gauchissement des catégories mêmes que l'on veut préserver, dont la pureté civile capitule devant la nécessité économique ; et précieux témoignage, d'autre part, sur la tendance contre laquelle le législateur réagit le cas échéant : dans la vie sociale contemporaine, le critère utile de discrimination est celui de la pauvreté, économique au premier chef, même s'il est établi dans un but juridique. Les cinq constitutions citées par Cardascia, et échelonnées entre 331 et 536, ne suffiraient sans doute pas à prouver le triomphe de l'opposition riches/pauvres comme fondement du droit pénal[20]. Elles obéissent pourtant au souci pratique de tirer de qui peut payer le prix d'un adoucissement de peine, dans le temps où,

---

12. *CJ* XI XLI 4 (*pantomimum veste humili . . . vilem histrionem*).
13. *CJ* V V 7, A. 454 (interdiction d'épouser des femmes qui peuvent être soupçonnées de mauvaises mœurs); *CJ* V XXVII 1, A. 336 (infamie étendue aux enfants issus de tels mariages, et aux sénateurs qui voudraient les légitimer).
14. *CJ* V IV 23, A. 520-523 (en faveur des *scenicae* qui auraient quitté la scène), *CJ* V IV 29, Justinien s.d. (en faveur des filles nées de telles mères, à n'importe quel moment).
15. *CJ* IX XII 8, A. 326: (les servantes d'auberge) *quas vilitas vitae dignas legum observatione non credidit*.
16. *CJ* IX XLIV 2, A. 409 (*persona vilior... cui damnum famae non sit iniuria*). Ulpien, pour ce même cas, soulignait déjà l'équivoque (*ob infamiam suam et egestatem... Dig.* XLVII X 35).
17. *Dig.* L II 12.
18. *CJ* X LXIV, Diocl. et Maxim. s. d.;

CJ XII I 2 (A. 313-315); *CJ* XII I 6 (A. 357-360). Il faudrait examiner en ce sens l'application des peines de fouet aux décurions du 4e siècle, *cf.* Jones, *Later Roman Empire*, p. 750. Sur l'extension ultérieure du recrutement des décurions, *ibid.*, p. 739-740.
19. *CJ* V V 7, A. 454: *humilem vel abiectam feminam minime eam iudicamus intellegi, quae licet pauper ab ingenuis tamen parentibus nata sit*.
20. *CTh* IV 3, A. 331: sanction d'un recours en appel qui confirme la première sentence (*si patrimonio circumfluit ... agrestis vitae aut egentis*) ; *CTh* IX XLII 5, A. 362 : recel des biens des proscrits (*locupletes... per egestatem abiecti in faecem vilitatemque plebeiam*) ; *CTh* VII XIX I, A. 399 : complicité de brigandage en Afrique (la confiscation, ou la mort pour qui n'a rien) ; *CJ* XVI V 40, A. 407 : complicité dans des successions d'hérétiques.

comme le note Cardascia justement, les peines corporelles deviennent fort lourdes. N'est-ce pas admettre que le droit se soumet quelquefois au fait économique, nouveauté dangereuse pour l'opposition *honestiores/humiliores*, même si celle-ci n'a jamais été la seule utilisée ? Et qu'en reste-t-il dans d'autres exemples postérieurs, que Cardascia ne cite pas ? La loi de Zénon relative aux édifices privés punit d'une amende de dix livres d'or le propriétaire ou l'entrepreneur d'une maison qui n'aura pas respecté les normes ; l'ouvrier subira un châtiment corporel en tout état de cause, car il est trop pauvre pour acquitter une amende[21]. L'opposition est ici tout simplement ignorée. Soit, d'autre part, un délit majeur, comme celui du proxénète, l'*infamis* par excellence ; la constitution de Léon Ier distingue encore, pour la sanction, entre l'*humilis* et l'*honestior*[22] ; la Novelle justinienne ne considère plus, dans la variation de la peine, que les modes du délit, en aucune façon la personne du coupable[23] ; ici s'affirme la tendance à la peine unique, signalée par Cardascia, et on voit qu'elle contribue pour sa part à ruiner l'opposition *honestiores/humiliores*. Tout cela est facilité par le changement de langue législative.

En effet, si la définition de la pauvreté génératrice d'effets civils est donnée dans un texte latin post-classique[24] du Digeste, avant de fonder une longue tradition byzantine de langue grecque[25], la plupart des lois qui attestent la transformation du classement social sont rédigées directement en grec. La tentative de conserver par la traduction les termes d'*humilis* et d'*infamis* est tellement isolée qu'elle prouve bien leur peu de sens à cette époque du 5e et du 6e siècle ; on n'en trouve guère d'exemple qu'à propos de l'incapacité de témoigner, cas classique du droit romain dans lequel la législation postérieure préserve l'ambiguïté antique de l'économique et du civil[26]. Partout ailleurs, on distingue d'un côté les dignités et la fortune, de l'autre une pauvreté dont la signification économique tend à devenir déterminante, et qui n'en conserve pas moins une signification sociale. Ainsi en est-il des différentes formes de mariage : après les dignitaires, les sénateurs, les hauts fonctionnaires et les marchands viennent les «pauvres» (εὐτελεῖς πρόσωποι), les soldats, les paysans, «la dernière couche du peuple citadin», à qui une simple cohabitation donne une descendance légitime parce qu'ils sont «ignorants de la vie civile»[27]. Ainsi en est-il des dispositions pénales qui, pour un même délit, frappent le pauvre dans sa personne et tout autre dans ses biens et sa situation sociale[28]. L'évolution paraîtra à son terme dans l'*Eclogè* des empereurs isauriens, promulguée en 726[29], et dont la

21. *CJ* VIII X 12 (Zénon) 5d.
22. *CJ* XI XLI 7 (εὐτελής/...σεμνόν).
23. *JNov.* XXXIX (*N.* 14), A. 535.
24. *Dig.* XLVIII 2 10 *nonnulli propter paupertatem, ut sunt qui minus quam quinquaginta aureos habent*, cité sous le nom d'Hermogenianus, *cf.* Wenger, *Quellen*, p. 522.
25. *Proch. N.* XXVII 22.
26. *JNov* CXII (*N.* 90), A. 539,1, réunit les humiles (χαμερπεῖς) et les *infames*

(ἄσημοι), qui sont «totalement inconnus» (ἄγνωστοι ... ἀφανεῖς), et subissent donc la torture.
27. *JNov* XCIV (*N.* 74), A. 538, 4.
28. *CJ* VIII X 12, A. 478 env. (rupture de contrat par un ouvrier du bâtiment) ; *CJ* XI XLI 7, AA. 457-467 (proxénète, *cf.* ci-dessus note 22).
29. *Cf.* Zepos, «Byzantinische Jurisprudenz», p. 14.

fidélité au droit justinien est plus grande qu'on ne le pense généralement, à condition de considérer non pas la façade classique de ce dernier, mais ses tendances profondes et novatrices, exprimées surtout dans certaines Novelles. La législation isaurienne affirme la correspondance entre la condition sociale et le statut juridique, dans le domaine civil et surtout pénal. Ainsi, la capacité de témoigner est reconnue aux dignités civiles ou militaires et à la richesse (εὐπορία), refusée aux «inconnus» (ἄγνωστοι), qui sont soumis à la torture[30]. Et un même délit est puni de deux peines différentes[31]. Echelle établie, semble-t-il, d'après les biens possédés, en considération desquels on prononce une peine corporelle ou financière, et qui présente en conséquence non seulement l'opposition simple entre abondance et déficience[32], richesse et pauvreté[33], mais encore une distinction à l'intérieur de cette dernière entre déficience et dénuement total[34]. Echelle définitivement économique, en ce que les termes d'origine civile se comprennent en fonction de cette même appréciation des biens possédés par le justiciable[35]. Pour rappeler en conclusion la distinction si riche de Cardascia entre la *classe* et l'*état*, nous pouvons dire que le droit byzantin poussera si loin l'élaboration d'un statut juridique du pauvre qu'au terme de cet effort, dans l'*Eclogè* des empereurs isauriens, la pauvreté sera plus près d'être un état qu'elle ne l'a jamais été en droit romain, tandis que l'opposition favorite de celui-ci se trouvera alors aussi désuète que la cité antique elle-même.

Notons enfin que, dès le début du 4ᵉ siècle, la désignation spécifique des pauvres est aussi présente dans le droit, non comme critère juridique, mais comme diagnostic objectif d'une situation économique[36]. En particulier, la législation chrétienne sur l'assistance est ainsi motivée ; la terminologie pose en pareil cas de nouveaux problèmes, parce qu'elle ne provient plus seulement de la tradition juridique romaine, mais aussi de l'acculturation chrétienne, dont nous allons étudier maintenant les effets sur le classement social.

2. CLASSIFICATION ANTIQUE ET CLASSIFICATION CHRÉTIENNE DANS LES TEXTES LITTÉRAIRES

Les sources juridiques, les plus proches de la situation concrète, pourrait-on penser, investissent donc la notion de pauvre d'un contenu précis, dont la complexité ne dissimule pas une signification ouvertement et primordialement économique, tandis que la finalité du classement demeure, soulignons-le,

---

30. *Ecl.* XIV I. La législation macédonienne reprend la formule classique au Digeste : Πένητες οὐ μαρτυροῦσιν (*Proch. N.* XXVII 22, cf. *Dig.* XLVIII II 8-10).
31. *Ecl.* XVII II, 19, 22, 29.
32. *Ecl.* XVII 29 (εὔπορος/ἐνδεέστερος).
33. *Ecl.* XVII 19 (πλούσιος/πένης).
34. *Ecl.* XVII 29 (ἐνδεέστερος/παντελῶς πένης καὶ ἀνεύπορος).
35. *Ecl.* XVII 22 (ἔντιμος/εὐτελής).

36. *CJ* IV XLIII 2, A. 329, vente des enfants nouveaux-nés *ob nimiam paupertatem egestatemque. CJ* I LIV 6, A. 399, arbitraire des juges à l'égard des pauvres (*paupertas*). *CJ* XI XLI 6, A. 428, exploitation des filles pauvres par les proxénètes (*pro paupertate*, à noter aussi *sors humilior*). *CJ* V III 20, A. 531-533, cas du conjoint pauvre, *unius partis egestatem.*

juridique et institutionnelle. Il convient dès lors d'envisager plus largement l'évolution du discours en son entier, et non plus seulement dans le domaine juridique, et de considérer désormais le seul discours de langue grecque, à l'exclusion des œuvres latines ou syriaques, dont nous tirerons dans ce livre des faits plus que des concepts. Les premières parce que, en dépit du parallélisme profond des deux histoires, le discours latin reste extérieur au domaine oriental de l'Empire[37]. Les secondes ne m'étaient accessibles qu'en traduction, empêchement radical à une tentative qui aurait eu son intérêt[38]. Notons cependant que la littérature syriaque ne touche en aucun point à la classe gouvernante, au cœur de l'Empire romano-byzantin. Elle est l'expression d'une minorité importante et insatisfaite, qui déborde la frontière mésopotamienne, et, sans être toujours originale, ou entièrement indépendante du grec, elle conserve de ce fait le précieux écho d'aspects ethniques des rapports sociaux[39]. D'autre part, libérée par définition des cadres de la tradition gréco-romaine, elle accueille en foule des faits sociaux concrets, qui enrichissent notre documentation parce que ces œuvres sont en réalité rédigées au sein de cette même société romano-byzantine d'Orient que nous cherchons à connaître. En revanche, il serait peut-être vain, précisément, en eussé-je été capable, de mettre la terminologie sociale des auteurs syriaques sur le même plan que celle des auteurs grecs. L'histoire sociale prend donc pour commencer l'apparence d'une histoire du langage, avec ses événements qui expriment les événements sociaux. Le changement qui conduit à préférer dans la classification sociale l'opposition entre riches et pauvres manifeste le changement en cours dans la structure même de la société, et aussi les permanences, les résistances, les transpositions qui limitent ce changement.

Il faut faire d'abord la part des origines. D'un côté, la survie du discours antique, où l'opposition entre riches et pauvres joue tout de même un rôle, fût-il secondaire, et qui se perpétue par la culture classique dans laquelle les notables païens et chrétiens sont encore instruits ensemble au 4e siècle ; elle ne reculera que lentement, et jamais absolument à Byzance, devant la formation toute différente dispensée par les monastères[40]. Dans le domaine du classement social, comme dans bien d'autres, ses parrains sont Aristote, et la seconde sophistique, qui s'est épanouie aux beaux jours de la paix romaine, dont elle était la voix[41]. De l'autre côté, l'effort violent des traducteurs de la Septante pour adapter au grec héllénistique une classification sociale profondément étrangère à la civilisation gréco-romaine, celle de l'Ecriture hébraïque. Cette dernière témoigne au demeurant, dans sa version originale, de différences de contenu et de langage

37. *Cf. Geschichte der römischen Literatur* ... ; *Geschichte der lateinischen Literatur des Mittelalters* ... Voir aussi Dagron, «Origines de la civilisation byzantine».

38. Liste des sources syriaques dans Stein, *Bas-Empire* II, p. 860-861 (avec la collaboration de G. Garitte). *Cf.* Baumstark, *Syrische Literatur*.

39. Voir par exemple Peeters, *Tréfonds oriental de l'hagiographie byzantine ;* Piguilevskaja, *Villes de l'Etat iranien ;* Brown, «Diffusion of Manichaeism».

40. *Cf.* Festugière, *Antioche païenne et chrétienne.*

41. Voir, par exemple, l'*Eloge de Rome*, par Ælius Aristide (édit. par J. Oliver, Philadelphie, 1953).

entre le Pentateuque, les Prophètes, et surtout les Psaumes, qui jouent un rôle décisif dans le discours grec chrétien du 4ᵉ siècle ; celui-ci se nourrit en outre directement du Nouveau Testament, où la présence d'un substrat oriental et scripturaire sous la rédaction grecque est également le facteur d'un renouvellement du discours[42]. Tels sont les antécédents d'un langage dont nous ne commencerons l'analyse qu'à la date où commence aussi la période dont sera étudiée l'histoire sociale. On entend bien que l'histoire des structures sociales et de la conjoncture économique à laquelle nous voulons aboutir devrait expliquer le rapport qui a existé en fait entre l'élaboration et même le triomphe d'un vocabulaire de la pauvreté, la doctrine chrétienne de l'aumône, et le poids d'une masse humaine à laquelle reviennent concrètement, dans l'histoire de notre période, les rôles définis par les différents termes qui désignent la pauvreté. Mais ceci viendra plus loin. En commençant, il convient de s'arrêter franchement au niveau du langage, parce que, répétons-le, notre découverte de l'histoire que nous voulons connaître est déterminée par lui.

Nous allons donc examiner les oppositions de termes qui constituent le classement social de la littérature de langue grecque des 4ᵉ-7ᵉ siècles[43]. Elles peuvent être rangées dans les catégories que nous avons récemment proposées pour rendre compte d'un cas particulier, celui des rapports entre l'historiographie et l'hagiographie de notre période[44]. Nous avions montré que l'une comme l'autre s'attachaient à choisir et à rapporter des événements, mais que la première était bornée par la perception exclusive des faits qui pouvaient trouver place précisément dans l'espace traditionnel de la cité, en conformité avec le système de valeurs et le classement social assortis à cet espace, qui ne sont pas économiques ouvertement ou au premier chef, où la dimension économique est latente au contraire, tandis qu'apparaissent en pleine lumière, comme déterminantes, les oppositions politiques entre citoyens et non-citoyens, entre le citoyen éminent qui donne, et la collectivité des citoyens ordinaires qui reçoit. Ces limites urbaines et civiques de l'espace éclatent dès le 4ᵉ siècle, et surtout à partir du 5ᵉ ; l'épanouissement de la littérature hagiographique se fait hors les murs matériellement et mentalement, et nous avons montré qu'il en résultait une libération des faits économiques qui nous intéressent, et qui ne sont plus masqués par la contrainte de la structure urbaine traditionnelle. Là encore, le dépérissement de la cité, et la christianisation de la société et de l'Empire sont les deux facteurs d'une évolution ; nous nous bornerons à observer pour l'instant qu'ils sont concomitants.

C'est la littérature hagiographique, la plus affranchie de la culture antique traditionnelle, qui renouvelle le plus profondément la classification sociale. Nous y trouvons en vives couleurs le monde de la ville et celui de la campagne,

---

42. Un exemple dans Harl, «Sens du mot *MONAXOΣ*», avec des remarques sur la terminologie de la pauvreté.

43. *Cf.* Krumbacher, *Geschichte der byzant. Literatur* ; Beck, *Kirche u. theol. Literatur* ; à compléter par Moravcsik,

Byzantinoturcica, t. I, *Byzant. Quellen*, pour l'historiographie (p. 165-580); *BHG 3*, pour l'hagiographie.

44. Patlagean, «Ancienne hagiographie byzantine».

mais dégagés de la structure citadine antique, exprimés dans une structure nouvelle, non dépourvue d'exigences propres que nous avons étudiées ailleurs, mais où, du moins, les rapports sociaux peuvent paraître dans toute leur force économique. Et le classement social des hagiographes est économique en effet, résolument. Il suffit de voir comment est composée l'énumération rhétorique de toutes les catégories sociales, qui exprime dans leurs récits l'unanimité du public[45]. Les oppositions authentiquement civiles sont au contraire quasiment absentes. L'auteur du Livre I des *Miracula Demetrii* raconte avec animation les troubles factieux sous le règne de Maurice ; dans l'explication qu'il en donne, par une convoitise d'argent (φιλαργυρία) qui met en péril la concorde entre les citoyens et l'ordre civil, on perçoit un écho classique[46]. Mais un tel développement est exceptionnel dans l'hagiographie de la période. L'emploi apparemment indifférent de δημότης par la *Vie de Syméon d'Emèse* pour désigner sans plus un homme de la rue, peut-être un peu mauvais sujet, est sans doute plus typique du genre[47].

Les récits hagiographiques sont justement d'une particulière richesse pour l'Orient byzantin entre la fin du 4e et celle du 7e siècle[48]. Les *Vies* les plus clairement datées présentent un auteur et un héros historiquement connus et proches dans le temps. Telles sont les *Vies* des grands moines palestiniens rédigées après 550 par Cyrille de Scythopolis, celles de Syméon le Fou Volontaire d'Emèse et de Jean l'Aumônier patriarche d'Alexandrie composées par Léontios évêque de Néapolis en Chypre au début du 7e siècle. Mais des écrivains monastiques inconnus, signalés par un simple nom dans la conclusion de leur œuvre, confèrent à celle-ci une même valeur de témoignage par la précision des dates, des lieux, des allusions diverses : ainsi peut-on situer la *Vie de Marcel l'Acémète* sous le règne de Léon Ier, celles de Nicolas de Sion et de Syméon Stylite le jeune dans la seconde moitié du 6e siècle, celle de Théodore le Sycéote à la fin du 6e et au début du 7e, celle de Georges de Choziba au même moment, avec un terme vers 625. Le cas n'est pas toujours aussi simple cependant. Les *Vies* consacrées à l'illustration d'un modèle culturel en particulier, comme les variantes du conte de la femme déguisée en moine[49], sont le plus souvent, de ce fait même, dépourvues d'indications chronologiques autres que légendaires. Les collections de récits édifiants se trouvent dans les mêmes conditions. Nous situons bien l'*Histoire Lausiaque* à la fin du 4e siècle, l'*Histoire Religieuse* de Théodoret de Cyr vers le milieu du 5e, le *Pré Spirituel* de Jean Moschos à la

---

45. *V. Sym. Styl. jr* 27 : πένητες/πλούσιοι; Joh. Mosch., *Prat. Spir.* 79, à propos d'un miracle dont tous ont été témoins : οἰκέται/δεσπόται, πένητες/πλούσιοι, ἀρχόμενοι/ἄρχοντες.. *V. Dan. Styl. I*, 91, éloge prophétique de l'empereur Anastase, sous le règne duquel chaque catégorie recevra son dû : πένης/πλούσιος.

46. *Mirac. Dem.* L. I, 1261-1264, *cf.* Lemerle, *Miracula S. Demetrii.*

47. Leont. Neap., *V. Sym. Sal.*, p. 163. Emploi exact dans *V. Sym. Styl. jr* 164-165.

48. Pour les dates des œuvres, *cf.* ci-dessus note 43, et les éditions citées dans notre bibliographie, p. 436-439 ; on trouvera aussi là des indications chronologiques proposées par nous pour les œuvres isolées ou non datées.

49. *Cf.* ci-dessous chap. 4, p. 142-143

fin du 6e et au début du 7e siècle. Nous datons beaucoup plus mal des collections anonymes et mouvantes comme les *Apophtegmata Patrum* qui s'échelonnent entre le 5e et le 7e siècle[50], comme les *Récits* de Daniel le Scétiote ou du moine Anastase, pour lesquels on hésite à préciser entre les décennies postérieures à Justinien et le 7e siècle tout entier. En fait, ces œuvres composites s'enrichissaient chemin faisant, comme celle de Jean Moschos d'ailleurs, et comme les collections de miracles, et il convient de dater chaque pièce séparément, autant que faire se peut. Toute cette littérature acquiert une originalité croissante. Ses observations libres et concrètes constituent un témoignage irremplaçable sur la société contemporaine, et en outre sur le développement du monde monastique, où la pauvreté de tous est substituée à l'opposition des riches et des pauvres, ce qui nous ramène encore une fois au préambule du langage.

La littérature patristique jette son grand éclat au 4e siècle qu'elle ne dépasse guère, exception faite pour Théodoret de Cyr. Elle offre de précieuses correspondances, des réponses et exhortations canoniques, les règlements monastiques lentement édifiés sur les fondements posés par Basile de Césarée. Mais le classement social pratiqué dans la cité chrétienne est surtout lisible dans les homélies des grands prédicateurs, reflet d'un équilibre culturel transitoire qui ne pourra se maintenir. Basile de Césarée, Grégoire de Nazianze, Grégoire de Nysse, Jean Chrysostome encore, sont issus du même milieu culturel que Julien, Thémistios, Libanios. Déjà éloignés de leurs contemporains païens parce qu'ils sont attirés vers un pôle tout à fait extérieur à la cité, qui est le monachisme, ils demeurent proches d'eux cependant, parce que leur pensée est encore acclimatée à l'organisation sociale antique. Leurs homélies sont encore une forme de communication au sein de la cité devenue chrétienne : le peuple des citoyens, le *démos*, se rassemble dans ces lieux privilégiés que sont les places publiques, le théâtre d'Antioche, l'hippodrome de Constantinople ; le peuple chrétien, le *laos*, se réunit dans les églises non sans se répandre éventuellement au dehors les jours d'émeute. L'orateur spirituel lui parle des relations sociales en son sein. Il aborde à l'occasion le thème traditionnel de la concorde civile qui doit unir les citoyens, entre eux et autour du souverain[51] : ainsi se perpétue la structure politique de la cité antique, et cette survie serait tout un autre sujet pour l'historien. Mais surtout il fait une place de choix au don charitable, qui fonde le rapport social entre les riches et les pauvres. Un classement social par catégories économiques au premier chef est donc de grande importance pour le discours homilétique, que l'influence scripturaire contribue à libérer à cet égard des entraves de la tradition. La littérature patristique semble ainsi rompre avec celle-ci. Et pourtant elle lui reste encore profondément fidèle, puisqu'elle conserve, on le verra, sous la forme nouvelle d'une relation charitable, la relation sociale essentielle à la cité antique, celle qui unit à ses concitoyens le citoyen éminent par sa générosité. De cela, le vocabulaire est témoin lorsqu'il conserve

50. Cf. Guy, *Apophtegmata Patrum*.
51. Voir par exemple les *Homélies sur les Statues*, prononcées par Jean Chrysos-tome, après les émeutes de 387 à Antioche (*PG* 49, 15-222).

les termes de la générosité antique pour exprimer la relation charitable chrétienne.

De l'autre côté du 4e siècle, Libanios est le gardien le plus fidèle des valeurs antiques, le plus totalement étranger à toute valeur chrétienne. L'opposition fondamentale demeure chez lui celle du *démos* et de la *boulè*, et il cherche à s'y tenir même pour analyser des difficultés sociales dont une opposition riches/pauvres eût sans doute rendu meilleur compte à nos yeux. Autrement dit, par tradition, il maintient autant que possible sur le plan politique et civique des situations dont la portée économique est ainsi quelque peu obscurcie. Il faut la circonstance particulière d'une crise de subsistance pour qu'il oppose explicitement le «peuple affamé» à «ceux qui sont dans l'abondance de biens», les riches[52]. Il est d'ailleurs gêné par une réalité sociale qui déborde les catégories auxquelles il veut demeurer fidèle, comme le montre sa réflexion restrictive sur le contenu qu'il faut donner à celle du *démos*[53]. La catégorie opposée n'est pas plus adéquate d'ailleurs. Petit a bien montré, en effet, comment le groupe des curiales d'Antioche se diversifie par la concentration et le déplacement des fortunes, et comment émerge le groupe des «premiers», des «puissants», qui échappe en fait au classement traditionnel, sans pour autant recevoir dans le langage de Libanios la dénomination franchement économique qui expliquerait le mieux leur pouvoir. Pourtant, il arrive au contraire à celui-ci de définir en termes économiques des oppositions au sein de la cité qu'il aurait pu exprimer dans la terminologie politique traditionnelle. Un tel choix atteste aussi à sa façon le flottement des catégories entre le politique et l'économique. A plusieurs reprises, en effet, Libanios fait état du rapport d'oppression qui oppose les hauts fonctionnaires aux couches inférieures de la population urbaine, et il nomme d'un côté les riches, de l'autre les pauvres[54]. Ailleurs, l'opposition de ces termes économiques suffit à constituer le classement social sans qu'il y ait un aspect civil à la désignation de ces mêmes abus des riches envers les pauvres[55]. Même sur un sujet aussi classique que l'égalité des justiciables devant le juge, dont Libanios fait un mérite à Julien, souverain idéal, le classement économique se suffit[56]. Libanios est du reste tout à fait conscient de son contenu concret[57], et il en fait usage non seulement dans des formules générales, mais à propos de situations particulières comme on le verra plus loin.

La terminologie de Julien est beaucoup plus riche historiquement que celle de Libanios, car elle porte l'empreinte des rapports complexes entre l'empereur philosophe, imprégné de néoplatonisme, et la pensée chrétienne dont la viva-

52. Lib., *Or.* XVIII 195 : «δήμου πεινῶντος/ τῶν εὐπόρων».
53. Textes cités par Petit, *Libanius*, p. 220-223.
54. Lib., *Or.* LVII 49 : πένητες/πλούσιοι; *Or.* LII 9, où les implications économiques et civiles à la fois sont clairement marquées par la double opposition dans le même texte de πένητες/πλούσιοι et ταπεινοί/λαμπροί».
55. Lib., *Or.* XLVI 24 : ὁ πενόμενος/ ὁ πλουτῶν.
56. Lib., *Or.* XVIII 183 : οἱ πενόμενοι/ οἱ πλούσιοι.
57. Lib., *Or.* XXV 40 : la pauvreté (πενία) n'a pas d'autre objet que la «subsistance nécessaire», la richesse (πλοῦτος) cherche à grandir encore.

cité sociale l'a frappé. C'est ainsi que le terme de *démos* figure plus souvent chez lui avec un contexte non seulement institutionnel, mais économique, comme le montrent les termes qui lui sont opposés dans sa classification sociale. Pour peindre l'irritation unanime qu'il a provoquée chez les Antiochéens, Julien énumère la *boulè*, le *démos*, et distingue encore les riches (*euporoi*)[58] ; il oppose le *démos* aux possédants[59], et surtout aux puissants[60], aux riches enfin «qui l'étouffaient», à propos, là aussi, d'une crise de subsistance, celle de 362[61]. Ce dernier exemple est le seul, parmi ceux qui viennent d'être cités, où le terme de *démos* se trouve dans son contexte politique normal : c'est à une séance du théâtre que le peuple se plaint de la cherté à Julien. Certes, l'œuvre de Julien ne manque pas d'emplois plus classiques, notamment dans ce même *Misopogon*, dans lesquels toute implication économique est absente du terme de *démos*, dont la signification se borne à l'institution, ou du moins à l'apparence d'institution à laquelle se réduit le *démos* dans la cité du 4e siècle. Cependant, les emplois que nous avons retenus ont au contraire une densité de sens insolite, qu'il faut peut-être attribuer à la contamination chrétienne. En d'autres passages, on trouve chez lui aussi la série attendue, et pour lui identique à la précédente, d'oppositions entre pauvres et riches[62], entre pauvres et puissants[63]. On ne s'étonne pas que Julien emploie cette classification lorsqu'il envisage la charité des chrétiens, avec ironie parce qu'elle heurte sa propre conception de la cité, ou avec sérieux parce qu'il la propose en exemple, sous la pression des circonstances, à une charité païenne qu'il voudrait instituer, et qu'il estime urgente. C'est alors que, très consciemment, il fait écho à la terminologie chrétienne de la pauvreté, comme nous le verrons plus loin, en étudiant non plus la forme de classement, mais les mots eux-mêmes.

Après le 4e siècle, la distinction entre tradition antique et tradition chrétienne perd de sa force, en ce sens que les auteurs qui se veulent fidèles, culturellement et politiquement, aux antiques valeurs de la cité sont dans le fait chrétiens. Tel est le cas, au 5e siècle, des pâles rhéteurs de l'Ecole de Gaza, au 6e de toute une génération qui a le sentiment de continuer l'antiquité au moment même où celle-ci s'éloigne définitivement, sous le règne de Justinien, un Jean Lydus, un Agathias, un Procope de Césarée. Cette complexité culturelle est particulièrement marquée dans le domaine de l'historiographie[64]. L'histoire chrétienne s'y développe au 5e siècle à côté de l'histoire des cités et de l'Empire, dont elle conserve les cadres, avec Socrate, Sozomène, Théodoret de Cyr. Au 6e siècle, l'influence du modèle hagiographique devient manifeste bien qu'inégalement forte selon les auteurs. L'hagiographie fait éclater le cadre habituel de l'œuvre d'histoire parce qu'elle anéantit ses valeurs politiques. Elle ouvre la *Chronique* de Jean Malalas, ou le *Chronicon Paschale* à l'événement quotidien et vulgaire. Elle s'introduit çà et là dans l'œuvre d'auteurs aussi différents pour le reste que Procope, Evagre, Théophylacte Simocatta. Mais toujours l'histo-

---

58. Jul., *Misop.* 357 D.
59. Οἱ κεκτημένοι, Jul., *Misop.* 368 D.
60. Οἱ δυνατοί, Jul., *Misop.* 357 D, 370 C.
61. Οἱ πλούσιοι, Jul., *Misop.* 368 C.

62. Jul., *Misop.* 343: πένητες/πλουτοῦντες; *ibid.*, 344 : πένητες/πλούσιοι,
63. Jul., *Misop.* 368 : πένης/δυνάμενος.
64. Voir note 43.

riographie reste histoire des groupes humains classés ensemble et affrontés dans le cadre d'une cité, et son langage doit donc être envisagé ici.

Regardant les cités, les auteurs s'efforcent d'expliquer les nombreuses émeutes urbaines de l'époque comme des flambées de discorde civile, et plus encore comme des secousses maladives[65], dont le responsable n'est pas le peuple personnage politique (δῆμος), mais la foule, la tourbe, qui n'entre pas dans les règles du jeu civil (πλῆθος, ὄχλος). D'autre part, ces mêmes auteurs sont obligés de faire place aux réalités de leur temps, aux institutions charitables chrétiennes, aux oppositions économiques évidentes, critiques ou non. Le dosage varie d'une œuvre à l'autre, selon l'optique de l'écrivain, et aussi selon son intelligence historique. Un Eunape fait objectivement place à l'opposition économique dans une analyse de rapports de force au sein de la société[66]. Un Théodoret de Cyr, habitué ailleurs au discours apologétique ou hagiographique, met normalement en bonne place l'opposition entre riches et pauvres dans le lieu commun qui consiste à énumérer deux à deux les catégories de la population[67]. L'usage du grand historien qu'est Procope est plus subtil. Il connaît et souligne au besoin l'opposition entre richesse et pauvreté[68]. Mais il a aussi tendance à investir d'une signification économique appropriée les termes antiques auxquels il entend rester fidèle, et qui sont traditionnellement politiques ; ainsi s'efforce-t-il d'exprimer le nouveau au moyen de l'ancien. Il emploie de façon fort intéressante *démos* en opposition avec d'autres termes qui désignent justement les pauvres, ce qui fournit au classement un niveau supplémentaire, et montre qu'à ses yeux le groupe des pauvres est un groupe nouveau, tandis que le *démos* continue une constituante normale de la cité antique, le groupe des producteurs : en donnant ce sens à *démos*, d'ailleurs, Procope lui rend une pureté qui est antérieure à l'usage du grec impérial. L'opposition ainsi compliquée entre pauvres et *démos* apparaît à propos du monopole de la soie, qui entraîne l'appauvrissement du peuple des villes[69] ; ou du monopole des denrées de première nécessité, qui affecte les boutiques de Constantinople, et plonge ce même peuple dans la misère[70] ; enfin, lorsque Procope traite du siège de Rome par Bélisaire, il oppose les conséquences qui frappent d'une part les pauvres, dépourvus du nécessaire, d'autre part le *démos*, qu'il assimile aux artisans dont la subsistance vient du travail de chaque jour[71]. Du reste, lorsqu'il nomme les pauvres, Procope s'efforce, dans la mesure du possible, d'employer

65. S'adressant à Théodose, après les émeutes de 387 à Antioche, Libanios déclare : «les cités aussi tombent malades, ô Empereur, et leurs maladies ce sont les émeutes...» (Lib., *Or.* XIX 9).

66. Eunap. 87, abus des gouverneurs envers les riches, et envers les pauvres : ἀποροῦντες/ἔχοντες καὶ συντελεῖς ἐκ προϋπαρχούσης οὐσίας.

67. Theod. Cyr., *HE* IV 13 : πενίᾳ συζῶν/ πλούτῳ λάμπων.

68. Proc., *Aed.* I, I 10 (bienfaits de Justinien) : τοὺς δέ βίου δεομένους/πλούτῳ κατακορεῖς ... εὐδαίμονι βίῳ. Plus nécessairement encore, Proc., *HA* XXVI 22 (cherté et disette à Constantinople) : πτωχοί/πλοῦτος.

69. Proc., *HA* XXV 25 : δῆμος/προσαιτητής.

70. Proc., *HA* XXVI 36 : δῆμος / οἱ τὰ ἔσχατα πενόμενοι.

71. Proc., *Bell.* V XXV 11 : πενία/ βάναυσοι ἄνθρωποι.

un vocabulaire classique, des mots, et au besoin des périphrases, exempts de toute résonance chrétienne ; nous verrons cela plus loin.

3. RICHES ET PAUVRES DANS LA CLASSIFICATION ANTIQUE ET DANS LA CLASSIFICATION CHRÉTIENNE

Ainsi s'articule la production littéraire au cours de notre période. Les modes de classement social sur lesquels se fonde le discours de nos auteurs se réfèrent à une classification civique, héritée de l'antiquité, et à une classification économique dont l'usage triomphant coïncide avec la christianisation de la société. La première reste fidèle à des formes politiques dont l'inadéquation aux formes sociales va croissant. La seconde a la préférence des auteurs qui ont précisément laissé la meilleure information sur les niveaux les plus humbles de la société. Deux aspects, évidemment, de la même évolution mentale et culturelle, de la même démarche de pensée.

Mais, dira-t-on, admettons que cette opposition, qui semble mettre l'accent sur le rapport économique, soit effectivement privilégiée dans les sources après le milieu du 4e siècle. Est-on sûr que les changements et les permanences du langage ouvrent la voie à une analyse suffisamment historique du classement social ? Ne se laissera-t-on pas prendre au piège du vocabulaire ? Nous allons montrer que l'opposition riches/pauvres exprime réellement dans nos sources un rapport non seulement entre des situations économiques contrastées, mais entre des rôles sociaux complémentaires, qui ont revêtu durant notre période une importance primordiale, explicite, celui du pauvre passif qui reçoit, du pauvre laborieux qui est employé, et du riche donateur ou employeur. A travers le jeu de cette opposition, et des définitions précises qui viennent l'éclairer dans les textes, l'historien se trouve en mesure d'établir une classification sociale complexe, qui est vraiment celle que la société byzantine reconnaît en elle-même tout au long de cette époque, et non une projection ingénieuse de celle que nous utilisons aujourd'hui. Au prix de cette reconnaissance préalable d'un classement spécifique, nous serons fondés ensuite à chercher dans notre documentation les données qui paraissent aujourd'hui nécessaires à l'étude sociale et surtout économique d'une société.

On distingue dans les sources deux séries inégales de termes qui signifient la pauvreté. La première est illimitée dans son principe, bien que certaines expressions y reviennent en fait avec une fréquence particulière. Elle présente la pauvreté comme une situation concrète, matérielle, physique, de dénuement. La seconde réunit les deux termes essentiels, πτωχός et πένης, avec leurs nombreux dérivés : ils ont en commun de ne pas offrir un sens concret immédiatement intelligible, de présenter la pauvreté comme une condition juridique et sociale, et de servir au langage législatif. Leur différence de sens, qui n'est pas immédiatement claire, fondera précisément la distinction des rôles du pauvre dans la société.

L'explication historique de ces termes doit faire appel d'une part au discours de la langue grecque antique, de l'autre au grec de la Septante et du Nouveau Testament. En grec antique, la distinction entre πένης et πτωχός est sensible dès l'épopée homérique, où πτωχός désigne le miséreux, l'homme qui n'est pas seulement dénué de ressources pour le présent, et réduit à la passivité, mais exclu de toute perspective de retour à une activité qui le tirerait d'affaire[72]. Pour l'époque classique, on notera par exemple πτωχόποιος, sobriquet d'Euripide d'après une scholie d'Aristophane[73] : l'exemple est clair si l'on se rappelle les railleries habituelles d'Aristophane à l'égard du tragique, auquel il reproche précisément un misérabilisme voyant dans le discours et dans les oripeaux de la mise en scène. Le πένης est peut-être tout aussi démuni dans sa vie matérielle, mais il n'est pas inerte : c'est le travailleur pauvre et libre, par exemple le petit paysan d'Hésiode[74]. Aristote n'offre que des emplois insignifiants de πτωχός, tandis que πένης est au contraire régulièrement opposé à πλούσιος, parfois à εὔπορος[75]. L'étymologie confirme ces emplois, puisque πτωχός est à rapprocher de πτώσσω, πτύσσω «se blottir», tandis que πένης, πένομαι appartiennent à la famille de πόνος et présentent la même ambiguïté que le français «peine» – «effort» et «souffrance» à la fois. L'alternative de ces deux termes fonde le vocabulaire antique de la pauvreté. La série des termes concrets ne revêt aucunement la même importance constituante.

Les modifications introduites dans le langage par le grec scripturaire doivent être étudiées en distinguant la Septante et les textes néo-testamentaires. Les traducteurs de la Septante se trouvaient en face de plusieurs termes hébraïques désignant la pauvreté. L'étude ancienne de Loeb[76], celle d'A. Gélin, récente mais superficielle[77], ont mis en lumière le développement croissant de leurs valeurs spirituelles. Notre recherche de la classification sociale dans le discours grec chrétien risquerait donc de se heurter à deux difficultés : d'une part, l'intention symbolique serait constamment présente ; d'autre part, le discours grec se serait nourri ici d'un vocabulaire qui se réfère à une société toute différente, saisi indépendamment d'un contexte juridique ou institutionnel lui aussi différent. Toutefois, même si les termes qui désignent le pauvre peuvent prendre une résonance spirituelle, il demeure aisé de choisir nos exemples bibliques dans des textes où le sens social est évident ; il n'en manque pas[78]. En réalité, la nécessité d'exprimer un classement social fait même que, pour désigner le pauvre volontaire, le grec chrétien instaure, on le verra, un terme particulier, et sans équivoque. Enfin, si les termes plus imagés de l'hébreu sont passés dans le grec chrétien, cela n'empêche pas l'usage par la Septante des deux termes traditionnels, πένης et πτωχός. Mais elle ne semble pas pouvoir conserver la distinction fondamentale et ancienne entre eux, que nous venons de définir à l'aide de trop brefs exemples empruntés à la langue classique. Bien des emplois

---

72. *Odyssée* XIV 56 (ξένοι τε πτωχοί τε), cité par Jul. 431 B, (*Lettre à Arsacios*) dans un texte important sur la charité ; *cf.* ci-dessous p. 30.

73. Cité s. v. dans Liddell-Scott, *Greek-English Lexicon*, nouvelle édition, Oxford, 1940.

74. Hesiod., v. 632, etc.

75. *Cf.* Bonitz, *Index Aristotelicus*.

76. Loeb, *Pauvres dans la Bible*.

77. Gélin, *Pauvres de Yahvé*.

78. Ce qui suit d'après Hatch-Redpath, *Concordance to the Septuagint*.

dans l'opposition riches/pauvres, dont la Septante fait grand usage, demeurent impossibles à justifier ; l'un et l'autre terme servent à l'expression du même rapport social, par exemple la position du justiciable[79]. Dans un certain nombre de cas, un unique personnage est même désigné par les deux termes réunis, entre lesquels le poids de l'original hébraïque interdit toute nuance grecque significative ; cela est particulièrement notable dans les Psaumes[80], et mérite d'être souligné si l'on songe à leur influence considérable sur le discours chrétien, par l'intermédiaire de la pratique liturgique et monastique, des homélies, et des inscriptions[81]. Il apparaît donc difficile de raisonner sur le choix de l'un ou de l'autre terme dans un certain nombre d'exemples grecs chrétiens traitant de rapports d'oppression sociale. Et il ne semble pas excessif de conclure que, abstraction faite toujours de l'original hébraïque et de son sens propre, la Septante n'a rien ajouté au vocabulaire grec de la pauvreté. Pas plus que le latin des textes juridiques, l'hébreu des textes bibliques n'a précisé ou fécondé à cet égard la distinction ancienne du grec entre πένης et πτωχός. Il y a pourtant eu un renouvellement de ce vocabulaire par la christianisation, qui est allé précisément dans le sens de la distinction ancienne, en privilégiant le terme de πτωχός. Celui-ci se trouve employé dans les versets qui fondent la doctrine chrétienne de l'aumône, et qui sont empruntés soit à la Septante[82], soit au Nouveau Testament[83], et il est à cause de cela constamment utilisé dans d'innombrables allusions, citations, commentaires des prédicateurs et des hagiographes[84].

A ces deux sources de la tradition classique et du renouvellement chrétien, comment puisent nos auteurs ? Ils font un usage inégal des deux séries que nous avons définies, celle qui rassemble les désignations concrètes et donc variées de la pauvreté, celle qui réunit les emplois de πτωχός et de πένης. Les termes les plus usités dans la première série suffiront à donner une idée de celle-ci. Des préférences séparent à cet égard, sans que l'on puisse pourtant établir d'exclusive, les écrivains de tradition classique des écrivains d'inspiration chrétienne. Ces derniers utilisent des séries empruntées aux Psaumes ou aux Evangiles, soit en entier[85], soit dans un de leurs termes : le pauvre est *l'affamé*[86] qu'il

79. Sur le droit du pauvre à recevoir justice, emplois dans des phrases étroitement parallèles de πένης (*Ex.* 23. 3 et 6 ; *Pr.* 24. 77 (31.9) ; *Is.* 10. 2 ; *Je.* 22. 16) et πτωχός (*Lev.* 19. 15 ; *Jb* 36, 6), avec peut-être des emplois plus nombreux du premier.

80. *Ps.* 34 (35), 10 ; 36 (34), 14 ; 39 (40), 17 ; 69 (70), 5 ; 71 (72), 13 ; etc.

81. Ci-dessous note 100.

82. *Pr.* XIX 17 : δανείζει Θεῷ ὁ ἐλεῶν πτωχόν.

83. *Ev. Matth.* XIX 21 : πώλησόν σου τὰ ὑπάρχοντα καὶ δὸς πτωχοῖς. Les variantes (*Marc* X 21, *Luc* XVIII 22) ne portent pas sur la désignation du pauvre.

84. *Ev. Matth.* XIX 21, paraphrasé par *V. Abraham et Mariae* 4, *V. Alyp. Styl.* 5, etc. *Prov.* XIX 17 illustré par les anecdotes telles que *Nau* 450, Joh. Mosch., *Prat. Spir.* 185.

85. *V. Marthae m. Sym. Styl. iun.* c. 1, *cf. Ev. Matth.* XXV 35 : πεινῶντας ... διψῶντας ... γυμνόν ... ἐν ἀσθενείᾳ ... *V. Theod. Coenob. a. Theod.*, p. 38 : πεινῶντας ... διψῶντας ... ξένους ... γυμνούς ... πάσχουσι.

86. *Ps.* 106 (107) 5, 9, 36, etc. et surtout *Ps.* 145 (146) 7 ; *To.* 1, 16 ; 4, 16 ; etc. *V. Matronae* 20, qui se réfère à *Ev. Matth.* XXV 34 : πεινῶντας πτωχούς; Socr., *HE* VII 25.

faut nourrir, *l'opprimé*[87] qu'il faut secourir, *l'étranger* dont la désignation, associée à celle du pauvre[88], prend une qualité charitable toute différente de la méfiance d'un Libanios. Il faut souligner que ces termes, qui n'ont aucune précision institutionnelle, et qui n'expriment en principe qu'un aspect d'une situation concrète sont cependant, par le jeu même du discours, érigés en termes de catégories, étrangères donc elles aussi au classement social traditionnel. Chaque auteur est libre d'allonger la série : ainsi Grégoire de Nysse, dans ses deux homélies sur l'*Amour des Pauvres*, les appelle-t-il «ceux qui sont nus et sans toit»[89]. Les écrivains fidèles à la tradition classique ont naturellement tendance à situer la pauvreté dans l'échelle des valeurs civiles[90], ou à s'en tenir, pour sa définition matérielle, à des termes assez abstraits, voire littéraires[91]. Dans l'ensemble, cependant, les emplois les plus nombreux reviennent aux termes qui, sous une forme générale, expriment l'état de besoin, parmi lesquels le plus courant est δεόμενος «le nécessiteux», surtout usité à propos des distributions charitables[92]. Cette définition est capitale pour notre propos, dans la mesure où, on le verra plus loin, elle commande le rapport social entre le pauvre et son contraire.

Voici donc un premier ensemble, dont l'interprétation est aisée, le mécanisme d'invention évident, l'importance considérable. Il demeure cependant accessoire, malgré la fréquence de ses emplois. Les deux termes majeurs par leur position dans le classement social, et par leur fréquence, πτωχός et πένης, doivent nous retenir davantage : ils définissent les deux rôles sociaux du pauvre. On a vu que la différence des rôles désignés par ces deux termes remonte très haut dans l'histoire du grec, et que la christianisation de la langue n'a pas altéré leurs significations respectives. Au contraire, des versets devenus très populaires ont souligné l'association entre le terme de *ptochos* et la distribution charitable des biens. Il en résulte que ce terme prendra une coloration chrétienne, qui s'ajoute à son sens véritable, et qui semble contribuer à déterminer, de façon accessoire du moins, le choix des écrivains.

Prenons pour commencer le point d'appui des textes juridiques, où l'on est sûr que le discours adhère aux situations pratiques. Nous y avons étudié plus haut l'évolution même du classement social ; considérons à la suite des conclusions proposées alors l'emploi des termes qui désignent les pauvres dans la

87. Θλιβόμενοι, *V. Dan. Styl.* 57 ; Bas. Caes., *PG* 31, 288.
88. Ξένος associé à πτωχός, *V. Theod. coenob.* a. Theod., p. 36 ; à πένης, Theod. Cyr., *HRe* XIV ; Greg. Naz., *Discours Funèbre* LXXXI 2. Et ci-dessus note 85.
89. Greg. Nyss., *Paup. Amand. Or.* I, 6/17 s.
90. Proc., *HA* XV 12 (ἄδοξοι καὶ ἀφανεῖς), XXVI 4 (ἄδοξοι opposé à ἔνδοξοι). Lib., *Or.* LII 9 (ταπεινός/λαμπρός).
91. Ἄποροι, Lib., *Or.* XXXIII 35 et XVI 32 ; Eunap. 87 ; Proc., *HA* XXVI 5 ;

JNov XCLI (*N.* 117) 5 (542), etc. *Cf.* Aristote, *passim* (ci-dessus note 75), opposé à εὔποροι.
92. Emplois chrétiens : Soz., *HE* IX III ; Marc. Diac., *V. Porph. Gaz.* 9 ; *V. Sampson.* fol. 198 ; *V. Marcell. Acoem.* 14 ; etc. Emplois dans les œuvres de tradition classique : Joh. Lyd., *Mag.* III 47, et *passim* ; Proc., *Aed.* I I 10, où le contexte est tout à fait christianisant ; ailleurs, Procope préfère inventer des expressions équivalentes, par exemple *HA* XXVI 43.

législation rédigée en grec, c'est-à-dire certaines lois du Code Justinien, et les Novelles du même empereur, puis l'*Eclogè* des empereurs isauriens au début du 8ᵉ siècle. Quelques expressions auraient leur place dans la série des termes concrets, à laquelle le grec législatif n'ajoute pas grand'chose ; on remarque cependant que, malgré la forte influence chrétienne, le législateur justinien préfère les termes à connotation civile, ou du moins abstraite, à l'instar des auteurs antiquisants de son époque[93]. En revanche, le terme de πτωχός domine les textes et les institutions qui concernent l'assistance[94], ce qui s'explique à la fois par la connotation chrétienne et, plus profondément, par le sens qu'il a toujours eu, d'un état de détresse passive. D'autre part, lorsqu'il faut désigner une condition sociale, déterminée peut-être par une capacité économique, mais vécue en tout cas par ses effets en droit civil et pénal, le terme de πένης semble adopté[95], non sans concurrence du terme plus purement civil encore d'εὐτελής, qui rappelle le latin *humilior*[96]. La série est élaborée dans l'*Eclogè*, dont le droit pénal en particulier requiert une échelle à l'intérieur même de la catégorie des pauvres[97]. La législation laisse donc apercevoir deux concepts indépendants, le pauvre assisté, et le pauvre activement présent dans la collectivité, fût-ce à la place misérable que lui vaut sa condition matérielle. Ainsi s'expliquent peut-être les expressions apparemment bizarres de la législation justinienne, qui unissent les deux termes[98], ou qui semblent employer indifféremment l'un ou l'autre[99]. Elles signifient que l'on reconnaît deux types de pauvres, qui ont en commun la misère matérielle, même si tout le reste les sépare, et qui ont donc à l'intérêt du législateur et des âmes pieuses des titres divers, mais égaux. Les textes littéraires vont dans l'ensemble confirmer ces indications.

Un mot encore, cependant, avant d'aborder leur masse, et ce sera pour considérer l'usage des inscriptions, dans lesquelles se retrouvent le droit, la religion, les belles-lettres, et le langage courant, marqué lui-même par toutes ces influences. Leur contribution la plus importante peut-être est d'attester l'influence scripturaire sur le langage et par conséquent sur les concepts de tous. Dans toutes les parties de l'Empire, au fronton des constructions hospitalières ou monastiques, des générations ont eu sous les yeux des versets des Psaumes où il était question des pauvres, et notamment *Ps.* CVII 7, qui réunit d'ailleurs les

93. "Απορος : la femme pauvre restée veuve, *JNov* CXLI (*N.* 117), 5 ; repris dans le même cas par *Ecl.* II 9 ; δεόμενος: destination des revenus écclésiastiques, *JNov* XIV (*N.* 3).

94. Désignation courante des hospices par le terme de πτωχεῖον; d'immeubles appartenant à des pieux établissements comme πρᾶγμα πτωχικόν: *JNov* XV (*N.* 7), 3 ; fonction du πτωχοτρόφος, *JNov* CLV (*N.* 123), Cyr. Scythop., *passim*, etc.

95. *CJ* VIII X 12 (Zénon).

96. *CJ.* XI XLI 7 (AA. 457-467) : peine variable du proxénète ; le coupable pauvre est opposé à celui qui est respectable par sa fonction (στρατείαν) ou ses occupations (ἐπιτήδευμα), cf. *Ecl.* XVII 22.

97. *Ecl.* XVII 11 (ἄπορος / εὐπορεῖ), 22 (εὐτελής/ἔντιμος), 19 (πένης/πλούσιος), 29 (ἐνδεέστερος ... πένης καὶ ἀνεύπορος/εὔπορος).

98. *CJ* I III 41, A. 528, legs εἰς πτωχοὺς καὶ πένητας, etc.

99. *JNov.* CLI (*N.* 131), A. 545, legs pour la nourriture des pauvres : πενήτων, *ibid.* 11 ; πτωχῶν, *ibid.*, 13.

deux termes de πένης et πτωχός sans justification apparente du sens grec[100]. Après cela, on vérifie sans étonnement que la désignation des établissements d'assistance est empruntée à πτωχός dans la langue courante[101], comme dans les textes législatifs. Le sens actif de πένης est confirmé de son côté par une belle inscription de Hama[102], du 6ᵉ siècle peut-être, qui remercie un donateur doublement méritant, car en faisant construire un bain il a donné du travail et un gagne-pain aux pauvres (πένητες) «qui peinent dans l'exercice des divers métiers».

Après ces emplois anonymes, et d'autant plus probants, de la législation et des inscriptions, voici les écrivains. Il est hors de doute que πτωχός et les mots de sa famille servent couramment à l'appréciation d'un état matériel, qui est celui du plus extrême dénuement : on qualifie par lui l'homme qui vend ses enfants faute de pouvoir tirer argent de ses meubles ou de ses vêtements[103], celui qui se trouve ruiné[104], ou bien l'ascète qui se met volontairement dans des conditions analogues[105]. Mais le sens spécifique du mot ne réside pourtant pas dans une appréciation des biens, puisque nous pourrons citer plus loin des emplois au moins voisins de πενία. Le πτωχός n'est pas seulement démuni, il garde encore une attitude passive, souvent par incapacité physique : «qui est pauvre *(πένης)* et malade est deux fois pauvre *(πτωχός)*»[106]. Aussi est-il le destinataire de l'aumône[107], nommé dans les justifications chrétiennes de celle-ci : obligation évangélique de distribuer ses biens[108], présence du Christ sous l'apparence d'un mendiant[109], éloge des chrétiens charitables[110]. Ce développement chrétien du terme explique la réticence des écrivains païens ou antiquisants. L'usage de Libanios est cependant l'exemple d'un emploi à bon escient, pour les victimes de la disette de 384[111], pour les bénéficiaires des distributions décidées par Julien[112]. Mais l'usage de Julien atteste clairement la spécialisation chrétienne du mot. Et cela est important dans la mesure où nous aurons à discuter les antécédents et la portée économique de la circulation charitable des biens. En effet, il préfère le terme de πένητες même pour désigner ces indigents auxquels il faut donner[113], voire pour se référer à l'aumône des chrétiens[114]. Cependant, il se fait un malicieux plaisir de citer une expression de l'Odyssée[115]

100. Ἐγείρων ἀπὸ γῆς πτωχὸν, ἀπὸ κοπρίας ἀνυφῶν πένητα. Citons au hasard *IGLS* 1455 et 1460 (Qasr el-Bâra), *LW* 2570c (Siddè), etc.
101. *MAMA* III 783 *sq.* (tombe collective d'un πτωχεῖον), etc.
102. *IGLS* 1999.
103. Bas. Caes., *PG* 31, 264-265.
104. Joh. Mosch., *Prat. Spir.* 193.
105. *Nau* 592/10.
106. Greg. Nyss., *Paup. Amand.*, p. 8/1-16, *cf. ibid.*, p. 7/22. Sur ce texte voir ci-dessous chap. 3, p. 110, *sq.*
107. Socr., *HE* VII 12, 17, 25, etc. *Nau* 514, 39, 214 ; Joh. Mosch., *Prat. Spir.* 85, 135 ; *Prat. Spir. Add. Vind.* 12, etc.

108. *V. Dan. Styl.* 31 ; Leont. Neap., *V. Sym. Sal.*, p. 127 ; *Nau* 46, 47, 450 ; *BHG 3* 120-123i ; *V. Alyp. Styl.* 5, etc.
109. *Nau* 479, 566 ; *Prat. Spir. Add. Vind.* 12.
110. Πτωχοτροφίαι, Greg. Naz., *Disc. Funèbr.* 34, 2; φιλοπτωχία, Greg. Naz., *Or.* XIV, Περὶ φ. *(PG* 35, 857 *sq.).*
111. Lib., *Or.* XXVII 6.
112. Lib., *Or.* XLVI 21.
113. Jul. 430 CD *(Lettre à Arsacios).*
114. Jul., *Misop.* 363, raille les femmes manifestement chrétiennes qui dépensent pour les pauvres le bien de leurs maris.
115. *Cf.* note 72.

qui ressemble à l'expression chrétienne courante qu'il connaît fort bien[116], afin de nuire à l'originalité de cette dernière. L'usage de Procope, au 6e siècle, encore une fois, réunit les différentes acceptions du mot. S'il l'emploie de façon désormais normale pour les bénéficiaires d'une distribution charitable à Alexandrie[117], ou les malades hébergés dans les hospices de Jérusalem[118], il le prend aussi à son propre compte pour désigner les pauvres accablés par une disette[119]. Et il l'emploie encore pour désigner les indigents qui se trouvent dans la couche la plus basse de la société, associés une fois aux «mendiants» et au «vulgaire»[120], une autre fois à «ceux qui travaillent de leurs mains»[121], et les deux fois, chose remarquable, à ceux qui sont «mutilés par la maladie» ; association toute chrétienne, on l'a vu par les textes de Grégoire de Nysse cités plus haut[122], et qui confirme l'attitude passive des personnages. Il faut noter toutefois que Procope emploie ailleurs isolément le terme fort littéraire de «mendiant» (προσαιτητής)[123], qui lui permet d'éviter celui de πτωχός qu'on attend.

Les séries d'emplois de ce premier terme mettent en évidence deux conclusions distinctes, mais associées : d'une part, il désigne un personnage de pauvre défini par un dénuement total et parfois même une impotence qui ne lui laissent d'attitude possible que l'attente passive du don ; d'autre part, ce personnage se trouve particulièrement bien situé dans le système chrétien des relations sociales. Autre personnage, autre rôle, le πένης est proche du πτωχός par sa définition matérielle, et tout différent de lui par sa position dans la société.

On n'est pas étonné de trouver chez les écrivains antiquisants du 4e siècle l'emploi à peu près exclusif de πένης, limité, comme nous l'avons vu, par l'approfondissement du terme encore plus civil de δῆμος, et non par le recours à πτωχός, correctement mais rarement employé. Julien et Libanios opposent normalement πένης à πλούσιος, pour exprimer la brutalité des rapports sociaux[124], l'inégalité devant les tribunaux[125], les abus des hauts fonctionnaires[126]. Dans tous ces exemples, il s'agit clairement d'une position sociale, consécutive il est vrai à l'indigence économique que Libanios sait définir au besoin directement[127]. A la même époque, les écrivains de la cité chrétienne partagent encore cette vision très sociale des choses, et c'est pourquoi les Cappadociens et Jean Chrysostome emploient eux aussi couramment πένης, même dans le contexte du don charitable. Les *Homélies sur l'amour des pauvres* de Grégoire de Nysse sont consacrées en réalité à un sujet très particulier, la charité envers des malades impotents, et par là même exclus de la vie sociale, pour lesquels le terme de πτωχός est normalement employé[128]. En revanche, les *Homélies sur la richesse* de Basile de Césarée attestent l'emploi de πένης, parce que le don

---

116. *Ev. Luc* XII 33 cité par Jul. 424 D (*A Ecébolios*), et *Fgmt* 5.
117. Proc., *HA* XXVI 35.
118. Proc., *Aed.* V, VI 25.
119. Proc., *HA* XXVI 22.
120. Proc., *HA* XXVI 18.
121. Proc., *HA* XXVI 20.
122. *Cf*. note 106. C'est le terme de λώβη qui est employé par Procope.

123. Proc., *HA* XXVI 29.
124. Jul., *Misop.* 343 ; Lib., *Or*. XLVI 24 (πενόμενος/πλουτῶν).
125. Jul., *Misop.* 344 ; Lib., *Or*. XVIII 183.
126. Lib., *Or*. LII 9, LVII 49.
127. Lib., *Or*. XXV 40.
128. *Cf*. la remarque de Grégoire de Nysse, note 106.

charitable auquel le prédicateur exhorte son auditoire est présenté comme la forme excellente du rapport social, le moyen de réunir et d'équilibrer les parties composantes de la cité que sont les riches et les pauvres. Jean Chrysostome se réfère à la même classification, et emploie les mêmes termes, pour traiter du don charitable[129], comme pour condamner les abus pratiqués aux dépens des pauvres[130]. Et les écrivains chrétiens du 4e siècle, comme leurs contemporains païens, définissent à l'occasion d'une phrase le fondement matériel de la faiblesse sociale[131].

Après le 4e siècle, πένης demeure chargé d'exprimer à la fois une position sociale et son explication économique. Ainsi en usent Choricios de Gaza[132] et Jean Lydus[133]. Procope se plaît à le remplacer par toutes sortes de périphrases littéraires, dont le sens demeure cependant assuré par leur emploi en opposition à πλούσιος, dont l'usage est normal chez lui ; cela ne change pas la conception du classement social, comme le montre par exemple l'énumération minutieuse des classes qui intervient dans l'*Histoire Secrète*, à propos de mesures qui touchent les sujets de l'Empire selon leur niveau de fortune[134]. Chez les écrivains chrétiens, la relation charitable devient non seulement plus importante, mais plus indépendante du contexte civil initial que nous avons essayé de définir plus haut. Cette évolution va peut-être de pair avec la désignation collective de la foule, soit par le terme chrétien de λαός, soit par les termes non politiques du type de πλῆθος. Elle n'est pas uniforme: le terme de πένης est employé par Théodoret de Cyr, demeuré homme de culture, dans l'énumération des conditions sociales à Samosate[135], et même pour signifier l'ensemble des pauvres, parmi lesquels les malades sont particulièrement désignés à l'assistance[136], ou par Jean Malalas, pour définir les pauvres qui vendent leurs filles aux proxénètes[137]. Mais Socrate et Sozomène, au cours de leur *Histoire Ecclésiastique*, voient surtout des πτωχοί dans la société[138]. Et en particulier, la pensée chrétienne après la fin du 4e siècle subit d'une façon de plus en plus décisive l'influence des moines.

Le genre et l'inspiration chrétienne de l'hagiographie semblent devoir favoriser l'emploi de πτωχός. Πένης devrait à cause de cela s'y présenter seulement dans ses emplois les plus précis et les plus inévitables. Le dépouillement hagiographique étendu auquel nous avons procédé atteste une quinzaine d'emplois

129. Joh. Chrysost., *PG* 52, 399 (*Hom. in Eutrop.* II), etc.
130. Joh. Chrysost., *PG* 48, 853 (*Adv. Judaeos* I).
131. Greg. Naz., *Discours Funèbre*, 14 : «ceux qui n'ont pas devant eux un seul jour de nourriture» ; Proc. Gaz., *Pan. Anast.* 13, «ceux qui sont dans le besoin de jour en jour».
132. Πενομένους opposé à πλοῦτος, Choric. Gaz., *Epit. Proc.*, p. 13 et *A Soummos*, p. 32; *A Soummos*, p. 33, τοῖς πένησι γεωργοῖς, à propos pourtant d'une

fondation charitable ; *A Marc de Gaza*, p. 120, πένης/φιλοχρήματος.
133. Joh. Lyd., *Mens.* (Febr.) IV 7 (opposé à πλούσιος et à πολυχρήματος); *Mag.* III 60, qualification du vétéran qui ne possédait pas 20 sous d'or.
134. Proc., *HA* XXVI 17 et 18.
135. Theod. Cyr., *HE* IV, 13.
136. Theod. Cyr., *HE* IV, 16.
137. Malal., 440.
138. Socr., *HE* VII, 12, 17, 25 ; Soz., *HE* IX, 3.

de πένης pour une soixantaine d'emplois de πτωχός ; nous laissons de côté les substantifs correspondants, qui sont moins significatifs. Encore πένης est-il pratiquement absent des *Récits* édifiants, plus profondément étrangers que les *Vies* au monde civil. On trouve un usage exclusif de πένης dans les énumérations de termes opposés qui veulent représenter l'ordre social dans son entier : πένης est alors opposé à πλούσιος[139]. Il désigne donc une condition sociale à travers une condition économique. Ainsi l'entend Daniel le Stylite, lorsqu'il prophétise le bonheur du règne d'Anastase, en annonçant qu'on ne verra pas le riche posséder plus qu'il ne faut, ni le pauvre moins[140]. La définition économique est mise en vedette pour opposer la pauvreté matérielle de l'ascète à sa richesse spirituelle[141]. La condition économique découle aussi de son activité : le mot désigne des ouvriers employés à des constructions, une des activités les plus pauvres précisément, nous aurons l'occasion de le montrer[142] ; quand un personnage de Jean Moschos employé au même travail se présente pourtant comme un des πτωχοί de la ville, il faut comprendre qu'il désigne ainsi sa situation matérielle, et en outre qu'il s'abaisse par humilité au niveau social le plus bas[143]. D'autre part, cette condition sociale peut être évoquée sous son aspect fiscal ; ainsi en usent les contribuables de Myra dans la supplique où ils se déclarent incapables de faire face à l'impôt : ils se désignent comme πένητες, en qualifiant de πτωχεία la situation matérielle à laquelle ils sont réduits[144]. Les emplois qui viennent d'être analysés permettent de penser que le terme de πένης désigne aussi une condition sociale lorsqu'il est choisi dans un contexte de distribution charitable. Le πένης a besoin d'aide comme le πτωχός parce qu'il partage le même dénuement matériel, mais on ne le montre pas en train de solliciter ou d'attendre le don. Ainsi dans une distribution de repas au monastère de Théodore le Cœnobiarque, la foule assistée est composée de «rustres et de pauvres»[145] : ils forment un groupe social, dont l'activité habituelle n'est pas mise en question. Les expressions générales du type «assistance aux pauvres» s'entendent dans le même sens[146].

La notion de pauvreté se présente donc sous deux dénominations principales, et elle offre deux aspects. D'abord, la misère concrète du pauvre, mesurée à l'aune des critères généraux de vie matérielle reconnus dans cette société, qui est commune aux deux dénominations. Ensuite, la situation sociale des deux types de pauvres, distingués au contraire par les deux termes différents : l'un est échoué sur le rivage social, où il attend le don charitable, l'autre est membre actif d'une société qui l'emploie, qui le soumet à son autorité, et qui tend à lui conférer un statut juridique propre. Les termes qui désignent les riches sont symétriques de ceux que l'on vient de voir, et achèvent d'en éclairer la signi-

139. *Cf.* note 46.
140. *V. Dan. Styl.* 91.
141. *Nau* 447.
142. Callinic., *V. Hypat.*, p. 126/24 ; *V. Sym. Styl. jr* 180. *Cf.* p. 196-203.
143. Joh. Mosch., *Prat. Spir.* 37.
144. *Mirac. Nic. Myr. Praxis de Tributo,*
Rezension II, 9 (p. 105).
145. *V. Theod. Coenob. a. Theod.*, p. 36 (ἀγροικῶν καὶ π).
146. Ἐπιμέλεια π.., Theod. Cyr., *HRe* XIV, *V. Matronae* 2; σιτοδότην π., *V. Theod Syk.* 2.

fication. Tous les termes autres que πλούσιος opposent le dénuement du pauvre à la possession du riche[147], la déficience du premier à la surabondance du se-cond[148]. Richesse et pauvreté semblent ainsi se correspondre comme si elles dépassaient, dans un sens ou dans l'autre, une condition économique conçue comme optimale pour tous, et par rapport à laquelle la richesse serait excès et la pauvreté défaut. C'est en ce sens que les homélies du 4e siècle condamnent la richesse sous la forme la plus voyante et la plus naïve de l'excès de consomma-tion[149]. Elles s'attachent à montrer au contraire, on le verra, que le don chari-table est le seul moyen rationnel de résoudre la disparité trop grande à l'inté-rieur d'un système social conçu au demeurant comme stable, à la fois par la quantité totale de biens disponibles, et par l'immobilité des situations indivi-duelles.

En effet, le classement que nous venons de décrire longuement semble fondé sur une conception statique et non dynamique des conditions sociales, et sur-tout de leurs fondements économiques. Pourtant, la pensée byzantine à ses débuts n'ignore pas qu'il existe des conduites économiques, qu'elle constitue d'ailleurs aussitôt en conduites morales ; elle leur prête cependant une impor-tance secondaire, parce qu'elle ne leur voit pas d'effets à très longue portée. Elle oppose à l'occasion deux volontés, comme elle a opposé deux états : le refus d'acquérir et de posséder de l'ascète, libre choix d'une pauvreté qui cesse de ce fait d'être une déficience matérielle et une faiblesse sociale[150] ; l'effort pour acquérir toujours davantage, perversion de la richesse, que condamne l'ordre social antique ou chrétien[151]. Ce sont là cependant des extrémités qui dépassent la norme[152]. Dans les limites de celle-ci, aucun terme ne montre un individu en train de modifier durablement sa condition économique, et par là même sociale.

Tout le problème historique est comme contenu dans les termes d'un langage qui reste la clef d'une histoire lourdement asservie au discours des sources les

147. *Τῶν ἐχόντων*, Greg. Naz., *Discours Funèbre* 25, 3 ; *τῶν κεκτημένων*, Jul., *Misop.* 368 D. Richesse métallique : *πολυχρήματος*, Joh. Lyd., *Mens.* (Febr.) IV 7 ; *πολύχρυσος*, Joh. Lyd., *Mag.* III 49.

148. *Ἄποροι/εὐπορώτεροι*, Lib., *Or.* XXXIII 35 ; ὁ δεόμενος/τὸ περιττόν, οἱ ἐνδεεῖς/τὸ περιττεῦον, Bas. Caes., *Hom. sur la richesse, passim.* Δεόμενοι/πολλὰ κεκτημένοι, Evagr., *HE* II 1. *Περιουσία*: richesse comme surplus normalement destiné à la charité, *BHG* 3, 120-123i; *V. Theod. coenob.* a. Theod., p. 38; *V. Dan. Styl.* 91.

149. *Cf.* les textes de Jean Chrysostome, cités par Puech, *S. Jean Chrysostome.*

150. *Ἀκτήμων/ἀκτημοσύνη*, Nau 641; Cyr. Scythop., *V. Geras.* 3 ; *V. Theod. coenob.* a. Theod., p. 85. Emploi excep-tionnel de *πένης* (*Nau* 447) ou de *πτωχεία* (Cyr. Scythop., *V. Joh. Silent.*, p. 205) dans un contexte ascétique pour insister sur l'apparence matérielle.

151. «Avaritia» dans le Prologue de l'Edit du Maximum de 301, *Praef.* 5-8 (*Diokle-tians Preisedikt*, p.90-92). *Φιλοχρήματος* «qui aime l'argent» opposé à *πένης* (Choric. Gaz., *A Marc de Gaza*, p. 120), et surtout *πλεονέκτης* «qui abuse», Bas. Caes., *Hom. sur la richesse* I 1 (p. 19/3) ; Joh. Chrysost., *PG* 52, 399 (opposé à *εὔπορος* «opulent») ; *PG* 48, 853.

152. Par exemple opposition *ἀκτημοσύνη/πλεονεξία*, Joh. Mosch., *Prat. Spir.* 52.

plus élaborées, par le fait de la documentation, ou peut-être tout simplement de la civilisation romano-byzantine. Nous avons éliminé de l'analyse des mots tout ce qui n'était pas utile à l'histoire, mais nous avons vu surgir de leur étude, en revanche, nos personnages eux-mêmes. Nous abordons une société qui oppose les pauvres aux riches, dans leur condition matérielle, juridique et sociale, comme dans les rôles qu'elle les appelle à jouer. Nous inclinerions aujourd'hui à proposer une définition économique de ces rapports sociaux. Mais le discours de cette société ancienne les constitue en un système institutionnel.

2. Conditions matérielles et condition sociale

Restituons d'abord aux pauvres cette épaisseur matérielle de la vie humaine, que nous savons pour notre part différente d'un groupe social à l'autre, et de ce fait pertinente aux classements sociaux pratiqués par les sociétés et retrouvés par leurs historiens. La description des régimes alimentaires nous retiendra d'abord.

1. L'ÉCHELLE DES RÉGIMES ALIMENTAIRES

«Combinaison d'aliments, produits par le territoire (d'un groupe) ou apportés par des échanges, qui assure son existence quotidienne en satisfaisant ses goûts, et assure sa persistance dans un ensemble de conditions de vie déterminées»[1], le régime alimentaire mérite la première place dans une étude matérielle de la pauvreté, parce que l'alimentation représente une part d'autant plus importante des besoins que le niveau de vie est plus pauvre, et parce qu'elle commande ici plusieurs de nos perspectives : histoire économique, quand nous étudierons le pouvoir d'acquisition des pauvres ; histoire culturelle, quand nous aurons à voir si certains aliments sont associés à certaines formes de pauvreté, ou au contraire jugés incompatibles avec elles ; histoire démographique enfin, parce qu'il faudra envisager les conséquences physiologiques des régimes pauvres.

Notre documentation comporte des inscriptions, relatives aux métiers de l'alimentation, et surtout des récits hagiographiques, extrêmement variés, bien que les auteurs puissent être quelquefois suspects d'opérer un choix préalable en fonction des valeurs ascétiques. Nous avons essayé de surmonter la difficulté en disposant nos informations dans un tableau structural des aliments usités, rangés selon les qualités les plus simples par lesquelles ils puissent figurer dans des séries d'oppositions. Une classification typique des régimes alimentaires apparaît ainsi, où des catégories universelles se trouvent appliquées

---

1. Sorre, *Fondements de la géographie humaine*, I, p. 249.

dans un domaine historique et géographique particulier, le Proche-Orient méditerranéen entre le 4ᵉ et le 7ᵉ siècle de l'ère chrétienne. L'étude sociale, économique, biologique des régimes devient alors possible.

La seule étude d'ensemble disponible sur l'alimentation byzantine ne dispense pas de cette recherche. Comme tout le grand ouvrage dont elle forme une partie, elle est avant tout enquête sur le passé national de la culture hellénique, pour aboutir à son présent[2]. L'auteur est ainsi conduit à présenter la permanence homogène plus que les différences. Non qu'il néglige celles qui séparent l'alimentation des pauvres et des riches. Mais il groupe les aliments selon les catégories domestiques d'aujourd'hui, anéantissant ainsi la notion sociale, historique, et géographique de régime. A l'intérieur de chacune des catégories alimentaires qu'il passe en revue, il donne une dangereuse illusion d'uniformité dans l'espace et le temps : ainsi croirait-on à le lire que les œufs et les légumes secs font également et simultanément partie de l'ordinaire des pauvres, alors que la seconde assertion s'appuie sur des textes de notre période, et sur une source encore toute différente comme l'*Histoire Lausiaque*, tandis que la première est justifiée par des textes de Théodore Prodrome et de ses contemporains. De même, des documents d'archives dont la date et la provenance demeurent lettre close pour le lecteur attestent pour les pauvres et les moines un régime qui paraît assez substantiel, riche en produits animaux. Evolution de leurs habitudes alimentaires, et de signification peut-être plus générale, pense-t-on après avoir vérifié qu'il s'agit de pièces des 11ᵉ et 12ᵉ siècles. Mais il s'agit aussi d'une aire géographique qui englobe Constantinople et la Thrace ; la prétendue évolution ne sera-t-elle pas tout simplement une différence géographique entre cette documentation et la nôtre, où sont trop bien représentées la Syrie et la Palestine[3] ? Le dépouillement des textes médicaux, précieux et louable pourtant, entraîne à la même erreur ; Koukoulès n'a pas établi pour leurs données des cadres de classement, ni même suivi une chronologie, deux précautions qui eussent permis de distinguer entre l'information personnelle et la transmission de recettes d'école ; au demeurant, le caractère de répertoire général de ces textes rend leur utilisation en histoire sociale à peu près impossible. En revanche, le travail de Koukoulès est d'un grand prix dans les parties où doivent concourir la philologie et la connaissance des réalités, ainsi dans son exposé des différentes sortes de pain, de pâtisseries et de friandises.

Nous proposerons donc au lecteur notre propre étude, dont le matériel est présenté dans le tableau 1.

---

2. Koukoulès, *Βυζαντινῶν βίος*, t. V, p. 135.

3. Koukoulès, *op. cit.*, p. 33, note 1.

Tableau 1. *Classification des aliments mentionnés dans la documentation byzantine des 4ᵉ-7ᵉ siècles*

1a. *Les aliments autres que le pain*

Niveaux de préparation	Aliment végétal de base	Condiments	Friandises	Aliments d'origine animale
I. *Ramassés* (consommés sans préparation)	légumineuses ou herbacées croissant spontanément[a] câpres[b] herbes[c] racines[d] fruits sauvages[e]			
II. *Cultivés* (peuvent être consommés sans préparation à ce niveau; avec préparation *cf.* niveaux III et IV)	légumes verts[f] légumineuses[g] dattes[h] céréales[i] *(galettes)* *(pain sec)*	sel[m]	miel[r] fruits[s]	
III. *Préparés sans cuisson*	légumes secs détrempés[j] *(pain détrempé)*	vinaigre[n] suc de plante[o] huile[p]	amandes, graines, fruits secs[t]	œufs[v] fromages (mous)[w] poisson salé ou mariné garum[x]
IV. *Préparés avec cuisson*	plat chaud de légumes[k] bouillies[l] *(pain frais et chaud)*	bouillon[q]	pâtisseries et sucreries[u]	poisson[y] viande[z]

a. *Nau* 641; *BHG 3*, 2102 (Thébaïde).

b. Anast. Mon., *Narrat.* X (Sinaï).

c. Leont. Neap., *V. Sym. Sal.*, p. 137 ; *V. Theod. coenob.* a. Cyrill., p. 107 (désert jordanien) ; a. Theod., p. 19. Cyr. Scythop., *V. Joh. Silent.*, p. 209 ; *Ps. Jos. Styl. in Chron. ps. Dion.*, p. 200, A. 813 : pendant la famine d'Edesse, les pauvres mangent l'herbe que l'automne pluvieux fait croître sur le toit des maisons, et les circonstances exceptionnelles la transforment même en marchandise.

d. Cyr. Scythop., *V. Sabae*, p. 96 (désert jordanien).

e. Caroubes : Cyr. Scythop., *V. Sabae*, p. 120, 182. Câpres : *V. Georg. Chozib.* 42 ; Anast. Mon., *Narrat.* X.

f. *Λάχανα* sans précision : *Nau* 69, 229, 286, 343, 404, 419, 490 ; *Apopht. Arsenios* 22, etc. *Λεπτολάχανα*, de qualité nutritive et marchande inférieure d'après le contexte: *Nau* 286. ʻ*Ρίζα* (*Nau* 343, *Add. Prat. Spir. BHG 3, 1450 h*) désigne les racines. La consommation de légumes verts est attestée par le métier du λαχανοπώλης ou du κηπουρός, le jardinier qui vend sa production (*Nau* 67, 261, *MAMA* III 41), par la mention des potagers des solitaires au Sinaï (*Nau* 526; Anast. Mon., *Narrat.* XIII, XV, XXIV ; Nili, *Narrat.* III, 613) ou ailleurs (*Nau* 520), sur des terres monastiques comme le Mont-Admirable (*V. Sym. Styl. jr* 176) ou les environs de Jérusalem (*V. Anast. Persae* 7), autour des villes comme Constantinople (*JNov* LXXXIII. (*N.* 64), A. 538), etc. Les légumes verts sont une nourriture de pauvres (Joh. Eph., *E. Sts* 12), et une ressource pour eux en période de famine (*Ps. Jos. Styl. in Chron. ps. Dion.*, p. 197, A. 811).

g. Ὄσπρια, sans précision: *Nau* 641, Cyr. Scythop., *V. Sabae*, p. 136, *V. Sym. Styl. jr* 13 ; «legumina» : *Itin. Antonin.* II 34. Pois chiches : *Nau* 257, *ps. Jos. Styl. in Chron. ps. Dion.*, p. 196 ; pois chiches et lupins : *Itin. Antonin.* I 34 (autre version du texte cité ci-dessus) ; lentilles : *Nau* 149, 150 ; *V. Theod. cœnob.*, p. 73–75 ; gesses et lentilles : Leont. Neap., *V. Sym. Sal.*, p. 146 ; gesses : Cyr. Scythop., *V. Sabae*, p. 130–131 ; etc. Pois verts : Mouterde, «Tarif d'impôt sur les ventes», 5–10.

h. La consommation de la datte se limite pour nous au Sud de la Palestine et aux confins égyptiens. Les régimes de la région la placent parmi les aliments de base, et non les aliments sucrés. Régimes ascétiques : *Prat. Spir. Add. Paris. BHG 3*, 1450 g-h ; *BHG 3*, 2101 ; Cyr. Scythop., *V. Gerasim.* 2 ; *Itin. Antonin.* 34. Consommation courante : *PPNess* 89, 90, 91, 6e-7e siècles (et les notes de l'éditeur sur les provenances et les qualités à la vente).

i. Les céréales usuelles sont le blé, dont l'Orient de cette époque aurait surtout produit les variétés dures (*cf.* Jasny, *Wheats of classical Antiquity*), et l'orge. Nos sources signalent le blé jusqu'à Nessana (*PPNess* 81, 89, 160), jusqu'au Sinaï où les solitaires le cultivent en jardins (Nili, *Narrat.* III, 613), et en somme partout. Nous avons moins de références à l'orge : *Apopht. Amoun de Nitrie* 2 ; *Prat. Spir. Add. Marc.* 1 (environs de Nisible) ; *PPNess* 81, 89, 160 ; *Ps. Jos. Styl. .* . ., *passim* (sur le rapport des prix de l'orge et du blé à Edesse voir ci-dessous chap. 7, p. 405). On relève enfin une tentative isolée et infructueuse de culture du millet pendant la famine d'Edesse (*Ps. Jos. Styl. in Chron. ps. Dion.*, p. 195). Sur le pain, voir notes au tableau 1b.

j. *Nau* 257, 641 ; *V. Sym. Styl. jr* 13.

k. C'est cela qui est communément désigné comme ἕψημα, le « plat cuit» par excellence. Il peut être composé de légumes verts, herbes (*BHG 3*, 2102), bettes (*Nau* 160), de courges (Cyr. Scythop., *V. Sabae*, p. 138), de légumes secs, lentilles (*Nau* 149, 150, *V. Theod coenob.*, p. 73–75, Leont. Neap., *V. Sym. Sal.*, p. 146), gesses (Cyr. Scythop., *V. Sabae*, p. 130–131, Leont. Neap., *V. Sym. Sal.*, p. 146). Les légumes sont conservés jusqu'au surlendemain (Cyr. Scythop., *V. Sabae*, p. 92). Le même plat est désigné comme ἑψητόν (Cyr. Scythop., *V. Sabae*, p. 134, *Apopht. passim*). A noter les désignations génériques de θερμόν (ὁ τοῦ θ. λέβης, *V. Theod. Syk.* 112), et curieusement de χλιαρόν (*BHG 3*, 2102).

l. ἀθήρα, farine de semoule cuite avec de l'huile, forme le repas des malades (*Apopht. Antonios* 19, *Nau* 156) ; nourriture d'enfant d'après Koukoulès, p. 37–40. Le blé distribué parfois aux pauvres (Joh. Mosch., *Prat. Spir.* 85) pouvait vraisemblablement être en partie consommé sous cette forme, telle la bouillie d'une pauvresse, Joh. Eph., *E. Sts* 12.

m. Le sel figure seulement au niveau II, comme résultant, la plupart du temps, d'un effort supérieur au simple ramassage (*cf.* Forbes, *Studies in ancient technology* III, p. 157–174) ; aussi n'apparaît-il pas dans les régimes ascétiques du niveau I, ni même dans ceux du niveau II qui excluent le pain auquel il est associé (*Apopht. Achilas* 3, *Arès*; *V. Sym. Styl. jr* 3) ; il peut faire l'objet d'une abstinence au niveau de consommation du pain (*Nau* 28).

n. L'abstinence du vinaigre ne recouvre pas l'abstinence de vin ; c'est un assaisonnement commun même chez les ascètes (*Nau* 229, *V. Theod. Syk.* 73) ; dans un hospice de Jéricho, on assaisonne ainsi les légumes secs, alors qu'il ne s'y trouve pas de vin lors de la visite de Sabas (Cyr. Scythop., *V. Sabae*, p. 136).

o. ʽΡαφανέλαιον, «huile de siliques de radis»: *Apopht. Benjamin* 3 (*cf.* Dioscoride, I 37), et de nombreuses mentions dans les papyri égyptiens (Johnson-West, *Byzantine Egypt, passim*). Moutarde : Leont. Neap. *V. Sym. Sal.*, p. 161.

p. La consommation de l'huile d'olive en Proche-Orient avant, pendant, et après notre période, est trop notoire pour qu'il soit besoin de la documenter ici. *Cf.* Jul., *Misop.* 350, qui définit le régime d'une ville équilibrée par une suffisance de blé, de vin et d'huile. Elle fait parfois l'objet d'une abstinence ascétique (*Nau* 592/48, 151), mais elle paraît en fait avoir été consommée couramment chez les solitaires (*Nau* 223, Anast. mon., *Narrat.* IX), plus encore dans les monastères (miracle de Georges de Choziba, *V. Georg. Chozib.* 37).

q. Interdit naturellement à l'ascète (*Apopht. Achilas* 3) ; préparé pour les malades d'un hôpital (Doroth. Gaz., *V. Dosithei* 17, région de Gaza).

r. Le miel n'a pas été mentionné au niveau du ramassage, car nous n'avons pas de texte précis. Il ne figure pas très souvent dans les régimes ascétiques (*Nau* 151 ; *V. Sym. Styl. jr* 3, dans son régime d'enfant), mais on ne le trouve nulle part objet d'une abstinence explicite. Il figure dans deux comptes de Nessana, *PPNess* 85 et 87, ce dernier distinguant une première et une deuxième qualité. En revanche, on s'attache à l'inclure dans les repas de fête, la nourriture de Pâques par exemple (Cyr. Scythop., *V. Joh. Silent.*, p. 211 ; Cyr. Scythop., *V. Sabae*, p. 160 ; Joh. Mosch., *Prat. Spir.* 85).

s. Ὀπώρα, «fruits arrivés à maturité» sans précision : *Nau* 517, 526. Fruits : Nili, *Narrat.* III, 616 et 617. Pommes : *Apopht. Achilas, Arsenios* 19, *BHG 3*, 2102, grenades *ibid.* Pommes et grenades sont réunies encore dans une aumône aux pauvres, Joh. Eph., *E. Sts* 12. Les fruits peuvent faire l'objet d'une abstinence (*Nau* 517).

t. Les τρωγάλια, nos «mendiants» (*PNess* 87/7, Leont. Neap., *V. Sym. Sal.*, p. 146) auraient pu, pour leur valeur nutritive, être classés dans la colonne 1. Ils ont été mis ici non seulement parce qu'ils comportent des éléments sucrés tels que les raisins secs, mais parce qu'ils figurent comme friandise dans l'ordonnance quotidienne de la nourriture. Dans une autre combinaison (*BHG 3*, 2102), les fruits secs, raisins et figues, sont mêlés aux fruits frais.

u. Sur les diverses sucreries et pâtisseries byzantines, composées de farine, d'huile, de miel et de graines diverses, voir Koukoulès, Βυζαντινῶν βίος, t. V, p. 110–121. Mentions de petits gâteaux au miel (ἴτρια) : *PNess* 85/4, *MAMA* III 549 et 598, *cf.* Robert, «Noms de métiers», p. 342 ; de galettes (πλακοῦντιν) : *Apopht. Agathon* 30 ; de gaufres (ψαθούρια) et de beignets (φοῦσκα) : Leont. Neap., *V. Sym. Sal.*, p. 146. La *Vie de Syméon Salos*, une des plus riches en informations sur la nourriture, mais aussi une des plus foisonnantes en termes populaires, conserve des noms de friandises obscurs : σφαιρία, λιμβά, φάλερα (p. 164).

v. En dehors d'une prescription pour un malade qui crache le sang (Doroth. Gaz., *V. Dosith.*, p. 114), les œufs figurent dans un seul menu monastique, à un repas de fête pascale (Cyr. Scythop., *V. Joh. Silent.*, p. 211). Mais les mentions de volailles laissent inférer leur consommation laïque, et leur prix est de ceux que le chroniqueur juge utile de noter pendant la famine d'Edesse (chap. 7, p. [959]).

w. Insignifiante dans le milieu monastique méridional, la consommation du fromage n'est pas présentée par les sources comme importante en milieu laïc. *Apopht. Simon* 2, qui note chez un ascète un repas de pain et de fromage, est isolé ; mais Jean Cassien (*Conférences* XIX 6) donne la consommation de fromage par les solitaires comme une preuve de décadence de l'ascétisme. Deux exemples de fromage frais cependant, pour des repas monastiques de fête pascale : Cyr. Scythop., *V. Joh. Silent.*, p. 211 ; *V. Sabae*, p. 96 ; dans ce dernier cas, il est offert par des Sarrasins, *cf.* les bergers sarrasins, Anast. Mon., *Narrat.* XXIV, etc. Le monastère du Mont-Admirable possède des bovins (mention d'un veau, *V. Sym. Styl. jr* 185) et des brebis (*ibid.*, 184), mais le récit ne fait pas état des produits laitiers. Même silence pour les moutons des villageois de Pharan (Cyr. Scythop., *V. Euthym.* 58), tandis que les comptes conservés à Nessana mentionnent seulement de la laine. En revanche, on trait les bêtes du *Code Rural* (*N. G.* 34). Mentions de brebis dans les cadastres d'Asie Mineure : *IG* XII/2, 76, etc.

x. Différentes préparations dans les comptes de Nessana : poissons marinés (*PNess* 85/3, sorte de sprat), salés (*PNess* 47/12, probablement Mouterde, «Tarif d'impôt sur les ventes» 2), une seule mention de *garum* enfin (*PNess* 87/5-6, première et deuxième qualité).

y. Absent des régimes monacaux le poisson cuit (ἰχθύς, ὀψάριον) figure couramment dans les régimes profanes, sans que les espèces soient précisées : Leont. Neap., *V. Sym. Sal.*, p. 137 et 164 ; *Nau* 286 ; *BHG 3*, 2101 ; Joh. Mosch., *Prat. Spir.* 185 ; Doroth. Gaz., *V. Dosithei*, p. 118 (régime de malade) ; *PNess* 47, 49, 89 (confirmés par la fouille). Julien (*Misop.* 350) et Libanios (*Or.* XI, 254) indiquent la consommation abondante de poisson à Antioche. Le second souligne qu'il est accessible aux pauvres eux-mêmes, à cela près qu'ils se contentent de poisson de rivière.

z. La consommation de la viande est soumise à des facteurs économiques, culturels, sociaux, géographiques : elle est liée à un régime relativement favorisé, à la vie urbaine, et d'autre part elle semble nettement plus courante en Asie Mineure qu'en Syrie et en Palestine, dans l'intérieur de la Syrie que sur la côte. Au sud, dans la steppe, elle est le fait des Sarrasins nomades ; pour ces éleveurs, elle représente un expédient contre la famine, qu'il s'agisse d'animaux tués à la chasse ou de leurs propres chameaux, et les auteurs monastiques qui rapportent la chose y voient une conduite de Barbares (Anast. Mon., *Narrat.* X ; Nili, *Narrat.* III, 612). Expédient de même nature aussi que la consommation de sauterelles cuites dans l'huile (*Itin. Adamn.* II 23). La viande de veau est mentionnée à Nessana (*PNess* 85/6), elle est servie à la table de l'archevêque d'Alexandrie (*Nau* 162). Au monastère de Choziba, la volaille (πιπίγκια) fournit aux besoins des hôtes, c'est-à-dire en grande partie des malades (*V. Georg. Chozib.* 23). A Antioche, on consomme à l'époque de Julien du mouton et du porc (Jul., *Misop.* 350), et aussi de la viande salée (compte du *PRylands* 630, colonne II 85, AA. 317-323, cité par Sperber, «Costs of living», 1965, p. 256). A Edesse, moutons et cochons sont élevés autour de la ville (*Ps. Jos. Styl. in Chron. ps. Dion.*, p. 195). Au 6e siècle, on y trouve de la viande salée (λάρδος) à manger cuite (Leont. Neap., *V. Sym. Sal.*, p. 158), des saucisses accommodées à la moutarde (*ibid.*, p. 161), des plats de viande tout préparés chez les gargotiers (*ibid.*, p. 168 ; *cf. Nau* 167). A Korykos, en Cilicie, ces derniers semblent bien plus nombreux que les bouchers eux-mêmes (*cf.* p. 160). En Asie Mineure, les mentions hagiographiques suggèrent une consommation campagnarde plus courante, même si elle semble parfois liée à des circonstances exceptionnelles. La *Vie de Nicolas de Sion* décrit les bombances énormes, et peut-être rituelles, de jeunes bœufs qui accompagnent une tournée pastorale dans des villages lyciens (*V. Nicol. Sion.* 54 *sq.*) La viande figure dans les distributions faites à la foule aux trois fêtes majeures par les moines de Théodore le Sycéote (*V. Theod. Syk.* 69). Mais elle constitue aussi la provision quotidienne des menuisiers qui viennent travailler au monastère (*ibid.*, 69), celle d'un pèlerin (viande de porc, *ibid.*, 70). En revanche, lorsque des villageois abattent un bœuf qu'ils mangent en commun (*ibid.*, 143), l'intoxication grave qui leur survient indique peut-être qu'ils avaient abattu une bête devenue inapte au travail. Les paysans du *Code Rural*, dont nous ignorons le lieu de rédaction, élèvent des bovins, mais aussi des porcs (*N. G. passim*). Dans la capitale même, les distributions de viande prévues initialement sur le modèle de Rome (*Patria CP* I 47) ne semblent guère s'être perpétuées. Une note de Théophane sur la disette de 556 (Theoph., A.M. 6048) laisse entendre que la viande salée (λάρδος) y fournissait à la consommation courante.

1b. *Le pain* (ἄρτος, ψωμίον)*

Fabrication	Consommation	
Galettes[a]	sec[e]	*cf.* niveau II
Pain grossier[b]	trempé[f]	*cf.* niveau III
Pain de fleur de froment[c]	frais[g]	*cf.* niveau IV
Pain de fleur de froment tendre[d]	chaud[h]	*cf.* niveau IV

* Les espèces de pain dans le monde byzantin ont été étudiées par Koukoulès, *op. cit.*, p. 10–31, Teall, «Grain supply of the Byzantine Empire», plus rapide sur ce point, et deux auteurs plus anciens également utiles, bien que leur objet soit en principe l'antiquité classique, et qui sont Voigt, «Die verschiedenen Sorten von Triticum, Weizenmehl u. Brot bei den Römern», et Blümner, *Technologie u. Terminologie*, p. 3–93. Les termes ἄρτος et ψωμίον ne comportent en eux-mêmes aucune indication de qualité ou de mesure et semblent employés indifféremment (*Nau* 281, 348) ; la qualité (*cf.* notes suivantes) tient à la fois à la nature de la farine et à la cuisson, qui détermine le mode de consommation.

a. Παξαμάτια, παξαμάδας (*Nau* 20, 155 ; *Apopht. Agathon* 20).

b. Ἄρτος ῥυπαρός (*Nau* 592/2), mêlé de blé et d'orge, ou fait d'orge seulement. Pain d'orge mêlé de farine de légumineuse (φακός), *Apopht. Dioscore* 1.

c. Ἄρτος καθαρός (*Nau* 592/2 ; Cyr. Scythop., *V. Joh. Silent.*, p. 211 ; *V. Theod. Syk.* 15).

d. Σιλίγνιον (σ. καθαρά, Leont. Neap., *V. Sym. Sal.*, p. 137 ; *ibid.*, p. 164). Sur ce pain et la farine de «siligo», *cf.* Jasny, *Wheats of classical Antiquity*.

e. Ξηρός: *Nau* 229, 348 ; opposé à νεαρός : Cyr. Scythop., *V. Sabae*, p. 107. Ce pain analogue au pain des soldats se transporte et se conserve bien, d'où son usage par les solitaires.

f. Βρεκτός : *Nau* 145, 149. Le pain trempé est un mets courant dans la Méditerranée d'aujourd'hui.

g. Νεαρός : *Nau* 348, pour un malade.

h. Θερμός : Cyril. Scythop., *V. Joh. Silent.*, p. 211 (repas de Pâques).

1c. *La boisson*

Aliments	Boissons
Ramassés-cultivés	eau[a]
Préparés sans cuisson	vin[b]
	piquette[c]
Préparés avec cuisson	boisson chaude aromatisée[d]

a. L'eau est en principe un produit non commercialisé (sur l'adduction d'eau dans les agglomérations, *cf.* par exemple Robert, *Epigrammes du Bas-Empire*, *passim* ; Lib. *Or.* XI, 246–248 ; Proc. *Aed. passim*). Les solitaires du désert ont soin de s'établir à une distance raisonnable d'un point d'eau, les monastères s'assurent aussi à cet égard. Mais il suffit d'une pénurie pour que l'eau entre dans le circuit commercial, devenant du coup une denrée inaccessible aux pauvres (Cyr. Scythop., *V. Sabae*, p. 167).

b. Le vin (οἶνον) est présent dans toutes les régions que nous étudions sous forme de vinaigre (*cf.* note *n* au tableau 1a) ou de vin. L'abstinence monacale ou cléricale n'est pas générale (*Nau* 467) ; elle est considérée par certains comme obligatoire (*Nau* 592/48 et 55) ; selon d'autres, le moine doit seulement mêler au vin un peu de vinaigre (*Nau* 592/2). Le vin se trouve dans les monastères : *Apopht.* cod. Coisl. 126, fol. 322^v– 323 ; *Nau* 148 (don) ; *V. Theod. Syk.* 144 (don d'un vignoble) et 52 (redevance annuelle). Il y est explicitement destiné aux assistés, pauvres, malades, vieillards. Pour ces derniers, l'abstinence monastique elle-même relâche sa rigueur : *Apopht. Pierre le Pionite* 1. Toute abstinence tombe, d'autre part, en cas de maladie : *Nau* 157, *V. Sym. Styl. jr* 27. Enfin, le vin fait partie du repas de fête du moine (Cyr. Scythop., *V. Joh. Silent.*, p. 211) et du pauvre assisté (Joh. Mosch., *Prat. Spir.* 85). Dans le régime normal, le vin figure avec le blé et l'huile comme composante obligée.

    c. Οἰνάριν est bien une piquette, un vin de qualité inférieure, d'après le miracle de Leont. Neap., *V. Sym. Sal.*, p. 164-165. Mentions dans les comptes de Nessana: *PPNess* 89, 145, 160.

    d. εὔϰρατος, *Apopht.* cod. Coisl. 126, fol. 323, Joh. Mosch., *Prat. Spir.* 184. D'après les textes plus tardifs cités par Koukoulès, *Βυζαντινῶν βίος* p. 133, breuvage relevé de poivre, de cumin et d'anis.

Telle est la documentation relative aux aliments usuels mentionnés par nos sources. Horizontalement, le tableau synthétique (tableau 1a, p. 38) se lit de gauche à droite, par ordre de nécessité décroissante dans l'optique des sources, et par ordre de valeur marchande croissante. La colonne 1 est occupée par l'aliment de base du régime, la colonne 2 par le condiment, la colonne 3 par les aliments sucrés, la colonne 4 par les aliments d'origine animale, viande, œufs, poisson, laitage. La boisson est présentée dans un tableau séparé (tableau 1c, p. 42), à lire de haut en bas. Le pain une fois fait est traité comme un aliment simple, et figure à ce titre dans le tableau général ; toutefois, la préparation des différentes qualités fait l'objet d'un tableau particulier (tableau 1b, p. 42). Le tableau général 1a est construit de haut en bas sur deux oppositions, d'une part entre produits ramassés et produits cultivés (niveaux I et II), de l'autre entre préparations sans cuisson et cuisson (niveaux III et IV). Au niveau I, et dans une certaine mesure au niveau II, peut correspondre une consommation immédiate, avec préparation quasi nulle. Et il est entendu que tous les produits et modes d'un niveau demeurent disponibles pour les niveaux supérieurs.

    Au niveau I, le plus élémentaire, on trouve dans la colonne 1 une opposition entre les plantes dont on consomme les feuilles et les racines, moins fréquemment citées, ainsi que, une seule fois, une légumineuse sauvage. On y trouve aussi des fruits sauvages, câpres et caroubes, rangés dans la colonne 1 parce qu'ils sont cités comme un ordinaire, et non un aliment annexe. Au niveau II, les végétaux de la colonne 1 entrent dans l'opposition essentielle des légumes verts et des légumineuses ; on a vu dans les notes les espèces particulières qui sont citées. A ce niveau correspondrait la consommation du pain «sec». La consommation des céréales en bouillie n'est pas importante. Au niveau II correspond aussi la consommation du vin.

    La préparation quasi nulle du niveau II, qui est la consommation de légumes crus, avec du sel, semble rare. L'usage au moins de vinaigre rejette la plupart des repas au niveau III ; il faut mettre à part le cas particulier des dattes, dont on dira un mot plus bas. Au niveau III, apparaissent différents modes de préparation sans cuisson, trempage pour l'aliment de base, pression pour l'assaisonnement, dessication pour les fruits, marinade, salaison, fermentation, pour les produits d'origine animale. La consommation du pain est celle du pain trempé, de la panade, préparée évidemment avec le pain sec du niveau précédent. Si ce niveau III présente déjà des possibilités alimentaires complexes, le seuil véritable de la bonne nutrition est celui du niveau IV où apparaît la nourriture cuite, légumes bouillis, viandes rôties, poissons et œufs cuits de différentes manières. A ce niveau correspond le pain «tendre» (frais), ou «chaud», et le pain de *siligo*.

Il ne faut pas craindre que la prédominance des sources hagiographiques ait mutilé notre recensement. Toutes les catégories sociales figurent dans leurs récits, riches et pauvres, laïcs et moines. Il n'y aura difficulté qu'à propos de certaines abstinences, et surtout des rations. Au contraire, cette classification se retrouve conforme aux lois générales de l'économie alimentaire[4] : dans les sens de lecture que nous avons indiqués, elle va de la simplicité à la complexité, et de la pauvreté nutritionnelle à l'abondance, selon les gradations d'un modèle qui est demeuré relativement stable dans ses grandes lignes, non seulement dans l'Orient médiéval[5], mais aujourd'hui encore[6]. La tentation est alors grande de commenter notre lointaine information à l'aide des études contemporaines sur la nutrition. Paradoxalement, la chose est rendue possible par l'imprécision de nos sources, qui ne désignent pas les espèces, mais se contentent de nommer les types d'aliments, légumes secs, légumes verts, poissons. On sait en effet la mobilité et la complexité des espèces végétales[7] qui rendent difficiles l'établissement de critères universels de la nutrition ; à une pareille distance, notre connaissance encore insuffisante de l'histoire végétale et climatique du Proche-Orient condamnerait l'entreprise. Le caractère général de notre information permet en revanche de mettre en lumière la permanence du modèle, en effaçant les différences gênantes, et de mieux comprendre ainsi la portée biologique des faits byzantins.

2. Régimes et nutrition

Les différences de régime entre les groupes sociaux se révèlent d'abord par les substitutions d'aliments qui apparaissent dans notre tableau. L'économie alimentaire moderne enseigne à distinguer les substitutions secondaires à l'intérieur d'un même groupe d'aliments, et les substitutions primaires entre groupes

4. *Cf.* Cépède et Lengellé, *Economie alimentaire du globe.*
5. *Cf.* Ashtor, «Alimentation des diverses classes sociales».
6. *Cf.* les études de Robert sur l'alimentation antique en Asie Mineure : «Lettres d'un métropolite» ; *Noms indigènes*, I, *passim.*
7. On peut encore consulter Maurizio, *Alimentation végétale* ; Bois, *Plantes alimentaires.*

d'aliments[8], plus dangereuses pour l'équilibre du régime[9]. Les unes et les autres peuvent avoir des causes à la fois géographiques et sociales.

Dans la colonne de l'aliment végétal de base, l'indifférence primaire entre les dattes et les légumes secs, en Palestine méridionale, semble à peu près uniquement géographique. Les légumes secs et non le pain, puisque les comptes de Nessana, notre principale source pour la consommation des dattes dans cette région, font une place essentielle aux céréales, tandis que les légumes secs figurent seulement dans une mention insignifiante. En sorte que le texte où on voit mentionné pour des solitaires au sud de Jérusalem un régime de dattes et de légumes verts[10], peut désigner un régime ascétique sans pain, comme il s'en trouve ; et les dattes occuperaient alors encore la même place. Un régime de pain et de dattes est en effet attesté[11]. Parmi les indifférences secondaires, celle qui intervient peut-être entre les légumes secs doit être elle aussi surtout géographique ; et nous n'en avons d'ailleurs pas d'indice. Au contraire, l'indifférence entre les céréales panifiées, orge et blé, avec l'essai isolé du millet, obéit à des raisons économiques, et touche déjà l'histoire sociale.

La colonne des condiments présente la mention isolée d'une indifférence secondaire possible, avec l'unique exemple de l'huile de graine de radis, dont nous savons par les papyrus la place dans l'alimentation des pauvres en Egypte[12]. L'indifférence primaire que représente l'emploi exclusif de graisse végétale est commune à tous les régimes de la société que nous étudions, et pour apprécier son importance il faut se reporter à la colonne des produits animaux. Nous y constatons une indifférence secondaire entre le poisson et la viande, qui est essentiellement géographique. Pour autant que nous puissions juger, en effet, sur des données peu nombreuses, la côte syro-palestinienne mange surtout du poisson, soit frais, soit conservé ; les comptes de Nessana attestent une préférence éclatante en ce sens. La viande semble plus volontiers citée au contraire dans les villes, dans l'Est syrien, et en Asie Mineure, compte non tenu de la consommation sauvage particulière aux nomades. Soulignons la consommation de sauterelles cuites dans l'huile, exemple intéressant malgré la réminiscence évangélique possible, parce qu'il est corroboré par de nombreux parallèles modernes ; il montre bien la pratique d'un régime carné dans des conditions naturelles défavorables. Dans les villes, l'indifférence entre viande et poisson peut prendre l'aspect d'une consommation simultanée. Nous n'avons guère d'information sur Constantinople, en dépit du texte qui attribue à Cons-

8. Cépède-Lengellé, *Economie alimentaire*, p. 85 *sq.* Substitutions primaires attestées : entre hydrates de carbone pauvres (céréales, légumes secs) et riches (sucres) ; entre hydrates de carbone (ci-dessus) et corps gras ; entre produits animaux (viande/laitage) ; entre corps gras (huiles) et produits animaux. Substitutions secondaires entre les différents constituants d'un même groupe : céréales/racines, tubercules ; viandes:

poissons ; légumes secs entre eux, etc.
9. On a utilisé – avec la prudence professée plus haut – les *Tables de composition des aliments*.
10. *Prat. Spir. Add. Paris.* fol. 86[r-v].
11. *Nau* 528.
12. Segré, *Circolazione monetaria*, *passim*, et le tableau *ibid.*, p. 144-145, sur le prix des huiles à l'époque romaine et byzantine.

tantin la création de distributions parallèles à celles de Rome. A Antioche, Libanios et Julien attestent, dans des intentions d'ailleurs opposées, la forte consommation de viande et de poisson à la fin du 4e siècle, et soulignent, le premier surtout, que les pauvres eux-mêmes ne sont pas privés d'alimentation carnée. L'un et l'autre, cependant, ne l'oublions pas, chacun pour ses fins, observent les règles des éloges de villes, dans lesquels l'abondance et la diversité alimentaires sont un élément obligé[13].

Notre documentation montre en réalité, croyons-nous, une tendance générale à substituer la graisse et les protéines végétales aux aliments carnés ; indifférence primaire typique des régimes pauvres, cause de désordres organiques si elle est poussée trop loin, et si les autres éléments du régime, en particulier les protéines végétales, sont absorbés en quantité insuffisante. Ainsi deux menaces pèsent sur la nutrition des régimes pauvres que l'on découvre dans ce tableau : indifférence entre hydrates de carbone pauvres ou riches ; indifférence entre graisse végétale et produits animaux. Ces menaces seront d'autant plus graves que les quantités des produits de remplacement disponibles seront plus faibles, en sorte qu'il faut maintenant essayer de retrouver ces régimes pauvres dans les textes, à la fois dans leur composition plus précise et dans la mesure de leurs quantités.

Ecartons ici une objection préliminaire, relative aux moines et ascètes, dont nos sources mettent peut-être le régime en trop bonne place : il est certain que leur groupe rassemble des gens d'origine sociale variée, et qu'il occupe dans la société une place particulière et originale. Nous le dirons plus loin. Mais dans cette première description des pauvres, bornons-nous à constater les faits : objectivement, par leur régime, par leur mode de vie, par leur activité économique, les individus nombreux qui appartiennent au groupe monacal sont des individus pauvres, semblables aux pauvres laïques par certains côtés, différents par d'autres. On distinguera donc en réalité deux régimes alimentaires de pauvreté, que sépare la place réservée aux aliments carnés, mais que rapproche tout le reste.

Tous les régimes possibles d'après ce tableau sont à dominante végétale, même si, dans les formes les plus riches, ils s'équilibrent par l'introduction de produits animaux. Leur qualité nutritionnelle se définira par les éléments groupés dans la colonne 1, avec la consommation de pain propre à chacun de ses niveaux. Le régime du ramassage est en réalité exceptionnel. Il figure dans certains récits d'ascèse comme une extrémité exemplaire[14] ; et c'est d'autre part le régime bien connu des famines en tous temps et en tous lieux. Autrement dit, il menace tous les pauvres en période critique, tandis qu'en temps normal il serait, nous dit-on, choisi volontairement par une élite spirituelle ; quoi qu'il en soit, même dans les récits d'ascèse, on le trouve rarement à l'état pur. Mais il est vraisemblable que le régime des pauvres conservait en tous les cas une part de produits de cueillette, variable selon les temps et les lieux.

---

13. *Cf*. Robert, «Lettres d'un métropolite», p. 151-166.

14. Textes cités dans Patlagean, «Ancienne hagiographie».

Le régime usuel des pauvres combine de façon variable les ingrédients des niveaux II, III, et IV de notre tableau 1a, avec toujours une forte dominante végétale. Aussi examinerons-nous d'abord les variations de la colonne 1. Le pain est le pivot de tous les régimes sous les différentes formes que l'on a vues dans le commentaire au tableau 1b. Il est distribué par les monastères, par l'Etat, donné en aumône aux mendiants, en paiement aux ouvriers. La disette de blé et de pain est la disette par excellence[15]. A côté du pain, nous verrons donner dans ces mêmes conditions des rations de céréales. L'ordinaire des pauvres combine également différents légumes, avec l'opposition essentielle entre légumes secs et légumes verts, ces derniers mentionnés le plus souvent comme une espèce dont on consomme les feuilles, crues ou cuites, moins fréquemment la racine. La grande opposition à l'intérieur des régimes de pauvreté, dans notre colonne 1 – qui commande les autres – c'est en effet la présence ou l'absence de cuisson. Ainsi voit-on d'un côté le régime sans cuisson, qui comporte à la colonne 1 le pain sec, les légumes verts crus et les mets trempés, légumes secs trempés et panade, de l'autre côté un régime avec cuisson, qui comporte des légumes verts et secs, cuits et mangés chauds, et des bouillies ; exceptionnellement, c'est-à-dire en cas de maladie ou pour une fête, s'ajoutent le pain tendre et frais, ou même le pain chaud. Il est évident que la répartition de ces deux régimes n'est pas rigide, et que les individus passent de l'un à l'autre selon les circonstances ; mais en principe le régime à dominante crue est celui des pauvres isolés, auxquels une préparation domestique des aliments cuits n'est pas toujours possible, qu'il s'agisse de solitaires du désert ou de pauvres de la rue. La cuisson s'achète, avec le pain et les plats chauds du gargotier ; elle se donne dans les distributions des monastères qui boulangent le pain, et font cuire les légumes pour les distributions charitables ; elle est élément de salaire dans ces mêmes monastères, où les ouvriers occasionnels reçoivent des repas cuits préparés pour eux par le cuisinier du monastère. Ainsi la cuisson doit-elle entrer dans l'appréciation nutritionnelle et sociale d'un régime. Les moines cénobites qui ne manquent jamais d'aliments cuits mangent mieux que les pauvres isolés, même si les ingrédients du régime sont les mêmes. Cette valeur supérieure des aliments cuits est soulignée par leur consommation dans les institutions charitables où sont recueillis les pauvres malades. Aux malades également on donne le pain frais ou chaud qu'ils ne consomment pas habituellement.

La distinction entre les différents régimes de pauvreté se précise par l'examen des autres colonnes de notre tableau. Dans la colonne 2, le sel ne manque, semble-t-il, à personne. A en juger par l'échelle des abstinences érémitiques, le vinaigre a moins de valeur que l'huile, et serait plus abordable. Le bouillon de viande apparaît bien comme exceptionnel, réservé aux malades. Il reste en réalité, en dehors du sel, deux condiments fondamentaux, l'huile et la sauce de poisson, la première plus nécessaire et plus courante que la seconde, et qu'il faut ranger dans l'ensemble des aliments carnés. L'huile est la dominante dans

15. Voir, chap. 3, p. 78-83.

la colonne des condiments, qui s'avère ainsi en même temps celle des corps gras.

Dans la colonne des sucres il est difficile d'esquisser une répartition autre que de circonstance entre les différents groupes de pauvres. Il semble que de toute façon les sucres soient un appoint exceptionnel ; on voit certains fruits distribués au même titre que le pain ; le miel apparaît surtout dans l'ordinaire de la fête de Pâques. Au contraire, l'aliment sucré ne fait pas nécessairement partie intégrante des menus ordinaires dont nous avons quelques exemples, soit de l'ordinaire des pauvres, soit même des repas riches avec plat de viande ou de poisson. Les friandises proprement dites ne sont mentionnées que dans les plus élaborés d'entre eux. Cependant, la quantité des confiseurs et pâtissiers de Korykos[16] semble indiquer une consommation courante. Il est vrai que le vin, dans une certaine mesure, est une source de sucre. Sa consommation est courante, et jugée nécessaire ; en même temps, il n'est pas tout à fait à la portée de tous, bien qu'il se présente aussi, on l'a vu, sous des qualités inférieures. Sa répartition entre les différents régimes semble être la suivante : les moines en consomment plus souvent qu'on ne pense ; l'abstinence totale est loin d'être la règle, et souvent les textes ascétiques se bornent à recommander soit la modération, soit l'usage de mêler au vin un peu de vinaigre ; en tout cas le moine malade en boit toujours, et le pauvre malade recueilli à l'hospice également. Dans le régime laïque, il est obligatoire dans les menus riches où figurent aussi viande ou poisson. Les monastères en distribuent aux pauvres pour Pâques, ce qui implique qu'il peut ne pas leur être normalement accessible tous les jours.

Le problème le plus difficile, dans l'étude des régimes pauvres de notre société, est d'estimer la place des aliments carnés, à propos desquels le jeu des facteurs économiques et géographiques est perturbé profondément par des facteurs culturels, eux-mêmes peut-être en partie sublimation d'un état de fait. Liée, comme on l'a vu, à la civilisation urbaine, la consommation de la viande n'est pas frappée de restriction par les décisions canoniques, à l'exception des viandes sacrificielles. Au contraire, l'Eglise se garde de tous les interdits qui auraient rappelé aux fidèles le modèle juif dont ils se rapprochaient parfois spontanément[17]. L'abstinence complète est au surplus le propre des hérésies de type dualiste, auxquelles nous reviendrons. Pourtant, la viande est absente du régime monastique, et l'hagiographie apparemment orthodoxe elle-même lui marque une méfiance qui a sans doute oblitéré notre documentation : le jeune Dosithée, par exemple, s'entend dire que pour être sauvé il faut non seulement jeûner et prier, mais s'abstenir de viande[18]. En tout état de cause, on retiendra des observations rassemblées dans les pages précédentes que la vraisemblance d'une part moindre de la viande et du poisson dans les régimes pauvres doit être en fait corrigée par les variations régionales entre la côte, l'intérieur, la steppe, entre le Sud et le Nord, mais aussi par cette différence matérielle

---

16. Voir chap. 5, p. 160 *sq.*
17. Bas. Caes., *Ep.* 199, A. 375, 28.

18. Doroth. Gaz., *V. Dosithei*, p. 106.

entre la ville et la campagne que nous retrouverons constamment dans ce livre comme le caractère le plus déterminant peut-être du système social byzantin pendant la première période de son histoire. Il faut ajouter à cela que les mentions relatives aux œufs et aux laitages sont rares, et que les informations relatives à ces derniers semblent liées plutôt aux activités paysannes ; mais elles ne permettent de toute façon aucune conclusion véritable.

Ainsi distinguons-nous différents régimes pauvres chez les solitaires du désert, les pauvres isolés des agglomérations, les moines cénobites et les pauvres valides qui gravitent autour des monastères, enfin les pauvres malades recueillis dans les hospices. Mais nos sources, qui eussent permis d'étudier de plus près que nous ne l'avons fait les régimes riches, laissent en revanche à peu près dans l'ombre le régime des travailleurs dans les villes et dans les campagnes. D'autre part, on reconnaît le classement, habituel aux sociétés traditionnelles, de trois régimes : en ordre de valeur nutritive ascendante, ceux des jours ordinaires, des jours de fête, des périodes de maladie. On a vu plus haut les régimes exceptionnels de chaque niveau, qui correspondent en gros à l'ordinaire du niveau supérieur. Pour tous, le diagnostic de pauvreté est le même : dominante de protéines végétales et d'hydrates de carbone, pauvreté en lipides, pauvreté plus grande encore en protéines d'origine animale dans la plupart des cas. Les légumes secs, plus encore peut-être que les céréales, sont là un secours essentiel[19]. A ces principes de déséquilibre, que nous verrons mieux après avoir examiné ce que nous savons des quantités, s'ajoutent des carences que le simple énoncé laisse déjà apercevoir, et qui restent aujourd'hui, compte tenu de la différence du pain, celles des régimes construits sur des bases analogues ; ces derniers persistent dans les pays mêmes où se situe notre étude, la zone méditerranéenne et proche-orientale[20]. La carence la plus grave est celle de la vitamine A absente du pain et de l'huile végétale ; elle se trouve dans les parties vertes des légumes, mais en quantité insuffisante, et des sources végétales importantes, comme la tomate, sont absentes du tableau ancien. Les vitamines du groupe B font également défaut : ce type de régime comporte trop de féculents et de sucre, pas assez de viandes et de graisses, qui sont des aliments de réserve de ces vitamines, dont la transformation est également entravée par les troubles intestinaux fréquents[21]. La déficience en vitamine D peut ne pas être relevée, puisqu'elle est corrigée par la grande insolation. Enfin, il est possible qu'il y ait une déficience en vitamine PP antipellagreuse, bien qu'elle soit présente dans le blé, l'orge, les légumes secs, comme dans le poisson ; mais l'assimilation de PP d'origine végétale est difficile, et laisse au surplus un grand déchet, ce qui pose une fois encore le problème des rations. Celui-ci commande également l'appréciation des éléments minéraux du régime, que les céréales, et surtout les légumes secs, peuvent en principe fournir en quantité suffisante.

Tout ce que nous avons dit demeure donc tributaire des quantités que nous pourrons apercevoir. Nos données sur ce point capital seront malheureusement

---

19. Sur les légumes secs «viande du pauvre», *cf*. Aykroyd-Doughty, *Légumineuses*.

20. *Cf*. Justin-Besançon, Pierre-Klotz, *Avitaminoses*, et ci-dessus notes 4 et 7.

21. *Cf*. ci-dessous p. 106. *sq*.

peu nombreuses. L'idée de portion suffisante, ou abondante, de chaque élément d'un régime est fréquente dans les textes, où le repas abondant conjugue quantité et variété des aliments[22], mais elle n'est guère chiffrée. Le récit hagiographique se contente souvent de souligner, à des fins édifiantes, l'abondance immodérée d'un repas profane, ou, à l'autre extrémité, la parcimonie continue d'un régime ascétique. Il est certain que, par-delà l'importance ascétique et spirituelle de ce dernier thème, on retrouve un fait : l'ascète a réussi à se libérer du tourment de la faim, non par l'abondance inaccessible, mais par une victoire sur son propre corps ; les récits spirituels parlent souvent de la faim qui éprouve encore le nouvel arrivé au désert. On peut rassembler trois maigres séries de quantités[23] : les deux premières se trouvent dans les récits d'ascèse, qui indiquent à l'occasion la ration de l'ascète, avec parfois la ration normale qui était la sienne dans le monde, ou qui est comparée à la sienne de quelque façon ; l'intention édifiante du récit laisse évidemment supposer que la ration de l'ascète est extrêmement faible, et la ration profane indiquée comme assez forte. En troisième lieu, on trouve des rations d'aumônes en nature faites à des solitaires, ou à des pauvres, et celles que distribuent les monastères ; mais dans le premier cas, ce sont des chiffres occasionnels, qui peuvent illustrer une charité particulièrement notoire ; dans le second, même lorsqu'il est possible de voir le quotient individuel, il faut distinguer d'un côté le secours congru des temps de disette, d'autre part les rations exceptionnelles de Pâques. Aussi reste-t-il bien peu de chiffres en réalité, si l'on considère les conditions qu'ils doivent remplir pour nous être utiles : nous devons savoir en même temps le nombre des consommateurs et la durée de consommation de la provision donnée, à moins que l'énoncé ne porte directement la ration journalière qui est, semble-t-il, consommée dans un unique repas en fin de journée, surtout dans la catégorie sociale qui nous occupe[24].

On ne s'étonnera pas que, pour celle-ci, les indications portent surtout sur la ration de pain ou de grain. Les contemporains savent que c'est la base du régime alimentaire, le pivot de la subsistance, et par conséquent la ration la plus significative, tandis que la proportion des autres aliments peut supporter des variations considérables. Dans un régime pauvre, celle-ci sont secondaires, c'est-à-dire que la ration de pain ne varie pas en conséquence. Les autres aliments s'y ajoutent ou non, au gré des accidents quotidiens. Ainsi le novice Dosithée, prié d'énoncer à son arrivée au monastère sa ration quotidienne de nourriture, cite-t-il seulement le pain[25] ; ainsi, dans une aumône de la région jordanienne où les dattes sont substituées au pain, ou aux céréales, la mesure de celles-ci est-elle donnée tandis que les légumes qui les accompagnent sont

---

22. «Beaucoup de nourriture, du vin et des poissons» (*Nau* 286) ; «beaucoup à manger, des poissons, du vin en abondance» (*BHG* 3, 2101) ; «des pains de fleur de froment, des volailles bouillies, et une variété de rôtis», *V. Theod. Syk.* 15.

23. Pour les mesures, voir maintenant Schilbach, *Byzantinische Metrologie*.

24. *Nau* 67 (un jardinier), *BHG* 3, 618 (un tailleur de pierres), *Nau* 340 (un solitaire qui va vendre ses corbeilles au village).

25. Doroth. Gaz., *V. Dosithei*, p. 108.

dits simplement «en quantité satisfaisante»[26]. Au contraire, dans les régimes riches, où figurent régulièrement des aliments animaux, la ration de pain diminue, tandis que la viande ou le poisson deviennent à leur tour objets de mesure.

Il y a donc deux niveaux de pauvreté dans la ration de pain : ici elle est relativement élevée parce qu'elle constitue la base de la nourriture quotidienne, là elle apparaît insuffisante même dans cette position trop centrale. Les données sont malheureusement peu nombreuses, et difficiles à interpréter. Les quantités sont tantôt de grain et tantôt de pain. Elles sont exprimées en mesures provinciales, ou en nombre de pains alors qu'il en est de poids différents. Enfin, les rations attestées sont le plus souvent de caractère officiel, ou bien ascétique, en sorte qu'elles ne donnent qu'une information indirecte sur la ration courante ou jugée couramment nécessaire. La meilleure indication à cet égard se trouve dans la *Vie de Dosithée*, située à Gaza au 6e siècle[27] : au moment où il vient embrasser la vie monastique, sa consommation habituelle est de 6 lbs par jour, soit, nous dit-on, un pain et demi, puisque le pain était de 4 lbs[28]. C'est une ration comparable aux 2 ou 3 artabes de grain qui font à la même époque la rétribution mensuelle du journalier égyptien adulte[29], puisqu' 1 artabe de blé produit 80 lbs de pain «sec»[30]. Elle se retrouve peut-être aussi dans l'observation qu'il faut une douzaine de «galettes» ($\pi\alpha\xi\alpha\mu\acute{\alpha}\tau\iota\alpha$) pour rassasier un homme normal[31], pour peu qu'on la rapproche à la fois de la *Vie de Dosithée* et du poids des «biscuits» (*bucellae*) que l'on distribuait à Rome, et qui était de 1/2 lb, comme on le verra dans un instant. Enfin, le régime ordinaire du Sicilien pauvre vers 1960 apporte une confirmation remarquable, compte tenu de la distance historique[32] : il se définit en effet lui aussi par une ration mesurable de pain et de pâtes, un accompagnement non mesurable et variable de légumes et de fruits, enfin une consommation insignifiante et épisodique de produits d'origine animale; or, la ration moyenne de pain monte à 1 500 g par jour, celle de pâtes à 300 g. Permanence frappante si l'on considère les différences dans la production et la distribution commerciale du blé et, malgré tout, l'élévation générale du niveau de vie que l'on aurait pu supposer.

Dès qu'il y a consommation de viande, la ration de pain diminue. Un récit des *Apophtegmata* rapporte le régime auquel fut soumis dix jours durant, pour sa pénitence, un ascète qui s'était enorgueilli de son abstinence[33] : il mangeait chaque jour 1 lb de viande et 1 pain, ce qui rappelle le poids d'environ 4 lbs à l'unité suggéré par la *Vie de Dosithée*. Des proportions analogues apparaissent du reste dans deux documents célèbres d'Oxyrhynchos en Egypte, qui attestent au milieu du 6e siècle des rations de militaires, dont la signification est donc assez,

26. *Prat. Spir. Add. Paris. BHG 3*, 1450g.
27. *Cf*. note 25.
28. La livre byzantine des 4e-7e siècles oscillerait autour de 324 g d'après Schilbach, *Byzantinische Metrologie*, p. 164, l'once (1/12 de lb) étant alors de 27 g.
29. Segrè, *Circolazione monetaria*, p. 60.
30. D'après *POxy* 1920, cité par Johnson-West, *Byzantine Egypt*, p. 183.
31. *Nau* 155.
32. Rochefort, *Travail en Sicile*, p. 69.
33. *Nau* 641.

peu locale, mais dont la consommation en revanche a pu n'être pas strictement individuelle[34]. Elles diffèrent selon le corps et le grade, peut-être selon la saison, et elles comportent pain, viande, huile, vin. Les rations de pain et de vin du *POxy* 1920 varient clairement dans le même sens : 4 et 3 lbs de pain, 1 et 1/2 lb de viande. Le *POxy* 2046 prescrit des rations de 3 lbs de pain, avec lesquelles le personnel des bureaux reçoit 1 lb de viande, contre 2 lbs aux soldats «Scythes» et «Bucellaires». Le tribun reçoit pour sa part 4 lbs de viande, outre 2 volailles, et 3 *silignia*[35], ce qui met le poids de ces derniers à 1 lb l'un probablement. Le régime des distributions de Rome se composait des mêmes éléments. La ration de pain y était également, depuis 369, de 3 lbs par jour, sous la forme de 6 «biscuits» (*bucellae*), mesure étendue à Constantinople en 372[36]. La ration de viande romaine était en tout état de cause bien moindre que celle des militaires d'Oxyrhynchos, mais nous ne savons rien des distributions autres que le pain dans la capitale orientale[37]. En revanche une ration de pain qui, associée à d'autres aliments, montait à 10 lbs est rapportée comme la consommation morbide d'une maladie boulimique consécutive à une famine du milieu du 6e siècle[38].

La ration quotidienne de pain varierait donc, dans la pratique ou dans l'estimation, de 3 lbs dans un régime équilibré entre autres par une ration de viande, à 6 lbs dans le plus favorisé des régimes pauvres, celui dont le pain forme l'aliment de base, mais où il peut être consommé en quantité suffisante : tel pourrait être par exemple, en temps normal, le cas des travailleurs. D'autres textes suggèrent en revanche que la ration de la plus grande pauvreté, celle des périodes de disette et des individus sans ressources, tournerait autour de 1 lb. C'est la quantité distribuée pendant la famine à Edesse[39], et près de Jérusalem à la fin de l'hiver[40]. Ailleurs, un pauvre et saint coupeur de bois[41], un ascète consommateur de pain «sec»[42] mangent chaque jour «une couple de pains» : s'agit-il encore une fois des pains ou biscuits d'1/2 livre ? C'est ainsi que Segrè comprenait cette mention dans certaines rations égyptiennes[43]. En revanche, une distribution charitable pratiquée à Pâques dans un monastère cilicien[44] comportait par personne 1/2 modius de blé[45], 5 pains bénits, 5 gâteaux ($\varphi\acute{\alpha}\lambda\varepsilon\varrho\alpha\iota$) 1 setier de vin et 1/2 setier de miel. Mais ce n'est que l'indication d'une quantité exceptionnelle et unique de nourriture, dont la consommation pouvait être partagée ou différée. Enfin, on peut négliger les quantités de pain de l'ordre

34. *POxy* 1920 et 2046, cités par Johnson-West, *Byzantine Egypt*, p. 225-226, et par Jones, *Later Roman Empire*, t. III, p. 191 (note 44 au chap. XVII).
35. *Cf.* p. 42, note du tableau 1b.
36. *Cf.* Chastagnol, *Préfecture urbaine*, p. 312 *sq*.
37. *Cf.* chap. 5, p. 185-186.
38. Zach. Mityl., X, Fgmt. cap. 13-14.
39. *Ps. Jos. Styl. in Chron. ps. Dion.*, p. 197,

A. 812.
40. *V. Theod. Coenob.* a. Theod., p. 37.
41. *Nau* 628.
42. *Nau* 173.
43. Segrè, *Circolazione monetaria*, p. 153.
44. Joh. Mosch., *Prat. Spir.* 85.
45. 1 modius = 40 lbs = 12,960 kg, *cf.* Schilbach, *Byzantinische Metrologie*, p. 109, et note 28.

d'1/2 lb par jour, qui sont citées comme des prouesses ascétiques, et non comme des réalités courantes[46].

La mesure des autres denrées nous échappe encore plus. Nous n'en avons trouvé aucune pour les légumes secs, ce qui prouve que, malgré leur importance quotidienne, ils ne semblaient pas nécessaires à la définition d'un régime. Les dattes tendent à être mesurées quand elles constituent l'aliment de base ; mais l'unique mention d'1 modius distribué périodiquement aux ascètes de la vallée du Jourdain est difficile à interpréter[47], tandis que les achats massifs et fréquents effectuées à Nessana, par un économe ecclésiastique notamment[48], sont destinés à un nombre de consommateurs qui demeure inconnu. Dans la plupart des cas cependant, l'absence de mesure signifie surtout qu'il s'agit d'aliments consommés irrégulièrement, et, dans les régimes pauvres, en faibles quantités. Ce serait le cas de l'huile, dont la mesure est précisée dans les rations militaires déjà citées, variant dans le *POxy* 1920 de 5/48 à 1/10 de setier, et dans le *POxy* 2046 de 1/10 à 1/8 de setier, tandis que le tribun reçoit 1 setier par jour[49]. Nous avons vu qu'1 lb de viande semble la ration normale d'un repas riche[50] ; la volaille est mentionnée à la pièce[51], et le poisson n'a fait l'objet d'aucune ration mesurée dans nos sources. Pour le vin enfin, la ration d'1 setier paraît[52] elle aussi abondante dans l'ordinaire des particuliers, mais elle est inférieure à la plupart des rations militaires d'Oxyrhynchos : 1/2, 1 et 2 setiers dans le *POxy* 1920, mais 2 setiers dans le *POxy* 2046, et 8 pour le tribun.

En conclusion, il est difficile de porter sur ces régimes une appréciation d'une précision moderne, bien que la relative stabilité des plus pauvres d'entre eux dans la Méditerranée contemporaine aide aujourd'hui à en imaginer les effets. Disons seulement qu'ils présentent à tout le moins une pauvreté qualitative, et sont donc faciles à déséquilibrer. Les quantités devraient au moins être régulièrement satisfaisantes, sans excès ni insuffisance des aliments de base, sans déficience non plus des aliments consommés en petites quantités, notamment des produits animaux. Il n'a guère dû en être ainsi. Des chutes plus ou moins brusques, plus ou moins longues, selon les individus, les moments, les régions, ont toute chance au contraire d'avoir marqué le régime des pauvres en ce début du Moyen Age byzantin.

3. Habitat et pauvreté

La limite de compression des besoins autres que la nourriture est théoriquement indéfinie, et cela rend assez difficile la recherche du niveau de consommation

46. Cyr. Scythop., *V. Sabae* 24 : 10 onces (270 g) de pain «sec» ; Doroth. Gaz., *V. Dosith.* 8 onces (216 g) ; *V. Hilar.* 11 : 6 onces de pain d'orge (162 g) entre 30 et 35 ans, 5 onces (135 g) à partir de 80 ans.

47. *Prat. Spir. Add. Paris. BHG* 3, 1450g (fol. 86^{r-v}) ; *cf.* note 45.

48. *Cf.* chap. 7, p. 402.

49. 1 setier = un peu plus d'1/2 litre (mesure antique), *cf.* Schilbach, *op. cit.*, index p. 286 s. v.

50. Textes cités notes 33 et 34.

51. *V. Theod. Syk.* 15.

52. Textes cités notes 33 et 45.

de la pauvreté. En revanche, les critères du vêtement et de l'habitat ne sont pas seulement matériels, liés au pouvoir d'acquisition, mais aussi sociaux, et plus précisément juridiques ; ils signalent l'appartenance à tel ou tel groupe social.

Les règles sociales qui entourent le vêtement à partir du 4e siècle demeurent dans la tradition antique des distinctions de rang dans la cité. La société byzantine réglemente le vêtement des sénateurs, celui des fonctionnaires, et surtout celui qui fait reconnaître les esclaves[53]. Pourtant, elle n'élabore pas vraiment un système de significations sociales du vêtement. La plupart du temps, celui-ci exprime le rang social de son possesseur à travers sa valeur marchande précisément. Le vêtement de soie, rehaussé d'or ou de broderies ou encore uni, est le propre du riche, le superflu dont se dépouillent les héros des histoires ascétiques[54]. Celles-ci montrent aussi, à l'autre extrémité, la nudité quasi totale de l'ascète, qui est refus de la civilisation entière[55], celle du pauvre impotent ou du saint charitable qui se dépouille pour lui[56] ; de tels épisodes confirment que le pauvre porte un vêtement unique, dont il possède un unique exemplaire, ce que recommandent d'ailleurs à l'ermite les *Apophtegmata*[57] ; vêtement unique encore que l'aumône distribuée par la pieuse confraternité d'Antioche dans un récit de Jean Moschos[58]. Dans la pauvreté stabilisée mais suffisante que représente le régime monastique, ce vêtement est renouvelé chaque année[59]. Plutôt que dans le tissu lui-même, la pauvreté se marque, à en juger par les préceptes ascétiques, dans le fait de posséder un seul vêtement, et de le faire durer longtemps. Il existe cependant un tissu propre aux pauvres et aux soldats, fabrication des *agnapharioi*[60] ; pour le reste, il y a peut-être des variations régionales. Mais l'expression matérielle de la hiérarchie sociale n'est pas là. Elle se manifeste dans l'habitat.

L'habitat, en effet, reflète tout à la fois le niveau de vie et l'activité économique des pauvres, au point de changer en même temps que cette dernière. Dans une société où le droit est signe privilégié de ce qui, pour nous, s'exprimerait en termes d'économie, la forme matérielle de l'habitat est en outre inséparable de son statut juridique, commandé à son tour par l'activité économique de l'occupant, qu'il s'agisse de la ville ou de la campagne, des individus ou des groupes, d'un habitat permanent, prolongé ou temporaire. L'habitat est donc un critère complet pour une définition sociale de la pauvreté. Nous allons en décrire, en ordre de complexité croissante, des formes laïques et des formes monastiques parallèles, ces dernières achevant et mettant en ordre les tendances profondes de la classification sociale contemporaine ; nous établirons ainsi des préliminaires à l'étude économique des chapitres qui suivront.

---

53. *Lex vestiaria* de 381, *CTh* XIV X 1 ; *cf.* C. Gangr., p. 79-80.
54. Joh. Ephes., *E. Sts.* 55, etc. *Cf.* Stein, *Histoire du Bas-Empire* II, p. 769-773 ; Lopez, « Silk industry in the Byzantine Empire ».
55. Textes cités dans Patlagean, « Ancienne hagiographie byzantine ».
56. *V. Sym. Styl. jr* 30 ; *Nau* 38 (un *magistrianos* enlève une de ses chemises de lin pour en couvrir un pauvre nu), 358, 566.
57. *Nau* 592/3, 592/13.
58. *Prat. Spir. Add. Vind.* 12.
59. *V. Theod. coenob.*, p. 81.
60. *Cf.* Robert, « Noms de métiers », p. 324-329.

Au niveau le plus bas, à la limite absolue de la pauvreté, correspond l'habitat inexistant. Les pauvres dépourvus de toute autre ressource que la mendicité individuelle, malades, infirmes, restent tout simplement par terre, sur une place de ville, au bord d'une route de campagne[61] ; ceci est la situation extrême, imitée à ce titre par les ascètes[62]. Dans les villes, les pauvres non assistés, qu'ils vivent d'aumônes ou de quelques services élémentaires qu'ils accomplissent, qu'ils soient seuls ou attroupés, s'abritent dans les bâtiments qui offrent un toit tout prêt, et purement précaire, à un séjour encore dépourvu de toute qualité légale[63] ; ils finissent par acquérir une sorte de droit d'usage ; Syméon Stylite le jeune intervient quand le nouveau patriarche veut déloger les pauvres d'une église d'Antioche devant laquelle ils s'étaient toujours amassés, exigence que le biographe présente sous un jour tout à fait défavorable[64]. Il s'agit d'ailleurs très souvent d'une église, ou plus exactement des portiques qui l'entourent[65], parfois même d'une boutique, comme celle du verrier juif d'Emèse, dans laquelle les pauvres se chauffent auprès de la fournaise à longueur de jour[66], voire des portiques des rues[67]. Ceux-ci offrent aussi le premier abri à des gens brusquement privés de tout, tels ces campagnards qui affluent à Edesse durant la famine de 500 ; le gouverneur les abrite dans les portiques du bain, fermés et garnis de paille et de nattes, et les grands de la ville l'imitent[68] ; on reconnaît d'ailleurs là des scènes de calamité aussi anciennes que la réalité elle-même, déjà décrites par Thucydide, par Démosthène... Hors les villes, c'est parfois un monument antique, isolé dans la campagne, qui offre un asile temporaire[69].

La même catégorie, définie par le statut juridique nul d'un occupant individuel, et par son activité économique pratiquement nulle aussi, est offerte aux pauvres dans le domaine monastique. Les solitaires des villes, qui vivent, comme les autres pauvres, de charité quotidienne, s'abritent de façon analogue. Cependant, la pauvreté matérielle est alors pour ainsi dire remise en ordre par l'institution monastique. Sabas le Grand, par exemple, rachète des niches pratiquées dans l'enceinte de Jérusalem, pour les utiliser à des fins d'hébergement[70]. Les monastères ont des bâtiments d'accueil, où les pauvres s'abritent pour un temps plus ou moins long, durant lequel ils reçoivent l'aumône de leur nourriture[71] ; ils combinent de la même façon l'occupation précaire des individus, sans fondement juridique ou contrepartie productive, et la situation claire des édifices, biens légitimes du monastère. De tels bâtiments, dont la fonction est attestée par l'épigraphie, les lois et l'hagiographie[72], ont été révélés par les fouilles un peu partout, et notamment sur les routes qui mènent vers

---

61. Callinic., *V. Hypatii* 4 ; *Apopht. Agathon* 27 ; *Nau* 39, etc.
62. *V. Alyp. Styl.* 14 ; *Apopht. Bessarion* 12, etc.
63. *Nau* 596.
64. *V. Sym. Styl. jr* 72. Sur l'occupation des lieux d'asile par les pauvres, *cf.* chap. 6, p. 335.
65. Joh. Mosch., *Prat. Spir.* 185 (portique de l'Eglise de Nisibe).
66. Leont. Neap., *V. Sym. Sal.*, p. 163.
67. *Prat. Spir. Add. Marc.* III.
68. *Ps. Jos. Styl. in Chron. ps. Dion.*, p. 198 (A. 812).
69. *V. Matronae* 14.
70. Cyr. Scythop., *V. Sabae*, p. 123/13.
71. Bonnes descriptions dans *V. Theod. coenob.* et Doroth. Gaz., *V. Dosith.*, *passim*.
72. Ξενοδοχεῖα, ξενῶνες, πτωχεῖα, *passim*.

Jérusalem et le Sinaï, et au long d∘squelles s'écoule, on le verra, le flot des pauvres errants. Ils peuvent se présenter indépendamment, ou être associés à une église, en l'absence de tout établissement monastique, comme à Jéricho[73]. Mais ils font le plus souvent partie d'un monastère. En Syrie du Nord, l'hospice pourrait être l'édifice à portiques qui occupe un des quatre côtés de la cour[74], tandis qu'ailleurs les bâtiments d'accueil sont distincts des bâtiments monastiques[75], ainsi dans les monastères palestiniens de Khan Saliba près de Aïn Qelt (6e-7e)[76], et de Nessana (à partir du 5e siècle[77]), pour ne citer que quelques exemples. En tous les cas, l'association de l'activité et de l'habitat est si précise que, à l'intérieur du monastère lui-même, les moines que la vieillesse empêche désormais de travailler s'en vont vivre dans un bâtiment séparé[78].

Différents types d'habitat en ville ou hors la ville se ramènent à une formule commune : matériaux de fortune, activité économique plus ou moins temporaire, ou intermittente, à laquelle peut quelquefois correspondre une ébauche de statut juridique. La désuétude juridique et l'inaction économique sont complètes dans les occupations de fait de tombeaux isolés dans la campagne, ou aux abords des villes, comme celui que l'ermite Pierre le Galate occupe près d'Antioche[79]. Aucune qualité juridique non plus dans l'occupation, temporaire pour chaque individu, des caves creusées à même le roc, où s'abritent les ouvriers des puits de chaux de Beth Govrin, à l'ouest des monts de Judée, qui sont en activité entre le 3e et le 7e siècle[80]. Il en va de même du *kellion*, la logette isolée, érigée dans le désert lorsque manquent les grottes naturelles[81], ou aux abords de la ville[82], et dans laquelle des occupants de hasard se succèdent de façon discontinue, pour des périodes de longueur variable. Le solitaire qui s'y retire, accompagné le plus souvent d'un «disciple» qui trouve auprès de lui sa subsistance, construit son abri lui-même, ou bien, fréquemment, en découvre un tout prêt, et laissé vide[83]. Les récits des *Apophtegmata*, ceux d'Anastase le Sinaïte attestent que l'occupation du *kellion* correspond, dans des proportions variables selon les individus et les lieux, à des activités de toute façon élémentaires, individuelles, et entièrement libres, artisanat et jardinage érémitiques[84]. Occupation de fait donc, qui échappe par son humilité et son insignifiance, comme par le peu de valeur du sol, à toute procédure de cession, et non pas forme de possession, fût-elle élémentaire. Le procédé est attesté collectivement, pour l'installation d'un

73. Eglise I de Jéricho (4e-5e siècles, destruction violente au 6e siècle), cf. Kelso-Baramki, *New Testament Jericho*.

74. *Cf.* la description de Qasr el-Banat (à partir du 5e siècle) et de monastères du 6e, dans Tchalenko, *Villages antiques*, I, et la discussion de Festugière, *Antioche païenne et chrétienne*, p. 319-328, qui soutient, textes hagiographiques à l'appui, qu'en aucun cas de tels bâtiments n'ont pu servir à loger en commun les moines eux-mêmes.

75. Sur ce sens de οἶκοι, Milik, «Topographie de Jérusalem», p. 158, note 1.

76. Prignaud, «Khan Saliba».

77. *Excavations at Nessana* I, p. 227-233.

78. *V. Theod. Coenob.* a. Theod., p. 41.

79. Theod. Cyr., *HRe* 9.

80. Ben-Arieh, «Beth Govrin».

81. Excellente description de cette cabane en pierres sèches, sous la désignation ascétique traditionnelle de «grotte» (σπήλαιον) dans Nili, *Narrat.* V, 649. *Cf.* les cabanes «bédouines» du Sinaï méridional, Rothenberg, «South Sinaï».

82. Leont. Neap., *V. Sym. Sal.*, p. 168.

83. *Ibid.*, p. 137.

84. *Cf.* p. 315 *sq.*

monastère comme celui qui s'établit au début du 5e siècle dans l'enceinte hérodienne de Masada, au sud-ouest de la Mer Morte, peu après un grave tremblement de terre[85]. Il comporte, outre l'église, des salles communes, qui utilisent les structures existantes, notamment deux tours situées près de la porte byzantine de l'enceinte ; l'habitat monastique est fait de grottes, et de cellules éparses dans l'enceinte, construites avec des pierres hérodiennes remployées. Il est à noter que la seule installation productrice est un atelier de cubes de mosaïque, immédiatement destinés à la décoration de l'église adjacente ; on y a trouvé également de la céramique, de même qu'on a relevé beaucoup de tessons dans les salles communes, parmi lesquelles le réfectoire. Il s'agit donc d'un établissement plus proche des formes individuelles qui viennent d'être décrites que des communautés monastiques de production agricole, dont l'habitat sera envisagé plus loin. Et il est au moins vraisemblable, en l'absence de toute inscription ou témoignage écrit, que l'occupation collective d'un tel site demeurait dans la même indétermination juridique que les occupations individuelles analysées plus haut.

En milieu urbain cependant, une transaction apparaît, qui fonde le droit à occuper un habitat de ce type. L'occupation devient locative, et c'est la condition normale de l'habitat urbain pauvre. Libanios énonce clairement que tout homme est considéré comme pauvre, quelle que soit en fait sa fortune, tant qu'il ne s'est pas rendu propriétaire[86]. Pareille remarque est fort importante en ce qu'elle écrase les distinctions économiques, aujourd'hui déterminantes, au profit d'un critère plus complexe, dont l'aspect économique ne se laisse pas isoler d'un aspect juridique, ou même, pour mieux dire, civique ; seul le *dominus* est en effet pleinement un membre de la cité, et la difficulté croissante d'une pareille définition à une époque où s'ouvre considérablement l'éventail des niveaux de fortune est bien mise en lumière par la Novelle de 539[87]. Au-dessous du *dominium*, perfection de l'habitat urbain qui n'est pas à la portée de tous, au-dessus du niveau élémentaire d'une occupation de fait, dont les possibilités sont normalement restreintes en pleine ville, le régime locatif recouvre d'ailleurs en fait des modes d'habitation et des activités économiques différentes, mais qui ont en commun de se dérouler sur un sol rare, dont la valeur économique et juridique est très dense. Il s'ensuit que l'occupation d'une parcelle de ce sol ne peut pas rester juridiquement indifférente, ou dépourvue de valeur marchande, quelle que soit du reste la qualité matérielle de la construction. Par conséquent, l'occupant, économiquement inapte à la propriété, ne saurait pourtant avoir une activité économique nulle, ou même d'un profit inférieur au loyer du sol. Et on touchera ainsi un critère intéressant de classification à l'intérieur de la pauvreté elle-même. Sous le régime uniforme de la location, les habitations à usage commercial peuvent abriter des individus relativement divers par le niveau économique, alors qu'ils se confondent par la condition juridique.

85. Yadin, « Masada ».   87. *Cf.* p. 58.
86. Lib., *Or*. XI 195.

Les exceptions confirment la règle, dont elles s'écartent à la fois sur le principe de la location, et sur l'activité économique de l'occupant. L'archéologie atteste des maisons individuelles pauvres, bâties de pièces et de morceaux sur une partie à l'abandon du site urbain, comme à Scythopolis de Palestine[88]. Nous ignorons le régime juridique de cet habitat, location du sol comme celle qui sera examinée plus loin, ou occupation juridiquement indifférente ; mais il faut encore noter qu'il s'agit d'une ville déprimée, qui subissait un exode urbain, phénomène assez inusité dans l'Empire d'Orient à cette époque, et attesté notamment par la construction, après le 3e siècle, de synagogues suburbaines ou rurales. Il est donc possible que la justification économique de l'habitat y ait été moins urgente. A Jérusalem, la transaction déjà citée de Sabas[89] revêt la forme exceptionnelle aussi de la vente ; là encore, la conjoncture locale est particulière, l'affluence propre à la Ville Sainte provoque, on le sait, une hausse générale des immeubles urbains[90], à laquelle la communauté monastique a les moyens de faire face pour recréer une situation ailleurs gratuite, ou peu onéreuse pour les individus dépourvus d'occupation lucrative. A Constantinople enfin, dans la capitale, il s'est établi une situation particulière, avec la création de distributions de pain, *panis aedium* et *panis gradilis*, subordonnées à la résidence régulière à Constantinople, et, pour les premières, à la propriété d'un immeuble. Leur histoire est parallèle à celle de distributions faites à Rome depuis le Haut-Empire : de conception civique à l'origine, elles évolueront invinciblement, et assez vite, vers une forme d'assistance[91]. Il faut y faire allusion ici, à propos d'une Novelle de 539, qui semble démentir pour sa part le rapport entre pauvreté et habitat locatif[92]. Le législateur rappelle que nul n'a le droit de faire opposition à la restitution d'un dépôt sous prétexte que le propriétaire de celui-ci est son débiteur. Il applique cette disposition aux propriétaires d'immeubles, atteints par des oppositions abusives qui frappent d'une part leur droit au *panis aedium*, et d'autre part les loyers qu'ils reçoivent de leurs locataires[93]. On apprend à cette occasion qu'il est des propriétaires assez pauvres pour être plongés dans la détresse par la seule suspension du *panis aedium*. Il est vrai que les locataires ainsi détournés de payer paraissent plus pauvres encore, puisqu'ils s'empressent de manger la somme destinée au loyer. Ils appartiennent d'ailleurs à la population temporaire de la ville.

A de telles exceptions près, qui s'inscrivent toutes, on le voit, dans des contextes particuliers, l'habitat locatif en milieu urbain est lié à une activité économique. Le *kellion* lui-même, dès qu'il se trouve aux abords d'une ville, peut prendre assez de valeur pour devenir objet d'une location élémentaire,

---

88. Avi-Yonah, « Scythopolis ». Un compte rendue de fouilles (Applebaum, « Notes and News... ») signale des habitations dès le 4e siècle dans la *cavea* du théâtre construit peu avant la crise du 3e siècle.

89. *Cf.* note 70.

90. *JNov* LI (*N.* 40), A. 536.

91. *Cf.* chap. 5, p. 184-195.

92. *JNov.* CX (*N.* 88), A. 539.

93. *Panis aedium* et perception des loyers se combinent dans l'exercice du droit de propriété à Constantinople, *cf.* Martin-Van Berchem, « Le *panis aedium* d'Alexandrie ».

comme le montre un épisode à tous égards remarquable des *Apophtegmata*[94] : un solitaire se rend à la ville pour y vendre sa production de pots, et ramasse chemin faisant, sur la route, un pauvre malade ; il s'installe provisoirement avec lui pour le soigner, et loue à cet effet un *kellion* proche de la ville en acquittant d'avance quatre mois de loyer – l'histoire malheureusement ne dit pas à qui – grâce à la vente des pots qu'il avait apportés ; la somme devait donc être modique. Mais en fait il existe dans les villes deux types habituels d'habitation locative, dont les occupants subsistent par production et vente sur place. Nous les connaissons par l'archéologie et par les textes. Les unes, que nous montre la mosaïque de Yaktô[95], sont des boutiques ouvertes sur les portiques, et normalement prévues dans les constructions. Les autres, établies sur le sol même de ces portiques, sont des baraquements faits de planches, de bâches, d'autres matériaux de fortune, qui prennent appui sur les colonnes et occupent les entrecolonnements, en face des boutiques permanentes, dans un courant de passage et de trafic où les échoppes provisoires prendront bientôt la meilleure part, comme le montre l'évolution des rues à colonnades à l'époque musulmane[96]. Libanios atteste clairement que les deux types de boutiques sont à la fois des cellules économiques de production et de vente, et des habitations. Mais c'est la première de ces fonctions qui les caractérise, ce que prouve la dénomination commune d'*ergasteria*, qui les confond dans les textes cités de Libanios comme dans la grande loi d'urbanisme de Zénon[97]. L'identité de la fonction économique dans la cité s'exprime par l'identité du statut juridique, et faute d'un état complet des activités, que nul document n'a conservé à notre connaissance, il devient difficile de distinguer à l'intérieur de cette condition commune les niveaux économiques différents qui paraissent indiqués *a priori* par la différence entre échoppes provisoires et boutiques permanentes. Nous ignorons en effet le détail des rentes. Libanios présente parfois les baraques des entrecolonnements comme des constructions de fortune, occupées par les pauvres qui ne pourraient suffire à un loyer normal (τοῖς πένησιν οἴκησις)[98]. Ils supportent cependant d'être astreints au même type d'obligation que les boutiques permanentes, en l'espèce le versement d'un loyer au titulaire du droit sur le sol du portique. Et même une série de témoignages montrent que de tels loyers formaient dans leur ensemble un revenu digne de considération.

Deux mesures assez générales de Julien, tout d'abord, attestent la multiplication de constructions privées sur un terrain public. L'une prescrit le principe d'un loyer convenu pour les maisons particulières (*aedes*) construites sur le sol public[99], l'autre, adressée au préfet d'Egypte, autorise la possession de demeures (*domus*) érigées au-dessus des ateliers publics d'Alexandrie, qui relè-

---

94. *Apopht. Agathon* 27.
95. Levi, *Antioch mosaic pavements* I, p. 326.
96. Lib., *Or.* XI (*Eloge d'Antioche*) 254, et XXVI, 20-23, *cf.* comm. de R. Martin, in Festugière, *Antioche païenne et chrétienne*, p. 57.

97. *CJ* VIII X 12, 6 ; *cf. CTh* XV I 45, etc. *Cf.* Claude, *Byzantinische Stadt*, p. 52 sq.
98. Lib., *Or.* XXVI 21-22.
99. *CJ* XI LXX 1.

vent du *ius civitatis*[100]. L'emphase avec laquelle Libanios souligne l'activité des baraquements et la valeur des emplacements dans les portiques d'Antioche, l'indignation que suscite en lui le projet de les détruire, et de tarir ainsi une source de revenus pour la curie[101], attestent peut-être qu'il s'agit là d'une situation renouvelée, dans son développement économique comme dans ses applications juridiques, au profit d'une curie qui a besoin de toutes ses ressources. Malgré l'ambiguïté du terme d'*ergasteria*, qui confond au regard du revenu public boutiques permanentes et baraques provisoires, certaines lois distinguent assez clairement ces dernières pour que l'on soit assuré de leur part non négligeable dans ce revenu. Ainsi, la loi de 439 interdit aux *domini* de Constantinople de s'approprier abusivement des ruelles, en entier ou en partie, ou encore d'empiéter sur les portiques, et ordonne que, sauf rescrit impérial adressé au préfet de la Ville, les endroits ainsi occupés retournent au *ius* de la Ville[102]. Le montant de l'amende prévue, cinquante livres d'or, confirme la portée de l'opération et le niveau social de contrevenants éventuels, qui se livreraient donc à des accaparements de sol urbain rentable, exactement parallèles aux accaparements de terres à la campagne[103]. Il s'agit vraisemblablement de propriétaires dont l'immeuble comporte déjà des boutiques ouvertes sur les portiques, églises et pieux établissements, hauts fonctionnaires, puissants, et les membres de la famille impériale eux-mêmes[104]; l'extension abusive de leur *dominium* au sol du portique peut consister à contrôler, par l'exigence d'un loyer, l'installation des échoppes provisoires favorisées par l'activité des boutiques régulières. Une loi de 400 interdit en effet la sous-location occulte des « édifices, jardins, espaces libres » des cités, octroyés en location perpétuelle[105]. Les revenus fiscaux de ces mêmes boutiques peuvent être, d'ailleurs, en revanche, régulièrement dévolus en considération d'une utilité publique. Ainsi le Bain de Zeuxippe à Constantinople reçoit en 424 le revenu des boutiques permanentes ouvrant sous ses portiques, pour ses frais d'éclairage et d'entretien[106]. Mais ce sont surtout les villes, avec leurs finances défaillantes en face de besoins accrus, qui reçoivent ces revenus fiscaux, notamment lorsque la conjoncture s'aggrave dans la région, ou même dans tout l'Empire, ainsi en 404 Eudoxiopolis de Thrace[107], en 442/443 Héraclée de Thrace, et, à l'occasion de sa requête, toutes les villes[108].

D'autre part, si beaucoup de textes montrent ces échoppes provisoires sous un jour misérable, cela n'est pas non plus un critère de pauvreté suffisant pour les opposer aux boutiques permanentes. Tout d'abord, cette misère n'est pas

100. *CTh* XV I 9, A. 362.
101. Lib., *op. cit.*, note 96.
102. *CJ* VIII XI 20, « ... qui angiportus integros vel partes suis domibus incluserunt seu porticus usurparint ».
103. Parallèle explicite dans *JNov* XXI (*N.* 17), A. 535, qui interdit de placer abusivement des « panneaux de propriété » (σανίδας) sur les « terres » d'autrui (χωρίοις), ou en ville sur les « boutiques » d'autrui (ἐργαστηρίοις). *Cf.* chap. 6, p. 289.
104. *Cf. JNov* LIX (*Edict.* 9), A. 537, 7.
105. *CTh* X III 5.
106. *CTh* XV I 52.
107. *CTh* XV I 42.
108. *Nov. CTh.* Theod. 23. Sont exclus de la mesure les biens qui relèvent du *procurator domus divinae*, ou du *comes rei privatae*.

règle absolue, dans la mesure justement où les commerces qui s'installent ainsi peuvent être lucratifs. Ainsi, la fameuse loi d'urbanisme de Zénon[109], dont l'importance durable est attestée par le nombre des manuscrits où elle se trouve reproduite isolément, élimine entièrement les *ergasteria* du centre de Constantinople, et ordonne ailleurs de relever leur apparence par des plaques de marbre, afin de la mettre en harmonie avec la dignité urbaine. Ensuite, leur prolifération dans les endroits les plus animés de la capitale, que dénonce une série de lois, atteste sans doute ce même matériau chétif, qui crée un danger permanent d'incendie[110], mais aussi la prospérité d'ensemble de ces petits commerces, auxquels le législateur est hostile, non seulement pour des raisons de sécurité, mais pour leur intrusion tout à fait irrégulière, et cependant fructueuse, dans le système traditionnel du marché urbain, et de la vie urbaine en général, dont lui-même tire profit à l'occasion, faute de parvenir à les déraciner[111]. Il y a en un mot difficulté structurelle pour les villes à admettre un élargissement de leur activité économique au niveau d'un négoce pauvre et peu qualifié, alors que ce dernier y est désormais implanté pour des raisons économiques et démographiques.

En somme, il ne nous est pas possible de distinguer véritablement ces boutiques précaires des boutiques permanentes, alors que certains textes les désignent précisément comme un habitat de pauvres. La réponse à cette contradiction tient probablement dans la différence entre la valeur économique globale de ces petites cellules de production, ou simplement de distribution, et la condition de chacune, qui a pu être variable, et souvent médiocre. Si nous voulons entrer dans les critères de classification sociale de la société byzantine elle-même, nous pouvons affirmer que le régime locatif définit un habitat de pauvres, parce qu'il est signe de déficience civile, et en même temps économique. Et pourtant ce critère est beaucoup trop ouvert économiquement, puisqu'il englobe aussi les boutiques régulières, dont les occupants ne passent pas pour matériellement misérables, bien que leur condition juridique les range dans la catégorie des pauvres. Nous touchons ainsi un premier exemple, et il y en aura d'autres, de la difficulté où nous serons constamment placés, entre le mode de classement juridique, qui est celui de la société byzantine, et le mode de classement économique qui demeure invinciblement le nôtre.

La location n'est pas, même en milieu urbain, l'unique mode de liaison entre l'habitat et la production, entre une activité régulière et le droit à occuper un

---

109. *CJ* VIII X 12, 6.
110. *CTh* XV I 45, A. 406, en tire argument pour les interdire dans les portiques du Cirque, au rez-de-chaussée comme aux étages. *Cf. CJ* VIII XI 21, A. 440 («tabulato opere stationes ergasteriave»).
111. *CJ* VIII XI 17, A. 409, leur interdit le palais, sauf dérogation, *CTh* XV I 25, A. 389, tous les édifices publics, non sans laisser le préfet de la Ville juge du

délai de destruction, ce qui ouvrait sans doute la voie à des sursis chèrement payés ; cette loi exprime la contradiction entre la rentabilité de tels établissements («aviditate cogendae pecuniae»), et leur ignominie au regard de la splendeur monumentale de la ville («si publicis nitoribus faciem aspectus deterioris inducit»).

local. Le logement peut faire partie, plus étroitement encore, à la fois d'un travail et de sa rétribution ; et cette étroitesse, ce manque d'élasticité des moyens d'acquisition, cette absence de choix, définissent en pareil cas aussi une situation de pauvreté. Les exemples que nous pouvons citer concernent des activités tout à fait élémentaires, gardiens de dépôt[112], ou de bain public[113], jeunes prostituées racolées dans les campagnes par les proxénètes de la capitale[114], travailleurs non qualifiés sous contrat de παραμονή[115].

Le logement ainsi occupé au titre du travail fait partie d'un immeuble, dont le propriétaire est une personne physique ou morale. Une fois encore, une formule qui se rencontre dans la société de façon occasionnelle sera appliquée normalement, régulièrement, dans cette autre société qu'est le monastère. Elle rend compte en effet de l'habitat monastique dans le monastère rural, le mieux représenté pour notre période, ou dans l'institution charitable, en ville ou hors la ville. Nous revenons plus loin sur le monastère comme forme juridique et comme réalité économique[116]. Disons ici que c'est une personne morale, qui est propriétaire – que l'on nous permette provisoirement cette expression sans nuances – des terres à travailler et des bâtiments qui doivent abriter les travailleurs ; chacun de ces derniers n'a le droit à occuper sa part de logement qu'en fonction de son travail même, qu'il s'agisse des moines, qui sont à demeure, ou des pauvres qui peuvent se joindre temporairement aux activités de production de la communauté. Ainsi en est-il de l'habitat comme de l'alimentation : la condition monastique reproduit la condition du pauvre dans la société, sur un mode plus étroit encore, mais en revanche plus stable. D'ailleurs, si le rapport juridique entre le monastère et les individus qui l'occupent n'est guère susceptible de varier dans son principe, il revêt en fait, matériellement, des aspects différents selon la forme de l'habitat, elle-même déterminée par la forme de production du monastère. L'alternative bien connue du monachisme byzantin entre la laure et le coenobion se constitue durant notre période[117] : la laure est le groupe de cellules indépendantes plus ou moins lâchement liées à un centre où les solitaires se retrouvent périodiquement, et le cœnobion au contraire un ensemble de bâtiments articulés entre eux, et conçus d'emblée pour une vie entièrement commune. L'un et l'autre type nous sont bien connus par l'hagiographie et les fouilles. Nous ferons état dès maintenant de leur finalité économique, qui fera l'objet d'un autre chapitre, pour montrer comment elle détermine la forme matérielle et la situation juridique de l'habitat des individus.

Les laures palestiniennes que fondent Euthyme et Sabas ne sont qu'une mise en système de l'activité artisanale élémentaire associée à l'habitat en *kellia* que l'on a vu plus haut. Dispersés pendant cinq jours de la semaine dans leurs cabanes, les solitaires se retrouvent pour les offices le samedi et le dimanche ; ils reçoivent alors, en échange des corbeilles ou des nattes qu'ils ont fabriquées,

---

112. Ἀποθηκάριος : *MAMA* III 526, 431, 715, 736 (Korykos), *cf.* Robert, « Noms de métiers », p. 332-334.
113. *Mirac. Artem.* 16.
114. *JNov* XXXIX (*N.* 14), A. 535.
115. *Cf.* chap. 7, p. 357.
116. *Cf.* p. 318 *sq.*
117. *Cf.* Corbo, « Ambiente materiale ».

leur nourriture et leur provision de palmes pour la semaine suivante[118] ; la communauté joue ainsi un rôle régulateur entre leur production et leur rétribution. Mais une production si fruste ne nécessite pas une forte cohérence juridique, et les *kellia* groupés en laure sont bien proches des *kellia* dispersés librement, entre lesquels existaient d'ailleurs des liens de voisinage, illustrés dans les récits des *Apophtegmata*, ou ceux du moine Nil[119]. Au surplus, une telle liberté d'installation et d'habitat n'est adaptée qu'aux sites arides, où les moines ne sauraient tirer subsistance, et même profit, d'une exploitation agricole faite en commun, et où, de ce fait, la valeur nulle du sol empêche toute rareté, et par conséquent toute contrepartie à l'installation. Lorsque, par un développement ultérieur, la même laure devient propriétaire d'un terrain de culture situé dans un endroit moins aride, la condition de l'habitat individuel dans la laure elle-même ne s'en trouve pas changée pour autant[120].

Tout différent est le rapport économique et juridique entre l'habitat des individus et la personne morale de la communauté, dans les monastères qui forment une exploitation agricole. Le monastère possède une terre dont les limites doivent être d'autant plus précisément posées qu'elle est d'emblée susceptible de rendement, et des instruments collectifs de production agricole.

Les individus fournissent alors un travail plus régulier et plus organisé que n'était l'artisanat élémentaire des laures, et fondent ainsi chaque jour leur droit à occuper une cellule individuelle dans l'habitat collectif. Ces conditions juridiques, comme leurs prémisses économiques, sont visibles sur le terrain, dans l'installation matérielle de l'habitat cénobitique agricole en Palestine ou en Syrie. Les monastères de ce type rassemblent dans une unité organique les pressoirs, les silos, les citernes et les canalisations, les lieux de culte et les salles communes, enfin la demeure des moines, quelle qu'ait été la forme de celle-ci. En Palestine, les rangées de cellules ouvrant sur un espace commun apparaissent clairement dans le site hérodien remployé pour la construction du monastère de Khirbet Siyar el-Ghanam près de Bethléhem[121]. En Syrie, dans les sites neufs de l'arrière-pays d'Antioche[122], les choses ne sont pas aussi claires ; on retrouve de vastes salles qui auraient pu être des dortoirs. A. Festugière conteste cette hypothèse au moyen de textes spirituels et hagiographiques qui supposent l'isolement des moines, dont les cellules, construites dans l'espace monastique en

118. Cyrill. Scythop., *V. Geras.* 2 ; *V. Sabae* 94.
119. *Nau* 6, 7, 149, etc. ; Nili *Narrat.* III, 617. A Deir el-Ferdîs, en Emésène, des *kellia* portent chacun le nom du possesseur individuel gravé sur le linteau (*IGLS* 2072-2075, AA. 599-600).
120. La laure de Kastellion, par exemple, possède un «jardin» au bord de la Mer Morte (Joh. Mosch., *Prat. Spir.* 158, cité par Milik, «Kastellion», qui propose le site d'Aïn Feshka).

121. Corbo, *Kh. Siyar el-Ghanam*, bilan d'archéologie monastique du terroir oléicole autour de Bethléhem ; la plupart des installations semblent dater du 6ᵉ siècle, et beaucoup étaient encore inexplorées à la date où écrivait l'auteur.
122. *Cf.* Tchalenko, *Villages antiques*, dont l'éloge n'est plus à faire, bien que l'auteur manque parfois des références historiques et surtout juridiques qui eussent éclairé encore mieux ses découvertes.

matériaux périssables, auraient disparu sans laisser de trace[123] ; malgré leur force, de tels arguments ne sont pas entièrement convaincants ; Festugière souligne lui-même que les textes allégués sont antérieurs au 6e siècle, c'est-à-dire à la date de la plupart des bâtiments monastiques relevés en Syrie du Nord ; les habitations communes signifieraient, écrit-il, « un changement radical des règles monastiques vers la fin du 5e siècle » ; au regard de l'évolution économique que nous allons retracer plus loin, l'hypothèse ne paraît pas invraisemblable. Mais nous y reviendrons dans un prochain chapitre. Quoi qu'il en soit, cela ne change rien à la situation juridique de l'habitat et de l'habitant.

Nous pouvons légitimement comparer, sous tous leurs aspects, les échoppes de fortune accrochées au sol des villes et des monuments impériaux, et l'habitat cénobitique des individus. Ce dernier est lui aussi un habitat pauvre, pour deux raisons : l'individu n'a aucun droit de propriété sur lui, mais seulement un droit d'occupation fondé chaque jour par sa participation au travail collectif ; et, d'autre part, l'habitat est strictement borné à la définition minimale d'un abri nécessaire au travail. Cependant, une mise en système intervient, analogue à celle qui sépare l'éparpillement des *kellia* et le groupement de la laure : l'habitat cénobitique est fait d'un matériau qui n'est plus ignoble et périssable, mais authentique et solide, la pierre. Ensuite, qui perd la capacité de travailler par l'âge ou par la maladie, on l'a vu, quitte l'habitat des producteurs pour celui des assistés, mais trouve ce dernier sur place, dans le même organisme.

Ainsi avons-nous examiné, au sein même de l'habitat pauvre, toute une gradation, depuis l'indifférence juridique des formes les plus basses. Si le droit à l'occupation inhérent au travail lui-même se rencontre soit en ville, soit dans l'organisation monastique, la location payée sur le profit de l'activité productive nous est apparue comme un mode typiquement urbain, lié à la rareté du sol. Faut-il généraliser la formule déjà citée de Libanios[124], et conclure que nous ne trouverons nulle part un régime de propriété individuelle appliqué à un habitat pauvre, défini comme tel par les deux caractères que nous avons dégagés jusqu'ici, la misère matérielle, et la subordination à une activité de production ? En ces termes, nous posons tout le problème de l'habitat rural, dont les différentes formes correspondent à des structures agraires variées, elles-mêmes étroitement tributaires, au surplus, des conditions géographiques qui déterminent la rareté relative du sol rural et, dans une large mesure, la forme des rapports sociaux. C'est dire que nous ne pouvons sans anticiper aller ici au-delà d'un principe, qui montrera déjà combien la campagne est originale, au regard de normes juridiques et civiques issues par définition de la ville. En conséquence, la possession d'une maison n'y prend pas la même signification qu'en ville. Quelles que soient la condition du paysan et de la terre, et la qualité matérielle de la maison, une telle possession reste inséparable d'une activité productrice continue et d'une appartenance à une collectivité permanente, le village ; car nous montrerons que le paysan byzantin est en principe un villa-

---

123. Festugière, *Antioche païenne et chré-*   124. *Cf.* note 86.
    tienne, p. 319-328.

geois. Ainsi se retrouvent les critères sociaux de l'habitation pauvre que nous avons déjà employés. Il faut ajouter aussitôt que l'habitat paysan est un habitat familial : le groupe familial tout entier est soumis à ces critères, et sa situation est analogue à celle des familles pauvres urbaines, logées dans les *ergasteria*, tandis que le monastère agricole, lui aussi formellement comparable à la maison paysanne, s'en distingue radicalement par le fait qu'il abrite une collectivité de célibataires.

Cela dit, on peut concevoir un classement des types d'habitat paysan qui soit fonction matériellement de leur qualité, et juridiquement de la marge de libre disposition de soi laissée à l'habitant. Les catégories de ce classement sont en rapport avec la rareté du sol, elle-même conséquence du mode de production. A cet égard, l'habitat paysan offre des niveaux de pauvreté comparables à ceux de l'habitat urbain. Moins le sol est rare, c'est-à-dire productif, moins les formes juridiques sont contraignantes, plus l'habitat apparaît dispersé et misérable. On retrouve ici les conditions de la zone aride et sub-aride, que nous avions évoquées à propos de l'habitat érémitique, lié dans les mêmes régions à l'exercice d'un artisanat élémentaire : groupements lâches du Sinaï, où s'éparpillent les «jardins» des solitaires[125], ou encore de la Palestine méridionale, à Ramat Matred, près d'Avdat (Eboda), où les maisons paysannes, clairsemées sur le plateau, se pressent dans le sillon du wadi et de la route, sur un site muet, peuplé de cultivateurs sans doute indépendants, mais dont nous ignorons tout[126]. A l'autre bout de l'échelle, voici le massif monoculteur d'olivier, en Syrie du Nord, où l'extrême rareté du sol, mis en valeur par l'organisation massive d'une production agricole, donne quelquefois à l'habitat pauvre rural des caractères semblables à ceux de l'habitat pauvre urbain ou monastique. La production y appelle en effet, là où il y a grand domaine, la concentration d'un prolétariat de journaliers, qui se logent dans des villages dont l'aspect matériel dénonce le bas niveau social, et où le droit de l'individu à l'immeuble est fonction d'un travail purement personnel sur la terre d'autrui, et non du lien avec une terre, elle aussi individuelle ou familiale, sous quelque forme juridique que ce soit.[127].

Entre ces deux extrémités, où l'habitat rural est pour ainsi dire intégralement pauvre, se placent les formes moyennes, dont l'aspect matériel varie selon les régions, tandis qu'elles demeurent relativement indépendantes des conditions de l'homme et de la terre : un village de colons et un village de paysans libres peuvent présenter dans une même région à peu près le même aspect comme le prouve encore une fois l'exploration de la Syrie du Nord[128]. Les critères de pauvreté matérielle, nombre de pièces, qualité du matériau, présence d'une ornementation sont d'ailleurs difficiles à établir, parce qu'ils sont eux aussi étroitement régionaux. Ainsi, le matériau rare, et donc exclu de la maison

125. Nili, *Narrat.* III, 613 ; Anast. Sinait., *Narrat.* 13, 14.
126. Aharoni, Evenari, etc. «Ramat Matred».
127. Tchalenko, *Villages antiques* I, p. 353 : description du village de Behyo, et d'un quartier de masures dépourvues de

«dépendances économiques», qui remonte au 5e ou au 6e siècle.
128. Tchalenko, *ibid.* donne plusieurs exemples, Bamuqqa (p. 317), Taqle (p. 200-204).

pauvre, varie d'une région à l'autre ; dans le massif monoculteur d'olivier, ce sont les fûts de belle portée, qu'il faut faire venir de l'Amanus voisin[129], tandis que la pierre est fort commune, et même communément décorée. Sur le plateau anatolien, au contraire, pierre et bois manquent également[130]. La dimension de la maison, le nombre de ses pièces sont en rapport avec la rareté du sol, mais aussi, d'autre part, avec la forme de l'exploitation agricole. Tchalenko a montré par exemple, dans le Massif Calcaire, l'alternative des pressoirs villageois ou familiaux. Ce n'est donc pas là un critère purement matériel. Au point de vue juridique au contraire, la différence entre l'habitat du colon et celui du paysan libre paraît d'abord évidemment à l'avantage de ce dernier : le paysan libre est capable d'aliéner sa maison, en même temps qu'il se défait de sa terre, le colon en est incapable, et il se borne à une jouissance conditionnelle de son habitation, fondée constamment par son travail, et devenue d'ailleurs contraignante. A y regarder de plus près, toutefois, on constate que cette possibilité de choix, cette élasticité et cette marge apparentes de l'avoir paysan ne résistent pas à une mauvaise conjoncture : si les circonstances naturelles, militaires, fiscales, se font insupportables, paysan libre et colon sont également acculés à l'abandon et à la fuite. Qu'il ait été jusque là contrepartie de l'obligation colonaire ou bien immeuble virtuellement négociable de propriété paysanne, l'habitat rural perd aussi bien toute valeur, dès qu'il n'est plus justifié par l'activité productive de l'occupant. En d'autres termes, l'habitat paysan est moins pauvre que l'habitat colonaire par son statut juridique, mais la différence de statut ne joue qu'en temps normal ; dès qu'il y a crise, elle devient inefficace, et à cet égard, paysan libre et colon apparaissent également pauvres.

Concluons. L'habitat offre à l'étude sociale des critères à la fois matériels et juridiques qui contribuent à définir la pauvreté, et même des niveaux différents à l'intérieur de celle-ci. Parmi eux, le lien nécessaire entre l'habitat et l'activité productive est le plus important, présent partout sauf dans les niveaux les plus bas, l'assistance et le cas douteux et à demi désuet des locataires d'immeubles titulaires de *pains politiques* à Constantinople. Parmi les modes d'habitat urbain ou rural qui offrent cette première caractéristique, l'aspect matériel permet d'introduire une classification entre différents niveaux de pauvreté ; et ceci concerne tantôt le degré d'indigence de la construction, tantôt des formes d'habitat qui, tout en étant réduites au minimum, sont moins véritablement misérables que significatives d'une condition de pauvreté, dans laquelle les moyens d'acquérir de l'individu sont dépourvus de marge et de possibilités de choix. La pauvreté matérielle de l'habitat, ce sera donc l'indigence des cabanes du désert, des maisonnettes de journaliers, ou de cultivateurs de la zone aride, et d'autre part la cellule du monastère, strictement limitée au nécessaire. En revanche, nous perdons trace de ce critère matériel pour des niveaux plus élevés, celui du colon et du paysan libre, celui de l'artisan ; nous avons vu que même

129. Tchalenko, *Villages antiques* I, p. 63-68.

130. Robert, «Lettres d'un métropolite», p. 118 *sq.* du t.-à-p.

les baraques de portiques, qui semblent à première vue uniformément chétives, abritent sans doute en fait des situations variées. Autrement dit, il est impossible de classer sans tenir compte du troisième critère, la sanction contractuelle de l'habitat qui se distingue de la justification par l'activité productive, et s'ajoute à elle. Cette nouvelle série se superpose, aux niveaux les plus bas, à celle que déterminait le critère matériel ; mais elle s'en sépare pour les niveaux plus élevés, à la ville comme à la campagne. La maison colonaire, qui ne différait pas nécessairement de la maison paysanne dans son apparence matérielle, s'avère d'un niveau inférieur par le fait que le droit à l'occupation y est élémentaire, et indistinct des obligations de l'occupant, comme dans des types plus pauvres matériellement d'habitat urbain ou rural. La boutique permanente, qui se rattachait à l'habitat pauvre par le lien nécessaire entre activité productive et occupation, se sépare tout de même de la boutique provisoire par une opération distincte de location. En somme, les critères qui déterminent non seulement la définition générale d'un habitat pauvre, mais les degrés de cette pauvreté, sont de trois ordres : le critère purement matériel est peut-être le moins concluant, quoique le plus facile. Le critère économique, et le critère juridique, par leurs rapports originaux, sont peut-être les plus révélateurs d'une structure sociale si éloignée de la nôtre que le terme même de pauvreté échappe constamment à notre emprise : l'étude de l'habitat montre que la définition de la pauvreté s'y détache difficilement des valeurs civiques, s'y charge difficilement d'un contenu essentiellement économique. A la limite, la pauvreté n'est pas seulement l'insuffisance des moyens d'acquérir, mais aussi la nécessité de les renouveler par un travail continu, à laquelle s'adapte un mode d'habitat particulier ; et la pauvreté de l'habitat est d'autant plus accusée que son occupation est plus libre de toute sanction contractuelle distincte. L'accès à l'être social est de plus en plus soumis à des critères économiques, lui-même n'en demeure pas moins de nature juridique et civique.

4. Types d'habitat funéraire

Il n'est pas inutile d'ajouter à la recherche des critères de pauvreté dans l'habitat des considérations sur l'habitat funéraire. Il ne s'agit pas ici de son aspect extérieur ; après les premières décennies du 4e siècle, l'époque des grands sarcophages, et même des stèles figurées, paraît close dans les provinces byzantines, et la sépulture est signalée de façon très uniforme par une stèle dont la fonction essentielle est de porter le cas échéant des symboles religieux, et d'indiquer la propriété du tombeau. Dans le cimetière de Korykos, en Cilicie[131], où les métiers des défunts sont régulièrement indiqués, des stèles d'apparence modeste et monotone signalent aussi bien des ravaudeurs ou des fossoyeurs que des médecins, des orfèvres, ou des manieurs d'argent. Individuelle le plus souvent à Korykos, en Syrie, en Palestine, dans la province d'Arabie, conjugale

---

131. *MAMA* III, nᵒˢ 200-788.

ou familiale au contraire dans les provinces d'Asie Mineure, l'épitaphe est en tous les cas nominale : la tombe est un immeuble, acquis et possédé en vertu d'une transaction juridique, et non le lieu fortuit d'une mise en terre de fait. L'habitat des morts obéit au même critère juridique de pauvreté que l'habitat des vivants.

Dans les villes, avant même la sépulture, le préambule des derniers devoirs introduit déjà une discrimination sociale ; ils sont coûteux, et tous ne peuvent pas les payer. La toilette et le vêtement funèbre, les cierges et l'encens, les prières ne peuvent être accessibles aux plus pauvres, notamment aux malheureux sans feu ni lieu qui se font de plus en plus nombreux dans les villes. Le détail de ces dépenses, l'impossibilité d'y faire face pour les pauvres isolés ressortent des récits édifiants, qui mettent en scène précisément les œuvres pieuses envers les défunts[132]. Les difficultés de sépulture des pauvres en ville tiennent au manque de ressources en même temps qu'à l'isolement des individus ; elles n'ont fait que croître avec l'afflux de population indigente dans les villes. Un récit mis sous le nom de Jean Moschos, par exemple, décrit la charité de pieux Antiochéens, qui ramassent et ensevelissent comme il sied les corps des pauvres morts dans les rues[133]. Pour la capitale, on suit à travers une série de mesures la pression croissante des pauvres. Une loi de 409 (ou 419 ?) délègue à l'Eglise de Constantinople le revenu fiscal de neuf cent cinquante boutiques de la ville, en faveur du service des pompes funèbres[134]. Anastase octroie à la Grande Eglise un revenu de soixante-dix livres d'or pour des funérailles gratuites dans la capitale, c'est-à-dire jusqu'à l'enceinte neuve et aux Blachernes, faubourg de Sykai compris[135]. Justinien enfin ajoute aux mesures précédentes, en portant le nombre des boutiques à onze cents, et fixe en détail les chapitres du budget, et notamment les catégories de personnel et leur rétribution[136]. Une disposition analogue est mise en vigueur à Ephèse, au début du règne de Justinien, sur le budget de l'Eglise de la Vierge[137].

Dans les conditions de la sépulture elle-même, la différenciation sociale n'est pas marquée par l'aspect extérieur, nous l'avons dit, mais par des modes d'occupation qui sont pour ainsi dire parallèles à ceux de l'habitat. L'espace funéraire en effet n'est pas indifférent ; c'est un espace susceptible de rareté, et dont la rareté, et avec elle la valeur marchande, varient selon le site, d'autant plus élevées que le sol est utilisé plus intensément, soit par le peuplement urbain,

132. *Nau* 38 (l'homme charitable qui ôte une de ses chemises de lin pour en couvrir le corps nu d'un pauvre) ; Leont. Neap., *V. Sym. Sal.*, p. 168 (obsèques du saint, qui est mort démuni).

133. *Prat. Spir. Add. Vindob.* 12 (si le service est bénévole, le vêtement de lin est pris par le héros dans son propre magasin, et l'eau nécessaire achetée par lui dans un cabaret voisin).

134. *Nov.* cité ci-dessous note 136, qui se réfère à une mesure de Constantin. La loi de 409 (419), *CJ* III 4, est la première citée par Zachariä von Lingenthal dans sa note au texte (t. I, p. 442). *Cf.* Rasi, «Donazione di Costantino e di Anastasio».

135. *CJ* I II 18, s. d.

136. *JNov.* LXXVI (*N.* 59), A. 537.

137. *EPHESOS* IV/1, n° 35 (*IGC* 108, datée par Grégoire de 531-537).

soit par l'exploitation agricole. Ceci sans compter évidemment les périodes exceptionnelles, où la rareté devient critique et dépasse toutes les normes, comme à Constantinople, pendant la grande peste de 542[138]. C'est pourquoi la similitude extérieure de tombes qui correspondent certainement à des niveaux sociaux différents ne doit pas tromper. C'est la possibilité même de posséder, ou du moins d'occuper un espace funéraire individuel et nominal qui varie à la fois selon la situation sociale, et d'un site à l'autre pour une situation sociale identique. Ainsi la limite au-dessous de laquelle se rencontre l'habitat funéraire pauvre est en fait fonction de deux variables, en sorte que l'on ne peut en proposer une définition de principe autre que l'énoncé de ces variables. On peut supposer pour les défunts entièrement démunis et isolés des sépultures de fait, évidemment anépigraphes, dont seule la fouille retrouve la trace[139]. Cependant, dès que l'on envisage un espace organisé, en ville notamment, la collectivité doit nécessairement organiser de telles sépultures. Les villes possèdent des fosses communes pour les pauvres isolés, dont la dénomination même indique que ce sont des étrangers à la ville, à Emèse[140] comme dans le faubourg antiochéen de Daphné[141]. Les établissements charitables de leur côté ont des tombes collectives, dans lesquelles la sépulture des pauvres repose sur le même principe que l'hébergement qui leur était assuré de leur vivant ; le défunt pauvre participe dans l'anonymat collectif à l'habitat funéraire possédé par une personne morale, le *ptochion*. Les inscriptions qui en signalent proviennent de sites urbains, Korykos par exemple[142], où ces établissements ont leur raison d'être, mais aussi où l'espace funéraire est rare. Les tombes assignées à une église[143], ou mises sous le vocable d'un saint[144], peuvent correspondre à une destination au moins en partie charitable. Du reste, l'habitat funéraire des moines est un habitat pauvre lui aussi, comme celui où ils vivaient.

Sépulture collective donc dans les sites urbains, à Korykos[145], à Jérusalem[146]. Faut-il aller plus loin, et considérer comme un critère de pauvreté le caractère collectif du tombeau ? Certes pas. La diversité régionale des habitudes épigraphiques empêche d'apprécier à sa juste valeur cette rareté de l'espace funéraire urbain, qui est pourtant un fait. On jugera de la difficulté par une comparaison entre Korykos, la petite ville cilicienne déjà mentionnée, dont on connaît l'intense activité artisanale et mercantile, et les agglomérations, également actives, installées dans le steppe, Umm el-Djimal dans le Hauran[147], el-Kerak[148], ou Be'er

---

138. Proc., *Bell.* II XXIII 1-5 ; Mich. Syr., IX 28.
139. Tombes en surface du Massif Calcaire syrien, Tchalenko, *Villages antiques*, p. 39.
140. Leont. Neap., *V. Sym. Sal.*, p. 168 (ξενοτάφιον).
141. Evagr., *HE* IV 35.
142. S. Conon (*MAMA* III 783-85) ; est-ce lui qui a été restauré par Justinien (Proc., *Aed.* V, IX 34) ?
143. *MAMA* III 771-778.
144. *Ibid.*, 781 (S. André), 782 (S. Zacharie), 787 (S. Ménodore).
145. *MAMA* III 779 (monastère de la Vierge), et peut-être les inscriptions citées note précédente.
146. Monastère féminin, Thomsen, *Jérusalem*, 125 (5ᵉ s.) ; monastère des Ibères avec leur évêque Samuel, *Quart. Dept. Ant. Palest.* 4, 1934, p. 78-80 : emplacement acheté dans la Tour de David.
147. *SYRIA*, 232-522, *passim*.
148. Canova, *Moab*, 1-199 bis.

Sheba sur le territoire de la Palestine troisième[149]. Dans ces cimetières de Syrie et de Palestine, pas d'hébergement funéraire des pauvres, pas de collèges, et des épitaphes individuelles, avec une proportion remarquable de femmes, et même de jeunes enfants. A Korykos au contraire, sauf erreur, on trouve sur 258 inscriptions de tombes non collectives, une épitaphe féminine individuelle, une autre qui réunit deux sœurs, une vingtaine enfin où des femmes sont associées au défunt comme épouses, filles, ou sœurs. Nous ignorons si les 184 inscriptions nommant un homme seul n'abritent pas pour autant une sépulture conjugale ; ce serait en tout état de cause une utilisation plus dense de l'espace funéraire. Le même raisonnement vaut *a fortiori* pour les épitaphes qui mentionnent deux hommes ou plus, souvent apparentés, mais réunis au premier chef par l'exercice d'un même métier. Enfin, les tombes collectives ne sont pas le seul fait des établissements charitables et des monastères. Celles qui sont placées sous le vocable de la Vierge[150], ou de S. Charitine, martyre locale[151], appartiennent à des associations funéraires (φιλιακά), dont l'existence est peut-être en rapport avec la rareté des tombes de femmes du même site, et répondrait alors à la cherté de l'espace funéraire ; mais le collège des changeurs, ou celui des marchands de lin, en possèdent également[152]. On peut proposer la conclusion suivante : compte tenu des habitudes épigraphiques régionales, la rareté de l'espace funéraire est mieux perçue dans le domaine syro-palestinien où se marque fortement la tendance à la sépulture individuelle. L'acquisition de cette dernière paraît donc un critère de différenciation sociale, d'autant plus sensible que la valeur de la tombe augmente en même temps que la rareté du sol. Cette rareté peut même devenir telle qu'elle dépasse les moyens individuels, ce qui explique l'usage des tombes collectives à Korykos, même dans des professions plutôt aisées. La sépulture des membres de ces collèges, pour être collective et anonyme comme celle des pauvres et des moines, n'en est pas moins essentiellement distincte : la collectivité acquéreuse du tombeau représente bien la somme de ses membres, qui achètent leur part du droit ; au contraire, après leur mort comme pendant leur vie, pauvres et moines sont hébergés dans un lieu dont la propriété revient à un tiers, en l'espèce la personne morale de l'hospice ou du monastère. Nous retrouvons donc bien dans la sépulture la définition juridique et sociale de l'habitat pauvre urbain.

En milieu rural, les faits sont en partie différents, et pourtant une classification analogue peut être esquissée. Les monastères présentent là encore un habitat funéraire pauvre, où les individus reçoivent une part anonyme dans une sépulture dont la propriété leur échappe. Dans les grandes communautés agricoles qui prospèrent au 6e siècle dans les régions d'oliviers, Massif Calcaire de Syrie du Nord, environs de Bethléhem en Palestine, l'habitat funéraire des moines, qui est un élément normal du programme conventuel, utilise le moins possible du sol, car celui-ci est rare. Le tombeau est souterrain dans le couvent du

149. Alt, « Griech. Inschr. ... Palästina Tertia ».
150. *MAMA* III 780 a.

151. *MAMA* III 788 (*cf. BHG 3*, 299 z).
152. *MAMA* III 771 et 770.

Sud-Ouest à Telanissos (Deir Sim'an), dans celui de Teleda (Deir Tell'Ade), à ciel ouvert au contraire dans les couvents Nord-Ouest et Sud-Est à Deir Sim'an ; mais dans le couvent Nord-Ouest, le plus ancien du site, on a en fait aménagé la carrière d'où a été tiré le matériau du couvent, tandis que la nécropole du couvent Sud-Est est taillée dans le flanc de la colline[153]. Chacune des tombes qui composent le tombeau monastique est elle-même collective, comme le montre le tombeau de Séleucie de Piérie[154], composé de *loculi* creusés dans le rocher, dont chacun porte indiquée sa destination ; mis à part l'ossuaire destiné aux restes anciens, la distribution est intéressante : quatre tombes sont prévues, pour les frères, les serviteurs, les femmes qui vivent la vie religieuse[155], et enfin les laïcs. On peut faire les mêmes observations en Palestine. A Bir el-Qutt[156], près de Bethléhem, l'habitat funéraire, composé au contraire de cellules, à l'image de l'habitat des vivants se trouve dans le sous-sol des bâtiments. Au monastère de Choziba en revanche, dans le Wadi el-Qelt, près de Jéricho, la rareté moindre du sol se manifeste par un cimetière en surface, composé de tombes individuelles et nominales. Il y a même assez d'espace pour que l'on ait fait place dans les mêmes conditions à quatre femmes, sans doute des voyageuses saisies par la mort à une étape de leur route de pèlerinage[157].

L'habitat funéraire des moines est donc en tout état de cause, dans les campagnes, un habitat de pauvreté, parce qu'il est collectif, anonyme, et parcimonieux du sol. La tombe laïque offre de son côté des variantes analogues à celles de l'habitat paysan. Sépulture de fait au niveau le plus bas, comme les tombes peu profondes et anonymes préservées en Syrie par la nature du site, qui pour être individuelles n'en sont pas moins pauvres[158]. Peut-être faut-il supposer qu'elles correspondent au niveau inférieur de la paysannerie locale, à ces journaliers dont la même région conserve les villages[159]. A un niveau plus élevé, les tombes nominales sont des immeubles. Parfois des propriétaires associés précisent la part qui revient à chacun : à Bosana en 401[160], trois hommes ont droit respectivement à 5/12, 5/12, 2/12 ; à Haqla en 413[161], un partage entre des personnages plus nombreux porte à la fois sur le côté de la tombe, et sur les auges funéraires. En tout état de cause, la dépense de chacun est limitée. Une aisance plus grande permet la dépense intégrale d'un tombeau à des personnages qui précisent qu'ils l'ont faite grâce à «leurs travaux de paysans»: d'assez nombreuses inscriptions du Hauran attestent le fait au 4e siècle[162]. Ces sépultures sont clairement parallèles à la maison du paysan libre.

Telle est la définition matérielle des pauvres. Elle enseigne d'emblée que l'on peut reconnaître au sein de la pauvreté elle-même plusieurs niveaux distingués

153. Tchalenko, *Villages antiques* I, p. 154, 212, 215, 217.
154. *IGLS* 1130/1-5.
155. Je traduis ainsi κανονικαί ; les éditeurs suggèrent un couvent double.
156. Corbo, *Kh. Siyar el-Ghanam*.
157. Schneider, «Choziba», nᵒˢ 16, 39, 103, 197.

158. Tchalenko, *Villages antiques, op. cit.*, note 139.
159. *Ibid.*, note 127.
160. *LW* 2245.
161. *IGLS* 269.
162. *Cf.* Robert, *Hellenica* XI-XII (1960), p. 323-327.

par la quantité, la qualité et la continuité des satisfactions possibles. Le plus pauvre de tous est celui dont les rations alimentaires sont à la fois les plus étroitement limitées au blé ou au pain, les plus petites, mais aussi les moins assurées d'un jour à l'autre.

D'autre part, le plus pauvre est aussi celui dont les satisfactions sont les plus étroitement limitées à la nourriture. Et ici l'inégalité économique se fait aussitôt juridique et sociale : vivant ou mort, le plus pauvre est celui qui demeure le plus totalement exclu de l'habitat véritable, dont le critère est la propriété individuelle ; la classification sociale de l'habitat se manifeste dans sa condition juridique au moins autant que dans sa qualité matérielle. Ainsi, le mendiant, l'esclave rural, l'ouvrier à tout faire, le moine, le paysan, l'artisan du désert ou de la ville qui paraîtront dans des pages prochaines feront de la pauvreté une expérience différente, et en somme fort inégale. Mais tous les pauvres, et tous les hommes de ce temps, éprouvaient encore une autre condition matérielle dont l'importance historique est primordiale pour notre propos, l'alternative de la santé ou de la maladie, et une autre incertitude, celle de la vie et de la mort.

3. Mortalité et morbidité

La santé des hommes est liée de plusieurs manières à leur condition matérielle et à leur condition sociale. Plus largement, le problème d'histoire économique suppose résolu au préalable un problème d'histoire démographique. Car le nombre des hommes est d'abord, certes, celui des bouches à nourrir, dont les variations pourraient atteindre une amplitude dangereuse par rapport aux ressources. Mais il est aussi le nombre des travailleurs, et l'on aura l'occasion de voir combien, dans une société de ce type, le potentiel de production tend à se confondre avec le nombre des producteurs disponibles. Le problème historique tout court est donc de reconnaître si le monde byzantin où se marque, du 4e au 7e siècle, la place d'un groupe social complexe désigné comme celui des pauvres, est habité par une population en croissance ou en déclin. Le déclin a longtemps été une vérité d'école, qui est maintenant remise en question[1]. Les catastrophes qui jalonnent la période ont retenu en effet longtemps une attention trop exclusive en raison de leur mise en relief par l'historiographie et l'hagiographie. Néanmoins, il faut reconnaître les aspects négatifs du bilan démographique, et nous commencerons par définir les pertes de la population au cours de cette période, avant de chercher si elle était capable de les réparer. Cependant, son passif n'est pas fait seulement de mortalités massives. La mortalité courante, l'état de santé des vivants, la durée de la vie devraient y figurer aussi, et ce sont des questions sociales elles-mêmes autant que démographiques.

R. Mols et L. Henry ont fixé dans des livres classiques des exigences austères et précises à la démographie historique[2], en essayant en somme de projeter aussi loin que possible dans le passé le plus possible des problèmes et des méthodes de la démographie contemporaine. Il est évident qu'à s'en tenir là il faudrait, comme l'avaient proposé certains, s'abstenir de toute tentative démographique portant sur le haut Moyen Age[3]. Mais l'historien s'y résout

---

1. *Cf.* Charanis, « Demography of the Byzantine Empire».
2. Mols, *Introduction à la démographie historique* ; Henry, *Manuel de démo-*
graphie historique.
3. Cipolla, «Anthropologie et démographie..., Moyen Age».

mal. Puisqu'il ne possède pour cette période aucune source directement démographique, il lui reste à découvrir sa propre forme de documentation, et les buts qu'il peut raisonnablement se fixer en considération de celle-ci. Tâche analogue, par certains côtés, à celle de la démographie contemporaine face à des sociétés plus ou moins dépourvues de statistiques ; et sa démarche en pareil cas peut offrir des suggestions utiles[4]. Comme elle, notre histoire ne peut présenter de grandes séries chiffrées ; elle peut tenter, en termes surtout qualitatifs, d'exprimer des tendances globales. C'est dans cette perspective que nous aborderons les thèmes habituels d'une étude de mortalité, les mortalités massive ou saisonnières, et la durée de vie des individus. Les conclusions de ce chapitre et du suivant permettront peut-être d'esquisser les mouvements régionaux, «l'alternance peuplement-dépeuplement» dont P. Vilar soulignait naguère l'importance, à toute époque, dans l'histoire démographique méditerranéenne[5].

1. LES CATASTROPHES ET LA POPULATION

L'aspect le plus voyant de cette histoire, ce sont les calamités pertinentes à la démographie de la période, famines, épidémies, ravages des invasions, et tout cela sur le fond du climat et de ses accidents[6]. Calamités qui s'enchaînent selon le rapport, encore une fois, entre les villes et les campagnes : les premières sont plus particulièrement atteintes dans leur fonctionnement par certains tremblements de terre graves, par les inondations, par les sièges, mais leur territoire ne reste pas non plus indemne ; les secondes se vident quand se font trop forts les accidents climatiques, les invasions des barbares, les exigences du fisc ; la famine et l'épidémie, pour leur part, établissent, on le verra, des liens particuliers entre les villes et les campagnes. Autant de causes, donc, à l'exode rural et à la congestion urbaine, mais aussi autant d'occasions de dégât démographique, de pertes en hommes.

Nos sources sont relativement généreuses en indications sur les calamités. La tradition historiographique comprend d'abord les annales écrites par l'Anonyme du *Chronicon Paschale*, par le comte Marcellin, sans omettre l'annalistique occidentale des 6e et 7e siècles ; c'est là qu'on trouve, grâce à la forme même des œuvres, les mentions d'accidents saisonniers. Les historiographes opèrent déjà un choix, mais donnent en revanche des analyses détaillées qui peuvent être des plus précieuses, lorsqu'un Ammien Marcellin décrit l'invasion gothique des années 376-378, ou un Procope la peste de 542. Les auteurs d'*Histoires Ecclésiastiques*, les chroniqueurs chrétiens comme Jean Malalas se rapprochent bien plus des annalistes, par une naïveté dont il faut accepter les risques et les bénéfices. Ces auteurs, notamment Socrate et Sozomène, et des annalistes comme l'auteur du *Chronicon Paschale*, sont à la source des auteurs

4. Naraghi, *Populations à statistique incomplète*.
5. Vilar, «Quelques problèmes de démographie historique».

6. Voir en général Stein, *Histoire du Bas-Empire, passim*, et pour la concomitance occidentale, Ruggini, «*Italia Annonaria*», p. 152-175 et 466-489.

syriaques, inégalement d'ailleurs : Michel le Syrien, par sa date bien postérieure comme par l'ampleur de son œuvre, dépend plus étroitement d'eux que telle chronique tout à fait locale, comme celle du pseudo-Josué le Stylite, source inestimable pour l'histoire d'Edesse sous le règne d'Anastase[7]. Mais en tout état de cause les auteurs syriaques sont profondément régionaux, par leur tradition culturelle, par leur appartenance religieuse, par tous leurs intérêts ; il en résulte chez tous une attention à l'événement concret, qui rend importante leur contribution à l'histoire des calamités des 5e et 6e siècles ; il en résulte aussi, et c'est plus dangereux, que cette région de la boucle de l'Euphrate, dont sont originaires le pseudo-Josué le Stylite, ou Elias de Nisibe, risque d'être trop bien éclairée par rapport au reste ; et la perspective historique pourrait s'en trouver faussée. Quant aux sources hagiographiques, elles offrent ici leurs habituels dangers et leur habituelle richesse.

Les perturbations climatiques sont un facteur essentiel de la production de subsistance. Nous en saisissons à travers des références occasionnelles les différents aspects, encore aujourd'hui familiers à travers les régions qui constituaient alors l'Empire[8]. L'hiver trop rigoureux et trop long tout d'abord, avec ses eaux prises par le gel, avec un enneigement excessif par sa profondeur et sa durée, est un premier danger. Les Paphlagoniens contemporains de Théodore le Sycéote le redoutent, Philostorge le met au rang des calamités qui accablent en tout lieu les premières années du 5e siècle[9]. En 443, il se prolonge pendant six mois, et provoque une mortalité d'hommes et de bêtes, probablement autour de Constantinople, puisqu'il est signalé par le comte Marcellin[10]. Mais la Syrie en certaines de ses régions n'en est pas exempt : en 529, il donne le coup de grâce à la région d'Antioche, juste après le tremblement de terre[11] ; en 609, différents fleuves sont gelés, et la mer elle-même[12]. Qui plus est, en 529 comme au début du 7e siècle, il superpose son action en Syrie à celle de la sécheresse.

Celle-ci est en effet un phénomène notoire de l'époque, plus encore depuis la fin du 5e siècle. Nous ne prétendons pas, évidemment, apporter une contribution utile au débat d'histoire climatique, parce que nous ne disposons pour le moment que de références écrites ; soulignons cependant que celles-ci forment une série suffisamment continue pour converger vers l'hypothèse d'une période sèche à ce moment-là[13], et notamment – mais n'est-ce pas une illusion due à nos sources ? – à la fin du 4e siècle, et depuis la fin du 5e. Sozomène signale que le règne de Julien est affligé par la sécheresse en punition de son impiété[14] ;

7. Sur cet auteur voir Stein, *Histoire du Bas-Empire* II, p. 827-831 («Sur le pseudo-Denys de Tellmahré»).
8. Sur le climat actuel, *cf.* Birot-Dresch, *Méditerranée orientale*, p. 160-184 et 257-298 ; Zohary, *Plant life of Palestine ;* Weulersse, *Paysans de Syrie et du Proche-Orient* ; De Planhol, *De la plaine pamphylienne aux lacs pisidiens.* Sur l'histoire du climat, *cf.* note 13.
9. Philost., XI 7.
10. Marcell. Com., A. 443.
11. Theoph., A.M. 6021 ; Mich. Syr., IX 21.
12. Theoph., A.M. 6101 ; Mich. Syr., X 25.
13. *Cf.* Le Roy Ladurie, «Aspects historiques de la nouvelle climatologie» ; Butzer, «Umwelt Faktor» ; Jaeger, «Mittelalterliche Landesnatur», notamment p. 34 *sq.*
14. Soz., *HE* VI 2, 13-16.

effectivement, la sécheresse est attestée autour d'Antioche pour les années 360[15], puis en 383-385[16], où elle semble avoir été générale[17], aux alentours de 393 enfin[18]. On rapprochera peut-être de cette dernière date la sécheresse automnale attestée à Gaza en 396[19]. La sécheresse est probable autour de Jérusalem à un moment compris entre 431 et 451[20], plus proche de la première date sans doute, puisque Michel le Syrien signale des sauterelles en 431[21], et que cette même année le blé manque aussi à Constantinople[22]. En 463 probablement, la crue du Nil fait défaut[23]. La sécheresse désole la Palestine de 516 à 521 ; Cyrille de Scythopolis rapporte qu'elle se termine dans les premiers jours de septembre, quand le vent du sud-ouest (νότος) souffle et fait tomber une grosse pluie[24]. Elle semble d'ailleurs quasi continuelle, au moins jusqu'en 541, date de la grande peste. Ou plus exactement différentes indications se laissent mettre bout à bout. Certes, la rivière d'Edesse est en crue en 525[25]. Mais en 524 on manque d'huile à Constantinople[26], ce qui suggère une atteinte des régions productrices par la sécheresse ou le gel. Sécheresse et défaut de récolte sont signalés pour 526[27]. Toujours en Palestine, la source de Shiloah, près de Jérusalem, aurait tari en 529 pour quinze ans[28]. En 535, une Novelle impériale datée de juillet atteste la deuxième mauvaise récolte consécutive en Thrace[29]. En 536, les nomades des confins perses sont poussés vers l'intérieur de la province d'Euphratensis par le dessèchement de leurs pâturages habituels[30]. En 529, l'hiver rigoureux qui afflige la région d'Antioche semble survenir aussi en période de sécheresse[31]. Dans les années qui précèdent la grande peste de 541-542 se place en outre une période de dix-huit mois où un ensoleillement insuffisant empêche les récoltes de mûrir : Agapius de Membidj la date de 535[32], Michel le Syrien de 537[33]. On est proche en tout état de cause des raids nomades de 536, et de l'invasion perse de 539[34]. Les années qui suivent 541-542 sont témoins de perturbations diverses[35], d'intempéries et de grosses pluies[36], en même temps que d'une épizootie de deux ans qui aurait sévi à l'est du pays et vidé les champs de leur force de labour en 546-548[37]. Entre 552 et 560, la sécheresse désole le territoire d'Amida[38], mais sévit probablement plus loin, en particulier autour de Constantinople, puisque Théophane souligne que les pluies d'orage de juillet

15. *Cf.* Petit, *Libanius*, p. 111 *sq.*
16. *Ibid.*, p. 118-121.
17. Palanque, «Famines à Rome à la fin du 4ᵉ siècle».
18. Petit, *Libanius*, p. 121.
19. Marc. Diac., *V. Porph. Gaz.* 19-21.
20. Cyr. Scythop., *V. Euthym.* 25 (entre les conciles d'Ephèse et de Chalcédoine).
21. Mich. Syr., VIII 5.
22. Marcell. Com., A. 431.
23. *V. Marcel. Acoem.* 26.
24. Cyr. Scythop., *V. Sabae* 58-67.
25. Elias Nisib., A. 836 ; Malal., 418 ; Proc., *Aed.* II VII 2-6 ; Mich. Syr., IX 16.
26. Marcell. Com., A. 524.
27. Agap. Memb., p. 425.

28. Mich. Syr., IX 16.
29. *JNov.* XXIX (*N.* 32).
30. Marcell. Com., A. 536.
31. *Cf.* note 11.
32. Agap. Memb., A. 846 (p. 429).
33. Mich. Syr., IX 26 (A. 848).
34. *Cf.* note 30 et p. 306.
35. *CSCO Script. Syri* III/4, p. 243 ; Zach. Mityl., X 14 ; Agap. Memb., p. 432 ; Mich. Syr., IX 29.
36. Theoph., A.M. 6038, 6040.
37. Réf. syriaques citées note 35, sauf Agap. Memb. (p. 431), qui donne la date de 553, retenue dubitativement par Stein, *Hist. Bas-Empire* II, p. 758, note 2.
38. Elias Nisib., A. 871.

556 mettent un terme à une sécheresse qui se prolongeait depuis l'été précédent[39]. Il signale ensuite une sécheresse grave dans la capitale au mois de novembre 563, et note que seul soufflait depuis le mois d'août le vent du nord-est ($\beta o \varrho \varrho \tilde{\alpha} \varsigma$), et non celui du sud-ouest ($\nu \acute{o} \tau o \varsigma$)[40]. La sécheresse est signalée en 601 en Syrie et en Palestine[41], et elle sévit sans doute ailleurs aussi puisque Constantinople se trouve à court de blé durant l'hiver 602[42], puis en 610 où elle est contemporaine encore d'un hiver rigoureux[43].

La sécheresse dangereuse pour les récoltes est celle du printemps ou de l'automne. Mais d'autres causes aussi provoquent le défaut de fructification. A Constantinople et en Asie Mineure, on craint la grêle, signalée par Philostorge au nombre des calamités dévastatrices du début du 5e siècle[44] ; en 367, on note sa violence au mois de juillet[45] ; Théodore le Sycéote protège sans doute contre elle les champs et les vignobles qui portent déjà leur fruit, donc vers le même moment de l'année[46]. Les récoltes sont encore à la merci des insectes, dont le pullulement est aussi lié aux vicissitudes climatiques : Théodore le Sycéote écarte vers et sauterelles, qui menacent de les dévorer[47]. Les sauterelles sont fréquemment signalées. Outre les nombreuses mentions non datées de l'hagiographie, on les trouve en Mésopotamie, peut-être en 494[48], en 499[49], en 500 sur le territoire d'Edesse et des cités voisines[50], en 516-517 autour de Jérusalem[51], en 582[52], en 601[53].

Leur apparition signifie le début de la sécheresse en 499-500, et en 516 et 517 ; et suit cette dernière en 601. Inégalement catastrophiques selon le moment où elles arrivent, les sauterelles sont jeunes et la saison précoce lorsqu'elles s'abattent en mars (Adar) sur le territoire d'Edesse ; leur rayon d'action et leur territoire augmente à mesure que la saison s'avance, et elles vont, note le pseudo-Josué le Stylite, jusqu'à la mer, et jusqu'au sud de l'Arménie[54]. Peut-être un développement de ce genre explique-t-il le ravage des récoltes de la Phrygie en 456[55]. Le plateau anatolien et le territoire correspondant à l'antique province d'Euphratensis sont à l'époque moderne des zones habituellement infestées[56]. La *Vie de Théodore le Sycéote* mentionne des sauterelles à plusieurs reprises dans sa région paphlagonienne. Leur présence y correspond également à la sécheresse[57] ; on les signale une fois au mois de juin[58]. Peu après 491, un auteur syriaque rapporte avec émerveillement que les sauterelles n'ont fait

39. Theoph., A.M. 6048.
40. Theoph., A.M. 6055. *Cf.* p. 80 et note 83.
41. Mich. Syr., X 23.
42. Theoph. Simoc., VIII 3.
43. Mich. Syr., XI 1.
44. Philost., XI 7.
45. Soz., *HE* VI 10, 1 ; *ChronP* A. 367.
46. *V. Theod. Syk.* 144.
47. *Ibid.* 115b, 118b, 145.
48. Mich. Syr., IX 7 (A. 805).
49. *Ps. Jos. Styl. in Chron. ps. Dion.*, p. 191 (A. 810).

50. *Ibid.*, p. 194-195 (A. 811). *Cf.* Agap. Memb., p. 424 (A. 501, « dans le pays des Grecs »).
51. Cyr. Scythop., *V. Sabae* 58.
52. Mich. Syr., X 19 (« à la même époque » que la famine).
53. Mich. Syr., X 23.
54. *Cf.* note 50.
55. Marcell. Com., A. 456.
56. Schleich, « Wanderheusschrecken ».
57. *V. Theod. Syk.* 101a (Pessinonte).
58. *Ibid.*, 36.

aucun mal[59] ; peut-être leur arrivée a-t-elle été hors de saison, c'est-à-dire précoce.

Nous savons assez bien ce qu'étaient les famines parce qu'elles entrent à la fois dans la catégorie des événements exceptionnels de l'histoire urbaine, que retiennent les historiographes de tradition classique ou chrétienne, et dans celle des fléaux où la pensée chrétienne déchiffre les signes de la colère divine[60], et à l'occasion desquels se produisent les miracles de subsistance[61]. Nous avons donc une série de mentions, et quelques descriptions détaillées : les famines d'Edesse en 499-502[62], de Jérusalem en 516-521[63], de Constantinople pendant l'épidémie de 542[64], de tout l'Orient en 582[65].

Quels qu'en soient la cause, le lieu, la gravité, la famine est un manque de céréales, de blé avant tout, mais aussi d'orge. Sa cause la plus évidente est la péripétie climatique, qui compromet la récolte prochaine alors que la provision de l'année précédente tire à sa fin ; le mécanisme de la famine apparaît alors saisonnier. A Edesse, elle se joue en deux printemps : les ravages des sauterelles interviennent en mars[66] ; en mai de l'année suivante, au lieu de la pluie décisive pour la récolte[67], survient un vent brûlant qui dessèche les jeunes pousses[68]. A Jérusalem, au début de la grande famine, en 516, l'arrivée des sauterelles et de la sécheresse est située, sans plus de précision, au printemps. Un vent brûlant et des sauterelles l'année suivante dévastent aussi, sans indication de saison, la Syrie et la Palestine en 600-601[69]. En fait, nos sources n'éclairent pas comme nous l'aurions voulu le moment de la récolte de printemps, qui est la plus importante, et peut-être sa variation régionale. Nous pouvons dire en gros que la période de soudure coïncide avec le Carême et le moment de Pâques, soit les mois de mars et d'avril ; c'est à cette date que se placent dans l'hagiographie les miracles de subsistance et les distributions de vivres par les monastères, les uns et les autres portant en premier lieu sur les céréales[70]. Le même rythme saisonnier marque la consommation des dattes dans la région sud-palestinienne, où elle est fondamentale[71].

Ainsi, on croit voir d'abord un déroulement simple, la défaillance de la récolte de printemps[72]. En réalité, la disette ne devient catastrophique que dans certaines conditions. Il faut d'abord que les récoltes secondaires de l'année manquent aussi. A Edesse en 499, une fois perdue la récolte principale dès le

59. *Cf.* note 49.
60. Par exemple, *JNov* XXVIII (*N.* 77), A. 535, sur l'homosexualité, les jurements et les blasphèmes ; Cyr. Scythop., *V. Sabae* 48-67 (déposition du patriarche Elias) ; *Ps. Jos. Styl. in Chron. ps. Dion.*, p. 200 (mascarade traditionnelle).
61. *V. Marcell. Acoem.* 26 ; *V. Theod. Syk.* 104.
62. *Ps. Jos. Styl. in Chron. ps. Dion.*, p. 194-201 (AA. 811-813).
63. Cyr. Scythop., *V. Sabae* 58-67.
64. Proc., *Bell.* II, XXIII 17-19.
65. Mich. Syr., X 19.
66. *Ps. Jos. Styl. in Chron. ps. Dion.*, p. 194 (A. 811).
67. *Cf.* Cyr. Scythop., *V. Sabae* 66.
68. *Ps. Jos. Styl. in Chron. ps. Dion.*, p. 200 (A. 813).
69. Mich. Syr., X 23.
70. *Cf.* p. 82 et note 108.
71. *PPNess* 89, 90, 91.
72. *Cf.* Jasny, *Wheats of classical Antiquity*, sur les variétés printanières et automnales du blé antique.

mois de mai, les paysans s'efforcent, en juin et juillet, de faire venir des céréales secondaires, en l'espèce du millet ; c'est après leur échec que la famine s'installe vraiment. Les moments de relâche viendront en automne, et, à Edesse comme à Jérusalem, la crise se termine par la suite avec une pluie de septembre. Le défaut de récolte d'appoint explique probablement que la disette survienne aussitôt en même temps qu'une sécheresse des mois de novembre et décembre à Gaza, lorsque l'évêque Porphyre y arrive en 396[73] ; grâce à lui, la pluie tombera dans les premiers jours de janvier. A Edesse, lors du second hiver, la cherté et l'épidémie redoublent en février. En Thrace aussi, lors d'une famine de trois ans durant laquelle le prévoyant Hypatios peut secourir les paysans des environs, l'hiver est la période la plus dure[74]. Au contraire, si la famine décrite par Michel le Syrien pour l'année 582 commence comme une disette dramatique de céréales, et bientôt de légumes secs, que l'on s'efforce de mêler au pain, la situation n'est pas rétablie par le retour à l'abondance des céréales, mais déjà par de bonnes nourritures d'appoint, des légumes dans l'intérieur des terres, un afflux de poisson pour les habitants des côtes[75]. D'autre part, cette déficience des récoltes ne devient catastrophique que si les mauvaises conditions se prolongent pendant au moins deux ans, de manière que toute provision locale soit absolument épuisée. A Edesse en 499-502, à Jérusalem en 517-521, les gens ne meurent qu'à partir de la seconde année, de la mauvaise nourriture ou de la maladie, dont on verra plus loin les incidences. Dans une crise attestée en Thrace par une Novelle de juillet 535[76], il apparaît clairement que la mauvaise récolte décisive a été la deuxième, mais que l'année précédente avait déjà été mauvaise. Les mêmes conditions se trouvent reproduites artificiellement par l'invasion. Lorsque les Goths désolent la Thrace en 376-378[77], ils découvrent par trahison les cachettes où sont enfermées les provisions de céréales de la récolte précédente, dans le même temps qu'ils ravagent les campagnes.

Comme l'a bien montré l'étude récente de Teall sur les mécanismes du ravitaillement en blé de Byzance[78], les cités provinciales sont à peu près réduites aux ressources de leur territoire, car elles ne peuvent entrer à l'instar de Constantinople dans le circuit des exportations égyptiennes ; et en outre la demande urbaine provinciale a sans doute crû au cours de la période. A Constantinople, la complexité du ravitaillement, dont l'Egypte demeure cependant la source principale, enlève aux facteurs météorologiques une partie de leur netteté. Le mois est du reste trop rarement précisé dans nos sources. En 556[79] une disette de pain commence en mai et dure trois mois, jusqu'à ce que d'abondantes pluies d'orage en juillet soulagent la terre d'une longue sécheresse ; le moment de l'année indique en fait que la provision de l'année précédente a été normalement achevée. En 602[80], au contraire, c'est une disette d'hiver, donc la consé-

73. Marc. Diac., *V. Porph. Gaz.* 19-21.
74. Callinic., *V. Hypatii* 31.
75. Du thon (?) selon la trad. Chabot. Sur la migration estivale du thon *cf.* Parain, *Méditerranée*, p. 60-62 ; Besançon, *Géographie de la pêche*, p. 105.
76. *JNov.* XXIX (*N.* 32).
77. Amm., XXXI 6 *sq.*
78. Teall, «Grain supply of the Byzantine Empire».
79. Theoph., A.M. 6048 ; Malalas, 488.
80. Theoph. Simoc., VIII 3.

quence de livraisons insuffisantes à l'automne précédent, sans doute à cause de la sécheresse[81]. Mais il y a aussi le problème des transports. En 563, Théophane rapporte une sécheresse qui conduit la ville à manquer d'eau au mois de novembre[82], et souligne à ce propos que le *notos* faisait défaut depuis le mois d'août[83]. Cela faisait que les vaisseaux n'avaient pu atteindre la ville, alors que c'était le moment des livraisons égyptiennes. Pareille circonstance a pu se produire en bien d'autres cas où le manque de blé à Constantinople est mentionné sans commentaire. De même, la *Vie de S. Nicolas de Sion*[84] montre une ville privée de son ravitaillement quotidien dès l'instant où les paysans des environs apprennent que la peste vient d'y éclater.

Mais en fait, en période de famine, ville et campagne sont liées la plupart du temps par le phénomène économique qui vient renforcer le phénomène naturel, et qui met les pauvres de toute sorte au premier rang des victimes. En ce sens, on peut définir la famine comme une crise qui commence à la campagne et aboutit en ville. Et ceci de deux façons. La famine prend en ville un nouveau visage. Il ne s'agit plus de production mais de marché ; sur celui-ci, l'insuffisance de la provision ou, en d'autres termes, l'accroissement brutal de la demande provoque une flambée des prix des denrées de base, blé, orge, légumes secs ; celles même dont Hypatios, averti par un ange de la famine prochaine, prend soin de faire provision, et avec lesquelles il soulagera le moment venu les paysans affamés[85] ; celles qu'on trouve dans le dépôt d'un riche marchand de grain qui se prépare à spéculer sur la famine, et dont la *Vie*, du reste légendaire, de S. Spyridon évêque de Trimitonthe en Chypre raconte le châtiment miraculeux[86]. Michel le Syrien souligne, dans la famine de 582[87], la cherté du «pain de tribulation» ; et cependant, devant le manque de blé, on a d'abord distribué, à Constantinople, la provision d'orge, qui n'a duré que trois jours, puis celle de foin, puis on a vidé les magasins de légumes secs, d'avoine, de «riz» (?), de graines, pour les mêler au pain en question. Mais nous devons l'information la plus précieuse au pseudo-Josué le Stylite, qui a noté, par saison, les prix du blé et de l'orge, et quelques autres, durant les années de famine à Edesse[88]. Ces notes constituent un document unique sur un mouvement exceptionnellement violent des prix. Nous y revenons à ce propos dans un autre chapitre. Mais nous en tirerons ici quelques remarques sur l'inégalité sociale devant la famine, qui aggrave les effets de celle-ci sur les plus pauvres. Si l'on prend comme base le prix du blé en fin de famine, il paraît avoir triplé dès le début de celle-ci, et s'être maintenu à cette hauteur, compte tenu de variations saisonnières qui subsistent. D'autre part, le rapport de prix entre le blé et l'orge se resserre, puisqu'il passe de 3 : 5 pour 1 sou à près de 1 : 2. La hausse de l'orge semble d'ailleurs plus brutale, et sa baisse plus rapide[89].

81. *Cf.* notes 41-42.
82. Theoph., A.M. 6055.
83. Vent porteur de la pluie de septembre dans Cyr. Scythop., *V. Sabae* 67.
84. *V. Nicol. Sion.* 49 sq.
85. *Cf.* note 74.

86. Van den Ven, *Légende de S. Spyridon*, chap. 2 du texte.
87. *Cf.* note 65.
88. Voir chap. 7, p. 407.
89. *Cf.* chap. 7, tableau 31, p. 405.

Décrivant une famine qui accable Thessalonique et tout l'Empire jusqu'à Constantinople au début du 7ᵉ siècle, l'auteur du livre I des *Miracles de S. Démétrius* définit le fléau par une raréfaction du blé, qui entraîne à sa suite la cherté de toutes les autres denrées[90]. A Constantinople en mai 556, la rareté du pain est pourtant contemporaine, selon Théophane[91], d'une abondance de toutes les autres denrées, du vin, mais aussi, il faut le noter, du lard, viande pauvre. Pareille abondance se rencontre aussi avec une cherté générale à Antioche en 362-363[92]. Mais dans l'exemple constantinopolitain il peut s'être produit une cherté particulière du pain, aliment principal des pauvres, due par exemple à un afflux d'hommes. Il est de fait, cependant, que le début de la disette, en mai, se place dans une période de sécheresse, et qu'elle finit en juillet en même temps que revient la pluie[93]. Mais d'autre part l'empereur s'irrite des supplications qui lui sont adressées devant les envoyés perses, parce qu'il sait l'abondance des autres denrées. En somme, le cas n'est pas concluant. Le pseudo-Josué, pour sa part, nous laisse malheureusement presque sans lumière sur ce point. Il oppose un prix de famine du vin, 6 mesures du sou, à un prix d'abondance, 25 mesures pour la même somme, ce qui porterait le rapport de prix à 1 : 4 entre l'état normal et l'état de famine ; il convient d'ajouter que l'abondance dont il est question semble présentée comme exceptionnelle. D'autres prix sont rapportés sans point de comparaison chiffré ; mais ils apparaissent cependant comme des prix de famine. De la viande, l'auteur dit, au moment où il note la première hausse du blé, qu'elle n'avait pas encore augmenté[94], et il n'en donne un prix que pour le moment le plus dur de la famine, en même temps que le prix des œufs à la pièce, qui doit donc s'entendre dans le même contexte[95]. Il note également dans le cours de la première année, au moment où la famine est installée, les prix de deux sortes de légumes secs, pois et lentilles[96], et celui des raisins secs[97]. Ces derniers baissent en même temps que le vin nouveau, à la suite d'une bonne vendange, et le chroniqueur souligne que les pauvres gens se sauvent ainsi de l'inanition[98]. Enfin, il note que ceux qui ne parviennent pas à récolter des aumônes suffisantes pour acheter du pain se rabattent sur des légumes, qui se raréfient à leur tour[99]. Cependant, en dehors de ces confirmations d'une hausse générale accompagnant celle des céréales, il est impossible de tirer de ce texte d'autres rapports entre prix normaux et prix de famine.

L'épanouissement de l'accident météorologique en une crise du marché atteint encore les pauvres de bien d'autres manières. Tout d'abord, la hausse des céréales et des autres denrées à leur suite fait entrer à la longue dans une échelle de marchandises toutes raréfiées ce qui, en temps normal, est accessible

90. Cod. Paris. gr. 1517, fol. 69 (*Mirac. Dem. Lib.* I, c. 69). Sur l'auteur et la chronologie du Livre I, *cf.* Lemerle, « *Miracula S. Demetrii* ».
91. Theoph., A.M. 6048.
92. Voir Petit, *Libanius*, p. 111 *sq.*
93. *Cf.* note 79.
94. *Ps. Jos. Styl. in Chron. ps. Dion.*, p. 196 (A. 811).
95. *Ibid.*, p. 199 (A. 812).
96. *Cf.* note 94.
97. *Ibid.*, p. 197 (A. 812).
98. *Ibid.*, p. 199-200 (A. 813).
99. *Ibid.*, p. 197.

à leur libre consommation. A Edesse, l'automne qui abaisse le prix du vin nouveau et des raisins séchés de la vendange fait aussi pousser sur les toits des herbes qui sont récoltées et mises en vente[100]. A Jérusalem, la sécheresse transforme l'eau elle-même en marchandise rare ; la cinquième année voit les fontaines taries, et les pauvres mendient alors l'eau dans les rues, et meurent de n'en pas avoir[101]. Ensuite, le jeu de l'offre et de la demande qui caractérise le marché urbain est aggravé par l'accroissement massif de la seconde. Les paysans quittent leurs terres pour affluer dans la ville où se trouvent des provisions, dont les autorités font parfois des distributions gratuites[102], mais qu'eux-mêmes n'ont pas les moyens d'acheter. A Antioche, durant la disette de 384-385, qui n'est pas catastrophique, on se contente de rationner la provision de pain que les paysans des environs sont autorisés à sortir chaque jour de la ville[103]. Mais il en va tout autrement lorsque la famine est catastrophique, véritable mutation, qui se produit si les mauvaises conditions naturelles se prolongent pendant deux cycles annuels au moins. Elle provoque alors un appauvrissement et une désorganisation des campagnes qui sont profonds. A Edesse, dès le premier mauvais printemps, qui ouvre la période de famine, les paysans se hâtent de vendre à moitié prix ce qu'ils peuvent, et en particulier leurs animaux, «chevaux, bœufs, moutons, cochons», auxquels les sauterelles ont enlevé toute nourriture, avant de se jeter vers le nord et vers l'ouest ; ceux qui sont physiquement faibles, femmes, enfants, vieillards, gagnent directement la ville pour y mendier[104]. Mais à mesure que la famine se prolonge, l'exode rural s'enfle ; les villageois encombrent les rues et couchent à même le sol sous les portiques, proie toute désignée pour l'épidémie[105]. En Thrace, la Novelle de 535 déjà citée[106] rapporte que les paysans, à la première mauvaise année, ont obéré leurs terres en misant pour se dégager sur la récolte de l'année suivante ; lorsque celle-ci a également fait défaut, ils se sont trouvés dépouillés ; c'est alors qu'ils s'enfuient, qu'ils succombent à la faim, en un mot qu'ils se perdent ; et le désastre, affirme le législateur, ne le cède en rien à celui que provoque une invasion barbare. Le premier refuge est le monastère le plus proche, comme le montre la *Vie d'Hypatios*[107]. Le jour des Rameaux, à la fin de l'hiver, est celui des miracles de subsistance qui rassasient la foule amassée des pauvres alors que le magasin du monastère est vide[108]. Les monastères ont en effet des réserves d'origine diverse, et sont capables en outre de se porter acquéreurs sur le marché urbain : Sabas donne en pareil cas l'ordre d'envoyer vendre à la ville «un vase précieux ou un vêtement» pour procéder à des achats de vivres[109].

La disette urbaine peut sévir de son côté, indépendamment des récoltes et de

---

100. *Ps. Jos. Styl. in Chron. ps. Dion.*, p. 200.
101. Cyr. Scythop., *V. Sabae* 67.
102. *Ps. Jos. Styl. in Chron. ps. Dion.*, p. 197 (A. 812).
103. Lib., *Or.* XXVII 14, *cf.* Petit, *Libanius*, p. 118-121.
104. *Ps. Jos. Styl. in Chron. ps. Dion.*, p. 195

(A. 811).
105. *Ibid.*, p. 197 (A. 812).
106. *Cf.* note 29.
107. Callinic., *V. Hypatii* 31.
108. *V. Theod. Coenob.*, p. 36-37 ; *V. Theod. Syk.* 104.
109. Cyr. Scythop., *V. Sabae* 58.

l'approvisionnement, et cela précisément dans la mesure où elle frappe les pauvres, acheteurs de pain. Tel est le cas à Constantinople, lorsque Justinien lui-même y aurait fait monter le prix des céréales, «provoquant une famine artificielle pour les pauvres en des temps d'abondance»[110]. Plus subtilement, la famine s'ajoute à la peste pour accabler les pauvres de la capitale pendant la grande flambée de la maladie en 542, parce que celle-ci désorganise complètement les activités, et affecte ainsi plus que les autres les artisans qui tirent de jour en jour leur pain de leur travail. La disette, note encore une fois Procope, s'instaure alors dans une ville où règne l'abondance ; c'est une disette de pain, donc socialement significative[111].

La famine est ainsi, on le voit, un fait complexe, alliant dans des proportions variables facteurs naturels et facteurs économiques. Est-ce un événement pertinent pour l'histoire démographique ? Certes, le dégât démographique n'est pas apparent dans bien des crises constantinopolitaines qui prennent sur place un aspect avant tout économique, et dont la durée ne semble pas, de ce fait, dépasser quelques mois. En revanche, il faut répondre par l'affirmative dans toutes les famines catastrophiques, telles que nous les avons définies plus haut. Sans même parler de la fréquente conjonction avec l'épidémie, que nous envisagerons dans un instant, ou du dégât à plus long terme entraîné par le bouleversement du peuplement rural, les pertes humaines en pareil cas sont lourdes. A Edesse, les malheureux pauvres des compagnes et de la ville meurent des conséquences aisément imaginables de la nourriture de famine, épluchures, herbes sauvages, raisins verts[112]. A Amida, désolée par une sécheresse de huit années, entre 552 et 560, la famine entraîne à la fin une étrange maladie, dont les victimes poussent des cris d'animaux, des aboiements de chien en particulier, et qui cause de nombreux décès[113] ; il s'agit peut-être d'une sorte de «mal des ardents» provoqué par quelque nourriture de détresse ; et la peste survient sur ces entrefaites. Un autre récit syriaque[114], qui chiffre à 130 000 le nombre des morts à Amida, explique la maladie par l'adhésion de la ville au credo de Chalcédoine. Il est vrai qu'une épidémie analogue est décrite à Alexandrie pour une faute comparable[115]. Mais l'interprétation théologique n'ôte pas sa valeur à la description clinique elle-même. Enfin, les errances d'affamés arrachés à leurs campagnes, que signalent tous les témoignages, ne pouvaient aller sans pertes parmi les éléments les plus faibles et les plus pauvres.

Au cours de la période, la fin du 4e et le 5e siècle semblement peu chargés de calamités. On note pourtant une sécheresse contemporaine de Julien, avec ses conséquences, plus marquées chez le chrétien Sozomène que chez le païen Libanios[116], et aussi le témoignage de Grégoire de Nazianze sur une famine retentissante qui se serait produite pendant l'épiscopat de Basile de Césarée,

110. Proc., *HA* XXVI 20-22.
111. Proc., *Bell.* XXIII 18.
112. *Ps. Jos. Styl. in Chron. ps. Dion.*, p. 197 (A. 812).
113. Elias Nisib., A. 871 ; Mich. Syr., IX 32.
114. *CSCO Script. Syri III/4*, p. 260 (*Narrat.*

variae, A. 871).
115. Vict. Tonnen., A. 507, *cf.* Isid. Hispal., 384.
116. Mentions de Libanios rassemblées par Petit, p. 111 *sq.*; Soz., *HE* VI 2, 13-16.

et qui aurait d'ailleurs touché les villes de l'intérieur plus durement que celles de la côte[117]. Le 5e siècle commence par de mauvaises années. Philostorge[118] note que son époque a connu des pertes en hommes sans précédent, dues surtout à l'invasion, mais aussi aux famines, aux épidémies, au pullulement des bêtes sauvages, aux tremblements de terre graves, aux intempéries qui achevaient les survivants, grêle, neige, glace d'une rigueur anormale. Ensuite, une dure catastrophe, famine et mortalité, secoue Constantinople en 445-446[119], sans compter les ravages chroniques de l'invasion. Il ne faut certes pas oublier que nous sommes à la merci des sources, qui sont plus abondantes et meilleures pour le 6e siècle. L'hagiographie le prouve en attestant pour le 5e siècle des famines que nous ne réussissons pas vraiment à dater, et dont la précision du détail montre pourtant la réalité. L'une figure dans la *Vie d'Hypatios*[120], et ravage donc la Thrace pendant trois années, probablement entre 440 et 445, plutôt vers 445 en considération de la catastrophe attestée pour Constantinople. Une autre, racontée dans la *Vie de Marcel l'Acémète* avant le grand incendie de 465, affecte Constantinople et sa région[121] ; elle est provoquée par la déficience simultanée de l'Egypte et de la Thrace, la première parce que la crue du Nil a manqué, la seconde parce que l'invasion a empêché le travail de la terre ; il faudrait la situer sous le règne de Léon Ier, et c'est peut-être celle qui est attestée pour 463[122]. D'autre part, Agapius de Membidj signale une famine dans tout l'Orient, avec un nuage de sauterelles, en 467[123]. Il est incontestable toutefois que la série du 6e siècle semble plus dense et surtout plus dévastatrice. Dans les exemples qu'on vient de voir, la Mésopotamie en 499-502, la région de Jérusalem en 516-521, la Thrace en 534-535, la région d'Amida en 552-560 sont désolées par des famines dont la première cause est météorologique. Les ravages de l'invasion en Thrace, ou sur la bordure syro-mésopotamienne de la zone aride, ne s'interrompent pas pour autant, au contraire, comme on le verra plus loin. A la fin du 6e siècle, d'autre part, et au début du 7e, il y a de nouveau de mauvaises années, on l'a vu, une famine meurtrière en 582, générale au dire de Michel le Syrien, une autre en 600-603, qui atteint la Syrie et la Palestine, une autre encore, à nouveau générale, dès le début du règne d'Héraclius.

Mais surtout les famines du 6e siècle se distinguent par le caractère catastrophique de tout le contexte, soit pendant qu'elles sévissent, soit entre leurs apparitions. L'épidémie se trouve au premier rang des facteurs de catastrophe parce qu'elle se présente à partir de ce moment sous un jour nouveau. Les mentions d'épidémie sont faciles à réunir ; elles figurent en bonne place, pour les mêmes raisons que les mentions de famine, dans les textes historiographiques et hagiographiques. L'épidémie est fréquemment un épisode de printemps ou d'été, pour autant que la saison soit indiquée : tel est le cas à Constantinople en 558, en 572-573, et même dans la grande flambée de 542. Elle rencontre ainsi la famine qui prépare le terrain, et la coïncidence est incontestable dans un

117. Greg. Naz., *Discours funèbre* XXXIV 3.
118. Philost., XI 7, confirmé par *MGH Chronica Minora* II, *passim*.
119. Marcell. Com., AA. 445-446.
120. Cf. note 74.
121. *V. Marcell. Acoem.* 26.
122. Marcell. Com., A. 463 ; *ChronP.* A. 463.
123. Agap. Memb., p. 419.

certain nombre de cas, mais s'il faut en croire les textes assez circonstanciés que nous venons d'étudier, elle n'est pas toujours immédiate : l'épidémie suit la famine de quelques semaines à Edesse en 499-502, du début à la fin de la saison d'été, d'une année à Jérusalem en 516-521, de plusieurs à Amida en 552-560. Elle est attestée sans précision chronologique en 362-363, et à Constantinople en 466-447. Enfin, elle peut s'inscrire dans une mauvaise période, cette période cruciale du 6e siècle, qui déborde largement de part et d'autre la mortalité de 542, et qui a été certainement déterminante dans l'histoire démographique, et par là même économique de l'Empire.

Cependant, l'étude des épidémies est aussi difficile que celle des endémies, dont nous parlerons plus loin, et pour les mêmes raisons. Les mortalités collectives qui, à considérer l'ensemble des régions, se succèdent durant toute notre période, et se pressent surtout au 6e siècle, sont désignées par des termes génériques et vagues, qui rendent difficile un commentaire historique de l'événement démographique : $\vartheta\alpha\nu\alpha\tau\iota\varkappa\acute{o}\nu$, $\vartheta\nu\tilde{\eta}\sigma\iota\varsigma$, $\varphi\vartheta o\varrho\acute{\alpha}$, et surtout $\lambda o\iota\mu\acute{o}\varsigma$, le terme le plus important puisqu'il servira à désigner la peste, mais dont l'obscurité est encore accrue par la confusion, inévitable dans la tradition manuscrite des sources grecques, avec le terme de $\lambda\iota\mu\acute{o}\varsigma$ «famine» ; d'origine phonétique, elle est favorisée par l'association habituelle des deux termes, ou du moins leur fréquente mention dans le même contexte. L'imprécision tient à la tradition scripturaire, dans la perspective de laquelle les épidémies sont mentionnées par la plupart de nos sources, qui les présentent comme des châtiments par le fléau céleste des fautes de la cité[124]. Une désignation exacte n'est pas nécessaire en pareil cas, et elle nuirait au contraire à l'affirmation extensive d'une catégorie morale et théologique. L'historien éprouve alors une grande difficulté à apprécier la dimension des événements. A cet égard, le problème majeur au point de vue démographique, économique, social même, est celui de la peste, de l'épidémie de 541-542 et de ses suites[125].

Il s'agit de savoir si l'épidémie de 541-542 marque vraiment l'entrée dans l'Empire d'une maladie qui ne devait plus s'éteindre de longtemps, et qui allait connaître entre autres une flambée importante au 8e siècle. Ce serait alors un événement décisif de la période. La discussion sur l'implantation de la peste dans le monde romano-byzantin a été naguère le fait moins d'historiens que de médecins, en quête d'un préalable historique à des études d'épidémiologie contemporaine. Sticker[126], dans son livre déjà ancien, examine les grandes épidémies gréco-romaines depuis le 3e siècle avant notre ère, et souligne quelques références qui lui paraissent pouvoir attester des épidémies de peste, à côté d'autres qui se rapporteraient plutôt à la variole ; il conclut tout de même que la véritable installation de la peste daterait du 6e siècle de notre ère, et souligne l'accroissement des contacts avec les foyers endémiques de l'Empire perse, qui aurait provoqué des flambées dès la fin du 4e siècle. La monographie relativement récente, et remarquable, de Pollitzer[127] prend une position plus critique, et ne

124. *Cf.* la Novelle de 535 (note 60).
125. *Cf.* Biraben-Le Goff, «Peste du haut Moyen Age».

126. Sticker, *Seuchengeschichte*.
127. Pollitzer, *La peste*.

reconnaît guère de mentions romaines entre l'épidémie du 3ᵉ siècle avant notre ère, décrite par Rufus d'Ephèse, et l'épidémie indubitable de 541-542. Du côté des historiens, cette dernière conclusion est celle d'A. Gilliam, qui récuse la grande épidémie contemporaine de Marc-Aurèle[128]. La discussion mérite cependant d'être approfondie.

Par ordre d'antiquité, les documents qu'il faut apprécier sont les suivants : les textes de la tradition médicale, qui décrivent des maladies susceptibles d'avoir été la peste ; les mentions historiographiques d'épidémies antérieures à 541-542 ; enfin, les témoignages sur l'épidémie de 541-542 et sa postérité. La difficulté sémantique est commune à toutes les sources. L'historiographie urbaine, les œuvres chrétiennes de toute sorte, historiographies, hagiographies, homélies, n'atteignent guère à une précision dans les termes qui distingue la peste de la mortalité massive en général. Ce qu'on tient à souligner, en pareil cas, c'est l'ampleur de la destruction ; la peste est seulement distinguée comme la destructrice la plus terrible. Devenue – mais quand ? – le fléau type, comme le montre ailleurs l'évolution sémantique des langues romanes, elle investit et restreint le sens des termes usuels, *φθῆσις*, *θανατικόν*, et et surtout *λοιμός*. Aussi l'hésitation est-elle toujours permise, en l'absence d'une indication clinique, et au moins du terme de *βουβών*, lui-même parallèlement réduit à désigner les marques caractéristiques de la peste. Nous écarterons d'emblée, pourtant, les textes de la tradition médicale ancienne qui répondent à cette condition, et notamment les descriptions célèbres de Rufus d'Ephèse, reprises au 4ᵉ siècle par Oribase[129], et dans la première desquelles il distinguait les bubons pesteux des autres pour souligner leur gravité mortelle et leur fréquence épidémique en Libye, en Egypte et en Syrie, et les confronter avec la «maladie bubonique» d'Hippocrate. En effet, outre les obscurités dont ils ne sont pas exempts, ces textes ne concernent pas vraiment notre propos. Nous ne recherchons pas un commencement absolu, et la connaissance clinique d'une maladie ne suffit pas, en revanche, à impliquer sa fréquence dans une période tellement postérieure aux textes fondamentaux de la tradition médicale, et notamment à l'épidémie attestée par le même Rufus.

Historiquement, il suffit de prendre comme point de départ la grande mortalité de la fin du règne de Marc Aurèle, la première à laquelle on ait accroché la discussion sur l'installation de la peste dans le monde romain ; Gilliam a montré que l'épidémie n'était nulle part décrite de façon assez claire pour soutenir l'identification. La même remarque vaudrait pour des textes relatifs aux épidémies du 3ᵉ siècle, qu'ils en soient contemporains, comme ceux de Cyprien et du diacre Pontius pour l'épidémie de Carthage en 254[130], ou qu'ils datent du 4ᵉ siècle, comme celui d'Eusèbe de Césarée sur la maladie d'Alexandrie en 262, qu'il compare à la plaie des premiers-nés d'Egypte, dont il note le carac-

128. Gilliam, «Plague under Marcus Aurelius».

129. Rufus in Orib. XLIV 17 (*Περὶ βουβῶνος. Ἐκ τοῦ Ῥούφου*) et LI 41 (*Περὶ λοιμώδους ἕλκους. Ἐκ τοῦ Ῥούφου*).

Sur Galien, *cf.* Gilliam.

130. Pontius, *Vita Cypriani* 9 (*PL* 3, 1548) ; Cyprian., *De mortalitate* 14-16 (*PL* 4, 591-593).

tère contagieux et l'issue mortelle et foudroyante, mais qu'il ne décrit aucunement[131]. Même généralité dans les mentions relatives au 5e et au début du 6e siècle. Sozomène se borne à l'association stéréotypée des famines et des épidémies[132], et de même Philostorge à propos des premières années du 5e siècle[133]. Pour les calamités qui affligent Constantinople au milieu du 5e siècle, le comte Marcellin ne donne pas davantage de précisions susceptibles de faire penser à la peste, mais seulement l'indication générale d'un fléau meurtrier[134]. La chronique d'Edesse conservée sous le nom du pseudo-Josué le Stylite rapporte une épidémie qui sévit en 496-497, et dont la description semble s'appliquer à la variole, à travers la traduction latine et sous les ornements qui développent le parallèle entre les souillures de l'âme, et les maux du corps qui en sont le miroir selon le mot du chroniqueur : les malades se couvrent d'ulcères et de pustules jusqu'à la paume des mains et à la plante des pieds, les visages sont rendus difformes par l'enflure et la purulence[135] ; l'épidémie s'aggravant, beaucoup perdent la vue[136]. Pourtant le chroniqueur ne parle pas de mortalité, et souligne au contraire que la guérison laissait les membres intacts bien que couverts de cicatrices. En revanche, l'imprécision est totale pour la mortalité qui sévit «d'Antioche à Nisibe» en avril 501, et à Edesse depuis le mois de novembre précédent[137], comme pour celle qui accompagne la famine palestinienne décrite par la *Vie de Sabas*[138]. A dire vrai, le continuateur du comte Marcellin reste tout aussi général sur l'épidémie de peste avérée de 542[139]. On serait donc tenté de conclure sinon par la négative, au moins par le renoncement à toute possibilité de conclusion.

Considérons au contraire la peste de 541-542[140]. Les trois meilleurs témoignages, ceux de Procope, d'Agathias, d'Evagre, expriment, au-delà du terme banal de λοιμός un sentiment d'effroyable nouveauté. Evagre écrit[141] : «...il y eut une maladie pestilentielle qui ressemblait par certains côtés à celle que décrit Thucydide, mais par d'autres s'en séparait beaucoup» ; un peu plus loin il emploie le terme de « bubons » comme si son acception était récente et peu familière encore. Procope note que, à la différence des autres, l'épidémie échappe à toute tentative d'explication, et même à tout mécanisme, et il entreprend de décrire le mal (νόσος) avec la minutie que demande un événement original[142]. La description d'Agathias, enfin, concerne l'épidémie de 558 ; or il indique à ce propos que la maladie n'a jamais interrompu son activité dans l'Empire depuis sa première apparition, qu'il ne place pas en 541 mais dans

131. Euseb. Caes., *PG* XX, 685-691 (*Histor. Ecclesiast.* VII, 22).
132. Sozom., *HE* VI 2, 13-16.
133. Philost., XI 7.
134. Marcell. Com., ad A. 445 (*morbo*), 446 (*pestis*), 447 (*aerum pestifer odor*). *Cf.* Hydat., 126, A. 442 (*pestilentia*).
135. *Ps. Jos. Styl. in Chron. ps. Dion.*, p. 187 (A. 806).
136. *Ibid.*, p. 188 (A. 808).
137. *Ps. Jos. Styl. in Chron. ps. Dion.*, p.

197-199 (A. 812).
138. Cyrill. Scythop., *V. Sabae* 58-67.
139. Marcell. Com. *Auctar.* A. 541-542 (*mortalitas magna*).
140. Principales références dans Stein, *Histoire du Bas-Empire* II, p. 758-760, et Biraben-Le Goff, «Peste du Haut Moyen Age», p. 1494.
141. Evagr., *HE* IV 29.
142. Proc., *Bell.* II XXII 5.

la cinquième année du règne de Justinien[143]. Après 541-542, on relève ici et là des épidémies non définies en 555[144], et en 561[145]. La peste est explicitement signalée en 558[146]. En 573-574, elle fait rage en tous lieux, et cause des milliers de morts dans la capitale[147]. Evagre atteste une flambée postérieure de cinquante ans à l'apparition de la maladie, soit en 591[148]. Enfin, l'épidémie générale de 599 est bien connue[149].

La flambée de 541 est donc au centre de l'histoire démographique de cette période, événement culminant et irréversible d'une série de calamités qui se fait plus dense, en tout état de cause, depuis le début du 6e siècle, même si les sources du 5e sont plus clairsemées. De tout près surtout, d'un peu plus loin aussi, la peste de 541 est précédée en Orient par de mauvaises années, faites de sécheresse, de récoltes déficientes, d'incursions barbares. Tout cela n'est pas une explication, seulement un contexte, mais qui prend une grande importance, et qui peut avoir été aggravé par une densité humaine relativement importante au même moment. Une dizaine d'années auparavant déjà dans le cours de cette période malheureuse, éclate une mortalité grave, qui se prolonge pendant deux années, si nous avons raison de réunir à la mention du *Chronicon Paschale* pour 529 celle d'Agathias pour 531, date à laquelle il place, on s'en souvient, l'apparition de la peste dans l'Empire[150]. Agapius de Membidj note de son côté qu'en l'an 8 de Justin commence « une terrible peste (*sic*) qui dura six ans »[151]. Qu'il y ait là un fait avéré ou une rumeur rétrospective importe d'autant moins que la peste n'est pas incompatible avec d'autres causes de mortalité épidémique, et a pu ne pas s'en distinguer nettement. Ceci dit, examinons de plus près ses répercussions, à travers l'épidémie majeure de 541-542, et celles qui la suivent.

Outre les mentions des chroniqueurs et les illustrations hagiographiques, nous pouvons lire les observations excellentes d'Agathias[152], Evagre[153], et surtout Procope[154], qui ont regardé les faits avec un scrupule d'autant plus grand qu'ils ne les comprenaient pas. Ces observations s'éclairent par le commentaire clinique moderne emprunté à la monographie de Pollitzer déjà citée. Procope rapporte la progression de la maladie jusqu'à Constantinople, capitale de l'Empire, et centre de son œuvre historique. L'épidémie serait partie de Péluse, et aurait suivi les routes, gagnant d'une part Alexandrie, de l'autre le territoire palestinien limitrophe de l'Egypte, puis remontant de là, en temps voulu, jusqu'à la capitale, atteinte au printemps de 542, peut-être même dès l'hiver. Procope, tout comme Evagre, est frappé par l'allure apparemment capricieuse de la

143. Agath., V 10.
144. Malal., 488 ; Theoph., A.M. 6048 (mortalité dans différentes villes, notamment des enfants).
145. Theoph., A.M. 6053 ; Mich. Syr., IX 32.
146. Agath., V 10 (au début du printemps) ; Malal., 489 (en février, pour six mois) ; Theoph., A.M. 6050.
147. Ioh. Biclar., A. 573(?)-574 ; Mich. Syr., X 8.

148. Evagr., *HE* IV 29.
149. Elias Nisib., A. 911 ; Mich. Syr., X 23. *Cf.* Biraben-Le Goff, p. 1496.
150. *ChronP.* A. 529 ; Agath., V 10 (*cf.* note 143).
151. Agap. Memb., p. 425.
152. Agath., V 10.
153. Evagr., *HE* IV 29.
154. Proc., *Bell.* II 22-23 ; Proc. *HA* XVIII 44.

maladie, ses miséricordes inexplicables, mais aussi ses retours en arrière, précisément dans les endroits où elle n'a pas fait le nombre attendu de victimes. On sait aujourd'hui que le cheminement se fait selon un cycle d'échanges entre les villes, où la maladie flambe dès son arrivée, et les campagnes où elle essaime, mais où elle demeure parfois longtemps latente, sur des voies que trace le mouvement des hommes et des marchandises. On sait également que l'épidémie cesse dans les foyers urbains lorsque le milieu devient résistant ; ainsi a-t-on remarqué que le report d'une épidémie à la saison suivante est à peu près certain si elle a éclaté trop tard pour s'épuiser en une seule période favorable. Et les témoins postérieurs, Agathias et Evagre, précisent bien que le mal n'a jamais entièrement disparu depuis. Mais nous n'en avons que les jalons les plus importants pour la suite du 6e siècle. Le détail régional et chronologique nous échappe sans doute, et surtout pour les campagnes.

L'alternance entre villes et campagnes n'est pas la seule qui définisse la peste. Les témoins du 6e siècle ont eu aussi sous les yeux l'alternance entre la forme bubonique et la forme pulmonaire, qui naît et se propage par contact direct entre humains, et à laquelle le milieu urbain est donc particulièrement favorable. Procope note avec exactitude que dans la forme bubonique la mort est différée jusqu'au cinquième jour, parfois même plus longtemps ; que parfois, au contraire, le malade en réchappe; les observations modernes confirment que c'est en effet le cas si le sang du malade n'a pas été envahi, faute de quoi le taux de mortalité oscille entre 60 et 90%. Mais la forme pulmonaire, qui est foudroyante et presque toujours fatale, est également attestée de façon claire par nos témoins ; par elle s'expliquent ces morts subites de gens en parfaite santé apparente, de ceux qui sont pris de vomissements de sang, de ceux enfin qui succombent à la contagion de malades qu'ils soignent, tandis que d'autres, en prenant les mêmes risques, demeurent indemnes.

Les variations du fléau à travers les différentes catégories de la population intéressent l'âge et le sexe, et la condition sociale. En convergence avec les observations modernes, nos auteurs indiquent une mortalité maximale de jeunes adultes. Le fait est souligné à propos de l'épidémie de 558 par Théophane[155] et par Agathias, qui ajoute que parmi eux les hommes surtout sont frappés[156]. En 542, cependant, Procope observe la maladie chez des femmes enceintes, dont elle provoque l'avortement, incidence corroborée elle aussi par l'observation moderne, et chez des accouchées, qui succombent avec leurs nouveaux-nés. Il est certain que les femmes, qui sortent peu de la maison[157], au moins dans les classes un peu aisées des villes, sont surtout exposées à la contagion familiale. Quoi qu'il en soit, une mortalité de ce type est particulièrement grave dans une population dont l'espérance de vie est peu élevée en tout état de cause, comme nous le montrerons plus loin. Le groupe décimé ne forme pas seulement la majorité de la population adulte, c'est de lui que dépend la venue au monde de la génération suivante, dont on peut donc conjecturer l'amoindrissement. Or

155. Theoph., A.M. 6050.
156. Agath., V 10.

157. *Cf.* Agath., V 3.

Evagre, écrivant vers 593, observe que la peste semble avoir suivi des cycles de quinze années environ, ce qui présente, dans un tel module de vie des individus, un peu moins que l'intervalle entre deux générations : l'épidémie de 558 qui survient après la mortalité de 555, cruelle aux enfants, les épidémies de 573 et de 590, sont effectivement venues à point nommé redoubler le dégât initial, le manque à naître consécutif à l'épidémie de 541-542 ; on peut du moins le supposer, mais on manque évidemment des chiffres nécessaires, et surtout d'indications suffisantes sur la répartition géographique du fléau, qui est pourtant une incidence déterminante. D'autre part, ce même groupe de jeunes adultes porte aussi le poids de l'activité économique, et ceci nous ramène à notre propos des variations de mortalité liées à la condition sociale.

Celle-ci n'est pas directement attestée par nos bons observateurs. Le seul à insister formellement sur la mortalité particulière des pauvres est Jean d'Asie, dont le texte prolixe, repris par Michel le Syrien[158], est chargé dans l'ensemble de tant d'interprétations symboliques et morales de l'épidémie qu'il ne convient pas de mettre ce témoignage en avant, pour vraisemblable qu'il soit. Il y en a d'autres heureusement, plus précis et plus valables malgré leur caractère indirect. En ville, Procope remarque au contraire que la maladie frappe les maîtres dans une maison, les esclaves dans l'autre ; ce trait, comme tout son développement, veut mettre en lumière le caractère imprévisible et déroutant du fléau. Il est incontestable, au surplus, que la différenciation sociale de l'habitat n'est pas régulière dans les grandes villes byzantines de ce temps, et que n'importe quel endroit, ou presque, peut s'encombrer d'un entassement de citadins, ou d'un afflux de nouveaux venus, ce qui répartit sans doute plus également les risques de contagion à travers les différentes couches sociales. Cependant, le même Procope donne de précieuses indications[159] sur la famine qui accable les artisans de Constantinople, empêchés par l'épidémie de gagner normalement leur pain de chaque jour. Les observations modernes sont formelles sur le rôle de la fatigue et de la malnutrition dans la réceptivité à la peste ; et voici, du moins à Constantinople, tout un groupe habituellement placé au-dessus de la pauvreté, et qui se trouve à cause de l'épidémie, et devant elle, en état de moindre défense. Effectivement, une Novelle d'avril 544[160] fait état des conséquences immédiates de l'épidémie : « ceux qui s'adonnent aux affaires ou à des occupations régulières, les artisans des différents métiers, les travailleurs de la terre, et jusqu'aux marins... ont des exigences abusives et recherchent des prix et des salaires doubles et triples de l'habitude ancienne ». La hausse résulte de la raréfaction brutale de la main-d'œuvre. Sans vouloir solliciter les textes, on pensera que les artisans de Constantinople, déjà décimés avec leur groupe d'âge, l'ont été encore en tant que pauvres d'occasion, et pauvres par suite de l'épidémie elle-même.

Dans les campagnes, Procope montre le vide creusé aussitôt après le passage de l'épidémie qui aurait balayé, dit-il, presque tous les paysans[161]. Certes,

---

158. Jean d'Asie in Mich. Syr., IX 28.
159. Proc., *Bell.* XXIII 18, *cf.* p. 83.

160. *JNov.* CXLVI (*N.* 122, *Ed.* 6).
161. Proc., *HA* XXIII 19.

l'*Histoire Secrète* pousse le tableau au noir pour les besoins de la cause, puisque cette désolation fait ressortir la cruauté des exigences fiscales de Justinien. Mais le fait est que les campagnes connaissent après la première épidémie des années très dures. En 546-547 sévit une famine dont nous apercevons mal les causes ; elles semblent avoir été en partie naturelles[162], mais il est logique aussi de faire à cette date une part à la dépopulation. Et la famine se complique à son tour d'une mortalité humaine qui semble lui être imputable, et que Zacharie de Mitylène décrit comme une maladie de famine, sorte de boulimie[163]. Elle se prolonge ensuite par une mortalité bovine, peut-être liée à la sécheresse, qui aggrave l'insuffisance de main-d'œuvre[164]. Là se borne notre information sur les effets immédiats de la grande peste dans les campagnes. Il est probable qu'on y voyait aussi une mortalité en rapport avec l'âge, et avec des situations de pauvreté permanente ou accidentelle ; mais nos sources n'ont pas jugé utile de le dire.

En somme, l'étude de la mortalité causée par l'épidémie des années 541-542 laisse apparaître une vraisemblance, et une certitude. Vraisemblable, l'anéantissement, ou du moins l'allègement, là où elle existait, d'une masse de pauvres qui ont dû être parmi les premières victimes ; nous dirons plus loin la réalité de cette masse à ce moment. Certaine, et plus importante peut-être, la disparition elle aussi massive de producteurs, artisans, paysans. Que le dommage ait été ou non compensé par la suite, la situation économique s'en trouve profondément changée, et le problème de la pauvreté se pose de ce fait sur un plan nouveau. Ceci dit, nous ne pouvons évaluer l'ampleur des pertes bien que nos sources donnent des chiffres de victimes, par ville, ou par journée d'épidémie dans la capitale, ou bien encore apprécient globalement la proportion des pertes sur l'ensemble de la population. Nous tenterons de saisir le mouvement général de la population de l'Empire au cours de cette période. Mais il faudra auparavant avoir examiné un à un les mécanismes et les événements qui ont pu infléchir ce mouvement dans un sens ou dans l'autre.

Les guerres, et surtout les invasions, sont puissamment liées au rythme naturel des récoltes et des disettes. L'invasion, pour laquelle les indications précises de saison sont malheureusement rares, apparaît cependant toujours, d'une certaine façon, recherche parasitaire et perturbatrice de la subsistance en terre envahie. Il n'est que de citer l'admirable description que fait Ammien de l'invasion gothique en 376[165] ; il montre les Barbares affamés au sortir de l'hiver, leur quête avide des dépôts secrets où est cachée la provision de céréales de la dernière récolte. En accaparant cette provision, comme en déplaçant violemment les paysans par la fuite ou la captivité, les envahisseurs compromettent la succession déjà précaire des années agricoles, et ceci importe plus à l'histoire démographique que le nombre immédiat de victimes. Ce sont au surplus les mêmes régions, et pour les mêmes raisons, qui fixent les habitants de l'Empire et qui attirent les envahisseurs, en sorte que les dévastations et les retours alternent indéfini-

---

162. *Cf.* p. 76.
163. Zach. Mityl., IX 4.
164. *Cf.* p. 76 et note 37.
165. Amm., XXXI 6 *sq.*

ment. L'invasion s'abat sur la Thrace et son blé, sur la Mésopotamie, et de plus en plus à partir de 539-540 sur la Syrie du Nord, l'une et l'autre riches en trésors accumulés et en artisans divers[166], tandis que l'invasion intérieure du brigandage isaurien étend ses dégâts aux villages prospères de Cilicie et de Pamphylie[167]. Il ne faut pas se hâter toutefois de tirer des conclusions démographiques trop précises d'une chronologie fournie en malheurs régionaux, car il convient de les replacer dans une histoire dont ils ne sont qu'un aspect. Ce sera la tâche d'un prochain chapitre. Il nous reste dans celui-ci à creuser plus profond que l'événement, à chercher la permanence des durées de vie et des causes de mort ou d'invalidité des individus qui constituaient la société byzantine de ce temps.

2. Une mortalité saisonnière

Nous avons essayé de mettre en lumière, chaque fois que nous le pouvions, le caractère saisonnier des mortalités massives, par famine et par épidémie. Elles s'inscrivent en principe dans la période critique de la belle saison méditerranéenne, entre mars/avril et août/septembre, ce qui n'exclut pas une prolongation de la mortalité dans le courant de l'hiver suivant. Cette première conclusion peut être complétée par le hasard d'une habitude épigraphique, courante en Egypte, fréquente dans la Palestine voisine, plus précisément dans la moitié Sud du pays, et qui est celle de mentionner sur les inscriptions funéraires le mois de la mort, parfois même le quantième. Nous avons ainsi réuni trois séries d'inscriptions, que leurs dates ou leur contexte archéologique situent dans la période des 4e-7e siècles. Les deux premières proviennent de régions voisines et climatiquement comparables de la Palestine méridionale, et il a fallu cependant les superposer et non les confondre, parce qu'elles obéissent à des calendriers différents. On a donc distingué les inscriptions du pays de Moab[168] – la steppe transjordanienne – de celles qui provenaient d'une part de Be'er Sheba et de ses environs[169], d'autre part du cimetière monastique de Choziba (Wadi el-Qelt), proche de Jéricho[170]. Enfin, un troisième groupe, en provenance d'Egypte, est présenté à titre de simple comparaison[171].

Pour pouvoir utiliser ces données dans leur état imparfait et fragmentaire, que nous ne dissimulons pas, nous avons confondu les sexes et admis un relevé régional, et non strictement local comme il faudra l'exiger pour les séries de mentions d'âge au décès. En revanche, nous avons exclu les décès d'enfants, irrégulièrement mentionnés, et respecté le seuil de quinze ans dont nous ferons état plus loin. Nous nous bornons évidemment à distinguer entre les mois, même si plusieurs mentions de quantième indiquent l'extrémité du mois en

---

166. Voir chap. 6, p. 306.
167. Voir chap. 6, p. 297-299.
168. Canova, *Iscrizioni... Moab.*
169. Alt, «Griech. Inschr. ... Palästina

Tertia».
170. Schneider, «Kloster der Theotokos zu Choziba».
171. Lefèvre, *Inscriptions... Egypte.*

cours. Et il nous a paru légitime de réunir des séries peu nombreuses et géographiquement proches en un échantillon unique, où les variations mensuelles
seraient grossies et plus évidentes. Nous avons adopté à cet effet un calendrier
unique aussi, où le décalage entre les mois juliens et égyptiens est peu important,
et dans lequel la série de Bostra introduit en revanche une discordance interne
de 15 jours[172]. Cette approximation devrait être pardonnée en faveur d'un
résultat qui prétend moins à la précision qu'à la suggestion concrète. Dans la
même intention nous avons choisi comme point de départ de l'année le mois de
la mortalité la plus basse, qui se place clairement en septembre-octobre. Le
cadre chronologique de l'échantillon est donc une concordance approchée de
douze mois, présentée dans le tableau 2.

Tableau 2. *Table de concordance des calendriers de trois séries épigraphiques : Palestine III,
Moab, Egypte*

Mois du tableau 3	Palestine III (calendrier julien)	Moab (calendrier de Bostra)	Egypte (calendrier égyptien)
I	octobre	Hyperberetaios (18/09–17/10)	Phaophi (28/09–27/10)
II	novembre	Dios (18/10–16/11)	Athyr (28/10–26/11)
III	décembre	Apellaios (17/11–16/12)	Choiak (27/11–26/12)
IV	janvier	Audynaios (17/12–15/01)	Toubi (27/12–25/01)
V	février	Peritios (16/01–14/02)	Mechir (26/01–24/02)
VI	mars	Dystros (15/02–17/03)	Phamenoth (25/02–26/03)
VII	avril	Xanthikos (22/03–20/04)	Pharmouthi (27/03–25/04)
VIII	mai	Artemisios (21/04–20/05)	Pachôn (26/04–25/05)
IX	juin	Daisios (21/05–20/06)	Pauni (26/05–24/06)
X	juillet	Panemos (21/06–19/07)	Epiphi (25/06–24/07)
XI	août	Loos (20/07–18/08)	Mesori (25/07–28/08)
XII	septembre	Gorpiaios (19/08–17/09)	Thoth (29/08–27/09)

Cet arrangement permet de présenter la répartition mensuelle des décès dans
le tableau 3.

172. Conversion des mois d'après Grumel, *Chronologie*, p. 172 *sq*. Quelques ins-criptions de Palestine suivent aussi le calendrier de Bostra.

Tableau 3. *Répartition mensuelle des décès d'adultes (hommes et femmes) d'après trois échantillons épigraphiques : Moab, Palestine III, Egypte*

Mois	Nombre de décès Pays de Moab	Palestine III	Egypte	Total
I	2	3	7	12
II	6	5	14	25
III	5	5	16	26
		1		
IV	4	7	26	37
		1		
V	6	5	11	22
VI	3	11	19	33
VII	6	13	27	46
		2		
VIII	5	16	23	44
IX	14	12	23	49
X	6	11	14	31
XI	7	6	13	26
XII	1	7	13	21
Total	65	105	206	372

Ce tableau montre un étiage de la mortalité en automne, aux mois de septembre et d'octobre. Puis elle se tient à un niveau à peu près constant, le niveau normal peut-être, en novembre/décembre d'une part, février ensuite, et enfin juillet/août. Dans les intervalles s'intercalent une première remontée en janvier, dont le creux de février pourrait être la conséquence, puis une période de mortalité maximale, de mars à juillet, ces deux mois accusant des chiffres transitoires entre le régime qui semble normal et les mortalités maximales d'avril, mai et juin. Nous connaissons par les mentions de famines et d'épidémies les périls du cœur de l'hiver, et des trois mois du printemps et du début de l'été où se conjuguent les maladies et les difficultés de subsistance. Il résulte du tableau qu'on vient de lire que de tels événements ne sont que l'amplification occasionnelle et catastrophique du rythme annuel normal. On pourrait objecter à nos conclusions que ces séries d'inscriptions sans date ont sans doute traversé les périodes de mortalité catastrophique. Et il est vrai qu'une tombe de Choziba atteste un décès qui s'est produit un 30 avril, «lors de la mortalité»[173]. Mais cette mention isolée d'un cimetière monastique est l'exception qui confirme la règle. Il est vraisemblable qu'on n'avait pas loisir de graver des épitaphes pour les morts des épidémies.

173. Schneider, «Kloster... Choziba», n° 4 (εἰς τὸ θανατικόν), datée de la 11ᵉ année de l'indiction, qui pourrait être notamment 533 (*cf.* notes 150-151).

3. Durées de vie

Il reste à dire de quelles données nous disposons pour l'étude d'une mortalité courante, au sein de laquelle nous aurions, au surplus, l'ambition de distinguer les tendances particulières aux pauvres. La première interrogation devrait porter sur la durée de la vie. On sait qu'à cet égard surtout, pour les régions occidentales et la période plus haute de l'Empire romain, les séries de l'épigraphie funéraire ont suscité un vif intérêt parce qu'elles ont paru se rapprocher des normes statistiques[174]. Les objections n'ont pas manqué non plus[175]. L'utilisation des inscriptions funéraires pose effectivement de nombreux problèmes. Une condition préliminaire indispensable est celle de séries ininterrompues, aussi longues, fournies et socialement homogènes que possible, relevées sur un site stable où l'habitude d'indiquer l'âge au décès soit générale. Ainsi est-on prémuni contre l'illusion causée par les mentions de décès exceptionnels, et notamment précoces[176], ou par un changement d'habitude épigraphique qui généraliserait la mention de l'âge au décès. On peut alors envisager au moins une étude par échantillon[177], comme on se résout à le faire aujourd'hui pour les populations dépourvues de statistiques suffisantes[178]. Pourtant, l'utilisateur n'est pas alors au bout de ses peines. Tout d'abord les épitaphes féminines sont beaucoup moins nombreuses, tandis que les séries qui peuvent être réunies attestent une mortalité différente, et donc l'inanité du calcul sur échantillon mixte. Ensuite, les durées moyennes n'auraient guère de signification, puisque beaucoup d'âges au décès sont approchés, dans une proportion d'autant plus grande que l'âge est plus élevé. Certaines inscriptions en font l'aveu, et le moindre relevé met au surplus en évidence la fréquence des multiples de 10 et de 5. Le calcul de l'espérance de vie est encore moins possible, parce qu'il y a dans certains cas excès de mentions de décès précoces d'adultes, et toujours insuffisance de données substantielles sur la mortalité véritablement infantile.

Dans ces conditions, il nous semble que le calcul raisonnable doit d'abord se donner comme base des tranches d'âge qui écrasent autant que possible les indications erronées en les regroupant ; les séries que nous utiliserons sont trop modestes pour permettre des tranches serrées de 10-14, 15-19, etc., proposées, dans un cas analogue, pour des séries modernes plus étoffées[179] ; des tranches de 15-24, 25-34, etc., nous paraissent suffisantes. Un multiple de 5 comme chiffre initial de la tranche d'âge paraît cependant inévitable. Le calcul lui-même doit être adapté à la documentation. Nous nous contenterons de distinguer, après

174. Etienne, «Démographie et épigraphie» ; Norberg, «Biométrique et mariage» ; Norberg, «Biometrical notes».

175. Moretti, «Statistica demografica ed epigrafia» ; Degrassi, «Indicazione dell'età» ; Degrassi, «Dati demografici».

176. *Cf.* déjà Appleton, «Longévité».

177. Degrassi, «Indicazione dell'età» ; Burn, «*Hic breve vivitur*» ; Etienne-Fabre, «Démographie et classe sociale».

178. Naraghi, *Populations dans les pays à statistique incomplète*.

179. Répartition de Carrier, «Estimation of mortality».

l'âge initial de 15 ans qui constitue en gros le seuil social de la nubilité[180], l'âge au décès pour la moitié du groupe survivant à 15 ans, et si les données le permettent, un second seuil après décès de la moitié du groupe restant. Appleton supposait déjà que la fameuse table d'espérance de vie aux différents âges, destinée au comput des pensions alimentaires[181] et attribuée à Ulpien, a pu être le fruit d'un calcul de ce type[182]. Pour notre part, nous préférons cette démarche franchement empirique à celle de Burn[183] qui, sans renoncer pour autant au calcul des âges moyens, fait état de la proportion de vivants dans ses échantillons, à 15, puis à 42 ans : en dépit de sa vraisemblance pratique, le choix *a priori* de ce second seuil exerce en effet sur les données une contrainte superflue. Nous avons exclu des échantillons les enfants en dessous de 15 ans et les âges trop élevés. Les uns et les autres se sont trouvés d'ailleurs peu nombreux, à l'exception d'une série enfantine qui sera traitée à part. En revanche, il a paru indispensable de conserver la distinction des sexes, même si les séries féminines étaient sensiblement moins fournies. En tout état de cause, les conclusions d'une pareille analyse auront encore contre elles l'insuffisante variété sociale au sein de l'échantillon ; les pauvres précisément sont certainement mal représentés, le plus souvent, dans l'épigraphie funéraire ; à tout le moins ne risquent-ils pas d'avoir une durée de vie supérieure à celle qui serait ainsi suggérée. . .

Dans notre documentation, de telles séries épigraphiques ne sont pas abondantes. Et il n'est pas concevable d'extrapoler, à partir de données elles-mêmes problématiques, et provenant de régions et d'époques différentes, les conclusions banalement vraisemblables que sont une espérance de vie relativement brève, outre une mortalité infantile qui n'entre même pas dans les pertinences démographiques, et une surmortalité des femmes et des plus pauvres. L'habitude de mentionner l'âge du défunt est loin d'être répandue, à l'époque chrétienne, dans l'épigraphie grecque d'Orient comme elle l'est dans l'épigraphie grecque d'Egypte. Nous n'avons trouvé jusqu'ici que deux ensembles qui satisfassent aux exigences définies, d'une part en Palestine méridionale, autour de Be'er Sheba et d'el-Kerak[184], et d'autre part à Oumm el-Djimal, dans le Hauran[185]. La série d'Oumm el-Djimal, où la quasi-totalité des inscriptions mentionnent l'âge du défunt, est très homogène géographiquement, puisqu'elle représente une unique agglomération. Ethniquement aussi, à en juger par la prédominance des noms indigènes, au milieu desquels se détachent seuls quelques *cognomina* romains, notamment Severus. La ville est en effet située à l'écart des grands axes routiers, et, bien qu'une légion y ait tenu garnison, le peuplement semble être demeuré local. Une telle permanence compense un peu l'étalement, dans le temps ; peu d'inscriptions sont datées, mais la série couvre en gros la période chrétienne et byzantine, en commençant probablement au 3e siècle. Ainsi se trouve également corrigée, dans une certaine mesure, l'absence de

180. Voir chap. 4, p. 145-148.
181. *Dig.* XXXV II (*Ad legem Falcidiam*) 68.
182. Appleton, «Longévité».
183. Burn, «*Hic breve vivitur*».

184. Alt, «Griech. Inschr. ... Palästina Tertia» ; Canova, *Iscrizioni ... Moab.*
185. *SYRIA* ..., n°s 285-522.

différenciation sociale. Les stèles, reproduites au trait par les éditeurs, se ressemblent toutes dans leur pauvreté monotone, et pourtant les stèles contemporaines de Korykos[186], où les inscriptions rendent si bien compte de la diversité sociale, prouvent combien il est dangereux, à l'époque chrétienne, de se fier sur ce point à l'aspect matériel des sépultures. La série transjordanienne est composée pour sa plus grande partie des inscriptions d'el-Kerak ; il a paru que l'on pouvait, sans inconvénient, joindre les inscriptions des environs, compte tenu de l'identité probable des conditions de vie, et de la fréquence également élevée partout des mentions d'âge. Beaucoup d'inscriptions sont datées, par l'ère de Bostra, et témoignent d'une distribution des pierres entre le milieu du 5e siècle et les débuts de l'occupation arabe au 7e ; la majorité des dates appartient au 6e siècle. Cet ensemble offre la particularité de mentionner les décès d'enfants en une série qui semble assez fournie en elle-même et par rapport à l'ensemble pour qu'on la retienne comme significative. On y verra donc un échantillon, à notre connaissance unique en Orient, d'une mortalité enfantine ; nous en avons tout de même exclu les mentions d'âges inférieurs à 2 ans, qui n'étaient pas assez nombreuses, et nous avons conservé en revanche les tranches d'âge annuelles, car de telles inscriptions, établies par les proches, sont moins susceptibles d'erreur. Enfin, à titre de comparaison contemporaine, et géographiquement voisine, nous avons retenu un échantillon égyptien, la série d'Akhmîm (Panopolis), dans la Thébaïde inférieure, où l'épigraphie funéraire présente les mêmes caractères d'homogénéité locale entre le 4e et le 7e siècle, et la même uniformité matérielle qu'à Oumm el-Djimal[187]. Des conclusions rassurantes par leur vraisemblance se dégagent de cet ensemble, dans les limites prudentes qui ont été retenues : une convergence entre des échantillons d'origine géographique comparable ; une durée de la vie au total relativement courte ; une surmortalité des plus jeunes et des femmes. Les tableaux 4-6 les mettront en évidence.

Le premier tableau (4) prouve la qualité des trois échantillons retenus par la proportion élevée de mentions d'âge. Les âges extérieurs à la tranche 15-84 ans s'avèrent cependant insignifiants. A l'exception notable de la série d'el-Kerak, à laquelle il conviendra de revenir, les épitaphes enfantines représentent à peu près 1/10 des séries, et les âges élevés ne dépassent pas quelques unités. L'inégalité des séries masculines et féminines apparaît cependant : les épitaphes de femmes atteignent les 2/3 de l'effectif masculin à Akhmîm, la moitié à peu près à Oumm el-Djimal, un peu plus à el-Kerak. Enfin, une première observation globale sur la répartition des décès par tranches d'âge montre des résultats étroitement comparables dans les trois échantillons. On constate partout que plus de la moitié de l'effectif initial disparaît chez les hommes entre 35 et 44 ans, chez les femmes entre 25 et 34 ans ; et que plus de la moitié de l'effectif survivant disparaît chez les hommes entre 55 et 64 ans, chez les femmes

186. *MAMA* III, nos 200-788.
187. Lefèvre, *Inscr. d'Egypte* 1631, 238-295 (*in situ*), 296-350 (au musée, réunies d'après le type des stèles). Le genre des noms se trouve dans Preisigke, *Namenbuch*.

Tableau 4. *Trois échantillons d'âges au décès d'adultes (15–84 ans) d'après l'épigraphie funéraire*

| Localité | Mentions | | Mentions d'âge exclues | | | | | Mentions d'âge utilisées | | Années d'âge au décès pour | | | |
| | | | moins de 15 ans | | plus de 84 ans | | sexe inconnu | | | la moitié de l'effectif initial | | la moitié de l'effectif survivant | |
	de décès	d'âge	H	F	H	F		H	F	H	F	H	F
el-Kerak et ses environs	361...	353	68	42	4	1	13	94	53	35-44	35-44[a]	55-64	45-54
Oumm el-Djimal	237...	200	10	9	7	2	4	95	48	35-44	25-34	55-64	45-54
Akhmîm (Panopolis)	112...	90	3	5	4	1	4	33	21	35-44	25-34	55-64	45-54

H = Hommes ; F = Femmes.
a. Sur 53 femmes, 25 décès se produisent avant 35 ans ; cet échantillon donne donc en fait un résultat proche des deux autres.

entre 45 et 54 ans. Une pareille uniformité autorise à réunir les trois échantillons en deux séries seulement, qui permettent d'examiner et de comparer de plus près les mortalités des deux sexes.

Tableau 5. *Mortalité d'adultes dans trois échantillons épigraphiques réunis : el-Kerak, Oumm el-Djimal, Akhmîm*

Tranche d'âge au décès	Nombre de décès en chiffres absolus		Nombre de décès en pourcentages	
Ans	Hommes	Femmes	Hommes	Femmes
15–24	46	33	20,7	27
25–34	48	27	21,6	22,1
35–44	31	23	13,9	18,8
45–54	32	14	14,4	11,6
55–64	28	9	12,6	7,3
65–74	17	11	7,6	9
75–84	20	5	9	4,9
Total	222	122	± 100	± 100

Le second tableau (5) confirme l'observation globale de surmortalité féminine qui résultait déjà du premier, mais il la montre associée à une surmortalité des jeunes. Hommes et femmes meurent vite les uns et les autres. Mais la surmortalité des femmes est nette aux trois premières tranches d'âge – à moins que le chagrin des jeunes époux ne force la proportion des données par rapport aux tranches suivantes – et la surmortalité des jeunes se montre d'autant plus brutalement dans l'échantillon féminin. Appleton, qui avait déjà remarqué la surmortalité féminine de l'Antiquité, l'expliquait par le recours à l'avortement, parce qu'il se proposait de stigmatiser, à l'aide de textes peut-être trop connus d'Ovide et de Juvénal, la basse natalité de ses contemporains[188]. L'avortement est certes une cause de mortalité spécifique des femmes en âge de procréer, et il est condamné comme tel par Basile de Césarée[189]. Mais l'âge des maternités en comportait évidemment bien d'autres puisque Jean Lydus, recopiant peut-être il est vrai un calendrier ancien, note que certaine conjoncture astrale de janvier présage une mortalité des femmes «dans la force de l'âge»[190]. Les femmes subissaient sans doute aussi des effets à plus long terme de leurs fatigues. Nous ignorons malheureusement si elles avaient un régime alimentaire différent.

Les inscriptions de Moab ont aussi permis le relevé d'un échantillon de mortalité enfantine, de 2 à 14 ans. La limite supérieure est mitoyenne de l'âge adulte. A l'autre extrémité, les mentions d'âges inférieurs à 2 ans étaient en nombre

188. Appleton, «Longévité».
189. Bas. Caes., can. 2 (*RP* IV, p. 96). *Cf.* Patlagean, «Limitation de la fécondité».

190. Joh. Lyd., *Mens.* IV Jan. 10, *cf.* Piganiol, «Calendrier brontoscopique».

8

insignifiant, exceptions évidentes à un usage qui s'expliquerait si 2 ans était l'âge du sevrage, ce que démontre l'épisode où un ange indique à la mère de Syméon Stylite le jeune, alors dans sa troisième année, le régime qu'il suivra désormais et qui sera singulier par l'absence de viande[191] : il est aisé d'en conclure qu'un enfant passait à cet âge au régime alimentaire courant. Le tableau 6 présente la répartition des décès entre les tranches d'âge à l'intérieur de l'échantillon ainsi constitué.

Tableau 6. *Echantillon de mortalité enfantine (2-14 ans) d'après l'épigraphie funéraire d'el-Kerak*

Tranche d'âge au décès Ans	Nombre de décès en chiffres absolus		Nombre de décès en pourcentages	
	Garçons	Filles	Garçons	Filles
2-4	23	10	33,8	23,8
5-9	26	21	38,2	50
10-14	19	11	27,9	26,1
Total	68	42	± 100	± 100

Nous avons groupé ces décès d'enfants en tranches d'âge plus étroites que celles des adultes, mais néanmoins découpées de manière à contrecarrer l'attraction de 5 et de 10, ce qui obligeait d'ailleurs à laisser une première tranche plus petite. Les deux séries se ressemblent par le pourcentage de décès de la tranche la plus élevée, qui dépasse plus ou moins le quart de l'effectif total des décédés, et des deux premières tranches qui en retiennent les 3/4. On ne sait trop comment expliquer, sur un échantillon si réduit, que la répartition entre les deux premières tranches soit au contraire si différente pour les garçons et les filles, et on préférera retenir l'observation plus générale que les 3/4 d'un contingent de décédés qui avait franchi le seuil dangereux du sevrage n'ont pas dépassé 9 ans, pour l'un et l'autre sexe. La perte est d'autant plus considérable pour la génération qu'elle s'ajoute en fait à la mortalité proprement infantile, avant 2 ans, dont nous n'avons aucune idée, mais que nous supposons élevée.

En somme, les séries épigraphiques d'âges au décès qui peuvent être retenues tendent à montrer que, dans la société byzantine de cette époque, la mort enlevait normalement assez vite la moitié d'une génération d'adultes, autrement dit pendant leur période d'activité productrice et génitale. Et l'unique échantillon enfantin atteste que la perte antérieure à l'âge adulte avait elle-même été lourde. Pour insuffisantes que soient ces conclusions, elles demeurent préférables à celles que la littérature nous aurait imprudemment suggérées. Les saints vivent bien longtemps pour la plupart, soit que cela fît partie de leur personnage audessus de l'humain, soit que les témoins de leur vieillesse glorieuse ne connus-

191. *V. Sym. Styl. jr* 3.

sent effectivement plus leur âge. Même lorsque celui-ci ne dépasse pas les limites du vraisemblable on ne sait plus qu'en penser, et il demeure du reste une indication isolée. En revanche, une source littéraire jette une précieuse clarté sur l'âge de la vieillesse, dont la signification démographique et sociale est tellement importante. Il s'agit du recueil des *Miracles de S. Artemios*, composé et tenu à jour dans son sanctuaire de Constantinople au cours du 7e siècle, et plus particulièrement dans sa seconde moitié. L'âge des patients, tous masculins à une exception près, s'échelonne entre 9 et 80 ans, soit dix-huit mentions, dont dix en chiffres ronds, qui toutes reposent, évidemment, sur la seule déclaration d'individus inconnus du rédacteur. Or trois de ces mentions sont accompagnées de l'indication que le patient est vieux : un homme de 50 ans[192], dont l'auteur note en outre qu'il a les cheveux blancs, un autre de 62 ans[193], un autre enfin de 60[194]. Et ce dernier exemple nous vaut la définition historiquement juste et utile de la vieillesse, au-delà d'une précision d'âge qui ne peut que nous échapper : l'homme est vieux parce qu'il est désormais «incapable de travaux». C'est le principe qui dicte au sein du monastère le regroupement des moines devenus inaptes au travail[195], et au sein de la société celui des vieillards dans des institutions d'assistance analogues à celles qui accueillent les malades[196]. Car l'état de vieillesse est bien, par ses conséquences économiques, une variante de l'état de maladie.

4. MALADIE ET PAUVRETÉ

Il y a entre la maladie et la pauvreté des liens que le législateur lui-même sait fort bien reconnaître : le Code Justinien conserve la loi de 382 qui interdit la mendicité aux hommes valides[197], et il définit en 531 comme le pauvre par excellence celui qui, affligé à la fois par l'indigence et par la maladie qui le retient dans un établissement hospitalier, se trouve incapable de pourvoir à sa propre subsistance[198]. L'homme qui vivait au jour le jour de son travail tombe dans le dénuement dès que la maladie l'atteint, et le pauvre, réciproquement, est à certains égards une proie de choix pour cette dernière. La maladie abrège la vie des pauvres, ou bien elle rend inutilisable ce qui leur en reste.

Le double problème que nous allons poser – comment comprendre en termes d'aujourd'hui les témoignages d'autrefois, et comment distinguer dans la morbidité générale une morbidité particulière aux pauvres – est encore une fois un problème de sources, et simultanément de méthode. Malheureusement pour les historiens, la pathologie historique de notre période n'a pas encore suscité beaucoup de travaux qui la mettent au fait des schémas et des acquisi-

---

192. *Mirac. Artem.* 13.
193. *Ibid.*, 22.
194. *Ibid.*, 16.
195. *V. Theod. Coenob.*, p. 41.
196. *Cf.* Patlagean, «Pauvreté à Byzance».

197. *CJ* XI XXVI 1.
198. *CJ* I III 48. *Cf.* Greg. Nyss., *Paup. Amand.*, cité ci-dessus chap. 1, p. 30 et note 106.

tions de la médecine géographique et sociale d'aujourd'hui[199]. Les travaux remarquables de la fin du 19e siècle, Hecker[200], Hirsch[201], Curshmann[202] semblent encore proches par leur préoccupation d'histoire sociale, mais ils ont vieilli dans leur documentation, et parfois même dans leur interprétation, en particulier pour tous les aspects mentaux et sociaux de la maladie. D'autre part, si le *Manuel* de Hirsch couvre entre autres le Proche-Orient, les sources byzantines n'y sont pas méthodiquement exploitées ; quelques remarques de seconde main se bornent pratiquement à la grande peste du 6e siècle, et à la discussion de ses antécédents. En revanche, les pages demeurées les plus suggestives, en particulier le beau livre de Curschmann, renvoient à un contexte historique et géographique qui est tout de même entièrement différent, non sans faire regretter vivement qu'on manque en ce domaine d'études comparatives entre l'Occident et Byzance. Du côté de Byzance enfin, l'absence de travaux similaires est à peu près totale. Cela tient peut-être à ce que, devant la richesse de la tradition de littérature médicale reçue par elle de l'Antiquité[203], l'histoire des maladies a cédé le pas à une histoire en fait différente, celle de la médecine, de ses diagnostics et de ses remèdes. Et même ainsi le livre estimable de Corlieu[204] est déjà bien ancien, et les pages de Diepgen[205] demeurent rapides. La littérature byzantine du 6e siècle ajoute cependant à la tradition l'œuvre considérable d'Alexandre de Tralles, dont l'éditeur a procuré d'ailleurs dans son introduction une étude historique qui n'est pas remplacée[206]. Mais si l'œuvre d'Alexandre permet certaines identifications, ses mérites même, la qualité des observations, le souci de les rapporter à la doctrine, l'empêchent d'être une source de l'histoire sociale. Aucune diversité sociale ne s'y laisse reconnaître. Davantage, s'il fallait y découvrir des situations concrètes, la variété des aliments, la minutie des soins et des régimes placeraient plutôt les patients dans cette haute société où Alexandre avait ses clients. Lui-même est avant tout un continuateur, hors de pair par le talent. Mais Hirsch remarquait que son œuvre ne fait aucune allusion à la grande peste de 541-542, que nous eussions ignorée si nous n'avions d'autres sources.

C'est donc en dehors de la littérature technique qu'il faut trouver les informations dont notre enquête a besoin. Textes de lois, sources patristiques, mais surtout hagiographiques nous les fourniront. En se tournant vers l'hagiographie, l'histoire sociale de la santé regagnera dans la densité humaine des observations particulières ce qu'elle aura certainement perdu dans la précision médicale des définitions pathologiques. Le récit hagiographique, on le sait, comporte en effet obligatoirement des guérisons miraculeuses, qui sont au nombre des signes attestant la sainteté : elles apparaissent en nombre plus ou moins serré dans les *Vies* qui émanent d'un monastère, allant jusqu'à se suivre

199. *Cf.* Grmek, «Géographie médicale» et «Etude historique des maladies ».
200. Hecker, *Volkskrankheiten des Mittelalters.*
201. Hirsch,*Historische-geographische Pathologie.*
202. Curshmann, *Hungersnöte.*
203. Krumbacher, *Literatur*, p. 613-619. *Cf.* Hopkins, «Contraception».
204. Corlieu, *Médecins grecs.*
205. Diepgen, *Geschichte der Medizin* I.
206. Alexander Trallianus, t. I, p. 1-286.

en une véritable chronique dans la *Vie de Syméon Stylite le jeune*, et elles peuvent même former à elles seules, sans trame biographique, la matière d'un recueil, lorsque celui-ci est rédigé dans un sanctuaire où l'on vient se faire guérir, SS. Cyr et Jean d'Alexandrie, ou S. Artemios à Constantinople. Cependant, il faut d'abord reconnaître deux difficultés qui semblent devoir nous arrêter dans l'usage de cette documentation.

D'abord, les récits hagiographiques sont loin de mettre en scène uniquement des pauvres ; au contraire, dans la mesure où l'éloge des cures ainsi obtenues vise à rabaisser la médecine rivale des professionnels laïcs, les auteurs mettent complaisamment en lumière les maux de grands personnages, voire d'empereurs, auprès de qui ces derniers s'étaient avérés sans pouvoir ; pour beaucoup d'autres malades, la majorité des cas individuels, il n'est fait aucune mention de la condition sociale. On a bien proposé récemment[207] une explication sociale de l'hostilité envers la médecine laïque exprimée dans l'hagiographie. L'opposition ne porterait pas sur les méthodes de cure : les saints ont fréquemment eux-mêmes des connaissances médicales, ou même, plus rarement, prescrivent le recours à un médecin ; la cure miraculeuse reproduit dans le songe du malade le traitement véritable, surtout en chirurgie. Les auteurs d'hagiographie souligneraient seulement le contraste entre la gratuité du miracle, accessible à tous ceux qui ont la foi, et l'avidité mercantile des médecins professionnels. Ces conclusions ne nous paraissent pas soutenues par les textes. Tout d'abord, l'étude de Magoulias que nous citons s'appuie sur quatre œuvres seulement, dont trois collections de miracles, ceux de S. Artemios, des SS. Cyr et Jean, des SS. Cosme et Damien, et une *Vie*, celle de Théodore de Sykéôn. C'est trop ou trop peu. Les collections de miracles de saints guérisseurs obéissent en effet à des exigences particulières, et la comparaison avec la médecine laïque y est urgente, détaillée, et directement technique. Au contraire, les *Vies* insistent moins sur la cure que sur le résultat. La *Vie de Théodore de Sykéôn* se conforme à cette habitude. Mais dans un éloge final l'hagiographe ajoute que le saint savait prescrire à chaque malade l'opération, le traitement ou la cure thermale qui convenaient à son cas, et qui étaient dès lors assurés de succès[208]. Ainsi les exemples choisis par Magoulias ne sont-ils pas cohérents. Mais il y a plus. L'hagiographie souligne la rapidité et l'absence de douleur des cures miraculeuses, que la collection des *Miracles de S. Artemios* oppose avec éclat aux tortures infligées par la chirurgie[209]. La gratuité elle-même n'est pas évidente, il s'agit plutôt de juste mesure, de spontanéité, et aussi de libre choix entre le paiement en espèces ou en nature[210] ; là intervient en effet la condition sociale du malade. Le thème du médecin juif soupçonné de sorcellerie[211], celui du malade riche ou puissant[212], attestent en fait chez les moines le souci de revendiquer sans partage la cure des maladies de toute condition. Il s'ensuite que l'hagio-

207. Magoulias, «Lives of the saints».
208. *V. Theod. Syk.* 145-146.
209. *Mirac. Artem.* 24 et 29. *Cf. V. Theod. Syk.* 156.
210. Voir chap. 7, p. 352.

211. *V. Sym. Styl. jr* 208-211 (maladie de Justin Ier).
212. *V. Sym. Styl. jr* cité note préc. et *passim* ; *V. Sampson.* fol. 199-200 (Justinien) ; etc.

graphie offre un répertoire de cas fréquemment dépourvus d'une détermination sociale explicite, ou attribués à ces patients de rang social élevé. L'historien se demande alors si, en dehors des cas liés à l'alimentation, les écarts sociaux dans la santé sont aussi nets qu'aujourd'hui, quels sont les cas qui se rattachent avec vraisemblance à des états de misère, et, de façon générale, comment se présente le rapport entre maladie et pauvreté.

La tâche préliminaire est d'entrer en possession de la documentation. Et c'est ici que se rencontre la seconde difficulté. Celle-ci tient à la fonction du miracle dans la Vie de Saint, en considération de laquelle les auteurs trient leurs observations selon des critères qui ne sont pas ceux de l'information. Nous avons montré ailleurs que la Vie d'un Saint peut se lire à trois niveaux[213] : le combat victorieux contre les démons qui assaillent lui-même et les autres hommes ; la reproduction des gestes et épisodes de la vie du Christ ; enfin la lutte morale contre le péché. Les observations si précieusement concrètes et quotidiennes de l'hagiographe sont filtrées impitoyablement en fonction de ces catégories. La maladie est présentée comme une agression démoniaque, comme le châtiment d'une faute morale, ou comme une guérison conforme au modèle évangélique[214].

La richesse de la description varie selon le niveau auquel est situé le miracle : au niveau des agressions démoniaques, les auteurs mettent en évidence le caractère à la fois physique et mental de beaucoup d'affections, mais c'est que l'hagiographe y est plus libre qu'ailleurs de pousser la description, et aussi qu'il cherche à souligner non la conformité à un modèle, mais la singularité toujours renouvelée des maux infligés par les démons. Au contraire, le choix et la description des cas sont obligés au niveau évangélique où la référence doit être claire, et au niveau moral où la relation symbolique entre la faute et la maladie doit être évidente. Du reste, des maux comme la cécité ont leur place à n'importe lequel des trois niveaux, sans compter les cas attribués à des causes naturelles. La lèpre, en revanche, reste au premier chef du niveau scripturaire. Lorsqu'elle frappe en punition d'une faute, on ne laisse pas d'évoquer l'épisode biblique de Gehazi[215] ; et bien que son caractère contagieux soit avéré, le seul texte qui en fasse état raconte comment un manque de charité envers un malade est ainsi sanctionné, mais avec une rapidité miraculeuse[216]. La part de la causalité naturelle est réduite d'autant, ce qui rend souvent l'interprétation bien conjecturale ; elle est limitée à des accidents aux conséquences variées[217], à des infirmités congénitales, surdités, cécités, malformations des membres[218], à l'empoisonnement[219], au choc d'une émotion[220]. La maladie est assez fréquem-

213. Patlagean, «Ancienne hagiographie byzantine».
214. *Cf.* le gros livre documenté mais historiquement médiocre de Van der Loos, *Miracles of Jesus*.
215. *V. Sym. Styl. jr* 92 (*cf. IV Rois*, V).
216. *V. Sym. Styl. jr* 219.
217. *Mirac. Artem., passim; V. Sym. Styl. jr* 53, 76 ; *V. Theod. Syk.* 112.
218. *V. Sym. Styl. jr* 117, 146, etc. *V. Theod. Syk.* 83, 156a, etc.
219. *V. Theod. Syk.* 77, 143, 154.
220. *V. Sym. Styl. jr* 231.

ment présentée comme une impureté interne qui s'écoule hors de l'organisme atteint grâce à l'intervention miraculeuse.

La description dépend aussi de l'ampleur de l'œuvre et des connaissances des auteurs. Bien des maladies sont désignées explicitement à cause de leur importance traditionnelle, ou de leur place au niveau scripturaire du modèle hagiographique : la peste, à côté d'autres épidémies non identifiées, la lèpre, le cancer du sein, l'hydropisie, les pertes de sang reviennent plus ou moins fréquemment, à côté de telle maladie particulière des yeux ou de la peau, que l'hagiographe nomme lorsqu'il a quelque connaissance médicale. A cet égard, les différentes *Vies* sont de valeur inégale. Chroniques de longue haleine, écrites dans des monastères célèbres, dues peut-être aussi à des auteurs plus instruits en la matière, les *Vies* de Syméon Stylite le jeune et de Théodore le Sycéote ont fourni les meilleures observations, tandis qu'une collection spécialisée comme les *Miracles de S. Artemios* se borne à présenter toutes les variantes d'une affection unique, l'ulcération des testicules. Dans ces conditions il faut décrire, avant de proposer les éléments d'une analyse qui prétend rapprocher, comme cause ou comme conséquence, maladie et pauvreté.

Quels sont les maux dont les hommes meurent, ou qui les réduisent à l'invalidité, dans la société que nous étudions ? Pratiquement, les observations de l'hagiographe se répartissent entre troubles sensoriels, moteurs, internes, externes, mentaux.

La cécité est un élément majeur du tableau pathologique[221]. Les hagiographes l'expliquent par une malformation congénitale[222], une maladie précisément désignée[223], voire l'éclat du soleil levant[224], la présence d'un démon[225] : ainsi, une patiente de Théodore le Sycéote avait les yeux ouverts sans voir depuis cinquante ans, et il lui semblait qu'un serpent l'entourait d'en bas jusqu'à la gorge, la serrant à l'étouffer[226]. D'autres troubles sensoriels, dont l'observation directe par les hagiographes n'exclut pas la réminiscence scripturaire, intéressent moins notre enquête : surdités parfois congénitales, ou accompagnées de mutisme[227], mutisme associé à des troubles nerveux[228]. Dans une telle société, et surtout à son niveau le plus bas, il n'est guère imaginable, en effet, que de tels troubles puissent être une cause importante de discrimination et d'incapacité économiques. Parmi les troubles moteurs, le plus grave est la paralysie, que nos textes signalent très souvent, sans toujours l'attribuer à un démon[229]. Par sa fréquence, comme par ses conséquences sociales, la paralysie doit

---

221. *V. Theod. Syk*. 83, 122, etc. *V. Theod. Coenob.*, p. 35 ; *V. Sym. Styl. jr* 137, 156, 188, 213, 250, 251 (dont des mentions collectives), etc.
222. *V. Sym. Styl. jr* 117, *V. Theod. Syk*. 85, 156a.
223. *V. Sym. Styl. jr* 229 (μυιοκέφαλον).
224. *Ibid.*, 53.
225. *Ibid.*, 80, 180 (un seul œil), 240.

226. *V. Theod. Syk*. 157.
227. *V. Theod. Syk*. 65, 156a. *V. Sym. Styl. jr* 150, 192, 193. *Cf.* Alex. Trall., L. III (t. II, p. 70-123), *passim*.
228. *V. Sym. Styl. jr* 83, 244.
229. *V. Sym. Styl. jr* 70, 87, 102, 143, 163, 246, 252 ; *V. Theod. Syk*. 68, 85, 102, 107, etc.

figurer en bonne place dans une étude de la santé ; un épisode de la *Vie de Syméon Stylite le jeune* montre le pauvre paralytique couché par terre sur la place, tandis qu'un autre pauvre mendie auprès de lui[230]. Parmi les troubles internes ceux de la digestion et de l'excrétion occupent la première place. Le mal siège dans «le cœur»[231], «à l'intérieur»[232]. La *Vie de Syméon Stylite le jeune* signale la dysenterie mortelle d'un enfant[233], une «corruption» (σαπρία) du ventre associée à une paralysie[234], l'affection parasitaire d'un malade qui déclare[235] : «Tout ce que je mange se tourne en sang et en vers parasites, et s'écoule ainsi, et la souffrance est considérable, car les vers me mettent en pièces». Parasitose peut-être ou bien cancer que ces déjections sanglantes[236], ou la maladie d'un haut fonctionnaire «affligé d'un mal terrible dans ses entrailles, en sorte qu'il rejetait à chaque fois une grande quantité de sang par la bouche et l'estomac, blême et incapable de reposer»[237]. L'hydropisie est également mentionnée[238]. Ces états se combinent couramment avec les troubles musculaires, et aussi avec des états de fatigue et de faiblesse générale fréquemment notés, mais décrits en des termes vagues tels que «affligée dans tout son corps et incapable de faire un geste»[239], «opprimé dans les côtes et tout le corps par un esprit impur»[240]. Des hommes qui jouissent de rations monastiques régulières n'en sont d'ailleurs pas indemnes[241]. Les affections cutanées sont parmi les causes d'invalidité les plus redoutées, à en juger par leur fréquence dans les séries de miracles. Comme l'a remarqué Corlieu[242], les textes confondent avec les ulcères les plaies traumatiques, qui sont effectivement génératrices de gangrène et cause d'invalidité, et distinguent les atteintes visibles et particulièrement invalidantes des organes génitaux[243], et surtout des extrémités, pieds[244] et mains[245]. La lèpre serait l'élément majeur de ce tableau, mais il en sera traité plus loin, en raison du problème historique qu'elle pose[246].

Enfin, les textes hagiographiques livrent une information abondante et de première importance sur l'état mental[247]. On pourrait avoir d'abord l'impression que l'état de possession démoniaque fournit une explication à tout faire, ou dont l'usage varierait en tout cas plus selon la pente de chaque auteur que selon ses observations. A y regarder de plus près, quand un hagiographe explique ainsi un état pathologique, il faut souvent lui faire crédit d'une

230. *V. Sym. Styl. jr* 163.
231. *Cf.* Alex. Trall., L. VII, I (t. II, p. 243), qui signale καρδία comme la désignation antique de τὸ στόμα τῆς γαστρός, ὁ στόμαχος.
232. *V. Sym. Styl. jr* 200 (ἔνδον) ; *V. Theod. Syk.* 89 (ἐν τοῖς ἔνδοθεν).
233. *V. Sym. Styl. jr* 231.
234. *Ibid.*, 246.
235. *Ibid.*, 232.
236. *Nau* 156.
237. *V. Theod. Syk.* 121.
238. *V. Theod. Syk.* 156 ; *V. Sym. Styl. jr* 245, etc. *Cf.* p. 105.

239. *V. Sym. Styl. jr* 101.
240. *Ibid.*, 86.
241. *V. Theod. Syk.* 156.
242. Corlieu, *Médecins grecs*, p. 44.
243. *Mirac. Artem., passim* ; *V. Sampson,* fol. 199 ; etc.
244. *V. Sym. Styl. jr.* 76, 152, 153, 212, 227, 249 ; *Nau* 493 ; *V. Theod. Syk.* 160 (fistule).
245. *V. Sym. Styl. jr* 214, 234.
246. *Cf.* p. 110 *sq.*
247. *Cf.* Patlagean, «Ancienne hagiographie byzantine».

définition psychosomatique ; le délabrement mental influe sur les affections du corps, et il en est influencé. Ces relations seraient d'autant plus nettes que la misère nutritionnelle, culturelle, sociale est plus grande, même dans une société qui possède, comme nous avons tenté de le montrer pour celle-ci, une structure mentale en grande partie commune à toutes les classes. Les sources font état de troubles précis restreints à l'acception moderne : ainsi bien des cas de possédés qui se roulent à terre en mâchant leur langue semblent être de nature épileptique[248] ; plus généralement, tous les troubles de la parole, du mouvement, les états de dépression, ont un aspect mental. Mais il faut voir plus loin. Hormis les cas où l'hagiographie définit comme une possession la maladie organique, la possession démoniaque représente bien le modèle dans lequel cette société manifeste les tensions psychologiques les plus violentes ; le conflit peut aller jusqu'au trouble de la personnalité, jusqu'au sentiment d'être privé de celle-ci par la force ; dans les cas les plus graves, c'est l'instinct de conservation lui-même qui s'abolit. De toute façon, le possédé est dans un état d'infraction permanente aux règles sociales, que le fou par ascèse reproduit sciemment. Soulignons que la possession n'est jamais objet d'un jugement de valeur positif, qu'elle ne vaut au patient ni voyance, ni pouvoir exceptionnel, ni même une place particulière dans le groupe.

Le tableau que l'on vient de lire présentait l'information dans un premier classement, pratique et empirique. Quelle est l'interprétation historique, géographique, sociale, que l'on peut espérer en tirer ? Peut-on distinguer des événements dans une histoire des maladies, des variations d'un endroit à un autre dans le domaine géographique de l'enquête, enfin des liens réciproques faisant que telle affection frappe particulièrement les pauvres, ou au contraire entraîne une infirmité qui détermine, le cas échéant, une pauvreté plus grande encore ? La réponse à ces trois ques tions suppose que l'on admette de déchiffrer à la lumière de la littérature scientifique contemporaine un matériel historique aussi peu explicite et aussi ancien. Et certainement, faute d'une pareille tentative, ce dernier doit rester lettre close pour l'historien. Toutefois, son incompétence le limite, s'il travaille seul, à quelques observations de seconde main. C'est ce qu'on trouvera dans les pages qui suivent. Mais je voudrais avoir ainsi attiré l'attention sur la richesse d'une documentation qui n'est pas toujours largement connue.

Un premier essai viserait à retrouver les maladies exactement désignées, infectieuses ou parasitaires[249]. On a vu que les sources médicales, qui offrent un répertoire plus riche et plus précis, présentent pour notre enquête l'inconvénient de ne pas situer les maladies dans la société ; et que les sources hagiographiques, en revanche, qui font cela bien devantage, ne définissent pas toujours ces mêmes maladies, pour diverses raisons culturelles – à supposer qu'elles les définissent toujours bien. L'historien doit donc tenter d'identifier celles qui

248. *V. Sym. Styl. jr* 44, 84, 118, 214, 227, 244.

249. Voir en général Hirsch, *Handbuch* ; Violle-Pieri, *Maladies méditerranéennes*.

ne sont pas nommées, en confrontant les textes avec les descriptions cliniques modernes. Entreprise périlleuse. On risque sans cesse l'anachronisme, dans une histoire dont les étapes sont justement mal connues et difficiles à connaître, même en faisant abstraction des variantes locales dont la trace reste perdue, à moins d'un progrès dans l'étude anthropologique des restes découverts dans les anciens pays byzantins. De plus, les descriptions sont justiciables de plusieurs interprétations, et trop peu précises, le plus souvent, pour que l'on puisse décider. D'autre part, on compléterait heureusement l'étude sociale de l'alimentation si l'on parvenait à retrouver dans ces témoignages les symptômes des maladies de carence[250]. Identifications conjecturales elles aussi, et soumises au même doute, parce que les valeurs des aliments et les équilibres biologiques humains propres à cette époque nous demeureront inconnus, et parce que, là encore, les descriptions ne se laissent pas serrer. Sur tous les points, on ne trouvera donc ici que des vraisemblances ou des possibilités, que j'espère choisies prudemment.

Parmi les troubles sensoriels, la cécité a une grande importance sociale, et un rapport évident avec la pauvreté. Ce serait une erreur que de l'attribuer essentiellement au trachome, qui est certes connu au 6e siècle, mais dont la grande progression en Méditerranée serait bien plus récente. Quelle que soit sa part, celle aussi des traumatismes divers, il nous appartient ici de souligner le rôle probable des carences alimentaires : les «épidémies» de cécité consécutives à des famines sont connues en Europe occidentale, par des observations du 19e siècle ; mais, de façon plus quotidienne, on sait maintenant que la malnutrition produit un affaiblissement de la vue et des lésions bientôt irréversibles, dues au manque de vitamine A, notamment dans les régimes pauvres fondés sur les céréales et l'huile végétale, comme une partie de ceux qui ont été étudiés plus haut[251]. Les textes soutiennent cette interprétation. Alexandre de Tralles atteste non seulement l'ulcération des yeux, dont une carence est une cause possible, mais l'héméralopie, incapacité de voir la nuit qui serait caractéristique d'un état de carence[252] ; peut-être l'opinion que l'on peut être aveuglé par le soleil levant[253] repose-t-elle aussi sur des cas de sensibilité oculaire anormale de même origine. La cécité, cause de pauvreté, serait ainsi en même temps, dans quelques cas au moins, une affection de pauvres.

Les plus graves des troubles moteurs sont susceptibles de plusieurs interprétations. On reconnaît une hémiplégie dans le mal de cet aubergiste «alité demi-mort depuis longtemps... le visage tordu vers l'arrière»[254]. Certaines descriptions de membres ou d'extrémités qui refusent tout service parce qu'ils sont perclus et tordus[255] évoquent une forme de lèpre, mais aussi une affliction articulaire. Et l'homme qui ne peut bouger depuis trente-cinq ans tant il est

---

250. Voir Justin-Besançon et Pierre-Klotz, *Avitaminoses ;* Cépède-Lengellé, *Economie alimentaire ;* et Richet, *Pathologie de la misère,* en dépit d'un matériel sans rapport avec la Méditerranée.
251. *Cf.* chap. 2, p. 48-53.

252. Alex. Trall., L. II, Περὶ θεραπείας ὀφθαλμῶν, t. II, p. 2-69, notamment p. 47.
253. *V. Sym. Styl. jr* 53, etc.
254. *V. Theod. Syk.* 106b (trad. Festugière)
255. *V. Sym. Styl. jr* 75, 8,1 142, 242.

courbé[256], l'enfant qui ne peut marcher[257], des gisants paralytiques[258] pourraient être les victimes de leur alimentation. La paralysie lathyrique, provoquée par la consommation de gesses, sévit aujourd'hui encore en différentes régions d'Orient, notamment en Syrie[259]. Elle n'est pas le propre des pauvres, puisqu'elle est un accident de la consommation de blé. Cependant, les pauvres sont plus que d'autres consommateurs des gesses, nourriture inférieure. D'autres carences encore sont notoirement responsables d'incapacités motrices, et il est raisonnable de les soupçonner dans une partie au moins de nos textes. La polynévrite provoquée par le manque de vitamine B1 peut s'aggraver jusqu'à l'impossibilité de se mouvoir. Des troubles musculaires qui se manifestent par la fatigue, la difficulté de la station debout, la contraction des extrémités, sont dus à une malnutrition qui combine le manque de vitamine B1 et de lipides et l'excès d'hydrates de carbone, traits probablement caractéristiques, on l'a vu, de nos régimes pauvres ; le manque de vitamine A, lui aussi, provoque une baisse du tonus musculaire. On se trouverait donc encore devant des infirmités plus sévères aux pauvres.

Les troubles internes attestés par nos sources, troubles de la digestion et de l'excrétion, sont en partie d'origine parasitaire. Des textes déjà cités sont explicites pour certaines formes spectaculaires[260]. La *Lettre sur les vers* d'Alexandre de Tralles souligne la fréquence de ces affections[261]. Parasitose peut-être aussi que ce démon qui se montre comme une souris sous la peau d'un armateur[262]. Les états de grande fatigue générale, si importants dans un tableau social, et dont on a vu plus haut les fréquentes mentions, sont susceptibles d'explications diverses : parasitoses, plus fréquentes, on le sait, chez les mal nourris, épuisement provoqué, en particulier, par la bilharziose, dont on connaît l'antiquité en Orient, au voisinage des rivières infestées. Les déséquilibres et insuffisances des régimes pauvres évoqués il y a un instant sont aussi bien générateurs d'épuisement, de cet oedème de carence qu'est l'hydropisie[263], qui appartient déjà, il est vrai, au modèle évangélique. La tuberculose pulmonaire, dont Alexandre de Tralles traite pourtant[264], ne semble explicitement attestée dans la littérature de cette époque que par un épisode isolé : Dorothée de Gaza rapporte que Dosithée se met à cracher le sang, s'affaiblit, et meurt de son mal ($\varphi\vartheta\iota\sigma\iota\varkappa\acute{o}\varsigma$) ; venu adolescent au monastère, il s'éteint cinq ans après[265]. De même, la malaria à laquelle Alexandre consacre une bonne partie de son *Traité des fièvres*[266], n'apparaît pas clairement dans les descriptions hagiographiques, qui se bornent à de rares mentions d'accès de fièvre violents ou subits[267]. L'explication est suggérée par les observations modernes, en particulier au Moyen Orient[268].

256. *V. Sym. Styl. jr* 145.
257. *V. Theod. Syk.* 65.
258. *Cf.* notes 229-230.
259. Aykroyd-Doughty, *Graines de légumineuses.*
260. *Cf.* note 235.
261. Alex. Trall., Περὶ ἑλμίνθων,, t. II, p. 586-599.
262. *V. Theod. Syk.* 123.
263. *Cf.* note 238.
264. Alex. Trall., Περὶ πυρετῶν, V-VII, t. I, p. 371-439.
265. Doroth. Gaz., *V. Dosith.* 9.
266. Alex. Trall., Περὶ αἵματος ἀναγωγῆς, t. II, p. 187-209.
267. *V. Sym. Styl. jr* 231.
268. Fischer, «Malaria au Moyen-Orient».

La malaria endémique et chronique, aux symptômes variés, n'est pas toujours reconnue comme une maladie spécifique par la population ; elle tend à être acceptée, ou plutôt subie, comme un état naturel. On peut assez sûrement la retrouver dans les cas de tremblements incoercibles, plusieurs fois signalés dans nos sources, et dans ces mêmes états de faiblesse que nous proposions plus haut, avec autant de vraisemblance, d'attribuer le cas échéant à la malnutrition ; il est d'ailleurs évident que les deux causes, loin de s'exclure, se renforcent.

Les affections externes, ulcérations, infection et défaut de cicatrisation des blessures accidentelles, qui détruisent les chairs et carient les os, laissant l'individu en état d'invalidité, peuvent suggérer, dans une partie des cas au moins, des carences nutritionnelles. Nous signalerons sans pouvoir l'apprécier une hypothèse appuyée sur des observations d'anthropologie historique et contemporaine[269], selon laquelle les sociétés rurales anciennes auraient connu une syphilis endémique non-vénérienne, sans limitation géographique, malgré le rôle favorable des climats chauds et humides. Entretenue par le contact d'individu à individu, elle aurait eu en milieu rural ancien des possibilités indéfinies d'extension. La syphilis vénérienne, au contraire, serait la forme adaptée à la restriction de tels contacts en milieu urbain, ceci sans préjudice de la controverse sur son apparition en Europe au début de l'époque moderne.

La plaie la plus grave et la plus invalidante socialement est la lèpre, dont l'identification paraît certaine sous une terminologie un peu hésitante, et dont l'activité semble nouvelle au 4e siècle dans les provinces byzantines. Non qu'elle ait été inconnue auparavant dans le monde romain. Mais Van der Loos remarque que l'identification des Evangiles n'est pas certaine, et peut recouvrir diverses maladies cutanées[270]. Oribase a conservé un passage de Rufus d'Ephèse[271], où celui-ci décrit un mal mutilant qui est visiblement une sorte de lèpre, sans allusion à son caractère contagieux, et s'étonne qu'une affection aussi courante et aussi grave demeure ignorée des anciens, et n'ait été étudiée que peu de temps avant lui-même. A la fin du 4e siècle, une homélie célèbre de Grégoire de Nysse atteste sans la nommer précisément une maladie mutilante dont la description est claire, et dont les victimes réduites à l'invalidité sont frappées d'une ségrégation qui ne les renferme pas, mais les écarte des agglomérations et même des points d'eau. Traitant de l'amour des pauvres, Grégoire dépeint les bandes errantes de ces pauvres les plus pitoyables de tous, qui font entendre «une lamentation nouvelle»[272] ; il insiste sur ce dernier point. Dans son *Discours funèbre* en l'honneur de Basile de Césarée, Grégoire de Nazianze réserve une place de choix à l'œuvre hospitalière de l'évêque, et fait allusion aux soins charitables et imités du Christ qui ont été dispensés à des malades accablés par leur invalidité et leur exclusion de la société[273]. La terminologie n'aura jamais plus de précision que celle de la peste, car l'habitude du langage

269. Hudson, «Treponematosis».
270. Van der Loos, *Miracles of Jesus*, p. 466 *sq.*
271. Ruf. Eph. in Orib., *Synops.* XLV 28

(Περὶ ἐλεφαντιάσεως ἐκ τοῦ ʿΡούφου)
272. Greg. Nyss., *Paup. Amand.* II.
273. Greg. Naz., *Discours funèbre* LXIII 3.

est renforcée par le besoin d'euphémisme né de la crainte. Le terme évangélique de λέπρα ne s'impose jamais. La *Vie de Syméon Stylite le jeune*, qui fait du mal une description sans équivoque[274], emploie à côté de lui le terme de λώβη[275], qui désigne toute mutilation de l'aspect extérieur de l'homme, et que l'on trouve ainsi employé par Galien pour une maladie destructrice des extrémités[276], mais aussi par Théophylacte Simocatta pour une mutilation punitive du nez et des oreilles[277]. A côté de ce terme devenu courant paraît aussi dès le 4e siècle l'euphémisme du «mal sacré» (ἱερὰ νόσος), qui désignera la lèpre dans la classification hospitalière des siècles suivants[278], et qui remplit cet emploi au 6e siècle dans la *Vie de Théodore le Coenobiarque*[279]. Cette œuvre attribue au saint la construction d'un hospice particulier pour les victimes de la maladie dans son complexe charitable[280]. Au contraire, la *Vie de Syméon Stylite le jeune*, qui signale la crainte de la contagion comme une faute grave contre la charité, mentionne des individus et des groupes qui viennent librement au monastère implorer la guérison inspirée évidemment du modèle évangélique[281]. M. Avi-Yonah a publié une inscription remarquable de Scythopolis[282], qui assigne effectivement un point d'eau séparé et sis hors la ville de à des personnages souffrants qui semblent bien être des lépreux ; peut-être faut-il rappeler d'ailleurs dans le commentaire de ce document palestinien les prescriptions rigoureuses d'isolement dont la législation juive avait donné l'habitude. En somme, les textes attestent bien là un fléau social, au-delà de la référence évangélique, mais la conjonction de mentions isolées, si nombreuses et intéressantes soient-elles, ne permet pas d'en apprécier l'importance véritable, qui paraît cependant croissante, comme le pense aussi Avi-Yonah.

Enfin, les troubles mentaux constituent certainement la partie la plus riche historiquement du tableau que nous venons de tracer. Toutefois, il n'est pas certain que leur pertinence sociale soit à la mesure de leur intérêt culturel. Les cas de possession se rencontrent en effet dans toutes les couches de la société, comme la croyance aux démons elle-même[283]. Rien n'interdit évidemment de penser que la précarité de leurs conditions de vie et les limites de leur culture ont rendu les pauvres plus vulnérables, mais ce n'est qu'une présomption de bon sens. D'autre part, la possession est une cause de mendicité : le rédacteur des *Miracles de S. Artemios*[284] a observé la foule des possédés qui emplit les églises de la capitale ; et le concile *in Trullo*, en 692, condamne les simulateurs[285]. Les cas nombreux de possédés venus chercher la guérison au Mont-Admirable[286] montrent bien que les patients étaient arrachés à leurs occupations habituelles. La conception démoniaque des maladies ne doit d'ailleurs pas être oubliée :

274. *V. Sym. Styl. jr* 217.
275. *Ibid.*, 70, et *passim*.
276. Cité par Corlieu, *Médecins grecs*, p. 42.
277. Theoph. Simoc. V 7.
278. *Cf.* Philipsborn, « Ἱερὰ νόσος».
279. *V. Theod. Coenob.* a. Cyr. Scythop., p. 34.
280. *Ibid.*

281. *Cf.* notes 274-275.
282. Avi-Yonah, «Bath of Lepers».
283. Brown, «Sorcery» ; Patlagean, «Ancienne hagiographie byzantine». *Cf.* Momigliano, «Popular religious beliefs»
284. *Mirac. Artem.* 18.
285. *C. Trull.* 60.
286. *V. Sym. Styl. jr, passim*.

les troubles dont souffrent les possédés ne sont pas toujours purement mentaux. En revanche, l'histoire de Marc d'Alexandrie[287] ou de Syméon d'Emèse[288], qui sont il est vrai des fous par ascèse, laisserait croire que les possédés demeuraient quelquefois capables d'exercer les plus élémentaires de ces activités élémentaires, discontinues et frustes, qui définissent précisément la pauvreté, comme on le verra plus loin : le premier est garçon de bain, le second serveur dans une gargote.

Telles sont les observations courantes qui s'ajoutent aux observations exceptionnelles des périodes de calamité. Les témoignages sur la morbidité illustrent les durées de vie suggérées par les séries épigraphiques, et l'obsession de la maladie, et peut-être de la mort, qui éclate dans les textes. Nous sommes empêchés de reconnaître vraiment la part de la pauvreté et de la mauvaise alimentation dans un tableau de santé physique et mentale en tout état de cause difficile à interpréter aujourd'hui. Mais nous mesurons mieux au terme de ces lectures le poids de la maladie dans la condition des pauvres. Surtout il ne paraît pas excessif de reconnaître ici une société où la marge d'accroissement de la population est fragile, la succession des générations rapide, et les forces productives limitées dans leur effort non seulement par l'état des techniques, mais par les conditions physiologiques et peut-être mentales des individus. Et pourtant cette société a construit, vécu, survécu, et nous allons la voir à l'œuvre.

287. *BHG 3*, 2255.
288. Leont. Neap., *V. Sym. Sal.*

4. Affirmations et négations des structures familiales

Nous avons dit les coups naturels portés à la population byzantine entre 360 et 610 environ. Il reste à chercher s'ils ont été sensibles, et si elle avait les moyens de se reconstituer ou de s'accroître. Les questions démographiques pertinentes sont connues : le taux de nuptialité, l'âge moyen au premier mariage, la fréquence des unions illégitimes et des remariages ; la durée moyenne de la vie conjugale, le taux de fécondité, et les restrictions de toutes sortes à la procréation ; le taux de mortalité infantile, et le nombre moyen d'enfants par famille complète. Il serait illusoire d'attendre de notre documentation l'ombre même des données quantitatives qui servent à les résoudre[1]. Il ne faut pourtant pas y renoncer, car elles sont inéluctables, mais les adapter au matériel dont nous disposons. Celui-ci comprend d'abord de courtes séries qui se laissent constituer à partir des textes littéraires, et surtout de l'épigraphie ; d'autre part, si tout commentaire de données statistiques met très vite en cause des structures familiales et des attitudes, ces dernières se présentent à nous dès l'abord, par des jugements de valeur, des descriptions de modèles familiaux, et ce sont elles qui dessinent les tendances que nous allons découvrir.

Dans le foisonnement du 4e siècle byzantin, où tous les possibles s'ébauchent, la nécessité de la famille comme pièce de la structure sociale est profondément mise en question. Un mouvement de refus du mariage et de la stabilité conjugale éclate, dont les expressions, les motivations, les conséquences générales varient aux différents niveaux sociaux. Puis, la société byzantine ordonne progressivement ses choix, codifie l'alternative : d'un côté le célibat se soumet de plus en plus étroitement à la forme de plus en plus précise de l'engagement monastique ; de l'autre, le mariage resserre ses liens, par le choix plus précoce et plus précocement irrévocable du conjoint, par la signification grandissante conférée à la parenté, enfin par la substitution progressive de la sanction religieuse, identique pour tous, à l'instrumentation civile, dont les niveaux sociaux inférieurs demeuraient exclus. Le concours de ces deux tendances, qui apparaissent à l'œuvre

---

1. *Cf.* Henry, *Démographie historique*, chap. IV et V.

dès le 4ᵉ siècle, produit une transformation qui sera accomplie au 9ᵉ. Comment traduire leurs effets en termes d'importance démographique relative ? Ce sera la partie la plus délicate de notre exposé.

1. Le renforcement du mariage

A regarder les situations sous leur aspect démographique, il ne paraît pas nécessaire, au premier abord, d'entrer ici bien avant dans le débat difficile sur l'histoire du mariage romano-byzantin entre le 4ᵉ et le 7ᵉ siècle. Le seul point qui semble importer, en effet, est la cohabitation susceptible de postérité, quelle que soit sa nature au regard de la loi. En fait, la légitimité de la famille est une donnée pertinente de l'étude économique et sociale, dont l'étude démographique ne saurait prétendre se détacher le moins du monde lorsqu'elle repose sur une documentation aussi mince et peu quantifiable que la nôtre. En pareil cas, l'évolution des diverses règles qui président au mariage peut révéler au contraire une tendance orientée concurremment, indissolublement, par des facteurs démographiques d'une part, économiques et sociaux de l'autre. Dans une telle perspective, nous définirons le mariage comme la constitution d'un groupe désormais apte à remplir des fonctions économiques et un rôle social, et composé initialement du couple, auquel viendront s'ajouter les enfants éventuels.

Un premier indice est la tendance à un choix de plus en plus précoce et irrévocable à la fois du conjoint, ce qui peut témoigner soit d'une raréfaction des conjoints possibles, soit d'une conjoncture économique plus pressante. En d'autres termes, les fiançailles tendent vers une validité analogue à celle du mariage[2]. On a voulu voir là une influence des formes juives des fiançailles et du mariage, observées dans la législation rabbinique de la même époque[3]. L'explication est possible, elle n'est certainement pas exclusive : la validité accrue des fiançailles à partir du 4ᵉ siècle est un symptôme au milieu d'autres de toute une orientation. La pratique est attestée dès le 4ᵉ siècle par le cas d'une Macrine, sœur de Basile de Césarée et de Grégoire de Nysse, que son père fiance à l'âge de douze ans[4]. Lorsque le fiancé est enlevé peu après par une mort prématurée, Macrine se refuse à envisager un autre mariage, c'est-à-dire en réalité d'autres fiançailles, en exposant à ses parents qu'elle se considère comme une veuve, et qu'à ce titre elle doit à son époux défunt une fidélité incompatible avec ce qui serait à ses yeux un véritable remariage[5]. Et de même, en dehors pourtant de tout contexte chrétien, Libanios ne contractera pas de mariage, mais seulement une union de fait, lorsqu'il aura perdu cette fiancée qui était sa cousine[6], et à laquelle nous reviendrons. Dans la législation, la validité juridique des fiançailles est fortement marquée par Justinien, qui accuse sur ce point la tendance déjà existante. Plus tard encore, le code des Isauriens fixera à

---

2. *Cf.* Volterra, «*Adulterium* della *sponsa*».
3. *Cf.* Cohen, «Betrothal in Jewish and Roman law».

4. Greg. Nyss., *V. Macrinae*, p. 374-377 *sq.*
5. *Ibid.*, p. 375.
6. *Cf.* note 63.

sept ans, sans distinction de sexe, l'âge légal des fiançailles[7], et la pratique tendra vers une précocité plus grande encore[8]. La puissance paternelle en matière de mariage des enfants évolue dans le même sens. Sauf émancipation[9], le consentement du père demeure nécessaire au mariage, en tant que ciment d'un édifice familial cohérent. La législation en dispose ainsi[10], et même l'Eglise reconnaît qu'une simple cohabitation prend valeur de mariage si elle est fortifiée par le consentement du père[11]. Mais en même temps ce consentement est de plus en plus clairement limité à sa fonction positive de promouvoir le mariage, tandis que l'empêchement apparaît au contraire comme un abus de pouvoir. Si le législateur interdit au père d'imposer une union qui déplaît[12], il développe aussi le droit d'appel contre son refus[13]. La législation macédonienne consacre cette évolution[14]. Enfin, le fait de marier ses enfants devient un devoir d'état. L'idée est déjà fermement exprimée dans les *Constitutions Apostoliques*, au 5e siècle[15]. Justinien interdit à cause de cela de déshériter la fille qui, par la négligence de ses parents, est entrée en cohabitation sans leur consentement[16]. L'aboutissement de cette évolution apparaîtra plus tard dans la législation macédonienne, aux termes de laquelle le père qui ne cherche pas à fiancer ses enfants se rend coupable d'empêchement abusif de mariage[17].

Les dispositions relatives aux deuxièmes et troisièmes noces ne contredisent pas la tendance à séparer la société en deux états irrévocablement distincts, le mariage et le célibat. Le veuvage devient un état d'origine particulière, mais assimilable au célibat dans ses effets. Le législateur ne condamnera que les troisièmes noces, et encore à la fin du 8e siècle[18]. Les secondes noces ne posent pour lui que des questions de biens. De même, l'Eglise s'en préoccupe dans la mesure où l'état de veuvage ouvre le droit à une certaine forme d'assistance. Aussi l'Eglise préfère-t-elle n'admettre parmi les veuves d'état que les femmes les moins susceptibles de retourner à l'état conjugal ; on fixe à cause de cela un seuil d'âge de soixante ans. Les femmes plus jeunes reçoivent néanmoins une assistance, mais elle est temporaire, et non statutaire[19]. La défaveur profonde avec laquelle l'Eglise voit les secondes noces se réfère à la tradition apostolique, et se rattache à toute sa position complexe à l'égard de l'alternative fondamentale, mariage ou célibat. Nous y reviendrons donc plus loin, car c'est là tout un champ d'idées qui doit être envisagé à la fois. En pratique, la pénitence canonique qui frappe les secondes noces n'est pas un obstacle. Il est évident que le choix de la veuve dépend non seulement de son âge, mais de son état de fortune. La veuve riche atteint au rôle éminent de bienfaitrice, distributrice de ses biens, que nous étudierons dans un prochain chapitre[20]. La veuve pauvre au

---

7. *Ecl.* I 1.
8. *Cf.* Patlagean, «L'enfant et son avenir».
9. *Dig.* XXIII, 2, 25.
10. *CJ* V, IV, 12 (Diocl. et Maxim.).
11. Bas. Caes., *Ep.* 188, A. 374, canon 42.
12. *CJ* V IV 12 (Diocl. et Maxim.).
13. *CJ* V XVIII 5 (Diocl. et Maxim.) ; *Dig.* XXIII, 2, 19.
14. *Proch. N.* IV 10 ; *Epan.* XVI 22.

15. *Const. Apost.* IV, XI, 6.
16. *JNov.* 136 (*N.* 115), A. 542, c. 3, 11.
17. *Proch. N.* IV 10.
18. Novelle d'Irène (AA 797-802), *JGR* I p. 49-50.
19. Bas. Caes., *Ep.* 178, A. 374, canon 24 ; *Const. Apost.* III, I et II.
20. Joh. Eph., *E. Sts* 55 (Sosiana la veuve du chambellan), etc.

contraire est exposée au dénuement. Jean Moschos raconte l'histoire de la veuve Maria, mère de deux petits garçons qu'elle a tués parce que le soldat qui l'acceptait comme épouse ne voulait pas se charger d'eux[21]. Il est vrai que la veuve qui a des enfants adultes vit fréquemment à leur foyer, comme le montre l'épigraphie familiale[22].

La réduction générale à deux états clairement opposés se marque dans l'évolution des formes même du mariage, qui sont mises en rapport avec les niveaux sociaux. En principe, le mariage est fondé par un acte consensuel manifesté et validé publiquement[23]. Le problème est relativement simple dans les classes aisées, pour lesquelles la rédaction des *tabellae nuptiales* s'affirme comme la forme essentielle dès le 4e siècle, fût-elle accompagnée de la *deductio*, cortège nuptial dont la grossièreté rituelle a des relents païens, ou déjà de la bénédiction chrétienne, qui est attestée au 4e siècle comme une démarche privée, et pour ainsi dire amicale, du prêtre[24]. En tout état de cause, en effet, l'instrumentation est indispensable lorsque l'union de deux conjoints met en cause des biens, et demeure en ce cas la seule forme civilement contraignante du mariage. La Novelle 94 (*N.* 74), publiée en 538, et relative aux formes du mariage dans les différentes couches de la société, en maintient l'obligation pour les dignitaires les plus élevés ; ceux qui viennent aussitôt après dans l'ordre social, hauts fonctionnaires, négociants, scellent aussi leur mariage par un acte écrit, qui peut être un instrument analogue aux précédents, ou bien un procès-verbal d'union, établi devant l'*ekdikos*, le chargé d'affaires d'une église, en présence d'au moins trois clercs.

Pendant ce temps, l'union de deux conjoints pauvres met en cause, au lieu de biens, les situations personnelles elles-mêmes. Ainsi s'explique la nature véritable du concubinat : cohabitation de fait des personnes, il ne trouve de reconnaissance en droit qu'au prix d'une continuité quotidienne ; et seule la permanence d'une activité laborieuse de production ou de service peut rendre possible cette dernière. Le statut de tels conjoints et de leur descendance, jadis envisagé dans les termes de la cité romaine, se pose au Bas-Empire dans ceux que nous avons déjà rencontrés d'une alternative entre la plénitude de la condition civile et l'assujettissement à une condition économique. Or, dans les limites et au profit même de cet assujettissement, l'évolution du Bas-Empire tend à conférer au concubinat les effets du mariage, et à le soumettre en conséquence aux mêmes conditions préalables[25]. Plus exactement, après l'attitude répressive de Constantin, la législation en ce sens est clairement établie par Justinien[26]. Une

21. Joh. Mosch., *Prat. Spir.* 76.
22. *Cf.* Patlagean, «Familles chrétiennes d'Asie Mineure».
23. Voir notamment Orestano, *Struttura, giuridica del matrimonio romano* (le développement des *tabellae nuptiales* du Bas-Empire s'expliquerait par la difficulté des milieux provinciaux à juger suffisant l'acte consensuel, qui serait déjà, en fait, le fondement du mariage

romain classique). *Cf.* aussi Gaudemet, *L'Eglise dans l'Empire romain*, p. 515-556, et du même auteur, «Transformations de la vie familiale».
24. *Cf.* Herman, «De benedictione nuptiali».
25. Pour la série des lois des 4e-6e siècles, *cf.* Meyer, *Römische Konkubinat*.
26. *Cf.* Bonfante, «Riforma giustinianea del concubinato».

variante qui n'est pas négligeable pour notre propos est constituée par l'union de fait d'une femme pauvre avec un homme de fortune et de situation sociale supérieures, qui peut y mettre brutalement fin, jetant dehors la femme et ses enfants. La législation s'en préoccupe pour lui reconnaître une certaine validité[27]. Néanmoins, de telles situations vont dans le sens de notre démonstration. Ce que nous voulons mettre en lumière en effet, c'est l'histoire des différences de statut entre groupes familiaux, déterminées par les rôles économiques et sociaux différents de ces groupes. A cet égard, nul n'a mieux parlé de l'union conjugale des pauvres que le législateur lui-même, dans la Novelle de 538 déjà citée (c.4) ; il poursuit en effet : «...Ceux qui mènent une vie dédaignée, nantis de peu, ou placés dans la dernière partie du peuple, tous ceux-là auront l'impunité en ces matières» ; même tolérance pour les paysans et les simples soldats, «qui sont dans l'ignorance des choses civiles, et pour lesquels seul est motif de zèle et de juste louange l'élan vers le travail aux champs et vers les guerres ; en conséquence, pour ce qui est des pauvres gens, des soldats obscurs en activité, et des paysans, ils pourront impunément s'unir sans actes écrits, et vivre en cohabitation, leurs enfants seront légitimes, auxiliaires de la modestie paternelle dans les occupations et les ignorances de l'armée ou des champs». On ne saurait mieux dire que ce texte, mieux opposer aux catégories civiles les catégories économiques. Il en résulte que, si la famille pauvre ne peut être atteinte par la distinction entre unions légitimes et illégitimes, elle est en revanche toute entière accrochée à sa situation de fait, que nulle sanction civile ou religieuse ne protège, et qui est au contraire menacée par toutes les attaques de la conjoncture. La famille pauvre existe dans la mesure où elle reste sur place. Ainsi retrouve-t-on un critère juridique de pauvreté analogue à celui que nous avions relevé à propos de l'habitat. Ceci est encore plus vrai, naturellement, de la famille servile[28]. Les cohabitations entre esclaves sont déjà recommandées par les *Constitutions Apostoliques*[29], pour prévenir des désordres dont le maître porterait la responsabilité morale. Mais aucune validité juridique ne leur est conférée, et pas davantage aux unions entre libre et esclave, auxquelles du reste l'Eglise elle-même n'est pas favorable. Une telle précarité dans les couches les plus pauvres est grosse de conséquences démographiques.

Sous l'apparente permanence de l'opposition entre le mariage avec instruments écrits et le mariage par cohabitation, il y a donc en réalité une évolution que l'on trouvera accomplie au 8e siècle dans l'*Eclogè* des empereurs isauriens, et qui vise à rendre toutes les unions également contraignantes et stables, chacune à son niveau social. Il faut interpréter de même d'autres indices de raidissement des liens conjugaux. Le procès-verbal établi à l'Eglise n'aurait été encore à l'époque justinienne qu'un constat de volontés[30]. L'*Eclogè* affirme pour la pre-

27. *JNov.* 94 (*N.* 74), A. 538, 5 ; *JNov.* LXXI (*N.* 53) A. 537, 6. *Cf.* Wolff, «Post-classical legislation on illegitimacy».
28. Sur les unions serviles et mixtes, *cf.*
Orestano, «Rapporti fra matrimonio cristiano e matrimonio romano».
29. *Const. Apost.* III 34, VIII 32.
30. Herman, «De benedictione nuptiali».

mière fois les effets civils de la bénédiction nuptiale, à l'intention précisément de ceux qui n'auraient pas le fondement matériel d'une instrumentation[31]. Le même article rappelle d'ailleurs que le mariage peut être également fondé par une cohabitation avec une femme libre, lorsque celle-ci est admise à des relations charnelles et au gouvernement domestique. Le législateur isaurien n'en condamne que plus sévèrement toute relation sexuelle libre, que l'homme soit ou non marié[32]. Sur ce point comme sur bien d'autres, le bréviaire isaurien conclut, au début du 8e siècle, une évolution qui plonge ses racines dans la période que nous étudions. Et au cours de celle-ci déjà, bien clairement, c'est au-delà du mariage toute la structure familiale qui se resserre. Nous pressentons à cela des raisons économiques et démographiques enchaînées, sans que les unes se distinguent des autres à nos yeux, tant à cause de notre information réduite que de la société elle-même, caractérisée à ce moment par une régression civile à laquelle correspond un renforcement économique et social de la famille.

2. MARIAGE ET PARENTÉ

Une autre preuve du resserrement des liens conjugaux et familiaux est le rapport de plus en plus précis qui se dessine au cours de la même période entre le choix du conjoint et la structure générale de la parenté. On sait que, la prohibition de l'inceste étant universelle, seule sa démarcation varie d'une société à l'autre, et que le critère le plus sensible en est l'union entre cousins germains. Or cette dernière subit au cours de notre période une évolution remarquable, inscrite dans l'évolution plus générale au cours de laquelle la famille semble reprendre dans l'organisation sociale l'importance que la cité est en train de perdre irrésistiblement.

L'immobilité défensive des sociétés traditionnelles à prédominance rurale se marque en effet, on le sait, dans l'importance qu'elles accordent à la « structure élémentaire » de la parenté, qui suppose une distinction fonctionnelle entre les côtés paternel et maternel[33]. Cette structure à trois personnages fondamentaux, la femme, son frère et son mari, est fondée horizontalement, à chaque génération, par l'échange matrimonial qui unit deux familles représentées par le mari et le frère de la fille à marier, parties prenantes dans la transaction dont elle est l'objet. Verticalement, il en résulte des relations privilégiées entre l'oncle maternel et son neveu, qui se continuent et se consolident à la génération suivante par des mariages préférentiels entre cousins germains. Il en résulte aussi, pour que cette lecture verticale de la structure demeure conforme, une distinction précise entre *cousins croisés* et *cousins parallèles* : les premiers, fils de sœur/fille de frère, peuvent seuls perpétuer la structure par leur propre mariage, tandis que les seconds, issus de deux frères ou de deux sœurs, ne sauraient y jouer aucun rôle.

31. *Ecl.* II 8.
32. *Ecl.* XVII 19, 20, 35.

33. Ce qui suit d'après Lévi-Strauss, *Structures élémentaires.*

La société du Haut-Empire romain était parvenue à un degré de civilité suffisant pour qu'une structure de ce type n'y eût plus de raison d'être. L'interdit du mariage entre cousins germains sans distinction de côtés a été levé à une date assez haute pour instaurer un régime de *panmixie*, c'est-à-dire d'indifférence dans le choix des conjoints, qui est en gros celui de l'Empire romain. Tacite est ainsi frappé par les relations privilégiées entre oncle et neveu observées chez les Germains de son temps[34]. En Orient d'ailleurs, la terminologie grecque de la parenté véhicule, bien avant l'époque romaine, une confusion pratiquement totale entre les côtés paternel et maternel, qu'il s'agisse des oncles et tantes, des neveux et nièces, ou bien des cousins[35]. D'autre part, le comput des degrés collatéraux, sans distinction de côté, tel que le droit romain l'élabore, entre en fonction essentiellement à propos de l'accès à l'héritage[36], et ne fonde que des interdictions de mariage minimales[37].

Dès le début de l'Empire chrétien se dessine l'élaboration toujours plus serrée des empêchements de mariage. Du côté de l'Eglise, on prend comme base les dispositions du Lévitique[38], pour un système en fait original[39]. Le droit romain de son côté fondait les siennes sur le *ius naturale*, dont il se faisait l'interprète[40]. Défense de la religion chrétienne et de la romanité se confondront sur ce point comme sur tant d'autres. Or, dans le monde provincial byzantin, le problème va devenir urgent, parce que la structure familiale reprend la force et l'importance que la structure civile est en train de perdre. Dès le 4e siècle, sous les vives couleurs de la santé retrouvée, la cité antique subit en fait la crise dont elle va mourir, et qui s'esquissait dès le 3e siècle. Dans les provinces héllénophones, la famille accuse une évolution qui se poursuivra au-delà du 7e siècle. Elle tend à se replier sur elle-même par la superposition des liens conjugaux à ceux de la consanguinité, en différentes combinaisons étroites qui sont attestées dans les milieux populaires et provinciaux. En général, la distinction des côtés de la parenté tend à ressusciter d'une détérioration qui paraissait irrémédiable, et le

34. Tacite, *Germanie* XX 3.
35. Patlagean, « Représentation byzantine de la parenté ». La terminologie confond en outre les degrés : ἀνεψιός en particulier signifie tantôt «neveu», tantôt «cousin» ; on a tranché ici selon le contexte de chaque exemple.
36. *Cf.* Gaudemet, *Formation du droit de l'Etat et du droit de l'Eglise au IVe siècle*, p. 210 : la liste des sept degrés de parenté relatifs aux successions est établie dans une compilation du 3e ou du 4e siècle, les *Sententiae Pauli* (IV, II, *De Gradibus*). *Cf. Inst.* III, 1, 1, 6.
37. *Inst.* I 10, 1-11 ; *Dig.* XXIII, 2, 14.
38. *Lév.* XVIII : les ascendants et descendants sont interdits, et parmi eux la femme du père d'une part, la femme du fils de l'autre ; en ligne collatérale, sont interdites la sœur et la demi-sœur, et, au même degré, la femme du frère, et la fille de la femme du père ; la sœur du père ou de la mère, et, au même degré la femme du frère du père ; enfin, il est interdit d'épouser une femme et sa sœur, une femme, sa fille, et sa petite-fille.
39. *Cf.* Bas. Caes., *Ep.* 199, A. 375 (le canon 23 condamne le principe du lévirat, fondamental dans le système familial juif) ; *Ep.* 160, vers 373 ; C. Trull. 54, A. 692.
40. *Dig.* XXIII II, 14 (Paul).

mariage entre cousins croisés notamment manifeste une importance significative[41].

Dans une lettre adressée aux habitants de Zeugma, en Syrie du Nord, Théodoret de Cyr flétrit leur pratique des mariages entre les cousins, et entre l'oncle et la nièce[42]. En 535, Justinien condamne en termes généraux la tendance aux unions « illicites et contraires à la nature » ; de tels conjoints « mêlent les générations, portent préjudice aux lignées, enfreignent la piété et la sainteté, et se font un objet de désir de ce que bien des bêtes brutes repoussent »[43]. Mais ailleurs l'origine provinciale des contrevenants est précisée. En 536, la Novelle LVIII[44] concède le *statu quo*, moyennant versement forfaitaire, aux Juifs de Tyr, et aux habitants du bourg de Syndys. Mais, la même année, la Novelle LVII[45] condamne formellement les mariages illicites contractés en Osrhoène et en Mésopotamie, parce qu'ils « outragent la lignée (γονή), et mélangent les noms (de parenté) » d'une façon incompatible avec la qualité de sujets de l'Empire, qui est celle des habitants. Cependant cette condamnation ne sera pas rétroactive ; le législateur justifie son indulgence non seulement par la considération des épreuves que le pays a traversées, mais par l'indication précieuse que de tels mariages ont surtout été le fait de « la tourbe rustique ». Le détail de l'infraction peut être restitué avec vraisemblance d'après la lettre de Théodoret de Cyr citée plus haut. D'autre part, deux Novelles encore attestent le resserrement de la famille en tant que conservatrice et distributrice entre ses membres des biens du patrimoine. La Novelle de 543, relative aux intestats[46], apporte un témoignage important mais obscur. Le législateur interdit toute discrimination entre les héritiers collatéraux, et atteste par ce biais la pratique de distinguer entre eux selon le sexe de la personne par laquelle chacun d'eux se rattache au défunt, selon leur propre sexe peut-être aussi. Voici en effet ce qu'il dit : « Nous voulons qu'il n'y ait aucune différence dans les successions ou héritages entre les personnes appelées à hériter, de sexe masculin ou féminin, que nous avons ordonné d'appeler à hériter en commun, qu'elles se rattachent au défunt par un homme ou par une femme ». Un choix était donc fait en pratique entre tous les héritiers représentés sur le schéma théorique ci-dessous :

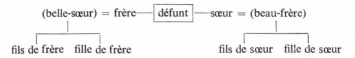

Le texte n'est pas assez explicite pour que nous comprenions en faveur, ou au détriment de qui. Nous constatons seulement, et c'est beaucoup, l'existence d'une distinction renouvelée des côtés de la parenté, contre laquelle le législateur,

41. Sur tout ceci, Esmein, *Mariage en droit canonique*, p. 370-393 ; Dauvillier-De Clercq, *Mariage en droit canonique oriental*.
42. Theod. Cyr., *Ep. Sakk.* 8, cf. l'interdiction renouvelée par Zénon, *CJ* V V

9, AA. 476-484.
43. *JNov* XXII (*N.* 12).
44. *N.* 139.
45. *N.* 154.
46. *JNov.* CXLIII (*N.* 118), 4.

gardien de la continuité juridique au moins en intention, s'élève avec emphase. Une Novelle promulguée en 536[47] interdisait aux Arméniens d'écarter les femmes des successions, toujours au nom de la légalité romaine. Mais la particularité arménienne est telle, dès cette époque, que nous ne pouvons tirer de cette loi une interprétation de la Novelle de 543, dans laquelle le législateur a évité au contraire des précisions qui eussent dû sans doute varier d'une province à l'autre. Il nous suffit que la Novelle de 543 témoigne d'une évolution en ce sens. Celle-ci ne fera que s'accentuer, d'où la fonction grandissante des unions consanguines, ou autrement solidaires, dans la structure de la famille byzantine. Un siècle et demi plus tard, le concile *in Trullo* se réunit pour prendre des mesures de défense de la romanité chrétienne, menacée d'être submergée par des provincialismes barbares, judaïsants, paganisants[48] ; il fait état d'une confusion générale dans les attendus de son interdiction du mariage entre cousins germains[49]. Faut-il pour autant alléguer une influence slave, comme on serait tenté de le faire, notamment à propos des relations entre oncle et neveu que nous allons examiner plus loin ? Le substrat slave tel que nous pouvons l'atteindre offrait vraisemblablement des faits de même ordre. Mais la plupart des témoignages sur le passé slave sont bien postérieurs à l'époque qui nous occupe[50], et surtout les interdits de mariage sont mentionnés dans un contexte particulier, mission de Cyrille et Méthode[51], conversion des Bulgares[52], où ils représentent l'ordre de la romanité chrétienne imposée à l'anarchie primitive des barbares. En fait, sans méconnaître l'influence additionnelle qu'a pu avoir dès la fin du 5e siècle la présence de minorités slaves aux confins de l'Empire, puis sur son territoire même[53], sans oublier par exemple que Justin Ier est l'oncle maternel de Justinien, et que leur origine balkanique laisse place au doute, nous pensons qu'un retour à une « structure élémentaire » de la parenté, définie justement par certaines unions consanguines, peut s'expliquer sur place, par une involution de la société, dont la pression des Barbares peut avoir été un facteur par endroits, mais qui est un phénomène général.

La transformation de la famille comme cellule sociale, par l'importance grandissante des liens de consanguinité et d'alliance, s'affirme dans les relations d'oncle à neveu, et dans la tendance au mariage entre cousins germains.

Les symptômes provinciaux de ce type d'union remontent assez haut. Des inscriptions gravées dans l'Ouest de l'Asie Mineure entre la fin du 2e siècle et l'époque chrétienne en témoignent, par l'emploi explicite des termes de parenté, ou simplement par le jeu des noms, passés du grand-père à l'oncle et au petit-

---

47. *JNov.* XLVII (*N.* 21).
48. *Cf.* Laurent, « L'œuvre canonique du concile *in Trullo* ».
49. *C. Trull.* 54.
50. Remarque rapide de la *Chronique de Kiev* (*Russian primary Chronicle*, p. 56), qui fait allusion à des différences régionales.
51. *Cf.* Vaillant, « Une homélie de Méthode » ; Grivec, « Duo sermones s. Methodii ».
52. Dujčev, « Responsa Nicolai I Papae ».
53. Lemerle, « Invasions et migrations dans les Balkans ».

fils et neveu. Voici par exemple des M. Aurelii de Sidyma[54]. Demetria, fille de Demetrios, est dite épouse et cousine à la fois de M. Aurelios Ptolemaios. Elle a de ce mariage deux fils, Demetrios et Hippocratès. Mais elle a aussi eu un autre fils, M. Aurelios Demetrios, qui est dit cousin (ἐξάδελφος) de son présent mari, et dont le père se nommait également Hippocratès ; il était donc lui-même le cousin, plutôt que le frère, du second mari de Demetria. Voici maintenant Aur. Nestor fils d'Athéneos, que son nom place après 212, et le nom souvent chrétien de son fils Petros à la fin du 3ᵉ siècle au moins. Il consacre une stèle à Nestor son beau-père, et à Petros, son fils et cousin : il a donc épousé la fille de son oncle, et leur commun nom vient du père de Nestor et d'Athéneos[55]. A Tyriaion, une femme, probablement une diaconesse, réunit dans une même inscription[56] son époux et son père, qui se nomment tous deux Septimios Pomponios Mnesitheos, et ses oncles, deux Septimii Pomponii que distingue leur surnom ; son époux était donc le fils de l'un d'entre eux, et le neveu de son père à elle. Enfin, à une époque déjà chrétienne si l'on en croit certains des noms, une stèle de Diokleia[57] réunit des personnages dont les relations de famille constituent une sorte de devinette : ce sont dans l'ordre Timotheos fils d'Euclès, son épouse Tatia fille d'Hippostratos ; leur fils Euclès fils de Timotheos, son épouse Psychion fille de Rhesimachos ; Rhesimachos fils de Timotheos ; Timotheos fils de Rhesimachos ; Kokaros, Melitinè, Appia, fils et filles de Timotheos ; Euclès fils d'Euclès. La distribution des noms permet de retrouver le schéma familial : la tombe réunit la descendance directe de Timotheos, dont un fils marié avec son épouse, un petit-fils, et aussi un neveu, fils de son frère comme le prouve le croisement des prénoms entre les générations ; la présence d'un neveu n'a rien d'exceptionnel, et celui-ci est au surplus le frère de la bru. Elle-même est donc la nièce de Timotheos, fille de son frère. Tous ces exemples attestent en effet des mariages entre cousins parallèles issus de frères. Une autre forme – mais laquelle ? – est peut-être attestée par une inscription de Cotyaeum[58], où une belle-mère et sa bru se nomment toutes deux Tatias, variantes identiques d'un nom au demeurant fort commun en Asie Mineure.

Ces témoignages épigraphiques se bornent à constater les faits. Les témoignages littéraires qui se suivent à partir du 4ᵉ siècle permettent de comprendre ceux-ci. L'œuvre de Libanios, encore imprégnée de civilité antique, fait toutefois la plus grande place aux liens de famille[59]. On peut signaler, sans en exagérer la signification, l'importance des cousins (ἀνεψιοί)[60] et des beaux-frères[61], et surtout les liens privilégiés entre le neveu et l'oncle[62], dont le côté n'est pas

54. *TAM* 223-224.
55. *MAMA* VIII 271.
56. *MAMA* VII 120.
57. *MAMA* IV 353.
58. *LW* 803.
59. Ce qui suit d'après la prosopographie des curiales dans Petit, *Libanius*, p. 397-403 ; sur la famille de Libanios, voir l'arbre généalogique, *ibid.*, p. 405.
60. La mention généralement élogieuse des cousinages est un élément des lettres de recommandation : Lib., *Ep.* 101, 146, 1118.
61. Lib., *Ep.* 254, 1268.
62. Lib., *Ep.*, 249, 571, 1268 : mention de l'oncle dans une recommandation. *Or* I 26 : autorité de l'oncle sur son ami Crispinos. *Ep.* 285 : l'oncle administre les intérêts de Letoios, fils unique dont la mère n'a pas voulu se remarier.

toujours précisé. Le cas de Libanios lui-même est cependant bien intéressant. On sait le rôle que le frère de sa mère, Phasganios, a joué dans sa vie après la mort de son père. Mais il y a plus. La fille de cet oncle devait épouser Libanios[63]. Le projet rompu par la mort de la fiancée, Libanios ne se mariera jamais, mais se bornera à une simple cohabitation, et restera d'autre part héritier de son oncle. Il est juste de noter que nous ignorons si Phasganios avait d'autres enfants, et que le père de Libanios en semble pas avoir eu de frère. A la même date, l'*Histoire Lausiaque* raconte le cas d'Amoun, qui, devenu orphelin, est destiné par son oncle à un mariage non précisé, auquel il préfère l'ascétisme, et ne peut résister que par la fuite[64].

Un exemple plus frappant met en scène les oncles des deux côtés, et révèle ainsi une différence de rôle. C'est un épisode de l'enfance de Sabas le Grand, qui remonterait donc à la seconde moitié du 5e siècle, bien qu'il se rencontre dans l'œuvre de Cyrille de Scythopolis[65]. Le père de Sabas part rejoindre son corps d'armée à Alexandrie, et laisse Sabas, alors âgé de cinq ans, dans la maison de son oncle maternel ; l'enfant est pourvu de sa portion du bien de famille (γονικά). Seule l'humeur acariâtre de l'épouse de cet oncle le chasse chez son oncle paternel. Les deux oncles se disputent alors sa présence dans leur maison, et sa portion de biens, tant et si bien qu'il quitte le monde pour entrer au monastère sans avoir plus de huit ans, en sorte qu'il n'est pas question dans son histoire de projets de mariage. Fait significativement accordé à la structure de la parenté que nous découvrons ici, l'oncle maternel habite le village où Sabas est né, l'oncle paternel le village voisin. Ailleurs, les projets de mariage sont présents, les deux oncles aussi, mais nous n'avons pas de précision sur les côtés ; tel est le cas de Georges de Choziba, dont la *Vie* n'est pas antérieure à l'invasion perse de la Palestine au début du 7e siècle : Georges, devenu orphelin, se réfugie d'abord avec son bien chez un oncle marié, qui lui destine sa fille unique ; il refuse ce mariage comme il eût fait de n'importe quel autre et, par dégoût du monde, s'en va chez un autre oncle qui est higoumène, et qui lui ouvre la vie monastique ; l'oncle marié, qui a gardé son avoir, réclame sa personne, mais en vain[66].

Si l'oncle père de famille engage son neveu dans la voie d'un mariage qui semble souvent préférentiel, l'oncle moine l'attire en effet au monastère, dans les mêmes conditions, ce qui montre d'ailleurs bien qu'un jeune homme choisit entre ces deux destinées. On l'a vu dans l'alternative offerte à Georges de Choziba. On le voit dans deux *Vies*, dues encore à Cyrille de Scythopolis. Un oncle maternel évêque de Mélitène aide à l'éducation d'Euthyme le Grand, devenu orphelin de père à l'âge de trois ans, et le fait entrer dans l'Eglise[67]. Un oncle maternel évêque de Corinthe fait suivre la même carrière à Kyriakos[68]. Ce sont des oncles qui entraînent à la vie monastique Eusebios et son frère, dans

63. Lib., *Or.* I 95.
64. Pallad., *Hist. Laus.* 8.
65. Cyrill. Scythop., *V. Sabae*, p. 87.
66. *V. Georg. Chozib.* 2.
67. Cyrill. Scythop., *V. Euthymii*, p. 10.
68. Cyrill. Scythop., *V. Cyriaci*, p. 223.

un récit de Théodoret de Cyr[69], Nicolas de Sion[70], Maria nièce d'Abram[71]. On mesure l'importance de cette relation cléricale entre l'oncle et le neveu en se rappelant la législation justinienne qui interdit aux évêques de faire circuler leurs biens au sein de leur propre famille, et en réserve la disposition à l'Eglise[72].

Ces exemples échelonnés entre le 4e et le 7e siècle appellent quelques remarques. Dans la totalité, sauf un, des cas où le côté est précisé, l'oncle maternel a la vedette auprès de son neveu ; le cas unique d'un oncle paternel se rapporte à une nièce. D'autre part, l'oncle apparaît le plus souvent auprès d'un orphelin de père. Est-on fondé à retrouver une structure de parenté dans ce qui n'est peut-être qu'un arrangement de bon sens, débouchant sur une tutelle ? Nous le pensons. Tout d'abord, la série de l'oncle moine, qui est pourtant équivalente à l'autre, ne fait pas rigoureusement allusion au décès du père. Ensuite, le choix de l'oncle maternel, sans être obligé, est trop fréquent pour ne pas être structurel. Dans l'histoire de Sabas, d'ailleurs, l'oncle n'intervient pas après décès du père, mais avant une longue séparation, qui ne paraît pas matériellement inévitable ; le récit se déroule comme si le séjour de Sabas chez son oncle maternel n'était pas une commodité, mais presqu'un dû à l'égard de celui-ci ; et de fait, dans les autres exemples, on voit la personne même du neveu revendiquée par la maisonnée de l'oncle, outre son bien. D'autre part, le détail malheureusement isolé, et néanmoins tellement typique, de la résidence des deux oncles évoque trop bien une famille matrilocale pour que l'on n'imagine pas, à travers ce récit, tout un réseau de relations villageoises. Il serait imprudent toutefois de trop solliciter la série d'anecdotes dans lesquelles le côté maternel s'avère privilégié. Enfin, si la prééminence du côté maternel ne peut être affirmée comme un principe général à cette époque, mais simplement présentée comme une tendance notable, l'existence même de la «structure élémentaire» est attestée par la faveur dont jouit le mariage entre cousins croisés. On vient d'en voir des exemples dans la biographie de Libanios, et dans la *Vie de Georges de Choziba*. Une série de décisions législatives et canoniques illustre l'importance renouvelée de ce type d'union dans une société qui l'avait oublié depuis des siècles.

Les textes ecclésiastiques et législatifs du 4e siècle concordent en effet avec les témoignages littéraires que nous avons rassemblés. A regarder de près, les seuls mariages condamnés comme incestueux sont ceux qui uniraient des *cousins parallèles*, assimilés à des frères et sœurs. Nous citerons d'abord deux textes occidentaux, particulièrement heureux, parce qu'on y reconnaît clairement le cas des cousins parallèles, malgré l'ambiguïté qui envahit la terminologie latine, où la distinction des *cousins parallèles* (issus de frères ou de sœurs) et des *cousins croisés* (issus de frère/sœur) servait surtout à la distinction des côtés de la parenté, et ne survit pas à la désuétude où tombe cette dernière, en sorte

69. Theod. Cyr., *HRe* IV.
70. *V. Nicolai Sion.* 2.

71. *V. Abraham et Mariae neptis eius.*
72. *JNov.* CLI (*N.* 131), A. 545, 13.

que le terme de *consobrini* (issus de sœurs) finit par absorber tous les autres, et par désigner même les cousins croisés[73].

Le premier de ces textes est un passage du *De civitate Dei*, dans lequel Augustin aborde le thème connu du premier couple, et de l'incompatibilité entre l'inceste et la survie de l'organisation sociale : il prend comme exemple le mariage entre *cousins parallèles (consobrini)*, et note que la pratique s'en détournait même à l'époque où la loi l'autorisait encore, parce que le public sentait que c'était là une relation fraternelle, comme l'indique le vocabulaire lui-même[74]. Le second texte est une consultation d'Ambroise évêque de Milan[75], adressée à un certain Paternus qui avait fait le projet d'un mariage entre son fils et la fille de sa fille, le futur gendre et la future belle-mère étant nés de deux mères différentes. Ambroise s'empresse de condamner ce mariage, qui serait en fait celui d'un oncle et de sa nièce, et il en prend prétexte pour une réflexion générale sur l'inceste, au sujet duquel la loi de Moïse est plus large que la loi implicite de la nature, référence familière à la pensée juridique romaine. Et en effet Ambroise fait état d'une loi de Théodose Ier qui n'a pas été conservée[76], et qui interdisait le mariage entre cousins *parallèles*, parce qu'il existe entre de telles personnes un lien préalable qui est d'ordre fraternel. De même, Athanase d'Alexandrie aurait prohibé le mariage avec la fille de l'oncle paternel, c'est-à-dire encore une fois celui des cousins parallèles ; cette décision est citée par un synode arménien tenu en 447[77].

Avec la fin du 4e siècle, la législation ne peut plus soutenir la distinction fondamentale entre cousins croisés et parallèles, et le mariage des cousins germains est frappé d'une interdiction totale. Celle-ci est prononcée en 396 par une loi d'Honorius, avec effet rétroactif, qui déchoit en outre les coupables du droit de tester ou d'accéder à un héritage[78]. Ensuite, les deux évolutions de l'Orient et de l'Occident, tout en demeurant parallèles, s'enracinent dans des contextes tellement différents que nous ne retiendrons plus désormais que la série orientale. En Orient donc, l'interdiction des mariages entre cousins germains, croisés ou parallèles, est rapportée par une loi de 404 adressée au préfet

---

73. *Consobrini* « issus de sœurs », *fratres/sorores patrueles* « issus de frères », et pour les cousins croisés *amitinus* «fils du frère », *consobrinus* « fils de la sœur» se trouvent dans *Dig.* 38, 10, 10 (Paul), *passim*, et dans la *Paraphrase* de Théophile à *Inst.* III 6, *De gradibus cognationis (Instit. graeca paraphr.*, p. 287 *sq.*). Mais l'un et l'autre admettent que *consobrini* est en pratique usité pour tous les cas. *Consobrini* « issus de frère/sœur» est explicite dans *CTh* XII 3, A. 396.

74. Aug., *Civ. Dei* XV, XVI, 2 (*PL* 41, 459) : «... quia et ipsi inter se propter tam propinquam consanguinitatem fra-

tres vocantur, et penes germani sunt ». Le terme de *consobrini* désigne bien ici des cousins parallèles, comme le prouve l'allusion – déjà confuse – au terme symétrique de *fratres (patrueles)*.

75. Ambros., *Epist.* LIX (*PL* 16, 1234), 8 : «... patrueles fratres et consobrinos...».

76. Mentionnée aussi par Lib., *Or.* L 12 (...μηδέ ἔστωσαν ἀνεψιῶν γάμοι γέγραφας...).

77. Dauvillier-De Clercq, *Mariage en droit canonique oriental*, p. 127-128.

78. *CTh* III XII (*De incestis nuptiis*) 3, A. 396.

du prétoire, qui souligne qu'elle remet en vigueur le droit ancien[79]. La législation d'Arcadius s'est-elle souvent donné de telles références ? En tous les cas, l'abrogation de l'interdiction totale prononcée quelques années auparavant restaure une liberté également totale qui n'a plus de rapport avec la loi antérieure, promulguée par Théodose Ier. La loi d'Arcadius est reprise dans le Code Justinien, tandis que les *Institutes*, de leur côté, reprennent l'antique disposition romaine selon laquelle tous les mariages entre cousins germains sont permis sans distinction[80]. Il faut attendre la fin du 7e siècle, et le concile *in Trullo* de 692, pour que soit à nouveau interdit le mariage entre cousins germains de l'un et l'autre type, à l'égard duquel l'Eglise n'avait jamais pris d'autre position que celle qui, au 4e siècle, respectait en réalité, on l'a vu, la différence fondamentale entre cousins croisés et parallèles. Le concile rappelle dans son 54e canon le principe général d'interdiction de l'inceste énoncé par Basile le Grand, et l'assortit d'une liste précise de cas. Cette fois-ci, l'interdiction générale du mariage entre cousins germains est définitive. Accueillie dans la législation impériale par les empereurs isauriens, elle sera étendue par eux aux enfants de germains[81].

Ces hésitations de la loi racontent la progrès difficile d'une transformation profonde dans la famille byzantine, et dans les rapports entre famille et société. L'évolution qui se dessine dès le 4e siècle en faveur du mariage des cousins croisés a une portée démographique : on sait que la fréquence des mariages consanguins définit la dimension de l'isolat, ensemble d'individus qui fournit à son propre renouvellement, et que l'isolat est d'autant plus petit que cette fréquence est plus élevée. Son augmentation est donc le signe d'une population cloisonnée, repliée sur elle-même[82]. On aura remarqué d'ailleurs que, dans plusieurs des récits analysés ci-dessus, les cousins semblent être enfants uniques ; ce trait de l'anecdote ajoute certainement à l'impression d'involution de la famille, dont la vigueur nouvelle d'une « structure élémentaire» régressive nous semble une preuve. La famille tend à se constituer comme circuit fermé de distribution et de conservation globale des biens. La *Vie* de Sabas ou celle de Georges de Choziba le montrent par l'importance qu'elles accordent au bien du neveu. L'interdiction de 396 souligne, elle aussi, le rapport entre la redistribution du bien familial à la génération suivante et les unions consanguines, puisqu'elle rend vaines de telles combinaisons en écartant de l'héritage les conjoints délictueux, afin de fonder une juste répartition sur le seul comput des degrés.

79. *CJ* V IV 19, A. 404 : « . . . revocata prisci iuris auctoritate. . . matrimonium inter consobrinos habeatur legitimum, sive ex duobus fratribus sive ex duabus sororibus sive ex fratre et sorore nati sunt».
80. *Inst*. I X (*De nuptiis*) : «duorum autem fratrum vel sororum liberi vel fratris et sororis iungi possunt».
81. *Ecl*. II 2, XVII 37.
82. *Cf*. Sutter-Tabah, «Notions d'isolat et de population minimum», qui définissent l'isolat en prenant comme limite de consanguinité les mariages entre enfants de germains, à cause des difficultés religieuses que soulève le mariage entre les germains eux-mêmes. Cette réserve ne serait pas valable pour notre période, puisque précisément la prohibition des mariages entre cousins germains est seulement en train de se constituer.

Pourquoi en effet l'interdit total ? La raison la plus évidente est la confusion irrésistible qui brouillait les cousins parallèles et les cousins croisés ; cette distinction, comme celle des côtés de la parenté, était trop usée pour ressusciter, fût-ce dans une période de régression civile. On préféra alors tout interdire, plutôt que de tout permettre. Et ceci introduit la seconde raison qui est, comme l'ont fort bien senti les contemporains, le danger d'une pratique généralisée des unions entre cousins germains, sans que fût respectée la distinction entre cousins croisés et parallèles, indispensable au fonctionnement efficace de ce type d'échange matrimonial. On courait alors le risque de voir une société jusque-là civile se fractionner en unités closes, au sein desquelles les biens et les personnes circuleraient par échange matrimonial. Et c'est bien ce qui se produisait, puisque l'interdiction d'Honorius doit être rapportée quelques années plus tard. Au contraire, le législateur s'efforce de faire prévaloir le comput des degrés sur la distinction désormais abîmée des côtés ; tel est le but de la Novelle de 543. A cause de cela, Justinien laisse le mariage des cousins dans une liberté d'indifférence qui continue la tradition romaine, mais qui n'est pas compatible, on vient de le voir, avec une pratique intensive du système. La décision conciliaire de 692 consacre le naufrage de la distinction entre les côtés, et prohibe le mariage entre cousins germains en se fondant sur le comput des degrés. La tendance est pourtant si forte que l'interdiction doit être étendue aux enfants de germains une trentaine d'années plus tard. Que s'est-il passé ? Il est tentant d'invoquer l'immobilisation progressive de la société byzantine sur la terre, que l'on aperçoit comme un fait accompli après le 7ᵉ siècle. Et déjà, parmi tous les exemples que nous avons cités, Libanios était le seul qui fût clairement un personnage citadin à l'antique, non sans que les biens en question fussent d'ailleurs fonciers, comme dans tout ce milieu curial. La décision du concile *in Trullo* consacre la transformation de la famille, et ouvre en réalité la voie à une nouvelle organisation, et à une nouvelle fonction de celle-ci. L'interdiction du mariage entre cousins germains, à cette date, ne saurait plus en effet avoir comme résultat un retour à l'ouverture des familles sur la société toute entière, qui caractérisait la civilité antique. L'extension ultérieure de l'interdit montre au contraire la force de la tendance aux mariages consanguins, et ne sert pas à enrayer cette dernière, mais à l'organiser au profit de la nouvelle finalité familiale. Ainsi se trouve délimité en effet le réseau d'alliances qui constitue chaque famille, et qui sera d'autant plus vaste et solide qu'aucun individu A ne pourra être uni à un individu B par deux alliances à la fois. Telle est bien, en effet, la finalité du système d'interdits de mariage, comme le montre aujourd'hui encore l'exemple de telle société grecque traditionnelle[83]. Ainsi s'explique que le même concile étende et mette en forme deux autres réseaux de prohibitions, fondés sur les parentés spirituelles, et sur les parentés par alliance.

L'interdiction née de la parenté par alliance est peut-être la plus précoce. Le principe en est nettement posé déjà dans les écrits canoniques de Basile de

---

83. *Cf.* Kavadias, *Sarakatsans de Grèce.*

Césarée[84], tandis que, dans l'élaboration du droit romain, la plus ancienne loi recueillie par le Code Justinien remonte à Dioclétien et Maximien[85]. Cette précocité même fait que le développement de tels interdits sera moins instructif historiquement. L'identité d'effet de la filiation naturelle, et de la filiation spirituelle créée par le baptême, se fait jour assez tôt. Déjà une loi consignée au Code Justinien[86] en déduit l'interdiction de mariage entre parrain et filleule. Mais le concile de 692 étend l'interdit horizontalement, en prohibant le mariage entre commère et compère, en vertu du même principe[87]. Cet interdit, qui empêche le cumul par les mêmes partenaires de deux alliances importantes, prendra une grande signification : par exemple, sa réception par les Slaves est placée au centre de la mission de Cyrille et Méthode. Alors s'achève la mise en système des interdits de mariage, qui constituent désormais la famille en une structure plus efficace que la structure civile, dont elle a d'une certaine manière triomphé.

En résumé, la famille byzantine esquisse dès le 4e siècle les traits de son visage futur : réseau d'interdits et d'alliances, enchaînement des conjoints également contraignant à tous les niveaux sociaux ; ainsi s'annonce l'enracinement médiéval d'une société qui paraîtra alors immobile, fixée. Mais dans la riche complexité de nos siècles de transition ceci n'est encore qu'avenir. Une autre tendance, tout à fait contraire, se manifeste en même temps. C'est l'instabilité, la mobilité d'une population qui s'échappe des cadres sociaux antiques, notamment de la population pauvre dont nous avons dit la faiblesse familiale, et qui est constamment menacée dans sa fonction démographique par toute atteinte à son activité économique. C'est aussi le refus de cette union conjugale, de cette structure familiale, dont nous venons de retracer la consolidation progressivement élaborés.

3. Les soustractions au mariage

Le mouvement qui porte la famille byzantine vers l'immobilisation et le resserrement ne rend pas compte, en effet, de toute l'évolution en ce domaine entre le 4e et le 7e siècle. Nous devons maintenant décrire le mouvement opposé, qui soustrait au mariage, dans chaque génération, un contingent dont on aimerait apprécier l'importance. Ici aussi, un comportement identique se traduit en manifestations différentes, revêt des significations différentes aux différents niveaux sociaux, parce que les rôles économiques des individus sont différents initialement, et ensuite différemment affectés par le célibat.

---

84. Bas. Caes., *Ep.* 160, vers 373, à Diodore de Tarse. *Cf.* Herman, « De benedictione nuptiali ».
85. *CJ.* V IV 17.

86. *CJ.* V IV 26.
87. *C. Trull.* 53, confirmé par *Ecl.* XVII 25 (même peine que les adultères).

On compte, semble-t-il, de nombreux célibataires parmi les gens aisés dans les cités byzantines du 4e siècle, des hommes et aussi des femmes ; ces dernières apparaissent pour une fois dans la pleine lumière de la documentation. A travers des sources surtout littéraires, le célibat est alors présenté comme un choix d'inspiration culturelle au sens le plus large de ce terme, chrétienne au premier chef. Sans entrer dans une étude théologique et religieuse qui dépasse notre compétence et notre objet, rappelons succinctement quelle est à cet égard l'échelle des valeurs de l'Eglise grecque au 4e siècle. Les Pères mettent la virginité ou la continence au-dessus de l'état de mariage[88], sans toutefois condamner ce dernier ; il n'y a pas opposition de valeurs, mais hiérarchie fortement marquée. C'est sur ce point capital et subtil que les orthodoxes se distingueront d'un puissant courant hérétique auquel nous reviendrons plus loin. Le mariage a été donné à l'homme après la chute, la virginité annule en quelque sorte les effets de celle-ci[89]. Sur le plan théologique, le mariage est donc licite, sans être pour autant l'état le plus élevé[90]. Sur le plan moral, il offre un recours à celui qui n'est pas assez fort pour affronter la virginité et qui est ainsi préservé du péché, à condition de ne pas dégénérer à son tour en une licence qui, pour être légitime, n'en serait pas moins coupable ; cette fonction paraît plus importante que celle de la procréation[91]. Grégoire de Nysse, qui donne au thème de la virginité une grandeur platonicienne, souligne bien que le mariage est à cause de cela le lot du plus grand nombre[92].

L'ascèse chrétienne n'épuise d'ailleurs pas la signification que le choix du célibat revêt à cette époque. Les *Eloges de la virginité* s'ornent à l'envie de développements traditionnels[93] sur les peines, les embarras, les chagrins que l'homme et la femme rencontrent dans le mariage. Grégoire de Nysse[94], Jean Chrysostome[95], tout comme Eusèbe d'Emèse[96] dans son registre beaucoup plus médiocre, n'ont garde d'y manquer. En juger sur la banalité de l'expression, et classer ces pages comme simples fioritures d'école, serait méconnaître la sincérité avec laquelle la civilisation chrétienne du 4e siècle réussit momentanément à lier tradition antique et culture nouvelle. L'accent avec lequel les auteurs soulignent la libération physique et sociale que procure la soustraction au mariage ne saurait tromper. Et nous le retrouverons plus convaincant encore dans les épisodes hagiographiques auxquels nous demanderons l'illustration de ce qui vient d'être dit.

Le problème historique est en effet de savoir dans quelle mesure ces idées de prédicateurs ont été appliquées. Dans la réalité, le célibat ne va pas sans motiva-

88. Répertoire des textes dans Camelot, « Traités *De Virginitate* au 4e siècle ».
89. Joh. Chrysost., *Virg.* 14 ; Greg. Nyss., *Virg.* XII 4, XIV.
90. Joh. Chrysost., *Cohab. Susp.* I, V ; *Virg.* I 2. Greg. Nyss., *Virg.* VII.
91. Joh. Chrysost., *Virg.* IX, XIX, XXXIV ; Joh. Chrysost., *PG* 51, 213 (*In illud : Propter fornic. uxorem* 1, 3) ; Greg. Nyss., *Virg.* IX 1-2.
92. Greg. Nyss., *Virg.* VII.
93. Sur les antécédents de ce thème, *cf.* Aubineau, in: Greg. Nyss., *Virg.* p. 87-96.
94. Greg. Nyss., *Virg.* III.
95. Joh. Chrysost., *Virg.* LVII 2-4 ; *A Théodore*, Lettre, 5.
96. Eus. Emes., *Hom.* VI 4 *sq.*, VII 16, *cf.* Amand de Mendieta, « Virginité chez Eusèbe d'Emèse ».

tions économiques, notamment pour les femmes. Les auteurs le disent clairement. Libanios atteste que le mariage des «demoiselles» de famille curiale,
selon le mot de P. Petit, est entravé avant tout, quelle que soit la confession de
la famille, par les difficultés qui assaillent à ce moment les fortunes curiales[97].
Basile sait bien que bon nombre de vierges ne suivent pas une vocation, mais
sont contraintes, souvent dès l'enfance, par leurs proches et entre autres leurs
frères, pour des raisons d'intérêt[98]. Eusèbe d'Emèse souligne que l'ascète,
homme ou femme, est souvent consacré au Ciel par le père de famille lui-même,
tandis qu'il continue à vivre au sein de la cellule familiale. Cette solution peut
cependant procéder d'un choix purement personnel, et non de la nécessité,
témoin Macrine, sœur de Grégoire de Nysse et de Basile de Césarée, qui demeure auprès de sa mère après la mort de son fiancé et le mariage de ses sœurs,
et l'aide à employer leur fortune en charités. De façon moins édifiante, Jean
Chrysostome décrit la coquetterie licencieuse d'une femme riche qui vit librement dans le monde sous prétexte d'un vœu de virginité[99]. La multiplication
de célibataires, aisés ou relativement tels, est attestée encore par la pratique
curieuse des *subintroductae*, ces femmes unies à un compagnon d'ascèse par
une cohabitation qui se proclame dépourvue de liens physiques, et qui conserve
pour le reste le cadre normal d'une cohabitation conjugale. Pratique répandue,
à en juger par les attaques dont elle fait l'objet dans l'homilétique du 4ᵉ siècle.
H. Achelis lui a consacré jadis une pénétrante étude[100]. Il a montré que son
apogée se place en effet en ce 4ᵉ siècle où bouillonnent des hérésies qui condamnent le mariage et mettent à leur tête des femmes prophétesses, comme faisaient
déjà auparavant les Montanistes, et que sa fin coïncide avec celle de l'ancien
érémitisme. Il a compris que les cohabitations spirituelles, commes les hérésies
dualistes, dont nous parlerons plus loin, témoignent de l'étrange et brève
liberté qui saisit le 4ᵉ siècle dans l'intervalle entre deux civilisations. Quelle
qu'ait été la réalité sexuelle dissimulée derrière les cohabitations dites spirituelles, elles ont deux points communs avec le célibat proprement dit : ce sont
des unions stériles, sauf exemples scandaleux, similitude avec la prostitution
qui est pour leurs adversaires un grief de plus[101] ; et elles ne modifient en rien
le rôle social des partenaires, puisque les gens de condition modeste continuent à vaquer en cet état à leurs occupations, tandis que les riches, sur lesquels
Jean Chrysostome insiste bien davantage, continuent à faire valoir leurs biens,
à en jouir, et même à les accroître[102], tout comme Macrine conserve dans le
célibat sa fonction sociale de distributrice gracieuse de biens.

Ainsi les couches aisées de la société byzantine manifestent-elles au 4ᵉ siècle
une tendance à soustraire au mariage une partie de la génération, dans une
proportion difficile à estimer, mais non négligeable à en juger par l'insistance
des sources littéraires. Fait plus remarquable, une soustraction analogue affecte
aussi le groupe des gens mariés. Et nous ne faisons pas seulement allusion ici

97. Petit, *Libanius*, p. 328-329.
98. Bas. Caes., *Ep.* 188, A. 374, canon 18 ;
    cf. Joh. Chrysost., *Obs. Virg.* 2.
99. Joh. Chrysost., *Obs. Virg.* 1.

100. Achelis, *Virgines subintroductae.*
101. Joh. Chrysost., *Obs. Virg.* 4.
102. Joh. Chrysost., *Cohab. Susp.* 9-10.

à la réticence avec laquelle l'Eglise et la société considèrent le remariage des veuves, mais à la rupture pure et simple de la cohabitation conjugale par les époux. L'Eglise n'y est pas hostile, à condition que les époux agissent d'un commun accord, faute de quoi le conjoint récalcitrant est exposé au risque de fornication, dont le conjoint ascète porte la responsabilité[103]. Il y a deux raisons à cela : la première est que l'Eglise assigne au mariage un but de moralisation sexuelle plus que de procréation, et que dans cette perspective la continence est préférable au mariage dans la mesure du possible ; la seconde est que, à un niveau social élevé, la séparation charnelle des époux ne gêne pas plus que le célibat le rôle économique fondamental du riche, alternance d'accumulation et de redistribution gracieuse. En conséquence, la structure de la société demeure intacte, et de surcroît la vision chrétienne du monde s'affirme. La combinaison des deux motifs est apparente dans les histoires modèles que propose l'hagiographie, et qui ont d'ailleurs l'accent de la réalité. C'est celle du couple de manieurs d'argent (ἀργυροπρᾶται) d'Antioche, Athanasia et Andronicos[104], qui vivent d'abord ensemble dans la continence, après avoir eu un fils et une fille, et se consacrent chacun de son côté, avec des fidèles du même sexe, à une confrérie charitable (φιλοπονία); puis, perdant leurs enfants, ils distribuent leurs biens aux pauvres avant de partir séparément au désert. C'est la biographie de Paula[105], de Mélanie[106], les grandes dames romaines qui interrompent la vie conjugale après avoir enfanté, et qui consacrent leurs richesses à de pieux usages avant de quitter le monde.

Le refus du mariage prend un tout autre sens chez les pauvres, pour lesquels il est un état de fait, associé à la stabilité laborieuse d'un travail ou d'un service, sur la terre, à l'atelier, à l'armée. Le célibat des pauvres apparaît donc comme un symptôme scandaleux, qui dénonce leur fuite. La rupture de l'état conjugal accompagne la rupture de l'assujettissement, quel qu'il soit, qui assure au pauvre sa pitance quotidienne tout en fixant sa place dans la société. Libanios parle clair sur ce point, lorsqu'il définit le pauvre, le mauvais pauvre, opposé au bon artisan, par le fait qu'il n'a pas de famille, et qu'il n'est pas d'Antioche, ceci confirmant cela ; on retrouve bien là l'ambiguïté des catégories civiques constituées par des définitions économiques. «Fait-on consister une cité, demande Libanios, de ces hommes qui n'ont pas de cité, pas de maison, pas de liens conjugaux, pas de justification honorable à leur existence, mais seulement celle d'être mauvais et d'agir de façon mauvaise ?»[107] Ailleurs, il oppose un déchet de fugitifs, soldats ou esclaves, à « ceux qui ont femme, enfants, maison, métier, et par celui-ci leur subsistance »[108], et il laisse bien entendre que ce groupe des plus pauvres survit par apport extérieur continu, et non par renouvellement interne. Ainsi, la dissolution des familles pauvres apparaît-elle à ce témoin du 4e siècle comme inséparable de l'exode rural et des tensions urbaines.

---

103. Joh. Chrysost., *Virg.* 48 ; Joh. Chrysost., *PG* 61, 153 (*I Cor. Hom. XIX*).
104. *BHG 3* 120-123i.
105. Hieron., *Epist.* 108.
106. *V. Ste Mélanie.*
107. Lib., *Or.* XLI 11.
108. Lib., *Or.* XXVI 8.

Au 5ᵉ et au 6ᵉ siècle, de pareils déplacements se multiplient. Des bandes de malades, comme celles que décrivait déjà Grégoire de Nysse dans son sermon sur l'*Amour des pauvres*[109], errent sur les routes, viennent quêter leur soulagement au monastère de Syméon Stylite le jeune[110]. En temps de crise, des populations paysannes se déplacent, sur lesquelles une mortalité exceptionnelle prélève d'ailleurs son tribut, paysans thraces chassés par la mauvaise année et la dette[111], paysans lydiens tirés vers la mer par l'oppression fiscale dont Jean Lydus pousse d'ailleurs la peinture au noir[112]. Si de telles errances roulent, semble-t-il, des familles entières, si les troupes d'hérétiques dont il sera question plus loin sont mixtes, quoique faites d'individus isolés, débris de familles défaites, en revanche ce sont surtout des hommes que l'on aperçoit en d'autres circonstances arrachés par des coups divers aux campagnes comme aux villes de province : curiales succombant à des obligations devenues trop lourdes[113], paysans fuyant les abus du grand propriétaire, et justiciables venus en appeler au gouverneur. Des mesures interdisent ce déplacement des curiales ou des paysans en quête de justice[114], qui devient vite irrémédiable, répriment la mendicité des hommes valides[115]. Elles trouvent leur couronnement dans la Novelle de 539 sur la fonction de police du *quaestor* de la capitale, dont l'attraction semble majeure[116]. A un autre nœud important, c'est le monastère de Syméon Stylite le jeune, au débouché du massif isaurien, qui donne du travail aux hommes de la montagne. Au sud, c'est le pôle monastique palestinien. Nous reviendrons sur tout cela à propos du peuplement. Il nous suffit ici d'avoir indiqué quelques formes d'une mobilité particulière aux pauvres, contrecoup de difficultés économiques ou sociales, qui entraîne à peu près certainement la rupture prolongée et même définitive des cohabitations régulières. Une addition cependant à un ensemble de faits à dominante masculine : le prélèvement opéré par la prostitution sur la génération féminine.

Au 6ᵉ siècle, on l'a vu, le législateur se penche sur le sort précaire des femmes pauvres, dont la loi ne garantit pas l'union inégale, et qui se voient brusquement chassées avec leurs enfants[117]. Les thèmes hagiographiques mettent en rapport prostitution et revers de fortune[118]. Il est cependant difficile de mesurer l'importance de masse de pareilles situations, et leur portée démographique. Celle-ci apparaît par exemple, au 6ᵉ siècle, dans le recrutement rural des jeunes prostituées. Il importe en effet de distinguer dans les villes romano-byzantines, et surtout dans la capitale, deux types de prostituées ; tous deux appartiennent au milieu urbain, mais leur signification démographique et économique diffère. Le premier, qui ne nous intéresse pas ici, se trouve dans le groupe traditionnel et antique des *scenicae*, artisanat de service lié au théâtre. Groupe fermé,

109. Greg. Nyss., *Paup. Amand. Or.* II, 26, 1-27.
110. *V. Sym. Styl. iun.* 253, 254.
111. *JNov.* XXIX (*N.* 32), A. 535.
112. Joh. Lyd., *Mag.* III 70.
113. *Cf.* Petit, *Libanius*, p. 339.
114. *JNov* CIII (*N.* 86), A. 535, 3, etc.

115. *CJ* XI XXVI 1, A. 382.
116. *JNov* XCIX (*N.* 80), A. 539.
117. *Cf.* note 27.
118. Joh. Mosch., *Prat. Spir.* 186, histoire de la femme dont le mari négociant est en prison parce qu'un naufrage l'empêche de rembourser une dette de 5 livres.

puisque la profession s'y continue de mère en fille, et relativement stable d'un point de vue démographique, par la permanence des femmes, et même des couples dans une certaine mesure : telle est du moins la peinture qui en est faite dans l'*Histoire Secrète* à propos de la jeunesse de Théodora[119], et elle est si minutieusement vivante qu'elle a toute chance d'être exacte, quels que soient les doutes qui ont pu s'élever sur l'authenticité de l'œuvre. Ces femmes ne sont pas dépourvues d'une aisance, que l'*Histoire Secrète* atteste, et que les contes hagiographiques se plaisent à exagérer[120]. Le deuxième groupe est au contraire celui des prostituées pauvres, et recrutées par une ponction au niveau des pauvres. Leur présence dans la capitale est attestée par les mesures de rachat de Théodora[121] ; livrées à elles-mêmes, ou le plus souvent exploitées par un proxénète sous la fiction d'un service de cabaret[122], elles viennent à Constantinople des campagnes environnantes, en une forme particulière d'exode rural, que décrit une Novelle de 535[123]. Ce sont en effet de petites paysannes, souvent des enfants encore, qui font l'objet d'un contrat entre le proxénète et le père de famille, analogue à ce contrat de *paramonè* par lequel un employeur s'assure un service non déterminé et non qualifié[124]. Le contrat combine une indemnisation en espèces versée au père avec un salaire pratiquement réduit au versement en nature de la nourriture et du vêtement, mais sous forme d'avance, ce qui enchaîne la jeune fille durablement. De cette façon, les familles paysannes, toujours à court de numéraire, on le verra, s'en procurent en même temps qu'elles se défont des filles en excédent sur les possibilités locales. Elles provoquent ainsi une perturbation démographique[125], certainement plus profonde que ne fait, avec le recrutement pour l'armée, auquel nous reviendrons, le déplacement d'un contingent masculin, dont la cohabitation procréatrice est peut-être différée, mais non pas rendue impossible.

Nous venons de décrire des formes de refus ou de rupture de l'union conjugale, dans lesquelles la part de l'accident et du choix, les modalités du comportement, l'ampleur des répercussions collectives se montrent spécifiquement différentes d'un niveau social à l'autre, mais qui ont en commun d'être une somme d'événements individuels, si ample soit-elle à de certains moments. D'autres formes en revanche obéissent d'emblée à une discipline de groupe, à un système général. Elles s'ébauchent dès le 4e siècle, et leur interprétation sociale est moins évidente, et plus complexe. Il s'agit de la retraite monastique, dont les caractères varient

119. Proc. *HA* IX, 1-30.
120. *Cf.* par exemple Usener, *Legenden der Pelagia*, etc.
121. Proc., *HA* XVII 5, *Aed.* I, IX, 5-10 ; Malalas., 440-441.
122. Description animée d'une telle scène dans *V. Abraham et Mariae* 32-35. *CJ* IX IX 28 (A. 326) établit que la servante de cabaret ne peut être accusée d'adultère parce qu'elle est présumée prostituée.
123. *JNov* XXXIX (*N.* 14).
124. *Cf. PNess* 56 (à la date tardive de 687), et la bibliographie.
125. Sur la prostitution facteur et indice d'une situation démographique défavorable dans le rapport entre campagnes et villes, *cf.* Abel, « Bilan de la recherche allemande », in : *Villages désertés ...*, p. 515-532.

eux-mêmes à travers la période et à travers les régions, et de la condamnation hérétique du mariage, avec le déracinement collectif qu'elle entraîne.

Fondée sur une horreur de la matière créée, l'affirmation de l'incompatibilité entre le mariage et le salut caractérise, on le sait, un puissant mouvement hérétique, qui plonge ses racines dans le passé du 3e, et même du 2e siècle, et qui éclate au 4e, pour ne plus s'éteindre à travers le Moyen Age byzantin. Ses terres d'élection, étrangement permanentes à travers les siècles, sont les régions ethniquement et démographiquement sensibles de l'Empire, les confins arméniens et mésopotamiens, d'où le mouvement rayonne vers la Syrie antiochéenne, vers le Nord et vers l'Ouest de l'Asie Mineure, la Pamphylie notamment. Et son importance est telle, précisément, que l'histoire sociale doit l'interpréter avec beaucoup de prudence. Aussi est-il nécessaire d'ouvrir dans le présent chapitre une parenthèse dont on excusera la longueur, pour examiner dans son ensemble la position sociale de l'hérésie, avant de peser son attitude envers le mariage, qui est un de ses aspects les plus importants.

Il convient de s'affranchir, dans cette perspective, du débat ouvert par l'histoire des religions sur les rapports avec la tradition manichéenne et gnostique[126], puis entre eux, de différents groupes hérétiques attestés à partir du 4e siècle[127]. Difficiles à identifier avec précision, victimes d'une confusion à demi volontaire et à demi livresque entretenue par leurs adversaires orthodoxes qui forment la masse des témoins, Messaliens, Eustathiens, Encratites, Enthousiastes, Euchites affichent en fait un comportement social qui paraît de loin identique chez tous[128], et c'est lui qui importe à notre interprétation dans la mesure où il sera légitime d'en proposer une. Cette identité, qui se prolonge de façon remarquable jusque chez les Bogomiles bulgares décrits au 10e siècle par Cosmas le Prêtre[129], paraît autoriser, dans un premier inventaire du moins, une lecture d'ensemble des textes écrits à des dates différentes entre le 4e et le 8e siècle. La tradition de l'hérésiologie orthodoxe, qui fournit l'essentiel des témoignages, est en effet embarrassante. Un témoin tardif pour nous par exemple, qui est Jean Damascène, se proclame dans sa notice sur les Messaliens simple compilateur des livres de la secte[130]. Est-ce vrai, et s'agit-il alors de traités authentiques ? et des Messaliens du 4e siècle, ou de quelque autre groupe qui leur aurait été assimilé par la suite ? En outre, chaque notice ne soulève pas seulement une difficulté critique ; elle apparaît insuffisante, si on la prend isolément, à la fois par ses redites et par ses omissions. Il paraît alors préférable de tabler d'abord sur la continuité fondamentale du comportement, quitte à poser ensuite, et toujours sur ce terrain, le problème du déroulement historique.

La série documentaire que nous utiliserons comporte, en effet, des textes grecs et syriaques, dont la majeure partie, notices de traités contre les hérésies

126. *Cf.* Puech, *Manichéisme.*
127. *Cf.* Gouillard, « Hérésie dans l'Empire byzantin », p. 320-322 ; Puech, « Catharisme médiéval et bogomilisme » ; Morghen, «Cosidetto neo-manicheismo occidentale» ; *cf.* la discussion p.

146-161).
128. *Cf.* Blond, « Hérésie encratite ».
129. Puech-Vaillant, *Traité contre les Bogomiles de Cosmas le Prêtre.*
130. Joh. Damasc., *Haeres.* col. 732 *sq.*

et décisions conciliaires en particulier, est de rédaction orthodoxe. Le meilleur témoignage de tous, pour notre propos, est celui du concile de Gangres[131] qu'une étude récente situe aux alentours de 340[132], et qui porte condamnation d'Eustathe de Sébaste, et du comportement de ses disciples. Viennent ensuite les informations rassemblées par Epiphane de Salamine vers 374-376, et relatives aux Encratites et aux Messaliens[133]. Du côté orthodoxe, on ajoutera les lettres de Basile de Césarée[134], et c'est tout pour le 4e siècle. Le 5e siècle a laissé les notices de Théodoret de Cyr[135], et la condamnation prononcée par le concile de 486, sous la présidence de Mar Acace[136] ; le 6e, celle des conciles que président le catholicos Ezéchiel en 576[137] et Jesuiahb en 585[138], ainsi que la formule d'abjuration qui figure dans le formulaire de Timothée de Constantinople[139], vers la fin du siècle. Après cela, vient le texte de Jean Damascène[140], dont nous avons dit les difficultés. De la littérature hérétique elle-même, il subsiste dans les limites de notre période une collection d'homélies syriaques publiées sous le titre de *Liber Graduum*[141], le *Livre des degrés de perfection* que son éditeur assignait à la première moitié du 4e siècle. Il s'y ajoute les *Actes* apocryphes de Thomas apôtre des Indes, déjà cités comme livre d'une secte dualiste par Epiphane[142], et dont le texte syriaque révèle une coloration hérétique sans équivoque, soigneusement corrigée par la version grecque[143]. Il reste aussi quelques inscriptions en provenance des régions touchées par l'hérésie, d'interprétation d'ailleurs délicate[144]. Surtout, il y a une hagiographie de langue grecque, qui se veut orthodoxe, ou du moins acceptable, et porte ainsi un témoignage d'autant plus significatif sur l'empreinte profonde imprimée par l'hérésie à tout un comportement religieux oriental : elle réunit la *Vie de Matrona*, que l'éditeur, le P. Delehaye, datait au plus tôt du début du 6e siècle, mais qui a toute chance d'être plus tardive encore, et la *Vie de Syméon Salos*, le Fou volontaire. Leur conduite à tous deux illustre parfaitement l'inversion ostensible des valeurs par laquelle se définit le comportement hérétique. L'hagiographe de Syméon, qui fait de lui un exégète d'Origène, explique les paradoxes de sa conduite par un parti pris ascétique de folie simulée ; mais il emploie à certains moment du récit des termes aussi caractéristiques de l'hérésie que les épisodes eux-mêmes. L'hagiographe de Matrona juge de son côté utile de protester contre le soupçon de manichéisme qui pourrait planer sur son

---

131. *C. Gangr.* (éd.) Lauchert, *Kanones . . .*, p. 79-83.
132. Gribomont, « Monachisme en Asie Mineure au IVe siècle ».
133. Epiph., *Haeres.* 47, 60, 80. *Cf. Dict. Hist. Géogr. Eccl.* 15, 617-631 (P. Nautin).
134. Bas. Caes., *Epist.* 199, A. 374, canon 47 (A Amphiloque sur les canons), et *passim*.
135. Theod. Cyr, *HE* IV 10 ; *Haer. Fab.* IV 11.
136. Cité en app. dans Kmosko, *Liber Graduum* (cf. note 141), p. CCLXXV sq.
137. Kmosko, *ibid.*, p. CCLXXX sq.
138. Kmosko, *ibid.*, p. CCXCI sq.
139. Timoth. Constantinop., *Red. Eccl.* 13-18.
140. *Cf.* note 131.
141. *Liber Graduum*, édit. par Kmosko.
142. Epiph., *Haeres.* 60.
143. *Cf.* Klijn, *Acts of Thomas*, introd.
144. Calder, « Epigraphy of the Anatolian heresies » ; Wilhelm, « Griechische Grabinschriften ».

héroïne à la lecture de sa *Vie*. Au surplus, les deux personnages ont des liens avec les régions familières de l'hérésie : Matrona est née en Pamphylie, et, dans le couvent de Constantinople où elle se cache d'abord de son mari, elle trouve l'appui d'un moine d'Emèse, avant d'être découverte et de fuir à nouveau, pour se fixer enfin dans un milieu monastique féminin, où elle assume le rôle d'une directrice spirituelle. Syméon, dont la langue maternelle est le syriaque, passe de son côté sa vie à Emèse, après la période d'ascèse préparatoire dans la vallée du Jourdain. Or, tous les textes que nous venons d'énumérer, inégaux sans doute par la qualité du détail, sont cependant unanimes à définir quelques attitudes majeures, révélatrices du modèle social hérétique, en sorte que nous ne voyons pas celui-ci se constituer, ou même s'enrichir au cours de notre période. Cela tient à la pauvreté regrettable de notre information, qui exclut les nuances circonstancielles, mais aussi au fait que le dualisme chrétien a une histoire derrière lui alors que s'ouvre le 4e siècle ; tout est déjà dans le concile de Gangres.

La structure sociale normale est constituée aux yeux des hommes de ce temps par le concours d'oppositions de valeurs à deux termes fortement hiérarchisées, qui organisent les catégories de la nature, de la société, de la religion, et qui se soutiennent entre elles dans une cohérence telle que l'on n'en peut toucher une seule sans ébranler tout l'édifice. Ceci est démontré précisément par les attendus des condamnations portées contre les hérésies dualistes, qui, lorsqu'elles n'annihilent pas ces oppositions, procèdent à leur renversement exhaustif, et constituent ainsi une structure inverse, complètement symétrique de la structure normale. En cela résidait leur force explosive, et leur danger pour la société constituée. Leurs adversaires orthodoxes l'ont bien vu.

Les oppositions les plus immédiates, et qui se prêtent le mieux au symbole et au renversement ostentatoire, portent sur la condition naturelle, définie comme fondement des règles sociales et religieuses de la vie humaine. C'est dire que cette condition n'est conçue que, déjà, à travers les règles qui la mettent en forme, que sa définition même émane des autorités religieuses et sociales, et que le renversement hérétique atteint en conséquence celles-ci dès ce premier niveau. Les hérétiques ne respectent aucun ordre dans la satisfaction des besoins corporels. Le partage normal du temps à cet égard s'effondre. Epiphane note que les Messaliens négligent toute bienséance dans le partage quotidien entre la prière et la nécessité physique, mangent et boivent n'importe quand, au gré de leur appétit, à la deuxième heure, à la troisième, ou en pleine nuit, ce qui est renverser le découpage régulier de la journée[145]. Les hérétiques mangent les jours de jeûne prescrits, et jeûnent le dimanche : tel est du moins le témoignage du concile de Gangres[146], des *Actes de Thomas* dans leur version grecque[147], et de la *Vie de Syméon*, qui, par une inversion peut-être corrigée dans le sens de l'orthodoxie, se gave alors ostensiblement de viande, alors qu'il est effectivement à jeûn de pain[148] ; plus vaguement informé peut-être, le concile du catholicos

---

145. Epiph., *Haeres.* 80, 3, 3-6.
146. *C. Gangr.*, p. 80/6-9, et canon 19.
147. *Cf. Acts of Thomas*, p. 14.
148. Leont. Neap., *V. Sym. Sal.*, p. 147.

Ezéchiel en 576 accuse simplement l'hérésie de nier le jeûne en même temps que toute forme de pénitence. Dans la consommation elle-même, les hérétiques condamnés à Gangres désobéissent à l'Eglise en faisant litière des distinctions qu'elle prescrit ; ils prononcent une interdiction sans réserve de la viande, alors que l'Eglise bornait la sienne aux viandes étouffées, sanglantes, ou suspectes de quelque rapport avec «l'idolâtrie»[149], et ils célèbrent la messe avec de l'eau[150]. Syméon manifeste une attitude apparemment opposée, et en réalité semblable, non seulement par sa consommation déréglée des jours de jeûne, mais par la voracité avec laquelle il dévore du lard cru, en une occasion où il est invité[151].

Mais la constituante la plus significative de la condition humaine est la différence entre les sexes, que réunit d'autre part une relation fondée en nature sur l'attraction sexuelle, en société sur la supériorité hiérarchique de l'homme, justifiée par la parole paulinienne : « L'homme est la tête de la femme »[152]. La séparation des sexes dans la vie quotidienne, le vêtement et la chevelure longue de la femme, son incapacité religieuse manifestent la relation naturelle, sociale, spirituelle entre l'homme et la femme. La négation hérétique les renverse toutes. Les pères du concile de Gangres signalent que les femmes ont souvent rasé la chevelure qui symbolise leur sujétion, qu'elles portent des vêtements d'homme[153]. La négation de l'émotion sexuelle, l'ἀπάθεια, se présente alors non pas comme une conquête ascétique digne d'éloge, mais au contraire comme une négation scandaleuse de l'ordre naturel. Epiphane relève la promiscuité dépourvue d'émotion, mais aussi de simple honte, dans laquelle les bandes hérétiques reposent pêle-mêle par les rues, au hasard de leur vagabondage[154]. Invité à prendre un bain, Syméon d'Emèse, qui soulage sans honte son ventre sur la place publique si l'envie lui en prend, entre tout nu au bain des femmes, la tête enveloppée de son vêtement, et son absence de trouble est alors manifeste ; le témoin de sa vie la constate également lorsque Syméon s'en va dansant par les rues, entre deux prostituées qui lui prodiguent leurs agaceries[155]. Evagre la remarque de son côté chez les moines de Palestine qui vivent dans le monde, hantent les cabarets, et se baignent avec les femmes[156]. Jean Damascène affirme que les Messaliens se livrent à la mutilation virile[157], mais cette notation semble isolée à l'époque, et peut-être rajoutée pour faire bonne mesure, car une telle pratique aurait affadi en réalité la négation hérétique. D'autre part, les mêmes textes n'insistent pas sur l'accusation de désordre licencieux, qui semble un développement plus tardif. La négation par la promiscuité hérétique des lois de la nature, et des institutions qui règlent la sexualité, fiançailles, mariage, séparation monastique, paraît à ce moment un grief suffisamment grave[158].

---

149. *C. Gangr.* 2, qui rappelle la doctrine officielle, *cf.* Bas. Caes., *Epp.* 199, 28 et 236.
150. Epiph., *Haeres.* 47, 1, 7.
151. Leont. Neap., *V. Sym. Sal.*, p. 158.
152. *I Cor.* XI 3.
153. *C. Gangr.* Prol., p. 80/2-5, et canon 13.
154. Epiph., *Haeres.* 80, 3, 3-6 ; 47, 3, 1.
155. Leont. Neap., *V. Sym. Sal.*, p. 149 et 155.
156. Evagr., *HE* I XXI.
157. Joh. Damasc., *Haeres.* col. 733.
158. *Cf. C. Gangr.*, p. 79/19-23 (adultère des conjoints séparés).

En effet, dans la mesure où l'organisation sociale et religieuse paraît reposer sur une distinction hiérarchisée des sexes, toute forme de confusion entre eux manifeste au contraire son renversement. L'apathie contraire à la nature, la licence contraire à l'ordre, sont comparables à la compétence religieuse accordée aux femmes. Timothée de Constantinople note que les hérétiques les constituent comme « leur propre tête », allusion scripturaire qui souligne le renversement hérétique de la hiérarchie définie par l'apôtre[159] ; en effet, si la désobéissance conjugale est prêchée à la noble Indienne Mygdonia par l'apôtre Thomas lui-même[160], c'est une femme qui est le maître spirituel de la dame Matrona et la pousse à la fuite[161]. Société hiérarchisée de l'époux et de l'épouse, la famille est aussi société des parents et des enfants, avec des obligations mutuelles qui sont également annihilées par l'hérésie[162]. La négation des relations entre parents et enfants signifie, comme dans le cas des conjoints, la négation de l'ordre naturel. Plus tard, les Pauliciens seront accusés de pratiquer l'inceste et la promiscuité totale, et ce sera le même type d'infraction[163].

L'hérésie détruit de même l'ordre social, dans lequel l'Eglise a sa place ; les rapports qui le constituent sont renversés, les divers principes de classement anéantis. Seul le témoignage ancien du concile de Gangres fait une place importante à l'esclavage ; les pères signalent que des esclaves ont fui leurs maîtres, et qu'un changement d'habit a manifesté là encore la négation d'une hiérarchie[164]. Lorsque Jean Damascène dénonce l'accueil fait aux esclaves fugitifs dans les conventicules messaliens[165], l'infraction soulignée par lui porte en réalité sur les règles admises du droit d'asile, et non sur le statut servile lui-même. Dans l'ensemble, en effet, le rapport du maître et de l'esclave ne revêt pas dans le renversement hérétique plus d'importance que dans la société réelle du temps. Le rapport social central est celui qui réunit le riche et le pauvre. Il est anéanti sous les deux aspects de l'aumône et du travail, qui constituent l'alternative normale dans la distribution des biens. L'aumône est rendue impossible parce que le riche doit abandonner ses biens, non pas en les épuisant par une distribution charitable, mais en les laissant derrière lui[166]. D'autre part, les hérétiques refusent de travailler, parce qu'ils se considèrent comme « spirituels »[167], et comme « pauvres en esprit »[168]. C'est par une correction discordante, destinée à rendre le récit orthodoxe, que Matrona travaille dans le couvent d'hommes où elle s'est cachée[169]. Il est plus satisfaisant de rencontrer dans la *Vie de Syméon Salos* l'épisode du gargotier qui engage Syméon pour vendre la nourriture préparée, que ce dernier distribue au contraire aux pauvres qui se présentent, sans tenir compte ni de son propre service, ni de la propriété d'autrui[170]. Un principe

159. Timoth. Constantinop., *Red. Eccl.* 16, cf. note 152.
160. *Acts of Thomas* 88.
161. *V. Matronae* 2.
162. *C. Gangr.* 15 et 16.
163. Ficker, « Sammlung Abschwörungsformeln », p. 453-454, 7.
164. *C. Gangr.*, p. 79/32 *sq. Ibid.*, canon 3.
165. Joh. Damasc., *Haeres.* col. 733.
166. *C. Gangr.*, p. 80/16-18, cf. Epiph., *Haeres.* 80, 3, 3-6.
167. Theod. Cyr., *Haer. Fab.* IV 11 ; Timoth. Constantinop., *Red. Eccl.* 13 (πνευματικοί).
168. Timoth., Constantinop., *Red. Eccl.* 15 ; Joh. Damasc., *Haeres.* col. 732.
169. *V. Matronae* 5.
170. Leont. Neap., *V. Sym. Sal.*, p. 146.

fondamental du classement social est ainsi effacé, comme s'effaçait le classement naturel des sexes. Ici aussi l'ordre cède la place à la promiscuité. Au lieu d'une antinomie claire entre ceux qui donnent et ceux qui reçoivent, riches et pauvres s'adonnent indistinctement à une mendicité sans règle. Le groupe conserve par devers lui l'aumône, il se l'attribue car il se juge composé des « véritables pauvres »[171]. Il en résulte une nouvelle négation de l'ordre instauré par l'Eglise, puisque les biens qui servent à cette distribution interne sont dérobés à la distribution prescrite de l'aumône, ou aux offrandes dues à l'Eglise, que les hérétiques refusent d'acquitter, et s'attribuent aussi à eux-mêmes comme à des « saints »[172].

La destruction des deux principes de classement que l'on vient de voir implique celle d'un troisième, en vertu duquel l'Eglise se distingue des laïcs. Cette destruction se dessinait au niveau d'un ordre naturel et d'un ordre social dont l'Eglise faisait respecter les définitions, elle s'accomplit au niveau religieux lui-même, où l'hérésie efface l'ordre instauré par les actes qui mettaient l'Eglise et les laïcs dans une relation hiérarchique, et lui substitue la promiscuité. Effacement manifesté symboliquement par le renversement des jeûnes, perpétré par la négation des temps, des lieux, des rites fixés par l'Eglise[173]. L'activité laïque toute entière est normalement soumise à la compétence ecclésiastique par le biais de la pénitence, du serment, dont l'importance dans la procédure est notable, du droit d'asile enfin, dont l'affirmation se restreint précisément à une mesure compatible avec la survie de la société existante, excluant notamment les criminels et les esclaves fugitifs[174]. Or, les hérétiques suppriment tout cela. Leur pratique effrénée de la prière[175], leur liberté à l'égard du jeûne aboutissent logiquement à la négation de la pénitence, dont les accuse le canon 1 du concile de 576 ; Jean Damascène relève qu'ils promettent la pénitence par la prière, et communient au gré d'une inspiration personnelle, et qu'ils étendent le droit d'asile à ceux qui en étaient normalement exclus[176]. Ils se parjurent sans hésiter touchant leur appartenance à la secte, trait caractéristique que présenteront aussi les Bogomiles[177]. La catégorie des clercs n'a plus de raison d'être lorsque les règles qui fondent son autorité sociale sont niées de la sorte, et de fait n'est plus respectée[178]. La catégorie des moines, de son côté, ne peut subsister dans la perspective hérétique. Les moines hérétiques, nombreux en Mésopotamie et en Syrie du Nord, refusent le travail[179] et la séparation des sexes[180]. Cela est manifesté symboliquement, encore une fois, par l'usage renversé de l'habit de moine, tourné en dérision selon le concile de Gangres[181], porté abusivement selon le canon 1 du concile de 576.

171. Timoth. Constantinop., *Red. Eccl.* 15.
172. *C. Gangr.*, p. 79/29-32, et canons 7 et 8.
173. *C. Gangr.*, p. 80/15-16 (dédain des fêtes des martyrs), canons 5 et 6, *cf.* notes 149 à 151 ; *ibid.*, p. 80/23-27 (désertion des églises, offices et prêches privés).
174. *Cf.* chap. 6, p. 334-335.
175. Epiph., *Haeres.* 80, 3, 3-6 ; Theod. Cyr., *HE* IV 10.

176. Joh. Damasc., *Haeres.* col. 733.
177. Timoth. Constantinop., *Red. Eccl.* 18 ; Joh. Damasc. cité note préc.
178. *C. Gangr.*, *passim*. Concile de Mar Acace, canon 2 (*cf.* note 136).
179. Epiph., *Haeres.* 80, 4.
180. *Concile de Jesuiahb* I, canon 9 (*cf.* note 138).
181. *C. Gangr.* 12.

Il était nécessaire d'analyser complètement l'attitude sociale des hérésies dualistes au cours de notre période pour apprécier à sa juste valeur la condamnation hérétique du mariage, à laquelle nous allons revenir maintenant. On comprend ainsi, en effet, qu'elle est la pierre angulaire du modèle hérétique, qui anéantit en le renversant le modèle social existant, car elle touche en même temps tous les ordres qui concourent à l'établissement de ce dernier. Dans l'ordre naturel, le modèle hérétique abolit la hiérarchie des sexes et l'alternative du mariage et du cloître dans laquelle la société du temps cherche à enfermer le fait sexuel. Dans l'ordre social, il dissout la société conjugale, constituée par la hiérarchie de l'époux et de l'épouse, des parents et des enfants : chaque individu quitte librement son poste naturel au sein de cette société, pour s'agglutiner à un groupe dépourvu d'organisation sociale. L'ordre religieux, enfin, est mis en cause par la censure de la cohabitation conjugale que l'Eglise admet et couvre même déjà de sa bénédiction, comme nous l'avons vu, censure que les hérétiques condamnés à Gangres manifestent en refusant toute cérémonie qui se déroule dans la maison de gens mariés, ou à laquelle un prêtre marié officie[182]. Ainsi, la négation hérétique du mariage signifie de façon privilégiée la négation de toute une structure sociale, et cela confirme l'interprétation avancée plus haut à propos des formes admises du célibat : le refus de mariage n'est tolérable pour la société byzantine que s'il laisse d'une certaine manière intacte la fonction économique et sociale de l'individu, et l'on a vu que le célibat monastique, avant ou après mariage, a élaboré ses règles en ce sens. Le célibat hérétique est intolérable, parce qu'il ne respecte pas cette exigence, ni pour les gens mariés, qui désertent sans restriction, ni pour les moines, qui refusent l'activité économique impliquée par leur condition. On peut alors se demander quels ont été, au cours de cette période, l'ampleur sociale et le retentissement démographique du refus hérétique de mariage.

Il est difficile de contenir en une seule formule le pourquoi d'une réaction au monde aussi exhaustive que le renversement et la négation des structures sociales qui caractérisent l'hérésie dualiste. Il n'en serait pas moins illusoire d'établir régulièrement un lien de cause à effet entre un état de malaise social et la mise en pratique du modèle social négateur inventé par l'hérésie. Les faits comparables à ceux que nous venons d'étudier offrent assez amplement la preuve que la coïncidence entre hérésie et pauvreté, toute fréquente et importante qu'elle soit, n'est jamais assez totale pour que l'on puisse la définir comme nécessaire et suffisante : nous n'évoquerons pas ici les faits occidentaux plus tardifs, dans la complexité desquels la part de l'aristocratie est aussi connue que celle des pauvres[183]. Mais dans le domaine byzantin, le seul où il soit ici légitime de puiser, nous constatons que, si les Bogomiles bulgares du 10e siècle semblent bien, au dire du prêtre Cosmas, se recruter en majorité parmi

---

182. *C. Gangr.* prol., p. 80/10 *sq.*
183. *Cf. Hérésies et sociétés dans l'Europe pré-industrielle, passim.*

les pauvres, la chose n'est pas évidente pour les Pauliciens, dont la cohésion régionale paraît au contraire le trait frappant[184].

Certes, on serait tenté à première vue de penser que la négation du classement économique et social témoigne de la colère des inférieurs, que même la négation de la doctrine, manifestée par le mépris de la hiérarchie ecclésiastique et par le rôle éminent des femmes, peut exprimer aussi un ressentiment social. Cependant, l'ensemble de nos textes démontre que le recrutement social de l'hérésie n'est pas homogène au cours de notre période. Le *Liber Graduum* fonde sa doctrine ascétique sur une hiérarchie à deux degrés[185]: les Parfaits ne possèdent rien, ne sont attachés ni à une activité ni à une résidence ; pour eux le devoir d'aumône est en conséquence aboli, et le mariage condamné comme incompatible avec le salut ; eux seuls réalisent la négation complète d'une structure sociale dans laquelle, comme nous l'avons montré, mariage et rôle économique s'appuient l'un sur l'autre. Mais au-dessous d'eux, pour eux, existent les Justes, qui travaillent et amassent du bien, qui sont donc astreints à l'aumône, et peuvent d'autre part s'engager dans le mariage comme dans une «sente» secondaire, ouverte à ceux qui sont trop faibles pour atteindre la perfection. Les Justes ne semblent donc pas être, ou devenir, spécifiquement des pauvres ; et rien ne permet de préciser l'origine sociale de ceux qui accèdent au dénuement spirituel des Parfaits. Le témoignage des Pères de Gangres montre lui aussi côte à côte dans l'hérésie des niveaux sociaux différents, des esclaves qui désertent la servitude, mais aussi des riches qui désertent une richesse qu'ils auraient dû résoudre par le don. Pour le 6e siècle, l'*Histoire Secrète* raconte la fructueuse répression des hérésies opérée par Justinien, et insiste sur les richesses qu'il a pu ainsi confisquer[186]. Dans son énumération, il est vrai, seuls les Montanistes se rattachent au type d'hérésie que nous étudions. Or, c'est surtout la richesse des groupes ariens qui est soulignée par l'auteur ; il explique d'ailleurs comment ceux-ci reproduisent en leur propre sein la hiérarchie de maîtres et de travailleurs à gages de la société contemporaine. Les inscriptions hérétiques d'Asie Mineure, lorsqu'elles donnent des indications de milieu, mettent en lumière une classe moyenne provinciale : c'est le champ social habituel des inscriptions funéraires, surtout si elles sont un peu élaborées[187]. Ce qui est plus certain, c'est la présence des villages dans l'hérésie. Procope le note à propos des Montanistes de Phrygie, Théodoret à propos des villages marcionites de son diocèse[188]. Nous verrons en effet dans un autre chapitre que les résistances paysannes prennent souvent la forme religieuse du paganisme ou des hérésies, et nous n'y insistons pas ici. Notons en revanche dès maintenant combien est frappante la permanence régionale de l'hérésie, qui prend figure de résistance à l'hellénisation en domaine syrien, micrasiatique, et à la limite arménien.

---

184. *Cf.* Abel, «Aspects sociologiques des religions 'manichéennes' ».
185. *Liber Graduum* XV 13, XIX 15.
186. Proc., *HA* XI, 18 et 23.
187. Calder, « Epigraphy of the Anatolian heresies », *passim*.
188. Theod. Cyr., *Ep. Sakk*. 81 et 113.

L'hérésie qui nous occupe ici par sa réprobation du mariage semble donc déployée sur toute l'échelle sociale, sans qu'il soit d'ailleurs possible de préciser l'importance relative des différents groupes sociaux dans son recrutement. Il faut se contenter de la définir largement comme l'expression de tensions et de contradictions peut-être plus diverses en réalité dans leurs motifs sociaux, culturels, ou ethniques, que ne l'indiquerait la convergence de manifestations communes. On retiendra en revanche qu'elle demeure une permanence des mêmes régions, et qu'elle a donc sa place dans la pondération régionale de l'histoire démographique byzantine, qui nous paraît la seule démarche raisonnable. Dans des limites ainsi posées, quel rôle peut-on attribuer au refus ou à la rupture de mariage d'inspiration hérétique ? Ces inscriptions funéraires qui proclament la continence de couples ou d'individus, et qui sont cataloguées comme hérétiques, ne suffisent pas à résoudre le problème, malgré leur précieux témoignage concret[189]. Il convient ici encore d'être prudent. Non que l'absence d'un mouvement de masse comparable à la sécession paulicienne du 9e siècle soit décisive. Il faut plutôt tirer parti de deux arguments en apparence opposés, et qui convergent pourtant dans une appréciation mesurée de la réalité vécue. D'un côté, il est évident que tous les adeptes ne se conformaient pas aux préceptes de renoncement et de continence : le *Liber Graduum* le précise. De l'autre, la série ininterrompue des témoignages entre le 4e et le 7e siècle éclaire non pas le cœur doctrinal du mouvement hérétique, mais une influence diffuse, et d'autant plus importante. Ce qui intéresse en effet ici l'historien, c'est moins le champ d'une doctrine que celui d'une attitude mentale et sociale, caractérisée par le refus du mariage, qui entraîne au refus de toute organisation sociale. Et un tel champ devient extrêmement vaste. Sans entrer ici dans une discussion qui n'est pas de notre compétence, rappelons que Basile de Césarée et Grégoire de Nysse semblent parfois proches de ceux qu'ils condamnent, dans la mesure où les séparent non les attitudes mais leurs motivations. Basile de Césarée rencontre, on le sait, au cours de sa formation ascétique, ce même Eustathe de Sébaste nommément mis en cause à Gangres[190]. Grégoire de Nysse souligne scrupuleusement qu'il y a entre la virginité orthodoxe et la virginité hérétique toute la différence de l'intention et du présupposé théologique[191]. Chez Eusèbe d'Emèse[192], la distinction est loin de demeurer évidente. Et elle cesse tout à fait de l'être, si l'on quitte le discours explicite de la réflexion théologique et morale, pour la pensée informulée, mais combien vigoureuse, des récits hagiographiques. Or, si l'on ne peut alléguer comme véritablement proches de l'hérésie que les *Vies* de Syméon le Fou et de Matrona, les contes plus ambigus sont en revanche nombreux. Celui de la femme déguisée et réfugiée dans un monastère d'hommes, où elle passe pour un eunuque, est promis à une grande fortune médiévale. Les versions grecques apparaissent probablement à partir du

---

189. Références dans Patlagean, « Limitation de la fécondité », p. 1364, notes 1-3.
190. Gribomont, « Monachisme en Asie Mineure ».
191. Greg. Nyss., *Virg.* VII 1. Confrontation approfondie, par le biais des attributions de textes, dans Kemmer, « Messalianismus bei Gregor von Nyssa... ».
192. Amand de Mendieta, « Virginité chez Eusèbe d'Emèse ».

6ᵉ siècle. Que l'héroïne se dérobe à la revendication licite d'un mari[193] ou d'un fiancé[194], ou à la poursuite de l'empereur[195], qu'elle assure sa virginité encore libre contre tout engagement ultérieur[196], qu'elle quitte enfin le monde qui l'a vue épouse[197], prostituée[198], ou adultère[199], toutes ces variantes ont le même sens : par avance, ou au contraire après l'avoir accompli, elle refuse radicalement sa condition de femme, et peut-être avec elle toute différenciation sexuelle. Expression profonde du christianisme monastique, ou logique extrême de l'hérésie ? Le diagnostic est impossible. Et c'est précisément ce que ce que nous voulions montrer. La réprobation du mariage dépasse en fait l'antinomie de principe entre hérésie et orthodoxie, pour devenir une tendance significative de l'époque tout entière, à cela près, encore une fois, que la signification variera avec le rôle économique et social des individus concernés.

Il serait passionnant, mais hasardeux, de rechercher les motifs profonds qui inspirent à la société romano-byzantine son penchant pour le célibat, au point de lui faire concevoir celui-ci comme un fondement possible du système social. Il suffit pour l'instant de mesurer l'importance du célibat à la variété de ses formes. Toutefois, aucune de celles que nous avons décrites jusqu'ici, et qui sont attestées dès le début, et tout au long de notre période, n'offre une solution complètement compatible avec la survie de la société. On vient de voir ce qui en est du rejet hérétique du mariage ; et nous avons montré plus haut que le célibat individuel pouvait certes laisser intact, dans l'ensemble, le rôle économique et social des niveaux sociaux supérieurs, mais qu'il était, aux niveaux inférieurs, le signe d'un désordre chronique ou catastrophique. Seule la forme monastique, que nous allons étudier maintenant, supportera une élaboration qui évite les écueils, et organise au contraire le célibat de façon à concilier cet ample phénomène avec le fonctionnement de la société, à l'utiliser même, au contraire, comme une composante efficace de ce dernier.

Nous reviendrons plus loin sur le développement historique du monachisme, et nous nous contenterons ici de définir en quelques mots la physionomie sociale du célibat monastique, c'est-à-dire les rapports admis dans la perspective orthodoxe de l'Eglise et de l'Empire entre le renoncement monastique et la situation sociale. On observe à cet égard le contraste attendu entre anachorétisme et cénobitisme. Le premier est un mouvement de fuite individuelle dont la liberté échappe en fait à toute règle, et dont l'importance démographique et sociale semble décroître, d'autre part, à mesure que l'on progresse vers le nord de l'Empire, et peut-être aussi à mesure que l'époque s'avance : essentiel pour l'Egypte du 4ᵉ siècle, fort important dès la fin de celui-ci en Palestine, appréciable en Syrie au 5ᵉ siècle encore, il fait figure d'idéal plus que de réalité dans la littérature du 6ᵉ et du 7ᵉ siècle, excepté pour des périodes probatoires dans la vie des individus. En revanche, le monachisme des laures et des monastères,

---

193. *V. Matronae higumenae.*
194. *V. Euphrosynae.*
195. « Anastasie la patrice ».
196. *Vie et office de Sainte Marine.*

197. *BHG 3*, 120-123i.
198. Usener, *Legenden der Pelagia.*
199. *V. Theodorae Alexandrinae.*

le plus important pour notre étude, élabore dès le début de son histoire dans les régions qui nous occupent des restrictions à l'accueil, que viendront renforcer les lois impériales. A l'inverse de l'hérésie, le monachisme orthodoxe est ainsi empêché en principe, au moins dans ses établissements collectifs, stables et plus faciles à contrôler, de devenir le réceptacle de tous ceux qui veulent fuir leurs obligations par les démarches voisines de la prise d'habit et du refuge : conjoints, mais aussi curiales, soldats, colons, esclaves. Le critère d'orthodoxie des ruptures ascétiques de mariage, qui est le consentement de l'autre conjoint, demeure prescrit par la règle de Basile[200]. La législation les autorise et les respecte[201]. L'abandon des situations sociales qu'on vient d'énumérer implique d'ailleurs normalement la rupture d'une cohabitation conjugale, surtout aux niveaux les plus humbles. Si le rôle social du riche, la redistribution gracieuse du don, est laissé intact par son entrée dans le monachisme, celui du pauvre, défini comme lié à un travail ou à un service, fût-ce celui du curiale, s'en accommode moins. Et en principe les monastères n'auraient dû accueillir qu'un trop-plein, notamment paysan, déplacé par diverses vicissitudes. Dans la réalité, il est évident que de telles restrictions étaient plus faciles à définir qu'à faire observer, pour peu qu'un individu sortît de la sphère où il était connu. Et nous verrons en effet sur pièces à quelles longues distances de leur région d'origine on trouve parfois les moines.

Ce qui vient d'être dit concerne l'entrée au monastère à l'âge adulte. En fait, une première soustraction au mariage est opérée avant la puberté[202]. Quantité d'exemples l'attestent, pour l'anachorétisme mais surtout pour la vie monastique. Les fils de Nil d'Ancyre ou de tel personnage de Jean Moschos suivent leur père ou leur oncle au désert encore tout enfants[203]. On n'oserait pas faire état des cas extrêmes, comme le supérieur de Syméon Stylite l'ancien qui aurait embrassé la vie ascétique entre trois et cinq ans[204], ou Syméon Stylite le jeune, qui part au désert à six ans et monte à sept sur une première colonne[205], s'ils n'apparaissaient comme des transpositions héroïques de situations courantes. Le choix peut intervenir très tôt, lorsqu'un orphelin de père suit son oncle, comme Euthyme, qui reçoit le baptême et le lectorat à l'âge de trois ans[206]. Cyrille de Scythopolis raconte comment son propre père le confia tout enfant à Sabas[207]. Si les *Vies* d'Abramios et de Gerasimos se contentent de dire sans précision que le personnage était encore enfant, lui aussi, Théodoret note sept ans pour Pierre le Galate[208], la *Vie de Sabas* fixe l'âge du choix à huit ans[209], moment où l'enfant commence ses lettres d'après les *Vies* de Théodore le

200. Bas. Caes., *PG* 31, 948 (*Regula mona-chorum* 12), dans la partie probablement authentique des écrits disciplinaires qui circulent sous son nom, *cf.* Gribomont, *Texte des Ascétiques*.
201. *JNov.* XLVIII (*N.* 22). A. 536, 5 ; *JNov.* CXLI (*N.* 117), A. 542, 10.
202. Patlagean, « L'enfant et son avenir ».
203. Nili, *Narrat.* col. 601 ; *Prat. Spir. Add.*

Paris. *BHG 3*, 1450h.
204. *Vie* in : Festugière, *Antioche païenne et chrétienne*, p. 359.
205. *V. Sym. Styl. jr* 12 et 15.
206. Cyr. Scythop., *V. Euthym.*, p. 10.
207. Cyr. Scythop., *V. Sabae*, p. 180.
208. Theod. Cyr., *HRe* IX.
209. Cyr. Scythop., *V. Sabae*, p. 90 (10 ans après, il est âgé de 18 ans).

Sycéote[210] et de Nicolas de Sion[211]. Cependant, Daniel le Stylite reçoit la tonsure à douze ans, alors qu'à cinq, il s'était vu refuser l'entrée du monastère[212]. Nous ne disposons évidemment pas de séries qui nous permettent de dire si l'âge du choix monastique tend à s'abaisser vers la fin de notre période, comme l'âge du choix conjugal le fait par le biais des fiançailles. Enfin, le choix peut aussi se faire à l'âge même du mariage, ce qui enferme l'individu dans une alternative encore plus claire. Nous verrons plus loin que cet âge est ainsi documenté indirectement par quelques indications hagiographiques.

Très tôt, le choix monastique est considéré comme définitivement contraignant ; c'est là une autre manifestation de la tendance que l'on a vue à l'œuvre dans le durcissement des liens conjugaux et le resserrement de la famille. Basile prend position en faveur de l'irrévocabilité, à condition cependant que le choix se fasse personnellement, et à un âge responsable ; aussi condamne-t-il la pratique de vouer des fillettes à la virginité monacale pour des raisons d'intérêt[213]. La réalité évidemment n'était pas toujours claire. Basile lui-même convient que pareille contrainte explique souvent les vocations abandonnées[214], tandis que les récits hagiographiques se font l'écho de départs du désert vers la ville, après lesquels le moine fuyard ne trouvait pas toujours la stabilité économique et sociale inséparable, nous l'avons dit, de toute forme de cohabitation conjugale, et surtout des plus humbles[215].

4. Les naissances : attitudes et réalités

Adultes et enfants, orthodoxes et hérétiques, riches et pauvres, sont ainsi selon des modes divers soustraits à la cohabitation conjugale, et à la procréation. Nous apercevons donc, avant même toute appréciation de la natalité, une société où la cohabitation conjugale est loin d'être la règle, où elle est contrariée par différents facteurs, aux différents niveaux sociaux. Ceci posé, la partie la plus délicate et la plus mal documentée de notre étude demeure devant nous : quelle tendance accuse la natalité dans la partie de la population qui se trouve en état de procréer ? Question d'histoire générale, puisque la réponse éclairerait, si nous parvenions à la formuler, la conjoncture économique, et l'évolution des formes sociales. Question d'histoire sociale aussi, car les rapports entre les différents niveaux d'une même société sont commandés entre autres par leurs comportements démographiques respectifs. Mais tout cela n'est-il pas trop ambitieux pour notre documentation ? Le lecteur jugera du parti que nous avons cru pouvoir en tirer.

Un premier point à préciser est l'âge au mariage, et plus exactement l'âge réel, autrement dit les modes d'application du principe juridique de coïncidence entre

210. *V. Theod. Syk.* 5.
211. *V. Nicol. Sion.* 2 (7 ans).
212. *V. Dan. Styl.* 3-4.
213. Bas. Caes., *Ep.* 199, A. 375, 18.

214. *Ibid.*
215. Joh. Mosch., *Prat. Spir.* 97 ; *V. Abraham et Mariae* 32 *sq.*

puberté et mariage. Celui-ci vient s'adapter, en effet, à une réalité que déterminent d'une part des variations individuelles autour d'une moyenne physiologique du seuil de puberté, elle-même variable selon les époques, les régions, et les niveaux de vie, d'autre part des motivations d'économie familiale ou générale, qui tendent à abaisser ou à élever l'âge effectif au premier mariage par rapport à l'âge légal, voire au seuil physiologique.

Le droit romain, on le sait, après avoir laissé au *pater familias* le soin d'apprécier la nubilité des individus, a fixé l'âge uniforme de 14 ans révolus pour les garçons, 12 ans révolus pour les filles[216]. Cette disposition est respectée par le droit justinien et post-justinien[217], comme par la droit canon[218]. Les mêmes âges demeurent un seuil pour d'autres capacités civiles comme celle de tester[219], ou dans la législation isaurienne pour le délit de viol d'une jeune fille[220]. Cet âge prévu par la loi est-il en fait l'âge courant au mariage ? Le dépouillement des inscriptions romaines[221] indiquait des âges supérieurs en tout état de cause aux âges légaux, entre quinze et dix-huit ans pour les femmes, entre dix-huit et vingt-cinq ans pour les hommes, avec une moyenne plus élevée encore pour l'époque chrétienne. Récemment, un dépouillement borné à cette dernière[222] a substitué la souplesse d'une courbe de fréquence à la rigidité factice d'une moyenne, pour un ensemble de 246 inscriptions, presque toutes italiennes et romaines, du 4ᵉ et du 5ᵉ siècle. Il y apparaît que les hommes se marient à 18, 20, 23, 30 ans, avec une poussée vers la trentaine. La fréquence des âges féminins est au plus haut entre 12 et 16 ans pour retomber ensuite, et devenir très faible après 24 ans. L'auteur conclut raisonnablement à l'exigence d'une situation faite pour l'époux, et d'une virginité certaine pour l'épouse ; ce sont là d'ailleurs préoccupations de milieu aisé. L'âge réel au premier mariage a dû être généralement plus élevé que l'âge légal, et se situer à dix-huit ans et dans les années suivantes. Tel est du moins l'intervalle où se fait le passage de l'état indifférencié d'enfant à l'état civilement déterminé d'adulte, d'après les récits hagiographiques où le héros choisit à ce moment entre les deux possibilités offertes, le mariage et le cloître. Hypatios quitte le monde à vingt ans[223], Jean le Silentiaire à dix-huit[224] ; au même âge, Kyriakos[225], devenu lecteur tout enfant, arrive à Jérusalem. Johannis, le compagnon de Syméon Salos, s'est marié à vingt et un ans[226], l'anachorète Amoun[227], et Naucratios[228], frère de Grégoire de Nysse, refusent à vingt-deux ans le mariage qu'on leur propose. Les textes littéraires mettent

216. *Dig.* XXIII II 1. Durry, « Mariage des filles impubères », a soutenu qu'à l'époque classique la consommation du mariage intervenait plus tôt, souvent à partir de dix ans ; il souligne cependant que l'état d'*uxor*, avec ses conséquences en matière d'adultère, n'est pas acquis avant douze ans. Pour l'époque byzantine, voir la discussion de Patlagean, « L'enfant et son avenir ».

217. *CJ* V IV 30, A. 530 ; *Ecl.* II 1 ; *Epan.* XI 13.

218. *Cf. Nomoc.* XIV tit. XIII 2 (*RP* I 288)
219. *CJ* II IV 25.
220. *Ecl.* XVII 31.
221. *Cf.* chap. 3, notes 174-175.
222. Vogel, « Age des époux chrétiens ».
223. Callinic., *V. Hypat.*, p. 11/7.
224. Cyr. Scythop., *V. Joh. Silent.*, p. 202.
225. Cyr. Scythop., *V. Cyriaci* p. 224.
226. Leont. Neap., *V. Sym. Sal.*, p. 124.
227. Pallad., *Hist. Laus.* 8.
228. Greg. Nyss., *V. Macrinae*, p. 378/10 *sq.*

évidemment ainsi en relief une norme. Il serait risqué de chercher à préciser davantage en fonction du niveau social. Certes, on peut penser que les familles riches concluent plus tard le mariage des fils. Jean Chrysostome condamne les parents qui exposent les leurs à une vie irrégulière en retardant leur mariage pour des motifs d'intérêt[229]. Et un jeune homme lydien mort à vingt-cinq ans, sans connaître ni le mariage ni la première barbe – à en croire son épitaphe – repose dans un sarcophage qui est sans doute un indice d'aisance[230]. Cependant, la fortune a pu être aussi un facteur de mariage précoce, si l'on peut citer ici le cas de Pinianus qui épouse à dix-sept ans Mélanie la jeune, elle-même dans sa quatorzième année[231]. D'autre part, les âges au mariage des paysans mentionnés dans les déclarations cadastrales d'Asie Mineure restent du même ordre[232]. A Hypaipa, un chef de famille de 31 ans (IV) a un enfant de 12 ans ; un autre de 40 ans a un fils de 20 ans (V), ce qui confirmerait l'âge de 19 ou 20 ans au mariage. Le chef de la famille Hypaipa II, âgé de 20 ans, ne déclare qu'une seule personne, dont la mention abîmée figure à la place de l'épouse ; si c'est elle, le couple n'a pas encore d'enfant ; mais ce peut être aussi la mère. Toutefois, deux hommes de 30 ans ont des enfants tout petits, un aîné de 3 ans (Hypaipa VI), une fillette unique de 2 ans (Théra I). Le premier cas peut paraître ambigu, car le même âge de 30 ans est attribué à la femme ; dans le second ménage, au contraire, la femme a 20 ans. Le premier homme peut-être, le second sûrement, ont donc pris femme après 25 ans. La déclaration Hypaipa VII émane également d'un homme seul de 25 ans ; mais, frère nourricier du propriétaire du domaine, il a peut-être ailleurs son habitation principale. L'âge des secondes noces est moins documenté : le thème est évidemment absent de la littérature hagiographique. Les mêmes inscriptions cadastrales en laissent deviner quelques-unes : le chef de famille V d'Hypaipa, père d'un garçon de 20 ans, déclare une épouse qui en a 30, et qui, à moins d'une erreur de plusieurs années, d'ailleurs possible, ne saurait être la mère ; le chef de famille III, âgé de 50 ans, et apparemment veuf, déclare un aîné de 3 ans ; le chef de famille II de Théra, âgé de 65 ans, déclare quatre enfants de 14 à 6 ans 1/2.

Les femmes ont pu entrer dans la vie sexuelle avant douze ans, peut-être même de plus en plus tôt[233]. Du 4e au 7e siècle cependant, l'âge normal où se fixe l'avenir de la fille semble bien douze ans et les années suivantes. C'est à douze ans que la sœur de Théodore le Sycéote entre au couvent[234], que Macrine, sœur de Grégoire de Nysse, se fiance : le mariage n'est retardé que par des motifs d'intérêt, mais son biographe souligne qu'elle atteint alors l'âge du plus grand

---

229. Joh. Chrysost., *PG* 62, 426 (*I Thessal. IV, Hom. V*).
230. Keil-von Premerstein, « Lydien III », n° 155.
231. *V. Ste Mélanie* 1.
232. Inscriptions rassemblées par Déléage, *Capitation au Bas-Empire*, p. 163-196, et reprises avec quelques corrections par

Jones, « Census Records ». Une partie seulement conserve des états de familles : à Hypaipa, Keil-von Premerstein, « Lydien III » n°s 85-86 ; à Théra, IG XII 3, 343/18-19, et 346.
233. *Cf.* Patlagean, « L'enfant et son avenir ».
234. *V. Theod. Syk.* 25.

éclat[235]. On a vu plus haut ce que suggéraient les inscriptions chrétiennes de Rome[236]. Dans une épigraphie orientale où les mêmes indications restent exceptionnelles, retenons l'épitaphe d'une jeune épouse[237], dont la mort seule est présentée comme précoce : âgée de quinze ans et demi, elle laisse une fillette qu'il faudra nourrir au biberon, ce qui place son mariage au plus tard au cours de sa quinzième année. Théodoret de Cyr semble considérer comme allant de soi le mariage à seize ans de la mère de Pierre le Galate, comme anormal au contraire qu'à vingt-trois ans elle n'ait pas encore été mère[238]. En revanche, Procope souligne que si Justine, la fille de Germanos, n'était pas encore mariée à dix-huit ans, cela s'expliquait uniquement par l'hostilité de Théodora envers son père[239].

Les inscriptions cadastrales déjà citées sont moins éloquentes sur ce point, par le hasard des lacunes : nous avons mentionné le problème soulevé par la famille V d'Hypaipa, qui réunit un père de 40 ans, une épouse de 30, un garçon de 20. Dans la famille VI, dont l'aîné est âgé de 3 ans, la mère en a 30, comme le père ; est-ce mariage tardif, ou accident survenu aux naissances précédentes ? Seul le cas de la famille I de Théra est satisfaisant : père, 30 ans ; mère, 20 ans ; enfant unique, 2 ans, ce qui met le mariage de la mère à 17 ans au plus tard, mais aussi peut-être avant.

Et voici jusqu'où nos sources écrites permettent d'aller. Il serait artificiel de mettre ces âges au mariage en rapport avec les durées probables de vie, proposées au chapitre précédent, et surtout avec une durée réelle de la période d'activité génitale féminine, dont nous n'avons pas la moindre idée. L'intervalle entre les naissances semble osciller entre un et deux ans, d'après les mêmes inscriptions cadastrales. Dans la famille VI d'Hypaipa, le garçonnet de 3 ans est suivi d'une fillette de 1 an, à laquelle s'ajoute un bébé du même âge, qui n'appartient visiblement pas à la descendance du couple, mais dont la mention est malheureusement lacunaire. La famille III présente un aîné auquel est attribué le même âge de 3 ans, et que suit un autre garçon, plus un petit orphelin, dont les âges ne sont plus lisibles. La famille II de Théra déclare un fils de 14 ans, une fille de 12 ans, un fils âgé d'au moins 10 ans, d'après la mention abîmée, enfin un dernier fils âgé de 6 ans 1/2, intervalle allongé qui recouvre peut-être des décès infantiles. Toutefois, la *Vie de Syméon Stylite le jeune* atteste un sevrage pratiqué entre deux et trois ans, soit un intervalle un peu plus grand, mais c'est peut-être pratique citadine[240]. Les récits hagiographiques mentionnent couramment des enfants séparés par deux années d'intervalle[241]. Il faut noter d'autre part, dans la famille I d'Hypaipa, un chef de famille non marié, dont l'âge n'est plus lisible, et qui déclare sa mère âgée de 48 ans, et une sœur de 11 ans ; quel qu'ait été le sort des autres enfants, peut-être dispersés, la dernière naissance, sauf erreur de déclaration, a eu lieu quand la mère avait 37 ans.

Ce sont là données trop minces, et trop peu surprenantes, menant à des conclusions trop générales; leur banalité même a cependant quelque chose

235. *Cf.* note 4.
236. *Cf.* p. 146.
237. *MAMA* I 301 (Atlandy).
238. Theod. Cyr., *HRe* IX.

239. Proc., *HA* V 9.
240. *V. Sym. Styl. jr* 3.
241. *BHG* 3, 120-123i ; *Prise de Jérusalem* XVI 1 (deux petites sœurs).

de rassurant pour qui veut aborder, comme nous allons le faire maintenant, la constitution des descendances.

Avant tout, avons-nous des faits, c'est-à-dire des états de famille, complets et autant que possible socialement situés ? Deux catégories de documents se présentent, l'une élaborée par la prosopographie, l'autre brute dans l'épigraphie. Mais seuls sont utilisables ceux qui attestent un état de famille achevé ou complet ; le premier travail est de définir les critères qui permettent de les reconnaître. La prosopographie paraît à cet égard moins prometteuse. Un échantillon pourtant privilégié par une information exceptionnelle, celui des curiales d'Antioche et d'autres villes syriennes connus à travers Libanios, montre combien l'état de famille est dans une source littéraire incertain, tributaire d'allusions fortuites[242] ; c'est là un inconvénient fondamental, plus grave pour notre propos que les limites sociales de la prosopographie, qui recense par définition des notables ; car nous aurions tiré grand profit d'une base solide de comparaison dans les couches aisées de notre société. Seules les biographies avouées comme telles précisent souvent le nombre d'enfants des personnages : c'est le cas des oraisons funèbres que les Cappadociens ont consacrées à leurs proches, des hagiographies suffisamment fidèles à une vérité biographique, comme la *Vie de Paula* rédigée par Jérôme, ou celle de Mélanie la jeune ; nous pouvons y recueillir une petite série d'exemples. Les familles impériales, en revanche, ne peuvent être présumées typiques pour le nombre d'enfants[243]. Cependant l'information la plus significative viendrait des inscriptions. Trois types sont susceptibles d'attester des états de famille : les inscriptions cadastrales consécutives à la réforme fiscale de Dioclétien, les dédicaces chrétiennes ou juives d'objets précieux, de mosaïques, d'édifices entiers qui associent nommément les membres d'une famille au mérite de l'offrande, enfin les inscriptions sur des tombeaux.

Parmi les inscriptions cadastrales d'Asie Mineure déjà mises à contribution dans les pages précédentes[244], deux seulement conservent des états de ménages ; celle d'Hypaipa en compte sept, celle de Théra quatre. On a vu l'originalité des informations qu'elles peuvent livrer. Mais la plupart de ces déclarations, au demeurant trop peu nombreuses pour fonder des conclusions générales, ne représentent pas l'état achevé ou complet des familles, ce que Jones a négligé dans l'usage qu'il en a fait. En écartant même les célibataires, les ménages jeunes ont en perspective de nouvelles naissances, tandis que leurs petits enfants de 3 ans et moins n'ont pas franchi le cap dangereux de la première enfance. Les ménages âgés au contraire, ou réduits à un seul conjoint survivant, ont peut-être dispersé une partie de leurs enfants, et gardé seulement les plus jeunes : ainsi la jeune femme de la famille I de Théra peut fort bien être la fille de l'une des trois autres familles conservées, ou d'autres encore, et la base cadastrale de

242. Petit, *Libanius*, App. I, et p. 329.

243. Grumel, *Chronologie*, p. 360-366, rassemble les généalogies des dynasties byzantines.

244. *Cf.* note 232.

la déclaration risque d'entraîner à une erreur sans correction possible. Dans ces conditions, les états de famille utilisables se réduisent à très peu de chose. A Hypaipa comme à Théra la déclaration énumère dans l'ordre le chef de famille responsable, la femme qui tient la maison, mère, épouse, ou gardienne, les enfants par âges décroissants, enfin les enfants qui vivent dans la famille sans lien de filiation avec son chef. La famille I d'Hypaipa se compose d'un garçon dont l'âge est effacé, mais qui en est le chef, de sa sœur âgée de 11 ans, et de leur mère qui en a 48 ; en admettant même que la sœur soit le plus jeune enfant vivant, ce qui est possible, nous ne savons pas si le frère est l'aîné, ou s'il y avait d'autres enfants dans l'intervalle, qui doit bien atteindre une dizaine d'années. En laissant de côté le contribuable VII, frère nourricier du propriétaire, qui n'est peut-être pas installé à demeure, nous ne trouvons de mentions d'épouses que pour les familles V et VI. La famille III se compose d'un chef visiblement veuf, avec deux petits enfants à lui et un orphelin, et d'une femme de 48 ans, qualifiée de gardienne ; on peut se demander alors si, dans les familles II et IV, où la mention de la femme est oblitérée, il s'agit bien d'une épouse, ou de cas analogues à celui de la famille I, qui auraient été classés ensemble, avant le groupe des familles conjugales : la présence d'une mère expliquerait l'absence d'enfants du chef de famille de 20 ans, dans la famille Hypaipa II, à moins qu'il ne s'agisse, on l'a vu, d'une toute jeune épouse ; de même, la famille Hypaipa IV, composée d'un homme de 31 ans, un peu âgé évidemment pour être célibataire, d'une femme, dont la mention n'est plus lisible, et d'un enfant de 12 ans, pourrait être analogue à la famille Hypaipa I, et aussi vraisemblablement incomplète dans ce cas. Il reste alors deux familles sans doute inachevées à Hypaipa, la famille V, dont l'épouse ne déclare que 30 ans, la famille VI, dont les conjoints ont 30 ans l'un et l'autre, et deux – ou trois – enfants, dont l'aîné a 3 ans. En somme, une seule des six familles peut être retenue, celle du veuf VI, âgé de 50 ans, père d'enfants trop jeunes pour être dispersés ; encore sont-ils menacés de ne pas survivre. A Théra, la famille I, composée de conjoints de 30 et 20 ans, est à écarter d'abord. Les familles II, III, et IV sont conjugales. Mais pour la famille IV, qui déclare un unique garçon de 11 ans, l'âge des conjoints n'est plus lisible ; nous ne savons donc pas s'il s'agit d'un véritable enfant unique, ou du plus jeune survivant, resté seul au foyer. Les conjoints de la famille III déclarent 60 et 52 ans, un fils et une fille, dont les âges ne sont plus lisibles : leur descendance est achevée, mais elle soulève les mêmes doutes que celle de la famille IV. La famille II enfin se compose d'un époux de 65 ans, d'une épouse dont l'âge n'est plus lisible, et de quatre enfants de 14 à 6 ans 1/2 : l'ignorance de l'âge de la mère autorise plusieurs hypothèses entre lesquelles il est impossible de choisir, aînés dispersés, remariage du père, et décès d'enfants plus jeunes que le dernier survivant.

J'ai examiné les deux autres catégories d'inscriptions, dédicaces et épitaphes, dans une étude dont je résumerai ici les conclusions[245]. J'y montrais

---

245. Patlagean, « Familles chrétiennes d'Asie
      Mineure ».

d'abord que les dédicaces de toute sorte s'avéraient totalement décevantes pour une récolte d'états de familles, et que, parmi les épitaphes, seuls quelques dizaines de textes d'Asie Mineure pouvaient entrer en ligne de compte, par le hasard d'habitudes épigraphiques régionales[246]. Ils permettaient de constituer un échantillon de familles, de condition moyenne, en tout état de cause achevées, soit que le fait fût précisé, soit que l'inscription eût été rédigée à l'occasion du décès du père ou de la mère. Sur 79 familles ainsi recensées, 56 comptaient de 2 à 4 descendants, la moyenne générale étant de 3 enfants par famille. Le contingent devait, en réalité être majoré, des décédés en bas âge et des filles objets d'une sous-mention marquée en raison des départs pour mariage. Des premiers, on ne pouvait rien dire. Pour les secondes, j'ai proposé une correction fondée sur la constante statistique du quotient de masculinité aux trois premiers âges de la vie, et rétabli un nombre de filles correspondant au nombre des garçons mentionnés comme vivants ou morts, que l'on peut considérer comme ayant dépassé les âges critiques inférieurs à 4-5 ans. On opère alors un redressement des chiffres, exprimé par une moyenne de 6 enfants nés par famille, et de 4 ayant survécu au premier âge.

Ainsi, notre information sur la composition des familles, outre les incertitudes inhérentes à la nature des documents, est encore limitée à une région particulière, et surtout à une classe sociale qui n'est pas celle des pauvres. Nous avons cependant pris acte de ces données partielles pour considérer d'une part la démographie familiale générale de la période, d'autre part les différenciations sociales qui pourraient s'y reconnaître. En effet, s'il est exact de définir démographiquement la famille comme la résultante des limites imposées aux facultés procréatrices d'un couple par des facteurs naturels et culturels, il est certain que ces derniers joueront différemment aux différents niveaux sociaux. Mais l'analyse des conjonctures urbaines et campagnardes qui sera tentée plus loin exige que l'on saisisse le mouvement de la population active, c'est-à-dire du contingent qui atteint la puberté. La famille se définit alors comme le groupe d'enfants qui atteint cet âge après que les facteurs en question aient joué pendant la période d'activité génitale du couple.

Les facteurs naturels qui nous sont perceptibles, au moins dans leur principe, sont les causes des pertes non compensées de la mortalité néo-natale et infantile. Nous avons montré plus haut[247] comment l'individu qui parvient à la puberté a franchi à tout le moins le cap dangereux du sevrage, entre deux et trois ans, et passé vers sept ans le cap de la première enfance. Il est bien vraisemblable que dans ces pertes fort lourdes les familles pauvres sont frappées plus durement. Pauvres sans doute, ces mères qui se pressent autour de Syméon Stylite le jeune parce qu'elles n'ont plus de lait[248]. Pauvre la foule de femmes et d'enfants des campagnes qui, à en croire Jean Lydus, s'ébranlent pour convoyer

246. Inventaire d'après Dörner, *Bithynien; Ephesos* IV/3 ; Anderson, Cumont, Grégoire ... *Pont* ; Keil-von Premerstein, «Lydien I, II, III»*; LW ; MAMA* I, IV, VII, VIII ; Miltner, *Ankara ;* *SARDIS ;* Wilhelm, «Grabinschriften».

247. *Cf.* chap. 3, p. 100.

248. *V. Sym. Styl. jr.* 138.

vers la mer les versements fiscaux exigés par Jean de Cappadoce, et que décime en chemin une lourde mortalité[249]. Enfin, la mortalité infantile des pauvres épouse évidemment la mortalité des adultes en temps de crise, et nous savons qu'ils sont les premières victimes des disettes[250]. Mais qui veut faire œuvre d'historien doit souligner que, par-delà les chiffres qui viennent d'être suggérés, le découpage des périodes de la vie dans une société ancienne ou traditionnelle est tout autre. Au-dessous du seuil de sevrage, le premier sans doute à être clairement reconnu, la notion de naissance individuelle englobe la conception, la grossesse, la vie néo-natale et les mois d'allaitement en une même zone d'ombre, dont les vrais débuts sont difficiles à distinguer, et dont tous les moments participent d'une même fragilité[251]. Ce principe permet de comprendre les attitudes devant la procréation que nous trouvons exprimées ou décrites dans les textes contemporains, et de reconnaître avant tout comment le volontaire et l'accidentel peuvent s'y côtoyer, et même en vérité s'y confonde parfois.

Des pages excellentes ont été récemment consacrées à la restriction volontaire des naissances en cette fin de l'Antiquité, dont nous cherchons à démêler les tendances démographiques, dans l'étude de K. Hopkins sur les attitudes devant les naissances, et notamment leur restriction volontaire aux différentes époques de l'Empire romain[252], puis dans un chapitre du livre consacré par J. T. Noonan jr à la contraception dans la pensée catholique à travers les âges[253]. Mais j'ai essayé de montrer[254] qu'il serait peu historique d'isoler arbitrairement les pratiques préventives ou abortives sans rendre un compte plus large de toute l'attitude du temps à l'égard de l'activité génitale et sexuelle, et à l'égard du mariage. On me permettra une fois encore de résumer ici des conclusions proposées ailleurs, qui en esquissaient la double conséquence démographique et sociale. Dans sa composante antique comme dans sa composante chrétienne, la culture de l'Antiquité finissante n'est guère favorable à la natalité. Il y a là un trait de civilisation, comme le dit bien Sozomène à propos d'un miracle qui donne enfin une postérité à l'union longtemps stérile d'un chef arabe ; et l'historien de commenter, non sans dédain : «On fait grand cas de la procréation chez les Sarrasins, et, me semble-t-il, chez tous les Barbares»[255]. Cette attitude antérieure au christianisme n'est pas substantiellement modifiée par lui, bien au contraire. La pensée du 4e siècle est animée par une réprobation fondamentale de la sexualité procréatrice, dont les racines sont profondes et multiples, et dont l'explication chrétienne, pour évidente qu'elle paraisse, est loin d'épuiser la signification. Que le refus s'adresse d'abord à la sexualité ou à la procréation, il met à nu, en tout cas, les fondements mêmes de la culture antique finissante. Cette condamnation complexe conduit à limiter la descendance non par des moyens préventifs ou abortifs, mais par la rup-

249. Joh. Lyd., *Mag.* III 70.
250. *Cf.* chap. 3, p. 80 *sq.*
251. *Cf.* Naraghi, *Population dans les pays à statistique incomplète.*
252. Hopkins, «Contraception in the Roman

Empire».
253. Noonan Jr, *Contraception.*
254. Patlagean, «Limitation de la fécondité»
255. Soz., *HE* VI, 38, 15.

ture pure et simple de la cohabitation procréatrice, à laquelle les pauvres se trouvent souvent contraints, et qui sera pour les autres l'objet d'un libre choix. L'institution même du mariage est alors mise en cause. La prédication chrétienne en fait un remède à la faiblesse de ceux qui ne peuvent garder la virginité, et le moyen de la procréation minimale nécessaire au soutien des parents. Mais la multiplication des enfants serait le signe d'un abus. Le mariage demeure aussi la première des hiérarchies sociales, subordonnant l'épouse à l'époux. Mais les formes hérétiques et orthodoxes de refus ou de rupture du mariage abondent, pour s'ordonner bientôt dans le choix majeur entre le mariage et le cloître présenté aux riches comme aux pauvres. En somme, la société byzantine restreindrait le nombre des naissances par la restriction des relations conjugales, autant et plus que par des procédés préventifs ou abortifs. Elle limiterait le nombre des couples procréateurs autant et plus que la procréation elle-même[256]. Et c'est là un trait commun à toutes les sociétés chrétiennes héritières de l'Empire romain.

Sur ce fond général de négation, on devine des motivations et des attitudes particulières aux différents niveaux sociaux. Les homélies du 4e siècle demeurent un monument privilégié de ce que nous avons appelé la cité chrétienne, au sein de laquelle le christianisme s'inscrit, avec un bonheur sans lendemain, dans le courant de la tradition classique. Leur discours, en dépit des influences monastiques, est un écho du groupe social auquel ils appartiennent, qui est antérieur à leur époque, et qu'on appellera, faute d'un terme plus spécifique, la bourgeoisie, c'est-à-dire un milieu aisé et citadin à la fois. De telles familles ne sont pas sans motivation sociale de multiplier les naissances ; elles ont le souci de transmettre leurs honneurs et leurs biens. Au sommet de l'échelle sociale, tel est le dessein de Constance lorsqu'il épouse Eusébie[257]. Dans cette perspective, la volonté d'avoir un fils peut conduire à augmenter le nombre total d'enfants, s'il faut vaincre le hasard contraire. Pinianus, l'époux de Mélanie la jeune, s'est fixé deux fils, et la naissance d'une fille en premier compte si peu pour la famille qu'elle est aussitôt vouée à la virginité[258]. Paula, l'amie de Jérôme, met au monde quatre filles avant que la naissance d'un fils lui permette d'être quitte envers son mari[259]. Ainsi sont nées peut-être quelques-unes des sœurs nombreuses et parfois mal dotées en proportion, observées par Petit dans le milieu curial d'Antioche[260]. La tendance à favoriser les hommes dans l'héritage, et le jeu plus serré des alliances matrimoniales que l'on a commenté plus haut, l'implantation des grandes familles dans l'Eglise, que Justinien s'efforce de contenir par sa législation sur l'héritage des clercs, peuvent avoir été autant de facteurs d'une natalité des milieux aisés ou riches, alors même que le nombre d'enfants n'est pas en soi un motif d'éloge[261]. Ainsi s'expliquerait la natalité des curiales d'Antioche et celle des provinciaux d'Asie Mineure, tandis que la stérilité reste au

256. Patlagean, «Limitation de la fécondité», et p. 131.
257. Jul., 109 B (*Paneg. Eusebiae*).
258. *V. Ste Mélanie* 1.
259. Hieron., *Ep.* 108, 4 (*PL* 22, 880).
260. Petit, *Libanius*, p. 329.
261. L'épitaphe *MAMA* I 312 est un exemple exceptionnel.

contraire un malheur[262] et une disgrâce pour l'épouse[263]. Les raisons de souhaiter une postérité, au moins limitée, ont pu s'amenuiser à mesure que l'on descend l'échelle sociale, jusqu'à la négation de la famille conjugale, signalée comme un trait affreux, caractéristique de la lie urbaine[264]. La famille où est née l'impératrice Théodora offre un exemple significatif. Elle est fondée par un ménage stable, qui appartient au personnel du cirque. L'*Histoire secrète*[265] ne mentionne aucun fils, et en revanche trois filles, qui trouvent bientôt leur place dans les spectacles licencieux, et par cette voie dans la carrière de prostituée. Ainsi, les enfants n'ont pas excédé les possibilités de ce ménage, et lui ont même été profitables. La famille paysanne est à cet égard diversement partagée, à cause de son statut fiscal. On a souvent voulu faire la preuve, nous le verrons, d'une dépopulation rurale provoquée par les excès combinés du fisc et du patronat des puissants, et cela est certainement vrai dans l'ensemble. Si les familles paysannes proches de Constantinople vendent leurs filles aux proxénètes[266], la constitution du monachisme en secteur de la production agricole ne serait pas explicable, en revanche, sans un contingent campagnard[267]. Mais par rapport à quelle limite ce contingent voué au célibat est-il excédentaire ? La question n'est pas simple, et la solution n'est pas seulement affaire de quantités.

De ce qui précède, on pourrait être tenté de conclure que les motivations de procréer décroissent du haut en bas de l'échelle sociale, et qu'il y aurait à tout le moins contradiction entre le comportement démographique des classes aisées et cultivées, et leur réticence culturelle. Ce serait excessif. Simplement, à des motifs en partie différents de restreindre éventuellement les naissances correspondent, nous l'avons montré[268], des pratiques en partie différentes aussi. A la famille pauvre, les ruptures brutales, l'instabilité, l'abandon ou la vente des enfants, et aussi le refuge monastique contre la misère. A la famille riche, et par conséquent stable, la suspension des relations conjugales, les refus de mariage, l'ascétisme et le même refuge au cloître, autrement choisi. Aux uns et aux autres, signe unique de désordres différents, les pratiques abortives connues, que nous inclinons cependant à croire plus répandues chez les femmes isolées, et donc pauvres, sans pouvoir d'ailleurs en apprécier la diffusion véritable.

La somme démographique de ces comportements est incontestablement une limitation globale des naissances, d'une efficacité croissante parce que cumulée à mesure que passent les générations. Elle n'a empêché, penserait-on volontiers, ni le renouvellement normal de la population, ni même, en l'absence de catastrophes majeures, un accroissement marqué par rapport aux possibilités de production. Mais que les catastrophes surviennent, comme on l'a vu, à partir des années 540, et la population y répondra mal. Sous ces variations

262. Joh. Chrysost., *PG* 54, 639 (*In Annam* I 4).
263. Greg. Nyss., *Virg.* III 5, 10 ; Joh. Chrysost., *Virg.* LVII ; etc.
264. *Cf.* p. 131.
265. Proc., *HA* IX I-30.
266. *JNov* XXXIX (*N.* 14), A. 535.
267. *Cf.* chap. 6, notamment p. 318 *sq.*
268. Patlagean, «Limitation de la fécondité».

conjoncturelles se dessine cependant une modification de structure profonde, irréversible. La voie est ouverte, pour les détenteurs et distributeurs de biens comme pour les travailleurs, à une société dont la famille n'est plus la pierre angulaire. Les pauvres sont acculés à la rupture et à l'isolement par les circonstances adverses ; les riches s'y portent d'un libre choix. En conclusion, la famille n'a plus un rôle sans partage dans l'organisation sociale.

5. La ville, l'échange, le don

1. LA PRODUCTION URBAINE ET SES POSSIBILITÉS DE CROISSANCE

Comme la société antique avant elle, la société byzantine à ses débuts s'est pensée comme une pluralité illimitée de cités, reproductions conformes d'un modèle urbain. Et en effet l'archéologie révèle à tout le moins une croissance spatiale marquée des villes d'Orient entre le 4e et le 6e siècle. Croissance différenciée certes, qui détache quelques villes majeures, pour des raisons politiques, religieuses et géographiques[1]. Constantinople, Ephèse, Antioche, Edesse, Jérusalem sont désormais, si elles ne l'avaient pas été auparavant, de *grandes villes*, catégorie particulière, où l'importance du peuplement produit des situations spécifiques. Toutefois, il y a aussi croissance de villes secondaires, Korykos en Cilicie[2], les villes qui se succèdent sur la frange de la steppe syro-palestinienne, comme Gerasa[3] et Alep[4], ou encore les petites agglomérations du Sud palestinien, Nessana, Eboda, Subeita[5]. Ces croissances s'expliquent par des raisons diverses, comme celles des villes plus importantes. Mais enfin le phénomène dans son ensemble conduit entre autres à considérer le rôle économique de la ville dans le monde byzantin de cette époque. Ce rôle a été récemment objet de discussions serrées, qui ont surtout envisagé les rapports entre villes et campagnes pendant cette première période de l'histoire byzantine[6], ou bien, avec une ouverture méditerranéenne plus générale, le déclin des activités urbaines du monde byzantin au 7e siècle, et pendant les *dark ages* de Byzance[7]. Nous ne pourrons que

---

1. *Cf.* Kirsten, «Byzantinische Stadt».
2. *MAMA* III, p. 118-219 (inscriptions p. 131 *sq.*).
3. Kraeling, « The history of Gerasa », in : Kraeling, *Gerasa*, p. 27-72.
4. Sauvaget, *Alep*, p. 53-67.
5. Alt, « Griech. Inschr. ... Palästina Tertia ».
6. «Gorod i derevnja v Vizantij» [« Ville et campagne à Byzance »]. Le livre de G. L. Kurbatov, *Osnovnye problemy vnutrennogo razvitija vizantijskogo goroda v IV-VII vv. Konec antičnogo goroda v Vizantij* [*Problèmes fondamentaux de l'évolution interne de la ville byzantine aux IVe-VIIe siècles. La fin de la ville antique*] (Léningrad, 1971) ne m'a pas été accessible.

poser les mêmes questions. Mais nous devons d'abord en préciser les bases, et pour cela partir délibérément des notions contemporaines de croissance et de marché, qui nous sont immédiates, afin d'éprouver en chemin s'il y a lieu de les abandonner, ou au moins de les corriger, pour rendre compte de l'histoire économique de Byzance entre le 4ᵉ et le 7ᵉ siècle. Nous commencerons donc par chercher si les villes byzantines, dans le même temps où elles croissaient spatialement, ont été capables d'une croissance économique concomitante, ou bien s'il est demeuré entre les deux un décalage dont la portée politique serait alors considérable. Les chefs de croissance économique urbaine auxquels on peut reconnaître une validité de principe universelle me paraissent être les suivants : accroître la valeur totale des marchandises produites à volume supposé constant, ou accroître leur volume total à valeur supposée constante ; élever le niveau de qualification des emplois à nombre supposé constant, ou accroître leur nombre à niveau supposé constant, de manière à accroître la rétribution globale des producteurs urbains ; accroître enfin le profit accumulé des producteurs par un accroissement de la marge bénéficiaire ou une diminution des charges diverses, en supposant constantes toutes les variables précédentes. L'application de cet énoncé général et abstrait à une histoire économique particulière consiste-rait à reconnaître non seulement les limites préalables de notre information mais, en conclusion de l'étude qui nous sera possible, l'importance inégale qu'ont revêtue en fait les différentes variables énumérées plus haut. Et le pas-sage de l'histoire économique à l'histoire sociale consistera à passer de l'étude globale à la reconnaissance de groupes inégaux au regard de ces mêmes variables.

Au regard de notre documentation et du modèle économique qu'elle dessine dès la première lecture, nous ramènerons à trois les facteurs variables de l'éco-nomie urbaine byzantine entre le 4ᵉ et le 7ᵉ siècle : l'offre de marchandise et le profit du secteur qualifié ; l'activité du secteur de qualification faible ou nulle ; le mouvement de la demande. Ce que nous venons de dire des activités qualifiées, ce que nous ajouterons plus loin au sujet de leurs salaires, laisserait peut-être penser qu'elles n'ont pas leur place dans ce qui n'est pas un exposé général sur l'économie byzantine, mais une étude consacrée à la pauvreté et aux pauvres. En fait, la connaissance du secteur le plus qualifié et le plus profitable permet seule d'apprécier la dénivellation sociale qui sépare de lui les couches inférieures, actives ou inactives, de la population urbaine. Puis, le secteur des activités qualifiées joue nécessairement un rôle décisif, à la fois sur le marché et dans l'organisation institutionnelle et fiscale du travail urbain. Sa prospérité ou ses difficultés attestent l'état de la conjoncture, et la définissent dans une large mesure. Les mêmes variations déterminent en outre directement le rapport entre le secteur de l'activité qualifiée, et celui de l'activité non qualifiée ou nulle qui fait l'objet de notre enquête. Enfin, toute la partie archéologique et numis-matique de notre documentation ne permet pas de distinguer ces deux secteurs dans le mouvement général des villes et des échanges urbains.

7. Ostrogorsky, «Byzantine cities» ; Lopez,
«Role of trade» ; Frančès, «Ville byzantine et monnaie».

Commençons par la composition des activités productrices urbaines, et les possibilités techniques d'accroissement du nombre des emplois et de la valeur globale de la production. Il serait imprudent de fonder pareille étude sur des données composites et de provenances diverses, ou sur l'exemple singulier de la capitale et de ses corporations : notre documentation sur ces dernières n'est d'ailleurs pas particulièrement complète entre les lois du Code Théodosien pour les 4e-5e siècles et le *Livre du Préfet* au 10e. Aussi avons-nous préféré nous fonder sur un dossier provincial unique et privilégié par le hasard des habitudes épigraphiques, l'ensemble des mentions funéraires de métiers relevées à Korykos de Cilicie pour la période des 5e-7e siècles[8]. Le nombre des mentions lisibles d'activités individuelles dépasse 400, en comptant d'une part les mentions cumulées par un même individu, d'autre part la mention de plusieurs individus dans une même activité et sur une même inscription. Deux mentions de collèges seulement, au demeurant précieuses, celui des banquiers[9], et celui des marchands de lin du port[10]. Le reste ne constitue certes pas un état exhaustif des activités de trois siècles. On constate en particulier une sous-mention évidente des activités exercées par des individus qui n'habitaient pas la ville, et par conséquent n'y mouraient pas, comme les pêcheurs, ou les constructeurs, probablement aussi des activités les plus humbles, comme celles de la blanchisserie ; le cumul individuel a pu d'ailleurs échapper en partie à un recensement après tout spontané : ce serait la raison pour laquelle se découvre un seul barbier. Enfin, les plus pauvres sont cachés par des tombes collectives[11], et de même les membres des collèges qui partagent une sépulture commune par tradition de sociabilité plus que par indigence. Cet ensemble incomplet n'est pas non plus synchronique, il s'étale sur un certain nombre de générations. En dépit de tout cela, il nous faut espérer que le hasard a été bon statisticien, et que la proportion des grandes catégories d'activités exercées par les citadins se montre ici assez proche de la réalité. Nous sommes encouragés par le contexte géographique qui, pour être particulier comme il l'eût été partout, s'avère ici favorable à l'analyse économique. Proche du Taurus producteur de fer[12], des montagnes productrices de laine, la ville est également située sur la route côtière qui porte les hommes et les marchandises, et au terme de la route maritime du lin d'Egypte[13]. Enfin, elle est le siège d'un évêché depuis le 4e siècle[14]. La répartition des activités peut donc y être significative. On la trouvera définie par grands secteurs dans le tableau 7 ; le détail de chaque secteur est ensuite classé par ordre d'importance numérique décroissante.

---

8. *MAMA* III, n°s 200-788. Sauf discussion particulière, les références des inscriptions ne sont pas données dans nos décomptes ; elles sont réunies à l'index de l'édition, p. 234-235 (*Berufe*), et p. 236 (*Christentum*).
9. N° 770.
10. N° 771.

11. *Cf.* chap. 2, p. 69.
12. Bas. Caes., *Ep.* 110, A. 372.
13. Bureau de douane de Korykos et de la province de Cilicie attesté par un sceau en 645-646, *cf.* Antoniadis-Bibicou, *Douanes à Byzance*, p. 228.
14. *Cf.* le document n° 197 (p. 122 *sq.*), et Devreesse, *Patriarcat*, p. 153-154.

Tableau 7. *Les métiers à Korykos (Cilicie) d'après l'épigraphie funéraire (5ᵉ-7ᵉ siècles)*

	Nombres absolus	%
Services	103 (105)	25,3
Alimentation et droguerie	97	24,3
Textiles et cuirs	68	16,7
Autres productions artisanales	66	16,7
Monnaie, métaux précieux, crédit	29	6
Construction	26	5
Métiers du port	19	4
Ensemble	408 (410)	

7a. *Les services*

Services privés	20	courriers sur la route de Korasion	3	κορασιοδρόμος
		gardiens de magasin	5	ἀποθηκάριος
		barbier	1	κουρεύς
		sages-femmes	3	ἰατρίνη (ἰατρόμαια, μαῖα)
		médecins	4	ἰατρός
		notaire	1	νοτάριος
		conseil juridique	3	νομικός
Services de la collectivité (fonctions publiques exclues)	11	danseur dans un chœur	1	χοροβάτης
		récitants	2	τροπολόγος
		employé des pompes funèbres	1	δεκανός[a]
		fossoyeurs	5	κοπιάτης
		sergent de ville	1	διωγμίτης[b]
		notaire de la ville et de S. Zacharie	1	συμβολαιογράφος
Services de l'Eglise	72/74	notaire ci-dessus	1	συμβολαιογράφος
		lecteurs	2	ἀναγνώστης
		officiants	4	ψάλτης (3)
				πρωτοψάλτης (1)
		diacres	35	διάκονος (26)
				ὑποδ. (7)
				ἀρχιδ. (1)
		prêtres	24	πρεσβύτερος
		agents d'administrat.	2	παραμονάριος
		conservateur de trésor	1	κειμηλιάρχης
		diaconesses	3	διακόνισσα
			2	mentions douteuses
Total	103/105			

a. *Cf.* Hanton, « Lexique », p. 72-74.
b. *Cf. LW* 992, commentaire.

7b. *Alimentation et droguerie*

Aliments ramassés	3	pêcheur	1	*ἁλιεύς*
		pêcheur à la nasse	1	*κυρτᾶς*[c]
		pêcheur à la seine	1	*σαγινεύς*
Vente d'aliments cultivés	16			
– par les cultivateurs		maraîchers	9	*κηπουρός (-εργός)*
– par les revendeurs		marchands de		
		fruits	1	*ὀπωροπώλης*
		herbes	1	*λαχανοπώλης*
		pistaches	1	*πιπτακάριος*
		viande	4	*μακελλάριος* (3)
				κρεοπώλης (1)
Aliments élaborés et vendus	44			
– par les revendeurs		marchands de		*οἰνέμπορος* (14)
		vin	16	*οἰνηγός* (2)
		huile	4	*ἐλαιοπώλης*
– par les fabricants		boulangers	12	*μάγκιψ* (5)
				ἀρτοκόπος (5)[d]
				σιλιγνάριος (2)
		pâtissiers	4	*ἰτράριος* (3)
				πλακουντάριος (1)
		confiseurs	3	*παστιλλάριος* (2)
		confectionneur de		*βασυμνιάτης* (1+1?)
		breuvages	1	*σαπροπωμάριος*
		confectionneur de		
		saucisses	2	*ἰσικιάριος*
		restaurateur	2	*παντοπώλης*[e]
Aliments cuisinés	28	cabaretiers	20	*κάπηλος* (19)
				ταβερνάριος (1)
		aubergistes	7	*πανδόκος*
		marchands de		
		nourriture chaude	1	*θερμοπώλης*
Droguerie	7	parfumeurs	5	*μυρεψός*[f]
		marchands d'huiles		
		aromatiques	1	*σταγματοπώλης*
		confectionneur de		
		potions (?)	1	*προπουματᾶς*
Total	98			

c. Robert, «Epitaphes. . . Corinthe», p. 44-45.
d. Les deux termes sont interchangeables dans Cyr. Scythop., *V. Sabae*, p. 89/16 et 21.
e. Vendeur de tout ce qui accompagne le pain (légumes marinés, poisson salé), *cf.* Robert, «Epitaphes. . . Corinthe», p. 39-40.
f. Nº 712, parfumeur de S. Zacharie.

7c. *Textiles et cuirs*

Tissus	33+n . . .			
	fabricants de			
	tissu grossier non foulé	3	ἀγναφάριος[g]	
	tissu de poils de chèvre	2	σακκᾶς[h]	
	artisans de la			
	laine	8	ἐρεουργός	(6)
			λανάριος	(2)
	artisans du lin 19+n . . .		λινο...	(1)
			λινυφαντάριος	(1)
			λινοξός	(3)
			λινοπώλης	(9)
	fabricants de			
	linon		ὀθονιακός	(5)
	tisserand	1	ὑφαντάριος[i]	
Vêtements	13			
	vendeur de			
	vêtement	1	ἱματιοπράτης	
	raccommodeurs	2	ῥάπτης	
	confectionneurs			
	de braies	2	βρεκάριος	
	brodeurs	8	πλουμάριος	
Activités annexes	7			
	pêcheurs de			
	pourpre	4	κογχυλεύς	
	nettoyage	3		
	dont			
	foulon	1	γναφεύς	
	dégraisseur	1	σαπουλᾶνας	
	blanchisseur	1	πλύντης	
Cuirs	15	corroyeur	1	ἱνιόραφος
		tanneurs	2	βυρσεύς
		confectionneurs		
		de chaussures	12	καλιγάριος (11)
		dont		
		chaussures de		
		luxe		βαβυλωνάριος (1)
Total	68			

g. *Cf.* Robert, «Noms de métiers», p. 326-328.
h. *Ibid.*, p. 330.
i. A signaler deux exemples de *κτενᾶς* (N°s 327, 789): est-ce le cardeur ou le fabricant de peignes ?

7d. *Autres productions artisanales*

Travail de l'argile	34	fabricants de	
		tuiles et pots	31 *κεραμεύς*
			1 *ὀστρακάριος*
		lampes	1 *λυχνάτης*
		pots et plats	1 *λεκανιουργός*
Travail des métaux non précieux	24		
		métallurgistes	18 *χαλκεύς* (14)
			χαλκοτύπος (3)
			χαλ. (1)
		couteliers	2 *μαχαιρᾶς* (1)
			κοπιδᾶς (1)
		fabric. de clés	2 *κλιδᾶς* (1)
		fabric.	*καβικλάριος* (1)
		d'aiguillons	1 *κεντρίτης*
		rémouleur et fourbisseur	
		d'outils en métal	1 *ἀκωνιτής*[j]
Travail de matières diverses	8	verriers	2 *ὑλοξιδής* (1)
			ὑελιάριος (1)
		graveurs sur gemmes	2 *καβιδάριος*
		fabricants de	
		papyrus	2 *χαρτυφάντης*
		métiers à tisser	1 *ἱστοποιός*
		bouteilles	1 *λαγυνάριος*
Total	66		

j. Robert, *Hellenica* XI-XII, 1960, p. 37-38. A signaler aussi *πριστιυᾶς* (n° 667) «fabricant de scies (?)», *cf. πριστής* «scieur», Robert, «Lettres d'un métropolite», p. 77.

7e. *Monnaie, métaux précieux, crédit*

Ensemble	29		
		orfèvres	13 *χρυσοχόος* (6)
			αὐράριος (3)
			πρωταυράριος (4)
		peseurs/vérificateurs de	
		monnaie	4 *ζυγοστάτης*[k]
		changeurs/prêteurs	10 *τραπεζίτης* (9)
			ἀργυροπράτης (1)
		caissier	1 *λογαρίτης*
		comptable	1 *λογοθέτης*

k. *Cf.* les remarques de Robert, *Rev. Philol.*, 1958, p. 37-38.

7f. *Construction*

Ensemble	26			
		carriers	2	λατόμος
		marbriers	4	μαρμαράριος
		sculpteurs	2	γλύπτης
		menuisiers (m. fine)	4	ξυλικάριος (3)
				λεπτουργός (1)
		fournisseur de paille	1	ἀχυροπόρος[l]
		charpentiers	2	τέκτων
		bailleurs de travail	5	ἐργοδότης (4)
				ἐργοτόχιος (1)
		constructeurs	5	οἰκοδόμος (3)
				ἀρχιτέκτων (1)
				τεχνίτης (1)[m]
		ingénieur-architecte	1	μηχανοδέτης[n]

7g. *Métiers du port*

Ensemble	19			
		travailleurs du port	4	λιμενίτης
		raccommodeurs de voiles	7	ἀρμενοράφος
		matelot	1	ναύτης
		construc. navires	3	ναυπηγός
		armateurs	4	ναύκληρος

l. La paille sert à couvrir les constructions provisoires, *cf.* le Tarif de Beyrouth, 11. 5 et 8 (Mouterde, « Tarif d'impôt sur les ventes »).

m. En l'absence de contexte, il est difficile de préciser le niveau de qualification assumé ici par ces mots, *cf.* Downey, « Byzantine Architects ».

n. Faut-il voir dans ce mot isolé un équivalent de μηχανοποιός ? Sur ce dernier, voir Downey.

Compte tenu des lacunes inhérentes à une épigraphie funéraire urbaine, le détail de ces activités, et l'importance relative des différents secteurs permettent d'apprécier dans une certaine mesure les possibilités techniques de production et de croissance de cet ensemble économique, en considérant d'un côté le degré de qualification de la production et le rayon de vente, de l'autre la proportion des vendeurs de leur propre production et des simples revendeurs.

Le secteur le plus fourni est celui des services, activité urbaine et locale par excellence ; encore manque-t-il à notre documentation les services domestiques, serviles ou non, et la mention suffisante des services les plus humbles. La série disponible offre cependant un éventail significatif de leurs qualifications, depuis le gardien qui n'en a aucune, et dont nous pouvons imaginer l'immobilité d'après un récit des *Miracles de S. Artemios*[15], jusqu'aux person-

15. *Mirac. Artem.* 11.

nages hautement qualifiés de médecin ou de rédacteur d'actes. Les services apparaissent d'autre part employés soit par des particuliers, soit par la collectivité, et il faut insister à cet égard sur les emplois offerts par l'Eglise. Certes, ils sont souvent cumulés avec d'autres métiers ; nous allons le voir plus loin, et nous le savons bien par les lois qui s'efforcent de réglementer le profit mercantile des clercs[16]. Il ne faut pas oublier toutefois que, outre les rentes immobilières, les clercs disposent dès le début du 4e siècle de ressources spécifiques[17], et la législation justinienne montre, au moins dans le cas particulier de la capitale, qu'ils avaient une tendance croissante à vivre en rentiers de leur église[18]. A Korykos, la série des services atteste d'autre part des emplois de type encore antique, comme celui du danseur. Dans tout cela, les emplois sans qualification, que cette épigraphie funéraire éclaire d'ailleurs mal, demeureraient les plus susceptibles d'absorber l'accroissement de l'offre de travail, que provoquerait par exemple un courant d'exode rural ; mais il n'en sortirait évidemment qu'un accroissement purement numérique, une multiplication d'emplois qui demeureraient chacun et tous au plus bas niveau de productivité et de gain.

Après les services, les biens. La prédominance des biens de consommation, la place privilégiée de la consommation alimentaire, sont des traits évidents, et caractéristiques d'une productivité faible[19]. La droguerie prend cependant place à côté de l'alimentation dans le même tableau, car toutes deux ont pour matière première les produits du sol et de la mer. Les deux premières catégories ne donnent certainement pas une image exacte de leur propre place sur le marché urbain, parce que leurs travailleurs, nous l'avons dit, n'habitent pas en ville, et par conséquent n'y meurent pas. Le petit nombre des pêcheurs et des revendeurs de produits de la campagne s'explique si l'on se rappelle que les paysans viennent chaque jour vendre en ville[20]. On distingue en revanche des campagnards les maraîchers, plus nombreux ici, qui sont des citadins, ou du moins des faubouriens, comme le montre la Novelle consacrée par Justinien aux maraîchers de Constantinople[21]. Les catégories suivantes sont plus purement urbaines : elles comprennent des revendeurs, cabaretiers, marchands d'huile et de vin, et des artisans qualifiés, vendeurs de leurs propres produits. Les revendeurs d'huile, et surtout de vin, peuvent être d'un niveau commercial plus élevé, par le rayon de leurs opérations et la valeur des produits.

Mais les cabaretiers, qui dispensent leurs clients des difficultés de la cuisson et leur assurent les satisfactions de la sociabilité, n'ont pas de qualification particulière. Pourtant, leur importance est attestée ici par leur nombre, par les sobriquets qu'ils transcrivent fréquemment sur leur pierre tombale, comme elle l'est ailleurs par les attaques nombreuses de Libanios et de Jean Chrysostome[22]. En somme, nous proposerions de reconnaître, parmi ces 97 mentions,

16. *CJ* I III 1, A. 343 et 2, A. 357.
17. *Cf.* chap. 6, p. 273-277.
18. *JNov* XIV (*N.* 3) A. 535, *cf.* les Novelles d'Héraclius en date de 612 et 619 (*JGR* I, coll. I, Nov. 22 et 23).
19. Comparer le schéma remarquablement esquissé par Rochefort, « Bas-fonds de Palerme ».
20. Lib., *Or.* XI 20, *cf. V. Nicol. Sion.* 52.
21. *JNov* LXXXIII (*N.* 64), A. 538.
22. *Cf.* Petit, *Libanius*, p. 222.

62 producteurs et vendeurs plus ou moins qualifiés – pêcheurs, maraîchers, vendeurs d'huile et de vin, confectionneurs d'aliments et de drogues – et 35 activités non qualifiées – revendeurs de fruits, légumes, viande, cabaretiers L'ensemble représente un quart de la production attestée, ce qui est énorme si l'on songe que la plupart de ces activités ne produisent que les biens d'une consommation immédiate et souvent pauvre, et ne peuvent à leur tour engendrer le développement d'autres activités ; tout au plus peuvent-elles s'accroître elles-mêmes si le nombre de consommateurs capables de payer ces produits de valeur d'ailleurs inégale vient à augmenter.

Les autres catégories d'artisans producteurs de biens de consommation sont en revanche domiciliés en ville, et les séries de mentions sont ainsi plus proches de leur importance réelle. L'artisanat textile occupe de loin la première place, et alimente à la fois le marché local et les échanges extérieurs à Korykos. Il atteste, dans les tissus comme dans les vêtements, une diversité de qualifications, à laquelle correspond l'échelle des valeurs des produits, et par conséquent la répartition sociale des acheteurs. Production qualifiée et luxueuse que celle des brodeurs, en nombre relativement élevé. Productions pauvres que le service de raccommodage, la revente de vêtements probablement usagés, la fabrication des tissus grossiers qui ne demandent pas une grande habileté technique : et en effet le tissu de poil de chèvre habille les moines, le tissu non foulé les pauvres des villes et les soldats[23]. La laine, et surtout le lin, que nous connaissons mieux, sont susceptibles de qualités diverses, qui n'apparaissent pas assez à travers l'uniformité des mentions de Korykos. Les tissus de lin pouvaient être de qualité modeste, puisque nous en verrons produire par l'artisanat érémitique[24], les vêtements aussi, puisqu'il s'en distribue à Antioche par les soins d'une confrérie charitable[25]. En revanche, on remarque cinq fabricants de lin fin. Une demande aussi diversifiée socialement suffirait à expliquer l'importance de la production linière à Korykos. Mais cette dernière est liée aussi à la position maritime de la ville, importatrice de lin d'Egypte. La preuve en est la réunion en un seul collège des activités de débarquement et de travail du lin[26]. On peut conclure que la ville tire du lin importé par elle une activité de transformation et de redistribution qui dépasse sa consommation intérieure. Un même accroissement de la demande extérieure ou locale aurait ici des conséquences différentes, selon les niveaux de qualification, et donc de valeur des produits.

Les autres productions artisanales devraient également être en partie vendues à des acheteurs extérieurs à la ville, bien qu'il existe, pour la poterie et la corderie, un artisanat érémitique, qui apporte d'ailleurs lui aussi ses produits sur un marché urbain, ou du moins villageois[27]. En revanche, les textes du moins ne révèlent guère l'existence d'une métallurgie rurale productrice d'outils. Dans de telles conditions, on constate pourtant que ces productions viennent loin

---

23. *Cf.* Robert, tableau 7c, notes g-h.
24. *Cf.* chap. 6, p. 317.
25. *Prat. Spir. Add. Vind.* 12.
26. N° 770.
27. *Cf.* p. 316 *sq.* et 171.

derrière celles qui ont été étudiées plus haut. Encore fournissent-elles en grande partie à la consommation personnelle ou ménagère, qui achète les lampes, la vaisselle, les clefs ; les mentions d'un produit d'exportation comme le verre sont comparativement minimes. Et la production de biens d'équipement, supports à leur tour d'autres activités, apparaît faible. Cependant, les mentions d'artisanat de l'argile ne laissent guère distinguer entre la poterie, consommée par les ménages, et les tuiles, équipement de la construction. Il en va de même pour l'artisanat du métal, représenté par des mentions générales, à quelques exceptions près : les couteaux peuvent être des outils, les aiguillons le sont à coup sûr, et c'est tout.

L'activité du bâtiment, dont nous aurons à dire l'importance primordiale, paraîtrait également faible ici, s'il fallait en juger par ces mentions qui couvrent seulement, répétons-le, les décès sur place. En fait, l'hagiographie et les inscriptions de bâtisseurs de la steppe syrienne montrent que la main-d'œuvre est là itinérante, et qu'au niveau le plus bas de la simple prestation d'énergie elle est temporaire et de provenance rurale[28]. Au contraire, les artisans qualifiés, menuisiers, charpentiers, sont mieux représentés. Bref, les données locales ne nous apprennent rien sur les possibilités de croissance offertes par la construction, et nous aurons à reprendre le problème ailleurs.

Il nous reste à examiner le secteur typiquement urbain des échanges et des moyens d'échange, d'une part l'activité portuaire qui est une donnée particulière à Korykos, d'autre part les métiers des poids et mesures, du crédit, de la monnaie, auxquels se joint le travail des métaux précieux dans la mesure où les ouvrages d'or sont des formes toujours réversibles de thésaurisation. Nous ignorons manifestement le nombre des travailleurs du port, puisque nous trouvons la mention d'un collège à côté des épitaphes individuelles. Nous y distinguons toutefois un artisanat avec des qualifications diverses, du raccommodeur de voiles au charpentier de marine, et une sous-mention des matelots qui tient sans doute à un recrutement extérieur, quoique régional. En revanche, par une coïncidence curieuse, le nombre des armateurs est celui même des entrepreneurs en bâtiment. Le secteur de la monnaie et des métaux précieux nous apparaît relativement important, et d'autant plus que les biens manipulés par lui ont la plus grande valeur absolue. Les orfèvres tournés vers la thésaurisation, les changeurs-prêteurs tournés vers les échanges sont en nombre équilibré. Et l'existence d'un collège des orfèvres atteste la solidarité rendue nécessaire par la valeur des produits.

Pour compléter ce tableau, il convient d'indiquer que le non-travail est représenté par des établissements qui accueillent les pauvres. Nous reviendrons sur leur place dans l'organisation économique. Mais nous devions souligner ici combien leur présence à Korykos est caractéristique. Dans cette ville active, où les conditions économiques sont manifestement favorables, nous comptons neuf titres. Pour trois d'entre eux, S. André[29], SS. Macedonios et Mamas[30],

---

28. *Cf.* chap. 6, p. 269-271.
29. Nᵒˢ 577b, 781.

30. Nᵒ 786.

S. Menodoros[31], aucune autre précision qu'une tombe collective. Deux titres figurent comme employeurs sur des épitaphes d'artisans, un parfumeur de S. Zacharie[32], un potier du S. Theoiatros (*sic*)[33]. Deux autres encore ont des employés dans la fonction administrative de *paramonarios*, S. Elias[34] et S. Charitine[35], ce dernier peut-être réduit, toutefois, à une association funéraire[36]. Enfin, le monastère de la Vierge[37] et l'hospice des pauvres de S. Conon[38] sont désignés en propres termes. Mais les autres aussi avaient vraisemblablement une certaine fonction d'accueil, commune à tous les établissements religieux de cette époque.

La répartition que nous venons d'étudier ne tenait pas compte, nous l'avions dit, du cumul individuel des métiers, autre trait caractéristique d'une économie citadine à faible possibilité de croissance. En réservant les cumuls avec des fonctions d'Eglise, qui constituent un cas particulier, nous distinguons d'abord la combinaison logique d'activités voisines ou complémentaires, notamment dans l'alimentation : des cabaretiers sont en même temps pêcheur[39], marchand d'huile[40], de pistaches[41], un confectionneur de pain de luxe fabrique aussi des sucreries[42], un armateur est marchand de vin[43]. Cette première série combine des productions de valeur comparable, et cela à différents niveaux : elle signifie simplement une activité accrue, et donc un profit plus grand. Mais une autre série atteste la combinaison d'activités réellement différentes, dont les produits peuvent être de valeur inégale, et la signification économique n'est plus la même. On y voit, à la vérité, le cumul des métiers de maraîcher et d'orfèvre[44], et même de boucher et de comptable[45], qui entrent encore dans la première définition. Mais les autres cumuls résultent manifestement de la discontinuité ou du faible rapport de l'une des occupations, ou même de toutes les deux : c'est pourquoi un même individu est à la fois ravaudeur et joueur de flûte[46], fossoyeur et cabaretier[47], ou fossoyeur et constructeur de barques[48], foulon et fabricant de papyrus[49], potier et bailleur de travail[50], potier et fabricant de tissu en poil de chèvre[51]. Les cumuls avec des fonctions d'Eglise sont en fait peu nombreux. Au sein du diaconat, on compte un artisan du métal[52] et un du lin[53], et un fabricant de breuvages[54] ; le conservateur de trésor[55], et sans doute le récitant[56], sont employés par l'Eglise. Dans le groupe des prêtres, seul le raccom-

---

31. N° 787.
32. N° 712 ; le titre est attesté en outre aux n°ˢ 460, 782.
33. N° 737, le Divin Médecin, surnom de saint (?) (Wilhelm). La lecture est incertaine.
34. N° 590.
35. N° 638.
36. *Φιλιακόν* cf. les deux tombes collectives aux n°ˢ 580a et 788.
37. N°ˢ 779, 780.
38. N°ˢ 783, 785.
39. N° 279, *cf.* p. 160, tableau 7b, note e.
40. N° 768.
41. N° 495.

42. N° 727.
43. N° 643.
44. N° 348b.
45. N° 280.
46. N° 554.
47. N° 677.
48. N° 667.
49. N° 361.
50. N°ˢ 627, 678.
51. N° 470.
52. N° 525.
53. N° 463.
54. N° 760.
55. N° 349.
56. N° 452.

modeur de voiles[57] se situe à un niveau modeste ; on classera ensuite un potier[58], et un vendeur de viande[59] ; l'orfèvre[60], le graveur sur gemmes[61] et le
changeur-prêteur[62] paraissent aisés. Un seul prêtre se signale comme employé
par l'Eglise, qui est le *paramonarios* de S. Charitine[63]. Il n'y a pas lieu de retenir
ici les mentions qui combinent la déclaration d'un métier et celle d'une condition que l'on pourrait croire monastique : il est impensable qu'un moine ait
une tombe individuelle dans un cimetière urbain ; le constructeur de bateaux
qui se déclare « solitaire » ($\mu o\nu\acute{\alpha}\zeta\omega\nu$), et partage sa tombe avec une femme qualifiée de sœur[64], atteste probablement un mariage spirituel.

La mobilité artisanale dans le milieu urbain de Korykos apparaît limitée par
les liens de famille. Les inscriptions tombales réunissent des hommes qui sont
à la fois parents et compagnons de travail. Certes, on rencontre des changements de métier, sinon véritablement de niveau : un maraîcher est fils de charpentier[65], un boulanger fils de maraîcher[66], un conseiller juridique fils de diacre[67], un médecin fils de boulanger[68]. Mais le métier demeure inchangé du père
au fils dans la plupart des cas attestés, qui se situent à des niveaux variés de
qualification des producteurs et de valeur des produits : pêcheur de pourpre[69],
artisan de la laine[70], du métal[71], menuisier[72], fabricant de tissu en poil de chèvre[73], potier[74]. Sauf exception, il n'est fait mention que d'un seul fils, sans que
nous sachions si c'est une habitude professionnelle ou funéraire. Une autre
série de tombes associe des frères, également par deux, dans un métier qui était
peut-être celui de leur père, nous n'en savons rien. Tous les niveaux sont attestés là aussi : pâtissiers[75], marchands de vin[76], fabricants de tissu non foulé[77],
de chaussures[78], potiers[79], peseurs-vérificateurs de monnaie[80]. Au contraire,
les quelques mentions associant sur la pierre tombale un beau-père et son gendre
montrent que non seulement les métiers ne coïncident pas, mais que l'écart des
qualifications est parfois sensible : un pêcheur à la seine marie sa fille à un
potier[81], un fabricant de chaussures à un maraîcher[82], ce qui paraît de niveau
comparable ; mais un brodeur est devenu le gendre d'un fossoyeur[83]. En vérité,
ces associations ne forment qu'une petite partie des inscriptions de Korykos.
Il ne manque pas de pierres où un père mentionne ses fils sans indication de
métier, peut-être parce qu'ils sont morts jeunes, et aussi d'associations entre

57. Nº 582.
58. Nº 643.
59. Nº 506.
60. Nº 336.
61. Nº 226.
62. Nº 676.
63. Nº 638.
64. Nº 535.
65. Nº 543.
66. Nº 321.
67. Nº 348c.
68. Nº 409.
69. Nº 601ₐ
70. Nº 392.

71. Nᵒˢ 317/318/319 : trois artisans métal-
lurgistes du même nom, Elpidios ; le
dernier semble se dire fils du précédent.
72. N° 731 (deux fils).
73. N° 470.
74. N° 726 (deux fils).
75. N° 598.
76. Nᵒˢ 652, 357.
77. N° 622.
78. N° 237 (tombe juive).
79. N° 702 (trois frères).
80. N° 377.
81. N° 411a.
82. N° 662.
83. N° 441a.

gens de métiers différents, dont les liens ne sont pas indiqués : nous ne savons pas si les inscriptions de ce type attestent la diversité des métiers dans la famille, pour les fils autres que celui qui aura été associé au père. Il semble toutefois que les parentés aussi étroites soient toujours indiquées. Quoi qu'il en soit, les associations entre père et fils, et entre frères, bien qu'elles soient peu nombreuses, autorisent à dire qu'une part au moins du recrutement artisanal était assuré de cette façon, et cela par suite d'un choix privé, et non d'une contrainte corporative, que nous verrions manifestée uniformément dans tous les cas. On est au contraire frappé, sur le site de Korykos, par le peu d'importance des associations professionnelles : plus exactement, elles ont pratiquement disparu ici de la documentation funéraire, peut-être remplacées dans cette fonction par les associations chrétiennes comme celle de S. Charitine[84], peut-être aussi délaissées pour des groupements libres et de petite taille, comme ces trois raccommodeurs de voiles qui partagent une même tombe sans indiquer un lien de parenté[85]. Les associations professionnelles se manifestent, nous le verrons, par leur solidarité fiscale et par leur action sur le prix du travail. Les documents de Korykos montrent du moins qu'elles n'exercent aucune influence sur le développement de l'emploi.

La proportion des différents métiers exercés à Korykos, ou du moins mentionnés sur les pierres tombales, illustre donc de mantière éclatante le diagnostic d'immobilité porté sur l'économie byzantine[86], puisqu'elle montre la prédominance absolue des services et des biens de consommation, à des niveaux de production d'ailleurs très diversement qualifiés. De ce côté, les chances de croissance globale, et en particulier d'emploi des pauvres, apparaissent faibles : ces derniers ne peuvent que multiplier les emplois de l'énergie primaire, ou les offres les plus humbles de productions occasionnelles. Nous pourrions compléter la série de Korykos par les séries beaucoup plus courtes relevées sur des sites voisins, Korasion et Séleucie du Kalykadnos, ou la commenter sur tel ou tel point par des inscriptions provinciales éparses. Cela n'est pas nécessaire ici, où nous ne faisons pas une histoire technique de l'artisanat byzantin. Nous pourrions ajouter de rares mentions de femmes, comme les deux fileuses de poil de chèvre décrites par Jean d'Ephèse[87]. Nous pourrions surtout montrer aisément que les activités des villes importantes, et de la capitale à plus forte raison, avaient sans doute une diversification plus poussée, un secteur qualifié plus grand, et même une répartition modifiée par la présence des ateliers d'Etat, des services de l'hippodrome ou du théâtre, par la concentration des grands marchands et des manieurs d'argent et de crédit dont ceux-ci avaient besoin pour leurs entreprises lointaines et souvent maritimes, par l'étendue enfin de la clientèle riche. Surtout, un recensement exact, s'il en existait, des activités des grandes villes aurait montré la part considérable, et constamment croissante, nous allons le voir, du travail sans qualification aucune, celui des pauvres valides. Travail occasionnel, non organisé, non reconnu, qui entre tout entier,

84. *Cf.* p. 70.
85. N° 633.
86. Lopez, « Dollar of the Middle Ages ».
87. Joh. Eph., *E. Sts* 12.

quel qu'en soit le détail, dans deux catégories. L'une est la simple production d'énergie motrice. Une Novelle de 539[88] prescrit ainsi d'employer les pauvres valides dans la main-d'œuvre des travaux publics de Constantinople, construction et boulangerie, où le besoin s'en fait toujours sentir ; elle donne ainsi la formule générale de ce niveau d'emploi. L'autre catégorie du travail pauvre est l'*industria*, l'invention constamment renouvelée de petits gagne-pain quotidiens par manque d'une occupation véritable, par *disoccupazione*, pour emprunter les mots d'une société de type ancien qui pratique encore la chose, celle des bas-fonds de Palerme[89]. Jean Malalas a noté à Antioche des exemples d'*industria* avec un soin qui excitait l'indignation intellectuelle d'Ernest Stein[90] ; je trouve pour ma part caractéristiques la Cilicienne géante, à laquelle les boutiques d'Antioche remettaient chacune 1 follis pour prix de son exhibition[91], ou le chien savant qui restituait leurs anneaux aux assistants, identifiait les monnaies des empereurs, et désignait les femmes enceintes, les proxénètes, les adultères, les avares et les personnes généreuses[92]. A ce compte, la délinquance est vite atteinte, et la même Novelle de 539 le sait bien, qui souligne les dangers de l'afflux et du chômage des pauvres à Constantinople, car «l'oisiveté les pousse aux actes répréhensibles»[93].

En somme, si l'on considère les possibilités de croissance du secteur artisanal urbain, une distinction s'impose entre les activités hautement qualifiées, et celles qui le sont peu ou pas du tout. Pour ces dernières, la multiplication des producteurs aura été le cas échéant à la fois plus facile et moins profitable individuellement et globalement. Pour les autres au contraire, la même multiplication posait un problème d'apprentissage d'une part, d'accroissement de la demande solvable d'autre part. En effet, avant même que nous n'en fassions plus loin la démonstration, on se doute que les activités les mieux qualifiées étaient aussi les mieux rémunérées. Une tentative d'apprécier la croissance des villes au cours de la période que nous étudions devra donc considérer en fait deux secteurs de production. Mais nous en avons retenu, on s'en souvient, une autre variable encore, le profit lui-même. Ce sont ses possibilités de s'accumuler que nous allons analyser maintenant.

Les idées antiques sur le marché, le profit, l'accumulation, se sont élaborées dans une société où les rapports économiques entre les hommes n'ont été à aucun moment érigés en catégorie non pas même dominante, mais véritablement distincte, et elles demeuraient au seuil de la christianisation telles que les avait exprimées Aristote, telles que les fondait toujours, en fait, la faiblesse objective des capacités de production et d'échange[94]. L'homme doit se borner,

---

88. *JNov* XCIX (*N.* 80), 5.
89. Rochefort, «Bas-fonds de Palerme».
90. Stein, *Histoire du Bas-Empire*, t. II, p. 703.
91. Malal., 412.
92. Malal., 453.
93. *Cf.* note 88.

94. *Cf.* les thèses de Polanyi, *Primitive, archaic and modern economies*, notamment «Aristotle discovers the economy» (1957), *ibid.*, p. 78-115, et l'excellente présentation du débat en cours par Humphreys, «History, economics, and anthropology».

dans la possession des biens, au juste milieu qui est le nécessaire, se tenir sur la ligne de démarcation ténue qui sépare le trop du trop peu. La pensée chrétienne, et notamment monastique, ajoute simplement que le choix spontané du trop peu est un mérite ascétique. Ainsi s'exprime par exemple, dans le premier tiers du 7e siècle, la *Vie de Georges de Choziba* : « il y a trois degrés dans le désir d'avoir davantage : désirer plus que le nécessaire, c'est abuser ; désirer sa suffisance, c'est suivre la nature ; mais s'attacher au moins quand on peut avoir plus, et plus éclatant, voilà la vertu et l'humilité »[95]. Ainsi en juge déjà Basile de Césarée : « Qu'est-ce qu'abuser ? C'est ne pas s'en tenir à la suffisance. Qu'est-ce que spolier ? C'est arracher à chacun ce qu'il a »[96]. La multiplication des échanges, l'activité d'un marché urbain peuvent être interprétées tout au plus en termes de sociabilité accrue, comme le fait Libanios dans son *Eloge d'Antioche*[97] ; et il est d'ailleurs remarquable qu'il se borne lui aussi à vanter l'abondance et la diversité des produits offerts dans une perspective close de satisfaction des besoins de tous, parmi lesquels ceux des riches, et non dans une perspective ouverte de croissance du profit global. En fait, de tels points de vue correspondent parfaitement aux conditions objectives de l'accumulation antique : les contemporains, à la suite d'Aristote, opposent le vice à la vertu de la redistribution gracieuse, dans laquelle doit s'abolir un surplus voué à n'être que transitoire et accidentel[98].

Avant tout, le mécanisme du marché se trouvait trop rudimentaire, trop discontinu, trop soumis à des facteurs non économiques, pour fonder une catégorie sociale et culturelle stable. Les « récits utiles à l'âme » ont beau jeu de commenter les malheurs des artisans érémitiques dont la moindre maladie disperse le petit avoir[99]. A travers leurs attaques, nous reconstituons la pratique des marchés. Mettant en scène, il est vrai, des ascètes, ils proposent en exemple leur comportement à l'égard des acheteurs auxquels ils offrent leurs tissus, leurs pots, leurs cordes, et leurs paniers[100]. L'un refuse de vendre à un homme qui n'avait pas besoin de ce qu'il aurait acheté[101]. L'autre s'abstient de tout marchandage avec le chaland[102] ; d'autres encore s'astreignent pour la même raison à vendre en silence[103]. Les prix sont donc en fait la conclusion de débats individuels sur le marché, et tolèrent par conséquent une marge d'indétermination. La pratique de l'estimation est une sorte de marchandage unilatéral. Lorsqu'un personnage de Jean Moschos[104] porte la pierre précieuse trouvée dans le ventre d'un poisson à un joaillier qui en propose 5 miliarisia pour commencer, et 300 pour finir, il s'agit évidemment d'une fable. Mais voici, dans un autre récit[105], un livre dont la valeur est de 18 sous ; quelqu'un s'en empare, et le porte à un chaland qui n'en propose que 16. Voici enfin un exemple historique, rap-

95. *V. Georg. Chozib.* 45.
96. Bas. Caes., *PG* 31, 276 (*In Lucam XII 18*).
97. Lib., *Or.* XI, 251-259.
98. Arist., *Eth. Nicom.* IV, II-III, *cf.* p. 182 *sq.*
99. *Nau* 261, 493.

100. *Nau* 375.
101. *Apopht. Poimen* 10.
102. *Apopht. Pistamon.*
103. *Apopht. Agathon* 16.
104. Joh. Mosch., *Prat. Spir.* 185.
105. *Apopht. Gelasios* 1.

porté par Jean Malalas[106] : Marina, épouse de Valentinien Ier, avait acheté un domaine à vil prix, car « on lui avait fait l'estimation comme à une Augusta » ; l'empereur ordonna alors une estimation de bonne foi. Ces oscillations individuelles se placent à l'intérieur de mouvements généraux des prix sur le marché urbain, qui sont attestés par nos sources.

Nous laisserons pour l'instant de côté les prix des denrées alimentaires de première nécessité, dont les facteurs et la signification sont tout autres[107]. Seuls les prix des biens et services produits sur le marché urbain peuvent enseigner la réponse à la question que nous posons maintenant : la part du secteur artisanal dans le produit et dans l'accumulation, et, si possible, la part propre du secteur qualifié. En vérité, et malheureusement pour l'historien, les sources conservent surtout des exemples de mouvements à court terme. Non que de telles descriptions de mécanismes économiques ne lui soient précieuses, mais il lui sera beaucoup plus difficile, sinon impossible, de proposer un tracé d'évolution séculaire.

A court terme, le prix des produits sur le marché est fonction de leur coût, et celui-ci comprend d'abord le prix de la matière première, pour l'achat de laquelle l'artisan doit faire une avance d'autant plus fréquente que son industrie est plus modeste. Si un argentier peut avoir, sous le règne de Justinien, une réserve de 100 livres d'argent dans son atelier[108], deux fileuses de poil de chèvre reçoivent chaque jour leur provision[109]. Une augmentation trop sévère de la matière première met la production en difficulté, comme il advient lorsque la soierie byzantine, avant même les manœuvres monopolistiques de Pierre Barsymès, accuse le contrecoup d'une augmentation de la soie perse[110]. La hausse du prix du travail peut elle aussi être brutale, si le rapport entre l'offre et la demande se modifie brusquement, ce qui arrive par exemple à Constantinople en raison de l'épidémie de 542. Nos sources portent sur ce point des témoignages contradictoires, qui ne s'excluent d'ailleurs pas pour autant. Jean d'Ephèse, qui note les profits exceptionnels et scandaleux des porteurs de cadavres improvisés[111], souligne en outre une raréfaction des services ordinaires telle que, pour un vêtement lavé et rapporté à domicile, un foulon exigeait un sou d'or au lieu du follis, qui eût été son paiement normal[112]. Au contraire, Procope rapporte que la désorganisation de la vie dans la capitale suspendait l'emploi des travailleurs, et les privait par conséquent de moyens d'existence[113]. Quoi qu'il en soit, la Novelle de 544[114] constate que les services, comme les biens, ont augmenté du double et du triple à la suite du fléau. En d'autres cas, la rétribution augmente en raison de l'urgence : ainsi en est-il des salaires par lesquels Anastase attire sur les chantiers de Daras un nombre d'ouvriers aussi élevé que possible[115], ou des gratifications que Justinien ajoute aux salaires réguliers pendant la construc-

106. Malal., 341.
107. *Cf.* chap. 7, p. 401 *sq.*
108. Cyrill. Scythop., *V. Sabae*, p. 184-185.
109. Joh. Eph., *E. Sts* 12.
110. Proc., *HA* XXV 16.

111. Joh. Ephes., *HE Fgmt.* H, p. 238/28-31.
112. *Ibid.*, *Fgmt.* G, p. 235/9-11.
113. Proc., *Bell.* II XXIII 18-19.
114. *JNov* CXLVI (*N.* 122).
115. Zach. Mityl., VII 6.

tion de S. Sophie[116]. Une pareille suite d'exemples, pour longue qu'on la puisse faire, ne révèle pas, on le voit, une tendance séculaire, et il nous faut essayer de trouver d'autres indices de celle-ci. Nous les chercherons dans les mesures impériales de coercition du marché, dans la fiscalité artisanale, et dans le rôle des corporations sur le marché. Nous verrons ensuite si l'on peut ajouter à tout cela l'évolution du crédit.

La législation constantinienne en la matière repose sur deux principes, d'une part le paiement par les artisans, qualifiés ou non, d'un impôt direct spécial, le chrysargyre[117], d'autre part la délégation aux artisans ou marchands organisés en corporations de services publics exécutés à leurs frais[118] : dépenses également fiscales pour eux, mais directement employées à la destination voulue par l'Etat, sans même passer par les caisses de celui-ci. Ce principe demeure vivant dans la suite, comme le montre la série des dispositions qui délèguent à des membres des collèges professionnels de la capitale la charge des pompes funèbres, pour laquelle ils seront redevables à la Grande Eglise, tandis qu'ils sont en revanche exemptés d'impôt[119] : une décision de Constantin, qui n'a pas été conservée, est continuée par deux lois de Théodose et Honorius reprises au Code Justinien[120], par une loi d'Anastase[121], enfin par deux Novelles de 537[122]. Il ressort d'ailleurs de ces dernières que les grands interposent leur patronage entre les boutiques qui leur appartiennent et le fisc, d'où une extension abusive de l'immunité en question. D'autre part, selon le même principe, les immunités des clercs artisans sont justifiées dans la mesure où leur profit est employé à la charité[123]. En fait, elles ne leur étaient pas toujours acquises, si l'on en juge par les sollicitations de Basile de Césarée et de Grégoire de Nazianze[124], qui se placent il est vrai à l'époque valentinienne. Cela dit, nous avons trop peu de données pour apprécier la part de ces obligations fiscales et de leur antidote patronal dans le passif des artisans. Il ne faut pas considérer l'enrôlement corporatif comme la règle générale, en suivant l'exemple trop éloquent des corporations d'intérêt public, qui touchaient au ravitaillement de la capitale, au monopole impérial de la pourpre, à la monnaie, à l'armement, aux ateliers impériaux de filature et de tissage[125]. Rougé a marqué les limites probables de l'incorporation des métiers relatifs au ravitaillement de la capitale[126], qui n'a pas été étendue, en tout état de cause, aux villes provinciales[127]. Et en dehors de ce cas particulier le procès-verbal de 459[128], relatif aux travailleurs du bâti-

---

116. Anon. *Enarr. S. Sophiae* 9.
117. *Cf.* Karayannopulos *Finanzwesen*, p. 129-137 ; Chastagnol, « Zosime II 38 ».
118. Waltzing, *Corporations*, II, p. 259-348.
119. Rasi, « Donazione di Costantino ».
120. *CJ* I II 4, et *CJ* LXIII 5, en date de 409 l'une et l'autre.
121. *CJ* I II 18.
122. *JNov.* LX (*N.* 43) et LXXVI (*N.* 59).
123. *CTh* XVI II 10, etc., et la discussion dans Ferrari dalle Spade, « Immunità ecclesiastiche ». *Cf.* Gaudemet, *Eglise*

dans l'Empire, p. 288-314.
124. Bas. Caes., *Ep.* 104 ; Greg. Naz., *Ep.* 67.
125. *Cf.* note 118. Voir aussi Charbonnel, « Ateliers impériaux », et surtout Cracco Ruggini, *Associazioni professionali*, p. 146 *sq.*
126. Rougé, *Commerce maritime*, p. 477-483.
127. Visconti, « Collegium pistorum » ; Kurbatov, « O korporacij hlebopekov » [« Corporation des boulangers »].
128. *Cf.* p. 175 et note 135.

ment à Sardes, montre bien que l'appartenance à la corporation est facultative, précisément parce qu'elle associe privilèges et contraintes. Le chrysargyre, en revanche, a une histoire. Acquitté jusqu'à la fin du 5ᵉ siècle, il a été supprimé sans retour par Anastase en 498. Les témoins plus anciens, comme Libanios et Eunape, aussi bien que les contemporains de l'abolition peignent à l'envie des couleurs les plus sombres les malheurs infligés par cet impôt à l'artisanat urbani, et Zosime en particulier montre les villes peu à peu vidées de leurs richesses et de leurs habitants[129]. L'archéologie ne confirme guère cette page célèbre, on le verra. Peut-être Zosime a-t-il élevé à la hauteur d'une affirmation générale des constatations partielles, peut-être aussi a-t-il simplement exprimé à la fois une vision traditionnelle et donc limitative de la cité, et l'idée partout présente dans son œuvre qu'il vit une époque de déclin[130]. Cela dit, l'intention d'Anastase paraît bien avoir été de stimuler les échanges urbains au détail, que la monnaie de bronze plus lourde devait favoriser de son côté. Le choix ainsi fait s'explique dans l'ensemble du budget[131] : rentrées en or demandées aux campagnes et au commerce international, restriction au contraire des grandes dépenses traditionnelles, les guerres et les largesses urbaines, effectivement associée à sa réforme de la monnaie dans les brocards que lui lancent les factions[132]. La politique de Justinien traduira des choix exactement opposés, dépenses militaires et diplomatiques élevées, constructions considérables, dons et faveurs fiscales à l'Eglise, protection des intérêts de la grande propriété, sur lesquels ses successeurs ne pourront guère revenir. Le budget sera désormais à court d'or, et contraint à chercher constamment de nouvelles manières de s'en procurer. Pourtant le chrysargyre ne sera jamais rétabli, car Justinien retrouve d'une autre manière des rentrées équivalentes. Mais pour expliquer leurs moyens, il faut considérer maintenant les possibilités d'intervention autoritaire dans la fiaxtion des prix que nous avons vus plus haut s'établir de gré à gré dans le marchandage.

A dire la vérité, il ne semble pas qu'il y ait eu de règle en la matière jusqu'au 6ᵉ siècle. Car on n'en saurait tirer une des mesures isolées et circonstancielles que l'on cite toujours, comme celles que Julien prend à Antioche en 362[133], et qui portaient au surplus sur les denrées alimentaires, dont le marché doit être considéré à part. Il faudrait remonter à l'*Edit du Maximum* de 301[134], qui est une référence vraiment trop lointaine, pour trouver la décision impériale d'un tarif maximum des productions artisanales. Encore l'*Edit* se place-t-il dans un contexte de hausse des prix générale et déterminée par la détérioration monétaire. Au contraire, nous avons des témoignages d'interventions des corporations d'une part, du pouvoir impérial d'autre part, qui se manifestent après le milieu du 5ᵉ siècle, c'est-à-dire dans un contexte de stabilité monétaire

---

129. Proc. Gaz., *Paneg. Anast.* 13 ; *Ps. Jos. Styl. in Chron. ps. Dion.* A. 809 (p. 190) ; Evagr., *HE* III 39, etc. Textes antérieurs cités par Chastagnol, « Zosime II 38 », p. 46-49.
130. Goffart, « Zosimus ».
131. Stein, *Bas-Empire* II, p. 192-215.
132. Joh. Lyd., *Mag.* III 46.
133. Petit, *Libanius*, p. 109-118.
134. Stein, *Bas-Empire* I, p. 76. Voir *Diokletians Preisedikt*.

fondée sur l'or. Il convient donc d'en proposer une explication propre, et celle-ci met évidemment en cause toute la conjoncture de l'économie urbaine. Le premier des documents est une inscription de Sardes, en date du 26 avril 459[135], qui traite des ruptures de contrat imputables aux travailleurs du bâtiment de la ville : l'association professionnelle y apparaît clairement comme la protectrice des conventions individuelles de ses membres, mais aussi le répondant de chacun d'eux ; on peut lui prêter éventuellement une action sur les salaires eux-mêmes, s'il est permis de rapprocher ce texte de la Novelle de 538[136], dans laquelle Justinien décrit et condamne la pression exercée par l'association des maraîchers de Constantinople sur ceux qui confient la mise en valeur d'un terrain à un de ses membres. Peu de temps après 459, en 473[137], une loi impériale interdit la convention monopolistique d'un prix de vente des produits entre les membres d'une même profession artisanale ; l'insuccès de la mesure est démontré par sa répétition au Code Justinien[138]. Nous sommes alors proches de la Novelle sur les maraîchers qui vient d'être citée. La tendance à une fixation monopolistique des prix des biens et services par les producteurs de ceux-ci est donc antérieure, soulignons-le, à leur raréfaction brutale à la suite de la grande peste, cause de la hausse foudroyante qu'une Novelle de 544[139] s'efforce d'enrayer, et que les circonstances exceptionnelles dépouillent de toute signification autre que momentanée. L'explication doit remonter plus haut. Quelques-uns de ses éléments ont déjà été reconnus dans l'admirable livre de Mickwitz sur le rôle économique des corporations[140]. Il a mis en lumière à leur propos le tournant historique qui constitue en somme le sujet de notre propre étude, en montrant que les associations professionnelles justifiées à l'époque romaine, même tardive, par une finalité sociale, religieuse ou fiscale, s'affirment après le milieu du 5e siècle dans une fonction économique explicite et nouvelle, la fixation monopolistique des prix sur le marché. Il explique ce changement par la disparition de la main-d'œuvre servile dans l'artisanat. Nous ajouterions à cette raison structurelle une raison conjoncturelle, condamnée à demeurer hypothétique en l'absence de dépouillements complets, et d'indications quantitatives : ce serait l'inadéquation croissante de la production qualifiée, soit par diminution du nombre des producteurs, soit, malgré tout, par accroissement de la demande à tous les niveaux de la consommation urbaine. Mickwitz lui-même a bien remarqué que les mesures antimonopolistiques des empereurs sont inspirées par la nécessité de protéger celle-ci en raison de son importance politique. La tendance monopolistique des associations professionnelles après 450 serait en un mot une expression parmi d'autres de l'incapacité de croissance qui caractérise l'économie que nous étudions. Nous commenterions dans le même sens le changement de politique de Justinien après 545 : impuissant à enrayer la tendance, et acculé en outre pour sa part à une situation financière difficile

---

135. *IGC* 322. *Cf.* Buckler, «Labour disputes».
136. *JNov* LXXXIII (*N.* 64).
137. *CJ* IV LIX 1.
138. *CJ* IV LIX 2.

139. *JNov* CXLVI (*N.* 122).
140. Mickwitz, *Kartellfunktionen,* p. 166-182, et 196-204. Voir aussi Cracco Ruggini, *Associazioni professionali,* notamment p. 172 *sq.*

qui réclamait de grandes ressources en or, l'empereur s'est résolu à tirer lui-même un parti immédiat du monopole, au détriment de l'équilibre économique de Constantinople. Procope rapporte les procédés l'un et l'autre sommaires qui sont alors employés : d'une part, une démarche de type traditionnel a transformé en droit la pratique des associations, et celui-ci leur a été alors vendu[141] ; d'autre part, l'empereur s'est placé lui-même dans une situation monopolistique, que son autorité politique rendait toute-puissante, et il a porté préjudice à la consommation populaire du pain[142], comme à l'artisanat qualifié de la soie[143] ; ce dernier monopole, forcément compromis par l'introduction de vers à soie dans l'Empire en 553 ou 554, aurait pris fin par la suite, peut-être dès la fin du siècle[144]. Quoi qu'il en soit, de telles mesures portent elles aussi le témoignage d'une pression conjoncturelle confusément ressentie, et d'une incapacité à y répondre.

Il resterait à savoir quelle a été l'extension de cette conquête du monopole par les associations professionnelles : a-t-elle joué dans les provinces, et surtout a-t-elle été reconnue à tous les niveaux de production de biens et services pour le marché urbain ? A l'exception du procès-verbal de Sardes, les lois qui viennent d'être citées concernent la capitale : il est vrai que les lois de 473 et 484 conservées au Code Justinien[145] ont au contraire une portée générale. En revanche, l'éventail des productions qu'elles visent s'avère étroitement limité à des activités importantes comme celle des constructeurs, qualifiées comme celles des métiers visés dans la loi de 483 ou des artisans de la soie, ou particulières comme celle de la boulangerie, où la masse même de la demande suffisait du reste à assurer la rentabilité du monopole impérial. L'épigraphie provinciale ne permet pas d'apporter des précisions supplémentaires, mais moins encore de mettre en doute ce qui vient d'être dit : à Korykos, on s'en souvient, les deux seules associations correspondent à des métiers qualifiés, et en tout cas profitables[146] ; ailleurs nous n'avons trouvé que des mentions rares, et surtout succinctes : les acclamations du théâtre de Didyme en Carie, qui datent des 6e-7e siècles, mentionnent les mosaïstes[147], les lecteurs[148], les prêteurs sur gages[149], les boulangers milésiens[150]. Une tombe collective à Sardes est réservée aux commis des vendeurs de vêtements[151], une autre à Séleucie du Kalykadnos[152] aux fabricants d'étoffes non foulées de l'atelier impérial : il est difficile de dire, sinon par analogie, ce que pouvait être la compétence quotidienne de ces groupements. Quoi qu'il en soit, les mouvements perceptibles des prix des biens et services sont donc trop brutaux et saccadés pour ne pas être ressentis comme une extorsion. On ne pourra rien ajouter sur ce point à la condamnation des bénéfices marchands exprimée en 301 par la prologue à l'*Edit du Maximum*.

---

141. Proc., *HA* XX 5.
142. Proc., *HA* XXVI 20-22.
143. Proc., *HA* XXV 16, 26.
144. Lopez, «Silk Industry», p. 12-13, note 1, restitue à la fin du 6e siècle (entre Justinien et Héraclius) la Novelle περὶ μετάξης (*JNov* CLIV), datée par l'éditeur de 545.

145. *Cf.* notes 137 et 138.
146. *Cf.* p. 158 et notes 9 et 10.
147. *IGC* 226⁵.
148. *IGC* 226⁴.
149. *IGC* 226⁶.
150. *IGC* 226ᵇⁱˢ.
151. *SARDIS* 168.
152. *MAMA* III 27.

Il ne faut pas voir dans une pareille attitude la simple méconnaissance antique des lois de l'échange. Elle est aussi conscience historiquement exacte d'une réalité économique : l'échange sur le marché urbain est trop faible et trop intermittent, globalement, pour fournir le gros de l'accumulation collective.

Le rôle joué par le crédit en donne encore une preuve. Les formes diverses qu'il prend ne revêtent d'ailleurs pas la même signification économique et sociale. Le service de la banque de dépôt est un remède à la difficulté de manier ou de conserver chez soi de grandes sommes en or, comme le montre l'anecdote pieuse du dépositaire infidèle[153]. Les prêts à fonds perdus consentis par des cités sont en réalité des fondations de rente[154], de même que les prêts consentis par le fisc[155]. La seule opération qui semble à première vue utiliser le crédit comme un moyen d'accroître l'activité profitable est le prêt maritime[156], sur lequel insistent les contes hagiographiques[157], et qui fait en 540 l'objet d'une enquête impériale à la suite de laquelle Justinien confère force de loi aux modalités de la pratique[158], par une mesure qui est évidemment en rapport avec l'activité contemporaine du commerce à grand rayon, inscrit dans la rivalité internationale entre Byzance et la Perse[159]. Mais le prêt maritime est une exception qui confirme la règle, car les coups fructueux de la fortune de mer, parfois accumulés, toujours réversibles, demeurent des opérations riches. Pour le reste, le prêt des espèces est certes un corollaire de la pénurie de numéraire, mais celles-ci ne semblent pas sollicitées pour autant comme un instrument de croissance dont le débiteur paierait la location en versant les intérêts de la somme empruntée. Deux homélies du 4e siècle en apportent une démonstration éloquente, la 2e *Homélie sur le psaume XIV* de Basile de Césarée[160], et surtout l'*Homélie contre les usuriers* de Grégoire de Nysse[161]. Ce dernier voit dans le débiteur un pauvre, ou du moins un homme frappé par le malheur ; le prêteur le découvre dans les tribunaux, ou bien il suit jusqu'à lui les collecteurs de l'impôt. Lui-même en revanche grossit sa fortune sans exercer une activité véritable, «il ignore la peine du paysan, l'invention du marchand..., pour charrue il a sa plume, pour terre sa feuille, pour semence son encre, pour pluie le délai qui augmente en secret le fruit de l'argent, et sa faucille c'est la mise en demeure»[162]. Loin de contredire cette définition, l'orateur se borne à la transposer dans le domaine moral et spirituel, en présentant le don aux pauvres comme le plus fructueux des prêts, puisqu'il est appuyé par un garant divin. Jean Moschos traduit ce thème par le conte de l'homme que son épouse persuade de donner aux pauvres au lieu de prêter à intérêt, et qui est remboursé

153. *Nau* 48.
154. *JNov* VII (*N.* 160), A. 534.
155. Stein, *Bas-Empire* II, p. 195-196.
156. *Cf.* Rougé, *Commerce maritime*, p. 345-360 ; Lopez, « Role of trade ».
157. Joh. Mosch., *Prat. Spir.* 186, 189 ; Starr-Nelson, « Legend of the divine surety ».
158. *JNov* CXXIV (*N.* 106). Sur tout cela, voir Cassimatis, *Intérêts*.

159. Heyd, *Commerce du Levant*, I, p. 1-24 ; Vasiliev, *Justin the Ist*, p. 353-388 ; Pigulewskaja (*sic*), *Byzanz auf den Wegen nach Indien*.
160. Bas. Caes., *PG* 29, 264-280.
161. Greg. Nyss., *Contra usuarios*, (édit. par Gebhardt) in : *Sermones*, pars I, p. 193-207.
162. *Ibid.*, p. 197/16-18.

avec usure par la pierre précieuse trouvée dans le ventre d'un poisson[163]. Le discours de Basile de Césarée, plus rhétorique et moralisateur, confirme à sa façon l'absence de toute interprétation dynamique du prêt à intérêt. Son argument essentiel est en effet que l'argent ainsi obtenu procure aux débiteurs des possibilités de dépense passagères, fallacieuses, et bientôt lourdement payées. Mais Basile ne songe, semble-t-il, qu'à des dépenses de consommation, superflues dans le cas des riches, et accessibles aux pauvres par des moyens moins dangereux : «Comment vais-je subsister, dis-tu ? Tu as des bras, tu as un métier, gagne un salaire, remplis un emploi ; il y a bien des inventions, bien des ressources qui font vivre. Mais tu n'en es pas capable ? Demande à ceux qui possèdent»[164]. Conclusion remarquable. Le prêt à intérêt apparaît effectivement comme le remède illusoire des pauvres gens, et notamment des paysans. Les mesures restrictives prises en faveur de ces derniers par Justinien, dans la Novelle de 535[165] qui interdit la saisie des terres et des instruments de travail, visaient seulement à éviter un déséquilibre croissant et bientôt insupportable de la production, en particulier dans le secteur agricole. Le crédit, loin d'être un moyen de croissance de la production, devient souvent un moyen supplémentaire d'extorsion, quand l'usurier poursuit ses exigences au-delà de la somme doublée qui doit normalement éteindre la dette[166], ou réclame des créances déjà payées dont il a conservé abusivement les actes[167]. Comme il est logique dans cette société, l'oppression économique tend à prendre une forme politique, dans la mesure où les disponibilités monétaires, la puissance sociale, et parfois l'autorité sont réunies dans les mêmes mains. C'est une tendance que Justinien signale en s'efforçant de l'enrayer par sa loi de 528, qui limite le taux d'intérêt selon le créancier, et plus que tout autre celui des *illustres*[168]. Au contraire, le prêt sans intérêt, dont la signification économique est différente et le rôle purement conservateur, est présenté comme un devoir du chrétien[169] et une vertu des grands[170], tandis que la remise des créances est un bienfait du pouvoir impérial[171]. La condamnation du prêt à intérêt exprime en fait une perception peu claire, mais fondamentalement juste, des faiblesses structurelles de la production et des échanges, dont les raisons à la fois techniques et mentales sont bien antérieures à la christianisation[172]. Les véritables moyens de l'accumulation pendant toute notre période demeureront la rente foncière et l'extorsion patronale, qui échappent toutes deux aux mécanismes du marché, et qui apportent pourtant plus d'aisance financière que l'ignoble «amour de l'argent» (φιλαργυρία), toujours opposé à la «grandeur d'âme» (μεγαλοψυχία) des donateurs. L'axe de la propriété terrienne, du pouvoir politique, et de la

---

163. Joh. Mosch., *Prat. Spir.* 185.
164. *PG* 29, 276 B (*Hom. in Psalm. XIV*, II).
165. *JNov* XXIX (*N.* 32).
166. *JNov* II (*N.* 138), A. 533.
167. Joh. Eph., *E. Sts.* 1.
168. *CJ* IV XXXII 26. *Cf.* Cassimatis, *Intérêts*, p. 49-56.

169. Leont. Neap., *V. Joh. Eleem.* 35.
170. Proc., *Bell.* VII XL 9 (Germanicos).
171. Extinction des créances par Sophie, femme de Justin II, Theoph., A.M. 6060.
172. *Cf.* les commentaires parallèles de Ruggini, *Italia annonaria*, p. 190 *sq.*

redistribution gracieuse par le don demeure celui de toute la société, de tout le système économique.

En résumé, le profit des activités urbaines n'était pas capable de croître beaucoup. Il resterait à voir si, à valeur constante des produits, l'accroissement de la demande solvable a pu dans une certaine mesure compenser cette impuissance. Or, nous allons montrer maintenant que l'afflux dans les villes qui caractérise notre période a signifié l'accroissement d'une demande de solvabilité faible ou nulle, et l'accroissement d'une offre de travail de qualification tout aussi basse.

La période qui s'ouvre au 4e siècle est caractérisée par un phénomène qui, sans être inédit, exerce désormais une pression considérable sur les équilibres urbains de cette période, l'afflux de producteurs très peu ou pas du tout qualifiés au regard des activités urbaines, voire d'individus totalement incapables de produire par suite d'invalidités diverses[173]. La distinction des pauvres valides et invalides est constamment faite dans les textes, car ces deux catégories posent des problèmes de police et de subsistance différents. Les pauvres valides sont les individus en état de rupture sociale, qui ont déserté leur condition d'origine, et qui sont attirés dans les grandes villes par l'espoir d'un travail primaire, ou même d'une subsistance obtenue sans travail. Ils ont fui devant les difficultés occasionnelles ou structurelles de leur condition de curiales, d'artisans, de paysans, de moines, de soldats, d'esclaves. Déjà Libanios au 4e siècle déplore leur présence à Antioche : « Appelles-tu cité, s'écrie-t-il, ces gens qui n'ont pas de cité, pas de maison, pas de liens conjugaux, pas de moyen d'existence estimable, aucun moyen sinon d'être mauvais, et de faire le mal ?» Et il les oppose aux autres catégories de citadins, en particulier à « ceux qui vivent du travail de leurs mains »[174]. Un autre discours oppose de même un déchet de soldats et d'esclaves et «ceux qui ont femmes, enfants, maisons, métiers, et la subsistance que ces derniers procurent »[175]. Ailleurs, il est vrai, Libanios remarque la présence à Antioche d'un déchet d'artisans d'autres villes[176]. On ne saurait mieux dire que ces traits, utilisés il est vrai par le rhéteur pour séparer le bon grain de l'ivraie après les désordres qui ont troublé sa ville ; nous reviendrons à cet aspect politique du problème[177]. Après Antioche au 4e siècle, Constantinople au 6e. «On fuit les provinces, constate une Novelle de 535, et tous confluent ici avec des sanglots, prêtres et curiales, agents provinciaux et propriétaires, peuple des villes et paysans, tous affligés par les vols et les injustices des gouverneurs »[178]. Beaucoup de ces déplacements devenaient définitifs. Les Novelles justiniennes en donnent la meilleure description[179]. Parmi elles, la plus éloquente est la grande Novelle de 539, qui crée un magistrat spécialement chargé de contrôler, si faire se peut, l'afflux irrésistible dans la capitale, attendu que «les provinces se vident petit à petit de leurs habitants, tandis que cette grande ville est acca-

173. Patlagean, «Pauvreté à Byzance».
174. Lib., *Or.* XLI 11.
175. Lib., *Or.* XXVI 8.
176. Lib., *Or.* XLI 6.
177. *Cf.* p. 203 *sq.*

178. *JNov* XVI (*N.* 8), prol. (édition Zachariä t. I, p. 96).
179. *JNov* XVI, A. 535 ; *JNov* XCIX (*N.* 80), et *JNov* CIII (*N.* 86), A. 539.

blée par une foule d'hommes de toutes sortes, particulièrement des paysans, qui abandonne ses propres villes et la culture des champs»[180]. A Jérusalem, l'Eglise de la Résurrection reçoit en 536 l'autorisation d'aliéner certains immeubles en raison de ses charges d'assistance : elle doit en effet «accueillir ceux qui viennent affluer là de toute la terre, en une foule qui dépasse toute expression. . .»[181].

Il est évidemment impossible de mesurer jusqu'à la fin du 6e siècle les variations d'un phénomène déjà pleinement attesté au 4e. Les textes littéraires et surtout législatifs nous informent seulement, et c'est beaucoup, des motifs qui chassent vers les grandes villes les différentes catégories sociales. La législation de Justinien en particulier insiste sur une cause qui est commune à tous, le préjudice subi dans les litiges avec les puissants, au service desquels les gouverneurs complices mettent leur pouvoir juridique. Ensuite, les pauvres des villes ne paient pas d'impôt, en vertu d'une loi qui remonte à 313, et qui a été reprise dans le Code Justinien[182]. Le critère de pauvreté à la date de la loi a-t-il été la possession des 50 sous d'or classiquement requis pour certaines capacités juridiques comme le témoignage[183] ? Cela n'est pas précisé. Il y a eu par la suite des listes de pauvres liées à l'assistance chrétienne ; l'existence en est supposée par le passage bien connu où Jean Chrysostome dénombre les pauvres, les vierges et les veuves dont l'Eglise d'Antioche a la charge[184]. La nécessité de maintenir les hommes sur leurs registres fiscaux d'origine n'est pourtant pas invoquée parmi les motifs de répression de l'afflux urbain, mais elle est évidente. La responsabilité fiscale, dans toutes ces catégories, n'est pas individuelle, en effet : le départ des hommes provoque un déficit fiscal qui est préjudiciable à l'Etat, mais qui est ressenti par les curies, les domaines, les collèges d'artisans, les villages.

A ces causes générales s'ajoutent celles qui appauvrissent et déracinent plus spécialement telle ou telle catégorie sociale. Il est certes facile d'imaginer les mauvais traitements qui ont pu décider à la fuite des paysans[185] ou des esclaves[186]. Mais il se produit aussi des événements naturels, militaires ou politiques qui frappent toute une région, ou tout l'Empire, et au premier chef toutefois les campagnes, assise fondamentale de la production et de l'impôt. Leurs répercussions peuvent atteindre dans les villes les fortunes curiales les plus fragiles, comme l'a montré Petit pour les curiales d'Antioche au 4e siècle[187]. Il y a aussi de mauvaises conjonctures urbaines, hausses des matières premières, pression fiscale accrue, qui atteignent alors les producteurs des villes. Enfin, on ne négligera pas les déplacements des clercs et des moines, dont la persistance est attestée par les mesures répressives de l'Etat et de l'Eglise. Les clercs quit-

180. *JNov* XCIX, édition Zachariä, t. II, p. 12.
181. *JNov* LI (*N*. 40).
182. *CJ* XI XLIX 1.
183. *Dig.* XLVIII 2, 10 (Hermogenianus).
184. Joh. Chrysost., *PG* 58, 630 (*In Matth. 66 (67)3*, cité par Downey, «Population of Antioch».
185. *V. Theod. Syk.* 148, par exemple.
186. Bas. Caes., *PG* 31, 948 (*Regula fusius tract.* 11) ; «Chrysobulle de la Grande Eglise», édition Zachariä des Novelles de Justinien, p. XI-XII.
187. Petit, *Libanius*, p. 335-345.

tent leurs églises d'origine[188] ; ils sont attirés vers les grandes églises urbaines, dont ils accroissent à la longue les charges de façon intolérable[189]. Les moines, élément plus obscur, plus trouble, dissolvent parfois dans la foule urbaine leurs déracinements successifs[190].

Les grandes villes attirent aussi les pauvres invalides, incapables d'offrir sur le marché même la forme la plus élémentaire du travail. Nous avons décrit dans un précédent chapitre les formes de l'invalidité, maladie, vieillesse, infirmité, qui privent brutalement l'individu des moyens de gagner sa subsistance. Les homélies du 4e siècle, l'hagiographie de toute la période, attestent les situations dont la législation justinienne dressera en quelque sorte l'inventaire, en distinguant à la suite de la pratique les différentes œuvres d'assistance, hospices de pauvres, d'errants, de malades, de vieillards, d'enfants abandonnés.

Ainsi les accidents matériels et sociaux chassent-ils les hommes de ce temps sur les routes qui conduisent aux villes. La plupart des individus valides ne peuvent offrir sur le marché urbain où ils arrivent en déracinés qu'une énergie motrice sous sa forme la plus élémentaire, dont on a donné quelques exemples à propos de Korykos. La Novelle de 539, déjà citée à plusieurs reprises, indique que les hommes valides qui ne seraient pas refoulés de la capitale pourraient être employés de cette façon aux travaux d'intérêt public de la boulangerie ou de la construction[191]. D'autres possibilités moins innocentes s'offrent aussi, que la même Novelle souligne également[192], et dont Libanios présentait le modèle dans ses attaques contre les « quatre cents loups » du théâtre d'Antioche[193]: nous y reviendrons plus loin, à propos des émeutes urbaines. Cela dit, les raisons mentales s'ajoutent aux raisons matérielles dont elles sont la conséquence. Il n'y a pas seulement une instabilité logiquement associée à des conditions de vie précaires. On songera aussi, et peut-être surtout, que cette société, cette économie dépourvue de possibilités techniques de croissance, acceptent une équivalence entre le paiement de la rétribution pour un travail, et le paiement gracieux reçu sans travail aucun. En l'absence de l'un on recherche l'autre. C'est une vision des choses enracinée au plus profond de la cité antique, mais dont la christianisation opère la transformation et l'épanouissement. Et cette équivalence, qui constitue le trait original du système, explique une combinaison insolite et contradictoire à nos yeux entre la multiplication des échanges et la stabilité probable du produit global.

2. De la générosité antique à la charité chrétienne

Le don remplit une double fonction économique : il est créateur d'emplois, et en grande partie pour une main-d'œuvre peu spécialisée, donc pour les pauvres

---

188. *CJ* I III 22, A. 445, etc.
189. Lois de 535, 612 et 619, *cf.* note 18.
190. *C. Chalced.*, *passim*, cité par Dagron, « Les moines et la ville », p. 273. Thème hagiographique, par exemple Joh.

Mosch., *Prat. Spir.* 97.
191. *JNov* XCIX, 5 (p. 14).
192. *Ibid.*
193. Petit, *Libanius*, p. 222-223.

valides ; d'autre part, il permet à la demande pauvre une solvabilité qu'elle n'aurait pu acquérir elle-même. C'est ce dernier aspect qui nous retiendra d'abord ; car on y aperçoit ce qu'il entre de continuité et de changement dans le passage au christianisme d'une société antique, celle des anciens pays hellénistiques. Aussi rappellerons-nous d'abord les antécédents.

L'opposition entre le don et l'échange est en effet antérieure à la christianisation de la société romaine, et même à l'Empire, puisque sa formule demeure toujours celle de la magnificence aristotélicienne, définie dans une page capitale de l'*Ethique à Nicomaque*[194] où la richesse donatrice est située au centre de la cité et du système social. «Car un pauvre ne saurait être magnifique, notait le philosophe, puisqu'il n'a pas de quoi faire en grand les dépenses convenables». L'échange demeure en effet subordonné au don, et il n'est tolérable socialement que si la partie bénéficiaire de l'échange résout par le don le surplus qui s'est formé. Qui se refuse à pareille redistribution pèche soit par un excès ignoble de consommation, comme le mauvais patron de Juvénal ou le Trimalcion de Pétrone, soit par une accumulation sans perspective d'investissement, qui bloque la circulation normale des biens. La suprématie accordée au don est fondée en réalité sur une intuition des limites imposées à l'échange par la faiblesse du potentiel économique ; nous avons déjà cru la déceler dans la condamnation du prêt à intérêt. On connaît les pages brillantes où P. Veyne a montré l'irréalité du tableau que Rostovzev traçait du I^e siècle italien comme d'un âge capitaliste de l'Empire, c'est-à-dire une période de circulation généralisée, continue, et en principe croissante des produits d'échange[195]. En fait, les possibilités d'investissement du surplus et d'accroissement des profits accumulés étaient si minces que la redistribution gracieuse désignée sous le terme d'évergétisme se présentait comme une nécessité sociale et même économique, qui a été bien étudiée elle aussi, notamment par R. P. Duncan-Jones[196]. L'évergétisme de l'époque impériale élargit ainsi aux dimensions de l'Empire, et intègre même à l'idéologie impériale, une solution inventée dans les villes des provinces grecques, fondamentalement accordée à la cité, au sein de laquelle l'évergète reçoit les honneurs municipaux, préférant ainsi à l'accroissement illimité de sa capacité de production et d'échange, qui se fût avérée impossible ou du moins absurde, le prestige d'une transmutation politique de sa fortune.

Le cadre antique de la redistribution gracieuse est la cité, de sorte qu'en principe l'accès aux biens distribués ou à l'argent qui se substitue quelquefois à eux, est déterminé par le critère civil d'appartenance à cette dernière, non par le critère économique des capacités individuelles d'acquisition. Les biens et services distribués par l'évergète ne rétribuent en effet aucune activité productrice des bénéficiaires, sa générosité ne se pose pas en médiation économique entre leur indigence et la richesse du donateur, ils fondent un rapport politique : l'évergète est un citoyen éminent, devenu tel par la générosité avec laquelle il a favorisé, sous telle ou telle forme, la sociabilité des autres citoyens, de tous les

194. Arist., *Eth. Nicom.* IV II.
195. Veyne, « Vie de Trimalcion ».

196. Duncan-Jones, «Wealth and munificence».

citoyens, même si l'on peut relever des mesures de faveur pour les spectateurs modestes, ou des fournitures de denrées gratuites ou à bas prix dans les moments de cherté et de disette[197]. En dépit de telles exceptions, le cercle habituel des générosités évergétiques est défini par l'*apolausis*, la jouissance en réalité culturelle plus que sensuelle par laquelle les membres de la cité peuvent éprouver pleinement leur condition. Ces générosités défraient en effet avant tout les moyens traditionnels de la sociabilité, le bain public, donc l'adduction d'eau abondante, le spectacle, les basiliques et les portiques favorables aux rencontres et aux réunions[198]. La christianisation laissera longtemps intacts ces comportements plus anciens qu'elle-même, comme le montrent les épigrammes à la louange des gouverneurs de la période tardive[199], ou ces figures allégoriques des mosaïques composées au 5ᵉ siècle pour décorer la résidence d'un haut fonctionnaire dans un faubourg d'Antioche : l'*Apolausis*[200], jouissance d'une civilisation toujours vivace, la *Mégalopsychia*[201], magnificence du donateur selon Aristote.

Il ne faut pas confondre avec l'antique évergétisme hellénistique et sa continuation à l'époque impériale des faits qui sont en apparence semblables, qui ont des conséquences économiques en partie identiques, en partie très différentes, mais qui procèdent d'une origine historique tout autre. Il s'agit des dons faits au peuple de la capitale, qui trouveront leur réplique à Constantinople, et dont l'évolution anticipe la transformation du don évergétique à partir du 4ᵉ siècle. Spectacles, distributions des quatre denrées majeures que sont le blé, le vin, la viande et l'huile, largesses en numéraire sont les privilèges d'une cité qui déjà se défait, et plus tôt qu'en province, sous la poussée d'une foule provinciale disparate, paradoxalement titulaire du droit à une sorte de dividende de la conquête du monde. En conséquence, les distributions de blé et d'argent à la plèbe romaine cessent précocement d'être des adjuvants à la sociabilité, pour devenir la fourniture pure et simple de biens de consommation gratuits à une masse qui ne semblait plus avoir d'autre ressource[202]. On connaît les motifs de pratique politique qui ont incité les empereurs à rendre institutionnelles ces distributions, devenues la garantie de la paix civile. L'emploi régulier de ressources fiscales devait dès lors se substituer à la générosité privée. Et aussi, dès ce moment, s'amorçait la transformation radicale du don, non plus générosité d'un citoyen opulent adressée à ses pairs en droit, mais redistribution gracieuse du surplus lui-même, procurant la subsistance à ceux qui n'ont pas les moyens d'acquisition nécessaires.

D'autre part, après le 3ᵉ siècle, la cité gréco-romaine s'efforce, comme nous l'avons montré à propos de sa classification sociale, d'accommoder les idées du christianisme, qui lui sont foncièrement étrangères. Elle y parvient de façon

---

197. *Cf.* Robert, *Hellenica* VII, p. 74-80.
198. Voir Laum, *Stiftungen*.
199. Robert, *Epigrammes du Bas-Empire*.
200. Levi, *Antioch mosaic pavements*, p. 304 sq.

201. *Ibid.*, p. 326 *sq.*
202. Van Berchem, *Distributions de blé et d'argent.*

éclatante seulement parce qu'elle a déjà cessé d'être elle-même, et si l'on peut croire au 4ᵉ siècle à la vitalité neuve d'une cité devenue chrétienne, la suite de l'histoire dénonce cette illusion en éclairant, comme nous l'avons montré, la crudité croissante de rapports sociaux explicitement exprimés en termes d'opposition entre les riches et les pauvres. Le problème historique est alors de savoir si l'antique hiérarchie des valeurs, qui plaçait le don au-dessus de l'échange, subsiste au cours de cette évolution, comment s'y reflète la christianisation, comment enfin les formes antiques du don survivent ou se transforment dans cette société qui se christianise, et où le déclin de la classification sociale fondée sur la cité atteste un changement profond dans les rapports sociaux eux-mêmes. Pendant toute cette période, on voit survivre le don évergétique octroyé au sein de la cité, et se développer le don chrétien, tantôt comme une variante nouvelle de l'évergétisme antique, tantôt sous une forme apparemment originale, et en tout cas indépendante de la cité. Certes, la pensée chrétienne n'est pas homogène, surtout en son apogée du 4ᵉ siècle, et l'on y distingue d'emblée la pensée de l'évêque, nourri de culture classique, familier des laïcs, homme de la cité, et celle du moine, qui est ou veut être à l'opposé de tout cela. Ainsi faut-il être prudent dans l'examen des idées sociales des trois Cappadociens et de leur contemporain Jean Chrysostome, autrement dit de leur attitude à l'égard des pauvres. La résonance de leur pensée dans tout le Moyen Age grec, et même le renouveau d'intérêt qu'ils rencontrent de nos jours, risquent de provoquer deux erreurs de perspective. L'une serait de les placer au-dessus de leur époque, en étudiant leur œuvre comme un monument chrétien toujours actuel, indemne de toute marque temporelle ; erreur du moins dans une étude d'histoire sociale qui veut les citer en témoignage, point de vue sans doute légitime, au contraire, dans une méditation de théologie ou de morale chrétienne. L'autre erreur serait de voir ces Pères, dont il ne faut certes pas méconnaître l'influence, comme les maîtres à penser d'une époque qu'ils auraient dominée, d'établir un lien de cause à effet restreint entre leur prédication et la législation sur l'assistance, qui commence à prendre corps à la fin du 4ᵉ siècle, bien que certains éléments en soient apparus dès l'époque constantinienne. Il convient plutôt de les lire ici pour eux-mêmes, de souligner comment ils s'enracinent dans la culture de leur temps, ce qui, de par leur origine sociale et leur éducation, subsiste dans leur œuvre d'une vision antique et civile des rapports sociaux. La pensée monacale, irréductible à la cité, prend au contraire, peut-on dire, le pas à partir du 5ᵉ siècle dans l'élaboration du modèle économique chrétien. L'influence chrétienne des moines a été en fait plus longue, et plus profonde, que celle des évêques. S'il est vrai que la pensée patristique et la pensée monastique ont influé l'une sur l'autre, les moines n'en ont pas moins mis en circulation et en pratique des conceptions économiques neuves, mais dont la nouveauté consistait dans l'émergence de rapports extrêmement archaïques, comme la résolution de l'échange en don bilatéral. Cependant, sous cette diversité à laquelle s'arrêterait l'histoire culturelle et politique, l'histoire économique retrouve un seul et même système qui utilise le don comme soutien et relais de l'échange à deux moments distincts de la circulation des biens, lorsqu'il permet d'accroître ici le nombre des producteurs, et là celui des consommateurs.

Nous allons voir d'abord comment le don vient relayer l'échange dans le domaine de la consommation. Nous avons rappelé les formes traditionnelles de la distribution gracieuse avant le 4ᵉ siècle, auxquelles concourent l'évergétisme hellénistique, le privilège romain, la fiscalité impériale. Entre le 4ᵉ siècle et la fin du 6ᵉ, on verra s'accomplir l'évolution qui se dessinait déjà auparavant. Non seulement les prestations gracieuses octroyées dans les villes, notamment la Nouvelle Rome, s'adressent de plus en plus nettement à un *démos* sans ressources, que l'absence de fonction économique et sociale réduit à n'être que l'ombre et la caricature du *démos* traditionnel aux yeux de certains contemporains. Mais encore, même ainsi limitées dans les faits, ces prestations et leur cadre deviennent inadéquates à la fois au nombre et aux besoins. Alors se développe, triomphe et s'organise un mode entièrement nouveau de distribution gracieuse, le don charitable de la société chrétienne. En termes de consommation, le problème est en effet le suivant : le don à l'antique représente-t-il encore un mode de satisfaction suffisante des besoins, pour une partie suffisante de la population ? Trois facteurs doivent être considérés, dont les variations concomitantes expliquent pourquoi cette première forme de redistribution gracieuse a été, en fin de compte, dépassée : ce sont la dimension et la composition sociale du groupe des bénéficiaires, la personnalité et l'action des distributeurs, la définition des besoins eux-mêmes.

Du 4ᵉ au 6ᵉ siècle, la population des grandes villes se modifie, on l'a vu, en quantité et en qualité, celle de la capitale notamment[203] : l'accroissement total est notable, mais sa masse relève en réalité d'un seul et même niveau social, le plus bas, celui des gens qui se trouvent dépourvus de moyens suffisants et continus à la fois de se procurer leur propre subsistance. Les formes antiques du don ne résisteront pas, en dépit d'une fiscalisation désormais achevée, à l'introduction dans le corps civil de tant d'individus étrangers à son organisation.

Une notice des *Patria*[204] rapporte la création par Constantin de distributions quotidiennes de pains dans sa nouvelle capitale : les termes qui désignent le peuple (δῆμος), et la générosité elle-même (ἐφιλοτιμήσατο), expriment la continuation de la tradition antique. L'empereur y aurait ajouté la viande, le vin et l'huile du modèle romain. En fait, il faut distinguer, à l'origine, différentes catégories de pains[205] : les pains attribués aux fonctionnaires et aux soldats au titre de l'annone, qui ne nous intéressent pas ici ; puis les *panes aedium*, qui récompensent la construction d'une demeure dans la ville, et restent ensuite attachés à l'immeuble, et d'autre part les *panes civiles* ou *gradiles*, calqués sur les distributions frumentaires de la vieille Rome. La loi de 369[206], qui concerne il est

203. Jacoby, « Population de Constantinople » ; Teall, « Grain supply ».
204. *Patria CP* I 47 (p. 139). *Cf*. Malal., 322/17.
205. *CTh* XIV XVII, *De annonis civicis et pane gradili*, cf. Kübler, « *Res mobiles und immobiles* ».
206. *CTh* XIV XVII 5.

vrai cette dernière, atteste bien une évolution politique et sociale déjà ancienne : soulignant l'incompatibilité entre les *panes aedium* et les *panes gradiles*, elle précise que ceux-ci sont expressément destinés à l'assistance du «populaire qui n'a pas d'autre ressource». Les textes byzantins font état de pains dits *civiles* (ἄρτοι πολιτικοί) et attachés aux immeubles[207]. Quoi qu'il en soit, l'institution ne cesse de péricliter, comme le prouve la comparaison entre le titre du Code Théodosien et ce qui en reste dans le Code Justinien[208]. Pourtant, une Novelle de 539[209] confirme l'utilité sociale des distributions, en dénonçant les pratiques abusives par lesquelles les titulaires de pains s'en voient privés, alors qu'ils en tirent toute leur subsistance. Mais les empereurs renâclent devant cette charge lourde et pourtant inadéquate aux besoins. Justin II grève les pains d'une taxe annuelle de 4 sous pièce, que Tibère supprime à son avènement, en restituant les sommes déjà perçues[210]. Héraclius les supprime définitivement en août 618 après avoir exigé pour cette dernière année une indemnité de 3 sous pièce[211], que l'on comparera à la taxe citée plus haut, et au prix de 300 sous les cinq pains, attesté par Jean d'Ephèse[212]. Il est aisé de conjecturer que l'accroissement de la population urbaine et l'aggravation de sa mobilité, ainsi que le développement des distributions de type chrétien, ont finalement annihilé un système séculaire, auquel la perte de l'Egypte aura donné le coup de grâce[213]. Il a pu exister dans d'autres villes : reconnu en Egypte à Alexandrie[214], il est peut-être attesté en Orient par une inscription funéraire de Sardes, qui mentionnerait un boulanger de *panes civiles*[215].

Les grandes villes de l'Empire romain avaient connu une autre forme de distribution du blé ou du pain, qui participait elle aussi à la fois de la générosité évergétique privée[216], et de sa fiscalisation[217]. Le bienfait consistait à faire échec aux exigences normales ou exceptionnelles du marché, en mettant à la disposition des consommateurs une denrée qui leur est donnée gracieusement ou vendue à vil prix, et cela surtout en période de pénurie, lorsque les prix du marché subissent une poussée violente, et lorsque des achats doivent être effectués au loin. A l'époque chrétienne, cette mesure d'urgence demeure le fait des gouverneurs[218], de hauts fonctionnaires comme le personnage auquel Aphrodisias décerne le titre de «père de la cité»[219], de notables de l'Eglise aussi : Basile de Césarée par exemple[220], peu avant son élévation à l'épiscopat, nourrit les affamés des aliments qui suppléent au blé, lorsque la ville est frappée par la

207. *V. Olymp. diacon.* 7. *JNov* XV (*N.* 7), A. 535, les compte parmi les biens immeubles(édition Zachariä, t. I (p. 77).
208. *Cf.* note 205, et *CJ* XI XXIV.
209. *JNov* CX (*N.* 88).
210. Joh. Eph., *HE* III, III 14.
211. *ChronP.* A. 618.
212. Joh. Eph., *HE* III, II 41.
213. Teall, «Grain supply».
214. Martin, Van Berchem, «*Panis Aedium* d'Alexandrie».
215. *SARDIS* 166, 3e-4e s.: ἀρτοπώλου

πολειτικοῦ.
216. *Cf.* p. 183 et note 197.
217. Sous la forme de la σιτωνία, *cf.* Karayannopulos, *Finanzwesen*, p. 216-218.
218. *Ps. Jos. Styl. in Chron. ps. Dion.*, p. 197 (A. 812), cité par Schlumberger, «Monuments sphragistiques».
219. Robert, *Epigrammes du Bas-Empire*, p. 127-132.
220. Greg. Naz., *PG* 36, 544 (*Or.* XLIII, 35).

disette, probablement en 368. Les monastères assument un rôle analogue, nous le verrons, hors du cadre urbain traditionnel où nous nous tenons ici. L'empereur manifeste une fois de plus en pareille circonstance sa double personnalité de donateur généreux, et d'arbitre politique. Lorsque Julien rappelle ses achats de blé en faveur d'Antioche, lors de la pénurie de 362, il souligne qu'ils ont été financés par sa cassette privée[221]. En revanche, lorsque Théodose II prescrit en 409[222] au préfet de la ville de Constantinople la constitution d'une caisse de sécurité de 500 livres d'or, destinée à « empêcher la disette », il ordonne qu'elle soit alimentée en partie par un don obligatoire des sénateurs (« grata inlatione »), formule qui résume à merveille l'ambiguïté d'une responsabilité sociale des plus riches, jadis spontanée, et devenue depuis longtemps institutionnelle. Les décisions de Julien et de Théodose II associent en tout cas le don à l'échange, elles insèrent pour mieux dire le premier dans le circuit du second, d'abord lorsque le contingent de blé est acheté, ensuite lorsqu'il vient peser sur un marché urbain. La loi de Théodose II n'est pas conservée au Code Justinien. Sans tirer de cette suppression un parti exagéré, il faut la mettre en rapport avec le déclin du système antique de distribution qui disparaît en 618, et avec le développement de la charité chrétienne.

Ceci dit, l'intervention du pouvoir est constante dans les achats de blé destinés aux grandes villes, et surtout à la capitale[223], mais elle relève alors moins de l'évergétisme que de l'administration pure et simple, et de la prévoyance politique. La nature fiscale des transactions effectuées leur confère un rôle économique particulier. En effet, le surplus ainsi mis en circulation résulte d'un prélèvement important et autoritaire sur la masse produite, en faveur d'une consommation privilégiée pour des raisons politiques, et constamment croissante pour des raisons conjoncturelles. L'Etat empêche ainsi le fonctionnement général et continu d'un marché des grains, et diminue de proche en proche l'ensemble des échanges. Il ne faut pas oublier toutefois les intermittences et les sautes trop brusques qu'eussent imprimées à un tel marché les irrégularités excessives de la production[224]. Dans ce secteur comme dans les autres, celle-ci n'était pas capable d'assurer une circulation pérenne des biens qui se fondât uniquement sur l'échange. La spéculation par laquelle Justinien lui-même aurait pris sur le marché urbain une place que nul ne pouvait lui disputer, en tirant de substantiels bénéfices d'un pain adultéré[225], prouve mieux que tout autre exemple combien l'économie byzantine était faible de ce point de vue.

Le système classique du don civil et urbain faisait aussi une place à des distributions de numéraire, qui marquaient les moments privilégiés de la vie dans la cité, telle l'entrée en charge d'un nouveau consul. Elles continuent aussi à l'époque chrétienne, et elles deviennent aussi inadéquates. On peut en voir un témoignage sur la célèbre mosaïque du 5e siècle[226], qui ornait, dans le faubourg résidentiel de Yaktô, la maison d'un notable d'Antioche, probablement un

221. Jul., *Misop.* 369 B.
222. *CTh*. XIV XVI 1.
223. Teall, « Grain supply ».

224. *Cf.* chap. 3, p. 75 *sq.*
225. Proc., *HA* XXVI 20-21.
226. *Cf.* note 201.

haut fonctionnaire : la vertu de «grandeur d'âme» ($\mu\varepsilon\gamma\alpha\lambda o\psi\nu\chi\acute\iota\alpha$) y est représentée, au centre, par une figure qui tient une corne d'abondance d'où s'échappent des pièces d'or, tandis qu'autour d'elle sont disposés les motifs de la civilisation de la cité, chasses, et monuments de la ville. Le geste demeure aussi populaire politiquement qu'il est matériellement inadéquat aux besoins et au nombre des bénéficiaires. On en trouve la preuve dans les brocards lancés par les Verts à Anastase après sa réforme monétaire[227], dans les largesses triomphales de Bélisaire à son retour d'Italie[228], lorsque l'éclat de sa victoire porte ombrage au pouvoir impérial lui-même. Pourtant, il ne constitue nullement en effet un mode de répartition efficace d'un surplus : limitées aux villes, et surtout à la capitale, discontinues, les largesses en espèces n'assurent pas les moyens d'une consommation quotidienne, mais seulement le superflu d'un jour, immédiatement gaspillé, une ivresse querelleuse de la canaille, s'il faut en croire les attendus dédaigneux d'une Novelle de 537[229]. En revanche, elles nécessitent une ponction financière et monétaire de plus en plus lourde, qui est opérée en fin de compte au détriment financier et politique de l'Etat[230]. Pour toutes ces raisons, les empereurs s'efforcent d'imposer aux largesses consulaires, les plus fréquentes, des restrictions sévères. Marcien les avait supprimées en 452[231], et remplacées par une contribution évidemment moins profitable politiquement aux travaux d'adduction d'eau de la capitale. Justinien a d'abord repris cette mesure dans son Code, en date de 534, mais l'a ensuite partiellement rapportée : la Novelle déjà citée de 537 autorise des largesses en argent[232], mais réserve à la majesté impériale lorsqu'elle revêt la fonction consulaire la liberté des largesses en or. Justinien lui-même aurait jeté au peuple, pour son consulat de 521, la somme fabuleuse de 4 000 livres d'or en espèces[233]. Tibère se signale aussi par ses largesses[234]. L'importance relative du don varie d'un empereur à l'autre, et s'explique par les choix politiques du règne. Nul peut-être ne fit peser une pression fiscale plus lourde que Justinien, nul non plus ne donna davantage au peuple, compte tenu de ses dépenses internationales, auxquelles nous reviendrons dans un autre chapitre. Il ajoute en effet aux modalités traditionnelles du don civil l'organisation définitive du don chrétien, dont l'importance ne cessait de grandir depuis le début du 4ᵉ siècle et le règne de Constantin. C'est vers lui qu'il faut maintenant tourner notre attention.

Il se fait donc à l'époque chrétienne un changement massif en quantité et qualité des bénéficiaires virtuels du don, qui se dessinait d'ailleurs avant le début du 4ᵉ siècle. Le système classique du don entre citoyens, que l'Etat avait repris à son compte en le fiscalisant, cesse d'être adéquat dans la mesure où la cité ne peut plus être un cadre déterminant, à cause de l'immigration urbaine excessive, et de l'ampleur des mouvements humains et sociaux dans les campagnes. Les bénéficiaires éventuels ne se définissent plus par la qualité de citoyen,

227. Joh. Lyd., *Mag.* III 46.
228. Proc., *Bell.* IV IX.
229. *JNov* LXXXI (*N.* 105).
230. *Cf.* Proc., *HA* XXVI 13.

231. *CJ* XII III 2.
232. Maricq, «Noms de monnaies».
233. Marcell. Com., A. 521.
234. Joh. Eph., *HE* III, III XI.

mais seulement par l'indigence, et le secours est désormais sans rapport avec le cadre civil traditionnel. Les besoins des indigents, en effet, ne sont plus comptés sur l'échelle culturelle de l'ἀπόλαυσις, qui réunit les prestations de spectacles aux distributions alimentaires, mais sur une échelle concrète, où la nourriture, et avec elle l'habillement et l'hébergement des personnes valides et invalides apparaissent comme des besoins purement physiques, dépourvus de valeur culturelle, mais universellement communs à tous les individus. La redistribution gracieuse de biens de consommation aux indigents, ce don de qui dépasse le nécessaire à qui n'y atteint pas, se constitue alors en une relation sociale interindividuelle et illimitée, qui prend une importance majeure à partir du 4ᵉ siècle, dans le classement social couramment observé, comme dans le rapport entre le don et l'échange sur lequel repose la pratique économique. Elle engendre des modes originaux de redistribution que nous allons étudier maintenant, l'aumône interindividuelle, les prestations charitables de groupes laïcs, enfin le jeu complexe des charités monastiques, qui vont être à leur tour réglementées par une législation nouvelle. Il est impossible, en vérité, d'ordonner ces formes dans une succession historique, car elles existent toutes dès la fin du 4ᵉ siècle. Seules nous sont perceptibles leur élaboration institutionnelle et les variations de leur importance relative dans les faits au cours de notre période, et ces dernières ne sont pas déterminées par une conjoncture unique, mais par les conjonctures multiples qui se juxtaposent, des villes aux campagnes, à travers l'Empire.

Face à cette situation historique, la pensée civique traditionnelle, la pensée civique chrétienne, la pensée monastique s'accordaient à condamner l'accumulation du surplus, ou son investissement productif, et réservaient leur approbation à sa redistribution permanente et immédiate. Ce principe n'est mis en doute par personne. La pensée de tradition antique effleure le thème du «mauvais pauvre», on l'a vu, mais dans une perspective d'ordre civil : si son absence de fonction au sein de la cité, son manque de liens familiaux l'opposent au bon artisan, et en font un réprouvé, ce n'est pas qu'on le blâme de ne pas gagner sa subsistance, c'est qu'un tel isolement paraît le vouer à être un fauteur de troubles dans une cité à laquelle il demeure étranger[235]. Seul un effort exceptionnel, dicté par l'urgence de la polémique contre les chrétiens, détache l'empereur Julien des références culturelles qui lui sont coutumières, et lui inspire un programme d'assistance calqué sur la pratique chrétienne[236]. Du côté chrétien, le choix des laïcs entre le travail et l'aumône doit être dicté par leurs possibilités physiques, et l'on a vu que Basile de Césarée conseillait le recours à la charité à qui ne pouvait s'employer[237] ; dès le 4ᵉ siècle, le législateur ne raisonne pas autrement[238]. Le choix des clercs et des moines doit obéir au même principe, et la littérature hagiographique met en garde contre l'idée que le perfectionnement spirituel est distinct du travail, par les anecdotes sur les solitaires malades[239] ou

---

235. *Cf.* p. 179-181 et notes 174-176.
236. Jul., 429-431 (*A Arsacios*).
237. *Cf.* p. 178 et note 164.

238. *CJ* XI XXVI (*De mendicantibus validis*), un. A. 382.
239. *Nau* 260, 263.

la veuve[240] qui refusent les aumônes auxquelles ils seraient pourtant en droit de recourir. Cyrille de Scythopolis, hagiographe des grands monastères palestiniens, met dans la bouche d'Euthyme un parallèle sans ambage entre le laïc chargé de famille, qui acquitte encore le dû de l'Etat et de l'Eglise, et le moine qui ne saurait prétendre vivre sans travailler alors que ces charges ne pèsent pas sur lui[241]. Le travail fait même partie de l'ascèse, dans la mesure où il est peine : ainsi se justifie le solitaire qui travaille le jour de la fête d'un martyr[242]. Seule exception à cette doctrine, on l'a vu, les hérésies dites dualistes[243]. Peut-être y en a-t-il une trace dans l'histoire des deux clercs qui exerçaient le métier de cordonnier[244] : l'un, qui passait tout son temps à l'Eglise, nourrissait pourtant père, mère, femme, enfants, l'autre, bien que plus habile, tirait à peine d'un travail incessant de quoi subsister seul. Quoi qu'il en soit, l'unanimité est faite sur le principe de l'éminence du don, et l'innovation chrétienne consiste à le déterminer par les besoins individuels et matériels des pauvres. Dans la cité christianisée, la relation charitable doit s'affirmer à la fois contre l'évergétisme classique et contre la recherche mercantile du profit. Elle le fait en contredisant ou en détournant à son compte les termes qui les expriment, avec des efforts qui attestent la résistance du milieu. Les Pères du 4e siècle attaquent la richesse accumulée, mais ils transposent aussi le profit dans le monde spirituel de l'éternité chrétienne. Le thème de l'aumône comme investissement céleste est développé dans les homélies sur le bon usage de la richesse[245] ou sur le prêt à intérêt[246], tandis qu'un récit naïf de Jean Moschos l'illustre même au pied de la lettre, en montrant le don charitable rendu avec usure au donateur[247]. D'autre part, la survie du vocabulaire antique de la générosité dans un contexte chrétien où il se trouve asservi à des usages nouveaux atteste bien le glissement historique des concepts et des rapports sociaux. L. Robert a naguère attiré l'attention sur des développements de prédicateurs où la gloire civile de l'évergète est opposée à la louange céleste qui attend l'homme charitable, où, plus exactement, le don d'un spectacle, et les acclamations qui récompensent le donateur, sont transposés dans une vision angélique[248]. Les mots mêmes ont une singulière permanence : l'«amour de la gloire» ($\varphi\iota\lambda o\tau\iota\mu\acute{\iota}\alpha$) qui définissait le donateur antique s'exerce au profit des malheureux, les indigents, les pauvres, les étrangers[249], personnages nouveaux du classement social, bénéficiaires des formes nouvelles du don dans la cité devenue chrétienne.

Dans la perspective chrétienne, le remède à l'accumulation est donc la distribution charitable aux pauvres, épuisée d'un coup lorsqu'une Mélanie ou une Olympias dispersent leur fortune, renouvelée chaque jour lorsqu'elle résulte d'un surplus lui aussi quotidien. Dans sa forme la plus libre, elle est l'entre-

---

240. *Nau* 263.
241. Cyr. Scythop., *V. Euthym.* 9 (p. 17/21-27).
242. *Nau* 86.
243. *Cf.* chap. 4, p. 138-139.
244. *BHG 3* 1318d (*V. Joh. Eleem.* XLIV a).
245. *Cf.* notes 160-161.

246. Bas. Caes., *PG* 31, 265 (*In Luc XII 18, 3*).
247. Joh. Mosch., *Prat. Spir.* 185.
248. *Hellenica* XI-XII, 1960, p. 569-576.
249. Bas. Caes. cité note 246 ; Greg. Nyss., *Paup. Amand.* I, p. 7/9-10 ; Soz., *HE* IX III, etc.

prise d'un individu, qui achète au préalable ce qu'il va distribuer, et elle représente à cet égard une stimulation immédiate des échanges, dans la mesure où elle permet un accroissement de la demande. Le même commentaire demeure vrai des achats en gros, effectués à intervalles par les donateurs qui disposent de moyens d'achat accumulés. Ainsi, tel membre d'une confrérie charitable d'Antioche achète un contingent de vêtements de lin d'Egypte[250] ; tel pieux laïc parcourt nuitamment le «désert» autour de Jéricho, pour faire aumône à des solitaires qui s'abstiennent de pain, et dépose auprès de chaque logette une abondance de légumes, et un modius de dattes, dont l'achat préalable semble prouvé par ce compte en unités de mesure, et par le lieu de la scène[251]. De même, les repas offerts aux pauvres à la table ouverte de l'homme charitable ou de l'évêque représentent la dépense globale d'un capital ou d'un revenu annuel[252]. Cependant, l'aumône interindividuelle consiste le plus souvent en distribution de numéraire, dans la mesure où elle se situe dans la ville ou aux abords de celle-ci. Les aumônes faites aux pauvres dans les monastères, que nous verrons plus loin, ne font au contraire jamais usage d'argent.

Dans les agglomérations, l'aumône interindividuelle apparaît la plupart du temps comme un épisode fortuit et occasionnel pour les individus bénéficiaires, même si elle est au contraire pratique quotidienne pour le donateur, par exemple cet homme qui parcourt les rues pour ensevelir les pauvres défunts[253]. L'aumône ainsi entendue fait donc la part belle aux élans charitables des uns, aux rencontres des autres, et semble vouée de ce fait à un rôle d'appoint. A la limite cependant, certaines situations sont plus élaborées. Tout d'abord, une équivalence révélatrice se manifeste parfois entre le salaire et l'aumône, entre la distribution gracieuse et la rétribution, c'est-à-dire encore une fois entre le don et l'échange. Elle est illustrée par le thème hagiographique du mendiant auquel l'aumône fournit régulièrement sa subsistance de chaque jour, voire un surplus qui ne doit pas être accumulé mais redistribué à d'autres pauvres[254]. La loi justinienne qui condamne la mendicité des hommes valides à Constantinople[255] ne se propose pas de réprimer la pratique elle-même, mais seulement son usurpation par des gens qui sont physiquement aptes au travail, et qui, surtout, se sont ainsi dérobés dans bien des cas au droit d'autrui sur eux-mêmes comme colons ou comme esclaves.

Mais en fait la distribution d'aumônes qui fournissent à la consommation quotidienne tendra à s'organiser en formes fixes, stables, et bientôt réglementées, dont la signification économique deviendra ainsi d'autant plus grande, dépenses régulières, services d'associations charitables, et surtout d'établissements d'assistance. Dès le 4e siècle finissant, la *Vie de Porphyre de Gaza* offre l'exemple de versements quotidiens aux pauvres de la ville, fondés par l'évêque, et perpétués dans son testament[256]. Dans la législation justinienne, l'évêque est l'exé-

250. *Prat. Spir. Add. Vind.* 12.
251. *Prat. Spir. Add. Paris.* fol. 86[r-v] (*BHG 3,* 1450g).
252. *V. Theod. Syk.* 78.
253. *Prat. Spir. Add. Marc.* III.

254. Cod. Coisl. gr. 126, 312-313[v] (*BHG 3,* 2102) ; Jean Rufus, *Pléroph.* 88.
255. *CJ* XI XXVI ; *JNov.* XCIX (*N.* 80), A. 539.
256. Marc. Diac., *V. Porph. Gaz.* 94.

cuteur des legs en faveur des pauvres, qui peuvent être destinés à ce type de dépense[257]. Les aumônes impériales sont distribuées par un préposé : Jean d'Ephèse raconte avec malignité les malversations du diacre chalcédonien Théodule, qui remplissait cette fonction sous Justin II [258]. Il faut décrire ensuite une ébauche d'organisation, celle des *diaconies*, associations de laïcs à but charitable, et non seulement, comme l'a cru H. I. Marrou, services charitables des établissements monastiques[259]. Son erreur s'explique par le fait que, assez curieusement, ce type d'association paraît lié aux milieux monophysites, et se découvre donc seulement dans la littérature syriaque, ou du moins syrienne ; ces diaconies sont ainsi attestées en divers lieux dont la capitale, dont Marrou les croyait absentes. Plus exactement, des quatre textes qui expliquent assez bien leur fonctionnement, deux se rencontrent dans l'œuvre de Jean d'Ephèse[260], qui attribue explicitement sinon leur origine au moins leur multiplication à travers l'Empire à Paul d'Antioche, et les deux autres, écrits en grec, sont des récits édifiants qui se déroulent eux-mêmes à Antioche[261]. Jean d'Ephèse précise d'ailleurs que les diaconies de la capitale se recrutaient exclusivement parmi les monophysites[262]. Les associations secourables ($\varphi\iota\lambda o\pi ov\iota\alpha$) regroupent leurs adhérents selon le sexe, peut-être aussi le métier : l'argentier Andronikos retrouve ses confrères dans la sienne. L'adhésion de ces laïcs aisés implique d'abord un don d'argent : le même Andronikos verse ainsi un tiers de son revenu, les deux autres parts allant aux moines, et à la poursuite de ses propres affaires. C'est un argentier encore qui dirige l'une des deux principales diaconies de la capitale[263]. Et à Antioche la diaconie organisée par Paul met à contribution les grands personnages de la ville[264]. Une des activités de l'association consiste en effet en distributions aux nécessiteux, des vêtements dans le récit annexé au *Pré Spirituel*. Mais les membres donnent aussi leur service personnel. L'autre grande diaconie de Constantinople est dirigée, au moment où Jean d'Ephèse écrit son *Histoire Ecclésiastique*, par un clerc qui l'a installée dans une maison dont il est propriétaire, et qui exige des membres une discipline de communauté monastique. Mais les autres textes ne disent rien de tel. Les réunions sont nocturnes, peut-être parce que les membres observent la chasteté, même s'ils sont mariés, peut-être aussi en raison des occupations de la journée. Le service charitable en devient lui aussi nocturne. Les associés de Paul d'Antioche parcourent les rues la nuit pour ramasser les pauvres, les vieillards, les malades, et il suscite la même organisation à Constantinople et dans son faubourg au-delà de l'eau, à Chalcédoine, Nicomédie, Cyzique[265]. Le *protector* Isaac, après avoir quitté femme et enfants, entre dans la diaconie de ceux qui lavent les malades le soir[266]. Les diaconies de Constantinople assumaient elles

---

257. *Cf.* Patlagean, « Pauvreté à Byzance ».
258. Joh., *Eph. HE* III, II XXVIII.
259. Marrou, « Diaconies romaines ».
260. Joh. Eph., *HE* III, II XV-XVI ; Joh. Eph., *E. Sts* 45, 46.
261. *Prat. Spir. Add. Vind.* 12 ; *BHG 3,*

120-123i.
262. Joh. Eph., *HE* III, II XV.
263. *Ibid.*
264. Joh. Eph., *E. Sts.* 46.
265. *Ibid.*
266. Joh. Eph., *E. Sts.* 45.

aussi, selon Jean d'Ephèse, le soin de laver les malades qui gisaient dans les rues.

Les églises assurent systématiquement des services de cette nature. Par exemple, l'Eglise d'Ephèse, au début du règne de Justinien, supporte à ses frais la charge des pompes funèbres de la ville[267]. Mais le fisc reconnaît de son côté, peut-on dire, la transformation des bénéficiaires du don, et par conséquent de son contenu, en finançant par le moyen traditionnel des prestations imposées aux collèges des services nouveaux. Le plus important est ici aussi celui des pompes funèbres de la capitale, financé par des obligations imposées aux collèges professionnels au profit de la Grande Eglise dès le règne de Constantin, obligations étendues en même temps que les besoins croissaient, par Anastase, puis par Justinien[268]. Le financement public prolonge ainsi l'assistance privée en dérivant autoritairement et directement vers elle des sommes qui seraient dues au fisc. Mais l'intervention la plus frappante et la plus décisive du fisc et du pouvoir concerne le régime des établissements ecclésiastiques et monastiques d'assistance. En effet, si l'aumône urbaine subsiste à travers toute cette période comme une somme d'initiatives éparses, comme une forme de distribution spontanée de biens et services, l'essentiel des distributions gracieuses est assuré par eux, dans une forme aussi nouvelle que le principe même de justifications désormais économiques et non plus civiques du don.

La nomenclature de la législation justinienne indique suffisamment la variété de ces établissements, consacrés aux différentes infortunes, malades, errants, vieillards, jeunes enfants[269]. L'hôpital pour les malades, l'hospice pour les indigents semblent distincts, à travers les ambiguïtés du vocabulaire : c'est du moins la thèse d'A. Philipsborn[270], selon lequel le *xenon* serait un hôpital, le *xenodochion* un hospice d'étrangers, le *ptochion* un hospice de pauvres, le *ptochotrophion* une léproserie[271]. Bien qu'elle paraisse plausible, il est difficile de croire qu'une séparation aussi claire était toujours concevable ou simplement possible, et la confusion du vocabulaire devait suivre celle des situations, témoin cette loi latine de Justinien, en date de 531[272], qui désigne indifféremment un établissement pour malades comme *xenon* ou *xenodochum (sic)*. Il est cependant exact que la présence de médecins qualifiés déterminait la spécialisation hospitalière des établissements : telle serait, d'après son hagiographie, l'origine du grand hôpital S. Sampson de Constantinople, dont le saint fondateur aurait fait dans sa jeunesse des études médicales[273]. Et même un personnage de formation semble-t-il purement monastique, comme Théodore le Cœnobiarque, sépare les bâtiments dans son ensemble charitable près de la Mer Morte, afin, dit son biographe Théodore, « d'apporter au besoin de chaque arrivant le secours approprié »[274]. Il faut remarquer d'ailleurs que, si tant de textes de toute

267. Discours de l'évêque Hypatios, entre 531 et 537, *IGC* 108.
268. Textes et discussion dans Rasi, « Donazione di Constantino ».
269. Patlagean, « Pauvreté à Byzance ».
270. Philipsborn, « Krankenhauswesen ».
271. *Cf.* l'euphémisme πτωχός, selon le comm. d'A. Heck in: Greg. Nyss., *Paup. Amand.*, p. 117.
272. *CJ* I III 48, 3.
273. *V. Samps.* fol. 198ᵛ.
274. *V. Theod. Coenob.* a. Theod., p. 34.

sorte soulignent le lien entre maladie et pauvreté, l'assistance hospitalière aux malades est en principe indépendante des situations de fortune. La chronique de l'hôpital S. Artemios de Constantinople mentionne des hommes de conditions souvent modestes, mais en somme variées, et son auteur oppose à l'esprit de lucre des médecins profanes la gratuité de la cure miraculeuse, en fait la gratuité des soins[275]. Le même éloge se retrouve dans la *Vie de S. Sampson*[276]. Les trois œuvres que l'on vient de citer, et la *Vie de Dosithée* par Dorothée de Gaza, permettent d'apercevoir le fonctionnement des hôpitaux de cette époque. La *Vie de Théodore le Coenobiarque* décrit également l'assistance aux nécessiteux, qui se pressent autour de tables dressées chaque jour au nombre d'une centaine pendant la faim hivernale, avec une affluence accrue pour la fête des Rameaux et celle de la Vierge[277].

Les établissements charitables deviennent un élément caractéristique des villes. Parfois installés pour commencer dans une maison particulière, comme celui de Sampson[278], ils suscitent la plupart du temps la construction d'un bâtiment spécial : un hôpital important peut compter 100 ou 200 lits, comme celui qu'Anastase fait bâtir à Jérusalem[279]. Ils scandent alors l'accroissement de l'espace urbain, comme le montre la fouille récente des hôpitaux d'époque justinienne à Jérusalem[280]. Ils reçoivent ensuite des rentes exemptées d'impôts, 1 850 sous par an pour 100 lits dans la fondation d'Anastase citée ci-dessus, 4 000 sous par an pour le grand hôpital d'Antioche au 6ᵉ siècle[281], des traitements en nature pour une léproserie de Constantinople, établie par Justin II[282]. Des dépenses aussi importantes, en effet, sont souvent des générosités impériales : témoins les exemples qui viennent d'être cités, ou le *Livre des constructions* de Procope. Mais il y a aussi des générosités privées : à Soueida, c'est l'évêque Pierre qui construit le *xénon* de S. Théodore, tandis qu'une autre inscription dans le même édifice commémore l'offrande d'un haut personnage laïque[283]. Une inscription d'Aphrodisias de Carie commémore la construction à ses frais par un certain Philagrios d'un bâtiment qui abrite étrangers et gens du pays à la saison inclémente[284]. Le point important pour notre histoire n'est d'ailleurs pas là, mais dans la dispersion des établissement charitables et hospitaliers hors de l'espace urbain, et notamment le long des grandes voies de parcours qui drainent les hommes de cette époque, à Deir Sim'an[285] comme à Khirbet en-Nitla/Jéricho[286], ou à Nessana[287]. Les *Vies* palestiniennes, celle de Sabas comme celle de Théodore le Cœnobiarque, montrent que les monastères ont une fonction essentielle et originale d'intermédiaires entre les pauvres et les donateurs. En fait, si la fonction d'hospitalisation, ou du moins d'hébergement,

275. *Mir. Artem.* 36.
276. *V. Samps.* fol. 202ᵛ.
277. *V. Theod. Coenob.* a. Theod., p. 36-38.
278. *V. Sampson.* fol. 198ᵛ.
279. Cyrill. Scythop., *V. Sabae*, p. 177.
280. De Vaux, « Hôpitaux de Justinien ».
281. Malal. 452.
282. *Patria CP.* III 47 (p. 235).

283. *LW* 2327-2328.
284. *IGC* 246.
285. Tchalenko, *Villages antiques*, I, p. 205-222.
286. Kelso-Baramki, *Khirbet en-Nitla* (Eglise I, 4ᵉ-5ᵉ s., détruite au milieu du 6ᵉ s.).
287. *Excavations at Nessana* I.

est rarement seule à constituer l'activité des monastères hors les villes, elle se rencontre de façon plus ou moins développée à peu près dans tous. Les fouilles de Syrie du Nord ont montré que le programme des bâtiments conventuels est établi en conséquence[288]. Les descriptions hagiographiques des secours distribués en période de disette, en hiver, ou avant Pâques[289], éclairent des moments particuliers d'un accueil permanent. La distribution gracieuse n'a pas seulement abandonné les formes traditionnelles de la cité antique, elle en a désormais quitté le cadre.

Au point de vue juridique, les établissements d'assistance constituent des organismes permanents et complets de distribution gracieuse des biens et services définis par les besoins matériels des nécessiteux, indigents, errants, vieillards, malades, enfants, et non plus, répétons-le, par une référence culturelle et politique à la cité : le nombre des bénéficiaires possibles devient ainsi illimité. Alors se trouve posé un problème d'histoire du droit et de la société tout à la fois. Le Haut-Empire connaissait les fondations[290], et il ignorait en revanche la séparation hospitalière des membres souffrants ou impotents de la collectivité[291]. A l'époque chrétienne, l'innovation juridique est sortie de la conjoncture démographique et sociale, qui assemblait une masse flottante de pauvres, et de la transformation culturelle qui a fait d'eux les destinataires des fondations. Comme l'a bien montré R. Feenstra, leur présence permanente aux côtés des administrateurs de ces dernières imposait une définition nouvelle[292]. Celle-ci sera du reste élaborée progressivement[293]. En effet, la personnalité juridique des Eglises est officiellement fondée dans la législation chrétienne par la célèbre constitution de 321[294], qui les autorise à recevoir des legs. En revanche, la personnalité des monastères ne serait reconnue qu'au milieu du 5e siècle[295], et la faculté d'hériter n'est pas étendue aux établissements d'assistance avant le dernier tiers de celui-ci[296]. Une décision de 455, renouvelée en 531[297], interdisait d'attaquer pour incertitude les testaments libellés en faveur des pauvres. Mais la législation justinienne en affectera le montant à un établissement défini, qui sera l'hospice local[298]. Les pieux établissements jouiront naturellement des immunités qui soutenaient déjà la délégation de l'assistance aux églises consentie par le pouvoir impérial[299], tandis que leurs biens seront frappés de la même interdiction d'aliéner[300]. Il résulte de tout cela une position économiquement favorable à un certain accroissement du revenu et des biens, que l'on voit effectivement se produire. Se manifestera-t-il comme l'accroissement de cette distribution qui

288. Tchalenko, *Villages antiques* I, p. 163-165.
289. *V. Theod. Coenob.* a. Theod., p. 36 ; Callinic., *V. Hypat.*, p. 104/20 *sq.;* Joh. Mosch., *Prat. Spir.* 85.
290. Le Bras, «Fondations privées» ; De Visscher, «Fondations privées».
291. Philipsborn, «Premiers hôpitaux».
292. Feenstra, «Histoire des fondations».
293. Hagemann, «Rechtliche Stellung».
294. *CTh* XVI II 4 (*CJ* I II 1).
295. *Cf.* Dagron, «Les moines et la ville», et la bibliogr. p. 275, note 223.
296. *CJ* I III 32 et 34, A. 472.
297. *CJ* I III 24 et 48.
298. *CJ* I III 45, A. 530.
299. Sanction de Valentinien III et Marcien, *CJ* I II 12, A. 451.
300. Textes cités dans Patlagean, «Pauvreté à Byzance». *Cf.* Gaudemet, *Eglise dans l'Empire*, p. 288-314.

est leur fin première, ou comme l'accroissement de l'accumulation et des possibilités d'accumuler ? En d'autres termes, le financement privé demeurera-t-il réellement gracieux, un mécanisme de dispersion du surplus hérité de l'évergétisme antique, ou bien dissimulera-t-il, en partie au moins, un investissement rentable dans un secteur privilégié par l'adhésion des fidèles et les immunités ? Voilà le problème de fond. Il est séculaire, comme on le voit, et au surplus d'une importance et d'une obscurité particulières durant cette période créatrice d'une structure nouvelle, qui se perpétuera ensuite par la force acquise. Mais il n'est qu'une expression partielle d'un problème plus général : le don a-t-il été dans cette société, et pendant cette période, un stimulant de l'échange profitable ?

3. Le don comme stimulant de la production

Le don fournit donc à la demande non productrice les moyens d'une solvabilité qu'elle n'aurait pu se procurer par l'échange ; ce faisant il alimente le circuit des échanges, il contribue à accroître leur vélocité, et dans une certaine mesure leur volume, beaucoup moins leur valeur puisqu'il s'agit d'une demande pauvre. Il nous reste à voir comment le don stimule l'échange d'une autre manière encore, en se faisant créateur d'emplois, précisément remplis dans une très large mesure par les pauvres eux-mêmes.

Le don assure tout d'abord la création ininterrompue d'emplois temporaires de l'énergie motrice non qualifiée dans le domaine de la construction, secteur très important de l'activité antique, caractérisé par une demande d'énergie considérable, donc de travailleurs nombreux et non qualifiés, et par une production qui est à elle-même sa fin, et n'assure, une fois terminée et refermée sur elle-même, aucune perspective de développement ultérieur. Tel est du moins le principe des formes antiques de la construction monumentale, essentiellement urbaine, dont notre période atteste la survie et la christianisation. En revanche, elle voit naître aussi des formes neuves, monastères et hospices, dont l'originalité et l'importance tiennent à ce qu'ils abritent, une fois construits, des travailleurs permanents, dans une mesure qui dépasse de loin les services que les bâtiments de la cité antique ont pu nécessiter.

Les bâtiments caractéristiques de la civilisation urbaine antique, bains, portiques, adductions d'eau, ont continué à être construits, décorés, réparés, entretenus[301], parce que l'évergétisme antique manifeste sa continuité sous cette forme majeure du don monumental. L'*amour de bâtir* du φιλοκτίστης, l'*amour de la gloire* (φιλοτιμία), la *grandeur d'âme* (μεγαλοψυχία) tissent l'éloge de ceux qui fournissent aux dépenses des constructions. L'«amour de bâtir» inspirait l'inconnu qui a fait restaurer et décorer des bains à Gerasa, en 584[302],

---

301. *Cf.* les constructions d'Antioche au 4ᵉ siècle, Petit, *Libanius*, p. 314-320 ; Robert, *Epigrammes du Bas-Empire*, *passim.*

302. Kraeling, *Gerasa*, n° 297.

aussi bien que le sire Eulalios qui a dépensé de grosses sommes dans un village syrien en 402-403[303], ou le fonctionnaire qui a effectué à Ma'an, en 547-548, la reconstruction du fortin décidée par Justinien[304]. Il est qualité d'empereur, associé à la « grandeur d'âme » dans le portrait que trace de Valens la plume simple de Jean Malalas[305]. L'« amour de la gloire » est lui aussi vertu impériale sur un bâtiment de Justinien à Bostra, en 539[306], comme sur le mur de Scythopolis peu avant 529[307] ; mais il se fait mérite de particuliers, et non seulement de hauts fonctionnaires : le fortin d'el-Anderîn a été financé, en 558, par un certain Thomas, qui est déclaré sauveur de sa patrie sous l'égide du Sauveur divin[308], et qui est un notable local[309]. Le même vocabulaire est transposé dans le registre chrétien. La « grandeur d'âme » qualifie le bâtisseur d'église, dans l'éloge funèbre que fait de son père Grégoire de Nazianze[310], et dans la *Vie* exemplaire du prêtre Marcianos, économe de la Grande Eglise de Constantinople[311]. L'« amour de la gloire » a inspiré Justinien et Théodora au sanctuaire de S. Job à Bostra[312], l'économe de l'église de Kaoussié à Antioche[313], ou l'archimédecin du Sacré Palais Stéphanos, qui a fait bâtir une église à Be'er Sheba[314]. En effet, dans la cité devenue chrétienne, l'église a pris une fonction analogue à celle des autres bâtiments publics. Lieu de rencontre des fidèles entre eux et avec leurs pasteurs[315], avec le pouvoir impérial aussi[316], siège parfois de manifestations violentes, comme celles qui s'émeuvent à Constantinople autour de Jean Chrysostome[317] ou de Macedonios[318], l'église est à l'ordinaire un lieu de retrouvailles et de cérémonie, que les prédicateurs opposent constamment au théâtre de perdition, comme un théâtre spirituel, où les anges aussi sont présents[319]. L'extension aux églises de la munificence monumentale sur le modèle antique atteste donc la vitalité de cette dernière, qui se manifeste d'ailleurs pareillement dans les synagogues contemporaines[320].

Les exemples du langage antique cités ci-dessus ont montré que la tendance affirmée dans la cité chrétienne du 4e siècle est encore vivace au 6e. Mais à côté de cette permanence se dessine une évolution. Elle semble être parfois de christianiser les monuments traditionnels eux-mêmes. Un bain construit à el-Anderîn est rapproché du bain salutaire ouvert aux hommes par le Christ[321]. La forteresse de la même localité est placée sous l'invocation divine[322], comme le

303. *IGLS* 1649 (Mir'âyé).
304. *IGLS* 1809.
305. Malalas, 509.
306. *LW* 1916.
307. *Palest. Expl. Fund Quart. Subscr.* 3, 1931, p. 46-47.
308. *IGLS* 1682.
309. *IGLS* 1685, *cf.* 1726 (Tell Hazné).
310. Greg. Naz., *PG* 35, 1037 (*Or.* XVIII, 39).
311. *V. Marciani presb.* 8.
312. *LW* 1916a.
313. *IGLS* 776.
314. Alt, « Griech. Inschr. ... Palästina

Tertia», n° 7.
315. Soz., *HE* VIII 14 ; Socr., *HE* V 7, VI 14, etc.
316. Soz., *HE* III 21, VII 5, etc.
317. Socr., *HE* VI 15 ; Soz., *HE* VIII 18.
318. Marcel. Com., ad A. 511 ; Theod. Lect., II, 26; Zach. Mityl., VII 8.
319. Joh. Chrysost., *Huit cat. baptism.* III 8, VIII 1 ; Joh. Chrysost., *PG*, 48, 938 (*Adv. Jud.* VIII).
320. Lifshitz, *Donateurs et fondateurs* ; Robert, *Nlles inscr. de Sardes.*
321. *IGLS* 1685.
322. *IGLS* 1682.

bâtiment de Mir'âyé[323]. Mais surtout les entreprises purement chrétiennes vont prendre un grand développement, dans la mesure où les motivations des donateurs vont se modifier. Ceux-ci expriment encore souvent des idées antiques, le mérite acquis envers les concitoyens, et le souvenir de soi laissé à la postérité[324]. Mais ils manifestent aussi, et de plus en plus, des intentions tout autres, religieuses plus que civiques, qui se traduisent nécessairement par une préférence pour les constructions ecclésiastiques. L'expiation des fautes du donateur n'est pas le motif le plus fréquemment attesté. Elle figure cependant sur une construction laïque à Tell Hazné[325], et sur la dédicace du diacre Elias, qui a fait construire à Schaqqa (Maximianopolis) un martyrion de S. Théodore, et qui précise du reste qu'il a fait bâtir à l'intention de la collectivité[326]. Au contraire, de nombreux textes mentionnent, et parfois confondent dans une intention unique, la reconnaissance pour le salut du donateur et de ses proches. Ils comportent souvent à cet effet la prière que l'offrande soit agréée[327]. Parfois dédicaces de groupes anonymes, sans doute là où le bâtiment est œuvre de la collectivité[328], les inscriptions ont pour fonction normale de nommer les donateurs[329], quelquefois après décès[330]. Des formules variées viennent en préciser l'intention : «pour le salut de. . .»[331], «souviens-toi de. . .»[332], «garde. . .»[333]. Ailleurs, la supplication est implicite, comme dans la mosaïque de Gérasa qui commémore la construction d'un établissement charitable avec des versets empruntés aux Psaumes[334]. Les offrandes pour grâce reçue sont présentées avec la formule «après avoir prié pour. . .»[335], ou «avec reconnaissance»[336]. Ce sont là, dira-t-on, de vieux mécanismes, bien antérieurs à la christianisation de la société antique. Il est vrai. Mais il importe de souligner l'importance relative que prennent dans l'ensemble des constructions les offrandes monumentales chrétiennes, car on en verra dans un moment la conséquence économique.

Les sources littéraires confirment, et précisent même, le témoignage des inscriptions. Le récit de constructions impériales effectuées en reconnaissance d'une guérison miraculeuse se retrouve dans le catalogue des édifices de Justinien qui appartient à l'œuvre historiographique officielle de Procope[337]. L'ha-

---

323. *IGLS* 1649.
324. Inscriptions de bains: les thermes d'Aphrodisias de Carie (*IGC* 277, *cf.* Robert, *Hellenica* IV, p. 130); les bains de Serǧilla, en 473 (*IGLS* 1490, *cf.* Robert, *ibid.*, p. 81); les thermes de Tégée (Robert, *ibid.*, p. 67).
325. *IGLS* 1726.
326. *LW* 2159.
327. *LW* 2235 (el-Meschennef, A. 492) ; *LW* 2500 ; *IGLS* 494.
328. *LW* 2500 (Zorava), *IGLS* 1897 (Halbân), *IGLS* 494 (Dâna).
329. *LW* 2235 ; *LW* 2160 (Schaqqa) ; *LW* 2160a (*ibid.*) ; *LW* 2158 (*ibid.*) ; Kraeling *Gerasa* n° 304 (A. 526 ?) ; *IGC* 239

(Mylasa, 6ᵉ s.).
330. *Quart. Dept. Ant. Palest.* 2, 1932, 161/2, n° 98 (Jericho, A. 566).
331. Dédicace d'Alamoundaros à el-Burdj (*LW* 2562c) ; église monastique de Nessana (*Excavations at Nessana . . .* inscr. n° 94, A. 601).
332. *IGLS* 1897.
333. *IGC* 238 (Idymos de Carie, 6ᵉ-7ᵉ s.).
334. Kraeling, *Gerasa*, n° 331.
335. *IGLS* 252a, pour le donateur lui-même (pavement de mosaïque d'une église près d'el-Bîré) ; *LW* 2053b, pour un fils (Deir-el-Meyas).
336. *LW* 1917 (Bostra).
337. Proc., *Aed.* I VI 5, I VII 7-15.

giographie développe de son côté le thème de la construction imposée et inspirée d'en haut. Marthe, mère de Syméon Stylite le jeune, apparaît pour indiquer la forme du sanctuaire où doit reposer sa dépouille[338]. Lui-même, au début encore de sa gloire, a communiqué à ses moines le plan du monastère et de l'église qu'un ange était venu lui tracer[339]. Ces récits éclairent d'ailleurs une autre motivation encore du don monumental chrétien, le prestige du saint homme dont on attend des miracles, ou tout au moins un enseignement. La *Vie de Porphyre*, devenu évêque de Gaza dans les dernières années du 4e siècle, montre comment le saint recueille les offrandes de la cour impériale, de l'empereur, et surtout de l'impératrice Eudoxie, pour la construction de la grande église de Gaza qui devait marquer la victoire chrétienne sur le paganisme vivace d'une partie des habitants[340]. La *Vie de Daniel le Stylite*[341], celle de Syméon Stylite le jeune[342], tant d'autres, racontent la même histoire d'une dépense monumentale proportionnée à la vénération dont on entoure l'instigateur.

Qui sont les donateurs dans toutes ces entreprises ? Parfois encore des notables locaux, fidèles au programme monumental antique, et désireux de recueillir auprès de leurs concitoyens la gloire du bienfaiteur, manifestée par quelque titre comme celui de «père de la cité»[343]. Petit a cependant montré que les curiales d'Antioche au 4e siècle n'avaient guère de part dans les embellissements monumentaux de la ville, sinon à leur corps défendant, tandis que l'illustration en revenait aux empereurs et aux fonctionnaires impériaux[344]. Sur ce point comme sur d'autres, le langage apparemment intact de la cité antique ne doit pas faire illusion, et il recouvre des attitudes bien différentes. Le don monumental est devenu en réalité une contrainte, officielle et collective à la fois, qui pèse sur les gouverneurs comme sur les évêques. Encore désireux de prestige provincial, les gouverneurs cherchent néanmoins à jouer aux moindres frais le personnage devenu obligatoire du donateur. On le voit par la série des lois des 4e et 5e siècles, reprises dans le Code Justinien : il est interdit aux gouverneurs d'édifier un bâtiment des deniers publics sans y inscrire le nom de l'empereur[345], de commencer de nouveaux travaux – plus ostensiblement glorieux – sans achever ou restaurer les bâtiments antérieurs[346], de commencer à construire sans autorisation, ou en dépouillant pour cela des édifices existants de leur décoration et de leurs marbres[347]. Dès 321[348], il est interdit de déplacer des marbres et des colonnes d'une ville à l'autre, et l'interdiction est renouvelée pour les colonnes et les statues en 362-363[349]. Il est significatif que toutes ces mesures soient conservées par le Code Justinien, dans une période dont la moindre exploration archéologique révèle l'intense activité constructrice. De leur côté, les évêques renâclent aussi, comme en témoigne telle lettre où Théodo-

338. *V. Marthae* 46.
339. *V. Sym. Styl. jr.* 95.
340. Marc. Diac., *V. Porph. Gaz.* 53-54.
341. *V. Dan. Styl.* 57.
342. *V. Sym. Styl. jr.* 96.
343. Robert, *Epigrammes du Bas-Empire*, p. 127.

344. Petit, *Libanius*, p. 318-320.
345. *CJ* VIII XI 10, A. 394.
346. *CJ* VIII XI 22, A. 472.
347. *CJ* VIII XI 13, A. 398.
348. *CJ* VIII X 6.
349. *CJ* VIII X 7.

ret se plaint de dépenser pour les travaux d'utilité publique les revenus de son diocèse[350]. En outre, les inscriptions expriment en termes de générosité traditionnelle les mesures d'équipement et de défense défrayées par le budget impérial, remparts, fortins, routes : un exemple caractéristique en est donné par l'éloge de Justinien et de ceux qui ont assuré sur son ordre la construction du fortin de Ma'an[351], ou celle du château de Bostra[352].

Le don monumental chrétien tend à se différencier, on l'a vu, par ses motivations et par ses gestes, et il prend de ce fait une autre dimension sociale. Le motif de la grâce demandée ou reçue, celui des péchés expiés, dépassent les limites de la cité antique, et peuvent s'étendre à la société entière. Et voilà qui est capital pour le commentaire économique. La construction chrétienne n'intéresse plus seulement l'espace urbain et les activités de la ville. Nous la retrouverons au prochain chapitre comme un élément de l'économie des campagnes. Là où les monuments de la cité traditionnelle ne pouvaient être réunis, l'église, le monastère demeurent, lieux de socialisation désormais uniques en milieu villageois et rural, ou destination de pèlerins souvent riches. L'évêque apparaît naturellement comme un fondateur d'église[353], ainsi qu'il sied au personnage christianisé du notable local. L'éclatement chrétien du cadre urbain traditionnel élargit en outre de façon illimitée la catégorie des donateurs. Le don monumental devient désormais désirable, et accessible en même temps, à tous ceux que leur résidence et leurs moyens matériels auraient exclus des grandes générosités monumentales à l'antique. Des églises construites par des prêtres[354] et des diacres[355], qui apparaissent ainsi comme des notables, s'élèvent un peu partout. D'autres églises sont l'œuvre des bourgades[356], comme l'avaient déjà été les sanctuaires païens[357], de groupes de donateurs non définis[358]. Plus largement encore, dans les cités, les villages, ou les centres monastiques, le don peut se multiplier sous la forme d'offrandes partielles et fort inégales, contributions des individus et des collectivités aux ornements de mosaïque ou de pierre[359], ou bien vases de métal précieux[360]. Les agrandissements des monastères hors les villes sont parfois financés de la même façon par des offrandes isolées[361]. Le don monumental chrétien se manifeste par d'autres immeubles encore, les fondations charitables dans les villes ou sur les itinéraires importants, comme celui

350. Theod. Cyr., *Ep. Sirm.* 79, au patrice Anatole.
351. *IGLS* 1809, sur le linteau de la porte ouest.
352. *LW* 1916, A. 539.
353. Greg. Naz., *Or.* XVIII, cité note 310 ; *IGC* 239 et 239 bis (Mylasa), 6ᵉ s. ; *LW* 2158 (Schaqqa) ; Kraeling, *Gerasa*, nº 335, A. 611.
354. Oinoanda (Girdev Kölü), *cf.* J. L. Robert, *REG* 62, *Bull.* 412 ; Kuteibé, A. 575 (*LW* 2412) ; AA. 596-597, le même à Jéricho et à Jérusalem (*Quart. Dept. Ant. Palest.* 2, 1932, 161/2, nº 98).

355. *LW* 2159 et 2160 (Schaqqa).
356. Saller-Bagatti, *Nebo* 1 A et B (Kh. el-Mekhayyat) ; *LW* 2261, A. 566/574 (Sâba).
357. *LW* 2209 et 2546.
358. *IGLS* 494, 1897 ; *LW* 2500 ; *IGC* 39.
359. Cf. notes 325 *sq.*
360. Trésor de Stoûma, *IGLS* 698 (offrande d'un argentier, début du 7ᵉ s.) ; trésor de Hama, *IGLS* 2027-2043 (poinçons des 5ᵉ-7ᵉ siècles).
361. Tchalenko-Seyrig, *Villages antiques*, nº 35 (route entre deux monastères).

qui mène de Jérusalem au Sinaï. Parfois, le don consiste en bâtiments privés déjà existants, comme celui que le patrice Callinicos érige en monastère[362]. Mais la législation atteste la fréquence des constructions ordonnées par testament, dont elle cherche à garantir l'exécution contre l'infidélité des héritiers[363]. En somme, le don monumental chrétien apparaît comme une pratique non seulement vivante, mais socialement plus fertile et plus étendue que n'est à la même date le don monumental antique, puisqu'il n'est enfermé ni dans le cadre de la cité ni dans les grosses dépenses. Un cas particulier du don chrétien sera la construction d'un ensemble monastique rural : elle ne signifie pas seulement la dépense de bâtiments souvent vastes, habitat des moines et hospices, et celle des biens d'équipement, pressoirs, meules, bêtes de somme. Création d'un organisme producteur, elle suppose un don en terre et des facilités fiscales. Le don entraîne alors des conséquences économiques permanentes et non plus seulement immédiates, et cela justifie la distinction d'une nouvelle catégorie, que nous étudierons dans le prochain chapitre.

L'évergétisme monumental de la cité antique a donc survécu à la christianisation. Le don monumental demeure une forme privilégiée de remise en circulation des biens, par l'achat de matériau parfois précieux ou rare, comme ces trente-deux colonnes de marbre d'Eubée que l'impératrice Eudoxie destine à l'église de Gaza[364], par l'emploi de travailleurs qualifiés, comme les architectes[365] ou les mosaïstes, mais surtout par le recrutement de travailleurs nombreux. Ce type de don stimule en un mot un secteur de production et d'échange dont les vestiges archéologiques sur tout l'ancien territoire byzantin disent assez l'importance, et dont les relevés régionaux pourraient préciser le développement, certainement notoire de Zénon à Justin II. Peu importe à cet égard à la circulation générale des biens que la motivation chrétienne se soit en fait largement substituée à la motivation civique. L'évolution est même bienfaisante, dans la mesure où la pratique du don monumental s'en trouve, on l'a vu, élargie par des formes pour ainsi dire démultipliées. Peu importe encore, ici du moins, que le don privé soit en fait relayé à son tour, pour les opérations les plus importantes, par des paiements qui ne résultent pas de l'accumulation privée, mais des prélèvements autoritaires sur l'ensemble des biens, extorsions ou exigence légitime. La position de tels paiements dans le circuit des biens est en conséquence plus complexe que celle du paiement procuré par un surplus privé, et nous adopterons plus loin une perspective dans laquelle il sera important de préciser, autant que faire se pourra, la part des deux types de paiement dans l'origine des transferts gracieux. Pour l'instant, il suffit de noter que les empereurs proclament, en tout état de cause, leur fidélité à la pratique du don, et d'autre part que le financement impérial, pour considérable qu'il devienne sous les règnes d'Anastase et de Justinien, ne saurait être jugé susceptible, fût-ce en théorie, d'assurer seul une fonction de redistribution à laquelle est indispensable la souplesse efficace et pénétrante du don privé. La construction

---

362. Joh. Eph., *HE* III, II 41.

363. *CJ* I III 45, A. 530 ; *JNov.* CLI (*N.* 131), A. 545, 10.

364. Marc. Diac., *V. Porph. Gaz.* 84.

365. *Cf.* Downey, « Byzantine architects ».

réserve au don privé, relayé par l'Etat, un rôle incontestable et authentique dans la circulation des biens, que le don relance en suscitant demande et rétribution de services, temporaires mais multiples, discontinus mais fréquents.

Cette multiplication des emplois financés par une telle redistribution gracieuse des biens accumulés ou prélevés intéresse au premier chef les travailleurs des cités. Une inscription de Hama fait l'éloge du constructeur dont la générosité monumentale a ainsi procuré un gagne-pain aux «pauvres de la ville»[366]. Toutefois, les producteurs pourvus d'une qualification précise semblent une minorité dans le secteur de la construction, comme le prouvent en Syrie du Nord les déplacements d'une même équipe à travers toute une région[367]. En revanche, l'état des techniques et la difficulté des sites multiplient ici et là la demande de manœuvres pour extraire, transporter, placer les pierres. Or il se forme durant cette période, pour des raisons que l'on verra plus loin, une masse d'hommes valides, saisonnièrement ou durablement coupés de la terre, et néanmoins dépourvus de métier, et c'est à ce niveau d'énergie élémentaire qu'ils trouvent à s'employer. En conclusion de son enquête sur la Syrie du Nord, Tchalenko propose de voir dans les constructions importantes qu'il a publiées le résultat d'une activité complémentaire, intercalée pour les paysans comme pour les journaliers entre les périodes de pointe de l'oléiculture, elle-même cause première de la concentration humaine dans le massif montagneux en arrière d'Antioche[368]. L'explication n'est pas de portée générale, puisque lui-même met en lumière le cas du monastère de Qal'at Sim'ân, dont la construction sous le règne de Zénon a nécessité selon lui le concours de plusieurs milliers d'hommes, d'autant plus que l'on voulait aller vite[369]. Il y a donc eu place pour un recrutement exceptionnel et temporaire, une main-d'œuvre de passage, comme les Isauriens au Mont-Admirable, ou les ouvriers appelés de toute la région pour les travaux qui transforment Daras sous le règne d'Anastase[370]. Mais il y a aussi des entreprises de plus petite envergure, continuellement ouvertes aux emplois individuels : Jean Moschos conte l'histoire de l'ascète qui s'engage parmi les constructeurs d'une citerne au sud de Jérusalem le temps d'amasser 3 sous pour un exemplaire du Nouveau Testament[371]. L'évêque qui, par humilité, vient se perdre dans la foule des pauvres (πτωχοί) en quête de travail à Antioche, s'emploie aux chantiers de la ville[372]. Or, le point capital est que l'on paie cette main-d'œuvre au moins en partie en numéraire[373], en sorte que, même si le matériau est local, l'entreprise doit disposer d'une grosse somme initiale. C'est ici que le don intervient, et c'est ici que le don privé est relayé à son tour par la redistribution des ressources d'Etat.

Le don sucite la production sous une autre forme encore, en finançant l'établissement permanent d'un certain nombre de producteurs, qui accèdent ainsi à une rétribution également permanente. La fonction motrice du don constructeur est alors en quelque sorte redoublée. Il s'agit tout d'abord d'une produc-

366. *IGLS* 1999, 6ᵉ s.
367. Tchalenko, *Villages antiques* I, p. 51-52.
368. *Id.*, p. 420-421.
369. *Id.*, p. 229.
370. Zach. Mityl., VII, 6.
371. Joh. Mosch., *Prat. Spir.* 134.
372. *Ibid.*, 37.
373. *Cf.* chap. 7, p. 385 *sq.* et 400.

tion de services. L'évergétisme antique avait été déjà créateur de services, nécessaires aux bains et aux spectacles, qui se perpétuent en même temps que les uns et les autres pendant toute cette période, comme font les constructions elles-mêmes. L'initiative évergétique en ce domaine témoigne même d'une survie robuste, liée à un développement politique et culturel où l'assemblée des spectateurs est plus que jamais investie, on le verra, du pouvoir de manifestation de l'antique *démos*. Il n'est pas sûr cependant qu'il y ait eu en conséquence multiplication sensible des emplois, car ceux-ci comportaient un service qualifié[374], et une rétribution régulière[375]. Le fameux récit des années de jeunesse de Théodora donne d'ailleurs l'impression d'un milieu cimenté par des liens de famille[376]. En tout état de cause, le service des spectacles ou des courses, rétribué sur les fonds du fisc comme en témoigne l'inscription citée de Césarée de Palestine, organisé à Constantinople dans la dépendance des différentes factions, n'offrait certainement aucune ouverture à l'afflux des pauvres, dont le nombre était illimité, et la qualification nulle.

Le don chrétien s'avère lui aussi créateur de services, dont la plupart sont en revanche accessibles aux pauvres ainsi définis, dans les établissements charitables, et surtout dans les monastères des campagnes, forme nouvelle de collectivité productrice dont on ne saurait trop souligner l'importance. Mais là encore l'histoire de la société chrétienne déborde les cadres de la cité, et nous la poursuivrons en traitant plus loin de l'économie des campagnes.

4. ASPECTS POLITIQUES DE LA PAUVRETÉ URBAINE

Tels sont les différents aspects économiques de la présence des pauvres dans les villes byzantines entre le 4e et le 7e siècle : vendeurs de biens et de services irrégulièrement produits et faiblement rémunérés, ils font mauvaise figure dans le circuit de l'échange. Ils sont en revanche accrochés au don, que celui-ci les fournisse en biens de consommation gratuits, ou qu'il rétribue leur travail. Leur arrivée massive n'a donc pas provoqué une véritable croissance urbaine, au sens où nous l'entendrions aujourd'hui. Si les mouvements des biens se sont multipliés, ils sont demeurés à un niveau toujours bas : il n'y a pas eu accroissement, il y a eu étalement. Il reste à dire quel est le rôle et la place des pauvres dans une société dont les ressorts économiques se dénudent mieux à cette époque, et qui continue pourtant à se penser au premier chef politique, dans la ligne culturelle de l'Antiquité.

Il s'agit de voir si ce groupe, défini en dépit de différences internes par son niveau économique et par sa condition sociale, exprime des difficultés propres dans des circonstances et des formes spécifiques ; ou du moins si l'on distingue sa présence dans des manifestations dont le motif explicite et le recrutement n'offrent pas toujours à première vue une prise à l'analyse économique et sociale.

---

374. *Cf.* Maricq, « Tablettes de défixion ».
375. Lifshitz, « Inscription byzantine de Césarée » ; Petit, *Libanius*, p. 131-140.
376. Proc., *HA* IX 1-28.

En un mot, quelle est la part des pauvres dans les émeutes urbaines, quelle signification conjoncturelle peuvent prendre ces émeutes, voilà les deux questions que nous voudrions aborder maintenant. Quelques remarques préalables sont d'abord nécessaires.

Le problème devra en effet être envisagé lui aussi dans une opposition entre l'association organisée, et la foule inorganisée qui la déborde. De même que la production urbaine était structurée en associations, auxquelles s'opposait le travail pauvre dans son foisonnement minuscule, de même la vie politique de la cité impériale obéissait à des règles de fait bien établies, que l'afflux des pauvres dans les villes viendra bouleverser. Ces règles sont connues, rappelons-les d'un mot. La cité antique à ses origines se définit par un Conseil restreint, et une Assemblée plénière. Les vicissitudes des conseils de cité, les curies, leurs difficultés institutionnelles et financières au cours de l'Antiquité tardive ont été étudiées, notamment avec l'exemple d'Antioche au temps de Libanios[377]. Cette évolution n'intéresse d'ailleurs pas notre présent propos, non plus que celle du Sénat de Constantinople. L'assemblée populaire en revanche retiendra notre attention. A considérer les situations pratiques au-delà des institutions écrites ou des décisions législatives, on constate qu'elle se constitue au théâtre d'Antioche[378], et surtout à l'hippodrome[379], où se déploie même temps la symbolique de la majesté impériale[380], fût-il celui de Césarée de Palestine, où vient siéger en 529 l'usurpateur samaritain[381]. Elle y exerce un pouvoir consultatif, assez vigoureusement exprimé pour se faire souvent décisif. Les écrivains qui en rapportent des exemples appliquent alors au public le terme de *démos*, qui atteste la régularité du procédé, non sans déplorer en même temps que le pouvoir soit ainsi abandonné à une masse dont ils se sentent séparés par un fossé culturel, et dont les critères de choix sont différents. Le lecteur trouvera épars dans le livre de P. Petit assez d'exemples des manifestations du théâtre antiochéen au 4ᵉ siècle. Nous pouvons en ajouter pour l'hippodrome, qui montrent que la fonction du *démos* s'y exerce à toutes les époques en dehors même de la division en factions. Valentinien y rend une justice immédiatement exécutoire contre un fonctionnaire coupable d'avoir spolié une veuve[382] ; le sénat et le peuple expriment leur assentiment. Théodose II s'y met en prière avec le peuple entier pour demander la fin d'une tempête[383]. Anastase y aurait brûlé les dossiers de l'impôt lorsqu'il supprima le chrysargyre[384]. Justinien y reçoit en 556 un ambassadeur perse, et il s'irrite des plaintes contre la cherté proférées devant lui par le peuple[385].

Toutefois, une organisation ainsi politique au sens fondamental du terme semble trouver sa forme achevée dans l'opposition des factions du cirque, au nombre de quatre en principe, de deux en pratique. Quels qu'aient été leurs

377. Petit, *Libanius*.
378. Petit, *Libanius*, p. 225 *sq*.
379. Maricq, « Factions du cirque ».
380. Grabar, *Empereur dans l'art byzantin*, p. 62-74 et 144-147.
381. Malal., 445 ; Theoph., A.M. 6021.

382. Malal., 340.
383. Socr., *HE* VII, 18.
384. Georgius Cedrenus, édit. par Bekker, Bonn, 1838, t. I, p. 627.
385. Malal., 488 ; Theoph., A.M. 6048.

antécédents romains, les factions prennent à Constantinople et dans le monde byzantin une physionomie nouvelle, et une importance originale, qui s'affirme tout particulièrement entre le règne de Théodose II et celui d'Héraclius. Importance en vérité peu intelligible pour nous, et qui a fait en conséquence couler beaucoup d'encre, que celle de ces groupes organisés, mais souvent déchaînés de façon apparemment anarchique, et en même temps régulière. Leur affrontement n'est plus interprété en termes de compétition vulgairement sportive, comme l'avait proposé autrefois Rambaud (*De byzantino hippodromo et circensibus factionibus*, 1870). Mais il paraît toujours difficile de distinguer l'importance relative des différents éléments que les historiens se sont efforcés de reconnaître : le concours pour la victoire, en effet, chargé d'une symbolique désormais mieux connue, mais certainement aussi de passion immédiate ; la division de la cité en quartiers, et l'organisation des milices citadines ; et derrière tout cela les implications ethniques, religieuses, et surtout sociales du choix des couleurs. Le célèbre mémoire de Manojlović, écrit en 1904 et traduit en 1936 seulement, inaugurait l'interprétation politique des factions[386]. Contre la lecture trop simple de Rambaud, il soutenait que les factions avaient reçu d'abord la charge des frais de l'hippodrome, et peut-être des fortifications, et que cette responsabilité les constituait en associations, et leur avait alors conféré, dans un pays de vieille tradition politique grecque, un rôle politique étoffé par leur fonction de milices citadines, et leur répartition dans les quartiers de la ville. Manojlović posait alors hardiment le problème des choix sociaux et religieux des factions, et de leur composition sociale ; à lui remonte l'idée des Verts comme faction de travailleurs urbains, hétérodoxes à l'occasion, et des Bleus orthodoxes, protégés des empereurs du 6e siècle, faction des grands, des hauts fonctionnaires, et du haut clergé. Enfin, il notait que l'accalmie de l'agitation factionnelle après l'avènement d'Héraclius, si elle n'était pas une illusion entretenue par le silence des sources, attestait le terme d'une période de transformation des structures politiques sous la poussée de forces sociales neuves, dans la définition desquelles il n'entrait d'ailleurs pas, cas il ne posait aucunement le problème du 7e siècle, et ne cherchait pas à expliquer la stabilisation dont il faisait état.

Les conclusions de Manojlović sur la signification civile et politique des groupes définis par les couleurs de l'hippodrome ont été à la base de toutes les études postérieures[387]. A. Maricq leur ajoutait une précision décisive[388] en montrant combien il importait de distinguer les factions proprement dites, associations professionnelles du personnel des courses, et les groupes de partisans primitivement définis par le choix des couleurs, mais très vite investis d'une importance originale avec laquelle commence précisément le problème politique. Ce problème, pour être mieux posé, n'en demeure pas moins d'une étrangeté irréductible : pourquoi ce moyen d'expression des antagonismes, cette mise

---

386. Manojlović, «Peuple de Constantinople».
387. Voir un état de question dans Winkler, «Byzantinischen Demen».
388. Maricq, «Factions du cirque».

en ordre si fréquemment désordonnée ? Et quels antagonismes s'expriment par ce moyen ? La réponse à la première question ne pourrait venir que d'une large analyse structurale, qui utiliserait des sociétés comparables et plus ou moins contemporaines, celles du haut Moyen Age italien[389] ou musulman[390]. La seconde réponse paraît en fait subordonnée à la première. Mais on l'a aussi recherchée isolément, dans les situations sociales ou religieuses. L'accord des historiens s'est fait sur le principe d'une interprétation sociale déjà esquissée par Manojlović, et dont l'exposé le plus poussé a été présenté par A. P. Djakonov[391] : l'opposition des couleurs au cirque serait celle de deux groupes sociaux, l'aristocratie officielle et terrienne des Bleus, parti de l'empereur, et le milieu exclusivement urbain des Verts, commerçants et artisans. Djakonov avait d'ailleurs le mérite de souligner que chacun des partis pouvait admettre en son sein une échelle d'inégalités sociales. L'interprétation religieuse au premier chef trouve son expression la plus récente dans un gros volume de J. Jarry[392], où l'abondance des idées suggestives n'est malheureusement pas exempte de désordre et d'incertitudes. Consacré au rapport entre les factions et les hérésies, il aborde, sans toutefois le traiter de front, le problème social posé par les unes et par les autres. La faction Bleue grouperait les classes dirigeantes dans la mesure où elle se fonde sur une théologie optimiste et sur une adhésion au monde tel qui est. La faction Verte serait en effet celle des classes laborieuses et des «classes souffrantes», parce qu'elle réunit des choix religieux qui ont en commun d'admettre au contraire l'existence du mal, paganisme attardé et magicien, manichéisme, hérésies chrétiennes de type messalien : l'option religieuse est en tout cas primordiale à ses yeux, et c'est elle qui détermine la composition sociale. Quoi qu'il en soit, le problème des factions était immense et le demeure. Notre propos ne saurait être ici de nous y engager, et il se limitera au contraire strictement à ce qui nous intéresse, la place des pauvres dans la cité. Or, l'étude des factions a présenté l'inconvénient de fasciner les historiens, et de reléguer à l'arrière-plan les mouvements urbains dépourvus de cette forme spéciale. Autrement dit, on a parfois oublié que les mouvenents de ce type ne sont pas les seuls, mais simplement une série particulière au sein d'une série générale. C'est à cette dernière en son entier que doivent s'étendre nos questions : quelle place occupent les antagonismes sociaux dans les mouvements urbains si fréquents à cette époque ? et quel rôle y voit-on jouer aux pauvres et aux appauvris ?

On voudrait aller directement aux antagonismes divers qui motivent les

---

389. *Cf.* Guillou, *Régionalisme et indépendance*, p. 162-163, et mes remarques dans *Studi Medievali*, 1970.

390. *Cf.* Vryonis jr, «Byzantine circus factions», et les articles de Cl. Cahen cités par lui.

391. Djakonov, «Dimy i fakcii» [Dèmes et factions] ; contre sa définition du *dème* comme quartier, Maricq, «Factions et partis populaires», p. 407-409. Je regrette de n'avoir pu utiliser ici les travaux postérieurs de Cameron et Dagron (cités ci-dessous p. 456), l'un et l'autre très réticents à l'égard d'une interprétation immédiatement sociale.

392. Jarry, *Hérésies et factions*.

désordres dans les cités, et même chercher au plus profond les tensions économiques et sociales que ces antagonismes nous paraissent devoir signifier. Mais ce serait forcer les faits au lieu de les entendre. Il faut commencer au contraire par la typologie des manifestations elles-mêmes, parce qu'elle est commune à toutes, quel que soit le motif mis en avant, et précisément déterminée par les conditions de la sociabilité antique, telle qu'elle survit et dévie à Byzance en cette période de transition. On pourra classer les manifestations violentes selon leur motif, et constater aussitôt combien peu d'entre elles sont explicitement attribuées aux tensions que nous aurions pensé y découvrir d'emblée. Une première petite série ainsi écartée, on verra dans quelle mesure il serait légitime de retrouver les antagonismes économiques et sociaux à nous-mêmes intelligibles dans les manifestations placées en fait sous un signe religieux, ethnique, politique, personnel, comme dans celles qui relèvent du banditisme urbain. Enfin, on pourra alors s'interroger sur la présence des différents groupes sociaux au sein d'une masse définie de façon globale, par son rôle actif dans la manifestation.

Et d'abord, le cadre urbain lui-même. Si la ville est tout entière le lieu que la tradition gréco-romaine charge de valeur culturelle et politique, cela est particulièrement vrai des endroits où l'individu manifeste son adhésion aux usages et aux règles de la vie urbaine. Celle-ci se définit à la fois par des possibilités perpétuelles de rencontre, et par la jouissance collective des avantages liés à la vie citadine. Jouissance culturelle dans la classe dirigeante, plaisir immédiat pour un peuple de plus en plus nombreux et composite. Ainsi se crée le malentendu politique d'où sortiront les formes originales du désordre et de l'ordre qui s'affirmeront jusqu'à la coupure apportée par le 7e siècle. Il convient donc de souligner que le théâtre et l'hippodrome ne sont pas seuls investis d'une fonction de fait d'assemblée populaire. Cette dernière peut se constituer momentanément ailleurs encore. Les portiques où se coudoient les passants[393], où se font les illuminations et les réjouissances[394], abritent aussi des manifestations : ainsi, en 381, les Ariens de Constantinople, chassés de toutes les églises urbaines, s'y réunissent afin d'aller célébrer un office hors les murs[395]. Sur le même plan trivial et quotidien, il convient de rappeler l'importance des échoppes des cabaretiers, où l'effervescence populaire s'entretient, et monte le cas échéant. Nous connaissons ceux-ci surtout par les témoignages sur Antioche au 4e siècle. Libanios, qui les défend pourtant des exactions de l'impôt, atteste sévèrement leur rôle dans l'agitation urbaine[396], et de même Julien[397]. Jean Chrysostome souligne le caractère paganisant des beuveries qui se déroulent chez eux pour introduire la nouvelle année[398].

Le bain, dont le confort difficile et précieux fait l'ornement de la civilisation

393. Lib., *Or.* XI 254.
394. *Ps. Jos. Styl. in Chron. ps. Dion.*, p. 188 (A. 807) et 190 (A. 809).
395. Socr., *HE* VI, 8 ; Soz., *HE* VIII, 8.
396. Textes cités dans Petit, *Libanius*, p. 222,

note 8 ; voir en particulier *Or.* XLVI 10.
397. Jul., *Misop.* 350 ; Jul., 186 D (*Contre les Cyniques ignorants*).
398. Joh. Chrysost., *PG* 48, 954 (*In Kalendas*).

urbaine, est depuis toujours un puissant adjuvant de la sociabilité, dont l'attrait est parfois jugé dangereux. A la dénonciation traditionnelle des occasions d'immoralité qui s'y présentent, et qui sont mises au compte du diable[399], se joint désormais celle de la tentation païenne[400], et même juive[401]. Cependant, si les circonstances le demandent, le bain peut lui aussi devenir lieu d'assemblée. Lorsque Jean Chrysostome est expulsé en 404 de son église par le synode à la dévotion de l'impératrice, l'église toute entière, clergé, fidèles et rituel, se transporte dans le Bain dit de Constantin, en une démarche qui ne contredit nullement la censure habituelle de l'Eglise, car la fonction de lieu de réunion demeure seule[402]. Une proclamation affichée au bain atteint sûrement le public : le patriarche Macedonios, en 511, se déclare prêt à y placarder sa réponse aux accusations portées contre lui, comme au théâtre et aux trois prétoires[403]. Enfin, le bain est un cadre de manifestation. La population s'en abstient en signe de colère lors de l'exil de Jean Chrysostome en 404[404]. Libanios présente la fermeture des bains d'Antioche comme un signe de repentir devant la colère impériale[405], et elle est d'ailleurs effective après l'émeute de 387 qui s'y était en partie déroulée[406]. C'est au bain encore qu'un personnage en vue éprouve sa popularité, tels l'évêque Eunomios[407] ou le consulaire de Syrie Lucianos[408] : le premier s'enfuit devant l'hostilité qu'il sent, craignant de provoquer une émeute immédiate, le second ne fait qu'aggraver l'irritation populaire. C'est là aussi que l'on conspue Icarios[409]. L'hostilité des auteurs ecclésiastiques s'adresse sans doute autant à ces réunions laïques et civiles qu'aux tentations sensuelles et aux échos païens.

L'église doit en effet affirmer sa place dans la sociabilité de la cité antique. Elle s'y est intégrée au point de différer quelquefois assez peu des autres lieux de réunion, comme le montrent les plaintes des homélies sur la dissipation des fidèles aux abords et à l'intérieur de l'édifice[410]. Le public est assidu à s'y réunir, beaucoup moins à s'y borner à une activité spécifiquement spirituelle. La fonction des chapelles hérétiques dans la sociabilité urbaine est à cet égard entièrement semblable à celle de l'église officielle ; la qualité illicite de l'association ne change rien[411]. Les établissements urbains du culte chrétien, auxquels on se tiendra ici, abritent des comportements comparables dans une certaine mesure à ceux du théâtre, ce qui explique une part des attaques des prédicateurs contre ce dernier. Attaques ambiguës comme l'image même du théâtre dans la mentalité chrétienne du 4e siècle. Parfois l'orateur semble vouloir prouver à son auditoire qu'il n'y a pas de différence substantielle entre l'église et le théâtre. Et c'ess l'image du théâtre spirituel, témoin des efforts de l'orateur et des élans det

---

399. Joh. Mosch., *Prat. Spir.* 168.
400. *C. Laod* 30 ; *C. Trull.* 77.
401. *C. Trull.* 11.
402. Socr., *HE* VI, 18 ; Soz., *HE* VIII, 21.
403. Theod. Lect., *Fgmt. Rev. Arch.* p. 398.
404. Soz., *HE* VIII, 23.
405. Lib., *Or.* XVI 41.
406. Lib., *Or.* XXII 6-8.

407. Theod. Cyr., *HE* IV 13.
408. Lib., *Or.* LVI 17.
409. Lib., *Or.* XXVI 5-8 ; *Or.* XXIX 2.
410. Euseb. Alex., *Hom.* XVI (*Sur le jour du Seigneur*) 3 (*PG* 86, col. 417).
411. *CTh* XVI V (*De haereticis*), 26, 57, 66 (« inliciti »), etc.

fidèles[412], où les anges sont spectateurs[413]. Condamnation du théâtre au profit de la pompe chrétienne, le parallèle vise à montrer que l'église offre des jouissances analogues, dans un registre spirituel, et donc supérieur. Les textes qui développent ce thème sont un aveu des goûts dominants du public, et aussi de sa toute-puissance. Parfois au contraire, la comparaison avec le théâtre devient une injure, qui veut flétrir aux yeux du public un centre d'attraction concurrent, comme la synagogue, dont les fêtes exercent une séduction bien connue[414].

En un mot, l'église ressemble aux autres lieux de rencontre en ce qu'elle réunit la foule dans une tension émotionnelle quelquefois très grande. C'est alors qu'elle peut être l'enjeu ou le cadre d'une émeute. L'occupation d'une église est en effet d'une grande importance comme manifestation des droits d'un personnage ou d'une secte, et représente un coup de force ecclésiastique, comme le montrent l'épisode de l'évêque Agapet qui, bien qu'hérétique, persuade son troupeau de faire une profession de foi orthodoxe et s'assied sur le trône épiscopal[415], ou l'expulsion des partisans de Jean Chrysostome la nuit de Pâques, qui provoque une émeute aux abords du baptistère de l'église[416]. Le parti vaincu réagit en conséquence : vers 340, les Ariens occupent une église novatienne à Constantinople ; une foule de fidèles survient, qui se met à démonter et à déménager l'église sous leurs yeux pour la reconstruire au faubourg de Sykai[417]. L'anecdote illustre le point extrême de l'attachement qu'une communauté peut éprouver pour un bâtiment culturel, qui est à la fois objet de vénération et bien immeuble. La plupart du temps, vainqueurs et vaincus n'hésitent pas devant la destruction : en 428, le nouveau patriarche de Constantinople obtient de l'empereur celle des locaux hérétiques, et les Ariens devant son agression mettent eux-mêmes le feu à leur oratoire, ce qui provoque ensuite une émeute parce que l'incendie se propage[418]. L'église n'est donc pas une enceinte intangible, même pour ses fidèles, mais une sorte de champ clos. Les hauts et les bas des sectes se traduisent concrètement par le droit d'avoir une église en ville, ou au contraire la relégation dans un faubourg. En 380, l'empereur ordonne de mettre les Ariens hors des églises de Constantinople, après le refus de leur chef Démophile d'adhérer au symbole de Nicée. Ces expulsions ont lieu dans tout l'empire, et provoquent des émeutes[419]. On voit dès lors les Ariens d'Antioche cantonnés dans les faubourgs[420]. A Constantinople, lorsque Jean Chrysostome devient patriarche, il organise une manifestation des orthodoxes contre la procession par laquelle les Ariens marquaient chaque jour leur départ pour leur sanctuaire suburbain, et la rencontre entre les deux partis dégénère en une violente bagarre[421]. Le même souci de dignité de l'or-

---

412. Bas. Seleuc., *PG* 85, 101 (*Or.* VII, *In Abraham*) ; Joh. Chrysost., *Cat. bapt.* III 8, VIII 1 ; Joh. Chrysost., *PG* 50, 672/73 (*In Iulian.*).
413. Joh. Chrysost., *PG* 48, 938 (*Adv. Judaeos* VIII) ; Joh. Mosch., *Prat. Spir.* 66 et 152.
414. Joh. Chrysost., *Cat. bapt.* I 43, VI 1 ;

    PG 48, 843-942 (*Adv. Judaeos* I-VIII).
415. Socr., *HE* VII 3.
416. Soz., *HE* VIII 21.
417. Socr., *HE* II 38.
418. Socr., *HE* VII 29.
419. Socr., *HE* V 7, 10.
420. Socr., *HE* V 15.
421. Soz., *HE* VIII 8.

thodoxie conduit le patriarche à faire refuser une église urbaine aux Goths ariens de Gaïnas, à l'égard desquels d'ailleurs il y avait d'autres motifs d'hostilité que leur hérésie[422]. Enfin, lorsqu'en 426 le peuple de Constantinople réclame Sisinnios comme successeur d'Atticos, l'historien pour marquer l'éclat de ce suffrage populaire souligne que Sisinnios n'était que le desservant d'une église de faubourg[423].

L'église réunit les assemblées chrétiennes. C'est là que l'évêque, le pouvoir impérial et les fidèles peuvent être face à face. La présence ou l'abstention de l'empereur expriment sa position : Valens quitte ostensiblement l'église où officie l'évêque Vetranion, qui vient de refuser son adhésion à la confession arienne[424]. En 380, Démophile informe ainsi la communauté arienne des mesures impériales[425]. Après la condamnation de Jean Chrysostome par le concile du Chêne, le peuple se prononce par des clameurs, comme au cirque ou au théâtre, en réclamant un nouveau synode[426]. Dès lors, les conditions d'émeutes éventuelles sont créées. Lorsque Basilisque déclare son hostilité au credo chalcédonien, l'office célébré par le patriarche Acace dans l'église tendue de deuil, en présence d'une foule à laquelle se joint Daniel le Stylite[427], se transforme en manifestation d'hostilité à l'empereur. Le conflit entre Anastase et le patriarche Macedonios[428] entraîne à la violence l'assemblée réunie dans l'église : cris d'hostilité ou de ralliement, revendications, échange de horions. L'église n'est donc nullement un abri préservé, mais un lieu comparable aux autres dans la vie des cités.

Cela dit, c'est effectivement au théâtre, et surtout à l'hippodrome que l'on voit le mieux l'assemblée populaire revêtir une fonction politique, sans toutefois perdre pour autant la tension émotionnelle qu'elle doit précisément au lieu où elle se trouve réunie. Celle-ci est éclairée par l'homilétique, par les discours de Libanios, par les interdictions conciliaires, comme par la description des intermèdes de l'hippodrome dans la scabreuse biographie de Théodora[429], ou par telle tablette magique destinée à envoûter un danseur[430]. L'émotion excitée par le théâtre n'est pas sanguinaire, mais sensuelle. La nature même des spectacles provoque donc un clivage culturel et par conséquent social assez net, et l'élite en marque le plus souvent du dégoût, bien que les effects de la décadence culturelle se fassent sentir là aussi selon Libanios[431]. On retrouve toujours la même équivoque dans la participation des différents groupes sociaux à la civilisation urbaine. Le théâtre figure en effet au nombre des «merveilles» d'une cité. Libanios lui-même vante les spectacles comme un des charmes d'Antioche[432] ; chez un tel écrivain, qui nie la pratique politique du théâtre et méprise les émotions et la démagogie dont il est le centre, il ne faut voir sans doute, là encore, rien autre que cette perpétuelle référence à une tradition qui n'épouse

422. Soz., *HE* VIII 4.
423. Socr., *HE* VII 26.
424. Soz., *HE* III 21.
425. Soz., *HE* VII 5.
426. Soz., *HE* VIII 18.
427. Theod. Lect., I 32 ; *Dan. Styl. Vita I*, 73.

428. Evagr., *HE* III 44 ; Theod. Lect., II 24-26 ; Theoph., A.M. 6002.
429. Proc., *HA* IX 1-28.
430. Maricq, «Tablettes de défixion».
431. Lib., *Or.* I 5, LXIV 93.
432. Lib., *Or.* XI 219.

plus la réalité sociale. La classe cultivée a été dépassée par une évolution qu'elle regrette ; ses membres, tel Libanios, peuvent donc rêver un théâtre comparable à celui de la grande époque athénienne, parfois encore parodié lamentablement par quelque fade récital d'éloquence[433]. Le vrai théâtre s'est conformé aux goûts de la masse réellement présente dans la grande ville, auditoire ingénu, violent, illettré plutôt qu'analphabète, qui a imposé par le seul poids de la présence et du nombre une forme culturelle méprisée par la classe dominante[434]. Culture d'expression purement physique, pour un public sensible au choc visuel ; les tragédies classiques elles-mêmes survivent sous forme de ballets indécents[435], et la religion chrétienne n'est pas épargnée, comme en témoignent la législation qui interdit de porter sur la scène le costume des vierges consacrées[436], ou bien le thème hagiographique de l'acteur qui connaît une conversion foudroyante dans le moment même où il blasphème sur scène[437]. Les peintures passionnées que font de l'indécence théâtrale tous les Pères du 4e siècle, et notamment Jean Chrysostome[438], révèlent clairement, à travers la réprobation chrétienne, un mépris d'hommes cultivés, qui jugent le théâtre tout-puissant parce que parfaitement adapté à un public en grande partie populaire. On en trouve la preuve dans le ton tout à fait analogue des commentaires de Julien, son aversion d'aristocrate platonisant pour l'obscénité et la bouffonnerie de bas étage[439], la lettre par laquelle il interdit à un membre du clergé païen d'aller au théâtre ou d'en fréquenter le personnel[440]. C'est que la volupté théâtrale ouvre des perspectives dangereuses par l'effervescence où elle met le public, et constitue de ce fait une incitation directe ou latente à l'émeute, qui peut éclater pour une simple atteinte à la passion du spectacle elle-même. Procope de Gaza rend un compte exact du mécanisme, lorsqu'il interprète l'interdiction des danseurs par Anastase comme une mesure de salubrité qui sauve les villes en mettant un terme au délire ($\mu\alpha\nu\iota\alpha$) de leurs habitants[441]. Si un tel climat est propice à l'émeute par l'accoutumance au paroxysme, le danger réside surtout en effet dans la popularité folle des mimes et des danseurs, les intrigues de leur entourage, leur ascendant sur le public, et même sur les magistrats[442]. De ce fait, ils peuvent cristalliser autour de leur personne une agitation plus vaste. Les mesures d'interdiction demeurent inopérantes, puisqu'après Anastase elles sont répétées à Antioche en 520 et 529[443], tandis que les courses de Constantinople semblent avoir été suspendues après la sédition NIKA de 532[444]. Au jugement de l'Eglise, d'autre part, la sociabilité du théâtre n'est pas seulement immorale, elle est entachée de paganisme, et c'est même là ce qui fait son principal danger, et motive des condamnations répétées, et donc inopérantes, qui s'adressent à

433. Lib., *Or.* I 254.
434. Lib., *Or.* I 52 ; Jul., *Misop.*, *passim*.
435. Lib., *Or.* XLVI 14, *Or.* LXIV 65 et 112.
436. *CTh* XV VII 12, A. 394.
437. Joh. Mosch., *Prat. Spir.* 47 ; Malal., 314-315.
438. Textes cités dans Baur, *Hl. Johannes Chrysostomus* I, p. 192-205.
439. Jul., *Misop.* 342 B, 345, 354, 365.
440. Jul., *Misop.* 304 B-D.
441. Proc. Gaz., *Paneg. Anastas.* 16.
442. Textes de Libanios cités dans Petit, *Libanius*, *cf.* Index s. v. « Mime ».
443. Malal., 448-449.
444. Stein, *Histoire du Bas-Empire* II, p. 455.

tous les chrétiens[445], et de façon formelle aux clercs[446]. Le personnel du théâtre lui-même est exclu de l'Eglise, comme celui du cirque et de l'amphithéâtre, comme les différents amuseurs publics dont la tradition canonique donne une liste circonstanciée[447]. Ils sont considérés comme étrangers au christianisme, ce que montrent les dispositions canoniques ou impériales relatives à leur conversion[448].

Si le théâtre apparaît par cent exemples comme un lieu où le *démos* s'assemble et s'exprime, il ne faut donc pas oublier qu'il demeure au premier chef un lieu passionnel, adoré de la masse, réprouvé et craint de l'Eglise, méprisé de l'élite, c'est-à-dire virtuellement un lieu d'émeute. On peut en dire autant et plus de l'hippodrome. Le malentendu culturel est ici particulièrement fort, même s'il produit une solution politique particulièrement élaborée, autrement dit si l'hippodrome est investi d'un symbolisme dont l'utilisation politique est évidente. Ce n'est pas revenir à une interprétation positiviste désuète que de le souligner ici, c'est insister seulement sur le contexte culturel et passionnel dans lequel se déroulent des manifestations dont le sens politique ne saurait lui non plus faire de doute : les émeutes, quels qu'en soient les motifs, ne sont plus alors ces accidents, cette « folie de la ville » que déplore Libanios[449], mais des événements significatifs, produits normaux du mécanisme ainsi établi.

Après les lieux, les moments. Il faut en effet mentionner les fêtes, où la sociabilité urbaine monte encore de plusieurs tons, et qui jettent elles aussi un jour sur les conditions dans lesquelles les émeutes peuvent se déclencher. Ici encore, occasions païennes et chrétiennes semblent étrangement proches dans la pratique de tous les jours. La fête de la Maïouma, par exemple[450], déchaîne dans l'Orient syrien un débordement licencieux accompagné d'un gaspillage de richesses[451] : interdite par Arcadius en 399, la Maïouma est pourtant mentionnée encore à la fin du 8e siècle. De même, la fête des Kalendes de Janvier est censurée par l'Eglise[452] pour ses relents païens, danses indécentes, mascarades, gaieté publique, admise au contraire par l'Etat qui lui étend le bénéfice de la vacance légale (*otium*)[453]. Une série d'autres fêtes paganisantes subsistent, et peut-être se multiplient, avec les mêmes caractéristiques, et le concile *in Trullo* souhaitera encore en interdire les excès en 692[454]. Le climat de telles journées est naturellement favorable à l'émeute, comme en témoignent les bagarres sanglantes qui marquent à Constantinople en 501 la fête des *Brytae*[455]. Pourtant, l'Etat semble soucieux de laisser des fêtes aux habitants des villes, et ne partage pas sur ce point les préoccupations ecclésiastiques. La loi qui interdit la Maïouma en raison de ses excès souligne cependant la légitimité des réjouissances

---

445. *C. Carthag.* 15, 61 ; *C. Trull.* 51, 62.
446. *C. Trull.* 51 ; *C. Carthag.* 15, interdiction à leurs enfants.
447. *C. S. Paul.* (*sic*) 6, 9 (RP, II, p. 400).
448. *CTh* XV VII 1, A. 371 ; *C. Carthag.* 63.
449. Lib., *Or.* XIX 8.
450. Textes rassemblés par Godefroid *ad CTh* XV VI, *De Maiouma*.

451. Jul., *Misop.* 362 D.
452. Joh. Chrysost., *PG* 48, 953-962 (*Hom. in Kalendas*).
453. *CJ* III XII 6, A. 389.
454. *C. Trull.* 62.
455. Joh. Antioch., *fr.* 101 ; Malal., *fr.* 39; Marcell. Com., A. 501.

populaires, comme faisait déjà la loi de 396, qui l'avait restaurée pour peu de temps ; la *laetitia* s'oppose ainsi à la *tristitia*, que le pouvoir paraît désireux d'éviter, autant qu'à la *licentia*, qu'il ne peut tolérer. La population juive elle-même, dont les heurts avec les chrétiens sont nombreux au cours de cette période, semble connaître les mêmes pratiques, et célèbre en particulier une fête burlesque et bruyante dont Jean Chrysostome déplore l'attrait[456]. Il s'agit sans aucun doute du carnaval où l'on brûlait l'effigie d'Aman, et qui faisait naître chez les chrétiens le soupçon du sacrilège, exprimé dans une loi de 408[457]. L'incident d'Inmestar en est un exemple, et il est marqué par une violente bagarre entre Juifs et Chrétiens[458]. De leur côté, l'empereur et les grands, les gouverneurs notamment, pourvoient à des festivités destinées à montrer leur générosité, et à leur concilier le peuple : il suffit de rappeler, parmi des faits bien connus, celles qui accompagnent l'entrée en fonction du consul, impérial ou non[459]. Enfin, les manifestations joyeuses naissent aussi spontanément que les émeutes ; c'est ainsi qu'à Edesse une procession s'organise pour célébrer la suppression du chrysargyre[460].

En un mot, s'il existe effectivement dans les villes byzantines de cette époque des assemblées populaires de fait qui apparaissent pratiquement investies de fonctions politiques, il s'y trouve aussi une foule exposée à une tension permanente, qui éclate en violence à la première occasion. Violence aux formes toujours semblables quelle que soit la cause, et dans le répertoire de laquelle la limite est souvent subtile entre les voies de fait de l'émeute et un protocole lui aussi d'origine pratique. Les réactions populaires s'expriment d'abord de façon articulée, dans les clameurs que les auteurs byzantins désignent, en d'innombrables exemples, par des termes précis, εὐφημεῖν « crier son approbation », ou au contraire κράζειν, et plus fortement encore κατακράζειν « crier sa revendication ou son hostilité ». Ces clameurs pèsent sur le jugement des tribunaux, comme le montre l'interprétation byzantine d'une loi de Dioclétien et Maximien[461]. Le plus souvent, elles entraînent la foule sur un texte précis, parfois le nom d'un personnage acclamé ou attaqué, généralement davantage. L'élaboration est surtout frappante dans les clameurs des factions, jadis étudiées par Paul Maas[462]. Toutefois, on se souviendra de l'émeute déclenchée à Constantinople en 512[463] par la tentative monophysite d'Anastase sur la formule du Trisagion, pour remarquer que les textes criés peuvent être aussi de source ecclésiale. Parfois encore ce sont des quolibets improvisés, comme ceux que les factions lancent pendant l'hiver de 601 à un homme que l'on a revêtu d'une robe noire et juché sur un âne pour représenter Maurice[464].

456. Joh. Chrysost., *PG* 48, 847/48 (*Adv. Judaeos* VI).
457. *CTh* XVI VIII 18 (*CJ* I IX 11).
458. Socr., *HE* VII, 16.
459. *Cf.* p. 187-188.
460. *Ps. Jos. Styl. in Chron. ps. Dion.*, p. 190 (A. 809).
461. *CJ* IX XLVII 12, *cf. Basiliques* LX, 51,

49 et la scolie 1 (cité par De Francisci, « Alcuni scolii dei Basilici »).
462. Maas, « Metrische Akklamationen ».
463. Evagr., *HE* III 44 ; Theod. Lect. II, 24-26 *sq.* ; Marcell. Com., A. 512, 2 ; Theoph., A.M. 6002.
464. Theoph. Simoc., VIII 3 ; Joh. Antioch, 107 ; Theoph., A.M. 6093.

Les images constituent également un pôle des réactions et des mouvements collectifs. Sans toucher ici au redoutable problème des antécédents lointains ou proches du culte des images[465], il convient de souligner leur fonction coordinatrice et stimulante dans la vie collective des cités byzantines de cette époque. Les lieux de rencontre offrent au public des suites d'images narratives, information et propagande à la fois. Ainsi Marinos d'Apamée fait représenter dans le bain public sa carrière passée, avec ses humbles débuts, et les espérances royales, et donc subversives, qu'il avait de la suite[466]. Maurice commande une illustration analogue pour le portique de Carianos aux Blachernes[467]. Dans les églises, on peut voir de la même façon la vie des saints contemporains : Daniel le Stylite s'oppose à ce que l'on expose ainsi la sienne[468]. Toutefois, son image est placée à l'entrée, comme celle de Syméon Stylite aurait orné l'entrée des ateliers de Rome[469]. Le public peut aussi contempler les images de ses favoris, qui se font quelquefois ses meneurs, mimes, cochers, acteurs, des images vulgaires dont une loi de 394 interdit la promiscuité dans les portiques avec les images impériales, et qu'elle confine aux abords du cirque et du théâtre[470]. Les images patriarcales, épiscopales, conciliaires, prennent la valeur d'une profession de foi. Ainsi, quand le patriarche chalcédonien de Constantinople est exilé en 511, son successeur se refuse à officier dans les églises d'où ses images n'ont pas été effacées[471]. L'image sacrée exprime elle aussi une prise de position. Sous le patriarcat de Gennadios (458-471), un peintre païen dévie les génuflexions du public ignorant vers un Christ auquel il avait donné la coiffure de Zeus ; seule sa punition miraculeuse avertit de l'erreur qui se commettait[472]. En revanche, le peintre manichéen qu'Anastase fait venir de Cyzique est démasqué d'emblée par le peuple, et provoque une émeute par son dessin[473]. Il n'était pas inutile de rappeler ces faits à côté de l'importance mieux connue des images impériales. Celles-ci forment immédiatement un pôle de l'émeute. A Antioche en 387[474], c'est l'outrage aux statues impériales, renversées et traînées à travers la ville, qui déchaîne particulièrement la colère du souverain. En 404, les partisans de Jean Chrysostome outragent les statues de l'impératrice qui lui était hostile[475]. En 491 à Constantinople[476], une manifestation à l'hippodrome contre le *prior Senatus* s'en prend aux images impériales lorsqu'on envoie des soldats pour la réprimer. En 610, à l'avènement d'Héraclius, on brûle à l'hippodrome l'image de Phocas qu'on y honorait de son vivant, ainsi que l'étendard des Bleus[477]. Les gestes envers les images appartiennent déjà au domaine des violences, qui éclatent avec plus ou moins d'ampleur, mais avec la même facilité et sous les mêmes formes, quel que soit le motif des incidents

465. Grabar, *Iconoclasme byzantin.*
466. Zach. Mityl., XIII 1.
467. Theoph., A.M. 6079.
468. *Dan. Styl. Vita I* 12.
469. Theod. Cyr., *HRe* XXVI.
470. *CJ* VIII XI 21, A. 394.
471. Theod. Lect., II 29.
472. Theod. Lect., *fgmt. PG* 220 D-221 A.

473. Theoph., A.M. 5999.
474. Textes cités par Petit, *Libanius*, p. 238-244.
475. Socr. *HE* VI 18 ; Soz., *HE* VIII 20.
476. Joh. Antioch., 100 ; Marcell. Com., A. 491, 2.
477. *ChronP.* 701.

et la part que les factions y prennent. Les jets de pierres, les incendies, les batailles dans les rues ou à l'hippodrome, reviennent dans tous les récits des heurts continuels qui dressent les uns contre les autres, dans la capitale et les grandes villes d'Orient, les groupes ethniques et religieux, les factions, les citadins tout simplement.

Les villes byzantines sont en un mot, entre le 5ᵉ et le 7ᵉ siècle, le théâtre de manifestations de masse, qui remplissent effectivement une fonction institutionnelle, et qui sont admises comme telles dans la pratique par le consensus nes gouvernants et des gouvernés, mais qui tiennent de cette origine pratique des virtualités constantes de violence. La description ne permet pas de reconnaître un déroulement très différent selon les motifs, ou de distinguer entre les participants. Elle indique en revanche, applicable à tous les cas, un clivage culturel unique et fort net. L'élite politique ou culturelle charge le bain, l'hippodrome, et la cité en général, de valeurs conservées de la tradition antique, qu'elle transfère également dans une certaine mesure à l'église, ce lieu nouveau de la cité devenue chrétienne ; elle n'a pu cependant les empêcher de disparaître complètement du théâtre. Mais elle est seule à conserver la conscience, de ces valeurs, au moins à en croire son propre témoignage, le seul qui nous soit parvenu. Le peuple qu'elle accepte en face d'elle pour partenaire, la masse lourde et composite à laquelle est désormais confié ce rôle antique, éprouve, semble-t-il, de façon purement matérielle l'attrait de la sociabilité, et les effets de sa propre puissance. On se rappellera à cet égard ce que nous avons dit plus haut de l'évolution du don dans les cités. La question est alors de savoir à quel niveau social passe la ligne du clivage culturel, et si nous parviendrons à discerner nos pauvres au-dessous de cette ligne. Pour tenter de répondre, nous pouvons maintenant examiner les motifs qui ont déclenché les émeutes dont la trace nous a été conservée. Il serait ici inutile d'entrer dans de trop grands détails sur les événements. Il suffit à notre propos de reconnaître des types d'émeutes, et d'en apprécier la fréquence, éventuellement variable, au cours de notre période.

Une première évidence. Les émeutes ouvertement motivées par des difficultés économiques se comptent sur les doigts dans une série qui comprend plus de quatre-vingts exemples pour toute la période, et elles ne figurent pas parmi les plus retentissantes. Une seule, attestée par Jean Malalas, est explicitement qualifiée d'émeute de pauvres (πτωχῶν), celle que provoque en 553 à Constantinople une modification défavorable du cours du bronze[478]. Des émeutes de subsistance véritables, causées par le manque de blé ou de pain, sont mentionnées pour Constantinople en 409[479], 412[480], 431[481] ; on en retrouve sans doute une autre en 601[482]. Leur rareté relative s'explique sans doute par la vigilance bien connue des pouvoirs publics, précisément soucieux de ne pas voir troubler l'ordre de la capitale[483]. Mais enfin, lorsque l'émeute éclate, elle est provoquée

---

478. Malal., 486.
479. Marcell. Com., A. 409.
480. Marcell. Com., A. 412 ; *ChronP.* 571.
481. Marcell. Com., A. 431, 3.
482. Textes cités note 464.
483. Teall, « Grain supply ».

par un défaut de ravitaillement qui touche non pas seulement les plus pauvres, mais tout ce que la capitale compte de population purement urbaine, c'est-à-dire aussi toute la couche artisanale. On peut du moins le supposer devant la mention générale de *démos*, ou de *populus*, qui est alors employée. La manifestation est dirigée contre les organisateurs responsables. Les émeutiers de 412 s'en prennent à Monaxios, préfet de la Ville, et incendient le prétoire, tandis que ceux de 431 et de 601 lancent des pierres à l'empereur lui-même, au cours d'une procession qu'il conduit. En 362 déjà, les protestations contre la cherté qui accueillent Julien à son arrivée à Antioche semblent le fait de la population urbaine au sens large, et non seulement de ses couches étroitement misérables[484]. Les batailles qui éclatent autour des fontaines de Constantinople pendant la sécheresse de novembre 562[485] illustrent une circonstance de la vie urbaine, toujours menacée par des difficultés matérielles spécifiques, et non une misère socialement différenciée. La réaction aux exigences fiscales peut prendre parfois elle aussi un tour très violent, comme il arrive à Césarée de Cappadoce entre 370 et 373[486], et surtout à Antioche en 387, où elle amorce l'émeute des Statues. Toutefois, comme Petit l'a bien montré sur ce dernier exemple[487], elle n'est pas affaire de pauvres, mais encore une fois d'artisans, quand ce n'est pas de notables, en un mot de gens qui ont des biens à défendre ou à perdre. Il ne faut pas oublier au demeurant que les plus pauvres dans les villes sont exemptés de l'impôt[488], et demeurent par conséquent étrangers à de telles difficultés. La demande du fisc et la résistance des contribuables revêtent donc une signification toute différente dans les villes et dans les campagnes.

Les partis du cirque appellent les mêmes remarques, en ce sens qu'ils apparaissent comme des associations, cette cellule fondamentale de l'organisation sociale héritée de Rome. Associations parfois factieuses, et dès lors illégales comme le prouve, nous le verrons, le terme d'*ἑταιρεία* qui est employé en pareil cas[489]. Mais associations régulières en tout temps, capables de recevoir de l'argent, puisque Germanos en offre aux Verts pour les rallier à lui au moment de la chute de Maurice[490], représentées par un administrateur[491] et un conseil[492].

Enfin, nous connaissons des patrons du parti Vert qui appartiennent eux-mêmes à la haute administration, l'eunuque Chrysaphios[493], le préfet de la ville Platon[494]. Est-ce à dire que les Bleus n'en avaient pas ? L'absence de mention n'est certes pas un argument. En fait, Procope reproche à leur plus illustre partisan, l'empereur Justinien lui-même, d'avoir été leur patron en leur assurant ainsi une impunité abusive et criminelle[495]. Quoi qu'il en soit, les partis du cirque se comportent en effet en associations urbaines. En 556, Justinien fait arrêter

484. Petit, *Libanius*, p. 109-118.
485. Malal., 492 ; Theoph., A.M. 6055.
486. Greg. Naz., *Discours Funèbre*, 57.
487. Petit, *Libanius*, p. 238-244.
488. *Cf.* p. 180.
489. Proc., *HA* VII 23.
490. Theoph. Simoc., VIII 6-10 ; Theoph., A.M. 6094.

491. Theoph. Simoc., VIII 7 (διοικητής).
492. Theoph. Simoc., VIII 9 (p. 302/16), τοὺς κορυφαιοτέρους τοῦ δήμου; Theoph. A. M. 6094 (p. 289/6), τοὺς ἐπισημοτέρους τοῦ δήμου.
493. Malal., 363.
494. Malal., 394/5.
495. Proc., *HA* VII 41.

des Bleus à la suite des plaintes contre la disette clamées à l'hippodrome, car il était mécontent qu'elles se fussent exprimées en présence de l'ambassadeur perse[496] : les partis du cirque n'ont fait qu'assumer le rôle de porte-parole de la population urbaine dont eux-mêmes faisaient partie, sans présenter aucune revendication socialement spécifique. Ailleurs, les partis du cirque semblent intervenir pour défendre leurs intérêts bien définis d'associations reconnues, et nécessaires au fonctionnement de la structure urbaine héritée du passé antique. Il faut par exemple comprendre en ce sens leur commentaire hostile aux mesures d'Anastase[497], qui choisissait la stimulation des échanges urbains contre la redistribution traditionnelle par largesses. En somme, les motivations ouvertement économiques révèlent moins un antagonisme social dans les villes qu'un principe supplémentaire de classement social général, opposant la population des villes à celle des campagnes. On nous permettra de rapprocher cette conclusion de celle que Fr. Graus a tirée, à l'autre extrémité du Moyen Age, d'un contexte économique et historique tout à fait différent, celui de la société tchèque au 14e siècle[498] ; il a montré que l'opposition simple des sources écrites entre *divites* et *pauperes* recouvrait là pour ce dernier terme, à bien y regarder, deux réalités non seulement différentes, mais hétérogènes, selon qu'il s'agissait des villes ou des campagnes. Ce serait en fait une autre façon de poser notre problème du classement social et de ses fondements économiques en ces débuts de Byzance.

Dans la très grande majorité des émeutes urbaines de cette période, que les partis du cirque y soient ou non mêlés, les antagonismes économiques et sociaux ne sont au contraire ni explicites, ni lisibles immédiatement. L'historiographie du temps rapporte les émeutes avec l'intérêt souvent circonstancié qu'elle prend aux affaires des villes, mais elle les présente sous un angle politique et culturel si marqué qu'elle oblige l'historien à chercher avant tout s'il est possible de reconnaître de tels antagonismes sous des apparences inavouées, et même informulées, ou bien s'il faut y renoncer entièrement, et admettre que l'on a affaire à une société où les émeutes urbaines seraient en effet la manifestation extrême, et peut-être dégénérée, du protocole politique qui règle, au lendemain de sa floraison antique, une forme jugée éminente de la vie collective, qui est la vie urbaine. La seule possibilité de réponse se trouve dans l'examen des mobiles et des participants, pour les émeutes qui ne relèvent pas du type simple et relativement mal représenté que nous avons considéré plus haut. A détailler chacun des cas lorsque l'historiographie permet de le faire, on constate que l'événement réside dans la combinaison à chaque fois différente d'éléments qui nous apparaissent eux-mêmes constants, bien qu'inégalement développés suivant les lieux, et peut-être surtout les époques : d'une part des antagonismes de groupes ethniques et religieux, l'adhésion ou l'hostilité suscitées par un personnage en vue de l'Etat ou de l'Eglise ; d'autre part des violences, exaspération des virtualités passionnelles qui ont été décrites plus haut, et aussi

496. Malal., 488 ; Theoph. A.M. 6048.
497. Joh. Lyd., *Mag.* III 46.

498. Graus, « Pauvres des villes et pauvres des campagnes ».

banditisme urbain. Nous trouvons ainsi définis dans les meilleures de nos informations des groupes opposés et réunis de façon plus ou moins fréquente et constante par toute combinaison de ces facteurs. Nous ne parviendrons pas toujours à saisir le rapport entre ces divisions et le classement riches/pauvres dont nous avons pourtant montré le caractère fondamental. Et cette contradiction même est la justification des pages qui vont suivre.

A première vue beaucoup de troubles éclatent autout des personnages dont l'ascendant est décisif. Il suffit qu'une fausse rumeur de la mort de Justinien se répande en septembre 560 pour qu'aussitôt les boulangeries soient prises d'assaut, les boutiques fermées[499]. La plupart du temps la foule prend parti pour ou contre quelqu'un. Lors des émeutes déclenchées à Constantinople en 403-404 par la condamnation et l'exil de Jean Chrysostome, le peuple s'insurge en faveur de son évêque, organisateur des institutions charitables, prédicateur, et dans une certaine mesure intermédiaire entre le peuple et le pouvoir[500]. De même, il proteste en 496, lorsqu'Anastase remplace Euphemios par Macedonios[501]. La succession épiscopale suscite une agitation à Ephèse entre 398 et 402[502], à Nicomédie en 398[503], et cela s'explique au moins en partie par les compétences pratiques et pour ainsi dire sociales dont l'évêque devait donner la preuve. L'ascendant d'un Barsauma[504] ou d'un Sévère d'Antioche[505] se fait encore plus immédiatement sentir en milieu monastique. Quant aux fonctionnaires impériaux, aux empereurs eux-mêmes, ils sont l'objet précis des manifestations provoquées par la bonne ou la mauvaise administration des intérêts populaires. Le peuple de la capitale attaque en 412 le préfet du prétoire Monaxios[506], en raison du manque de pain, et acclame au contraire pour ses constructions, en 439-441, le préfet de la Ville Cyros, dont ce suffrage entraîne la disgrâce[507]. En 465, le préfet des vigiles Menas, mis en accusation à l'hippodrome et livré au peuple, paie ses fautes de sa vie[508]. En 563 encore, les deux partis s'émeuvent ensemble contre le nouveau préfet de la Ville[509]. L'empereur lui-même n'est pas à l'abri de manifestations qui se montrent à la fin de la période franchement violentes : pendant l'hiver de 601, où la disette exaspère les esprits, Maurice reçoit des pierres dans un quartier Vert pendant qu'il conduit une procession à travers la capitale[510]. Les tentatives sur le trône impérial relèvent dans une certaine mesure du même cas. En fait, si la capitale est bien le siège du pouvoir suprême, un Procope en 365[511], un Vitalien en 513[512] s'appuient sur des forces régionales et sociales qui lui sont extérieures. Et surtout, en conclusion, l'élément personnel est trop général et trop fréquent dans

---

499. Theoph., A.M. 6053.
500. Socr., *HE* VI 15-18 ; Soz., *HE* VIII 14-22.
501. Theod. Lect., II 12.
502. Socr., *HE* VI 11.
503. Soz., *HE* VIII 6.
504. Nau, « Deux épisodes ».
505. *Cf.* note 527.
506. Marcell. Com., A. 412 ; *ChronP* 571.

507. Malal., 361.
508. *ChronP* 594 ; Marcell. Com., A. 465.
509. Theoph., A.M. 6055.
510. Theoph. Simoc., VIII 3 ; Joh. Antioch., 107 ; Theoph., A.M. 6093.
511. Amm., XXVI 5 *sq.*
512. Stein, *Histoire du Bas-Empire* II, p. 178-181, et textes cités dans les notes.

les émeutes pour qu'on puisse en tirer la définition d'un type. Nous allons donc chercher plus loin.

Nous sommes d'abord frappés par l'importance parallèle, et souvent superposée, des oppositions définies comme ethniques ou religieuses. On sait bien que, pendant cette période, l'universalisme centralisateur de l'Empire romano-byzantin et de son Eglise tolère de plus en plus difficilement l'affirmation de plus en plus audible des régions et des cultures auxquelles l'hellénisme, puis la romanisation, avaient assigné une frontière extérieure, et conféré une unité, qui s'avèrent désormais l'une et l'autre incomplètes. Ainsi éclatent des affaires de minorités, où le dosage des éléments ethniques, religieux et sociaux est variable et subtil. Certaines d'entre elles se rattachent il est vrai trop généralement à l'opposition entre villes et campagnes comme classement social déterminant pour trouver place ici. La dissidence religieuse dresse contre l'Etat, contre les propriétaires chrétiens, contre les exigences de l'Eglise elle-même, les villages païens autour de Gaza au 4e siècle[513], les Samaritains de Palestine[514] et les paysans païens ou montanistes d'Asie Mineure au 6e[515]. Mais les dissidents ainsi opprimés constituent en fait souvent, pour leur part, ce que G. Duby a appelé une «société externe», complète du haut en bas. Cela est évident pour le monophysisme, dont l'assise territoriale et linguistique est considérable, mais c'est vrai aussi pour les adeptes des mouvements dualistes, dont Procope atteste, en rapportant les confiscations opérées par Justinien, la différenciation au sein d'une organisation sociale complète, et entièrement hérétique[516]. La spoliation générale de ces hérétiques au 6e siècle élargit d'ailleurs le fait social aux dimensions d'une oppression coloniale à l'intérieur de l'Empire, qui touche sur toute sa hauteur la société opprimée. Tout cela trouvera son commentaire plus loin, dans l'étude des campagnes. Pour le moment, nous considérerons les oppositions qui se manifestent en milieu urbain, même si on leur voit des assises régionales, ou des racines campagnardes.

La restauration officielle du paganisme par Julien est accompagnée en 362 d'un retour de flamme populaire contre les chrétiens, le clergé et les religieuses notamment, que l'on signale dans des villes où la tradition païenne était illustre et probablement tenace, Gaza, Hélioupolis, Aréthuse, Emèse[517]. Dans la suite le paganisme cimentera de petits groupes de personnages haut placés, contre lesquels la réaction populaire se déchaînera pourtant avec une violence probablement exaspérée par la crainte des pratiques magiques associées au paganisme dans l'opinion publique. Ainsi advient-il en 581, dans l'affaire où est compromis le patriarche d'Antioche Grégoire, contre lequel se déchaîne l'émeute[518], tandis qu'un mouvement analogue éclate à Constantinople lorsque le patriarche Eutychios est suspecté de le soutenir[519] : Jean d'Ephèse a laissé une peinture éloquente du trouble et de la suspicion éveillés à ce moment dans

513. Marc. Diac., *V. Porph. Gaz.* 22.
514. Proc., *HA* XI 27-30.
515. Proc., *HA* XI 18.
516. Proc., *HA* XI 18. *Cf. CJ* I V 20 : la hiérarchie ecclésiastique «montaniste».
517. Soz., *HE* V 9 ; Theod. Cyr., *HE* III 3.
518. Evagr., *HE* V 18 ; Joh. Eph., *HE* III, III 29.
519. Evagr. ; Joh. Eph., *HE* III, III, 30-31.

la capitale par les minorités hétérodoxes, surtout les païens. Il est vrai que ces derniers venaient de massacrer des chrétiens à Hélioupolis[520]. En outre, le paganisme imprègne toujours certains comportements populaires, et contribue de ce fait aux excitations collectives, témoin le dénouement sanglant de la fête des *Brytae* à Constantinople en 501[521].

Dans l'histoire des hérésies de la période, nous retiendrons d'abord ici l'agitation arienne, qui atteint son paroxysme au tournant du 4ᵉ siècle, en 388[522], et en 400[523] où la bataille est sanglante. Elle touche alors de fortes minorités, à Constantinople notamment, où le problème arien est d'ailleurs aggravé par la présence et les rapines des mercenaires goths[524]. Une bataille de rue est encore signalée en 428[525]. Toutefois, il apparaît qu'au 5ᵉ siècle l'arianisme cesse de mouvoir les masses. C'est ensuite le monophysisme qui exprimera jusqu'à la fin de notre période un clivage beaucoup plus profond et plus reconnaissable, appuyé sur des limites à la fois régionales et linguistiques qui enjambent la frontière de l'Empire, et qui sont du reste trop considérables pour que la définition de minorité convienne ici dans l'ensemble. Elle s'applique toutefois à des groupes dont la présence permanente ou temporaire à Antioche ou à Constantinople se manifeste dans des batailles de rues. A Constantinople en 475-476, les orthodoxes s'insurgent contre les mesures monophysites de Basilisque, et le patriarche Acace, appuyé par Daniel le Stylite et sa troupe, déchaîne les moines et le peuple de la capitale contre Timothée Elure et sa «foule alexandrine», selon l'expression d'Evagre[526]. En 510, la tentative d'Anastase sur la formule du Trisagion est épaulée par les moines monophysites venus à Constantinople à la suite de Sévère d'Antioche[527]. A Antioche en 511, les monophysites s'efforcent de jeter bas le patriarche Flavien[528] : leurs forces comprennent les moines et les originaires de Syrie I, tandis que le patriarche s'appuie sur les moines et le peuple de la ville, et sur les moines de Syrie II. En 531, dans la même ville, des mesures contre les monophysites provoquent la fureur populaire : pierres, injures, cris de désaveu (κατακράζοντες) se déchaînent contre le patriarche, épaulé par les forces du comte d'Orient[529].

Une autre série d'épisodes met en scène des antagonismes complexes, où les facteurs ethniques et religieux sont à la fois plus manifestes et plus diversement dosés, selon les circonstances, que dans l'hérésie monophysite. Les affrontements entre Juifs et Chrétiens se retrouvent tout au long de notre période. L'importance des communautés juives, l'attrait de leur rituel, motivent dès le 4ᵉ siècle la sévérité de l'Eglise[530] et les premières restrictions de la législation impériale chrétienne. E. Demougeot[531] a naguère justement remarqué à ce

520. Joh. Eph., *HE* III, III 27.
521. *Cf.* note 455.
522. Socr., *HE* V 13.
523. Socr., *HE* VI 8 ; Soz., *HE* VIII 8.
524. Socr., *HE* VI 6 ; Soz., *HE* VIII 4.
525. Socr., *HE* VII 29.
526. Malal., 378-380 ; Evagr., *HE* III 7 ; Theod. Lect., I 29-33 ; *V. Dan. Styl. I* 70-71.

527. Evagr., *HE* III 32-44 ; Theod. Lect., II 24, 26 *sq.* ; Theod. Lect., *fgmt. Rev. Arch.* p. 396-398.
528. Evagr., *HE* III 32.
529. Malal., 468.
530. Simon, *Verus Israël*, p. 256-263, 373-382, 394-431.
531. Demougeot, «Politique antijuive de Théodose II ».

propos que la politique antijuive, attisée par les moines, marque le pas lorsqu'une hérésie importante occupe le devant de la scène, et reprend au contraire de
la vigueur dans les intervalles, comme d'ailleurs la répression du paganisme
auquel le judaïsme est alors associé. Il est devenu courant de dire en effet que
l'intolérance aux formes diverses de la dissidence religieuse se développe à cette
époque comme l'expression et le moyen d'une unité orthodoxe et impériale à
la fois. Il ne faut pas confondre toutefois deux attitudes associées, concomitantes, et pourtant distinctes, celle du législateur impérial ou ecclésiastique, à
laquelle s'applique cette définition, comme le montre toute l'histoire des relations de cette époque entre l'Empire et les Barbares, et celle du public, auquel
la présence des dissidents religieux semble inspirer une irritation et une in-
quiétude croissantes.

Les Juifs constituent à cet égard une cible de première importance dans la
mesure où leurs communautés, même fortes, sont minoritaires par définition
dans les grandes villes de l'Empire, et leurs usages ostensiblement différents.
On expliquera en ce sens les incidents qui éclatent au 5ᵉ et au 6ᵉ siècle. A Inmestar en Syrie, entre 412 et 419, une bataille se déchaîne à la suite du carnaval
des Juifs, que l'on soupçonne d'avoir outragé la croix[532]. A Antioche en 423,
à Jérusalem en 438, les moines de Barsauma dressent la population contre les
Juifs de la ville[533]. A Antioche, les Verts font un massacre de Juifs sous Zénon[534],
puis en 507[535]. Un climat d'hostilité réciproque s'établit. Les Juifs en décousent
avec les Verts, et prennent part à la répression qui atteint ces derniers au cours
du règne de Phocas[536]. Mais la *Doctrine Jacobi* va plus loin, et met dans la
bouche du Juif baptisé l'aveu d'un va-et-vient entre les Bleus et les Verts, le seul
motif du choix étant de batailler à l'aise contre les Chrétiens, avec lesquels il
en usait, dit-il, comme avec des Gentils (ἐθνιστί)[537]. On rapprochera cette
accusation de celle que Zacharie de Mitylène formule contre les Samaritains,
lorsqu'il les montre engagés aux côtés des « Romains » dans un massacre de
moines monophysites à Neapolis, perpétré en 457-458 sur l'ordre de Juvénal
patriarche de Jérusalem[538]. Il ne faudrait pas, en effet, ignorer l'aspect ethnique
du problème juif en Orient, et notamment en Palestine. On le voit prendre au
contraire une importance qui ne cesse de croître, dans les faits comme dans
l'opinion publique, jusqu'à la conquête arabe, ou même jusqu'à la grande offensive perse au début du règne d'Héraclius[539]. Comme les chrétiens de langue
syriaque, les Juifs débordent en effet la frontière si peu significative de l'Euphrate[540], et se rattachent par des liens culturels et juridictionnels étroits aux
communautés prospères et dans l'ensemble tranquilles de la Perse sassanide[541].
Dès 503, les Juifs de Constantina en Mésopotamie sont massacrés par leurs

532. Socr., *HE* VII 16.
533. Nau, « Deux épisodes ».
534. Malal., 389 ; Malal., *fgmt.* 35 (p. 167).
535. Malal., 395-396.
536. Janssens, « Bleus et Verts », p. 515-532,
    cf. *Doctrina Jacobi*, cité note suivante.
537. *Doctrina Jacobi* I 40 (p. 39).

538. Zach. Mityl., III 5.
539. Sharf, « Byzantine Jewry in the seventh
    century ».
540. Brown, « Diffusion of Manichaeism ».
541. Jacobs, « Economic conditions of the
    Jews » ; Widengren, « Status of the
    Jews ».

concitoyens, parce qu'ils se seraient préparés à livrer la ville aux Perses[542]. Les échauffourées graves de 609, au cours desquelles les Juifs tuent le patriarche d'Antioche[543], doivent être situées elles aussi dans le contexte de la menace perse toujours plus proche. En 614 enfin, la prise de Jérusalem par les Perses aurait été pour les Juifs l'occasion de verser le sang des chrétiens de la ville[544]. A ces témoignages historiographiques il convient d'ajouter les textes juifs qui expriment le malaise des communautés de l'Empire sous la forme caractéristique de l'effervescence messianique. Nul d'entre eux n'est demeuré pour illustrer l'épisode du faux Messie qui, au 5e siècle, entraîna les Juifs de Crète à sa suite dans la mer[545]. En revanche, il reste de l'époque trouble et transitoire marquée en Palestine par l'avance perse, la reconquête d'Héraclius et la victoire arabe, des écrits d'une grande violence de ton, dont les attaques contre « Armilus », fils de Satan, visent à n'en pas douter l'empereur de Byzance[546].

Ce n'est pas tout. Les Juifs restent enracinés en Palestine, comme en témoignent les nombreuses synagogues de cette époque[547], et ils participent aux soulèvements des Samaritains, qui demeurent eux-mêmes ethniques au premier chef[548]. Les révoltes samaritaines, confortées par les Juifs, dépassent d'ailleurs les limites de leur territoire ; elles embrasent toute la province, et trouvent leur couronnement et leur fin dans les villes, Césarée surtout, Scythopolis, Neapolis. En 484 peut-être[549], les Samaritains suscitent un usurpateur, et de même en 529[550], où l'affaire est beaucoup plus importante, et culmine dans une course à l'hippodrome de Césarée, au cours de laquelle cochers juifs, chrétiens et samaritains s'affrontent devant l'usurpateur. La victoire d'un cocher chrétien paraît de si mauvais augure à ce dernier qu'il le fait décapiter sur place. En outre, les Samaritains appuyés par les Juifs pillent et incendient en ville et dans toute la région. En 555[551], et toujours à Césarée, la violence se déchaîne sans objectif politique apparent. Rangés contre les chrétiens « à la façon des factions », Juifs et Samaritains tuent des hommes, prennent d'assaut des églises, assassinent le gouverneur.

De tous les affrontements ethniques dans les villes, seul le cas isaurien est à peu près exempt de coloration religieuse, bien que Zénon, l'empereur isaurien, ait favorisé le monophysisme, et il s'enracine au contraire assez clairement pour nous dans un contexte économique et démographique. Entre le 4e et le 6e siècle, les Isauriens s'écoulent hors de leur nid montagnard, dont les ressources ne sont manifestement pas suffisantes à les faire subsister[552]. Ils sont brigands, soldats, ouvriers, moines, selon les moments et les circonstances. Le dernier

542. Ps. Jos. Styl. in Chron. ps. Dion., p. 209-210 (A. 814).
543. Theoph., A.M. 6101.
544. Prise de Jérusalem X.
545. Socr., HE VII 38.
546. Signes du Messie ; Apocalypse de Zorobabel.
547. Cf. Lifshitz, Synagogues juives.
548. Cf. Winkler, « Die Samariter in den Jahren 529/530 ».

549. Proc., Aed. V, VII, 5-9 ; Malal., 382 ; ChronP 603. Cf. Stein, Histoire du Bas-Empire II, p. 31 et 32, note 1.
550. Malal., 445 ; Zach. Mityl., IX 8 ; Theoph., A.M. 6021 ; ChronP 619s ; Proc., HA XI 21s.
551. Malal., 487; Theoph., A. M. 6048.
552. Excellente analyse du problème isaurieu dans Rougé, « L'Histoire Auguste et l'Isaurie ».

tiers du 5ᵉ siècle est pour eux une période d'effervescence agressive, qui culmine dans la longue révolte de l'Isaurie, impitoyablement écrasée par Anastase. Pendant ce même temps, ils se rendent insupportables à la population de la capitale par leurs actes de brigandage urbain. Repoussés à coups de pierres dans une échauffourée qui se produit entre 467 et 470[553], massacrés au cirque en 473[554], ils sont pour finir expulsés de la capitale en 492, au moment où leur insurrection régionale atteint son terme[555]. On ne trouve plus ensuite, en effet, mention d'affrontements violents auxquels ils aient pris part, bien que l'épigraphie et l'hagiographie attestent encore le déversement du trop-plein isaurien. A exception près, y a-t-il une interprétation sociale possible des affrontements cette urbains entre les groupes définis par des oppositions ethniques et confessionnelles ? Il y a en fait deux façons de poser le problème : on peut considérer les motifs, ou bien les participants, des émeutes urbaines. Il est évident en effet que la particularité fortement marquée des villes dans la société byzantine de cette époque rend nécessaire une étude séparée des émeutes urbaines. Mais pour cette raison même leur lecture sociale est beaucoup plus difficile encore que celle des grands mouvements régionaux, dont la signification sociale se dégage plus clairement dans les campagnes, précisément parce que ces dernières n'ont aucune fonction culturelle et politique qui puisse venir l'obscurcir et la compliquer. Il est par exemple téméraire d'affirmer, comme le fait E. Demougeot[556], que l'hostilité aux Juifs était motivée par leur prospérité économique, et c'est commettre un anachronisme *a priori*[557]. Même si l'épigraphie funéraire juive révèle ici et là des métiers aisés comme celui d'orfèvre, il est surtout vraisemblable que les communautés juives présentaient partout, et notamment en Palestine, une diversification sociale complète, comme le montrent, parmi tant de preuves, l'éloge de l'assistance juive par Julien[558], les discussions rabbiniques sur le seuil de pauvreté[559], ou encore l'habitat pauvre fouillé au centre de Scythopolis[560].

L'histoire des partis du cirque dans les grandes villes, à Antioche, et surtout à Constantinople, présente du même point de vue les mêmes difficultés. A considérer la série chronologique des manifestations auxquelles ils apparaissent mêlés, leur importance véritable date de Théodose II, à partir duquel Malalas souligne la couleur choisie par l'empereur plus que son credo. Et leur activité régulière ou violente prend toute son ampleur avec le règne d'Anastase. En 524, Justinien aurait ordonné de châtier à Constantinople et dans toutes les villes de l'Empire les fauteurs de troubles et de meurtres, et il aurait prescrit de ne plus lapider ou tuer, mais d'assister au spectacle avec ordre : c'est du moins ce que rapporte le *Chronicon Paschale*[561]. En fait, après l'épisode culmi-

---

553. Joh. Antioch., *fr.* 90.
554. Marcell. Com., A. 473.
555. Theod. Lect., II 9, *cf.* Stein, *Hist. du Bas-Empire* II, p. 83, note 1.
556. Demougeot, «Politique antijuive de Théodose II».
557. *Cf.* déjà Simon, *Verus Israël*, p. 241-242.

558. Jul., 430 D (*Lettre à Arsacios, grand prêtre de Galatie*).
559. Traité *Pe'a*, [*L'angle du champ* (abandonné aux pauvres)], chap. 8.
560. Avi-Yonah, «Scythopolis».
561. *ChronP* 617.

nant de la sédition NIKA, qui met Constantinople à feu et à sang en 532, il se produit une accalmie d'une quinzaine d'années, peut-être liée aux guerres et aux calamités des années 540-550[562]. En revanche, la fin du règne de Justinien est marquée par une recrudescence des troubles à partir de 560, et le 6e siècle s'achève sur un embrasement général des violences partisanes, dans toutes les villes de l'Empire, sous Maurice d'abord, et encore en 609-610, à la chute de Phocas. On affirme habituellement que la *démocratie* des factions aurait décliné après l'avènement d'Héraclius, avec toute l'organisation sociale de la première époque de Byzance, fondée sur la primauté de la ville. A. Maricq a contesté cette idée reçue[563] en avançant des textes qui montrent les partis du cirque dans un rôle politique encore à la fin du 7e siècle, et même au 9e, et en faisant valoir l'indigence d'un argument *ex silentio*, dicté en fait par l'appauvrissement brutal des sources historiographiques après la fin du 6e siècle. Mais il faut justement souligner que l'historiographie elle-même, autant que les pratiques politiques de l'hippodrome, sont liées à tout le système de civilisation urbaine qui perd effectivement avec le règne d'Héraclius, sinon partout aussi vite sa vigueur matérielle, au moins sa valeur politique. Voyons pour l'instant si les heurts entre les partis du cirque aux 5e-7e siècles sont susceptibles d'une interprétation générale. Nous avons marqué plus haut que certains des épisodes où ils interviennent doivent s'expliquer par des motifs immédiats et passionnels, et d'autres par les intérêts spécifiques des factions en tant qu'associations urbaines. Mais le reste ? Les mouvements des partis du cirque sont strictement citadins, à la différence des hérésies, et se rencontrent d'ailleurs dans des villes diverses[564]. Mais leur interprétation en termes de conflits sociaux n'en est pas facilitée pour autant. Si l'on a pensé en effet, nous l'avons dit plus haut, que les Bleus signifient fortunes terriennes et charges publiques, et les Verts les activités urbaines du commerce et de l'artisanat, si l'on a admis le principe d'une différenciation sociale interne à chacun des partis, il faut bien dire que la série des motifs attribués à leurs soulèvements ne semble guère donner matière à une analyse plus poussée de leur composition sociale.

En somme, on court à l'échec si l'on veut expliquer d'emblée les émeutes urbaines en termes de conflits sociaux qui seraient clairement lisibles à notre regard, parce que fondés, comme nous en avons l'habitude, sur des inégalités économiques et en conséquence sociales. Force est de conclure, au terme de ce premier examen, que le répertoire des conflits urbains est constitué selon d'autres principes. Les inégalités en question ont été présentes, mais elles n'ont été décisives ni dans la conscience des antagonistes, ni dans les événements eux-mêmes, elles ont compté parmi les composantes de situations conflictuelles complexes. Et il faut nous résigner à penser qu'elles nous échapperont toujours en partie, pour n'avoir pas été observées par les témoins comme des éléments significatifs de conflits déterminés à leurs yeux par les flambées de passion de

---

562. *Cf.* Stein, *Histoire du Bas-Empire* II, p. 449-456, et les textes cités ci-dessous notes 578 et 579.

563. Maricq, « Durée du régime des partis populaires », avec la bibliographie.

564. Christophilopoulu, « Βυζαντινοὶ δῆμοι ».

la sociabilité urbaine, ou par les antagonismes ethniques et confessionnels, qui sont d'ailleurs particulièrement aptes, nous le savons, à devenir les véhicules d'une certaine forme d'oppression sociale. Pareille conclusion est en un sens un premier résultat. Et l'on va voir maintenant comment l'étude des manifestants eux-mêmes le confirme et le précise.

Nous avons déjà cité à propos des rapports entre activité productrice et stabilité familiale les observations de Libanios sur les fauteurs de trouble d'Antioche, qui ne connaissent ni l'une ni l'autre, et forment une tourbe d'étrangers sans feu ni lieu[565] ; il s'en prend particulièrement aux «quatre cents loups du théâtre»[566], qu'il rend responsables des violences qui s'y déchaînent et qui perturbent les mécanismes normaux de la cité. La pègre d'Antioche a-t-elle été réellement si peu nombreuse au 4ᵉ siècle, si totalement distincte du milieu local, nous l'ignorons. Libanios l'affirme évidemment dans l'intérêt de ses concitoyens, dont il présente la défense. Mais cela importe peu à l'intérêt exemplaire de son analyse. Celle-ci établit formellement, en effet, le lien entre la violence urbaine et une pauvreté qui n'est pas seulement l'indigence individuelle des ressources, mais aussi, et peut-être au premier chef, l'impossibilité pour l'individu d'occuper une place dans l'ordre social, dès lors qu'il est absent des formes d'association civile ou artisanale par lesquelles celui-ci est constitué.

Quelle que soit son intention, le témoignage de Libanios est suggestif, et il n'est pas isolé. D'autres textes invitent à retrouver au fond des émeutes urbaines de motivations diverses l'agitation toujours disponible des déplacés, des exclus, qui aurait allumé, étoffé, aggravé celle des autres couches de la population urbaine. Le terme de *brigandage urbain*, par lequel nous la désignerons, conserve l'ambiguïté, entretenue par les sources, d'une violence tantôt revendicatrice et tantôt purement prédatrice, qui manifeste d'ailleurs sous cette dernière forme aussi une situation sociale. Et cela que les choses se passent ou non dans le cadre des factions. Or, nous pouvons dans une certaine mesure apercevoir au cours de notre période une montée de cette agitation profonde, qui constitue un indice politique et social à la fois des changements de la conjoncture. Ici encore le siècle de Justinien est le point culminant d'une évolution, l'achèvement d'une forme qui s'élaborait depuis la fin du 4ᵉ siècle, et que les premières décennies du 7ᵉ vont au contraire défaire, sous la poussée de forces historiques nouvelles, totalement étrangères cette fois à l'héritage antique.

Brigandage urbain qui semble bien en effet, au moins dans certains épisodes, le fait d'hommes étrangers à la ville par leur origine rustique, voir ethniquement différente. Parfois ils sont définis comme moines. Telle apparaît, par exemple[567], la bande redoutée des quarante montagnards – le chiffre est typique du conte populaire – descendus de la région de Samosate vers Jérusalem et le Sinaï, à la suite de leur maître Barsauma le Syrien, en 421. Devant eux les villes effrayées ferment leurs portes. «Quelquefois il passait ; d'autres fois il insistait, il forçait

565. Lib., *Or.* XLI 11 et XXVI 8, *cf.* chap. 4, notes 107 et 108.

566. Petit, *Libanius*, p. 225-226.

567. Nau, «Deux épisodes».

la ville et il entrait». Une fois, « il s'étonna de la frayeur des habitants puisqu'il n'avait que quarante hommes avec lui ; il menaça de faire la guerre et de brûler la ville si on ne le laissait pas entrer. Il entra ». Il délivre alors la ville d'une sécheresse de quatre années. La descente de Barsauma et de ses compagnons est marquée par la destruction des synagogues des villes traversées, dont le biographe décrit complaisamment la richesse, soulignant cependant qu'il n'y a pas eu pillage, si l'on excepte une incartade isolée. En 438, les Juifs rassemblés à Jérusalem pour la Fête des Tabernacles, en nombre accru par une espérance messianique qui s'est répandue dans leurs communautés, sont décimés par les disciples de Barsauma, qu'ils accusent en ces termes : « De nombreux voleurs sont venus de Mésopotamie vêtus de l'habit respectable des moines, et ils ont fait une grande guerre dans la ville et ils l'ont dévastée, et voilà qu'une grande multitude de peuple a été mise à mort, etc. » Le terme de « voleurs » peut n'être dans le texte traduit par Nau qu'une simple invective. De pareils heurts se laissent cependant interpréter, en termes d'histoire sociale, comme un conflit entre des citadins et les campagnards déplacés, arrachés à leurs attaches familiales et villageoises, qui forment en fin de compte, on le verra, la foule anonyme des moines. Lorsque l'impératrice envisage de faire juger les coupables, des évêques qui se trouvent alors à Jérusalem écrivent « dans leurs villes et dans leurs bourgs pour faire venir un peuple nombreux... tous les moines du désert étaient venus avec le peuple des villages et des villes ». Le procès n'aura évidemment pas lieu. En 510 à Constantinople[568], tandis que le peuple de la ville s'insurge en faveur du patriarche Macedonios, le parti monophysite est fortifié par les moines venus de Syrie avec Sévère d'Antioche : un moine campagnard ($\chi\omega\varrho i\tau\eta\varsigma$) sera découvert et tué dans la maison de son compatriote, le préfet Marinos. En 511, à Antioche même[569], la collectivité des fidèles ($\lambda\varepsilon\omega\varsigma$) prend parti pour le patriarche Flavien, appuyé par les moines de Syrie II, tandis que le parti monophysite avance les moines et le peuple ($\xi\vartheta\nu o\varsigma$) de Syrie I.

Les moines ne sont pas les seuls personnages rustiques du brigandage urbain. Les Isauriens transportent clairement dans les villes le brigandage qu'ils pratiquaient habituellement dans leur région : le grief leur en est fait à Rhodes en 467-470[570], à Constantinople en 492[571]. Quand les Samaritains embrasent la région de leurs révoltes, ils viennent dévaster les villes qui sont l'enjeu politique de celles-ci : là encore, la qualité de « chef de brigands » donnée par Malalas à Justasas, l'usurpateur de 484[572], est peut-être une simple injure ; elle n'en est pas moins significative. Dans tous ces cas, des hommes ont été arrachés par des événements divers à la campagne productrice de vivres et d'impôt où ils vivaient, et ils viennent attaquer les villes, dans lesquelles siège l'autorité politique et religieuse.

Cela dit, le brigandage urbain se manifeste aussi au sein de la population urbaine permanente. Et il nous ramène d'emblée au problème si difficile des factions. Il ne s'agit plus à ce propos de reconnaître la composition sociale des

568. *Cf.* note 527.
569. Evagr., *HE*. III 32
570. *Cf.* note 553.

571. *Cf.* note 555.
572. Malal., 382.

deux grands partis du cirque, mais de distinguer, dans l'un comme dans l'autre, l'activité agressive d'un bas-fond urbain. On en pourrait citer des exemples pour la fin du 5ᵉ et le début du 6ᵉ siècle, comme le pillage qui accompagne, en 507, le massacre des Juifs à Daphné par les Verts d'Antioche[573], l'émeute anti-monophysite et anti-syrienne de 512 à Constantinople[574], la criminalité réprimée en 523[575]. Cependant, c'est une page capitale de Procope dans son *Histoire Secrète*[576] qui doit être placée, comme souvent, au seuil du débat. L'*Histoire Secrète* souligne qu'un changement décisif se serait produit dans la physiono-mie des partis du cirque, à un moment qu'il convient de situer vers la fin du règne de Justin Iᵉʳ, puisque Procope attribue à ce dernier une indifférence stupide devant le désordre[577] dont Justinien se serait fait au contraire le tout-puissant complice et, en propres termes, le patron (προστάτης). L'affirmation s'inscrit donc dans la perspective totalement hostile à Justinien qui est celle de l'œuvre. La montée du brigandage urbain au début du règne semble néanmoins con-firmée par une indication d'Evagre[578], qui la présente comme de peu de durée et met également en cause Justinien, comme d'ailleurs par une Novelle de celui-ci en date de 535[579], qui condamne l'agitation des partis du cirque et l'adhésion mercenaire à l'un ou à l'autre. L'analyse de Procope tire son importance non seulement des faits, observés ou rapportés avec détails, mais de la précision des termes employés. Il oppose en effet d'emblée à la tradition des deux partis entre lesquels s'ordonnent depuis longtemps le peuple de la cité (*démos*) la nouveauté d'une formation séditieuse (*hétairia*) au sein de chacun d'eux, du parti Bleu d'abord, où son éclosion est favorisée par l'adhésion de Justinien lui-même, et par l'impunité qui en résulte. Il existe dès lors, entre l'ensemble des partisans dont le comportement ne change guère, et un groupe restreint de fauteurs de désordre, une distinction qui est ruineuse de l'ordre établi dans la pratique des partis et dans la société entière, d'autant plus qu'elle ne tarde pas à se retrouver dans le parti Vert, bien que celui-ci ne dispose pas de l'appui impérial, et à s'é-tendre en outre aux autres cités de l'Empire[580]. Procope marque le progrès des manifestations. Elles commencent par les particularités du vêtement et de la coiffure, provocantes en ce qu'elles se rattachent à des modes étrangères. Mais très vite se dessinent les traits du brigandage urbain. La première étape est celle de la criminalité. Evagre se contentera de rapporter que les criminels Bleus assassinaient leurs adversaires, mais pénétraient aussi dans les maisons où ils pillaient les objets précieux et contraignaient les gens à payer pour avoir la vie sauve. Procope raconte avec plus de détails. Selon son témoignage, les fauteurs de trouble du parti Bleu commencent par circuler armés, de nuit d'abord, puis de jour, et se mettent à détrousser les gens de qualité (ἐπιεικέστεροι), à les tuer même pour assurer leur silence, sans épargner le moins du monde les Bleus qui se tiennent à l'écart de leurs activités. Leurs rivaux en sédition (ἀντιστασιῶται) se détachent de même parmi les Verts, et se laissent attirer par une délinquance

573. Malal., 395-396.
574. Malal., 406-407.
575. Marcell. Com., A. 523.
576. Proc., *HA* VII.

577. Proc., *HA* VIII 2. Mais *cf.* note 575.
578. Evagr., *HE* IV 32.
579. *JNov* XXI (*N.* 17), 2.
580. Proc., *HA* VIII 1.

impunie, quand ils ne sont pas sauvagement éliminés, ou réduits à fuir. Des règlements de comptes entre elles, les bandes passent aux meurtres mercenaires exécutés sur commande. Assurées de l'impunité par la complicité impériale, elles font régner jusque dans les tribunaux qui devraient les condamner une terreur génératrice du désordre social proprement dit, qui se produit alors. Prêteurs contraints de rendre gratuitement leurs créances, maîtres contraints de libérer leurs esclaves, pères de famille contraints de laisser outrager leurs épouses et leurs jeunes fils, autant de méfaits étrangement proches dans leur principe des infractions hérétiques à l'ordre établi. Justinien favorise le bouleversement général de la société par le patronage qu'il accorde aux fauteurs de troubles. Il les préserve des sanctions pénales, il dépense pour eux de grosses sommes d'argent, et il confie même à certains des charges publiques. Ses motifs, à la vérité, n'apparaissent pas clairement dans l'*Histoire Secrète*, parce qu'il y est présenté non seulement comme un méchant mais, ne l'oublions pas, comme un personnage démoniaque, et par conséquent lui-même par essence fauteur d'un trouble fondamental de l'ordre normal des choses. En fait, dans la mesure où sa complicité aurait été aussi écrasante que le dit Procope, elle pouvait s'expliquer dans ces années-là, de même que son union avec Théodora, comme le comportement d'un homme qui n'exerçait pas encore pleinement la puissance impériale, ou comme le choix politique d'un instrument à sa main contre l'élite gouvernante traditionnelle : la carrière de Jean de Cappadoce se justifiera plus tard de la même façon[581].

Ceci importe peu, du reste, à notre propos, qui est d'apprécier le niveau social de ces hommes. Il faut être prudent sur ce point puisque Procope souligne que bien des fils de famille rejoignirent leurs rangs, soumettant dès lors leurs propres pères à des extorsions criminelles. Ce faisant, il attire du reste l'attention sur un autre principe de discrimination sociale. Il désigne en effet les factieux par le terme de *jeunes gens* (νεανίαι), qui ne signifie pas simplement l'âge – lui-même emploie en pareil cas, dans le même passage, le mot de *garçons* (παῖδες) – mais, de façon individuelle et sociale à la fois, la disponibilité de l'individu au sein de la société. Le terme que Procope applique ici aux fauteurs de désordre dans les villes désigne ailleurs les membres des milices urbaines : des «jeunes gens» prêts à défendre Antioche contre les Perses en 540, quelques-uns seuls étaient régulièrement équipés au dire du même Procope[582], les autres n'avaient que des pierres à lancer, dans lesquelles nous reconnaissons l'arme habituelle des bagarres des rues ou du cirque. L'ambiguïté significative de la catégorie est bien illustrée par l'autobiographie placée dans la bouche du Juif converti Jacob : en confessant son passé de brigandage urbain sous le règne de Phocas, le personnage précise : «J'étais alors un jeune homme (νεώτερος), j'avais vingt-quatre ans»[583] ; au contraire, la suite de son histoire le montre sous les traits inoffensifs et respectables d'un marchand voyageur au service d'un grand personnage

---

581. Indications biographiques dans Stein, *Histoire du Bas-Empire* II, p. 435.
582. Proc., *Bell.* II, VIII 29. Même emploi du mot dans *Mirac. Dem.* L. I (col. 1292/93), et dans Joh. Mosch., *Prat. Spir.* 77.
583. *Doctrina Jacobi* I 40 (p. 39/11-14).

de la capitale. Dans un épisode en date de 565[584], c'est un « jeune homme » aussi (νεώτερος) que l'on vient arrêter dans un quartier qui se soulève pour le défendre, arrestation qui sanctionne une suite de délits caractéristiques dont les Verts se sont rendus coupables, « meurtres, agressions sur la voie publique, rapts, brigandage ».

Pour en revenir au texte de Procope, il souligne que ces « jeunes gens » constituaient un groupe ouvert, que leur association illicite et criminelle attirait à elle une foule d'adhérents. Et l'on est fort tenté de conclure que ces derniers sont en grande partie les pauvres valides et inoccupés dont le même Justinien se propose en 539 de purger la capitale[585], pour des raisons de police précisément. Si l'hypothèse est exacte, comme elle a chance de l'être au moins sous sa forme générale, la montée de cette criminalité à résonances politiques à partir des années 520-530 devrait être mise en relation avec le gonflement des grandes villes, et avec une crise de l'organisation politique et sociale de la cité. Procope lui-même y insiste dans le texte que nous venons de commenter, quand il expose la dégradation des institutions judiciaires, dont il rend Justinien le premier responsable. Et quand Evagre rapporte qu'à l'approche des Perses la population d'Antioche se souleva dans l'attente de « choses nouvelles »[586], il témoigne peut-être dans le même sens.

La fin du règne de Justinien, la dernière et sombre décennie, est marquée par une aggravation des désordres dans les villes[587]. Puis, le thème du brigandage urbain, s'il n'est plus traité avec le talent de Procope, n'en demeure pas moins explicite dans les témoignages relatifs aux années qui s'écoulent entre la mort de Justinien et l'avènement d'Héraclius. En 579-580[588], une émeute éclate à Constantinople contre le patriarche Eutychios, accusé de soutenir le patriarche Grégoire d'Antioche ; Jean d'Ephèse montre les échoppes et toutes les boutiques d'argentiers aussitôt fermées, les Juifs, les Samaritains, les hérétiques – c'est un auteur monophysite qui écrit – se mêlant à la foule, prêts à l'incendie et au pillage. Vient ensuite l'embrasement du règne de Phocas, dont les comptes rendus les plus vivants, sinon toujours les plus précis à notre gré, se trouvent dans deux œuvres hagiographiques célèbres, le livre I des *Miracles* de S. Demetrios de Thessalonique[589], vraisemblablement composé par l'évêque Jean au début du règne d'Héraclius[590], et la *Doctrina Jacobi*, contemporaine de ce même empereur. L'hagiographe de S. Demetrios rappelle à ses auditeurs les troubles déchaînés par le diable dans toutes les provinces d'Orient et dans la capitale sous le règne précédent : il ne suffisait plus aux *démoi* que le sang coulât sur la place publique, ils prenaient encore d'assaut les maisons particulières, massacrant tout ce qui s'y trouvait. Les groupes ainsi désignés sont bien les partis du cirque, puisqu'il y en a deux (τὴν κατ' ἀλλήλων διαφθοράν). L'explication diabolique exprime la force du mouvement, mais

584. Malal., *fr.* 51.
585. *JNov* XCIX (*N.* 80).
586. Evagr., *HE* V 9.
587. Stein, *Histoire du Bas-Empire* II, p. 778-779.

588. Evagr., *HE* V 18 ; Joh. Eph., *HE* III, III 31.
589. *Mirac. Dem.* L. I, col. 1261-1268.
590. Lemerle, « Composition et chronologie des *Miracula S. Demetrii* ».

elle empêche évidemment l'hagiographe de pousser loin la recherche des causes. Il rapporte tout d'abord que les nouvelles d'Orient atteignirent toutes les villes de l'Illyricum, et y enflammèrent certains des passions de la cupidité (φιλαργυρία). Mais il note aussi que les liens de parenté n'empêchaient pas les agressions et d'autre part que les maisons étaient finalement incendiées, afin que les pauvres eux-mêmes n'échappassent point. Précieuse remarque, qui nous dissuade d'une interprétation sociale trop simple, et paraît au contraire attester les agressions indifférenciées que nous dirions caractéristiques d'un brigandage urbain en effervescence. L'hagiographe souligne en revanche de façon claire le danger que pareille situation fait courir à la structure traditionnelle de la cité, fondée sur le principe de la concorde civile : il l'exprime de diverses façons, et en particulier par l'allégorie de la dame Eutaxia (le Bon Ordre), qui s'apprête à quitter Thessalonique au moment où un apaisement miraculeux se produit enfin grâce à S. Demetrios.

La confession prêtée à Jacob, le Juif converti[591], se propose de montrer que la haine à l'égard des chrétiens demeure la clef du comportement des Juifs, et de leur choix entre les partis Bleu ou Vert, qui se fait au gré des circonstances. En conséquence, il n'y est guère question de ce qui nous intéresse ici. En revanche, le *Récit de la prise de Jérusalem* par les Perses en 614, qui fait d'ailleurs place à ce même thème de la haine juive[592], apporte quelques indications sur le brigandage urbain lié à la détérioration criminelle des partis du cirque. L'auteur explique lui aussi leur activité par l'inspiration du diable, il atteste que celle-ci s'est aggravée d'un coup, à un certain moment, par l'arrivée d'hommes étrangers à la ville, bien que les partis existassent déjà auparavant[593], et il énumère les crimes qui attireront sur Jérusalem le châtiment de l'invasion perse : pillages, meurtres, luttes entre les factieux eux-mêmes[594]. Il faut d'ailleurs noter que «les perturbateurs et leurs chefs» s'opposent aux projets de négociation du patriarche, dans la cité abandonnée par ses dirigeants[595]. On retrouverait là le rôle de milice défensive que les partis de l'hippodrome assument dans les moments de danger à Constantinople[596], et qui n'est pas incompatible avec l'agitation chronique. Ainsi l'un et l'autre reçoivent-ils l'ordre de monter la garde en 610, lorsqu'Héraclius se présente sous Constantinople[597].

Quoi qu'il en soit, les troubles qui précèdent la prise de Jérusalem par les Perses sont les derniers que nous prendrons ici en considération. Les problèmes politiques et urbains du 7e siècle sont en effet tout autres. Leur étude exige un choix préalable entre la continuité politique et la continuité géographique : dans le premier cas, on fait disparaître du tableau les grandes villes de Palestine et de Syrie, qui en ont formé un élément essentiel pendant les siècles précédents, on limite celui-ci à Constantinople et aux villes de l'Asie Mineure et de la péninsule balkanique. Et il est vrai que la chrétienté politique bascule à ce moment,

591. *Cf.* notes 537 et 583.
592. *Prise de Jérusalem*, X.
593. *Cf.* en effet l'acclamation Bleue datée du 5e siècle, Thomsen, ZDPV 1920, n° 10.
594. *Prise de Jérusalem*, II 2-4.
595. *Prise de Jérusalem*, V 10-12.
596. Manojlović, «Peuple de Constantinople», p. 621-634.
597. Joh. Antioch., *fr.* 110 (p. 149).

en Méditerranée orientale, dans cette direction. Dans le second cas, on retient au contraire ces mêmes villes, alors qu'une domination étrangère y provoque tout de même une évolution spécifique. A nous en tenir aux régions demeurées byzantines, notre propos eût été d'ailleurs d'observer non seulement la survie des partis du cirque dans un contexte historique en train de changer, mais la suite de l'agitation venue des bas-fonds des villes, et qui s'est exprimée un temps en marge de ces partis.

5. ESPACE URBAIN, PEUPLEMENT ET CONJONCTURE

Les pages qu'on vient de lire se sont efforcées de montrer que les villes conservent un rôle décisif dans la vie sociale byzantine des 4e-7e siècles, et que celui-ci s'explique par la fonction politique et culturelle héritée de l'Antiquité, et transformée par la christianisation, autant et plus que par une fonction économique particulière. Si les villes attirent à elles les ressources des campagnes par le mécanisme de leur autorité politique, comme on le verra au chapitre suivant, si elles déploient une activité artisanale et commerciale incontestable, le travail qualifié dont elles demeurent les lieux est trop rare et trop inélastique, la demande correspondante trop bornée, pour que la justification économique mérite la première place. En revanche, leur capacité économique doit être située dans tout un système de sociabilité, redistribution gracieuse d'un surplus concentré par des moyens en grande partie autoritaires, et rôle politique de la population urbaine permanente, interlocutrice en public de l'empereur et de ses fonctionnaires, auditoire des pasteurs de l'Eglise, et bientôt milice gardienne des remparts. Ce système qui procède en droite ligne de la cité antique subit toutefois au cours du 4e siècle, point de départ de notre étude, une modification fondamentale que l'on hésite à nommer, de crainte de choisir sans preuve l'un de ses facteurs pour la première place : la christianisation qui fait craquer les cadres de la cité et de la générosité peut en effet être elle-même la conséquence, la ratification d'un nouvel état démographique et social, pour lequel ces derniers se seraient trouvés trop étroits. Quoi qu'il en soit, après le 4e siècle, le système ainsi transformé n'accuse plus de changement fondamental jusqu'au début du 7e, mais seulement des développements particuliers, comme le rôle des groupes rangés sous les couleurs des écuries de courses, qui n'altèrent pas sa structure et au contraire l'épanouissent. Le problème historique du changement se retrouve alors une fois de plus, posé en termes de conjoncture, c'est-à-dire de quantités. La permanence structurelle des cités au cours de cette période est-elle toute la vérité d'une société relativement immobile, ou la conclusion la plus superficielle imposée à l'historien par le parti pris des sources écrites ? En d'autres termes, les cités sont-elles demeurées imperméables aux variations du nombre des hommes et à celles du produit urbain, ces deux variables sont-elles sans pertinence pour leur histoire, ou sont-elles seulement ignorées, ou à peu près, des sources écrites ? Et dans ce cas faut-il nous résigner à les ignorer aussi ? La question peut au moins être abordée, en faisant appel cette fois à des données matérielles, les constructions et les monnaies retrouvées sur les sites urbains de cette époque.

La documentation archéologique dont nous pouvons disposer permet dans une certaine mesure d'apprécier plus étroitement le témoignage des sources écrites sur trois aspects distincts mais néanmoins associés de l'histoire urbaine byzantine entre le 4ᵉ et le 7ᵉ siècle, avant les *dark ages* de Byzance : l'évolution globale de la population urbaine, celle des pauvres indigents, celle des producteurs enfin, et notamment des producteurs peu qualifiés. En fait, on est presqu'obligé de considérer d'emblée la question par le biais de la composition sociale, qui précisément nous intéresse ici au premier chef. Car l'extension de l'espace urbain, troué de jardins et de vides, et celle des faubourgs dont la densité demeure longtemps faible, ne peuvent justifier aucune hypothèse quantitative, comme D. Jacoby l'a si bien montré pour Constantinople[598] ; et pas davantage le changement de tracé des enceintes nouvelles, dont D. Claude a rassemblé les exemples les plus significatifs dans son essai d'histoire des villes à la fin de l'Antiquité[599]. Il n'est certes pas indifférent que l'espace urbanisé s'accroisse à Constantinople en un siècle de tout l'intervalle entre le mur de Constantin et celui de Théodose II, ou que l'enceinte d'Antioche diminue au contraire après 540. Mais l'interprétation de ces différences n'est pas immédiate : on pensera que les murailles d'Antioche ont manqué des défenseurs qui se recrutaient, rappelons-le, parmi la population stable, le peuple de la ville proprement dit ; on remarquera le caractère suburbain du peuplement compris entre les deux murailles de Constantinople, et notamment la multiplication des monastères et des hospices[600]. En un mot, les changements d'étendue ne sont guère significatifs en eux-mêmes. Mais il est des critères plus éloquents de la vitalité ou du déclin des villes, ceux qui offrent, de façon caractéristique, un sens économique et démographique à la fois.

Le plus général est le mouvement même des constructions, monuments qui ont traversé les siècles mieux que les maisons ordinaires, mais aussi rues ou canalisations. Leur activité suppose en effet d'une part des ressources à dépenser, d'autre part aussi une main-d'œuvre disponible. Or, les exemples locaux semblent converger en une chronologie relativement homogène, compte tenu des décalages rendus concrètement inévitables par l'affluence du grand commerce[601] ou les atteintes des invasions. Une reprise monumentale se marque nettement au 4ᵉ siècle, à Antioche[602], à Gerasa[603], à Sardes[604], à Jérusalem[605], où la zone restée vide depuis la chute du Temple est à nouveau occupée[606]. Elle culmine à des moments variables du 6ᵉ siècle, bien que beaucoup de villes présentent dès lors, sous des apparences encore brillantes, les symptômes d'une stagnation, voire d'un déclin qui s'affirme dans la seconde moitié du siècle. A Gerasa, les

598. Jacoby, «Population de Constantinople».
599. Claude, *Byzantinische Stadt*, p. 15-41.
600. Claude, *Byzantinische Stadt*, p. 187-188.
601. Paret, «Villes de Syrie du Sud».
602. Petit, *Libanius*, p. 314-318.
603. Kraeling, *Gerasa*, p. 62-69.
604. Mitten, «Ancient Sardis».
605. Avi-Yonah, «Economics of Byzantine Palestine».
606. Kenyon, «Excavations in Jerusalem».

constructions diverses sont négligées, et quelques églises de financement épiscopal construites jusqu'à la veille de l'invasion perse se signalent par l'abondance des remplois, que l'on remarque aussi à Sardes ; l'invasion perse de 614 laisse d'ailleurs cette dernière ville dans une ruine qui n'eût pas été aussi totale et définitive s'il y avait eu quelque ressource[607]. A Jérusalem, des constructions chétives caractérisent un quartier bâti au même moment[608], ce qui montre bien que l'extension de l'espace bâti et donc l'afflux des hommes peuvent se poursuivre en période de stagnation, et n'excluent nullement la pauvreté ou l'appauvrissment. A Scythopolis, les habitations pauvres envahissent dès le 4e siècle le théâtre du 3e[609]. Mais à Antioche[610] comme à Alep[611], le déclin se manifeste après 540, parce que l'invasion perse avait été précédée de chocs divers qui en rendirent le dégât irrémédiable. Au contraire, celui des bourgades du Sud palestinien ne commence pas avant le 8e siècle[612], le moment où s'éteint aussi Gérasa.

Pendant toute la période, le progrès des constructions monastiques et hospitalières des villes ne traduit pas seulement la christianisation de la générosité citadine, mais aussi l'afflux continuel des indigents, si clairement marqué à Jérusalem[613]. Celui des travailleurs est supposé par l'activité même du bâtiment, et par un autre indice encore, la multiplication des boutiques ; ce dernier complèterait les conclusions inspirées par l'échantillon épigraphique de Korykos[614], à l'examen duquel nous proposons de distinguer entre l'étalement d'une production économiquement pauvre et une croissance de sens moderne, qui réunirait l'accroissement du volume de la production à la diversification croissante des produits, et qui est évidemment en l'espèce inconcevable. Des quartiers nouveaux naissent ainsi, les boutiques du 4e siècle à Gerasa, les faubourgs caravaniers du 6e à Alep. Mais il est peut-être plus significatif encore de constater, à Laodicée-sur-Mer par exemple[615], l'envahissement des rues antiques, portiques et chaussée, par des constructions plus ou moins périssables, vouées comme nous l'avons montré à de petits commerces plus ou moins incertains[616]. Dès la fin de la période byzantine, le plan antique des villes syriennes est ainsi en voie d'oblitération, sous la poussée de forces humaines et sociales nouvelles, étrangères à l'organisation civile traditionnelle, dont les grands repères monumentaux demeurent encore valides. Cette évolution, qui s'achèvera à l'époque ommeyade, illustre bien la combinaison qui caractérise l'histoire économique des villes byzantines entre la fin du 4e et le début du 7e siècle : plus d'hommes, plus de dépense, plus d'activité constructrice, et en même temps une stagnation élargie du niveau de vie et de production de la masse ainsi accrue.

Un autre type de données matérielles permettra peut-être de préciser ce

607. Bates, *Sardis ... Byzantine coins*, Introduction.
608. Kenyon, *Jerusalem*, p. 192-193 et fig. 14 (site S).
609. Avi-Yonah, « Scythopolis ».
610. Lassus, *Sanctuaires chrétiens de Syrie*, p. 303-304 ; Metcalf, « Metrology of Justinian's follis », p. 210.
611. Sauvaget, *Alep*, p. 53-67.
612. *Excavations at Nessana* I.
613. De Vaux, « Hôpitaux de Justinien » ; Milik, « Topographie de Jérusalem ».
614. *Cf.* p. 158-169.
615. Sauvaget, « Plan antique de Laodicée-sur-Mer », p. 124-125.
616. *Cf.* chap. 2, p. 59-61.

mouvement. Ce sont les séries de monnaies recueillies *in situ* dans des fouilles urbaines, aux niveaux où jadis elles ont été perdues. On jugerait volontiers aujourd'hui que leur dispersion fortuite à travers l'épaisseur des couches historiques correspondrait dans une certaine mesure aux variations de la circulation monétaire sur le site[617]. Plus précisément, cette dispersion serait moins propre à suggérer les variations de la masse monétaire en circulation qu'à présenter le reflet d'une séquence comparable à ce que les économistes appellent $V = vitesse\ de\ circulation$ dans la célèbre formule de Fischer, à documenter en somme l'intensité des échanges monétaires, sur laquelle les collections des musées ne peuvent donner qu'un aperçu illusoire, tandis que les trésors relèvent d'une critique et d'une interprétation encore différentes. Mais nous renvoyons à l'étude générale des paiements et des aspects monétaires de la conjoncture l'examen des quelques dossiers disponibles[618], parce que leur commentaire met tout de même en cause l'inégalité des émissions des différents empereurs et ses raisons historiques et sociales. Nous reviendrons alors à la signification de la monnaie dans l'histoire des villes et de la société byzantine entière à cette époque. Pour l'instant, qu'avons-nous montré ? Tout d'abord, que l'on ne tirera aucune conclusion générale de quelques recherches plus ou moins exhaustives sur des sites divers par leurs antécédents et par leurs vicissitudes historiques au cours de la période. On voit quels critères pourrait et devrait choisir une vérification matérielle de l'évolution économique et sociale des villes byzantines entre le 4e et le 7e siècle, que l'on esquisse plus facilement, et pour commencer, à partir des sources écrites. Cependant, les exemples auxquels nous venons de nous limiter dessinent quelques convergences. Un élargissement spatial sensible dès le 4e siècle, où ressortent les établissements destinés aux pauvres et aux moines, les boutiques plus ou moins solides, les monuments édifiés par la main-d'œuvre venue des campagnes, et qui culmine selon les villes à des moments différents, mais ne semble guère survivre au règne de Justinien. Sans que les débuts du 7e siècle marquent partout une coupure, un certain essoufflement paraît probable au 6e siècle déjà, et parfois dès les années difficiles qui commencent en 540. Cette date est aussi suggérée par les trouvailles monétaires, et elle nous semblera marquer d'autre part la fin de l'abondance démographique[619].

En somme, les villes byzantines croissent entre le 4e et le 7e siècle parce que leur population augmente ; mais l'augmentation de leur produit se borne à une simple corrélation avec le nombre accru des hommes. Comment se poursuit leur histoire après les premières années du règne d'Héraclius ? Faut-il lui conserver la coupure traditionnelle du 7e siècle, naguère encore admise par Kirsten[620] ? Et l'histoire des villes se caractérise-t-elle alors par une dépression profonde, comme l'a soutenu Každan[621], ou par une survie plus ou moins pro-

617. Sur le problème de méthode, voir Grierson, « Byzantine coinage », p. 324-325.
618. *Cf.* chap. 7, p. 415 *sq.*

619. *Cf.* chap. 6, p. 309 *sq.* et 7, p. 415 *sq.*
620. Kirsten, « Byzantinische Stadt », p. 19 *sq.*
621. Každan, « Vizantijskie goroda » [Villes byzantines].

longée, comme ont préféré le penser Lopez[622] et Ostrogorsky[623] ? Les critères employés par les uns et les autres devraient être discutés par quiconque voudrait à son tour prendre part au débat, où les réponses resteraient d'ailleurs régionales. En tout état de cause il semble bien qu'un chapitre d'histoire urbaine de Byzance commencé au 4e siècle touche à sa fin avec le 7e. Pour cet aboutissement comme pour d'autres, Byzance retarde sur l'Occident. Mais une seconde conclusion vient aussitôt s'ajouter : jusqu'au bout de cette période, la ville byzantine conserve l'autorité politique et le prestige culturel hérités de ses antécédents antiques. Jusqu'au bout le peuple des villes joue le rôle qui se perdra au cours du 7e siècle. Et jusqu'au bout un antagonisme social déterminant est constitué par le fait que la ville dépense un surplus prélevé sur la campagne. A cette dernière de retenir maintenant notre attention.

622. Lopez, « Role of trade ».
623. Ostrogorsky, « Byzantine cities ».

6. La terre et la société

1. VILLAGE ET PRODUCTION AGRICOLE

J'ai commencé par les villes cet essai d'histoire des pauvres dans les débuts de Byzance, parce qu'il m'a paru nécessaire de conformer l'étude à la hiérarchie des formes de vie sociale explicitement reconnue par la société qui en était l'objet. Ce premier examen a mis en relief le contraste, la contradiction peut-on dire, entre la fonction politique et culturelle des villes, qui demeure décisive, et leur activité productrice, qui ne l'est pas du tout, car son volume et sa valeur ne sont pas capables d'augmenter en proportion de la consommation urbaine, malgré la stimulation du don, ce dernier servant d'ailleurs lui aussi en partie à la consommation immédiate, et s'échappant d'autre part du cadre urbain. Moteur culturel et politique, la ville se présente avant tout au point de vue économique comme un marché de biens de consommatioe pour les citadins qui l'habitent, et dans le meilleur des cas, celui d'Antioche par exemple, pour les citadins d'autres villes, et les campagnards les plus proches et les plus favorisés. Tout cela invite à chercher maintenant si les campagnes, au contraire, ne sont pas investies de la fonction productrice primordiale, et si le système de cette première époque byzantine, comme tant d'autres systèmes économiques anciens et traditionnels, ne relève pas de l'*économie paysanne* (*peasant economy*), sur laquelle D. Thorner a écrit naguère des pages lumineuses[1]. Interrogation théorique, j'en conviens, mais aussitôt enfermée par la documentation dans un énoncé historique particulier. Les sources juridiques et historiographiques mettent l'accent sur les difficultés des paysans, les ruptures, les fuites, les déplacements, la désertion des campagnes, l'afflux dans les villes des campagnards appauvris et déracinés. D'autres textes pourtant, et l'empreinte archéologique des habitations et des travaux des hommes, composent un tableau de peuplement paysan relativement dense et prospère par endroits, et attestent surtout un développement nouveau et d'une

1. Thorner, «Peasant economies».

portée immense, la multiplication des monastères, des campagnards devenus moines. Cette contradiction apparente est au cœur du problème historique, et surtout du problème des pauvres tel que les sources écrites nous l'ont imposé. Et elle rend nécessaire l'esquisse d'une histoire des campagnes byzantines entre la fin du 4ᵉ et le milieu du 7ᵉ siècle.

On a écrit beaucoup et peu sur la paysannerie byzantine en cette première période de son histoire. Beaucoup, si l'on considère l'importance, et souvent l'éclat, des analyses institutionnelles. Peu en réalité, si l'on regarde concrètement les choses sous l'angle des conditions économiques et de la pratique sociale. A défaut des cartulaires sur lesquels Marc Bloch déplorait de voir courbés les paysans français, les paysans byzantins de cette époque ont certainement labouré plus de textes législatifs que de terre. La lettre souvent difficile des lois a suscité des efforts d'explication, qui se sont surtout attachés à deux points, le colonat et le domaine d'une part, la communauté villageoise libre d'autre part. Dans les deux cas d'ailleurs, l'attention s'est portée avant tout sur les aspects fiscaux des problèmes, ou, si l'on préfère, sur les facteurs fiscaux des évolutions. Celle du colonat, tout d'abord, qui signifie l'aliénation de plus en plus poussée des personnes paysannes sur le domaine dont l'exploitation s'assure ainsi une source d'énergie humaine autre que l'esclavage. Après Fustel de Coulanges[2], après Rostovzev[3], après les juristes comme Collinet[4], après les remarques rétrospectives de Marc Bloch[5], Saumagne a brassé le problème dans un vaste mémoire dont l'éloquence ne se laisse pas oublier en dépit d'envolées excessives ou obscures[6]. Pallasse[7] a souligné les dissemblances entre l'Orient et l'Occident, déterminées selon lui par les modalités différentes d'inscription sur les registres de l'impôt : celles-ci prennent en effet une importance décisive à la suite de la réforme de Dioclétien, à cause des rapports qui s'instituent alors entre le fisc, les grands propriétaires, et les paysans établis sur les domaines de ces derniers et payant l'impôt par leur intermédiaire. Le village libre a constitué l'autre thème des études sur la paysannerie byzantine. Dans son admirable histoire du colonat romain, Rostovzev avait insisté sur son importance, héritée de l'époque hellénistique. Pour le Bas-Empire, c'est aussi l'aspect fiscal des choses qui a été étudié, et naguère encore dans la mise au point de P. Lemerle[8] : la solidarité fiscale de la communauté villageoise, dont la législation fait état pour le cas des terres désertées comme pour le droit de préemption des villageois, le glissement des villages libres entre les mains des grands propriétaires, les *puissants*, qui étendent alors aux terres villageoises l'effet de leur immunité, ou de leur impunité. Le village cesse d'être libre, en fait ou par une fiction juridique,

2. Fustel de Coulanges, *Alleu et domaine rural*, p. 68-79.
3. Rostowtzew (*sic*), *Römische Kolonat*.
4. Collinet, «Colonat dans l'Empire romain».
5. Bloch, *Mélanges historiques* I, p. 261-528, *passim* (*Le servage dans la société européenne*).
6. Saumagne, «Rôle de l'*origo* et du *census*», *cf.* Ganshof, «Statut personnel du colon».
7. Pallasse, *Orient et Occident*.
8. Lemerle, «Histoire agraire».

parce qu'il cesse d'acquitter directement ses impôts, et se retranche derrière le patronat du grand propriétaire. Ou encore tel villageois troque sa condition de propriétaire indépendant contre la même redoutable protection. A l'autre extrémité de la période, le *Code Rural* a suscité par les obscurités qui enveloppent le lieu et la date de sa rédaction un débat animé par les historiens russes, puis soviétiques, également quoique différemment sensibles aux problèmes agraires dont leur passé et leur présent soulignaient l'importance. En substance, et sous des formes plus ou moins radicales selon les auteurs et les écoles, les hypothèses en cours sont les suivantes[9] : le manque de travailleurs aurait motivé le développement sans mesure du colonat et du grand domaine pendant tout le Bas-Empire, et le déclin démographique, que l'on ne croit plus manifeste avant le milieu du 6e siècle, aurait laissé la terre byzantine exsangue vers la fin de celui-ci. C'est le moment où les Slaves s'installent en masse dans les marches balkaniques de l'Empire byzantin. Cet afflux d'hommes neufs aurait provoqué une régénération des campagnes, dont témoignerait l'épanouissement d'une paysannerie libre, c'est-à-dire fiscalement responsable ; le *Code Rural* conserverait son organisation villageoise, témoignage de règles nouvelles surgies d'une situation nouvelle. On ne lui a pas trouvé de références dans le droit justinien, et l'on a songé autrefois à un modèle slave ; cette hypothèse extrêmement difficile à défendre est aujourd'hui délaissée pour celle d'une innovation proprement byzantine, mais néanmoins issue du renouveau démographique apporté par l'installation des Slaves. Nous aurons l'occasion de revenir sur cette histoire. Mais il faut d'abord en éclairer les personnages.

Le paysan de l'époque protobyzantine demeure imparfaitement connu, et ceci n'est pas dû seulement à ce que les obscurités juridiques n'ont pas été entièrement élucidées. L'enchaînement même des formes institutionnelles a trop souvent été isolé du contexte historique. Il ne faut tout de même pas oublier que les dispositions législatives sont explicitement promulguées dans l'intérêt des grands propriétaires inquiets de manquer de main-d'œuvre, et du fisc soucieux d'assurer ses rentrées. Or, on ne semble guère s'être interrogé sur le volume réel du colonat dans le secteur rural de cette époque. De même, on a quelquefois fondé une appréciation économique de la condition paysanne sur des textes qui demandaient eux-mêmes une critique, historiographie hostile à tel empereur, ou législation impériale soucieuse, on vient de le dire, de main d'œuvre domaniale et de rentrées fiscales. Pourtant, si les sources autres que la législation ne sont ni abondantes ni groupées, pour l'histoire rurale byzantine des 4e-7e siècles, elles n'en existent pas moins, et il n'est pas nécessaire de se borner aux papyri égyptiens, moins encore d'extrapoler à partir d'eux, comme l'a fait malheureusement G. Rouillard dans la première partie de son livre[10]. Il est juste de dire qu'elle n'a pas connu le développement décisif de l'investigation

9. Lemerle, «Histoire agraire» 1 ; Ostrogorskij, «Commune rurale byzantine». Points de vue soviétiques dans *Gorod i derevnja* [*Ville et campagne*] ; Každan-Udalicova, «Nouveaux travaux» ; Sorlin, «Recherches soviétiques», p. 500-506. Sur la position de Sjuzjumov, voir note 82.

10. Rouillard, *Vie rurale dans l'Empire byzantin*.

archéologique, dont les contributions capitales à ce jour sont d'une part l'inventaire régional de Tchalenko[11], consacré à l'arrière-pays montagneux et oléicole d'Antioche, d'autre part l'ensemble des travaux israéliens qui, sur la base de recherches antérieures souvent excellentes, ont poursuivi un projet méthodique d'histoire du peuplement et de l'occupation du sol[12]. L'hagiographie atteste dans ses récits les usages normaux des campagnes, l'historiographie retient les catastrophes naturelles ou politiques qui les frappent. Les sources littéraires fournissent au dossier de l'histoire rurale au début de l'époque byzantine le texte exceptionnellement important du *Discours sur les patronages* de Libanios, et la correspondance des évêques qui interviennent auprès des autorités en faveur de leurs ouailles, Basile de Césarée, Théodoret de Cyr. L'épigraphie a conservé un certain nombre d'inscriptions villageoises, et une série célèbre de documents cadastraux, consécutifs à la réforme de Dioclétien, et découverts sur différents territoires d'Asie Mineure. A l'autre bout du domaine byzantin, les actes privés de Nessana apportent une illustration importante des pratiques de la petite propriété foncière. Toute cette documentation permet de mieux situer et de mieux comprendre les textes législatifs qui s'échelonnent sur toute la période, depuis le lendemain de la réforme fiscale de Dioclétien jusqu'à Tibère. Il faut évidemment y ajouter le *Code Rural*, ce texte aussi important dans son contenu que mystérieux dans le lieu et la date de sa rédaction ; on s'accorde toutefois sur la fin du 7e ou le début du 8e siècle, et sur un contenu à cette date fortement coutumier[13].

Mon dessein n'a pas été d'apporter une contribution neuve aux subtiles exégèses juridiques qui importent peut-être plus en fin de compte à l'histoire des maîtres du sol qu'à celle des paysans eux-mêmes. Mon objet est la fonction productrice des campagnes et leur place dans l'économie et dans la conjoncture de l'époque, le mouvement des hommes à travers l'espace rural, et leur exode éventuel hors de ses limites. Ceci demande que l'on renverse l'ordre habituel des facteurs, que l'on retrouve l'unité du fardeau paysan sous la diversité des formes légitimes ou illégitimes, la rente au maître du sol, l'impôt à l'Etat, l'offrande à l'Eglise, les versements abusifs au patron. Et aussi que l'on commence par s'interroger sur les capacités productives des campagnes, donc sur les conditions de la production paysanne.

Le cadre de la vie paysanne byzantine est le village, en tout état de cause, et il convient à cet égard de surmonter l'opposition juridique plus que réelle entre le village et le domaine[14]. Ou plus exactement il convient de démêler les multiples significations du terme de village dans la campagne byzantine, habitat groupé ou du moins noyau d'habitat d'un terroir, personne collective, communauté responsable.

---

11. Tchalenko, *Villages antiques*.
12. *Cf.* p. 307 *sq.*
13. Etat de la question dans Malafosse, « Lois agraires » ; Lemerle, « Histoire agraire » 1, p. 49-54 ; Zepos, « Byzantinische Jurisprudenz », p. 17-18.
14. *Cf.* les remarques de Svoronos, « Formes de la vie rurale à Byzance ».

Nous entendrons d'abord le terme au sens très simple d'habitat groupé de producteurs. Dans les provinces byzantines qui forment le domaine de ce livre, l'archéologie montre à la fois la prédominance de l'habitat groupé, et les différences de niveau matériel qu'il admet. Les villages de l'arrière-pays d'Antioche décrits par Tchalenko attestent, par la qualité des maisons ou la distribution des pressoirs à huile, la diversité de la société villageoise : à Qatura, propriétaires plus ou moins opulents, dont le plus considérable réside un peu à l'écart[15] ; petits fermiers indépendants à Bamuqqa[16] ; ouvriers agricoles à Behyo, où les divers groupes sociaux sont d'ailleurs réunis dans les quartiers d'une même agglomération[17]. L'habitat domanial isolé paraît partout une exception, mais plus fréquente avec le temps[18]. Dans la plaine antiochéenne, les *puissants* contemporains de Libanios demeurent encore des hommes de la ville[19]. Les résidences du Massif Calcaire ne sont peut-être pas toujours des demeures permanentes. Mais la villa de Qatura, pourvue de communs et d'une enceinte, a une tour d'habitation du 6e siècle. Et dès le milieu du 4e siècle des conditions locales d'insécurité justifient les centres domaniaux fortifiés : on en découvre en Thrace[20], comme dans l'Est syrien, où la résidence d'Et-Touba remonte aux années 326-353, tandis que celle de Tell Mahroum pourrait être du 5e siècle[21]. Ces deux exemples montrent une enceinte qui peut servir éventuellement de refuge aux campagnards des environs, et qui abrite l'église, la nécropole, et un magasin à grains, peut-être utilisé aussi pour les provisions du fisc et des troupes : le site de Tell Mahroum comporte d'ailleurs un village à quelque distance de la plate-forme. L'habitat paysan lui-même se disperse seulement, à cette époque, au témoignage de l'archéologie, dans les sites déjà arides du Sud palestinien, comme Ramat Matred près d'Avdat (Eboda), où des fermes se disséminent non loin de l'agglomération, de la grande route, et du lit principal de l'eau[22]. Mais même dans cette région la plupart des sites fouillés révèlent un groupement villageois comme à Ašdod[23].

Les sources écrites confirment dans l'ensemble que l'habitat villageois l'emporte de loin sur l'habitat domanial ou sur la ferme isolée. Les déclarations cadastrales de Mytilène et de Théra[24] présentent un nombre faible de travailleurs libres ou esclaves. Le reste ne relevait donc pas de la même unité fiscale. La loi de 369[25], qui précise les rubriques des inventaires de biens confisqués, ordonne de noter dans les domaines ruraux le nombre des esclaves chasés et des colons, et il n'y a pas là une information concluante sur la forme de l'habitat, non plus que dans le dispositif testamentaire reproduit par une Novelle de

15. Tchalenko, *Villages antiques* I, p. 193.
16. *Ibid.*, p. 314.
17. *Ibid.*, p. 352 *sq.*
18. McMullen, *Soldier and civilian*, p. 146 *sq.*
19. Petit, *Libanius*, p. 379-382.
20. Velkov, « Campagnes et population rurale », p. 48-49.
21. Mouterde-Poidebard, *Limes de Chalcis*,

p. 197-201 et 157-158.
22. Aharoni, Evenari . . ., « Ancient agriculture of the Negev ».
23. Dothan, « Preliminary report, 1962-1963 ».
24. *IG* XII/2, 7680 et *IG* XII/3, 343-349. Sur les hommes (ἄνθρ.) d'Astypalea, voir Déléage, *Capitation*, p. 191-194.
25. *CTh* IX XLII 7 (*CJ* IX XLIX 7).

555[26], et relatif aux domaines suburbains d'un grand propriétaire. Les paysans des textes sont, en tout état de cause, des villageois, peuplant les récits hagiographiques et les correspondances épiscopales, motivant une bonne partie de la législation sur les campagnes, où sont d'ailleurs distingués villages libres et villages domaniaux. Les textes en un mot ne connaissent que la communauté villageoise, prenant au nom de ses membres les décisions dictées par les exigences de sa production ou les obligations liées à son statut juridique, avec une compétence variée selon les cas, mais partout présente dans la pratique byzantine de cette époque, même si elle ne revêt pas toujours la forme de la personnalité juridique ou fiscale. Les allusions à un habitat dispersé sont fort peu nombreuses pour cette époque. Un récit de Jean d'Ephèse se déroule dans un village de montagne, constitué de hameaux dispersés et de maisons isolées[27] : c'est un cas particulier, comparable à celui de la steppe palestinienne. Un paysan lycien déclare probablement habiter un écart sur le terroir de son village[28]. Mais il faut attendre le *Traité Fiscal*[29] et le 10e siècle pour lire la description d'un terroir villageois où une partie de l'habitat s'éparpille loin du centre[30], et cela dans une œuvre pratique, et donc surtout occupée des situations courantes à sa date.

Qu'est-ce qu'un village ? En fait, notre terminologie française n'est pas propre à rendre compte d'un type de groupement antique qui se définit au premier chef par la qualité négative de n'être pas une cité, mais qui présente sous ce commun dénominateur une diversité notable de la densité humaine, des activités et des niveaux économiques. Quoi de commun entre les gros bourgs syriens dont Libanios note avec orgueil la prospérité citadine, riches d'habitants, de métiers et d'échanges, bruissants de fêtes[31], et les pauvres bourgades paphlagoniennes où Théodore le Sycéote opère ses miracles, et qui peinent dans la terreur des intempéries, des autorités et des démons ? Ni la terminologie grecque ni les institutions villageoises ne font écho à la diversité économique. Le vieux terme hellénistique de κώμη exprime en effet le fonctionnement quasi municipal de ces agglomérations d'importance matérielle tellement inégale[32]. Il demeure couramment et à peu près exclusivement employé du 4e au 6e siècle, par Libanios, Théodoret de Cyr, la législation justinienne, les inscriptions, et encore par des textes de langue plus vulgaire, comme les récits de Jean Moschos ou la *Vie de Nicolas de Sion*. Il est appliqué non seulement à des villages fiscalement responsables, c'est-à-dire libres, mais à des villages domaniaux[33]. Le mot χωρίον désigne dans ces mêmes textes comme dans les inscriptions cadastrales d'Asie Mineure[34] une terre ou un ensemble de terres[35]. Ainsi s'explique la combinaison

26. *JNov* CLXV (*N.* 159).

27. Joh. Eph., *E. Sts* 16.

28. *Cf.* note 37.

29. Sur ce texte, *cf.* Lemerle, « Histoire agraire » 1, p. 258 *sq.*

30. *Traité Fiscal*, 3, in Dölger, *Byzantinische Finanzverwaltung*, p. 115.

31. Lib., *Or.* XI, 230.

32. Rostowtzew (*sic*), *Römische Kolonat.*

33. Lemerle, « Histoire agraire » 1, p. 43-44 ; Lib., *Disc Patron.* comm. p. 126 *sq.*, *cf.* Theod. Cyr., *HRe* XIV (*PG* 82, 1413).

34. Citées par Déléage, *Capitation*, p. 163-196, *passim.*

35. Lemerle, *cf.* note 33.

des deux termes, «villages et terres» (*κώμας καὶ χωρία*), dans un propos de Jean Chrysostome sur les propriétaires fonciers par exemple[36]. Mais *χωρίον* peut aussi désigner un écart. Ainsi, dans la *Vie de Nicolas de Sion*, un paysan lycien déclare résider «au village (*κώμη*) de Plénion, au lieu (*χωρίον*) dit Rabbamousa»[37]. Ce même mot concret et dépourvu de substance politique domine dans la *Vie de Théodore de Sykéôn*, écrite au début du 7ᵉ siècle, comme dans le *Code Rural*, pour désigner le village. En fait, aucune distinction ne peut être établie entre les deux termes pour la responsabilité fiscale ou pour la délégation interne de l'autorité que nous étudierons plus loin. La meilleure preuve de l'indifférence entre eux à partir d'une certaine époque est administrée par un document de Nessana, une pétition relative aux impôts publics dûs par le village de Kaphra (araméen «village»)[38] : celui-ci est désigne dans le cours du texte par le terme de *χωρίον*, mais le rédacteur, qui est le prêtre du village, se désigne lui-même par son titre officiel de *διοικητὴς* («administrateur») *τῆς κώμης*. En somme, il s'est établi une équivalence entre deux termes, dont le plus vulgaire et le plus éloigné de l'usage classique semble l'avoir emporté en fin de compte. En revanche, on distingue à l'intérieur de la collectivité villageoise des solidarités intermédiaires, dont on verra l'importance en étudiant plus loin la propriété villageoise. Ce sont les «voisinages» (*γειτονίαι*)[39], désignés par le terme qui se fait jour à la même époque dans les villages italiens[40], et dans les quartiers des villes byzantines[41] : c'est un phénomène général du haut Moyen Age méditerranéen, qui mériterait une interprétation d'ensemble.

Nous ferons donc abstraction ici d'une terminologie vouée à la désuétude, et même des distinctions de statut entre villages libres et villages domaniaux. Les textes ne permettent pas de les reconnaître en effet, sauf allusion précise, car les communautés villageoises se gouvernent toutes de façon assez semblable, et supportent toutes des charges comparables, dont la composition ne modifie guère le poids, et donc les conséquences économiques qui nous intéressent. Une esquisse générale de ce fonctionnement interne des communautés villageoises suffira pour introduire les problèmes qui nous importent, celui des rapports entre le village et les autorités extérieures, celui des rapports réels et des inégalités de fortune dans la communauté elle-même. Aux autorités extérieures quelles qu'elles soient, le village apparaît comme une solidarité collective, dont l'application fiscale est loin d'être la seule. Il est cimenté en effet aussi par une solidarité pénale et religieuse. La solidarité pénale est brandie à l'occasion de délits commis par des individus. Ainsi, dans une lettre adressée à un destinataire inconnu, après 374, Basile de Césarée envisage l'excommunication collective du village qui a celé une jeune fille victime d'un rapt[42]. Les excommunications abusives interdites par la loi, qui punissent les paysans de leur refus d'offrandes,

---

36. Joh. Chrysost., *PG* 60, 146 (*Acta Apost. Homil. XVIII*).

37. *V. Nicol. Sion.* 66, cf. Déléage, *Capitation*, p. 188-189.

38. *PNess* 54 (fin 6ᵉ-début 7ᵉ s.).

39. *V. Nicol. Sion.* 22, cf. *IGLS* 2802 (*γ.* *Γερδας ἀνωτέρας*).

40. Bognetti, «Beni comunali».

41. Cf. Robert, *Hellenica* XI-XII, p. 410, note 1 ; Malal., *fr.* 51 ; etc.

42. Bas. Caes., *Ep.* 270.

frappent aussi des villages entiers[43]. Même responsabilité vis-à-vis de l'autorité laïque : la *Vie de Théodore de Sykéôn*[44] rapporte le cas d'un paysan qui avait entrepris d'agrandir son aire en raison d'une moisson particulièrement abondante ; les autres villageois le soupçonnent d'avoir déterré un trésor, et s'affolent aussitôt à l'idée que le gouverneur pourra leur en imputer à tous la responsabilité. La solidarité religieuse se manifeste clairement dans le cas des hérétiques : Théodoret dénombre quelquefois par villages les Marcionistes qu'il a ramenés à l'orthodoxie dans son diocèse de Cyr[45]. Et en effet une inscription syrienne de 318 signale «la synagogue marcioniste du village (κώμη) de Lebaba»[46]; mais nous touchons là au domaine des dépenses collectives, auquel nous allons revenir, et dont relèvent également les offrandes adressées par des villages à des sanctuaires, églises ou monastères. Enfin, nous n'insisterons pas sur la solidarité fiscale, qui a été très étudiée[47] : après la réforme fiscale de Dioclétien, dont les opérations cadastrales séparent domaines impériaux ou privés et terroirs villageois, elle devient explicite avec la législation relative aux terres désertées dont le village demeure comptable au fisc après le départ de leurs possesseurs. Une autre forme de solidarité fiscale rend le village tout entier redevable de l'hospitalité militaire, en sorte que les pétitions qui s'en plaignent émanent de la collectivité[48]. Toutefois le terroir villageois peut admettre des enclaves qui échappent à la solidarité fiscale : c'est probablement le cas des terres appartenant à l'église du village[49].

Considéré dans son fonctionnement interne, le village apparaît aussi comme un lieu de décision collective, et cela d'ailleurs bien avant l'époque que nous étudions : car les problèmes villageois sont au premier chef des problèmes de continuité, comme le savent les lecteurs de Marc Bloch, de Gian Piero Bognetti et d'Emilio Sereni. La nature de nos documents fait que nous avons surtout conservé des décisions de dépense, et plus précisément de construction. Avant la christianisation, les bourgades de la steppe syrienne élevaient des sanctuaires à leur divinité[50]. Les bourgades chrétiennes offrent des mosaïques[51], ou des sommes en espèces[52], plus peut-être qu'elles ne construisent d'églises[53]. En revanche, des inscriptions attestent la construction de maisons d'assemblée, à El-Muarraba en 336[54], à Oumm-er-Roummân en 468[55]. D'autres décisions collectives aliènent l'indépendance du village. Ainsi, Théodoret conte l'histoire pleine de détails précieux d'un village de paysans propriétaires, qui était demeuré païen : dans le même temps où le saint homme Abraam était venu les évangé-

---

43. *CJ* I III 38, s. d.
44. *V. Theod. Syk*. 114.
45. Theod. Cyr., *Epist. Sirmond*. 81.
46. *LW* 2558.
47. *Cf.* l'état de question de Lemerle, «Histoire agraire» 1, p. 37-38.
48. Keil-von Premerstein, «Lydien III», n°s 8, 28 (3e s.).
49. *IGLS* 1898.
50. *LW* 2209 (Egla) ; *LW* 2546 (Oumm-ez-Zeitoun).

51. Inscriptions de Qabr Hiram (A. 575) citées par Lassus, *Sanctuaires chrétiens*, p. 251, d'el-Mekhayyat (Saller-Bagatti, *Nebo* 1 A et B).
52. *PNess* 89/25 (fin 6e-début 7e s.): offrande au Sinaï υπερ τις κυνοτετος του χοριου υμον ; *Mirac. Georg*. 11.
53. Lassus, *cf.* ci-dessus note 51.
54. *LW* 2070a (κοινὸς οἶκος).
55. *LW* 2056 ([τὸ κοιν]οβούλιν).

liser, ils sont harcelés par les collecteurs d'impôt de la ville d'Apamée, sur le territoire de laquelle ils se trouvaient ; dans leur détresse, ils supplient Abraam de se faire leur patron, et celui-ci leur procure aussitôt le soulagement d'un emprunt qu'il contracte pour eux ; mais il exige en échange qu'ils se fassent chrétiens, et que leur conversion soit signalée par la construction d'une église[56]. Les contemporains ont présenté également comme un fait des collectivités villageoises le brigandage des *Maratocupreni* des environs d'Apamée[57], la dissidence fiscale des riches villages de la province pisidienne[58], l'acceptation du patronat militaire par des villages libres ou domaniaux, et les activités délictueuses aux dépens d'autres villages que celui-ci autorisait[59].

Nous pouvons apercevoir les organes de délibération, de décision et de contrôle des communautés villageoises, sans distinguer malheureusement leur éventuelle diversité. Il y a d'abord l'assemblée à laquelle sont probablement destinés les locaux communautaires dont nous avons relevé plus haut la construction[60]. Une inscription d'Antiochène dont nous ignorons la date, et qui est apparemment inachevée, semble envisager l'entrée dans la collectivité villageoise des garçons qui accomplissent leur seizième année, « afin qu'ils partagent avec le village (κώμη) le fardeau... »[61]. Dans la *Vie de Nicolas de Sion*, en Lycie, une procession qui sort au devant du saint et se rend avec lui à l'église est composée des « hommes du village, depuis le petit jusqu'au grand »[62], formule encore usitée dans un acte athonite de 1008, où un village se porte partie dans un litige[63]. Dans la *Vie de Théodore de Sykéôn*, les « hommes du village » offrent une vigne au monastère[64], ou une quantité fixe de vin et de raisin chaque année[65], pour remercier le saint d'avoir détourné d'eux un nuage menaçant. Dans la même *Vie*[66], la « communauté » (τὸ κοινόν) égorge un bœuf et le mange ; il en résulte une intoxication, dont restent indemnes quelques villageois qui n'avaient pas pris part au repas. Il ne faut certes pas solliciter l'anecdote, mais on voudrait savoir si leur abstention était fortuite[67]. Un autre village est représenté par son clergé, auquel nous allons revenir, et par ses « maîtres de maison » (οἰκοδεσπόται)[68], ceux du moins qui ont échappé en l'espèce à une invasion démoniaque. En somme, on ne peut dire si la communauté villageoise agissante rassemble tous les hommes, ou seulement les chefs de famille propriétaires.

Quoi qu'il en soit, un groupe plus restreint se dessine, celui des « premiers du village ». Une inscription sur mosaïque relevée par Tchalenko dans le village de Hās, en date de 388, en attribue le travail aux « dix premiers » (δεκάπρωτοι)[69], selon une terminologie identique à celle qui se développe au même moment au

---

56. Theod. Cyr., *HRe* XVII.
57. Amm., XXVIII 2, 11 (« vici huius nominis incolae »), A. 369.
58. *JNov* XXIII (*N*. 24), A. 535.
59. Libanius, *Discours sur les patronages*, *passim*.
60. *Cf.* notes 54-55.
61. *LW* 2680 (Bakousa).

62. *V. Nicol. Sion*. 21.
63. *Actes de Lavra* I, n° 14.
64. *V. Theod. Syk*. 144.
65. *Ibid*., 52.
66. *Ibid*., 143.
67. *Ibid*., 116.
68. *Cf. Actes de Lavra* I, n° 14, etc.
69. Tchalenko, *Villages antiques* III, n° 39.

sein des curies urbaines[70]. Dans la *Vie de Théodore de Sykéôn*[71], les « premiers » de deux villages voisins vont ensemble solliciter une intervention du saint. Le village peut être aussi représenté par une seule personne. Une inscription syrienne en date de 344 commémore un travail assuré par l'intendant d'un domaine et le *kômarchos* d'un village[72]. Le même personnage est appelé *prooikos* dans la *Vie de Théodore de Sykéôn*. Dans l'affaire déjà citée du bœuf égorgé et consommé par la communauté villageoise, l'unique victime est le frère du *prooikos*[73] : le détail montre la coexistence dans le même village de l'assemblée générale et d'une autorité plus restreinte. Une délégation de trois villages auprès de Théodore est composée pour les deux premiers de leur *prooikos*, pour le troisième de son prêtre[74]. C'est aussi un prêtre qui se qualifie d'« administrateur » (διοικητής) du village de Kaphra, dans la pétition relative aux impôts de ce dernier qui est conservée à Nessana[75]. La mention d'un personnage unique à la tête d'un village se retrouve dans un texte plus tardif encore, une *Addition* à l'œuvre de Jean Moschos[76], dont la scène est située en Palestine, sur le thème de l'enfant juif touché par la grâce après avoir joué à la messe, et jeté dans la fournaise par son père : celui-ci est chargé de chauffer le bain du village, et il reçoit des ordres du « président du village » (καθεδράριος τοῦ χωρίου), « que l'on appelle également ἀμῆρας », terme qui, pour mal employé qu'il soit ici, place en tout état de cause la rédaction du texte après la conquête arabe, soit au plus tôt vers la fin du 7ᵉ siècle. Enfin, il faut souligner parmi ces instances le rôle du clergé villageois. Un village a son prêtre, comme le montrent les mentions des inscriptions funéraires[77]. Il peut occuper des charges publiques, comme fait le prêtre de Kaphra[78], ou Abraam, qui est devenu le patron du village qu'il a évangélisé, sans en être autre chose que le prêtre[79]. Ailleurs, c'est un groupe de clercs qui apparaît : ceux du village lycien d'Arnabanda, par exemple, vont en délégation auprès de Nicolas de Sion[80], pour le prier d'intervenir contre un esprit impur établi dans la source du village. Nous retrouverons cette présence villageoise de l'Eglise, à propos des charges qui pèsent sur la communauté rurale.

A côté de ces fonctions durables apparaissent des missions précises et temporaires, notamment l'exécution de constructions décidées par la communaut Ainsi, une inscription syrienne gravée sous le règne de Justin II[81] atteste la re tauration d'une église : la communauté l'a financée (ἐκ προνοίας τοῦ κοινοῦ et l'exécution a été assurée par deux commissaires (ἐπιμεληταί) qui ont jur sur la Trinité s'être abstenus de toute malversation.

Nous espérons avoir montré dans les pages qui précèdent que les institutions villageoises ne sont pas propres au village libre, et que la responsabilité fiscale,

70. Petit, *Libanios*, p. 83-90.
71. *V. Theod. Syk.* 115.
72. *IGLS* 1908.
73. *Cf.* note 66.
74. *V. Theod. Syk.* 124 (ἄνδρες ἔντιμοι).
75. *PNess* 54 (fin 6ᵉ s.-début 7ᵉ s.).

76. *Prat. Spir. Add. Berol.* 8.
77. *MAMA* I 403.
78. *Cf.* note 75.
79. *Cf.* note 56.
80. *V. Nicol. Sion.* 20.
81. *LW* 2261.

à laquelle nous reviendrons à propos des charges paysannes, n'est qu'une de leurs applications possibles. D'autre part, les documents que nous avons cités nous paraissent prouver à cet égard non la nouveauté du *Code Rural* mais une continuité du village byzantin de part et d'autre du 7ᵉ siècle[82], si peu originale au demeurant que la similitude des institutions byzantines et slaves, dans la mesure où ces dernières seraient saisissables pour une aussi haute époque[83], attesterait une analogie structurale plus qu'une influence historique. En fait, le nœud de la discussion est et doit être la condition des terres du village. C'est le problème que nous allons aborder maintenant, en considérant les capacités de production d'une part, la différenciation sociale d'autre part, au sein de l'organisation villageoise. Nous nous demanderons en somme si la pratique des décisions collectives se fait sentir dans le domaine des activités économiques, et singulièrement de la production agricole, et si l'on peut distinguer dans la société villageoise une richesse et une pauvreté relatives, autant qu'elles le sont toujours.

Il convient d'expliquer d'abord, dans la mesure où nous les connaissons, les techniques et les produits du travail agricole qui, sans être partout l'unique activité économique des villages, demeure certainement la plus importante, et la seule décisive pour leur organisation sociale. Que produit-on ? Il peut sembler imprudent de poser la question pour une aire géographique aussi vaste. Mais on se rappellera que les sociétés anciennes ou traditionnelles pensent la production naïvement, en fonction des besoins, au moins pour les produits fondamentaux, et que l'unité des besoins au sein d'une même civilisation assure une unité des productions plus grande que ne la supposerait aujourd'hui la diversité des conditions naturelles. A cet égard, si l'on veut bien se reporter à l'étude de l'alimentation qui a été faite plus haut[84], on admettra que la production la plus significative est celle des céréales, non pas à cause de sa valeur marchande, qui n'est pas des plus fortes puisqu'elle ne s'offre pas toute entière à la cotation du marché, mais à cause de sa place prépondérante dans l'alimentation des producteurs paysans, et dans les exigences du fisc, des villes et de l'armée, sans compter les maîtres du sol. La culture des céréales, en fait surtout du blé, est attestée par les textes jusque dans la zone aride, à Nessana, ou dans la péninsule sinaïtique, et il est vraisemblable que, dans les régions moins favorables, elle revêtait en tout cas le caractère hâtif si bien observé par Tchalenko dans le Massif Calcaire[85], lorsqu'il décrit les champs éphémères de la montagne ensemencés au lendemain des pluies d'automne, et retournant après la maigre et pénible moisson à la sécheresse du rocher. Nous avons la chance de posséder des chiffres de rendement, trois témoignages en tout, non dépourvus de difficultés, mais relatifs à des régions assez différentes pour que nous tirions

82. *Cf.* Sjuzjumov, « Vizantijskaja obščina » [Commune byzantine], et ses autres études, analysées par Sorlin, « Recherches soviétiques », p. 503-505.

83. Smith, *Origins of farming in Russia*, p. 152-153 ; Koledarov, « Bulgarian Slavs ».

84. *Cf.* chap. 2, p. 44-53.

85. Tchalenko, *Villages antiques* I, p. 186-187, *cf.* Weulersse, *Paysans de Syrie et du Proche-Orient*.

profit d'une comparaison entre eux, et avec des chiffres occidentaux plus ou moins contemporains. Les deux premiers sont encore une fois des documents de Nessana, datés du 7e siècle, le troisième un miracle rapporté par la *Vie de Nicolas de Sion*, et situé donc en Lycie dans la seconde moitié du 6e. L'anecdote hagiographique[86] met en scène un ménage de paysans, qui viennent exposer au saint la misère où ils demeurent enlisés, parce qu'ils n'arrivent pas à récolter sur leur bien plus que la quantité nécessaire à la semence, qui est pour eux de 25 *grands modii* ; ils obtiennent l'année suivante une récolte de 125 *grands modii* : c'est à l'intercession de Nicolas qu'ils doivent «une si grande bénédiction», un rendement de 5 pour 1, qui serait donc présenté ici comme très bon, ou peut-être seulement comme très supérieur à ce qu'ils obtenaient jusque là. Le plus clair des deux documents de Nessana[87] atteste en effet des rendements plus élevés. C'est un compte de récolte, indiquant en *modii* pour différentes parcelles la quantité de semence employée, et la quantité récoltée, en blé, orge et vesces. On trouvera dans le tableau 8 les données présentées au recto du document, seul utilisable.

Tableau 8. *Rendements attestés à Nessana par le* PNess 82 (7e *siècle*)

Espèce	Etablissement	Quantité semée	Quantité récoltée	Rendement
Blé	Kat	40	270	6.75
	Malalkani	40	288	7.2
	Malzemarche	90	(blanc)	–
	Seram	100	(blanc)	–
	Alphag	180	1225	6.8
Orge	Berain	40	350	8.75
	Alphag	50	402	8.04
Vesces	Berain	30	97	3.23

Les quantités absolues de céréales semées ici sont bien supérieures dans toutes les exploitations à celle du ménage lycien. Il est vrai que la valeur du *modius* n'est pas la même en Asie Mineure et en Palestine[88]. Les exploitations palestiniennes attestées ici sont elles-mêmes de dimensions fort inégales : les deux plus petites ont semé 40 modii, les deux moyennes 90/100 modii, une seule enfin se distingue nettement par des semailles de 180 *modii*, et en outre de 50 *modii* d'orge. L'autre exploitation productrice d'orge est pauvre au contraire, puisqu'elle en sème seulement 40 *modii*, et en outre 30 *modii* de vesces, dont le rendement a d'ailleurs été faible. Les rendements des céréales sont supérieurs à ceux du ménage lycien, et celui de l'orge dépasse celui du blé : le second oscille autour de 7, le premier dépasse 8. Nous ignorons la condition juridique de ces

86. *V. Nicol. Sion.* 59.
87. *PNess* 82 (7e s.).

88. Voir en dernier lieu Schilbach, *Byzant Metrologie*, p. 95 *sq.*

exploitations, mais la formule des rubriques, « nous avons semé... qui ont produit... » pourrait attester une comptabilité domaniale. Le second document[89] est un compte de battage, portant sur trois aires pour une même année. Il est destiné à faire ressortir des quantités battues la quantité de semence et la quantité perçue comme droit d'usage de l'aire. La réunion de ces deux données laisserait penser que le propriétaire de l'aire a peut-être aussi avancé la semence, voire que la terre même serait à lui. Les noms des producteurs sont indiqués, avec les quantités portées à battre, et l'un d'eux au moins s'est présenté deux fois, sur deux aires différentes. On ne peut donc tirer de ce document, au surplus abîmé, des indications d'importance relative des productions, comme nous l'avons fait du document précédent. Les rubriques complètes en revanche offrent des indications de rendement. Elles sont libellées comme suit : « Sur la deuxième (aire)... du fils d'Alobeos 60 (modii), de 14 (modii) de blé à semer, et 4 (modii) de droit de battage. Sur la troisième (aire), de Georges fils de Hanun Abdathanogod (*sic* ed.) 115 (modii) de blé, de 31 (modii) de blé à semer, outre 4 (modii) de droit de battage ». Les rendements sont de 4,28 sur la deuxième aire, 3,7 sur la troisième, soit des chiffres beaucoup plus faibles que ceux du document précédent, et comparables à ceux du ménage lycien. Il est permis de penser qu'ils correspondent à des terres moins bonnes. On peut peut-être poursuivre l'hypothèse suggérée par la formulation différente des deux comptes, et retrouver dans la qualité inégale des terres l'inégalité des hommes, le maître d'un domaine d'un côté, et de petites exploitations paysannes de l'autre. Toutefois, si les producteurs du second document se trouvent dans un état quelconque de dépendance à l'égard du propriétaire de l'aire, on se demandera si toute leur production est effectivement passée sur celle-ci. Ces trois témoignages sont les seuls de notre documentation. Toutefois, les rapports de 4-5 pour 1 et de 8-9 pour 1 s'inscrivent bien dans cette « stabilité millénaire » des rendements céréaliers méditerranéens[90], le premier moyen ou médiocre, le second assez élevé, et peut-être douteux dans la région où il est attesté ici.

Le vin et l'huile sont comparables aux céréales en ce qu'ils sont jugés nécessaires à l'alimentation des campagnards eux-mêmes, mais aussi des citadins et des soldats, et font donc l'objet de réquisitions fiscales. Toutefois, leur présence sur le marché est incomparablement plus libre ; elle est surtout plus profitable, comme le montre l'exemple désormais célèbre de la monoculture de l'huile dans le Massif Calcaire en arrière d'Antioche[91]. Les céréales au premier chef, le vin et l'huile dans une mesure moindre mais importante, sont donc les productions pertinentes à l'organisation technique et sociale du travail agricole, et nous nous y attacherons en conséquence, laissant de côté les productions occasionnelles dont on peut glaner le témoignage au hasard des textes, comme les noix dont la vente faisait la richesse du village syrien évangélisé par Abraam[92]. Le bétail s'ajoute à ces trois produits fondamentaux, dans sa double

89. *PNess* 83 (AA. 683-685 ?).
90. *Cf*. Aymard, « Rendements et productivité agricole », p. 486-492.
91. Tchalenko, *Villages antiques* I, notamment, p. 422 *sq*.
92. Theod., *HRe* XVII.

fonction de ressource alimentaire et de force de travail. Des cochons figurent dans les documents cadastraux d'Asie Mineure et dans le *Code Rural*[93], des brebis également[94]. Le *Code Rural* mentionne sans précision la traite[95], et d'autre part les bovins[96]. La *Vie d'Euthyme*, située en Palestine méridionale, ne précise pas non plus l'espèce du troupeau dont il est question dans un épisode[97]. Un certain nombre de textes illustrent la place des bêtes dans l'équipement. Mais il convient de considérer celui-ci dans son ensemble, car c'est un autre élément décisif dans l'organisation du travail rural et de la terre villageoise.

L'équipement du producteur paysan, commandé par la nature des produits et l'état des techniques, c'est en effet avant tout la terre, les terres plutôt, car la monoculture spécialisée et commerciale du Massif Calcaire est une exception, et l'on s'efforce au contraire de reproduire partout l'éventail complet des productions tel qu'il vient d'être défini. Les formules de déclarations fiscales sont préparées en ce sens. A Mytilène[98], les domaines inventoriés déclarent les quatre sortes de terres. A Théra[99], chacun des déclarants possède plusieurs biens-fonds ($\chi\omega\varrho\iota\alpha$), qui comportent des terres à blé, des oliviers ou des vignes, mais aucun pâturage alors qu'ils déclarent des bêtes. Ce sont là des propriétés relativement importantes. Mais la même diversité se retrouve ailleurs. A Hypaipa, des déclarations souscrites par des chefs de famille villageois comportent de même la terre à blé, les vignes, les oliviers, et des bêtes sans pâturage[100]. A Nessana, héritages et partages de biens jusque-là indivis[101] portent sur des vignes, des terres à blé et, dans ce site méridional, des installations d'eau, canalisations et citernes. Enfin, des « jardins » ($\varkappa\eta\pi\iota\alpha$) sont mentionnés à Nessana comme à Mytilène : potagers peut-être[102], mais dans le second cas au moins, explicitement, parcelles à cultures multiples, comme dans le Proche-Orient contemporain[103]. Dès lors se posent à nous les problèmes de compartimentage du terroir : communal, groupement des parcelles en quartiers, clôtures. A vrai dire, nous pouvons d'autant moins les résoudre que nos rares indications sont géographiquement disparates. En outre, ils touchent de trop près aux rapports sociaux dans la société villageoise pour être entièrement contenus dans l'étude des techniques agraires, et nous y reviendrons plus loin à ce propos, notant seulement ici ce que nous pouvons deviner d'un paysage agraire qui nous paraît lui aussi un indice de continuité byzantine de part et d'autre du 7e siècle, tout simplement peut-être parce qu'il est l'expression inchangée des contraintes géographiques. A Nessana, les parcelles d'un même patrimoine sont discontinues, sans que la nature des documents permettent de savoir si les cultures sont groupées ; on observe toutefois que les partages peuvent se faire par division

93. Keil-von Premerstein, « Lydien III », n° 85, II/18 ; *N.G.* 49, 54.
94. *IG* XII/3, 346; *IG* XII/2, 76; *N.G.* 45.
95. *N.G.* 34.
96. *N.G.* 23 *sq.*
97. Cyr. Scythop., *V. Euthym.* 58.
98. *IG* XII/2, 76-80.
99. *IG* XII/3, 343-349.
100. Keil-von Premerstein, « Lydien III », n° 85-86.
101. *PPNess* 16 et 31.
102. *Cf. Geoponica* XII, 2. Le terme du *Code Rural* est $\chi\omega\varrho\acute{\alpha}\varphi\iota\omega$ (*N.G.* 25).
103. Weulersse, *Paysans de Syrie et du Proche-Orient*, p. 162-165.

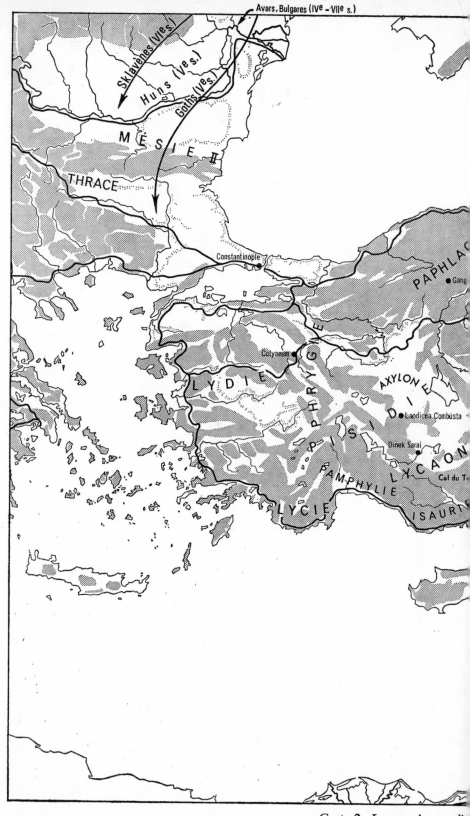

Carte 2. *Les provinces: dis...*

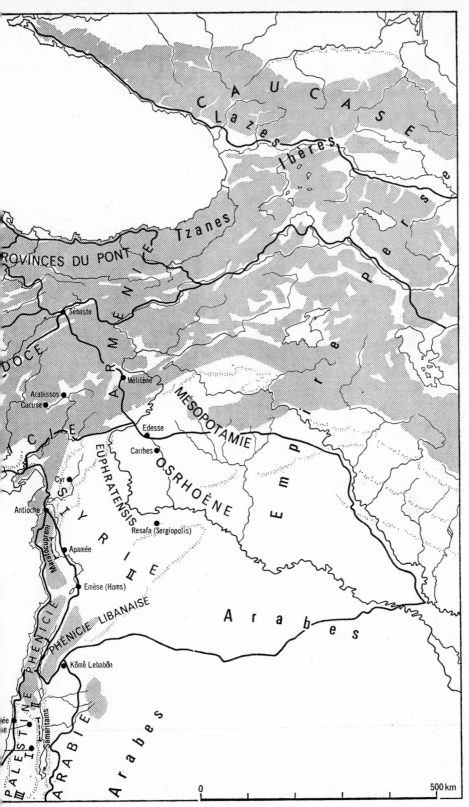

...rigandages, routes d'invasion

de chaque parcelle[104], et cette disposition évoque le délit de vol de blé mûr dans le sillon d'autrui prévu par le *Code Rural*[105]. Toutefois, à Nessana, des vignes ainsi partagées sont accotées à un mur. Le *Code Rural* donne à cet égard des indications contradictoires : dépaissance du troupeau villageois dans la « forêt »[106] et taillis privé[107], accès délictueux des animaux aux vignes et potagers d'autrui[108], libre pâture peut-être dans les parcelles non closes de blé et de vigne[109], et jardins ou vignes clos de fossés et de palissades[110]. Nous ignorons il est vrai dans quelle région le *Code Rural* a été composé. En tout état de cause, il est postérieur à la conquête arabe, et dépourvu de toute allusion à l'olivier. Pourtant, le paysage agraire qu'il esquisse n'apparaît pas novateur, ni étranger à la tradition paysanne du Proche-Orient. Une telle combinaison de champs ouverts et d'enclos est en effet immémoriale dans toute cette région[111], bien qu'elle ait été modifiée dans le Sud palestinien par la réponse technique au problème de l'eau, qui comporte la clôture de pierre de certains champs[112].

Après la terre, la production paysanne exige la provision de grain nécessaire aux semailles : nous verrons son importance dans la dette paysanne, donc dans les mécanismes de changement social des campagnes[113]. L'équipement comporte encore des instruments, d'importance et de valeur inégale[114], dont le *Code Rural* dresse une liste précieuse à propos des vols dont ils peuvent être l'objet : l'araire, le joug et le soc, les lames diverses que sont la faucille, la hache et le couteau à émonder, la pelle et la binette pour la vigne[115], le chariot[116]. A cela s'ajoute l'équipement de transformation, l'aire de battage, le moulin, le pressoir, attestés par l'archéologie et par les textes, et les installations hydrauliques, citernes et canalisations ; nous les retrouverons à propos des rapports sociaux au village. L'énergie nécessaire au travail rural est fournie par des hommes et des bêtes. Les hommes qui secondent le paysan sont des esclaves qui lui appartiennent[117], et sur lesquels il est interdit de gager les emprunts qu'il contracte[118], et des salariés embauchés pour un moment de presse comme la moisson[119], ou pour un service permanent, notamment la surveillance des troupeaux au pâturage[120]. Les bêtes sont des chevaux, des bœufs et des ânes, des chameaux dans le Sud steppique. Les chevaux paraissent utilisés pour le transport des personnes[121], comme les mules[122]. Les bœufs servent au labour,

104. Ἀρμακίδες, *PNess* 31, 6ᵉ s., ll. 10 (vigne), 15 (terre à blé), et *passim ; PNess* 16.
105. *N.G.* 60.
106. *N.G.* 44-45.
107. *N.G.* 57, *cf.* Lemerle, « Histoire agraire » 1, p. 55, note 2.
108. *N.G.* 25, *cf. N.G.* 78-79.
109. *N.G.* 78-79, *cf.* Lemerle, « Histoire agraire » 1, p. 55-56.
110. *N.G.* 50-51.
111. De Planhol, « Anciens openfields » ; Weulersse, *Paysans de Syrie et du Proche-Orient ;* Golomb-Kedar, « Ancient agriculture of the Galilee mountains ».

112. Kedar, « Ancient agriculture at Shivtah ».
113. *Cf.* p. 254.
114. *Cf.* White, *Agricultural Implements*.
115. *N.G.* 22 et 62.
116. *N.G.* 63.
117. *JNov.* XXIX (*N.* 32) – XXX (*N.* 33, 34), A. 535 ; *N.G.* 45-47.
118. *JNov.* cité note précédente.
119. *Cf.* p. 266.
120. Callinic., *V. Hypatii* 59 ; *N.G.* 34.
121. *Mirac. Georgii* 11. Mention sans précision à Mytilène, *IG* XII/2, 76e.
122. *V. Theod. Syk.* 99.

c'est-à-dire à la traction de l'araire[123]. Dans les *Vies* micrasiatiques, ils tirent les chariots qui transportent matériaux et denrées[124], et ils tournent sur l'aire[125]. Les ânes voisinent avec eux dans le *Code Rural*[126], et ils ont la prépondérance dans l'hagiographie palestinienne, qui atteste leur fonction de porteurs[127]. Cependant une œuvre micrasiatique, la *Vie de Marcel l'Acémète*, mentionne l'âne comme l'animal attaché au moulin[128].

Telles sont les conditions matérielles du travail de la terre. Il convient de s'en souvenir pour mesurer l'importance au moins immédiate des calamités naturelles. Nous en avions esquissé la chronologie pour tenter d'apprécier le dégât démographique au cours de la période[129]. Nous avons reconnu de mauvaises années au début et au milieu du 5e siècle, à la fin du 6e, mais surtout pendant la grande époque justinienne. Après la sécheresse et la famine qui désolent la Palestine entre 516 et 520, non sans être éprouvées ailleurs semble-t-il, les années noires se pressent à partir de 529, pour culminer avec la peste de 542, ses flambées successives, et les mortalités d'animaux[130]. Ces déséquilibres ont des conséquences sociales immédiates. En effet, les calamités naturelles compromettent brutalement la production, et cela d'autant plus que la part des campagnes dans le revenu de l'Etat est trop prépondérante pour que, paradoxalement, leurs difficultés ne se traduisent pas par une exigence accrue du fisc. Le fléau naturel est aggravé et prolongé par ses conséquences fiscales, du fait que les survivants, devenus moins nombreux, supportent une charge égale ou même supérieure. Les années difficiles ont été aussi des années troublées au point de vue politique et militaire, et celles qui ont suivi la peste de 542 furent en particulier trop critiques pour que le pouvoir tînt compte des difficultés des campagnes. Nous avions également montré que les invasions étaient souvent déclenchées par la faim elles aussi, par une insuffisance des ressources concomitantes à celles des campagnes envahies[131], une indication parmi d'autres de la nécessité de dépasser dans l'histoire économique de cette période et de ces régions les frontières politiques de l'Empire. Nous reviendrons plus loin à l'appréciation des dégâts infligés par les invasions aux campagnes byzantines[132], et aussi par les assauts du brigandage, invasion interne qu'elles subissent dans des conditions comparables[133]. Mais nous avons jugé nécessaire de faire provisoirement abstraction ici des événements, et des facteurs sociaux et politiques en fonction desquels varient les charges paysannes. Nous pouvons ainsi montrer que, en l'absence d'innovations techniques au cours de la période, la production varie en fonction des accidents naturels à court terme, et surtout du nombre des travailleurs. Ce dernier détermine l'extension et l'intensité de la mise en culture, à l'intérieur de limites optimales qui peuvent être atteintes mais non dépassées. Si le nombre des travailleurs disponibles excède

123. Joh. Mosch., *Prat. Spir.* 24.
124. *V. Theod. Syk.* 56, 98.
125. *Ibid.*, 114.
126. *N.G.* 36, 43, 50.
127. *Cf.* p. 322.
128. *V. Marcell. Acoem.* 10.

129. *Cf.* chap. 3, p. 75 *sq.*
130. *Cf.* chap. 3, p. 87 *sq.*
131. *Cf.* chap. 3, p. 76 et 91-92.
132. *Cf.* p. 303 *sq.*
133. *Cf.* p. 297 *sq.*

les possibilités techniques de travail, il faut trouver autre chose, et un changement social devient ainsi nécessaire. Mais avant de voir si le cas s'est produit
à cette époque, il faut considérer le mode traditionnel d'organisation du travail
dans les campagnes byzantines.

2. La société villageoise

Produits et techniques déterminent les rapports sociaux au sein des campagnes, et avant tout la répartition de la terre entre les productions et entre les
hommes, qui va engager maintenant notre attention, tandis que nous ferons
une fois encore abstraction, artificiellement et provisoirement, des rapports
sociaux et politiques entre les producteurs et les titulaires des divers droits sur
le sol qui constituent la *non-economic constraint* à laquelle nous nous attacherons ensuite.

A qui se propose d'étudier dans l'histoire des campagnes byzantines le mode
de production avant les droits sur le sol, l'exploitation privée s'impose d'abord
comme la cellule fondamentale dont il faut décrire le fonctionnement, et les
rapports avec la communauté villageoise et avec le domaine. En droit public,
on a distingué de façon radicale la commune libre, composée d'hommes qui
sont «eux-mêmes paysans et maîtres à la fois», selon l'expression de Théodoret
de Cyr[134], et le domaine où ces mêmes paysans subissent les obligations de la
dépendance. Dans la réalité économique, il faudrait plutôt distinguer concrètement d'une part un travail sur la réserve domaniale, qui compterait
parmi les charges diverses que l'on étudiera plus loin, d'autre part l'exploitation villageoise, qui est elle aussi grevée de charges en rapport avec le
statut du village, mais dont la forme même ne change pas pour autant. L'étude
des charges devant venir plus loin, nous commencerons par celle des possessions de terres. On a beaucoup insisté sur la propriété paysanne privée, dont la
présence est en effet frappante. Mais on peut reconnaître aussi une certaine
communauté villageoise, et surtout, entre les deux, la grande importance des
solidarités intermédiaires, familiales ou non. Trois modes de relation au sol,
dont l'importance relative a probablement varié selon les époques, et surtout
les régions, dans une mesure qui reste d'ailleurs impossible à préciser : nous ne
pouvons appréhender que des définitions générales.
On trouve sans difficulté dans la documentation de quoi illustrer le caractère
privé de la terre paysanne, grevée ou non de droits éminents. Elle apparaît
telle dans les déclarations cadastrales d'Hypaipa, où des contribuables indépendants déclarent ce qu'ils possèdent dans chaque catégorie, terre à blé, vigne,
oliviers, dans leur village et éventuellement dans un village voisin[135]. Ou encore
dans le *Code Rural*, qui fait constamment état de champs, de terres, de parcel-

---

134. Theod. Cyr., *HRe* XVII (καὶ γεωργοὶ
    καὶ δεσπόται).

135. Keil-von Premerstein, «Lydien III»,
    nos 85/I et 86/I.

les possédées en propriété individuelle par les villageois[136]. Même à l'extrême sud du domaine byzantin, dans une région déjà aride, la rareté de l'eau et la discipline de l'irrigation n'ont empêché en rien le caractère individuel des champs, à en juger du moins par le dessin demeuré sur le sol. Le site de Shivtah (Subeita)[137], habité et cultivé du 2ᵉ siècle avant au 8ᵉ siècle après le début de l'ère chrétienne, atteste l'utilisation du réseau naturel des oueds et la mise en réserve des afflux d'eau. L'habitat se groupe en un gros village, où des maisons disposent de réservoirs privés. Le relevé des champs montre deux types : d'une part des champs ouverts dans le lit des oueds, séparés par des levées de terre, d'autre part des champs enclos, en tout au moins 83 unités, dont les différentes surfaces s'étalent dans un rapport de 1 à 300. Le site de Nessana permet des observations analogues[138]. Il y a là peut-être un trait fondamental de la culture matérielle byzantine, puisque, dans la même région, le même problème de l'eau a reçu au contraire à l'époque nabatéenne une réponse fortement collective, avec un découpage régulier des champs, comparable à ce que l'on peut observer sur les sites antiques de l'Arabie méridionale, et, pour citer M. Avi-Yonah auquel nous empruntons le parallèle, « in strong contrast to the irregular sizes of the privately-owned Byzantine irrigation fields around Shivtah (Subeita) »[139]. Toutefois, les fouilleurs de Shivtah eux-mêmes ont souligné que la dureté des conditions naturelles a dû nécessairement imposer une forme quelconque de solidarité, soit par contrainte extérieure, soit par groupement volontaire des familles. Et c'est précisément de la même région que proviennent, avec quelques documents de Nessana, nos meilleures informations sur les solidarités intermédiaires entre la ferme et le village.

Mais d'autres références illustrent plus précisément, plus complètement, la propriété paysanne : celles qui ne séparent pas la terre de l'équipement nécessaire pour la travailler, bœufs, semences, pressoir à huile, aire à blé. Ces deux derniers sont parfois, mais pas toujours, de propriété privée. Le relevé des pressoirs à huile effectué dans le Massif Calcaire a montré dans une partie seulement des villages la présence de pressoirs dans chaque maison paysanne, tandis qu'ailleurs les pressoirs paraissaient avoir été communaux ou domaniaux[140]. Les aires à blé pouvaient aussi être privées, comme le montre une anecdote de la *Vie de Théodore de Sykéôn*[141], le cas d'un villageois, sans doute relativement aisé, qui entreprend d'agrandir son aire à la suite d'une récolte abondante parce qu'elle ne peut plus suffire à un double attelage. Il empiète pour cela sur une terre en friche, qui semble communale. De même, la décision d'une commune syrienne[142] interdit aux villageois d'empiéter sur un terrain communal pour divers usages que l'inscription mutilée ne laisse pas reconnaître, et notamment pour y établir une aire. En revanche, un document de Nessana atteste un droit en nature pour l'usage d'une aire, associé au remboursement de

---

136. *N.G.* 1, 18-19.
137. *Cf.* Kedar, «Ancient agriculture at Shivtah».
138. Mayerson, « Agricultural regime».
139. Avi-Yonah, *Isr. Expl. Journ.* 12, 1962, p. 75-76.
140. Tchalenko, *Villages antiques* I, p. 40-42;
141. *Cf.* note 44.
142. *LW* 2505.

la semence[143] : équipement de la collectivité, ou plus probablement, en raison du prêt, d'un domaine ecclésiastique. Mais c'est surtout la production privée des céréales qui mérite l'attention, car elle est un facteur décisif de différenciation sociale au sein de la paysannerie, et même de changement de mains de la terre. Chaque fermier doit en effet se procurer le grain des semailles, dont il connaît la quantité comme le montre l'anecdote déjà citée du ménage lycien[144]. Le manque de semence empêcherait le paysan d'engager tout le cycle annuel de la production. Aussi Jean Moschos définit-il la pauvreté au village par l'incapacité d'assurer les semailles[145]. L'observation est illustrée par le geste édifiant de son personnage, qui vient avec ses propres bœufs et son propre grain au secours du voisin démuni. En fait, le fermier emprunte le grain des semailles lorsqu'il n'a pu le prélever sur la récolte précédente, et il entre dès lors dans l'engrenage spécifique de la dette paysanne. L'usage, attesté par la loi de 535[146] qui s'efforce de l'interdire, est de gager cet emprunt sur les biens d'équipement du débiteur, les bœufs, les esclaves, et la terre elle-même. Les efforts du législateur montrent bien les producteurs isolés en face d'une difficulté toujours menaçante. Nous donnerons la même interprétation au cas du «paysan dans l'embarras» dont traite le *Code Rural*, et qui est obligé de partager sa terre en échange du travail nécessaire à son exploitation, une terre à blé dont le contrat prévoit soit la préparation seule, soit aussi l'ensemencement[147], ou une vigne[148]. Ces articles du *Code Rural* peuvent certes être rapprochés de la loi justinienne citée plus haut[149], qui montre la spoliation du paysan appauvri par des créanciers étrangers au travail rural. Mais ils autorisent aussi une forme de mobilité des possessions foncières à l'intérieur de la communauté villageoise elle-même, car le résultat normal de l'association entre le sol de l'un et l'équipement de l'autre est un morcellement. Il arrive aussi que le paysan déserte purement et simplement la terre qu'il n'a pas les moyens d'exploiter. Désertion dont on a généralisé les motivations fiscales. Mais le même *Code Rural* atteste qu'elle peut aussi résulter de l'incapacité d'exploitation du propriétaire, même si la tâche de celui-ci est allégée par un contrat de moitié. Le *Code* considère ainsi le cas d'un paysan qui s'est enfui parce qu'il ne pouvait travailler sa propre vigne[150]. Il ne pouvait pas davantage payer l'impôt, évidemment, et les villageois qui l'acquittent à sa place ont le droit de vendanger son bien. En revanche, si un paysan qui a quitté son champ reste en règle avec le fisc, ceux qui en auraient fait la récolte lui doivent une compensation du double[151]. La présence paysanne sur le marché est elle aussi privée : ainsi apparaissent l'humble «jardinier» d'une anecdote pieuse[152], les campagnards décrits par Libanios dans l'*Eloge d'Antioche*[153] et ceux que représente la mosaïque de Yaktô[154], ou les paysans

---

143. *Cf.* note 89.
144. *V. Nicol. Sion.* 59.
145. Joh. Mosch., *Prat. Spir.* 24.
146. *JNov.* XXIX (*N.* 32), A. 535.
147. *N.G.* 11.
148. *Ibid.*, 12.
149. *Cf.* note 146.

150. *N.G.* 18.
151. *N.G.* 19.
152. *Nau* 261.
153. Textes cités par Petit, *Libanios*, p. 105.
154. Levi, *Antioch Mosaïc Pavements* I, p. 326.

de Myra qui suspendent brutalement en raison de la peste leur offre de blé, de vin et de bois sur le marché de la ville[155]. C'est dire que les vendeurs sont soumis, grossièrement mais indiscutablement, à la loi du marché, dans la mesure où celle-ci n'est pas faussée par les réquisitions de l'autorité, ou plus précisément aggravée ainsi au détriment des producteurs. Des paysans du diocèse de Théodoret subissent par exemple en 434 la mévente due à des récoltes trop abondantes[156].

Pourtant, le paysan byzantin n'est pas toujours seul en face du travail de la terre. Une autre série de documents atteste l'importance de diverses formes de solidarité entre un petit nombre de personnes, qui permettent de mieux comprendre à la fois la situation des individus, la position de la commune rurale, et les possibilités de différenciation sociale au sein de celle-ci par change- ment de mains de la terre paysanne. La législation[157] connaît l'existence de ces associés (κοινωνοί, *socii, consortes*), souvent unis par des liens de parenté ou de voisinage (πλησιασταί, συγγενεῖς, *proximi*), ou les deux à la fois, comme le montreront nos exemples. Elle atteste, parce qu'elle s'y oppose, deux ten- dances de la pratique. La première est de conserver les biens de ces sociétés restreintes, en bornant les transferts de parts aux membres eux-mêmes[158]. La seconde est de céder des terres sises sur le territoire de la commune fiscale- ment responsable à des personnes étrangères à la société plus large que celle-ci constitue, et qui étaient généralement des *puissants*[159]. Le législateur souhaite au contraire la liberté des transferts, sauf aux personnes visées par une inter- diction de la loi. Et en effet il exclut les étrangers à la commune fiscalement responsable, visant ainsi les accaparements des patrons potentiels. La contradic- tion de la pratique et celle de la législation ne sont qu'apparentes. L'intérêt fiscal du législateur pouvait être lésé par le maintien d'une association dont la capacité de production pouvait diminuer, et il souffrait certainement de l'intru- sion des puissants dans la commune rurale. Nous reviendrons sur ce second point à propos des charges paysannes. Le premier sera illustré ici à l'aide de documents de Nessana, qui permettent de commenter les dispositions des lois, et concernent des biens jusque-là indivis entre deux ou plusieurs propriétaires. L'un, en date du 11 juillet 512[160], est un partage entre deux soldats du *castrum* de Nessana, Zonain et Johannis ; la raison du partage n'apparaît pas, et la fin mutilée du document laisse seulement voir que la sœur de Johannis y figurait également. L'autre, datable sans précision du 6ᵉ siècle[161], partage des biens entre trois frères, Sergios, Victoros et Alaphallos. Peut-être s'agit-il d'un héritage, mais là encore l'état du document ne permet pas de l'affirmer ; on peut tout au plus saisir qu'il décrit successivement les trois parts, et qu'il

---

155. *V. Nicol. Sion.* 52.
156. Theod. Cyr., *Ep. Sakk.* 37.
157. Les références des notes suivantes d'après Svoronos, « Histoire des insti- tutions ».
158. *CJ* IV LII 3 (Dioclétien et Maximien), et surtout *CTh* III I 6 (*CJ* IV XXXVIII

14), A. 391, qui reviendrait sur une tolérance consentie par Constantin.
159. *CTh* XI XXIV (*De patrociniis vicorum*) 6, A. 415 ; *CJ* XI LVI *un.*, A. 468.
160. *PNess* 16.
161. *PNess* 31.

désigne pour cela par trois fois les mêmes terres, en modifiant la désignation des parcelles limitrophes, qui est donc celle même résultant du partage. La partie intacte concerne les terres de Sergios, et les immeubles d'Alaphallos ; il manque donc au début la part de Victoros, rappelée dans les délimitations des parcelles de Sergios, les immeubles de Sergios, et à la fin les terres d'Alaphallos. On trouvera dans les tableaux 9 et 10 les données conservées de ces deux transactions.

Tableau 9. PNess *16, 11 juillet 512. Partage de terrains entre les soldats Zonain et Johannis.*

Désignation du terrain	Part de Zonain	Part de Johannis	Désignation des limites (avant partage)
A) jardin[a]	part[b] Ouest	part Est	E Johannis O Zonain N Alobeos Fesanos S Elias
B) ...	part Ouest	part Est	E Johannis O Zonain N jardin[e] de Bagdathos S ...
C) (fonds dit) Abiathalbon	une part	une part	E héritiers de... O ... N Johannis S héritiers d'Abraamios
D) un autre fonds[d] dit Alon...	en entier		E ... O Alobeos Fesanos N ... S héritiers de leur père Abraamios Sadallos
E) fonds[d] dit Airegla	la moitié[e]	la part[b] de la vigne	E Johannis O Arm... N ... héritiers de Z. S ...
F) un autre		en entier ?	E Hériiers d'Abraamios Sadatllos O Johannis N Héritiers d'Abraamios Sadallos S ...

a) κηπίον; b) μέρος; c) κῆπος; d) χωρίον; e) ἥμισυ ἀρμακίδων.

Nous avons déjà cité ces documents plus haut, pour montrer la composition caractéristique des patrimoines villageois, et la discontinuité de leurs parcelles. Nous les utiliserons encore plus loin comme exemple des changements de main de la terre au sein du village. Ce que nous leur demandons ici, c'est d'illustrer les limites apportées en fait à l'autonomie des propriétaires paysans par la

Tableau 10. PNess *31*, *6ᵉ siècle. Partage de terrains entre trois frères, Victoros, Sergios, Alaphallos (fragment)*

Nature du terrain	Parts de Sergios (avec leurs limites)	Parts d'Alaphallos (avec leurs limites)
A) vigne	Parcelle[a] du milieu E clôture[b] O clôture N Victoros frère et partie du partage S Alaphallos partie du partage	Parcelle d'en haut N Sergios frère et partie du partage S Alaphallos
B) parcelles[b] à grain au-dessus de la vigne	les deux parcelles du milieu qui sont jointives E clôture O canalisation d'Alaphallos N Alaphallos S Victoros frère et partie du partage	... parcelles O clôture E Sergios S Sergios N Alaphallos
C) «jardin sec»[c]	la tierce part[d] du milieu E Victor fils de Sergios Aladias, moine O Victor frère et partie du partage (acquis d'un tiers) N Alaphallos frère et partie du partage S Victor frère et partie du partage	...
D) «monticule du jardin sec»[e]	la tierce part sise à l'Ouest E Victor frère et partie du partage O, N leur canalisation commune S clôture	...

a. ἀρμακίς ;
b. φραγμός cf. *N.G.* 51 ;
c. ξηροκήπιον : selon l'éditeur (p. 100, note 20), terre en friche marginale, mise en culture quand tombe une pluie abondante. Pouvons-nous suggérer «terre de *dry-farming*», cf. Mayerson, «Agricultural regime» ?;
d. μέρος ;
e. ταχβισα, partie surélevée par les couches successives de dépôt de ruissellement selon Mayerson (*Excavations at Nessana*, III, p. 101, note 28).

pratique d'une certaine indivision. Le document le plus instructif à cet égard est le partage entre Zonain et Johannis, qui ne porte d'ailleurs pas sur la totalité de leurs biens, puisqu'ils partagent par exemple la parcelle 2 en fonction des parcelles limitrophes que chacun d'eux possède déjà. Parmi les autres propriétaires de parcelles mentionnés dans les délimitations figurent trois fois, peut-être quatre, non des individus mais un groupe d'héritiers : la lecture des limites de la parcelle 5 est incertaine ; les héritiers d'Abraamios de la parcelle 3 ne sont probablement pas identiques à ceux des parcelles 5 et 6 qui héritent d'Abraamios Sadallos leur père, d'où la précision du second intitulé ; peut-être sont-ils en revanche parents de Zonain, qui est lui-même fils d'Abraamios, sans doute ici du même personnage. Qui plus est, les héritiers d'Abraamios Sadallos délimitent la parcelle 6 et à l'est et au nord. On pourrait penser qu'il s'agit d'un héritage en cours de liquidation si un seul groupe d'héritiers revenait partout ; mais ce n'est pas le cas. Et les contractants eux-mêmes sont demeurés jusqu'au jour du partage dans une indivision qui, répétons-le, ne touchait qu'une partie de leurs biens. Le partage a été effectué soit par division des parcelles, lorsque chacune des deux parties possédait en propre des parcelles mitoyennes, soit par désintéressement : Johannis a racheté ainsi des parts à Zonain. Dans le second document au contraire, toutes les parcelles concernées sont effectivement partagées en trois, et il est ainsi mis un terme à l'indivision précédente, qui ne portait pas, là non plus, sur tous les biens des trois frères, puisque chacun se retrouve dans certains cas limitrophe de lui-même. En outre, ils demeurent partout limitrophes les uns des autres, et leur indivision subsiste partiellement. Ainsi, le partage d'un jardin laisse Sergios et Victoros indivis pour la canalisation qui délimite leurs parts respectives. Des héritiers indivis sont d'ailleurs mentionnés dans les délimitations, mais le bien en question est dans les deux cas une maison avec ses dépendances, parmi lesquelles un espace découvert. Un troisième document, en date de 569[162], atteste une indivision encore en vigueur entre deux frères, dont les noms laissent supposer un lien de parenté avec l'une des parties de l'acte de 512, Zonain fils d'Abraamios. Ces frères se nomment en effet l'un Abou Zonain, et l'autre Abraamios. Ils informent le bureau du fisc de la cité d'Elusa qu'il convient de soustraire désormais de leur propriété commune, c'est-à-dire « de la personnalité paternelle », une parcelle de terre à blé qu'ils viennent de céder à un tiers. On voit ici une situation identique à celle des actes précédents, une indivision de l'héritage paternel, qui n'exclut pas d'autres possessions personnelles, dont cet acte ne dit évidemment rien. Enfin, un acte mutilé qui daterait du 6e siècle[163] atteste une transaction conclue entre trois hommes et un individu, dont ils acquièrent ensemble d'une part des terres à blé, d'autre part la moitié d'une vigne avec figuiers et du réservoir qui s'y trouve, avec toutes les pertinences. Ces deux dernières acquisitions les mettent donc ensemble en copropriété avec le vendeur.

Les déclarations cadastrales attestent aussi des propriétés indivises entre héritiers. Ainsi à Théra la propriété d'un certain Parégorios appartient à trois héritiers, qui sont ses descendants ou qui lui sont du moins apparentés, puisque l'un d'eux porte le même nom[164]. Ce nom revient d'ailleurs dans les deux déclarations précédentes, l'une concernant Euphrosynè fille de Parégorios[165],

---

162. *PNess* 24.
163. *PNess* 32.

164. *IG* XII/3, 343/11, 9 *sq.*
165. *Ibid.*, 11, 1-5.

l'autre Parégorios[166], qui sont des propriétaires individuels. Nous ne savons pas s'il s'agit du même personnage, ou de personnes apparentées. La part de chacun des copropriétaires est désignée par le terme de μέρος, usité dans les actes de partages et de cessions de parts de Nessana, comme dans les documents cadastraux d'Asie Mineure où l'usage de Nessana en éclaire précisément le sens. Ainsi, dans les déclarations de Théra déjà citées, la dame Euphrosynè déclare trois propriétés (χωρία), et une part (μέρος) d'une quatrième. Dans le cadastre de Mytilène, les propriétés sont recensées sans nom de contribuable. La partie la mieux conservée atteste pour une partie d'entre eux le nombre de parts qu'ils comportaient : le χωρίον Συκοῦντος par exemple[167], avec 5 1/2 jugères de vigne, 60 jugères de terre à blé, et 186 oliviers, était divisé en quatre. Dans l'inscription de Chios, qui conserve une matrice cadastrale que l'on n'a pas remplie[168], la mention du nombre de parts est prévue pour une partie des propriétés. Actes privés et documents cadastraux éclairent ainsi concrètement les associés mentionnés par les textes de loi. Leurs liens sont sans doute bien souvent familiaux, comme c'était le cas dans les exemples qui viennent d'être étudiés. Solidarité imposée par l'héritage, il est vrai, mais que l'on ne semble pas s'être hâté de défaire, et que l'on rapprochera de ce qui a été dit dans un précédent chapitre sur l'importance des liens de parenté[169]. Au point de vue foncier d'autre part, indivisions et divisions entre sociétaires tracent ensemble un tableau de parcelles limitrophes ou proches : le *voisinage* des textes juridiques n'est pas un vain mot.

Nous en arrivons ainsi au texte redoutable du *Code Rural*, dont les mentions de parts et de partages ont exercé bien des sagacités[170]. Elles sont au nombre de trois. L'une figure dans la première série de dispositions, qui traite, selon l'expression de P. Lemerle, des rapports des paysans entre eux à propos de leurs terres, empiètements sur la parcelle d'autrui, échange de parcelles ; l'article 8 dispose que « si un partage (μερισμός) effectué lèse certains dans les lots ou les emplacements, ils ont la liberté d'annuler le partage qui a été fait ». Vient ensuite l'article 32, qui doit être associé à l'article 31. Ce dernier dispose que, si un arbre se rencontre dans une parcelle (ἐν μέρει) du village et jette son ombre sur la parcelle voisine, le maître de celle-ci peut le couper au cas où la parcelle lésée se trouve être un jardin. L'article 32 envisage au contraire le cas d'un arbre que l'on a cultivé dans un lieu indivis (ἐν τόπῳ ἀμερίστῳ), et qui se retrouve après partage dans la part de quelqu'un d'autre (μερισμοῦ γενομένου) ; la propriété du sol et celle de l'arbre sont alors distinguées. Enfin, l'article 82 doit être lu lui aussi avec l'article précédent. L'article 81 considère le cas d'un paysan qui construit un moulin à eau sur un terrain de la commune (τόπον κοινόν) : il se rend coupable d'avoir traité ce terrain communal en terrain privé. La commune ne fera pas détruire le moulin, mais elle en deviendra copropriétaire avec le constructeur. Au contraire, l'article 82

166. *Ibid.*, 11, 6-8.
167. *IG* XII/2, 76 g.
168. Déléage, *Capitation*, p. 183-184.

169. *Cf.* chap. 4, p. 118 *sq.*
170. Malafosse, « Lois Agraires », p. 44 *sq.* ;
     Lemerle, « Histoire agraire » 1, p. 59 *sq.*

dispose que, si quelqu'un construit un moulin sur sa parcelle (ἐν ἰδίᾳ μερίδι) après partage de la terre communale (μερισθείσης τῆς γῆς τοῦ χωρίου), les paysans des autres parcelles n'auront rien à dire.

La difficulté vient en somme de l'analogie de termes et de situations qui rapproche effectivement les indivisions et associations entre particuliers, la propriété de la terre communale, et la responsabilité fiscale de la commune, alors que les trois règles énoncées par le *Code Rural* renvoient selon toute apparence à des questions différentes. Dans son contexte, l'article 8 peut fort bien se rapporter à la fin d'une indivision entre particuliers, à un partage comme on en trouve au 6ᵉ siècle à Nessana[171], ou dans un acte de 1110 conservé à Lavra[172]. La même explication n'est pas exclue pour l'article 32. L'article 82, en revanche, fait clairement état d'une redistribution entre des particuliers de terres de compétence communale, et le motif ne peut en être que fiscal. Dölger suggère une répartition effectuée par le fisc, lorsqu'il rapproche autour du terme de μερισμός le *Code Rural*, le *Traité Fiscal* du 10ᵉ siècle, et une décision du *magistros* Kosmas, de la même époque[173]. Lemerle propose de son côté une opération de la commune elle-même sur les terres définitivement abandonnées[174]; l'article serait alors une simple application du principe de la personnalité communale.

En tout état de cause, la commune se comporte tout entière comme une société, analogue aux sociétés plus petites que nous avons décrites entre propriétaires indivis[175]. Le fait est bien attesté par des documents extérieurs au milieu villageois, et inspirés par un point de vue fiscal. On connaît la série des bornes posées à la suite de la cadastration dioclétienne[176], aux limites des terroirs de villages, et de domaines privés ou de domaines impériaux, de territoires de cités ou d'autres terroirs villageois. Les textes de droit public, d'autre part, qui traitent du paiement de l'impôt et des conséquences des transferts de propriété, justifient la personnalité communale par la responsabilité fiscale de la commune, et la solidarité fiscale de ses membres. C'est en raison de cela qu'ils désignent la commune rurale responsable par des termes qui signifient l'association (*consortium, consortes*)[177]. On comprend dès lors que les terres des villageois soient des *parts* (μέρη, μερίδες)[178], analogues à celles que déterminent les partages entre particuliers. A l'instar des sociétés privées aussi, dont nous avons vu plus haut des exemples, la société communale possède des terres qui échappent à tout partage. Et d'abord ce que nous appelons couramment les communaux, et dont nous avons déjà dit un mot. En vérité, la lecture des sources de cette époque est pauvre en informations à leur sujet, ce qui laisserait penser qu'ils ne jouaient pas partout un rôle important. Le communal le plus classique, le pâturage, n'est pas, c'est le moins qu'on puisse dire, d'un usage général.

171. *PPNess* 31 et 16.
172. *Actes de Lavra* I, n° 59.
173. Dölger, « Urkunden Vazelonosklosters» p. 363-366.
174. Lemerle, « Histoire agraire» 1, p. 59-61.
175. *Cf.* Svoronos, « Rapport annuel ».

176. Déléage, *Capitation*, p. 153-156.
177. *CTh* XI XXIV 1, A. 360. *Cf. CTh* III I 6 (*CJ* IV XXXVIII 14) A. 391, appliquée aux villageois.
178. *N.G., passim.*

A Mytilène, les déclarations fiscales font état de terres de pâture individuelles[179]. Un manuel de praticien du 5e siècle, le *Livre de droit syro-romain*, indique le tarif fiscal des terres de pâturage, mais il n'apporte aucune précision sur leur propriétaire[180]. Les indications de pâturages collectifs demeurent maigres. Une *Addition* à l'œuvre de Jean Moschos, probablement composée après la conquête arabe[181], signale comme l'usage ancestral d'un village de Palestine que les bêtes vont paître chaque jour ensemble sous la conduite des enfants juifs et chrétiens du village. Nous avons vu plus haut que le *Code Rural* atteste peut-être l'usage de la vaine pâture privée, sur les parcelles également privées, mais groupées, semble-t-il, par cultures, la vigne, le blé[182], et qu'il fait aussi allusion au travail du bouvier, qui emmène les bœufs dès l'aube, et semble réunir les bêtes de différents propriétaires[183]. La « forêt » apparaît parfois comme un lieu sans propriétaire, donc communal, où le bétail vague pour sa nourriture et risque d'être tué par le premier venu[184] ; ailleurs elle est explicitement privée[185]. Les déclarations fiscales de Théra[186] mentionnent des bêtes, bœufs, ânes, moutons, et les pâturages n'y figurent pas ; le bien dit Skopélos par exemple[187] présente 3 1/50 (?) (*sic*) jugères de terre à blé, 30 pieds d'oliviers, 2 bœufs, 1 âne, 8 moutons : communal ou vaine pâture ? C'est difficile à dire, et cette insignifiance tient peut-être à la nature même de certains paysages agraires traditionnels de la Méditerranée orientale. Un épisode de la *Vie d'Euthyme*[188] indique peut-être une troisième possibilité, intéressante en ce que le *pauvre* (πτωχός) qui la met en pratique peut être rapproché du « paysan dans l'embarras » du *Code Rural*. L'histoire se déroule, il est vrai, dans la région aride proche de la Laure de Pharan, où le bétail cherche sa maigre provende dans le « désert », qui est par excellence *res nullius*. Un homme du village qui y conduit les bêtes prend chez le pauvre en question dix bêtes qu'il possède, « après qu'un accord fût intervenu entre eux » ; au bout d'un certain temps, le pauvre, poussé par la nécessité, désire les vendre, et le berger infidèle n'en rend que huit, en se parjurant sur le tombeau du saint. L'anecdote présente, malgré son contexte géographique particulier, l'intérêt de montrer que la possession d'un troupeau n'est pas nécessairement associée à la jouissance d'un pâturage, et confirme aussi l'impression que, si le pâturage communal a certainement existé, il n'était pas considéré comme allant de soi. Des équipements peuvent être biens collectifs, les pressoirs par exemple, qui semblent communaux – mais peut-être domaniaux ? – dans une partie des villages du Massif Calcaire[189]. Dans le cas du moulin envisagé par le *Code Rural*[190], la communauté devient seulement copropriétaire de l'édifice. La commune rurale possède en effet des parties de terroir, que l'on voit mentionnées non pour en préciser l'usage collectif, mais pour les défendre contre les empiètements des particuliers. Tel est « le terrain communal »

---

179. *IG* XII/2, 76-80.
180. *Liber Syro-Romanus* 121 (p. 796).
181. *Prat. Spir. Add. Berol.* 8.
182. *N.G.* 78-79, *cf.* note 109.
183. *Ibid.*, 23 *sq.* (Περὶ ἀγελαρίων).
184. *N.G.* 44-45.

185. *Ibid.*, 20.
186. *IG* XII/3, 344-349.
187. *Ibid.*, 343, 7-8.
188. Cyrill. Scythop., *V. Euthym.* 58.
189. *Cf.* note 140.
190. *N.G.* 81.

(τόπον κοινόν) sur lequel s'érige le moulin[191]. L'expression employée dans cet article du *Code Rural* se retrouve dans un document bien plus ancien en tout état de cause, une inscription de Syrie (Trachonitide)[192], aux termes de laquelle une décision de la commune interdit les empiètements des particuliers sur un lieu communal (ἐπὶ κοινῷ [τό]πῳ) nommément désigné, où ils tenteraient d'établir une aire, ou d'autres installations que l'état de la pierre ne permet pas de reconnaître. Les terres de propriété collective semblent se trouver en particulier aux limites des finages. C'est ainsi que Théodore le Sycéote apaise le conflit entre deux villages qui se disputaient une coupe de bois[193]. Si les éditeurs ont bien lu une inscription du territoire de Metropolis, près de Synnada[194], on peut y trouver un exemple de terres prises à ferme par les *vicani* de trois villages. En vertu du principe de société défini plus haut, la commune conserve aussi une autorité éminente sur les terres de ses membres, et la manifeste lorsque ceux-ci cessent de les travailler, parce que les terres qui cessent de produire demeurent néanmoins portées au compte fiscal du village. La solution du problème a été au début l'*adiectio sterilium* (ἐπιβολή), la reprise en main de ces terres désertées par les membres restants de la communauté villageoise[195]. Le *Code Rural* envisage, on l'a vu, le cas des terres abandonnées par les paysans, découragés, pensons-nous, par les frais de mise en valeur aussi souvent que par la charge fiscale. P. Lemerle propose de comprendre le partage de terres effectué par la commune comme la redistribution de ces terres abandonnées[196], et cette solution a toute chance d'être la bonne, en vertu du vieux principe de droit romain que la *possessio* de la terre n'est pas dissociable du travail qui la fait fructifier. On ne peut toutefois exclure que la commune remette aussi en usage de cette façon, selon les besoins, des terres restées depuis longtemps en friche. On en devine l'existence dans la *Vie de Théodore de Sykéôn*, où le paysan qui veut agrandir son aire[197], ceux qui s'emparent d'un ancien sarcophage pour en faire un abreuvoir[198], se heurtent, aux limites de l'agglomération villageoise et de ses champs, aux démons qui peuplent des espaces jadis païens et désormais déserts.

Parcelles individuelles, indivisions souvent familiales, terres de compétence communale, ce sont là trois types de propriété foncière emboîtées l'une dans l'autre au sein de la communauté villageoise, et génératrices chacune de formes particulières du transfert des biens, et par conséquent de la différenciation sociale dans le village. Certains transferts de propriété ont pu être effectués par le moyen des contrats de mise en valeur. Il semble bien que l'on puisse en fin de compte trouver dans le monde byzantin de cette époque la trace des contrats de partage. Un acte de Nessana, malheureusement très mutilé[199], traite d'une vigne nouvellement plantée, dont «l'autre partie» (τὸ ἄλλο μέρος) doit

---

191. Lemerle, « Histoire agraire » 1, p. 60.
192. *LW* 2505.
193. *V. Theod. Syk.* 150. Conflit prévu par le *Code Rural* (*N. G.* 7).
194. *MAMA* IV 123 (texte difficile, date non précisée).
195. Voir la mise au point de Lemerle, « Histoire agraire » 1, p. 37-38 et 62.
196. *Cf.* p. 260.
197. *V. Theod. Syk.* 114.
198. *Ibid.*, 118a.
199. *PNess* 34, 6ᵉ s.

rester en toute propriété aux mains de l'un des contractants. En raison de ce précédent, nous comprendrions comme un partage de la terre, et non seulement de la récolte, celui qui est prévu par l'article 11 du *Code Rural*, lorsqu'un «paysan dans l'embarras» donne sa terre soit à défricher seulement, soit aussi à ensemencer: dans cas seulement le terme de μερίσασθαι est employé pour définir l'issue du contrat, et il paraît justifier cette interprétation, que Sjuzjumov ne prend pas en considération[200]. Le *Code* enjoint à l'entrepreneur de respecter son engagement, c'est-à-dire qu'il le met en garde contre une spoliation pure et simple. Le rapprochement est d'ailleurs tentant avec un contrat qui est pratiqué aujourd'hui en Syrie entre le propriétaire d'un terrain et le planteur d'une olivette, et qui est invoqué par Tchalenko pour expliquer le morcellement de la propriété qu'il pense retrouver dans certains villages du Massif Calcaire[201]. On pourrait alors croire qu'il y a là un moyen d'accès à la propriété pour le paysan pauvre qui ne possède que son savoir-faire. En fait, le dispositif cité du *Code Rural* ouvre sur une perspective exactement opposée, que l'on appréciera à la faveur des témoignages sur la rareté de l'équipement agricole. Il n'est que juste d'ajouter que le même *Code Rural* prévoit au contraire le délit de moisson sur la terre d'autrui[202]. Cela dit, les autres contrats dont le *Code Rural* atteste la pratique reposent sur un partage de la récolte (ἡμίσεια), en particulier pour les plantations[203], et ils se situent ainsi dans la tradition qui remonte jusqu'aux inscriptions africaines du 2e siècle de l'ère chrétienne, Henchir Mettich et Aïn el-Djemala[204], et qui se perpétuera plus tard encore à Byzance[205]. De tels contrats signifient l'existence d'une catégorie de locataires du sol, d'hommes qui travaillent la terre sans en être propriétaires.

La pratique de l'indivision peut conduire, lors du partage qui la termine, à l'accroissement des inégalités entre les possessions foncières des villageois, et cela d'autant plus que, à en juger du moins par les documents de Nessana, ce dernier n'embrasse pas toujours la totalité des biens des associés. Le premier des partages étudiés plus haut[206], effectué par les soldats Zonain et Johannis, montrait entre leurs terres une inégalité initiale que l'opération devait accroître: Johannis, possesseur en propre de parcelles plus nombreuses, s'agrandissait encore par le partage, tandis que Zonain acceptait à plusieurs reprises une compensation en espèces de ses parts de terre. Les cas concrets présentés par ces actes ne permettent pas une véritable discussion des dispositions légales qui interdisent l'immixtion des étrangers dans la communauté villageoise, car les actes appartiennent tous à un même fonds, relatif aux affaires des soldats de la garnison. Cette déficience n'est peut-être pas très grave pratiquement. En effet,

200. Sjuzjumov, « Vizantijskaja Obščina » [Commune byzantine]. Sur ce type de contrat, *cf.* Grossi, « Problematica strutturale dei contratti agrari ».

201. Tchalenko, *Villages antiques* I, p. 414-415, *cf.* Weulersse, *Paysans de Syrie et du Proche-Orient*, p. 130 (contrat de *mougharsa*).

202. *N.G.* 2.

203. *N.G.*9 *sq.*

204. *FIRA* I nos 100 et 101.

205. Lemerle, « Histoire agraire » 1, p. 57, note 2.

206. *PNess* 16. *cf.* p. 256.

toute propriété foncière se définit depuis l'antiquité romaine à la fois comme exploitation directe de la terre et comme droit éminent matérialisé par une rente. La réserve domaniale cultivée sous la direction du maître du sol ou de son représentant constitue un cas particulier. Ailleurs, la combinaison des deux aspects de la propriété ne nécessite nullement la vente de la terre par un exploitant à un autre. Le législateur a beau jeu d'interdire la pénétration des étrangers dans la commune rurale par le biais des ventes directes, alors que tant d'autres modes de transfert plus ou moins occultes peuvent se situer entre le bail emphytéotique et la rente patronale. La longue série des lois sur ce thème témoigne de leur impuissance. Aussi n'en parlerons-nous pas ici, mais dans les pages qui vont être consacrées plus loin aux charges paysannes.

La question que nous voulons poser en revanche dès maintenant est donc enfin celle des inégalités de fortune et de condition entre les membres des communautés villageoises, de ces agglomérations réunies, on l'a vu, par une définition de droit public négative, et très diverses en fait. Les inégalités sont clairement lisibles dans l'habitat villageois du Massif Calcaire, résidences luxueuses, maisons paysannes aisées, cahutes ouvrières[207]. Elles sont pourtant difficiles à comprendre, car aucun document ne nous a conservé un échantillon significatif des possessions foncières à l'intérieur d'un même village, et d'autre part la terre n'est pas toujours ni partout la mesure des inégalités villageoises, parce que, si elle demeure le fondement de la société villageoise comme de la société urbaine, elle n'est cependant pas toujours le support unique de l'activité.

Certains rentiers du sol, légitimes ou non, sont mêlés à la société villageoise : propriétaires exploitants dont les demeures se tiennent, dans tel village du Massif Calcaire, à l'écart des habitations pauvres des travailleurs[208], soldats établis au milieu du village sur le monceau des biens extorqués en contrepartie de leur protection illicite[209], églises[210]. En haut de l'échelle sociale du village se trouvent ensuite des notables, que nous avons déjà vus dans leurs fonctions de direction et de représentation de la communauté villageoise. Il ne faut pas douter que cette distinction correspond à un niveau supérieur de fortune, comme dans les villes et pour la même raison : on doit avoir des ressources à mettre au service de sa charge. Les inscriptions qui attestent sur les constructions syriennes que les «hommes de confiance» (πιστοί) mandatés par la communauté ont bien rempli leur mission, le laissent entendre par leur emploi du terme de πρόνοια, la «prévoyance» du constructeur, c'est-à-dire sa générosité[211]. De façon plus précise encore, en date de 473, une mosaïque de Serǧilla, gros bourg du Massif Calcaire, célèbre la gloire (δόξα) d'un donateur privé, Ioulianos, qui de concert avec son épouse a offert un bain à son village (κώμη)[212]. Une inscription lydienne dépourvue de date précise, mais marquée du monogramme chrétien,

207. Tchalenko, *Villages antiques* I, p. 352 *sq.* (Behyo).
208. *Cf.* Tchalenko, *Villages antiques* I, p. 352-358 et 405-406.
209. Libanius, *Discours sur les patronages*.
210. *Cf.* p. 291-292.
211. *LW* 2070 a (El-Muarraba, A. 336), *LW* 2029 (Migdala, A. 362).
212. *IGLS* 1490, *cf. Hellenica* IV, 1948, p. 81.

conserve la dédicace faite par un personnage à un autre, qui est qualifié de
«fondateur du village» (τῷ κτίστῃ τοῦ χωρίου)[213], l'expression usitée pour les
donateurs qui ont apporté à leur cité des embellissements décisifs. Nous ne
pourrions dire d'un mot ce qui a fait la fortune de ces personnages. Ce sont
des paysans comme les autres, semble-t-il, dans la province reculée de Théodore
le Sycéote[214], peut-être des rentiers du sol dans tel village du Massif Calcaire
comme el-Bara, où la distribution des pressoirs indique de gros vendeurs
d'huile[215], des commerçants favorisés par les courants de circulation des hommes,
comme les aubergistes établis sur la route qui mène les pèlerins au monastère
du Mont-Admirable[216], des titulaires de charges publiques comme le gardien
du magasin fiscal qui établit dans un village des environs de Cyzique[217] une
sépulture pour lui-même et ses héritiers, ce qui prouve qu'il était durablement
installé, sinon originaire du lieu, ou encore les soldats qui pendant des générations ont géré et transmis leurs biens fonciers et leurs avoirs monétaires dans la
garnison de Nessana[218]. Les notables ne sont d'ailleurs pas les plus significatifs
pour notre propos, sinon à titre de comparaison. Nous voulons surtout reconnaître, à l'autre extrémité de l'échelle sociale, ceux qui ont été les plus fragiles,
les plus susceptibles d'être arrachés au village par les vicissitudes économiques
et la pression des charges paysannes, par les accidents historiques, par un
accroissement du nombre des hommes, ceux qui ont pu ainsi aller grossir les
foules dont nos sources déploraient l'afflux dans les villes, et dont il nous faudra
bien supposer aussi l'existence pour expliquer plus loin la croissance monastique.

Si l'on descend au-dessous du niveau des notables, les rapports entre l'homme
et la terre ne rendent pas compte non plus de toutes les situations. Plus exactement, il est relativement facile de recenser les activités dont les unes supposent
la possession d'une terre, et dont les autres relèvent du service agricole ou de la
production artisanale. Mais il est à peu près impossible de préciser comment
ces activités se combinaient ou s'excluaient dans la vie de chacun. On aperçoit
d'abord la masse de ceux qui cultivent une terre à la mesure d'une exploitation
individuelle, ou plutôt familiale, fût-ce avec l'aide d'esclaves et de salariés occasionnels. Ils sont appelés, à cette époque déjà, « maîtres de maison » *(οἰκοδεσπόται)*[219], et la plupart du temps « paysans » *(γεωργοί)*. Ce dernier terme définit en
effet une activité, et non seulement le statut juridique de dépendance qui se traduit
par des charges plus lourdes ou réparties autrement, mais qui ne modifie pas les
conditions concrètes du travail agricole. En conséquence, si le terme de γεωργός
désigne effectivement des paysans dépendants, il est appliqué ailleurs à des
paysans maîtres d'eux-mêmes, maîtres ou locataires des terres qu'ils travaillent.
En dépit des différences de statut, tous ces hommes sont opposés, dans les caté-

213. *IGC* 330.
214. *V. Theod. Syk.* 114, etc.
215. Tchalenko, *Villages antiques* I, p. 41-42.
216. *IGLS* 418 (Telanissos), *cf.* Tchalenko, *Villages antiques* I, p. 222.

217. *IGC* 10, 4ᵉ ou 5ᵉ s. (ὀκτα[β]ερήο [. . . | [ἀπ]οθηκαρίῳ τοῦ κατὰ κώμη[ν ὡρίου]).
218. *PPNess* 14-30.
219. Callinic., *V. Hypat.* 59 ; *V. Theod. Syk.* 98, 114.

gories rurales, aux « maîtres du sol », aux « maîtres des domaines » ; opposition
fondamentale au point que le paysan libre, qui possède sa terre en toute propriété et qui paie directement ses impôts, est défini comme « maître et paysan à
la fois »[220], ou, ce qui revient au même, comme « paysan et contribuable »[221].
Sous la variété des conditions juridiques de l'homme et de la terre, que les
textes n'ont pas toujours l'occasion de préciser, le mode de production demeure
le même, et c'est cela qui compte[222]. Nous désignerons par le simple terme de
paysans ces personnages qui jouent le premier rôle dans l'histoire des campagnes byzantines. Qu'il y ait eu entre eux des inégalités de fortune, liées à l'étendue et à la qualité des terres comme à leur condition, nous n'en doutons pas.
Ce sont les plus pauvres qui motivent la Novelle de 535, comme les récits hagiographiques commentés plus haut, comme tel morceau, peut-être trop souvent
cité, des *Homélies* de Jean Chrysostome[223]. Ce sont eux qui accusent les coups
de l'histoire.

Autour d'eux des travailleurs du sol qui n'ont pas avec la terre la même relation possessive, et qui complètent le contingent d'énergie humaine nécessaire
aux exploitations paysannes. Ce sont des salariés et des esclaves. On a vu que
les esclaves comptent parmi les biens d'équipement, sur lesquels il est interdit
de gager les emprunts paysans[224], et que la ferme emploie aussi des salariés qui
assurent un service permanent, bouviers et bergers[225]. Mais il faut souligner
aussi l'embauche temporaire, qui constituait sans doute le niveau le plus pauvre
du salariat rural. Les « récits utiles à l'âme » en ont laissé de nombreux exemples,
décrivant les « vieillards » et les « frères » qui allaient gagner par ce travail saisonnier leur provision de blé de l'année[226]. L'un de ces récits, sous la plume de
Jean Moschos, désigne ce travail comme « emploi journalier »[227], et montre
bien qu'il se place sur la terre d'un simple paysan. Les « récits utiles à l'âme » sont
généralement situés aux confins de l'Egypte et de la Palestine, mais l'on peut
penser que ce type d'emploi temporaire se rencontrait partout. Aux environs
d'Edesse par exemple, une invasion trouve les citadins mêlés aux villageois
pour la moisson[228]. Tchalenko suppose une mobilisation à grande échelle pour
la récolte des olives dans le Massif Calcaire[229]. L'exploitation domaniale ne
présente rien de spécifique sur ce point, et semble se définir plus souvent, dans
la campagne byzantine de cette époque, par les droits du maître du sol que
par un mode particulier de production. Les formulaires cadastraux non
encore remplis des inscriptions de Chios prévoyaient pour chaque fond le
chiffre des dépendants (πάροικοι)[230], seul ou joint à celui des esclaves[231]. Nous

---

220. Theod. Cyr., *HRe* XVII.
221. *Nov.* Tiber. imp., A. 575 (*JGR* I, *Coll.* I, *Nov.* XI).
222. Sur les deux sens de γεωργοί, Lemerle, « Histoire agraire » 1, p. 45.
223. *Cf.* Lemerle, « Histoire agraire » 1, p. 42.
224. *Cf.* p. 254 et note 146.
225. *Cf.* p. 250 et note 120.
226. *Apopht. Benjamin* 1 ; *Nau* 350, etc.
227. Joh. Mosch., *Prat. Spir.* 183 (ἡμερομι-σθεῖ).
228. *Ps. Jos. Styl. in Chron. ps. Dion.*, p. 205 (A. 814).
229. Tchalenko, *Villages antiques* I, p. 372-373.
230. Fragment A, Déléage, *Capitation*, p. 183.
231. Fragment B, *ibid.*, p. 184.

les lisons l'un et l'autre dans une des déclarations de Théra, où ils sont peu élevés[232], tandis qu'à Mytilène les mentions sont tout à fait irrégulières[233]. Il faudrait alors supposer plus grandes la part du salariat ou celle des corvées dans les exploitations directes plus importantes, sur lesquelles, en fait, nous avons peu de témoignages pour cette époque. Or, les corvées comptent parmi les charges paysannes, mais ne semblent pas un moyen essentiel de l'exploitation agricole directe[234]. Le domaine ecclésiastique est à part, on le verra aussi : si l'Eglise possède des domaines semblables à tous les autres, équipés d'esclaves et de dépendants que la législation mentionne[235], et qui étaient domiciliés dans les villages proches des couvents[236], les terres travaillées directement par les moines peuvent néanmoins être définies comme une réserve d'un type particulier, et elles nous semblent même seules à mériter vraiment ce nom.

La société villageoise présente aussi des hommes qui sont désignés comme ouvriers (τεχνίται). Voici d'abord un emploi villageois, déconcertant à première vue, et en fait révélateur. La *Vie de Nicolas de Sion*[237] rapporte que des villageois vinrent supplier le saint de faire abattre un arbre sacré dans lequel s'était niché un démon qui désolait le village. Jadis, lui dirent-ils, un homme l'avait déjà tenté, avec deux haches à entailler et une hache à double tranchant, mais le démon le mit en fuite. Après avoir prié, Nicolas envoie chercher des ouvriers pour scier l'arbre. Il en demande sans succès à Myra, et finit par en découvrir cinq dans un village voisin. Dans cette anecdote, l'ouvrier se distingue moins par une qualification particulière que par le maniement d'outils qui ne sont probablement pas en possession de tout le monde. J'interpréterais en ce sens les dispositions si curieuses du *Code Rural* sur les vols d'outils, particulièrement graves s'ils sont commis à un moment de nécessité saisonnière, puisque d'autres outils s'ajoutent alors à la liste où l'araire, le joug et le soc, la houe et la binette pour la vigne, figurent en permanence[238] : le couteau à émonder au moment de la taille des arbres, la faucille au moment de la moisson, la hache lorsqu'on fait la coupe du bois[239]. Tous ces vols sont punis d'une peine de composition, le paiement d'une somme correspondant au nombre de jours durant lesquels l'outil est resté dérobé, à raison de 12 follis par jour. Cette somme, peut-être majorée pour la peine, représente le «paiement journalier» (ἡμερήσιον) de l'outil, et non, comme le suggère P. Lemerle, le salaire d'un ouvrier[240]. Toutefois, ces deux articles indiquent, semble-t-il, que l'usage de l'outil par son propriétaire pouvait constituer un service rétribué dans le cours des travaux des champs, une des formes du salariat dont nous avons signalé plus haut l'existence. On retrouverait peut-être là un autre aspect du geste charitable du campagnard de Jean Moschos[241], qui venait faire les semailles non seulement avec son grain mais aussi, on s'en souvient, avec ses bœufs. Et la rareté des

232. *IG* XII/3, 343/16-19.
233. *IG* XII/2, 76-80.
234. *Cf.* p. 276 et 285.
235. *Cf. JNov* XV (*N.* 7), A. 535, *passim*.
236. Tchalenko, *Villages antiques* I, p. 176-177.
237. *V. Nicol. Sion.* 15.
238. *N.G.* 62.
239. *N.G.* 22.
240. Lemerle, «Histoire agraire» 1, p. 54 (et 55) note 1.
241. Joh. Mosch., *Prat. Spir.* 24.

outils, la cherté relative de leur location expliqueraient, autant et mieux que la rareté de la main-d'œuvre, «l'embarras» du paysan obligé de conclure pour sa terre des contrats de moitié[242]. Dans la construction aussi, le salaire s'entendait sans doute du travailleur avec l'outil qui lui appartenait. On l'infère des gestes exemplairement gratuits loués par les hagiographes, paysans venus avec leurs chariots construire le monastère de Théodore le Sycéote[243], malades guéris offrant leur travail au Mont-Admirable avec leurs propres outils et leur propre nourriture[244]. Sur le chantier de Dara, le salaire passait du simple au double si l'ouvrier était venu avec son âne[245] : il faut tenir compte de la nourriture de celui-ci, mais la différence s'explique aussi par la productivité supérieure de l'ouvrier ainsi équipé.

La demande villageoise de produits artisanaux devrait porter sur les outils du travail agricole, les récipients d'usage domestique, et les vêtements. Elle se satisfaisait sans doute dans le meilleur des cas sur le marché citadin où les paysans portaient leurs produits, encore que, à en juger du moins par l'exemple de Korykos, l'artisanat urbain n'ait pas été particulièrement orienté vers la fabrication des outils nécessaires aux travaux des campagnes[246]. L'artisanat villageois lui-même reste insuffisamment connu. L'archéologie livre quelques indications, encore éparses à notre connaissance, dans les fouilles bulgares de sites villageois proches de Varna[247], ou les fouilles israéliennes d'Ašdod[248], d'après le dépotoir. Pour le Massif Calcaire de Syrie du Nord, les conclusions de Tchalenko sont formellement négatives[249], ce qui peut s'expliquer par le régime de monoculture et la proximité d'Antioche. Nessana est un marché trop actif pour que l'on tire argument des objets trouvés sur le site[250]. Les sources écrites sont indigentes. La *Vie de Théodore de Sykéôn* met en scène comme une célébrité un forgeron de village, qui confectionne une cage de fer pour la pénitence du saint[251]. Les villageois offrent à cette fin leurs instruments, ce qui confirme la rareté du métal. De mentions d'un verrier juif, dans un village de Palestine comme à Edesse[252], on peut peut-être conclure à une activité habituelle aux Juifs. Mais on ne peut rien tirer du second texte, tant le métier du père y apparaît nécessaire au récit, qui traite le thème de l'enfant dans la fournaise. Enfin, le cas des villages suburbains d'Antioche, où Libanios vante la multitude des métiers[253], ne prouve évidemment rien. Il y a d'autre part la question de l'artisanat domanial. Il faut veiller là aussi à ne pas confondre une organisation domaniale de la production, et un droit domanial sur une production dont les conditions matérielles n'auraient rien de spécifique. Ce dernier cas est par exemple celui du domaine ($\pi\varrho o\acute{\alpha}\sigma\tau\varepsilon\iota o\nu$) proche de la capitale, que mentionne le testament de Hierios : les boutiques y

---

242. *N.G.* 11-16.
243. *V. Theod. Syk.* 56.
244. *V. Sym. Styl. jr* 96.
245. Zach. Mityl., VII 6.
246. *Cf.* chap. 5, p. 158 *sq.*
247. D'après Velkov, « Campagnes et population rurale en Thrace », p. 59 et 63.
248. Dothan, « Preliminary report ».

249. Tchalenko, *Villages antiques* I, p. 411.
250. *Excavations at Nessana* I, p. 51-130, *passim.*
251. *V. Theod. Syk.* 27.
252. *Prat. Spir. Add. Berol.* 8, *cf.* Leont. Neap., *V. Sym. Sal.,* p. 163.
253. Lib., *Or.* XI 230.

figurent à côté des jardins et des autres immeubles, dans un espace domanial
défini par un ensemble de droits, comme l'exprime la clausule du texte lui-
même : « ... et tout droit pertinent à moi de quelque façon que ce soit sur ce
domaine »[254]. Au contraire, nous ne trouvons nulle part d'allusion à une organisation spécifiquement domaniale de l'artisanat. La loi de 369 sur l'inventaire
des biens des proscrits se borne à demander le détail des activités artisanales
serviles.[255] Les lois sur le recel des *metallarii*[256] et des artisans du textile[257]
ne visent pas explicitement les propriétaires fonciers, que seule pourrait con-
cerner l'extraction privée du marbre[258] ; exception qui confirme la règle,
puisqu'il s'agit là de propriété du sol et du sous-sol. Toutefois, Avi-Yonah
suggère que les fouilles de Beth-Shean (Scythopolis) et de ses environs procurent
le commentaire des interdictions législatives[259]. Il interprète en effet la construction de synagogues villageoises pendant notre période, à Beth Alpha
et Kefar Qarnayim notamment, comme l'indice d'un exode urbain qui aurait
touché les dissidents religieux d'une part, Juifs et Samaritains, les pauvres
sans doute d'autre part, mais aussi les artisans fuyant la ville où le législateur
durcit leur condition, et cherchant la protection du grand domaine. Et
il est vrai que l'exode des artisans du lin de Scythopolis est mentionné dans
une loi de 374[260]. Mais enfin il s'agit toujours là de droits domaniaux,
légitimes ou illégitimes, et non d'organisation domaniale du travail, puisque
le développement signalé par ces synagogues nouvelles a conservé une forme
villageoise.

Les ouvriers sont aussi la force de travail des chantiers de construction. On
connaît les nombreuses inscriptions syriennes où des bâtisseurs ont marqué
leurs noms et celui de leurs villages, et qui semblent attester des déplacements en
équipes à travers un espace régional défini[261], sans la rupture qui se produisait
peut-être pour les ouvriers venus travailler sur les chantiers des villes. Il est
vrai aussi que les quelques noms indiqués sur chaque édifice ne peuvent pas
correspondre à la totalité de la main-d'œuvre employée, et que le terme de
$\tau\epsilon\chi\nu\iota\tau\eta\varsigma$ pourrait y désigner les plus qualifiés[262]. La voix anonyme des autres
se fait peut-être entendre dans l'inscription homérisante d'un linteau syrien[263],
où il est question de travailleurs semblables aux bœufs qui ouvrent la terre sous
le joug, et « redoutent la dure nécessité de l'esclavage ». La dispersion apparente
du flot s'ordonne en lignes directrices plus ou moins lointaines, commandées
par l'offre de travail et par les grands axes du trafic. Avi-Yonah a bien illustré
ce dernier point pour la Palestine[264]. Nous ignorons pourtant, par exemple,
d'où venaient les carriers de Beth Govrin, à l'Ouest des monts de Judée, qui ont
fourni les chantiers d'Ascalon en pierre calcaire pendant toute cette période[265].

254. *JNov* CLXV (*N.* 159) t. II, p. 368.
255. *CTh* IX XLII 7 (*CJ* IX XLIX 7).
256. *CTh* X XIX 5, A. 369 et 7, A. 370.
257. *CTh* X, XX.
258. *CTh* X XIX 8, A. 376 ; 10, A. 382 ; 11, A. 384 ; 13, A. 393.
259. Avi-Yonah, « Scythopolis ».

260. *CTh* X, XX, 8.
261. Tchalenko, *Villages antiques*, I, p. 51-52.
262. Downey, « Byzantine architects ».
263. *IGLS* 1597.
264. Avi-Yonah, « Economics of Byzantine Palestine ».
265. Ben-Arieh, « Beth Govrin ».

Mais nous avons un témoignage précieux sur la Syrie du Nord, grâce à la *Vie de Syméon Stylite le Jeune*, qui mentionne l'origine des individus et des groupes venus travailler au monastère, en particulier aux constructions (tableau 11). L'hagiographe ne veut évidemment pas mettre en lumière l'activité économique du monastère, mais son rayonnement religieux ; toutefois, il souligne à plusieurs reprises que des malades guéris sont restés par reconnaissance pour travailler sans salaire[266] ; nous autorisant de cela, nous relevons ensemble ci-dessous les mentions de malades et de pèlerins, et les mentions d'ouvriers. Le tableau montre les origines grossièrement concentriques au monastère, la prédominance écrasante des environs immédiats d'une part, c'est-à-dire la Syrie du Nord, et du recrutement villageois d'autre part. Les mentions d'origine étrangère à la Syrie du Nord mettent néanmoins en jeu des régions complémentaires par la géographie et par les routes, qu'elles soient proches comme la Cilicie et l'Isaurie, ou plus éloignées comme l'Arménie, la Perse, et surtout l'Ibérie.

Tableau 11. *L'origine des hommes au monastère du Mont-Admirable* (d'après la *Vie de Syméon Stylite le jeune*, passim)

Origines (par ordre de proximité)	Nombre de mentions (individus et groupes confondus)	Remarques
Divers villages de Syrie du Nord	10	Individus malades
Antioche	6	*id.*
Environs d'Antioche	5	*id.*
Apamée	1	*id.*
Epiphaneia (Hama)	1	*id.*
Cilicie	2	*id.*
Env. de Séleucie	1	
Isaurie	5	*id.* (un seul) Moine Malades guéris qui restent travailler Tailleurs de pierre Monastère des Isauriens
Cappadoce	3	Malades ; individus ; 1 groupe
Perse (dont Soura sur l'Euphrate)	2	Individus malades
Arménie	1	8 ouvriers absents de chez eux depuis deux ans
Ibérie	4	Malades Prêtre pèlerin Malades, pèlerins, dont certains embrassent la vie monastique Ouvrier moissonneur

266. *V. Sym. Styl. jr* 96, 172, 228.

On aimerait savoir quelle place l'activité de la construction occupait dans la vie des campagnards. Elle pouvait être occasionnelle et s'ajouter aux autres travaux, ainsi pour les paysans qui viennent avec leurs chariots construire l'église du monastère de Théodore le Sycéote[267]. Tchalenko a soutenu que c'était une activité saisonnière, et complémentaire dans le Massif Calcaire des travaux agricoles, et notamment de la récolte des olives[268]. Le relevé des mois de dédicace des édifices syriens permettrait peut-être d'apprécier la valeur de cette hypothèse, qui est vraisemblable. En effet, le brigandage des montagnards d'Isaurie revêt lui aussi un caractère saisonnier au témoignage d'Ammien Marcellin et de Jean Chrysostome : ce dernier écrit à Olympias que l'hiver vient de mettre un terme à leurs coups de main, et qu'ils sont désormais renfermés dans leurs repaires jusqu'à la Pentecôte[269]. Leur descente pacifique sur les chantiers de construction a pu obéir à un rythme analogue[270]. L'hagiographe du Mont-Admirable rapporte toutefois le cas de huit ouvriers arméniens, qui se trouvaient absents de chez eux depuis deux ans[271] : cette précision peut signifier que le cas était exceptionnel, d'autant plus fréquent peut-être que l'homme s'était éloigné davantage de chez lui. Et certains se déracinaient sans doute définitivement ; l'ascète de Jean Moschos[272], qui gagne sur les chantiers de Palestine de quoi payer un exemplaire du Nouveau Testament, semble entré pour toujours dans le travail errant.

Les hommes qui vivent dans les villages ont donc des activités essentiellement mais non exclusivement agricoles. Du notable villageois nanti de terres au journalier, en passant par les clercs, les soldats, les ouvriers, la société villageoise byzantine apparaît différenciée et donc susceptible de changements, soit en vertu de sa logique interne, soit en conséquence de variations imprimées de l'extérieur. Ces dernières ne sont pas directement ressenties comme variations d'une conjoncture mais, pour diverses qu'elles soient, comme variations des *charges paysannes*. Celles-ci vont maintenant engager notre attention, et nous allons ainsi introduire dans l'exposé les différences de statut des individus et des collectivités que nous avions jusqu'ici artificiellement écartées.

3. Les charges paysannes

La production agricole doit fournir à la subsistance des familles paysannes, et aux nécessités de l'équipement qui permettra de continuer à produire, l'équilibre entre ces deux ordres de besoins constituant d'ailleurs une première variable de l'histoire des campagnes. Mais le produit du travail paysan doit en outre subir des prélèvements qui ont pour trait commun d'être effectués de façon autoritaire, voire brutale, et d'être fixés par des détenteurs de droit ou de fait de l'autorité qui n'appartiennent pas eux-mêmes au monde du travail rural

267. *V. Theod. Syk*. 56.
268. *Cf*. p. 266.
269. *Cf*. p. 298 et note 478.

270. *Cf*. Mango, « Isaurian builders ».
271. *V. Sym. Styl. jr* 237.
272. Joh. Mosch., *Prat. Spir*. 134.

mais qui vivent de lui. Il se crée en d'autres termes un courant unilatéral de biens, dans lequel les campagnes fournissent le contingent essentiel des ressources qui seront dépensées dans le circuit général de la société toute entière. Du point de vue économique qui est le nôtre, la diversité institutionnelle qui préside à ces prélèvements, la diversité sociale même de ceux qui les perçoivent, ne présenterait d'intérêt que si elle correspondait à une diversité dans la répartition ou le poids du fardeau paysan. En réalité, dès que l'on dépasse la lettre la plus étroite des textes juridiques, on constate au contraire une convergence concrète entre les différents prélèvements, impôt versé aux fonctionnaires de l'Etat, rente due aux maîtres du sol, paiement illégal de la protection cherchée contre le fisc, et même paiement de la protection spirituelle dispensée par l'Eglise. La pratique sociale dépasse constamment les limites légales de ces diverses exigences, et en outre elle brouille leurs contours, en sorte que le paysan finit par cumuler celles qui devaient en principe s'exclure. Toutes concourent à rendre son fardeau aussi lourd que possible, à en accroître le poids jusqu'à la limite tolérable au-delà de laquelle le producteur paysan se détruit par l'excès même de ses obligations, comme Čajanov l'a si bien montré sur l'exemple de la ferme serve en Russie[273]. La pauvreté d'un individu aurait alors consisté à fournir une part proportionnellement excessive de son produit à la ponction globale considérable qui affectait le produit de l'Empire, et qui était opérée comme de concert par les agents du fisc et leurs antagonistes, parfois confondus en une seule et même personne ; ponction dont le volume, la répartition sociale et peut-être même géographique, la relation avec le mouvement des transactions normales, posent autant de questions qui touchent aussi bien la situation des pauvres que la finalité de l'économie protobyzantine. Nous adapterions volontiers en un mot aux campagnes byzantines de cette époque les termes de Čajanov : le seuil de tolérance du fardeau paysan a-t-il été atteint, a-t-il été dépassé ? Nous ne referons pas pour autant l'histoire des institutions fiscales et domaniales après la réforme de Dioclétien[274]. Nous en rappellerons les grands traits simplement pour en indiquer les variations et les dépassements pratiques. Mais surtout nous insisterons sur le rapport social nouveau auquel elles ont ensemble donné naissance, celui du *patronage*. Non qu'il reste à son sujet beaucoup d'obscurités littérales à résoudre. C'est l'interprétation elle-même qu'il convient de remettre en question. Car le patronage a été décrit jusqu'à présent comme une excroissance monstrueuse qui aurait menacé d'enrayer le fonctionnement régulier des institutions existantes, en l'espèce l'acquittement régulier des obligations paysannes. C'est épouser naïvement les griefs exprimés par le fisc dans les textes législatifs, et par les propriétaires de droit dans le fameux *Discours sur les patronages* de Libanios. Il faut en réalité éclairer le patronage autrement. Il est au contraire lui aussi une institution, que l'historien a la chance de saisir à l'état naissant, lorsque la situation pratique n'est pas épurée et figée par des textes de lois qui

273. Chayanov (*sic*), *Theory of Peasant Economy*, p. 1-28.
274. *Cf*. Déléage, *Capitation au Bas-Empire* ; Seston, *Dioclétien* ; Lemerle, « Histoire agraire » 1 ; Karayannopulos, *Finanzwesen*.

la ratifient et qui lui font place dans le système social. Il représente une forme neuve, profondément efficace et significative, des relations domaniales byzantines.

Avant d'entrer dans le développement fondamental des rapports entre la levée de l'impôt et la perception de la rente foncière, il faut noter qu'une troisième légitimité s'est ajoutée depuis le 4e siècle à celles du fisc et de la propriété privée : c'est le droit de l'Eglise[275]. Le peuple chrétien, et singulièrement les paysans, se trouve chargé d'une rente nouvelle et distincte, en paiement des médiations spirituelles et charitables des clercs. Le développement qui devait aboutir en Occident à l'institution de la dîme est resté à l'état d'ébauche dans l'Orient byzantin[276], mais il a été poussé assez loin pour mériter d'être examiné ici comme responsable d'une addition aux charges paysannes.

Notre étude du don chrétien en avait inventorié les motifs, l'expiation des péchés et l'attente de la protection céleste, ou le remerciement pour grâce reçue[277]. Mais on observe parallèlement, au cours de la même période, une tendance de l'institution ecclésiastique à se constituer en autorité titulaire d'un droit de nature fiscale, comparable au droit exercé par l'autorité politique. En d'autres termes, il ne suffit pas à l'Eglise que les offrandes des fidèles soient continuelles, elle voudra les rendre régulières. L'étude du vocabulaire est à cet égard révélatrice. Au début du 4e siècle, l'Eglise élabore à la fois le langage d'une morale, où les œuvres individuelles et surtout la charité portent leur récompense céleste, et celui d'une institution qui doit avoir les moyens de fonctionner, c'est-à-dire de défrayer son personnel et les charges spécifiques que sont les œuvres d'assistance. L'hésitation du vocabulaire et de ses justifications scripturaires exprime celle de la doctrine entre l'offrande spontanée, et donc irrégulière, et l'exigence codifiée, et donc la contribution à un revenu ecclésiastique fixe. Pour désigner l'apport des fidèles à l'Eglise, les écrivains ecclésiastiques et les rédacteurs conciliaires utilisent dès cette époque d'une part les termes empruntés au sacerdoce juif et au service du Temple, « les prémices » (ἀπαρχαί)[278], « la dîme » (δεκάτη)[279], « les sacrifices » (προσφοραί)[280] – le mot désigne aussi dans une acception restreinte l'eucharistie – et d'autre part des termes plus généraux, donc plus ouverts à la nouveauté chrétienne, parmi lesquels le plus caractéristique est peut-être « porter, apporter des fruits » (καρποφορεῖν)[281], dont la langue chrétienne développe l'usage dans le sens de « récolte des fruits spirituels » (καρποφορία), notamment suscité par la parabole évangélique du semeur. Une telle «récolte» est la récompense céleste de l'aumône dans une homélie de Grégoire de Nysse[282], du don à l'Eglise dans une lettre de Grégoire de Nazianze[283].

275. Indications générales dans Gaudemet, *L'Eglise dans l'Empire romain*, et Levčenko, « Cerkovnije imuščestva » [Les biens ecclésiastiques].
276. *Cf.* Viard, *Histoire de la dîme*.
277. *Cf.* chap. 5, p. 198 *sq.*
278. Epiph., *Haeres.* 80, 5, 6 ; *Const. Apost.* VII 30 ; *C. Trull.* 28.
279. Epiph., *Haeres.* 80, 5, 6 ; *Const. Apost.* II XXVII 6 ; *C. Trull.* 57.
280. *C. Gangr.* prol., 7, 8 ; *Const. Apost.* IV VIII 1.
281. *Const. Apost.* VIII X 12 ; et ci-dessous, notes suiv.
282. Greg. Nyss., *Paup. Amand.*, p. 32/19.
283. Greg. Naz., *Ep.* 61 (entre 372 et 374).

Le langage réunit ainsi la charité individuelle et l'offrande à l'Eglise comme les deux variantes d'une attitude unique. « Je n'ai jamais fait l'aumône (ἀγάπη), déclare un solitaire dans une sentence des *Apopthtegmata*[284], mais l'échange me tenait lieu d'aumône : car je considère que le gain de mon frère est une œuvre de récolte spirituelle (καρποφορία) ». Le même terme signifie l'aumône faite en espèces au stylite Alypios[285], et désigne des dons faits à l'Eglise dans de nombreux emplois que nous verrons plus loin en décrivant la pratique. Le modèle qui s'offrait à l'Eglise était évidemment celui des contributions perçues par le sacerdoce juif pendant la durée du Temple, la dîme, les prémices, et le produit des divers sacrifices. Dans le dernier tiers du 4e siècle, Epiphane commente en ce sens une parole de S. Paul, « le cultivateur qui a la peine doit prendre le premier sa part de fruits (καρπῶν) » (II Tim. 2, 6) ; il l'interprète comme la nécessité de décharger le sacerdoce du souci du pain quotidien, en raison de la peine qu'il prend avec ses ouailles ; et cela doit se faire, dit-il, par le moyen « des offrandes, des prémices, et du reste »[286]. A la même époque, Grégoire de Nazianze recommande à deux correspondants non seulement le dépassement pieux des legs à exécuter en faveur de l'Eglise, mais l'offrande des prémices des récoltes et de la progéniture[287]. Au 5e siècle, les *Constitutions Apostoliques*, remarquables il est vrai par l'attention prêtée au modèle juif, mentionnent la dîme, les prémices, les sacrifices, les offrandes (καρποφορίαι), en précisant que tout cela est destiné au clergé et à l'assistance, et doit être apporté à l'évêque ou à ses représentants, seuls avertis des afflictions et capables de leur proportionner les secours[288]. La dîme et les prémices donnent un modèle de versement obligatoire et régulier, et un appendice contient effectivement une sorte d'anathème contre ceux qui n'acquitteraient pas les prémices « pour l'Eglise et l'indigent »[289], tandis que des prières sont prévues pour ceux qui apportent offrandes et prémices[290]. Toutefois, on ne pourra recevoir les offrandes de certains pécheurs, adultères, fornicateurs, cabaretiers, oppresseurs de la veuve et de l'orphelin, maîtres coupables de maltraiter leurs esclaves[291].

La pratique a simplifié, en confondant ses termes, une nomenclature tout à fait inadaptée à la chrétienté byzantine. On trouve d'abord en foule dans les récits hagiographiques de exemples d'offrandes isolées, dont rien ne laisse voir qu'elles ne seraient pas entièrement spontanées. Elles se font en nature ou en or. Les plus menues, des « sacrifices » (προσφοραί) de lait, de miel, de raisin et même de viande, tendent à être ajoutées par les fidèles au sacrifice liturgique de la messe. Le concile *in Trullo* en 692[292], les commentaires de Théodore Balsamon aux canons dits des Saints Apôtres[293], bien plus tard encore, décrivent ces

---

284. *Apopht. Agathon* 17.
285. *V. Alyp. Styl.* 16.
286. Epiph., *Haeres.* 80, 5, 6.
287. Greg. Naz., *Ep.* 61 (entre 372 et 374).
288. *Const. Apost.* II XXVII 4, *cf. ibid.*, VIII, XXX.
289. *Lex Canon. SS. Apost.* (sic) 16, in *Const. Apost.*, t. II, p. 152, *cf.* Viard,

Histoire de la dîme.
290. *Const. Apost.* VIII X 12.
291. *Ex Const. Capitula*, XXVIII-XXX, in *Const. Apost.*, t. II, p. 142, *cf. Const. Apost.* IV, VI.
292. *C. Trull.* 28, 57, 99.
293. Théodore Balsamon sur *C. SS. App.* 3 (*RP* II, p. 5).

gestes pour les condamner formellement. On ne sait, en raison de cet interdit, si les bombances de viande qui marquent la tournée de Nicolas de Sion à travers les églises villageoises de Lycie peuvent attester le même usage[294]. Mais une autre série d'exemples montre des offrandes dépourvues de rapport avec la liturgie. Telles sont les provisions de blé et de légumes secs apportées aux laures et monastères sabaïtes par les habitants de Madaba[295]. Telles aussi la construction et la décoration des édifices de culte, comme en témoignent les inscriptions qui réclament en retour une protection céleste. Par exemple, une mosaïque de l'église S. Georges à Kh. el-Mekhayyat (Nebo)[296] prie le saint d'agréer « le sacrifice et l'effort (τὴν προσφορὰν καὶ τὸν κά|ματον) des hommes de ce village », et encore le «sacrifice» (προσφορά) de deux frères: la double formule relative aux villageois indique peut-être d'une part une somme en espèces, de l'autre un travail gratuit, comme on en voit dans la *Vie de Théodore de Sykéôn*[297]. Nous citerons aussi, malgré une date probablement postérieure au 6e siècle, l'histoire de Manuel «le porteur d'offrandes» (καρποφόρος)[298], qui se chargeait de porter au sanctuaire de S. Michel de Chonai les offrandes ramassées dans les villages qui avoisinaient le sien ; elles atteignaient 1 livre d'or le jour où il tomba entre les mains de voleurs de grand chemin que S. Georges se chargea de défaire. Toutes ces démarches de la piété populaire s'adressaient dans des intentions semblables aux églises et aux monastères. Ces derniers les attiraient même probablement davantage, en raison des grâces et des guérisons que l'on y venait chercher. L'hagiographe de Syméon Stylite le jeune souligne à plusieurs reprises que le saint n'acceptait pas de remerciement en espèces, comme cela se faisait ailleurs, et comme ses moines l'eussent préféré[299]. Un certain antagonisme semble s'être développé à ce sujet entre les prêtres et les moines : la *Vie de Syméon Stylite le jeune* rapporte[300] que des prêtres ibères allèrent se plaindre à leur évêque de ce qu'une relique du saint détournait vers elle toutes les offrandes, et insinuèrent que les guérisons opérées par elle étaient des œuvres diaboliques.

Nous retrouvons alors la question posée au début : l'Eglise a-t-elle réussi à s'assurer des versements obligatoires et réguliers ? La célèbre inscription du 6e siècle[301], qui invoque la protection céleste sur «les villages, le peuple et les donateurs d'offrandes» du monastère de S. Tryphon en Mysie, atteste un cas où les offrandes s'ajoutaient sans doute à la rente foncière d'un établissement monastique. L'offrande elle-même apparaît comme une rente supplémentaire lorsque le monastère de Théodore le Sycéote reçoit une quantité annuelle de vin et de raisin, que l'hagiographe justifie par la commémoration spontanée d'un miracle qui a sauvé les vignes d'un village[302] : comment faut-il interpréter l'usage, en réalité ? A Nessana, le monastère de S. Serge recevait des offrandes en espèces pour la fête du saint, très populaire, on le sait, dans la steppe syro-

---

294. *V. Nicol. Sion.* 54-57.
295. Cyrill. Scythop., *V. Sabae*, p. 136/1-4.
296. Saller-Bagatti, *Town of Nebo*, p. 140, inscr. 1 A.
297. *V. Theod. Syk.* 56.

298. *Mirac. Georgii* 11, p. 108.
299. *V. Sym. Styl. jr.* 93, 123.
300. *Ibid.*, 130.
301. *IGC* 2.
302. *V. Theod. Syk.* 52.

19*

palestinienne. Nous avons conservé le billet[303] où un évêque Georges s'excuse
sur sa maladie de ne pouvoir venir lui-même, et prie son correspondant de
remettre son offrande (εὐλογία), pour éviter qu'on soit obligé de venir la chercher après la fête. Toutefois, dans le registre des dons remis au monastère[304],
les offrandes pour la fête occupent moins de place qu'une série d'offrandes isolées. Et en fin de compte, à cette époque, les offrandes de la piété byzantine
semblent être restées isolées dans leur grande majorité. Elles ont en tout cas
exprimé une réalité religieuse neuve, sans rapport dans les motifs et par conséquent dans les formes avec les obligations imposées par l'antique sacerdoce
juif. Une loi sans date du Code Justinien[305] en apporte la preuve, car elle souligne la variété régionale, donc l'équivalence profonde, de tous les termes scripturaires, offrandes (καρποφορίαι), prémices (ἀπαρχαί), sacrifices (προσφοραί). Le
législateur indique en revanche une seule distinction, entre les offrandes
spontanées, qui sont permises et même encouragées par lui, et l'extorsion
des offrandes forcées qui reste au contraire formellement interdite. Ceci nous
porte au cœur de la question : l'Eglise a-t-elle réussi à rendre obligatoire la
contribution des fidèles, même si elle n'a pu la contenir dans des formes imitées
d'un modèle trop étranger, sous tous ses aspects, à la société dans laquelle on
voulait l'acclimater ? La tentative de rendre obligatoires les offrandes que l'E-
glise recevait au nom du clergé et des pauvres a certainement été précoce, puisque le concile de Gangres, aux alentours de 340, condamne déjà les hérétiques
disciples d'Eustathe de Sébaste, qui refusent de les acquitter bien qu'elles soient
d'institution céleste, et qui s'en partagent entre eux le produit[306]. A la fin du
4ᵉ siècle, Porphyre évêque de Gaza rencontre des difficultés à percevoir le dû
de l'Eglise (κανών) dans des villages des environs, où il est mis à mal par des
villageois demeurés païens[307]. La dissidence religieuse des campagnes se montre
ici sous un aspect de résistance sociale, et nous en verrons d'autres exemples.
Vers la fin de notre période encore, le moine Nil écrit à un autre moine,
Alexandre, pour le blâmer d'imposer des offrandes forcées, «car ce n'est plus
alors, lui dit-il, offrande mais violence»[308]. Surtout la loi justinienne citée il y a
un instant[309] apporte sur ce point un témoignage circonstancié et précieux. Elle
constate que des contributions réellement importantes en espèces ou en nature,
en travail notamment, non précisé, sont levées dans les campagnes, et que les
offrandes deviennent ainsi un véritable impôt (τέλος) exigé par les évêques, leurs
subordonnés, ou les simples clercs. Les moyens de pression employés résultent
exactement du sentiment religieux lui-même : anathèmes, refus de baptiser
ont frappé des villages entiers. Nous sommes donc fondés à retenir les offrandes diverses à l'Eglise comme une addition aux charges paysannes traditionnelles, non sans reconnaître que la nature de nos sources rend difficile une appréciation exacte de son poids. La légitimité nouvelle de l'Eglise s'affirme surtout par

303. *PNess* 50 (début 7ᵉ s.).
304. *PNess* 79 (début du 7ᵉ s.).
305. *CJ* I III 38.
306. *C. Gangr.* prol. (p. 79/29-31), 7, 8.

307. Marc. Diac., *V. Porph. Gaz.* 22
308. Nili, *Ep.* I 129 (*PG* 79, 137 C).
309. *Cf.* note 305.

la place particulière qu'elle prend dans le groupe des maîtres du sol, plus exactement par les moyens d'acquérir et de conserver que le pouvoir et la pratique lui confèrent, en raison même de la puissance spirituelle qui lui est reconnue. Nous la retrouverons donc en étudiant les combinaisons de droits éminents sur le sol et leurs dépassements pratiques dans l'histoire des campagnes byzantines entre le 4ᵉ et le 7ᵉ siècle.

Le prélèvement fiscal imposé aux campagnes a pris des formes nouvelles et durables à la suite de la réforme de Dioclétien. Celle-ci a fait l'objet d'études nombreuses[310], et il suffira de rappeler les traits principaux du système qui en est issu, afin surtout de souligner plus loin les possibilités d'aggravation des charges paysannes qui s'ouvrent à la pratique. Les registres de l'impôt font l'objet de révisions périodiques, à la suite desquelles sont réparties les obligations des contribuables. Le village de paysans libres acquitte directement ses impôts, tandis que les paysans du village domanial sont placés sous la responsabilité fiscale du propriétaire[311]. Des concessions d'immunité, et d'imposition indépendante, étaient accordées aux domaines impériaux, aux domaines ecclésiastiques[312], et des bornes ou des panneaux les séparaient alors des domaines non immunes et des circonscriptions citadines ou villageoises. Le gouverneur de la province était l'arbitre des difficultés fiscales comme des difficultés judiciaires, et les fonctionnaires impériaux procédaient directement aux levées extraordinaires, tandis que les curies des villes étaient responsables de la levée sur leur territoire. Mais certains propriétaires pouvaient se voir accorder l'autonomie fiscale de leur domaine (*annona privata*, αὐτοπραγία), et des bornes affichaient là aussi le privilège[313]. Levé annuellement, l'impôt s'accroît en fait de réquisitions extraordinaires fréquentes, justifiées par les besoins du service public ou de l'armée. Il est vrai qu'en revanche les empereurs prononçaient de temps à autre des allègements ou des dispenses d'impôt, ou des remises d'arriérés, lorsqu'ils le jugeaient nécessaire. Enfin, la demande fiscale revêt des formes diverses qui correspondaient en gros aux besoins permanents de l'Etat, notamment de l'armée et du service public, prestations de services pour les travaux publics et le logement des soldats, paiements en espèces, fournitures de denrées, de bêtes, de recrues. Mais toutes les contributions pouvaient être faites sous la forme d'une équivalence en espèces, dont le montant était fixé par l'autorité fiscale (*adaeratio*). Celle-ci procédait d'autre part à des achats forcés (*coemptio*) afin de compléter ses approvisionnements, et elle en fixait de même les prix[314]. L'*adaeratio* reste en fait, largement usitée au cours du 6ᵉ siècle[315], et nous la connaissons précisément par les critiques virulentes que lui adressent des auteurs comme Procope, qui exprime sur ce thème son hostilité au gouvernement de Justinien[316].

310. *Cf.* note 274.
311. *CTh* XI I 14 (*CJ* XI XXXXVIII 4), A. 366.
312. Ferrari dalle Spade, « Immunità ».
313. Concession de Sefîré (Justin II), *IGLS*

208, 262 (avec bibliogr.).
314. *Cf.* Mazzarino, *Aspetti sociali del quarto secolo, passim.*
315. *Cf.* chap. 7, p. 368 *sq.*
316. *Cf.* note 336.

Ces principes sont bien connus, et nous n'y insisterons pas. Ils contiennent en germe le développement du patronage, dont il sera question plus loin. Pour l'instant, si nous voulons esquisser ici une histoire de l'impôt dans les campagnes byzantines au cours de cette période, il nous faut décrire d'une part les modalités pratiques de la perception, et les abus pour ainsi dire structurels qui en résultaient, et d'autre part retracer, autant que le permettent les excès des polémistes et les défauts de l'information, les variations politiques de la pression fiscale. Ce dernier élément du problème a déjà été exposé, notamment par Jones[317], et nous y reviendrons dans la perspective des répercussions économiques sur le peuplement des campagnes. Ces variations ne se comprennent toutefois que si l'on a d'abord rappelé les difficultés permanentes causées aux campagnes par la levée normale de l'impôt. Elles commencent avec l'établissement des quotités fiscales elles-mêmes, dans lesquelles l'appréciation des fonctionnaires du fisc joue une large part. Les correspondances des évêques sont pleines de demandes d'adoucissement, sinon de dispense complète, relatives d'une part aux clercs[318], ou du moins aux plus pauvres d'entre eux[319], d'autre part aux pauvres en général, en faveur desquels Grégoire de Nazianze s'adresse par exemple à Julianos, répartiteur des impôts pour la Cappadoce[320]. Basile de Césarée plaide pour toute la cité en 372[321]. Mais les campagnes surtout figurent en bonne place dans ces intercessions épiscopales. Un dossier de six lettres écrites par Théodoret de Cyr à différentes personnalités, dont le préfet du prétoire Constantin et l'impératrice Pulchérie elle-même[322], et datées par le dernier éditeur des années 446-447[323], fournit à cet égard l'exemple le plus significatif. L'évêque de Cyr essaie d'obtenir l'annulation d'une révision fiscale, récemment intervenue sur la dénonciation d'un personnage qu'il ne nomme pas, et en conséquence de laquelle le nombre d'unités fiscales astreintes à l'impôt a été porté à un chiffre qu'il juge intolérable pour ses ouailles, comme pour les curiales qui seront responsables de la perception. Ensuite, lorsque vient la levée de l'impôt, les paysans peuvent se trouver dans l'impossibilité de satisfaire la demande fiscale. Les rôles devaient être rédigés en juillet ou en août, et mis en recouvrement en septembre ou en octobre. La règle ainsi posée par une Nouvelle de 545[324] est déjà attestée par une lettre de Théodoret en faveur de ses diocésains[325], que les percepteurs viennent assaillir au mois de Gorpiaeos (septembre)[326]. De telles intercessions étaient dans le rôle de l'évêque, on en trouve sous la plume de Basile de Césarée comme de Théodoret de Cyr. Ce dernier invoque tantôt une deuxième année de mauvaise récolte[327], tantôt une « disette d'or » consécutive à une mévente[328]. On sollicitait alors un délai,

317. Jones, *Later Roman Empire*, t. I, part I
  (« Narrative »), p. 112-317, *passim*.
318. Greg. Naz., *Ep.* 67, A. 374-375.
319. Bas. Caes., *Ep.* 104.
320. Greg. Naz., *Ep.* 67.
321. Bas. Caes., *Ep.* 88.
322. Theod. Cyr., *Ep. Sirmond.* 42-47.
323. Theod. Cyr., *Correspondance*, t. II,

  p. 107-108, note 3.
324. *JNov.* CLII (*N.* 128), 1.
325. Theod. Cyr., *Ep. Sakk.* 36.
326. Sur le calendrier usité dans le patriarcat d'Antioche depuis le 4ᵉ siècle, *cf.* Grumel, *Chronologie*, p. 174.
327. Theod. Cyr., *Ep. Sakk.* 18.
328. *Ibid.*, 37.

et ainsi s'accumulaient des arriérés d'impôt dont l'empereur faisait périodiquement remise[329] ; Procope reproche à Justinien d'avoir manqué à cet usage[330]. L'empereur pouvait aussi alléger l'impôt dû par des régions éprouvées, le territoire d'Edesse pendant la campagne perse de 504-509[331], la Palestine Première après la révolte samaritaine de 529[332], différentes provinces orientales en 575[333] ; voire modifier le *caput* lui-même, mesure prise pour l'Orient en 386[334]. En revanche, le fardeau fiscal était aggravé sans régularité par les exigences de la *coemptio*[335]. Procope reproche encore à Justinien[336] de l'avoir mise en œuvre sans tenir compte des moments de l'année, en sorte que les paysans étaient obligés d'aller acheter au loin et à prix fort les produits réclamés, ce qui, ajouté aux frais de transport demeurés à leur charge et aux mensurations arbitraires du fisc, aurait multiplié par 10 le versement officiellement demandé. Tout cela prenait un tour dramatique lorsque des calamités exceptionnelles se rencontraient, logiquement, avec des besoins fiscaux croissants, comme ce fut le cas pendant les sombres années 540-550. Le système byzantin combinait en un mot des remises légitimes avec les formes illégitimes d'impunité fiscale que l'on verra plus loin, et aussi un impôt réglementé avec des dépassements abusifs.

L'extorsion est en effet inscrite dans le système de perception lui-même, puisque celui-ci remet des pouvoirs discrétionnaires d'appréciation et des moyens brutaux de pression aux mains de fonctionnaires qui ne sont pas seulement soumis à la tentation banale de s'enrichir, mais doivent encore plus précisément rentrer dans les frais occasionnés par la vénalité des charges, dont l'achat devenait ainsi un investissement[337], au point que, selon Procope, les acquéreurs empruntaient quelquefois à un banquier la somme nécessaire assortie de gros intérêts[338]. La vénalité des charges présentait les mêmes ambiguïtés que d'autres rouages du système fiscal et budgétaire byzantin. Elle assurait à l'empereur un profit immédiat. En même temps, l'autorisation tacite de se rembourser avec usure sur les contribuables faisait tort à plus longue échéance aux intérêts du fisc, et cela explique pourquoi Anastase supprima le principe. En fait, la vénalité des charges subsista toujours, car elle correspondait au fond trop bien à la conception que la société byzantine naissante se faisait de la richesse. Elle n'y voyait pas en effet – et comment l'aurait-elle pu ? – les résultats accumulés de démarches économiques bien choisies, mais seulement l'outil de prestige social, dont les moyens importaient moins que l'utilisation. Evagre l'a remarquablement compris, qui souligne que, sous le règne de Justinien, la corruption des fonctionnaires et l'avidité de l'empereur lui-même correspondirent à l'ampleur nouvelle de la générosité impériale[339]. Jones a tenté d'expliquer les demandes

329. Ex. cités par Jones, *Later Roman Empire*, p. 467 et note 135.
330. Proc., *HA* XXIII 1.
331. *Ps. Jos. Styl. in Chron. ps. Dion.* A. 815 (p. 215), A. 816 (p. 221), A. 817 (p. 228).
332. Cyr. Scythop., *V. Sabae*, p. 176-177.
333. *Nov.* Tiberii imp. (*JGR* I, *Coll.* I, *Nov.* XI).

334. *CJ* XI XLVIII 10.
335. *Cf*. Mazzarino, *Aspetti sociali del quarto secolo, passim*.
336. Proc., *HA* XXIII 11-16.
337. *Cf*. Eunap., *fr.* 87 (p. 268-270).
338. Proc., *HA* XXI 9-12 ; *cf. JNov.* XVI (*N.* 8), A. 535, p. 95.
339. Evagr., *HE* IV 30.

abusives des fonctionnaires[340] comme un complément nécessaire à des salaires dont la valeur réelle aurait baissé depuis l'époque du Principat[341]. L'hypothèse peut être vraie, encore qu'elle reste indémontrable, mais elle se place en marge du procédé lui-même, qui est d'ailleurs antique, et qui signale seulement une société où les échanges profitables ne pouvaient être au centre de la circulation des biens. On extorquait autoritairement d'un côté ce que nous avons vu donner gracieusement de l'autre. Aussi les interdictions impériales restèrent-elles, comme le note amèrement Eunape[342], aussi légères et faibles que des toiles d'araignée, et elles semblent n'avoir servi qu'à témoigner des différents procédés pratiqués[343]. Le plus élémentaire consistait à réclamer plus qu'il n'était dû à l'Etat. Justinien désavoue dans une Novelle de 535 un fonctionnaire qui a ainsi dépouillé l'Helles-pont[344]. Les gouverneurs et leur personnel prélevaient abusivement plus que les impôts réellement dus[345]. Plus exactement, ils détournaient une partie du produit fiscal au moyen de comptes mensongers qui dissimulaient en même temps les majorations pratiquées : le procédé est dénoncé dans l'édit d'un préfet du prétoire, affiché à Mylasa vers 480[346]. Ces extorsions étaient aggravées par le fait que les gouverneurs vendaient à prix d'or un « droit d'asile » à ceux qui étaient coupables à l'égard du fisc ou de l'orthodoxie[347]. Eux-mêmes et leurs subordonnés extorquaient des corvées en sus des prestations fiscales prévues au titre des travaux, et mobilisaient ainsi les campagnards, leurs bœufs, leurs esclaves : la première interdiction conservée au Code Justinien remonte à Dioclétien et Maximien[348], d'autres avaient suivi en 368 et en 369[349]. Enfin, les extorsions les plus redoutées, semble-t-il, sont celles que provoque le mouve-ment des troupes, auxquelles sont dues en outre des fournitures en quantités prescrites, mais dépassées dans la pratique[350]. L'abus n'est pas ignoré des villes : le pseudo-Josué le Stylite a laissé une description frémissante de l'épreuve infligée aux habitants d'Edesse par les mercenaires « goths » (*sic*) venus com-battre les Perses[351]. Mais les campagnes s'en plaignent particulièrement comme du fardeau fiscal le plus redoutable : la série des plaintes est longue, et commen-cerait en fait au 3ᵉ siècle avec des suppliques comme le texte de Skaptoparéné[352], le plus célèbre, mais non le seul en son genre[353]. L'entretien des soldats constitue en tout temps un manque à gagner important pour le produc-

---

340. Textes législatifs cités dans Stein, *Studien*, p. 144-145.
341. Jones, *Later Roman Empire*, p. 396-401.
342. *Cf.* note 337.
343. Voir la série des mesures dans Jones, *Later Roman Empire*, p. 393-396.
344. *JNov* XXXVII (*Ed.* 12), A. 535.
345. *JNov* XLIV (*N.* 30), A. 536, 3 (sur le gouverneur de Cappadoce).
346. *IGC* 240.
347. *JNov* V (*Ed.* 2), A. 534. *Cf.* Martroye, « L'asile et la législation impériale ».
348. *CJ* XI LV 1.

349. *CTh* XI XI 1 (*CJ* XI LV 2) et *CTh* XIX 1 (*CJ* X XXIV 1).
350. *CTh* VII, VIII (*De metatis*) ; *JNov* CL (*N.* 130), A. 545 (Περὶ παρόδου στρα-τιώτων). *Cf.* Karayannopulos, *Finanz-wesen*, p. 99 *sq.*
351. *Ps. Jos. Styl. in Chron. ps. Dionys.* A. 816 (p. 225-26). Sur les « Goths » voir Jones, *Later Roman Empire*, t. III, p. 193.
352. *CIL* III 12336.
353. Keil-von Premerstein, « Lydien III », nᵒˢ 8, 28, etc. *Cf.* Mac Mullen, *Soldier and civilian*, p. 86 *sq.*

teur paysan[354], et de ceux que les circonstances critiques aggravent, en Syrie pendant la campagne perse de 539[355], dans tout l'Empire pendant les années qui suivent l'épidémie de 542[356], en Orient au moment où Tibère juge nécessaire une mesure d'allègement fiscal[357]. L'immunité permanente de telles contributions constitue un privilège enviable, qui est décerné aux terres monastiques, en 527 à l'oratoire pamphylien de S. Jean[358], à une date inconnue du 5ᵉ siècle à un sanctuaire inconnu également aux confins de la steppe syrienne[359]. Au surplus, les difficultés du Trésor devaient provoquer dans la seconde moitié du 6ᵉ siècle une diminution des ressources régulières des soldats[360], qui ne pouvait qu'aggraver leur poids réel sur les campagnes, bien que leur nombre diminuât en conséquence[361], à preuve le brigandage militaire qui suivit la sédition de 588[362]. Tout cela dit, l'extorsion la plus grave, et probablement la plus lourde de conséquences économiques pour les campagnes, se dissimulait dans la marge d'estimation laissée aux autorités fiscales par le jeu des équivalences en espèces des paiements dus en nature. Nous ne ferons ici qu'une allusion à ce procédé, qui met en cause l'usage de la monnaie et l'existence de prix de marché, et nous renvoyons son analyse plus détaillée au chapitre suivant, qui abordera les questions de monnaie et de prix dans leur ensemble. Nous remettons aussi l'étude de la contribution en hommes demandée aux campagnes, qui trouvera sa place dans les pages consacrées aux déplacements des paysans[363].

Le plus difficile est d'apprécier la portée réelle des textes législatifs, historiographiques et littéraires dont le témoignage permettrait d'esquisser l'évolution de la pression fiscale et de son incidence sur la pauvreté paysanne. Ils s'ordonnent en effet en deux séries contradictoires, dont l'une atteste la résistance victorieuse à l'impôt, et l'autre la défaite manifestée par la fuite et l'abandon des terres.

On trouve dans le travail monumental de Jones[364] les chronologies qui pourraient préciser l'évolution de la demande fiscale, celle des dépenses d'Empire d'une part, constructions, expéditions militaires, tributs payés à l'extérieur, celle des mesures fiscales et des remises d'impôt d'autre part. On voit bien que, dès 443, le paiement du tribut versé à Attila grève le budget et pèse sur tous les contribuables. D'autres tributs sont acquittés dans les années suivantes, puis c'est la guerre vandale de Léon Iᵉʳ en 468. Elle inaugure une expansion superbe et multiple de l'Empire qui se poursuivra jusqu'en 540-550, et qui est déclenchée sans doute par le fait que les réserves démographiques et monétaires atteignent alors l'abondance. Abondance trop longue à accumuler cependant pour que l'épuisement ne soit pas rapide et brutal. Les successeurs de Justinien font face, désormais avec difficulté, aux dépenses militaires et diplomatiques impo-

---

354. Joh. Lyd., *Mag.* III 61.
355. Joh. Lyd., *Mag.* III 54.
356. Proc., *HA* XXIII 22.
357. *Nov.* A. 575 (*JGR* I, *Coll.* I, *Nov.* XI).
358. *FIRA* I (*Leges*), nᵒ 97 (p. 466-467).
359. *IGLS* 2501 bis.
360. Proc., *HA* XXIV 7-11, et notes 361-362
361. Agath., V 13.
362. Theoph. Simoc., III 2.
363. *Cf.* p. 313 *sq.*
364. *Cf.* note 317.

sées par une situation internationale grosse de changements depuis 560-570, mais c'est incontestablement le long règne de ce dernier qui marque le point culminant des besoins financiers de l'Empire : les guerres et les tributs, mais aussi les constructions publiques et les fondations charitables prennent une ampleur sans commune mesure avec ce qui a précédé, et réclament des disponibilités en or correspondantes. Face à ces exigences, la fiscalité s'appesantit sur les paysans ; en vérité, le choix décisif, au moins en principe, avait été fait déjà par Anastase, lorsqu'il avait ordonné le paiement en or par les campagnes, tandis qu'il délivrait les villes du fardeau du chrysargyre[365], et qu'il mettait en circulation une monnaie de bronze favorable aux échanges urbains[366]. Mais il avait appliqué ces mesures dans le cadre d'une politique générale peu dispendieuse, qui lui vaut la bienveillance des historiographes, et qui lui avait permis de conserver la coutume des remises en cas de calamité[367]. Au contraire, le paroxysme fiscal du règne de Justinien est souligné aussi bien par l'œuvre plus sereine d'Evagre, né vers 536[368], que par les témoignages contemporains de Procope, dont l'*Histoire Secrète* est un réquisitoire contre Justinien et son épouse, et de Jean Lydus, qui unit dans sa vindicte l'empereur et son préfet du prétoire, Jean de Cappadoce. Procope expose les abus inhérents aux différentes formes de perception de l'impôt, la vente sur réquisition (συνωνή) et la solidarité fiscale (ἐπιβολή), et il accuse Justinien d'avoir dilapidé en constructions et en paiements aux barbares le trésor bien garni dont l'Empire disposait à l'avènement de Justin Ier [369]. Jean Lydus définit comme les deux conséquences funestes pour les campagnes des guerres de Justinien le besoin accru de l'or et la présence accrue des soldats. Le mal remonte selon lui à la guerre vandale de Léon I[er][370]. Mais ensuite le pire serait venu pendant le règne de Justinien, dès les premières guerres, et surtout avec la préfecture de Jean de Cappadoce, qui faisait rechercher l'or dans les provinces par les procédés les plus cruels[371]. Parallèlement, le fardeau fiscal des campagnes est aggravé par des restrictions significatives : absence des remises d'impôt coutumières, suppression de la poste dans l'intérieur de l'Asie Mineure, qui alourdit de toutes les difficultés de transport les obligations des contribuables en même temps qu'elle entraîne une stagnation des échanges qui diminue leurs ressources[372]. Jean Lydus brosse le tableau pathétique de leurs convois, qui portent les produits exigés jusqu'à la mer, car ils restaient si démunis qu'ils n'eussent pu autrement s'acquitter de leur dû[373].

On ne saurait négliger dans une histoire des campagnes ces variations considérables de la pression fiscale soulignées par l'historiographie. Pourtant, les précisions historiques demeurent illusoires dans la mesure où nous ne pouvons pas prendre en compte exactement la pratique ininterrompue des levées extraordinaires et des dépassements abusifs de l'impôt, et même la rigueur de la perception, attestée par quelques silhouettes de tortionnaires, Jean aux Mâchoi-

---

365. *Cf.* chap. 5, p. 174 *sq.*
366. Grierson, «Monetary reforms of Anastasius», et chap. 7, p. 413 *sq.*
367. *Cf.* p. 279 et notes 331-332.
368. Evagr., *HE* IV 30.

369. Proc., *HA* XXIII, 15-22.
370. Joh. Lyd., *Mag.* III 43-44.
371. *Ibid.*, 57 *sq.*
372. *Ibid.*, III 61.
373. *Ibid.*, III 70.

res de Plomb qui désole la Lydie pour le compte de Jean de Cappadoce[374], ou l'*exactor* Megethios d'Ancyre[375]. Il est en conséquence tout aussi difficile d'apprécier l'ampleur réelle du phénomène qui manifestait dans les campagnes byzantines de cette époque, selon les termes de Čajanov, l'intolérance du producteur paysan à une *non-economic constraint* dont l'excès le conduit à se détruire lui-même[376] : lorsqu'ils atteignaient un tel seuil, les paysans byzantins désertaient leurs terres. Et nous ne disposons pas, malheureusement, d'une série continue de témoignages locaux qui aurait pu étoffer sur ce point les allusions répétées mais générales de la législation à l'abandon des terres. Toutefois, les exemples isolés sont concluants : la pression fiscale est une chose relative, et le seuil de tolérance du contribuable campagnard a varié selon la conjoncture. Il fallait que celle-ci fût franchement mauvaise pour arracher les hommes à la terre. Un premier cas explicite se rencontre dans les lettres déjà citées de Théodoret de Cyr, en 446-447. Sollicitant du préfet du prétoire la révision du contingent d'unités fiscales imposé à son diocèse, il fait état des conséquences déplorables qui se sont déjà manifestées : «la plupart des propriétaires (κεκτη-μένοι) sont en fuite, les travailleurs du sol (γηπόνοι) sont partis, la plupart des domaines (κτήματα) sont déserts»[377]. Il le répète dans sa lettre à l'impératrice Pulchérie : «la plupart des domaines (κτήματα) sont vidés de leurs paysans (γεωργοί), et la plupart des propriétés (*i.e.* en exploitation directe) (κεκτημένα) sont complètement désertes»[378]. Or Théodoret plaide la cause d'un pays pauvre et en grande partie improductif, mais il écrit aussi à un moment difficile. Dans une lettre précédente[379], il a fait allusion à des épreuves récentes, tremblements de terre, attaques des Barbares, sans doute les Huns, qui n'avaient pas en fait touché directement son diocèse. En revanche, il ne dit rien de calamités attestées sans précision de région pour les mêmes années, famines, mortalités d'hommes et de bêtes[380]. Il est fort possible que son diocèse soit demeuré indemne dans l'étendue en réalité immense de l'Empire[381]. Il se peut aussi qu'il n'ait pas voulu faire état de ces accidents dans la demande d'une modification durable. Néanmoins le rapprochement doit être fait. Pour l'époque justinienne, Procope fait ressortir clairement les composantes historiques de la misère fiscale[382] ; il indique en effet lui aussi les besoins du pouvoir et les épreuves des contribuables, mais il souligne également que cette situation se place dans une conjoncture très défavorable, qui l'explique et l'aggrave, puisque les invasions et surtout la grande peste ont abaissé le nombre des producteurs et contribuables dans les campagnes au niveau où le fardeau laissé aux survivants devenait intolérable, et ne laissait d'autre remède que la fuite. Des pages de ce genre expliquent fort bien le mécanisme des désertions paysannes motivées par l'impôt, mais elles ne sont pas assez nombreuses pour en esquisser véritablement l'histoire. Et

374. *Ibid.*, III 58.
375. *V. Theod. Syk.* 148.
376. *Cf.* Chayanov (*sic*), *Theory of peasant economy*, p. 1-28 («On the theory of non-capitalist economic systems»).
377. Theod. Cyr., *Ep. Sirmond.* 42.
378. *Ibid.*, *Ep.* 43.
379. *Ibid.*, *Ep.* 41.
380. Marcell. Com., A. 445, 2 ; A. 447, 1.
381. Theod. Cyr., *Correspondance*, t. II (*Epist. Sirmond*), p. 106, note 2.
382. Proc., *HA* XXIII 1-16.

peut-être cette histoire n'a-t-elle pas existé, peut-être y a-t-il eu seulement une suite discontinue de vagues, de flux et de reflux selon les régions et selon les périodes, événements d'une histoire paysanne plus large. Ce que nous discernons en revanche, et qui est de grand poids aussi dans l'histoire des campagnes et de leur peuplement, c'est la modification introduite par les exigences du fisc dans le rapport entre maîtres et travailleurs du sol.

La seconde catégorie régulière des charges paysannes est constituée en effet par la *rente foncière*, le droit du maître du sol sur la terre, sur le travail des hommes, et dans une certaine mesure sur leur personne[383]. Elle est acquittée soit en nature, selon une formule séculaire sur laquelle les règlements des domaines impériaux d'Afrique jettent les premières lumières dès le 2e siècle après J.-C.[384], soit en espèces. L'alternative est reconnue dans une loi de 529[385]. Le Code Justinien conserve une décision de 366, adressée au gouverneur de Tripolitaine, qui la déclare coutumière[386]. D'autre part, depuis la réforme de Dioclétien, le propriétaire foncier déclare les terres et les hommes qui constituent son domaine ; et il est devenu responsable d'eux devant le fisc[387]. La combinaison de la redevance paysanne versée au maître du sol et de la prestation fiscale assurée par celui-ci définit ce que l'on peut appeler la propriété foncière classique de la période post-dioclétienne. Elle change de main par la vente et par l'héritage, auxquels s'ajoute le don, notamment pour les acquisitions ecclésiastiques, ainsi que la confiscation pour les acquisitions impériales et fiscales. Il est en principe interdit aux fonctionnaires impériaux d'exercer leur charge dans leur province d'origine[388]. Les propriétaires de ce type sont pour la plupart des sénateurs, des curiales, notables urbains, comme en témoignent l'inscription cadastrale de Magnésie du Méandre et celle de Tralles[389], ou l'état des fortunes curiales d'Antioche au temps de Libanios[390], des villes aussi[391]. Les curies sont d'ailleurs responsables de la levée de l'impôt sur le territoire de leur cité depuis le 3e siècle. L'Eglise vient s'ajouter au cours de la période qui nous occupe à ces titulaires antiques de la rente foncière, et rien ne la sépare d'eux à cet égard. Toutes ces propriétés ne semblent pas être d'un seul tenant, même dans le cas des propriétaires particuliers, comme en témoignent encore une fois les inscriptions cadastrales[392].

Dans l'évolution de ce régime domanial classique après le 4e siècle, on a surtout étudié le lien de dépendance du colon et son incontestable durcissement, même dans la partie orientale de l'Empire, en l'expliquant à la fois par les nécessités de l'impôt et par la rareté des travailleurs, l'immobilisation des colons servant

383. *Cf.* en dernier lieu Boutruche, *Seigneurie et Féodalité*, et la bibliographie.
384. Textes et bibliographie dans *FIRA* I (*Leges*), p. 481-492.
385. *CJ* XI XLVIII 20, A. 529.
386. *CJ* XI XLVIII 5.
387. Déléage, *Capitation* ; Pallasse, *Orient et Occident*.

388. *CJ* I XLI *un.* (s. d.).
389. Kern, *Inschr. v. Magn. am M.* n° 122 et *Bull. Corr. Hell.* 4, 1880, p. 336-338.
390. Petit, *Libanius*, p. 330-331. *Ibid.*, p. 148-158.
391. Lib., *Or.* L, 5.
392. *IG* XII/3, 180 (Astypalaea), 344 (Théra).

ainsi les intérêts du fisc autant que ceux des propriétaires ; la discussion historique a porté en particulier sur la terminologie de la dépendance paysanne[393], dont la diversité risque pourtant de masquer la similitude des conditions de fait qui rapproche en pratique, à la fin du 5ᵉ et au 6ᵉ siècle, le colon «libre», voué à la sujétion du patronage, des colons « originaires » ou «adscrits», enchaînés par l'élaboration législative[394]. Si l'hérédité de leur condition rapproche les colons des esclaves, ils sont définis dans une formule célèbre comme «esclaves de la terre à laquelle ils doivent le jour»[395]. La nature réelle et non personnelle du lien de dépendance qui les attache leur confère une physionomie originale. Inamovibles du sol même en cas de dette fiscale[396], ils ne peuvent en être séparés ni par leur propre choix[397], ni par la vente du domaine auquel ils sont attachés[398], comme on fait des esclaves[399], et en même temps on ne peut se les approprier à l'insu ou contre le gré de leur maître[400]. Le poids économique des liens de dépendance pose un problème social majeur dans l'histoire des campagnes byzantines de ce temps. Pourtant, les difficultés qui pouvaient en résulter pour les paysans sont attestées par des témoignages littéraires trop rares, et des lois peut-être trop nombreuses. Les textes littéraires mettent en lumière le poids d'une autorité citadine sur les ruraux. Théodoret de Cyr décrit l'arrivée de Letoios, un des «premiers» de la curie d'Antioche, dans un village qui lui appartient, et où il vient lever sa part de fruits, réclamant plus qu'il ne lui est dû avant de céder à l'autorité miraculeuse d'un saint homme[401] ; la *Vie de Théodore de Sykéôn* rapporte la résistance armée opposée par un village de l'Eglise d'Anastasioupolis aux abus d'un *protector* de la ville chargé de lever la rente[402]. A ces exactions élémentaires s'ajoutent des corvées. Mais celles-ci ne semblent pas destinées à la culture d'une réserve. Rien qui se rapproche des prestations si clairement exigées au milieu du 6ᵉ siècle dans les domaines italiens[403]. Il s'agit plutôt d'une réquisition à toutes fins d'énergie humaine et animale. La ville d'Antioche oblige ainsi ses paysans à évacuer des déblais en 384-385[404]. Les gouverneurs eux-mêmes mobilisaient parfois abusivement les paysans avec leurs esclaves et leurs bœufs[405]. Ce caractère public du travail obligatoire, qui se retrouve dans le système fiscal lui-même, constitue une différence ancienne[406] et fondamentale entre l'Occident et l'Orient de l'Empire. Jean Chrysostome, il est vrai, flétrit les propriétaires qui exigent des «services» (λειτουργίας), mais le terme est très général[407]. Le même texte contient encore

393. Pallasse, *Orient et Occident ;* Saumagne, «Rôle de l'*origo* et du *census*» ; Lemerle, «Histoire agraire» 1.
394. Lemerle, *op. cit.*, p. 45-47 ; Günther, «*Coloni liberi* und *coloni originarii*».
395. *CJ* XI LII 1 (*un.*), A. 393.
396. *CJ* XI XLVIII 15 (A. 414, *cf. CJ* p. 441, note 11).
397. *Ibid.*, 6. (A. 366), 8 (Valentinien et Valens), 14 (A. 400).
398. *Ibid.*, 2 (A. 357).
399. *Ibid.*, 7 (Valentinien et Valens).
400. *Ibid.*, 17 (A. 422).
401. Theod. Cyr., *HRe* XIV.
402. *V. Theod. Syk.* 76.
403. Tjäder, *Nichtliterarischen Papyri* n° 3, p. 184-189.
404. Lib. *Or.* L ; *cf.* Petit, *Libanius*, p. 118-119.
405. *CTh* XI XI 1 (*CJ* XI LV 2), A. 368.
406. Rostowzew (*sic*), «Angariae».
407. Joh. Chrysost., *PG* 59, 591-592 (*Hom. in Matth.* LXI).

des indications intéressantes de la pratique, difficiles toutefois à préciser sous le vêtement rhétorique : « Et que dire, s'écrie d'abord le prédicateur, des ventes en gros et au détail que (les maîtres des champs) ménagent (aux paysans) ! Ils emplissent leurs pressoirs des travaux et des sueurs de ces derniers, et ils ne leur laissent pas rapporter chez eux même une petite mesure, mais attirent la récolte entière dans les jarres de leur impiété, et leur jettent pour cela un peu d'argent». On croit comprendre que le propriétaire ne s'est pas contenté de sa part, mais a racheté autoritairement, à un prix arbitraire, celle dont le paysan aurait dû disposer. Et Jean Chrysostome poursuit en dénonçant l'engrenage de la dette dans lequel les paysans se trouvent engagés, non pas au taux normal de 12% mais avec un intérêt de moitié.

Cette trace littéraire semble cependant peu de chose, si l'on considère l'abondance des textes législatifs qui envisagent la fuite des paysans dépendants. On a le plus souvent expliqué la répétition de ces mesures par une rareté générale des hommes. Nous discuterons plus loin ce point de vue traditionnel. Il faut remarquer toutefois dès maintenant qu'il s'agit en tout cas d'un type d'homme particulier, et que le paysan qui fuyait un propriétaire se retrouvait en fait le plus souvent chez un autre. On peut commenter en ce sens, pensons-nous, un curieux texte du même Jean Chrysostome, cité par J. Lassus à propos des églises villageoises de Syrie[408] : on y voit en effet que la construction en incombait aux propriétaires dans les villages domaniaux. Mais précisément l'orateur déplore que ceux-ci les négligent en faveur de constructions plus attrayantes pour les paysans, des bains notamment, mais aussi des espaces ouverts, places et cours, des maisons, et qu'ils soient soucieux de « faire monter les estimations » ($\H{o}\pi\omega\varsigma$ $\tau\grave{\alpha}$ $\tau\iota\mu\acute{\eta}\mu\alpha\tau\alpha$ $\grave{\epsilon}\pi\iota\tau\alpha\vartheta\epsilon\acute{\iota}\eta$). Jean explique à son auditoire que les églises aussi sont appréciables pour une population paysanne. Ces propos nous semblent corriger ce que les lois sur la fuite des colons pourraient avoir de trop catastrophique, car il s'agit évidemment des efforts faits par les propriétaires pour attirer des paysans chez eux. Il y a rareté en effet, mais rareté de paysans dépendants. Ce sont eux que les propriétaires se disputent, eux-mêmes et leurs conjoints, parce que les conditions techniques du travail de la terre réclamaient un nombre d'hommes aussi élevé que possible, les hommes étant le facteur principal d'accroissement de la production, au point que l'impôt plus lourd, à supposer qu'il fût acquitté régulièrement, était sans doute largement compensé par l'accroissement de la rente foncière qui résulterait d'un nombre accru de colons. Telle est du moins l'analyse convaincante que Čajanov a tirée du servage russe[409]. Le législateur défend donc les intérêts des différents propriétaires autant que les siens lorsqu'il s'efforce d'immobiliser les paysans dépendants. Impuissant à enrayer leur mobilité de fait, il cherche à l'ordonner en conservant le principe de la dépendance intact, par la prescription trentenaire[410] ou les mesures qui

408. Joh. Chrysost., *PG* 60, 146-147 (In *Acta Apost. Homil.* XVIII), *cf.* Lassus, *Sanctuaires chrétiens de Syrie*, p. 256 et note 1.

409. Chayanov (*sic*), *Peasant Economy*, p. 20.

410. *CJ* XI XLVIII 19 (Anastase) ; auparavant *CTh* IV XXIII 1 et *CTh* XII XIX 1 et 2, A. 400, *CTh* V XVIII 1, A. 419 (cités par Saumagne, « Rôle de l'*origo* et du *census* », p. 520 *sq.*).

tentent d'aplanir les difficultés élevées par les propriétaires à la suite des unions contractées d'un domaine à l'autre[411]. Il y a deux raisons à son attitude : l'une, que tous les grands de l'Empire appartiennent à la catégorie sociale des maîtres du sol, à commencer par l'empereur lui-même ; l'autre, que le fisc attend des propriétaires fonciers une part importante de ses rentrées. En somme, il faut rendre à la série si longue des lois sur le colonat sa véritable signification. Elle atteste simplement la crise d'un type particulier de dépendance rurale, que le législateur surveillait pour des raisons de solidarité sociale et d'intérêt fiscal à la fois. Cette crise n'est pas celle de la paysannerie, moins encore celle de la population, mais celle de la propriété foncière classique de ce temps, codifiée dans les formes bientôt séculaires de la redevance paysanne versée au maître du sol, et du service de médiation fiscale assuré par celui-ci. Les modes d'acquisition de la rente foncière, ses modes d'estimation, la composition même du groupe des maîtres du sol, tout cela va changer profondément en l'espace de trois siècles. C'est ce changement, combattu par la loi mais bientôt empreint dans la pratique, qu'il faut voir comme le fait majeur dans l'histoire des campagnes byzantines au cours de cette période.

Le mouvement de fuite des colons doit être en effet rapproché d'un autre abandon, l'incapacité où se trouvent souvent les propriétaires de type classique de jouer leur rôle d'intermédiaires entre les paysans dépendants et le fisc à la satisfaction de tous. Petit a bien montré dans le milieu antiochéen du 4ᵉ siècle l'appauvrissement des curiales les plus vulnérables, qui est précipité par leur responsabilité fiscale[412]. Après la grande peste de 542, les propriétaires privés de main-d'œuvre par l'épidémie sont accablés par les exigences fiscales de Justinien[413]. Il résulte de cela une perte de puissance sociale de la propriété foncière classique, que le célèbre *Discours sur les patronages* de Libanios atteste dès la fin du 4ᵉ siècle. Le rhéteur, lui-même propriétaire en conflit avec ses colons, reproche aux paysans dépendants de rechercher le patronage des militaires installés dans leurs villages, et de se détourner en conséquence de leurs maîtres légitimes : « Pourtant, remarque-t-il avec amertume, ces villages appartiennent des notables (ἐπιφανεῖς), à des gens bien capables de tendre la main aux affligés »[414]. Pour se convaincre du caractère fiscal de cette affliction, il suffit de se reporter à ce que nous avons dit plus haut de la façon dont l'impôt est établi et levé dans les campagnes. Il en ressort qu'à tous les moments le fardeau du contribuable paysan, dépendant ou indépendant, peut être allégé par une intervention efficace, dont les moyens seront la complicité administrative, l'autorité spirituelle ou la force brutale. Elle lui paraîtra d'autant plus désirable que les besoins politiques, les conditions naturelles ou la situation démographique rendront l'exigence fiscale plus lourde à supporter, et il sera prêt à la payer. Alors se constitue la relation de patronage, qui a trop souvent été interprétée comme une déviation, atypique quoique fréquente, des liens entre travailleurs et maî-

411. *JNov* CXXV (*N.* 156), A. 540 ; *JNov* CXXXIX (*N.* 157), A. 542.
412. Petit, *Libanius*, p. 330-345.
413. Proc., *HA* XXIII 19.
414. Lib., *Or.* XLVII 11.

tres du sol, par des historiens qui épousaient ingénument la cause du législateur dont les mesures répressives fournissent en la matière l'essentiel de nos informations[415]. Nous voudrions montrer au contraire que les liens de patronage, beaucoup plus complets à la longue que ceux de la dépendance légitime, souvent contractés aux dépens de celle-ci, ont représenté dans cette première période de l'histoire byzantine plus qu'un approfondissement du droit domanial sur le paysan, l'ébauche d'une « seigneurie élémentaire » selon le mot de R. Boutruche, la combinaison déjà seigneuriale de droits fiscaux, judiciaires et militaires que les parties intéressées ont observés dans la pratique, sans qu'ils obtinssent jamais la légitimité que seule pouvait conférer la pleine reconnaissance du législateur impérial ; et ce défaut s'est avéré lui-même un facteur décisif de l'évolution. On a réuni depuis longtemps les textes qui constatent cette dernière, et remarqué le caractère «médiéval» ou «féodal»[416] que prennent le patronage et «la grande propriété» dans l'Empire romain finissant. Mais il faut préciser les jalons chronologiques, et surtout analyser complètement les éléments de cette puissance dans le contexte historique et institutionnel de l'époque.

Le premier de nos témoignages est le titre du *Code Théodosien*[417] dont les lois s'échelonnent de 360 à 415 pour condamner le patronage, et qui n'est pas repris au *Code Justinien* parce que les choses étaient alors allées beaucoup plus loin. Initialement, le patron détourne des caisses de l'Etat le produit de l'impôt[418], dont le propriétaire classique devait au contraire assurer la rentrée, en vertu d'une responsabilité fiscale qui manifeste la légitimité de son droit sur le sol, c'est-à-dire de sa rente foncière. Réciproquement, cette médiation fiscale négative rejette la rente foncière qui en est le corollaire dans l'illégitimité. Et pourtant, à considérer non pas la formule durcie du droit mais la réalité vivante de la pratique, le lien fondamental entre la rente foncière et l'obligation fiscale demeure clairement dans le patronage ce qu'il est dans la propriété classique, à cela près qu'il est renversé, puisque la possession illégitime justifie par le refus impuni de l'impôt le droit qu'elle acquiert sur le paysan, et qui semble acquitté sous forme de rente plus que de service direct, toujours comme dans la propriété classique[419]. Les témoignages que nous pouvons réunir sur cette acquisition sont tous animés par le souci de défendre la propriété classique, en sorte qu'ils ne révèlent pas toujours dans quelle mesure le patronage est accepté, voire souhaité par les paysans, ou leur est au contraire imposé. En fait, propriété légitime, transferts illégitimes, accaparements se mêlent conti-

---

415. L'excellente étude de Zulueta, *De patrociniis vicorum*, domine encore la bibliographie. Voir aussi Petit, *Libanius*, p. 375-379, *passim ;* Libanius, *Discours sur les patronages*, comm. de Harmand ; Mazzarino, *Aspetti sociali*, p. 298 *sq.* ; Martroye, «Patronages d'agriculteurs» ; Brown, «Holy man».

416. Fustel de Coulanges, *Origines du système féodal*, p. 235-247 ; Hahn, «Bäuerliche Patrocinium» ; Diehl, «Rescrit des empereurs Justin et Justinien».

417. *CTh* XI XXIV, *De patrociniis vicorum*.

418. *CTh cit.* insiste sur la protection contre les services fiscaux.

419. *CTh* XI XXIV 2, A. 368 (?).

nuellement à partir de 400, et surtout 450, dans les procédés par lesquels les
« puissants » (*potentes, potentiores,* δυνατοί) accroissent le domaine de leur rente
foncière. Ils font procéder à des cessions fictives, « donations, ventes, locations »,
qu'une loi de 468 déclare nulles si elles remontent à moins de vingt-huit ou
trente ans selon les provinces[420] ; ils commettent des empiètements ou des
accaparements, et obtiennent gain de cause devant des tribunaux complices[421] ;
ils tirent parti de créances dont ils se font transférer le recouvrement par autrui[422], ou dont ils rendent abusivement solidaires les autres villageois[423] ; ils
étendent frauduleusement les limites d'un régime fiscal d'exception, immunité
ou autonomie fiscale d'un domaine, au moyen de pancartes illégalement plan-
tées à l'imitation des bornes de concession authentiques[424]. Le patronage des
puissants annihile donc l'impôt dû à l'Etat par une fausse immunité, et parfois
la rente due à un propriétaire légitime, comme dans le cas déjà décrit par Libanios[425]. Il prend aussi à son compte le pouvoir judiciaire et la force armée, et il
achève ainsi de dessiner en Orient dès le début de l'époque byzantine les traits
d'une seigneurie de fait. Il n'est pas très neuf que la protection des puissants ait
un effet décisif devant les tribunaux[426] et que les humbles n'y gagnent pas contre
eux[427], lorsque Justinien constate pour sa part que l'annexion de la justice provinciale des gouverneurs par les puissants semble complète[428]. Il est plus remarquable qu'ils aient leurs prisons privées, dans les campagnes comme dans les
villes[429] ; la première loi qui les interdise déclare le fauteur coupable de crime
contre l'Etat (*reus maiestatis*), et cela prouve bien que la justice privée est ici
pur état de fait aux fins d'une autorité illégitime, et non l'arbitrage ou l'application du droit pénal dans le petit monde de tenanciers et d'esclaves d'un domaine
que semblent indiquer les textes de Symmaque et de Sidoine Apollinaire commentés par Esmein, et pourtant rapprochés par lui des lois relatives aux puissants de la *pars Occidentis*[430]. Les puissants ont aussi leurs propres milices,
« *bucellarii* (consommateurs de biscuits militaires), Isauriens, esclaves en armes », qui sont interdits en 468[431], et qui représentent néanmoins au 6e siècle
un apport non négligeable à l'armée impériale[432]. Ainsi, la capacité militaire
de la seigneurie n'est nullement cette innovation germanique en Occident que

420. *CJ* XI LIV 1.
421. *JNov* XXI (*N.* 17), A. 535, 14.
422. *CTh* II XIII 1, A. 422 (*CJ* II XIII 2).
423. *CJ* XI LVII, *un.* (Zénon).
424. *CJ* II XIV *un.*, A. 400; *CJ* II XV 1 et 2,
    AA. 408 et 439, *cf. CJ* II XVI 1 et 2,
    3ᵉ s. ; *JNov.* XXI (*N.* 17), A. 535, 15 ;
    JNov XLIV (*N.* 30), A. 536, 8.
425. Lib., *Or.* XLVII 11.
426. *CJ* II XIII 1, A. 293.
427. *CTh*I XVI 4 (*CJ* I XL 2), A. 328

(*potentiores/tenuiores*) ; *JNov* XLIV (*N.*
    30), A. 536, 9 (τὸ γεωργικόν).
428. *JNov* XVI (*N.* 8), A. 535, et XXI (*N.* 17),
    A. 535.
429. *CTh* IX X1 6, A. 388 ; *CJ* IX V 1 et 2,
    AA. 486 et 529.
430. Esmein, « Origines des justices privées ».
431. *CJ* IX XII (*Ad legem Iuliam de vi
    publica seu privata*) 10.
432. Grosse, *Römische Militärgeschichte,*
    p. 287-291, et p. 315.

mettait en avant Fustel de Coulanges, elle est dans la logique des faits, elle apparaît à Byzance inhérente à l'institution illégitime naissante[433].

En somme, le patronage suscite une forme nouvelle de la propriété, ou si l'on préfère de la possession foncière, illégitime parce que contraire aux intérêts du législateur, conforme dans sa pratique à l'association classique entre l'impôt et la rente foncière, novatrice par une extension de type seigneurial de ses compétences. En termes d'histoire sociale, on peut dire qu'il s'est produit dans les campagnes byzantines un déplacement massif des droits sur le sol au profit de ceux qui détenaient les moyens d'intervention fiscale et judiciaire, et au détriment de ceux des propriétaires légitimes qui n'en disposaient pas, qu'ils fussent des paysans libres ou des notables urbains. A en juger par les témoignages qui nous sont parvenus, et notamment la série des mesures de répression qui viennent d'être citées, le mouvement s'esquissait dès l'époque dioclétienne, il prend appui sous Valentinien et Valens sur la responsabilité fiscale reconnue aux maîtres des domaines[434], et au début du 5e siècle sur l'implantation des puissants dans les communautés villageoises[435], enfin il accentue son caractère seigneurial à partir de 450 et au 6e siècle. Il dépasse l'opposition formelle entre le village libre et le domaine, dont nous avons déjà dit le caractère artificiel au regard des conditions matérielles de la production campagnarde. Ou plus exactement il lui enlève toute signification pratique en prenant lui-même place au centre de l'histoire paysanne de ce temps.

Les répercussions sociales atteignent le groupe des maîtres du sol aussi bien que les paysans. Notre attention dans ce livre ne s'adresse pas également aux uns et aux autres. Il y aurait beaucoup à dire, et on l'a déjà tenté, sur la transformation de la classe dirigeante qui accompagne la lente agonie du vieux système politique fondé sur les cités. Non qu'elle se renouvelle complètement à cette époque. La différenciation au sein des curies a été étudiée en particulier par P. Petit sur l'exemple d'Antioche[436] : il a mis en relief l'élite restreinte des *premiers*, à laquelle appartient précisément Létoios, le propriétaire abusif décrit par Théodoret de Cyr[437]. D'autre part, les empereurs et les membres de leur famille demeurent comme par le passé au premier rang des propriétaires fonciers. Leurs biens s'accroissent en certains cas de façon conforme aux règles du droit. Ainsi, une borne syrienne gravée sous le règne de Tibère atteste encore une propriété impériale qui remonte à l'héritage d'Hormisdas, le frère de Sapor II réfugié auprès de Constantin en 323[438]. D'autres biens résultent d'une mainmise autoritaire, confiscations, legs et donations extorquées, qui ont d'ailleurs toujours existé dans la pratique impériale : c'est ainsi que Procope accable

---

433. Fustel de Coulanges, *cf.* note 416. *Cf.* Lécrivain, « Soldats privés », les textes bien commentés par Diehl, « Rescrit des empereurs Justin et Justinien », et surtout MacMullen, *Soldier and civilian*, p. 139 *sq.*

434. *CTh* XI I 14, A. 371, *cf.* Mazzarino,

Aspetti sociali, p. 298.

435. *CTh* XI XXIV 6, A. 415, et le commentaire de Svoronos, « Histoire des institutions », p. 338.

436. Petit, *Libanius*, p. 330 *sq.*

437. Theod. Cyr,. *HRe* XIV.

438. *IGLS* 528 (près de Bab el-Hawa).

Justinien d'accusations classiques[439]. Alors comme toujours l'appropriation impériale n'est qu'un acte de puissance, moins légitime que légitimé par le fait que son auteur est lui-même garant de la loi. Les domaines impériaux sont gérés par des curateurs qui ont les moyens de prendre place eux aussi dans le groupe des puissants, et à qui Tibère interdit par exemple la pratique d'étendre abusivement à d'autres terres les bornes du domaine impérial[440]. En un mot, les puissants ne surgissent pas brusquement sur la scène sociale. Ils possèdent des propriétés légitimes. Mais ils disposent d'une combinaison, variable pour chacun, de la fortune, de la force brutale, et des éléments favorables d'une situation de droit, qui déclenche à leur profit le développement d'une différenciation parmi les détenteurs de la propriété légitime du sol. C'est leur capacité d'accroissement illégitime qui les distinguera au sein du groupe, et à son détriment. L'autonomie fiscale du grand domaine, l'autorité fiscale et judiciaire des gouverneurs, le pouvoir et l'immunité de l'empereur confèrent à cette époque une puissance de type seigneurial à des personnages classiques de la société impériale. D'autres puissances, de même définition, apparaissent cependant plus neuves. Elles sont exercées par les militaires, et par l'Eglise. Le patronage des militaires est connu par la législation[441], par le *Discours sur les patronages* de Libanios, et il manifeste leur emprise croissante dans les campagnes[442]. Dans l'affaire thrace de 535[443], il y avait des militaires parmi les créanciers qui avaient dépouillé de leurs terres les petits paysans libres insolvables. Il ne s'agissait pas d'un achat en effet, on s'en souvient, mais d'un recouvrement opéré par la force brutale qui était entre les mains des créanciers. Le cas de l'Eglise est encore tout autre, comme la nature de son pouvoir. A l'origine de sa fortune foncière se trouvent à la fois des mesures de l'autorité impériale et des cessions privées. L'autorité impériale confisque à son profit les terres des temples au 4e siècle[444], les biens des sanctuaires hérétiques au 6e[445]. Le patrimoine ecclésiastique s'accroît ensuite de donations immobilières, impériales ou privées, dont les motifs sont ceux de toutes les offrandes, étudiés au chapitre précédent : un seul exemple suffira dans la mesure où il est présenté comme un modèle, celui d'Olympias qui lègue à l'Eglise de Constantinople non seulement des sommes en espèces et des immeubles urbains, mais aussi des domaines situés un peu partout dans les provinces[446]. D'autre part, le législateur confère à l'Eglise des immunités

439. Proc., *HA* VIII 11, et XIX.
440. *Nov.* Tiber. AA. 578-582, Περὶ τῶν θείων οἰκίων, *JGR* I, *Coll.* I, *Nov.* XII. Bornes de domaines impériaux à leur nom, *IGC* 308 bis, *IGLS* 528, 1905. *Cf.* Stein, *Studien*, p 168-185 (« Staatseigentum und Kronbesitz »). L'établissement de Bab el Hawa (*IGLS* 528) est décrit dans Tchalenko, *Villages antiques* I, p. 115 *sq.*
441. *CTh* XI XXIV 6, A. 409, met en cause

la police des campagnes (*irenarchae*), *cf.* *CTh* X XIV *un.*, A. 409, qui les supprime, et *CJ* X LXXVII *un.*, même texte interpolé, qui les rétablit.
442. MacMullen, *Soldier and Civilian.*
443. *JNov* XXX (*N.* 33.34).
444. Piganiol, *Empire chrétien*, p. 52 ; Rostowtzew (*sic*), *Römische Kolonat*, p. 273.
445. Proc., *HA* XI 14-20.
446. *V. Olymp. diac.* 5.

fiscales[447], qui sont justifiées par les tâches d'intercession spirituelle et d'assistance charitable que les donateurs privés invoquent également. L'autorité spirituelle et l'immunité reconstituent la combinaison favorable à l'accroissement illégitime de la propriété légitime. L'immunité risquait d'être abusivement étendue par l'Eglise à des terres qui n'entraient pas dans les limites accordées par le législateur, et cela voulait dire en fait un accroissement de la rente foncière ecclésiastique, c'est-à-dire une appropriation encore, qu'elle s'exerçât sur des paysans libres, ou qu'elle suscitât la donation fictive et avantageuse d'un propriétaire légitime[448]. Les terres ecclésiastiques ne restaient d'ailleurs pas pour autant à l'abri des entreprises des puissants laïcs. Une Novelle de 538[449], qui accorde à l'Eglise de Mysie un pouvoir d'aliénation à des fins charitables, rappelle que l'interdiction de vendre des biens d'Eglise qui avait été formulée antérieurement visait à empêcher que quelqu'un des puissants n'imposât à l'évêque une aliénation à son profit. La Novelle est adressée au gouverneur de Mysie. Tels sont, brièvement dessinés, les changements qui se manifestent au cours de cette période dans le groupe social des maîtres du sol. La condition paysanne se modifie en conséquence, mais encore une fois le sens de la modification n'est pas toujours évident. Les témoignages législatifs, qui sont de loin les plus nombreux, et dont nous avons dit les arrière-pensées, attestent à la fois la fuite de paysans spoliés et la prospérité scandaleuse de villages réfractaires à l'impôt. Le défi victorieux des puissants à l'autorité politique et à la propriété légitime comportait en réalité pour les paysans des expériences variées.

Libanios a laissé dans son *Discours sur les patronages* un tableau véritablement infernal des abus que pouvaient commettre à l'égard de leurs voisins des villageois syriens enhardis par la protection de leurs patrons militaires[450] : ils empiètent sur leurs terres, ils coupent leurs arbres, ils enlèvent leurs femmes, ils mangent la viande de leurs bêtes. Comme l'a souligné P. Lemerle, le témoignage du rhéteur est trop singulier en son genre pour que l'on en tire des conclusions générales. On peut toutefois en rapprocher les Novelles de 535-536 qui traitent des compétences réunies entre les mains des fonctionnaires uniques placés à la tête de provinces particulièrement difficiles, la Thrace, l'Isaurie, la Pisidie, la Lycaonie. Dans la Novelle consacrée aux pouvoirs du préteur de Pisidie, le législateur justifie l'instauration d'une magistrature unique par deux considérations conjointes : «attendu qu'il s'y trouve aussi *(dans la province)* de gros villages libres (κῶμαι μέγισται) très peuplés, qui s'insurgent souvent contre les impôts de l'Etat, et que cette magistrature est établie aussi pour ces endroits fameux *(suit l'indication toponymique)*, qui sont pleins de brigandages et de meurtres»[451]. C'est l'attestation d'un état d'illégalité montagnarde, où se combinent sans aucun doute l'agressivité des paysans et l'impunité que

---

447. Ferrari dalle Spade, «Immunità ecclesiastiche» ; Gaudemet, *Eglise dans l'Empire*, p. 311-315.

448. Martroye, «Patronages d'agriculteurs», p. 239 ; Gaudemet, *Eglise dans l'Empire*, p. 294.

449. *JNov* LXXXV (*N*. 65).

450. Lib., *Or*. XLVII 4.

451. *JNov* XXIII (*N*. 24), A. 535, 1 (p. 154 du t. I). *Cf.* déjà *CTh* I XXIX 8, A. 392.

les puissants leur assurent. Au contraire, Zosime rapporte la résistance efficace opposée en 399 à Tribigild par un certain Valentinos, citadin d'une petite ville de Pamphylie, qui lance contre les Barbares une « bande d'esclaves et de paysans aguerris par de fréquentes batailles avec les brigands du voisinage »[452]. Mais lui-même est-il un des puissants de la région, ou plutôt, comme nous le pensons, un propriétaire légitime ? Dans la Novelle de 536 relative au proconsul de Cappadoce, le législateur met le titulaire futur en garde contre les extorsions infligées aux paysans par le fisc, mais aussi par les puissants : « il mettra un terme, écrit-il, à l'activité des porteurs de lance des puissants, et il ne laissera pas la contrée subir pillage et brigandage »[453]. Il ne faut pas oublier, il est vrai, que ces Novelles sont moins préoccupées de la sécurité paysanne que du conflit d'autorité entre l'Etat et les puissants, dont le produit des campagnes est l'enjeu. Les lignes qui viennent d'être citées peuvent être comprises en partie en ce sens. L'association est plus claire encore dans les attendus de la Novelle qui renforce les pouvoirs du modérateur de la province d'Arabie ; le législateur a pris sa décision après avoir cherché « pour quelle raison le fisc est en difficulté alors que la région est florissante, et pourquoi une foule d'arrivants nous entourent et gémissent tous, dénonçant les uns des vols, les autres des dénis de justice les autres encore d'autres dommages »[454]. En fait, nous pensons qu'il fallait distinguer, dans l'appréciation des charges paysannes, le conflit et sa solution. Le patronage des puissants était en réalité souvent recherché, comme le confesse Libanios[455], comme le montre l'histoire d'Abraam et du village libre syrien contée par Théodoret[456]. Le transfert illégitime de la rente foncière pouvait alors se faire sans violence exercée sur les paysans. Mais il arrivait aussi que ce transfert fût imposé à des paysans qui, pour une raison ou une autre, n'en ressentaient pas le besoin. Alors sans doute entraient en scène les bandes armées, alors se jouaient devant les tribunaux de la province des affaires résolues d'avance. Dans la même Novelle sur la Cappadoce, le législateur prescrit en effet : « (Le proconsul) veillera aux procès de toute son attention et ne laissera pas le paysan subir l'injustice comme cela s'est fait jusqu'à présent »[457]. Là encore, nous ne pouvons reconstituer une histoire faite de cas particuliers dont le répertoire ne nous est pas parvenu. D'autres cas particuliers tissaient le sort du même paysan une fois le transfert illégitime de la rente accompli. Si nous les connaissions en plus grand nombre, nous aurions mieux apprécié la diversité des conditions que lui faisaient les maîtres illégitimes du sol, autant que les maîtres légitimes ou les agents du fisc. Peut-être aussi une documentation plus abondante aurait-elle livré la clef d'une répartition géographique. On aura pris garde toutefois que « le grand domaine » laïque, légitime ou illégitime, est constitué par une relation sociale et non par une forme de production particu-

452. Zos., V 15. Pour des antécédents, et d'autres exemples, africains surtout, voir MacMullen, *Soldier and civilian*, p. 137 *sq.*
453. *JNov* XLIV (*N.* 30), A. 536, 7.
454. *JNov* LIII (*N.* 102), A. 536 (p. 356 du t. I).
455. Lib., *Or.* LXVII.
456. Theod. Cyr., *HRe* XVII. *Cf.* l'excellent commentaire de Brown, « Holy man ».
457. *JNov* XLIV (note 453), 9.

lière. Il est donc susceptible de se rencontrer partout où la nature et le peuplement conjuguent, de façon variable, des conditions d'insécurité locale et d'échec du pouvoir central ; et là il continue souvent des antécédents séculaires. L'Ouest et le centre de l'Asie Mineure, la Syrie du Nord et du Nord-Est sont ainsi attestées. En fait, seule la Palestine est entièrement absente de nos références.

En conclusion, les campagnes byzantines ont glissé alors du domaine vers la seigneurie, et de l'alternative entre dépendance domaniale et liberté vers une dépendance généralisée. En écrivant cela, je ne remets pas en question la distinction classique entre domaine et seigneurie, je montre au contraire dans quelle mesure elle s'applique au cas byzantin des 5e-7e siècles. La «confusion du groupe économique avec . . . le groupe de souveraineté» par quoi Marc Bloch définissait la seigneurie[458] est la formule même de la situation byzantine que nous avons décrite, pour peu que l'on veuille bien observer l'évolution sociale et historique à son véritable niveau, celui de la pratique. La seigneurie des premiers siècles byzantins est une seigneurie illégitime. Illégitime le transfert à son titulaire, lui-même devenu tel par voie de fait, de l'autorité fiscale et judiciaire. Illégitime le paiement de la rente foncière, lorsqu'il est imposé par la force, mais aussi lorsqu'il est accepté par des contrats qui, pour être formellement réguliers, n'en sont pas moins détournés de leur objet. Cette seigneurie se distingue par deux particularités majeures. Tout d'abord, la forme à peu près unique de la rente est le paiement en nature ou en espèces imposé aux exploitations paysannes, comme il peut l'être à des artisans des villes[459]. En sorte qu'il est spécieux de s'interroger sur le développement de la grande propriété à Byzance au cours de cette période, car le changement porte moins sur la forme du travail paysan que sur les droits supportés par lui. Et il convient même d'aller assez loin dans ce sens : si la majorité des terres demeuraient sans doute constituées en fermes paysannes, on peut en revanche penser que peu d'entre elles étaient désormais indemnes des charges illégitimes qui rendaient caduques, dans la réalité, les oppositions juridiques de statut des terres ou des personnes, et qui étaient en fait, on l'a vu, aussi rationnelles et tolérables en leur principe que les charges légitimes dont elles étaient le calque exact. La seconde particularité de la seigneurie byzantine est en effet qu'elle s'affirme dans une société où la forme étatique est encore vivace, et le demeurera. Il est traditionnel de dire que la survie de l'Etat a empêché à Byzance l'accomplissement de la décomposition seigneuriale qui s'annonçait dès la fin du 4e siècle. C'est en grande partie vrai, la suite de l'histoire byzantine le prouve. Bien plus, la forme même de la seigneurie se définit par rapport aux institutions publiques qu'elle tient en échec. Il faut toutefois remarquer que les textes législatifs sur lesquels s'appuient les historiens sont des témoignages au second degré, du fait qu'ils notent seulement, à la date de chacun, le glissement qu'ils se proposent d'enrayer. Il est cependant vrai aussi que le législateur s'est opposé avec quelque succès à l'évolution vers la seigneurie généralisée en lui refusant la sanction des formes légales, en dépit de la mesure de 415[460] : l'illégitimité a certainement été

458. Bloch, *Seigneurie française*, p. 17.
459. *Cf.* p. 60 et 173.
460. *CTh* XI XXIV 6, *cf.* Zulueta, *De patrociniis vicorum*, p. 22-24.

un frein, quelque puissantes qu'aient été les forces sociales qui imprimaient le mouvement. On se rappelle que l'opposition du législateur a pour cause évidente le tort causé aux revenus fiscaux de l'Etat par l'extension d'institutions seigneuriales illégitimes. Mais l'explication doit être poussée plus loin si l'on se demande pourquoi le système fiscal et l'Etat lui-même ont conservé assez de force pour survivre, et en fin de compte pour ne pas être vaincus. Avant tout, l'empereur législateur et ses proches appartiennent eux-mêmes au groupe des puissants, avec la différence fondamentale que leur puissance est légitime, ou légitimée. Au 6ᵉ siècle, un Germanos lève en Thrace et au-delà du Danube, pour la guerre gothique, une armée à peu près entièrement à ses frais[461]. Un Bélisaire fait des largesses inouïes à ses soldats, et le passage de ses troupes laisse aux paysans des bénéfices au lieu de la ruine habituelle en pareille circonstance[462]. Germanos et Bélisaire sont des modèles de puissance bienfaisante, gouvernée par la générosité et la modération. Au contraire, tout le réquisitoire dressé contre Justinien par l'*Histoire Secrète* s'en prend à une puissance malfaisante et coupable dans ses choix, même si elle est revêtue de l'autorité impériale et législative. En fait, le système politique fondé sur les valeurs civiles et sur l'idéologie impériale a conservé une valeur culturelle assez vigoureuse pour que la légitimité tranche entre deux formes de puissance économiquement et socialement identiques, ou pour mieux dire réunies dans les mêmes mains. Il y a une autre raison. Les villes byzantines survivent en tout état de cause dans leur rôle. politique et culturel pendant tout le 6ᵉ siècle et les premières décennies du 7ᵉ. Le système seigneurial qui s'ébauchait n'a pu leur faire une place qui fût à la mesure de leur importance traditionnelle, en dépit de la pratique des patronages urbains, sur les boutiques par exemple[463], et de la présence en ville des prisons privées et des hommes armés qui assuraient l'autorité des puissants dans les campagnes[464]. Il rencontrait là ses limites.

Et au fond tout cela ne concerne guère les paysans, parce que la charge paysanne ne saurait être diminuée, puisqu'elle est par définition maximale. Elle se trouve seulement dérivée hors des caisses de l'Etat ou des propriétaires légitimes vers les caisses privées de possédants illégitimes, nouvellement constitués en un groupe spécifique. En d'autres termes, la modification porte sur l'équilibre général des paiements dans l'Empire, sur la répartition générale des profits accumulés, elle ne saurait toucher la condition paysanne elle-même, dans l'expérience de laquelle il n'y a pas de démarcation entre les charges légitimes et les dépassements de la pratique. Les campagnes fournissent quoiqu'il advienne la masse de l'impôt et de la rente, la masse en un mot du surplus qui finance l'activité diplomatique et militaire de l'Empire, la vie politique et culturelle des villes, la redistribution par le don. Seuls des jeux de conjoncture que nous ne pouvons guère restituer ont réduit ici ou là les paysans ainsi chargés à ce que nous appelons aujourd'hui la pauvreté, à une capacité de consommation et

---

461. Proc., *Bell*. VII XXXIX 16-20. *Cf.* la troupe privée mentionnée pour 399 par Zos. V 15, *cf.* p. 293 et note 452.

462. Proc., *Bell*. VII I 8-12.

463. *JNov* LX (*N.* 43), A. 537. Sur les patronages urbains, *cf.* Zulueta, *De patrociniis vicorum*, p. 27.

464. *Cf.* textes cités notes 431-432.

d'équipement située à la limite inférieure des ressources disponibles dans la société dont ils faisaient partie. A la pauvreté économique ainsi plus ou moins accentuée s'est associée la pauvreté sociale. Les paysans byzantins comptaient depuis longtemps parmi les personnes incomplètes au regard de la loi. Ils sont devenus en outre les plus incapables dans le champ de la pratique, où se transformait le groupe des maîtres du sol. A ce changement précoce, lent, et en fin de compte capital, qui s'est effectué pour ainsi dire au-dessus de leur tête, leur histoire fournit-elle quelques jalons chronologiques ? Nous pouvons chercher une réponse à cette question en considérant les ressorts et les manifestations des mouvements paysans qui se sont produits au cours de la période, ceux du moins dont le témoignage nous a été conservé.

Comme on s'y attend peut-être après l'étude des mouvements urbains qui a été faite plus haut, nous ne découvrirons pas dans ceux des campagnes le motif explicite de l'intolérance paysanne à des charges qui seraient devenues ici ou là excessivement lourdes. En fait, la résistance au fisc, la dissidence religieuse, la préférence donnée au seigneur local sur l'empereur lointain, la complicité avec l'envahisseur quelquefois, manifestent sous des formes diverses la même réalité ancienne, l'antagonisme entre les campagnes où l'on produit la majeure partie des biens et les villes où siège le pouvoir politique, l'antagonisme aussi entre les provinces et la capitale dont les séparent toutes sortes de différences. On a vu dans le précédent chapitre l'appui apporté par les campagnards aux conflits urbains, le concours des monophysites à Constantinople ou à Antioche, le renfort des partisans de Barsauma à Jérusalem, le couronnement samaritain à Césarée[465]. Quelquefois, les campagnes provinciales fournissent des forces aux entreprises d'un usurpateur. Les paysans et les fédérés de Thrace, les barbares de la frontière sont recrutés pour l'entreprise de Vitalien en 513-518, à un moment de mécontentement fiscal[466]. Mais plus tard, le plus légalement du monde, leurs compatriotes formeront l'armée levée à ses frais par Germanos pour sa campagne d'Italie[467]. La richesse et le prestige d'un chef déclenchent une entreprise dans laquelle il n'est pas nécessaire de discerner des intentions favorables aux plus humbles de ses partisans. En fait, l'antagonisme entre les villes et les campagnes éclate spontanément dans les moments de calamité : nous avons vu Antioche interdire pratiquement son marché, en 384, aux paysans des environs, venus en quête de pain[468]. Mais en 528 ces mêmes paysans égorgent les citadins chassés par le séisme qui l'a vidée et qui a bouleversé la région[469]. Et nous avons vu les paysans lyciens discontinuer le ravitaillement de la ville où sévit la peste[470]. L'explication est toutefois trop facilement matérielle pour que de tels faits soient significatifs, alors que dans les exemples précédents les conflits eux-mêmes trouvaient leur définition et leur origine en ville. On s'attachera ici aux campagnes, aux pratiques et aux événements qui mettent en ques-

465. *Cf.* chap. 5, p. 225 *sq.*
466. Joh. Ant., *Fgmt.* 103 ; Malal., 402.
467. *Cf.* note 461.
468. *Cf.* Petit, *Libanius*, p. 120.
469. Malal., 419.
470. *V. Nicol. Sion.* 52.

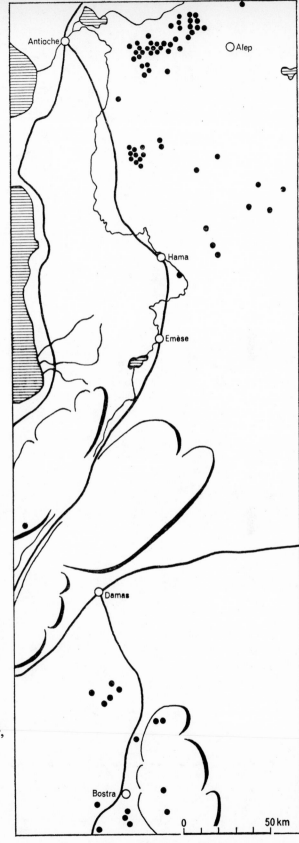

Carte 3.
*Eglises villageoises
des 4ᵉ—7ᵉ siècles en Syrie,
citées par Butler,*
Early Churches in Syria

tion dans le monde campagnard le classement autoritaire par lequel les campagnes sont subordonnées aux villes.

La forme la plus évidente de l'insoumission à cet ordre est le brigandage, phénomène régional de la steppe aride, et surtout de la montagne. Le brigandage des nomades apparaît dans une œuvre hagiographique célèbre, composée par Nil d'Ancyre. Il y raconte sa propre capture et celle de son fils dans la péninsule sinaïtique, et nous devons à cet écrivain original, dont le ton personnel est rare dans la littérature de son temps, une description remarquable des habitudes matérielles, religieuses et agressives des nomades. Il les présente comme des hommes sauvages, et il écrit entre autres : «Comme ils ne pratiquent ni artisanat ni commerce ni agriculture, leur lame seule leur donne une occupation nourricière. Tantôt ils chassent, et ils subsistent en mangeant la chair des animaux du désert. Tantôt ils pillent ceux qui se rencontrent sur les routes où ils tendent leurs embuscades, et ils en tirent de quelque façon la provende nécessaire. Lorsque l'un et l'autre manquent, lorsque les ressources habituelles sont rares, ils se font un aliment de leurs propres bêtes, qui sont des dromadaires»[471]. Un tel brigandage est peu significatif d'un point de vue social, car il a son siège sur des territoires que leur géographie et leur peuplement rendent marginaux, et relativement imperméables à l'ordre byzantin, sinon sous l'aspect superficiel de la surveillance militaire. En revanche, notre attention doit s'arrêter au brigandage montagnard, élément caractéristique du monde méditerranéen et de ses confins[472]. Les montagnes n'ignorent pas un type de brigandage comparable à celui du désert. La description des Tzanes du Caucase que fait Procope[473] présente une similitude trop remarquable avec celle de Nil d'Ancyre pour qu'un lieu commun littéraire suffise à l'expliquer : absence de lois et de religion véritable, et impossibilité d'obtenir de la terre des moissons, du pâturage, et même des fruits, en conséquence de quoi «ils ne pratiquaient pas l'agriculture mais le brigandage, et tiraient continuellement leur subsistance de leur butin». Leurs incursions périodiques dans les provinces autant que leur importance stratégique à la frontière romano-perse rendaient leur soumission nécessaire. Justinien construisit une église qui implanta le christianisme dans la région, des routes qui la rendirent accessible, des forteresses, et mit au service de l'Empire l'énergie belliqueuse des Tzanes. Mais après cela Agathias fait état de leur insoumission, dans des termes analogues à ceux de Procope, brigandage, campagnes pillées et voyageurs détroussés, razzias en Arménie[474]. Le cas est cependant là encore marginal à l'Empire. Les montagnes d'Isaurie et d'autres provinces de l'Asie Mineure sont situées au contraire au cœur des terres byzantines[475]. Les Isauriens sembleraient à première vue ennemis des autres campagnards sans défense plutôt que des villes, et pourtant l'ordre social est atteint en son entier par leurs opérations lorsque celles-ci gênent les communica-

---

471. Nili, *Narrat.* III (col. 612).
472. *Cf.* Braudel, *Méditerranée*, p. 34 *sq.*
473. Proc., *Aed.* III VI.

474. Agath., V 1 (A. 557).
475. *Cf.* Rougé, «L'*Histoire Auguste* et l'Isaurie».

tions, emportent les biens des campagnes, lèsent les propriétaires fonciers et la levée de l'impôt. «Ils surplombent la Pamphylie et la Cilicie, et ils habitent les montagnes impraticables et abruptes du Taurus»[476]. Dans la position ainsi définie par Zosime, le brigandage constitue pour les Isauriens un des palliatifs au déséquilibre entre les ressources de la montagne et le nombre des hommes, tout comme l'emploi sur les chantiers de construction, et il revêt lui aussi la régularité d'une occupation saisonnière. Ammien écrit qu'ils sortent au printemps, «comme des serpents de leurs trous»[477]. Quelques décennies plus tard, en 404, Jean Chrysostome mande à sa fidèle Olympias, de son exil de Cucuse, que les Isauriens ne sont plus à craindre pour le moment, car «ils se sont retirés, et avec l'arrivée de l'hiver ils sont enfermés chez eux, pour n'en plus sortir désormais qu'après la Pentecôte»[478]. Les descentes isauriennes échouent devant les villes fortifiées, note encore Zosime, ils ravagent donc les villages sans murailles et «enlèvent tout ce qui se trouve dehors»[479]. L'extension du brigandage montagnard est en fait bien plus grande. Ammien rapporte celui des *Maratocupreni* dans la région d'Apamée[480]. Entre 404 et 408, les Isauriens eux-mêmes atteindront Carrhes et la Phénicie[481]. Il faut donc comprendre comme zone d'insécurité possible toutes les provinces où les propriétaires reçoivent l'autorisation de ceindre leurs terres de murs, par une mesure de 420 reprise au Code Justinien[482] : la liste de celles qui «en ont le plus grand besoin» comprend des provinces de montagne, Syrie II, Phénicie Libanaise, Cilicie II, Arménies I et II, Cappadoces I et II, Pont Polémoniaque, Hélénopont, ainsi que des provinces proches du désert, Mésopotamie, Osrhoène, Euphratensis ; du reste, l'autorisation est étendue ailleurs à tous ceux qui le désirent. Dans la montagne elle-même, les communications ne sont pas sûres, même en hiver. Dans une autre lettre à Olympias, envoyée d'Arabissos en Arménie, où il s'est réfugié avec les habitants de Cucuse après une attaque isaurienne[483], Jean Chrysostome parle des brigands dont les attaques dévalent les routes sur une grande distance, les coupent, et rendent la circulation dangereuse ; un voyageur ne s'est tiré d'affaire qu'en se laissant détrousser. Théodoret conte le cas de deux évêques faits prisonniers par les Isauriens dans la montagne cilicienne, et relâchés contre 14 000 sous d'or[484]. Leur position inexpugnable et l'excédent des besoins sur les ressources locales conduisent tout naturellement les montagnards à l'insoumission pure et simple. L'épisode singulier de la révolte isaurienne sous Anastase est au bout d'une ascension dont l'arrivée au trône de Zénon avait marqué le sommet. La répression met un terme non à l'histoire des Isauriens, mais, pour un moment, à l'extension de leur agressivité au-delà de ses limites régionales. Pendant ces années d'effervescence, en 468, une loi les mentionne comme recrues

476. Zos., V 25.
477. Amm., XIX 13, 1. *Cf.* note 1, p. 232 de l'éd.
478. Joh. Chrysost., *Lettres à Olympias* IX 4 c.
479. Zos., IV 20 et V 25.

480. Amm., XXVIII, 2, 11.
481. Soz., *HE* VIII, 25, 1.
482. *CJ* VIII X 10.
483. Joh. Chrysost., *Lettres à Olympias* XV 1 d (*cf. ibid.*, XVII 1 a).
484. Theod. Cyr., *HRe* X.

des bandes formées par les puissants[485]. C'est dire que leur emploi dans le service armé ne se limite pas aux formes légitimes de celui-ci[486]. En 535 encore, sans les nommer particulièrement, les Novelles qui règlent les pouvoirs des préteurs de Pisidie et de Lycaonie[487] établissent formellement le lien qui existe dans ces provinces entre le brigandage montagnard et la résistance à l'impôt des villages prospères et peuplés des campagnes.

Si la montagne impose à l'ordre gouvernemental une limite permanente, celui-ci est partout prompt à se défaire, pour peu que les circonstances s'y prêtent. En 588 par exemple, la sédition des troupes mécontentes entraîne dans tout l'Orient une flambée que Théophylacte Simocatta dépeint avec indignation[488] : « les uns étaient dépouillés de leurs biens, écrit-il, les autres subissaient sur les routes les violences du brigandage, d'autres encore étaient dépouillés dans les champs, car la tyrannie prospérait et assurait l'impunité aux méfaits ». L'invasion aussi instaure parfois d'étranges connivences. Le plus souvent, il est vrai, l'historiographie brosse le tableau attendu de son cortège de malheurs, elle mentionne à l'occasion une résistance des paysans, la revanche par exemple que ceux « de Thrace et d'Illyricum » prenaient sur les Huns qui avaient emmené leurs femmes et leurs enfants[489]. Mais la menace même qui pèse sur ces marches de l'Empire et les facilités d'évasion qu'elles offrent y défont l'ordre impérial. Il faut revenir encore une fois au tableau éloquent tracé par Ammien Marcellin[490], à l'invasion de la Thrace en 376, au cours de laquelle les Goths sont aidés par ceux des leurs qui ont été jadis vendus comme esclaves, et par des mineurs d'or en fuite devant l'impôt[491] qui passent à l'ennemi. Les envahisseurs sont là mêlés à leurs victimes, et ce sera de plus en plus vrai à mesure que les invasions feront place aux migrations[492].

Le brigandage samaritain ouvre une perspective différente, où l'aspect social des conflits ne se laisse pas isoler, où pourtant la conflagration prend une ampleur telle qu'elle arrache les paysans à la terre[493]. Il atteste en effet la dissidence totale d'une région, manifestée par le conflit entre ses campagnes et ses villes. Une telle situation ne pouvait se présenter dans le cas isaurien, à la fois parce que la différence culturelle n'y atteignait pas le caractère radical d'une fidélité collective à une religion nationale antérieure au christianisme, et parce que l'implantation gréco-romaine de la cité y avait de tout temps échoué[494]. Au contraire, le conflit samaritain se noue autour des villes, et singulièrement de Césarée, siège représentatif du pouvoir impérial. C'est pourquoi nous en avons dit l'essentiel, et l'essentiel du brigandage lui-même, à propos de celles-ci[495]. Il convient toutefois de préciser ici ses aspects plus particulièrement campagnards.

485. *Cf.* note 431.
486. *Cf.* p. 289-290.
487. *JNov* XXIII et XXV.
488. Theoph. Simoc., III 2.
489. Proc., *HA* XXI 28-30.
490. Amm., XXXI 6, 5.
491. *Cf. CTh* X XIX 7.

492. Voir Lemerle, «Invasions et migrations» ; Tapkova-Zaimova, «Population indigène».
493. Voir Winkler, «Die Samariter in den Jahren 529-530».
494. Rougé, « L'*Histoire Auguste* et l'Isaurie ».
495. *Cf.* chap. 5, p. 222.

Séparés du pouvoir romano-byzantin par une différence culturelle comparable à celle des Juifs et des monophysites, les Samaritains constituent comme eux en effet une société différenciée. On en trouve la preuve dans les mesures discriminatoires qui les écartent non des charges mais des honneurs municipaux, des dignités, des fonctions civiles et militaires[496], dans les restrictions apportées à la transmission de leurs fortunes[497], et surtout, pour notre présent propos, dans le récit que fait Procope[498] de la révolte provoquée en 529 par le décret de répression de leur culte[499]. On y voit qu'il y avait des Samaritains dans la population urbaine, à Césarée, puisqu'ils se donnent une façade chrétienne, mais aussi des chrétiens parmi les maîtres du sol, alors que la paysannerie apparaît dans son récit entièrement samaritaine. Elle se soulève en masse contre le pouvoir, mettant à sa tête Ioulianos, «quelqu'un des brigands», écrit Procope. Il rapporte que cent mille hommes auraient péri dans cette révolte, disons un chiffre en tout état de cause considérable, et il ajoute d'ailleurs que, à la suite de cela, les meilleures terres du pays restèrent vides de paysans, d'où le préjudice pour les propriétaires chrétiens, obligés d'acquitter l'impôt sur des terres qui ne rapportaient plus. Aussi Justin II est-il obligé en 572 d'excepter les paysans de l'interdiction qui frappait les héritages samaritains, afin d'assurer, souligne-t-il, le revenu du propriétaire et par conséquent celui du fisc, tandis qu'il maintient toutes les autres interdictions [500]. Il y a eu en un mot une face paysanne du problème samaritain et une face samaritaine de la condition paysanne, et des flambées successives d'un conflit qui n'était pas au premier chef celui des paysans et des maîtres du sol, mais celui de l'Etat et d'une minorité.

La même interférence se manifeste dans les grandes confiscations opérées sous le règne du même Justinien aux dépens des hérétiques d'Asie Mineure[501]. C'est encore une société entière qui est frappée. On lui enlève les trésors d'or, d'argent et de pierres précieuses dont Justinien commençait à sentir le besoin pour ses dépenses militaires, et aussi des maisons et des villages ; on y voyait des propriétaires hérétiques employer des travailleurs orthodoxes. Cependant, là aussi, la réaction des hérétiques de la campagne est particulière. Les campagnards, écrit Procope, jugeaient que la prédication des missionnaires ne participait pas de la religion (οὐκ ὅσια εἶναι). Ils résistèrent en conséquence. Mais, s'il faut en croire son récit, on est frappé par le caractère négatif de la résistance hérétique, comparée à la violence samaritaine. Beaucoup sont massacrés par les soldats, d'autres se tuent. «La plus grande foule, écrit-il, s'arracha à la terre ancestrale et s'enfuit». On ne peut faire de remarques analogues sur la conversion des païens campagnards. Une inscription de Sardes atteste la confiscation d'un immeuble non défini, dévolu à un hôpital après le bannissement des païens de la ville[502]. Mais le récit triomphaliste que Jean d'Ephèse a laissé de sa

---

496. *CJ* I V 7 (A. 438), 12 (A. 527), 18 (s. d.) ; *JNov* LXII (*N.* 45), A. 537.
497. *CJ* I V 13 et 17, s. d. ; *CJ* I V 22, A. 531 ; *JNov* CLIX (*N.* 129), A. 551 ; *Nov.* Justin. (*JGR* I, *Coll.* I, *Nov.* 7, A. 572).

498. Proc., *HA* IX 26-30.
499. *CJ* I V 17, vers 528 d'après Stein, *Histoire du Bas-Empire*, II, p. 373.
500. *Nov.* Justin, *cf.* note 497.
501. Proc., *HA* XI 18.
502. *IGC* 324.

mission dans les montagnes d'Asie Mineure vers 542[503] met l'accent sur la dépossession des sanctuaires païens, à la place desquels s'élèvent églises et surtout monastères, en sorte que, en dépit des milliers de conversions dont il est fait état, l'impression reste plutôt celle d'une colonisation monastique des terres des temples, caractéristiques de ces régions[504].

En somme, les seuls repères que nous pourrions fixer dans l'histoire de la paysannerie byzantine pendant cette période restent les crises régionales provoquées par la coïncidence entre une dégradation plus ou moins abrupte des capacités de production, et l'accroissement plus ou moins tolérable des charges imposées, qui est souvent le revers logique de la dégradation elle-même. Elles intéressent l'étude du peuplement que l'on trouvera plus loin. Au contraire, nous ne découvrons pas de concomitance entre les ruptures d'activité productive qui ponctuent la longue rigueur des charges paysannes, et les insoumissions chroniques ou les conflagrations qui tiennent en échec l'ordre venu des villes. Une similitude pourtant : toutes les situations se soldent par des mouvements d'hommes. Et dans l'état des techniques de production, nous l'avions dit, les mouvements d'hommes constituent par leur direction comme par leur ampleur le facteur déterminant du changement économique dans les campagnes. Il s'agit de savoir si la société villageoise dont nous avons décrit les travaux et les charges a perdu continuellement ceux des siens qui étaient trop faibles pour produire et qu'elle ne nourrissait plus, si elle s'est elle-même défaite par endroits, ou si elle a seulement expulsé vers d'autres activités des hommes devenus trop nombreux pour ses capacités productrices.

4. Le mouvement des hommes

Le problème que nous allons poser en termes de mouvement a été longtemps énoncé en termes de quantités absolues, par des historiens qui faisaient encore l'histoire des campagnes à la fin de l'Antiquité et au commencement de Byzance avec des sources exclusivement écrites. Or, la rupture des travaux campagnards est violemment éclairée par la législation, inquiète du gonflement des villes et des intérêts des propriétaires fonciers, par l'historiographie, prodigue en mentions de fuite des paysans devant leurs misères multiples, de campagnes vides, ouvertes aux Barbares, et par l'hagiographie dont les saints apparaissent, comme dans la peinture médiévale des œuvres de miséricorde, attachés à nourrir dans leur monastère des foules d'errants, d'affamés et de malades. Par fidélité à l'interprétation négative du Bas-Empire, on a attaché plus d'importance à ces pages qu'à celles qui décrivaient la continuité des villages ou la fondation des monastères. Il en est résulté la conviction simple d'un déclin démographique, dans l'œuvre de F. Lot par exemple[505], ou celle d'une déficience des hommes

503. Joh. Eph., *HE* III III 36 notamment. *Cf.* Stein, *Histoire du Bas-Empire* II, p. 371-372, et textes cités en notes.

504. Rostowtzew (*sic*), *Römische Kolonat*, p. 273.

505. Lot, *Déclin du monde antique*, p. 75-83.

nécessaires au fonctionnement de la société, dans l'hypothèse de Boak dont M. I. Finley a fait une justice meurtrière[506]. Mazzarino enfin a mis l'accent sur le mouvement des hommes dans l'Italie du 4e siècle[507] ; sans négliger une baisse probable de la natalité dans les classes les plus pauvres, il a montré que l'histoire de la population était faite à ce moment d'un déplacement des campagnes et des villes secondaires vers les villes majeures, que déterminait un choix politique, culturel et fiscal. Dans tout cela, il est vrai, le tableau de l'Orient n'a jamais été peint de couleurs aussi sombres, car on reconnaissait que les Barbares n'y avaient pesé vraiment que sur la Thrace, et n'avaient pas afflué pour une installation massive avant que les Slaves ne vinssent passer le Danube ; il était en revanche admis que ceux-ci avaient alors repeuplé des terres devenues désertes par suite des ravages répétés des envahisseurs précédents[508]. Trop de témoignages littéraires et archéologiques attestaient en effet pour l'Orient à tout le moins une continuité active des villes jusqu'au 7e siècle. La publication des fouilles de Tchalenko[509] dans le Massif Calcaire situé en arrière d'Antioche devait apporter une révélation novatrice ; l'exemple d'une région il est vrai particulière par son économie et par le voisinage d'un grand centre urbain contribuait non seulement à infirmer l'idée d'un déclin démographique en Orient à la fin de l'Antiquité, mais même à illustrer une croissance du peuplement au cours de cette même période dont les sources écrites n'auraient pu donner l'idée. La synthèse d'histoire démographique byzantine la plus récente, exposée par P. Charanis en 1966, accuse cette orientation nouvelle[510]. L'auteur considère que le déclin démographique consécutif à la crise du 3e siècle semble enrayé dans l'Orient byzantin dès la fin du 4e siècle, que la population s'est alors accrue jusqu'au coup d'arrêt de la grande peste, et qu'elle a stagné ensuite dans une dépression aggravée par les assauts des Barbares, qui ont effectivement fait le vide dans les régions exposées, notamment les Balkans, où des transferts de population sont jugés nécessaires dans le dernier quart du 6e siècle, et qui demeurent néanmoins béants devant les Slaves. Je n'ai pas dessein de proposer ici à mon tour une hypothèse globale sur les variations quantitatives de la population, mais seulement d'étudier la répartition des hommes dans l'espace dont les formes variées ont en commun de rester extérieures à l'organisation urbaine de la cité.

Nous avons vu la législation et l'historiographie promptes à évoquer la désertion des campagnes par les paysans, et nous avons vu aussi que, si nous pouvions analyser quelques épisodes mieux documentés, ou distinguer peut-être un alourdissement décisif des charges paysannes à partir de 540, nous ne disposions pas néanmoins d'une information suffisamment continue pour tenter véritablement une histoire de ces fuites. Il convient dès lors de rappeler la mise en garde prononcée naguère par Georges Duby à propos des désertions rurales

506. Boak, *Manpower shortage*, compte rendu de Finley.
507. Mazzarino, *Aspetti sociali*, p. 217-269 («Aspetti del problema demografico»).
508. Lemerle, « Esquisse d'une histoire agraire », p. 63. *Cf.* Charanis, « Demography of the Byzantine Empire ».
509. Tchalenko, *Villages antiques de la Syrie du Nord*.
510. Charanis cité note 508.

dans l'Occident médiéval[511]. Il a montré combien les abandons de villages avaient souvent été provisoires. Plus exactement, il a distingué les marges de culture, où seule une récession démographique générale rendait définitif un abandon provoqué par la brutalité des circonstances, et d'autre part les noyaux de peuplement stable, assis sur un sol favorable, où les exodes s'avéraient temporaires et suivis de retour. L'archéologie n'a pas encore assemblé, dans le domaine byzantin, la documentation qui permettrait d'y vérifier une démonstration à laquelle sa logique confère une force de conviction générale. L'information est cependant suffisante, au moins par taches régionales, pour nuancer le tableau trop peu contrasté des sources écrites. De leur côté, celles-ci se bornent par définition à mentionner les fuites brutales, ou du moins les périodes d'abandon, et ne disent jamais les retours. Si l'on examine de plus près en effet les textes susceptibles de nourrir un dossier des désertions paysannes, on constate que les uns font effectivement état de départs, comme la Novelle de 535 sur les paysans thraces[512], les lettres de Théodoret sur la fuite devant l'impôt[513], le récit que fait Procope des persécutions contre les hérétiques d'Asie Mineure[514], ou de dépopulations brutales, à la suite de la grande peste par exemple[515] ; que d'autres en revanche rapportent seulement l'interruption des cultures pendant un certain laps de temps, par exemple après la mortalité bovine de 546-548[516], et cela n'est pas tout à fait la même chose. En outre, sauf exception, ces textes ne disent pas où les paysans sont allés, ce qui constitue pourtant l'autre moitié du problème historique, que nous trouvons de son côté, en un volet détaché, documentée par la législation et surtout l'hagiographie. Une histoire des continuités et des innovations dans les formes du peuplement rural est donc soumise à des sources disparates par leur nature et par leur richesse documentaire. Les problèmes qu'elle peut se permettre d'aborder, sinon de résoudre, seront le sort des régions exposées aux invasions, la Thrace, la frontière perse, la steppe aux confins du monde nomade ; la continuité de la société villageoise traditionnelle ; la naissance et le prodigieux développement d'un peuplement campagnard nouveau, étranger à l'organisation villageoise, celui des ermitages et des monastères.

La désolation consécutive aux invasions a été un des thèmes majeurs dans l'hypothèse d'un déclin démographique général ou régional de l'Empire byzantin entre ses débuts et l'arrivée des Slaves d'un côté, la coupure des conquêtes perse et arabe de l'autre. La Thrace surtout a retenu l'attention à cet égard. Son histoire est en effet déterminée par sa position géographique de seuil ouvert aux Barbares sur l'Empire byzantin, et par sa richesse en céréales, aussi attrayante pour les envahisseurs que nécessaire au ravitaillement de Constantinople, et conseillère de retours pour les paysans enfuis. P. Lemerle a dressé la chrono-

---

511. Duby, « Démographie et villages désertés ».
512. *JNov.* XXIX (*N.* 32).
513. Theod. Cyr., *Ep. Sirmond*. 43, vers 447.
514. Proc., *HA* XI 23.
515. Proc., *HA* XXIII 19.
516. Zach. Mityl., *Fgmts* chap. 13-14 ; Mich. Syr., IX 29 (A. 546).

logie des invasions barbares successives dans cette région névralgique[517], et V. Velkov a consacré aux vicissitudes des campagnes thraces elles-mêmes, du 4e au 6e siècle, un essai intéressant, documenté par les sources écrites et par les fouilles[518]. Leur histoire est constituée par les mouvements de la paysannerie indigène et des nouveaux venus barbares, dont les conflits et les coudoiements préparent une unité régionale renouvelée par deux nécessités, le travail rural, la défense militaire. Mais les sources écrites se placent dans la perspective impériale, elles soulignent l'effritement de l'organisation légitime dans les campagnes, et le désordre mis dans la population qui lui était soumise. Le premier événement qui ait des conséquences à cet égard est l'invasion gothique de 378-382, dont Ammien Marcellin a laissé une description si pénétrante[519]. Eunape retrace de son côté à ce propos un contraste analogue à celui qui résulte du brigandage isaurien, entre quelques villes solides et bien peuplées, qui résistent derrière leurs murailles, et la campagne ouverte, « pillée et par endroits inhabitée et déserte à cause de la guerre »[520] ; remarquons toutefois que les fouilles citées par Velkov ont révélé une gamme de sites fortifiés assez étendue pour nuancer l'affirmation traditionnellement absolue de cette opposition. Ces années marquent néanmoins une coupure, selon lui, après «l'animation» économique liée à la fondation de Constantinople. Elles entraînent un appauvrissement attesté par l'absence de listes de villages dans l'épigraphie, la diminution ou la disparition des trouvailles monétaires, les mesures bien connues qui vont jusqu'à l'abolition de la capitation personnelle en Illyricum en 371, en Thrace en 393[521]. Après 378 il se produit néanmoins une accalmie relative[522]. Les deux trésors de la forteresse de Celeiu suggèrent de leur côté une histoire similaire des années 383-408, avec une reprise à partir de 402, avant l'incendie final[523]. Un texte bien connu de Thémistios, en date de 383-384, a le mérite de traiter le thème du retour, si peu représenté dans les sources écrites, qui insistent au contraire, on l'a vu, sur les désertions. «Sortez désormais hardiment de vos murailles, s'écrie-t-il[524], l'heure est venue pour vous de quitter les parapets des murailles pour le soin des bœufs et des charrues, d'aiguiser les faucilles au lieu des épées et des flèches. Désormais aussi la terre est ouverte aux voyageurs, et il n'est plus nécessaire de voguer sur la mer par impossibilité d'aller à pied». Ainsi donc les hommes se réfugiaient tout près, à l'abri des fortifications, comme le confirme Zosime[525]. Voilà qui complète et limite les mentions dramatiquement inachevées des fuites paysannes, dont la succession prend dès lors une portée économique et sociale plus que démographique. Vers 460, par exemple, la *Vie*

517. Lemerle, « Invasions et migrations dans les Balkans ».
518. Velkov, « Campagnes et population rurale en Thrace ».
519. Amm., XXXI, 6, 4 et 5.
520. Eunap., *Fgmt.* 42.
521. Citées et commentées par Mazzarino, *Aspetti sociali*, p. 268-270. *Cf.* Lemerle, « Histoire agraire » 1, p. 36.
522. Velkov, « Campagnes et population rurale », p. 50-52.
523. Poenaru-Barlu, « Deux trésors monétaires des 4e-5e siècles ».
524. Themist., *Or.* XXXIII 62 (*cf.* note 522).
525. Zos., IV 24, 25, et V 22.

*de Marcel l'*Acémète* fait état d'une famine à Constantinople, que l'auteur explique par la conjonction d'un défaut dans la crue du Nil et d'une invasion barbare, à la suite de laquelle la Thrace était restée privée de travail paysan (ἀγεώργητος)[526]. Cependant, les invasions hunniques du 5e siècle se font durement sentir, et l'appauvrissement de la région est attesté par la mesure fiscale de 505[527], qui constate la diminution du nombre des paysans, en raison de laquelle il convient de consentir à la Thrace un régime d'exception : le mécontentement fiscal a pu être ainsi, comme le remarque Velkov, une des composantes de la révolte de Vitalien. Ajoutons que cet appauvrissement peut résulter de la différence entre les Goths du 4e siècle et les Slaves de la fin du 6e, en quête d'établissement, et les peuples cavaliers qui, durant toute la période, demeurent la plupart du temps des prédateurs. Quoi qu'il en soit, soulignons, après Velkov, que l'hypothèse d'une dépopulation proprement dite est infirmée par l'importance des Thraces dans le recrutement militaire, qu'il s'agisse des contingents réguliers[528], ou d'une armée quasiment privée, comme celle que Germanos recrute pour sa campagne d'Italie en 550[529]. En somme, pendant la première moitié du 6e siècle, le fléchissement dont les sources écrites font état traduirait plutôt une désorganisation de la structure provinciale, et les exigences trop lourdes de l'impôt. Quelques contrefaçons des monnaies de bronze d'Anastase et de Justin Ier à l'estampille de Constantinople suggèrent un marché régional coupé de ses sources monétaires, mais encore actif[530]. Au 6e siècle cependant, la fréquence des invasions prédatrices se fait plus grave. Les Barbares viennent piller dans « des courses qui les apportent et les remportent avant qu'on les reconnaisse »[531]. Mais il faut attendre, semble-t-il, les années critiques 550-560 pour que les vagues bulgares et avares provoquent une dépopulation véritable des campagnes, après l'activité encore soutenue de la première moitié du siècle[532]. Agathias souligne que l'invasion de 558 traverse une région déserte. Il ne faut pas négliger toutefois qu'il entend ainsi, au moins en partie, une région vide de troupes. « Zabergan trouva ces campagnes désertes, écrit-il en effet, et sa progression ne rencontra aucun obstacle »[533]. La *Chronique* du comte Marcellin fait déjà observer qu'en l'année 502 « la nation habituelle des Bulgares (*sic*) dévasta encore une fois, sans que le moindre soldat romain s'y opposât, la Thrace qu'elle avait souvent pillée »[534]. Les mesures bien connues de transferts de populations visaient à renforcer la défense de la Thrace en même temps qu'à saigner d'autres provinces de leurs éléments turbulents[535]. Dès 496, les Isauriens y avaient été déportés, lorsqu'Anastase écrasa leur révolte, comme des Arméniens le seront au 7e et au 8e siècle, en dépit du renfort de population apporté entre

526. *V. Marcell. Acoem.* 26.
527. *CJ* X XXVII 2 §3.
528. Grosse, *Römische Militärgeschichte*, p. 272-296 (« Die Armee des VI Jhdts. ») ; Teall, « Barbarian in Justinian's armies ».
529. *Cf.* note 461.
530. Jouroukova, « Imitations barbares ».

531. Theoph., A. M. 5994.
532. Jurukova, « Trésors monétaires en Bulgarie » ; Yuroukova (*sic*), « Monnaies byzantines en Bulgarie ».
533. Agath., V 11.
534. Marcell. Com., ad A. 502.
535. Charanis, « Transfer of population » ; du même, « Ethnic changes ».

temps par les Slaves. Mais les mesures de Justinien et de Tibère et les projets de Maurice se proposaient au premier chef de combler l'insuffisance militaire d'une région que le flot slave venait pourtant déjà irriguer vers 570[536]. Quoi qu'il en soit, le cas thrace demeure à toute époque celui d'une région de confins. Le vide démographique n'y a sans doute jamais été aussi grand, ou du moins aussi total, que l'a dit l'historiographie byzantine, naturellement attentive à l'affaiblissement de l'organisation sociale traditionnelle. Et en tout état de cause il faut le limiter à lui-même dans un Empire dont la capitale est certes Constantinople, mais dont les centres vitaux sont encore situés, avant le 7e siècle, dans des régions beaucoup plus méridionales.

Les invasions touchent en effet en Orient des territoires tout différents. La flontière, souvent contestée, divise des régions ethniquement et culturellement homogènes[537]. Au nord, dans le Caucase et l'Arménie, et au sud, dans la steppe parcourue par les nomades, les problèmes ne sont pas ruraux, mais commerciaux et stratégiques. Les alternances de paix et de belligérance se font sentir dans le domaine des échanges internationaux[538] et des métaux précieux[539]. Mais les villes et les campagnes de la Syrie occidentale et de la Mésopotamie sont vulnérables encore par leur propre richesse. Si le 5e siècle est indemne de ravages perses, ceux-ci se déchaînent au 6e, et deviennent irréparables avec la campagne au cours de laquelle Antioche est prise en 540, désastre que la grande peste devait suivre de peu. Les Perses enlèvent les hommes, à Antioche en 540[540], comme sur la rive de l'Euphrate en 607[541], mais ils cherchent surtout l'or et l'argent, et ils ajoutent aux traités avec Byzance et au pillage des villes les lourdes rançons qu'ils infligent à ces dernières, et que réunissent les paysans du territoire aussi bien que les citadins[542]. Toutefois, l'archéologie vient ici apporter ses retouches. Si la ville d'Antioche ne retrouve plus jamais après 526 et 540 son éclat antérieur[543], l'arrière-pays du Massif Calcaire n'accuse aucune coupure avant les coups définitifs encore qu'indirects portés à l'économie de la région par les victoires barbares du 7e siècle[544]. L'Orient byzantin subit du reste entre le 4e et le 7e siècle d'autres invasions prédatrices, celles des peuples cavaliers de la steppe, les Huns et leurs successeurs, et celles des nomades arabes. Parfois les uns et les autres joignent leurs forces de harcèlement à la puissance perse, lors de la campagne mésopotamienne de 502-503 par exemple[545]. Mais en 515 les Huns prennent seuls l'Asie Mineure en écharpe d'est en ouest[546]. Sur les confins steppiques de la Syrie et de la Palestine, le jeu diplomatique des tribus

---

536. Lemerle, «Invasions et migrations» ; du même, *Miracula S. Demetrii* ; Charanis, «Ethnic changes».
537. Voir Honigmann, *Ostgrenze*, p. 3-37 (*Die römisch-persische Grenze von 363 bis 603 n. Chr.*).
538. Voir Heyd, *Commerce du Levant.* p. 1-24 ; Pigulevskaja, *Wegen nach Indien.*
539. Vryonis, «Byzantine mines».
540. Proc., *Bell.* II XIV.

541. Theoph., A. M. 6099.
542. Proc., *Bell.* II, XIII (Edesse).
543. Lassus, *Sanctuaires chrétiens*, p. 303-304.
544. Tchalenko, *Villages antiques* I, p. 426-435.
545. *Ps. Jos. Styl. in Chron. ps. Dion.*, p. 204 (A. 814).
546. Marcell. Com., ad A. 515/5.

arabes entre la Perse et Byzance[547] comporte entre autres des incursions de pillage, à l'issue de l'hiver en 529[548], ou en 536 lorsque la sécheresse pousse les nomades sur la rive byzantine de l'Euphrate, en quête de pâturages[549]. Il ne faut pas oublier en outre que la menace barbare entraîne dans les mêmes campagnes un alourdissement de la présence militaire. La conjonction de ces deux fardeaux est soulignée dans la Novelle par laquelle Tibère allège en 575 les impôts de certaines provinces orientales, Osrhoène et Mésopotamie d'une part, Lazique, Bosphore, Chersonèse d'autre part[550]. Et cependant Agathias atteste que la condition des soldats n'a cessé de se détériorer après 550, en raison des malversations dont les redevances levées en leur nom sont l'objet[551]. L'appauvrissement des soldats, dont Procope faisait déjà grief au gouvernement de Justinien[552], explique la sédition militaire du règne de Maurice, dont nous avons vu la part dans le brigandage rural[553].

En somme, l'effervescence humaine aux confins de l'Empire romain d'Orient se poursuit du 4e au 7e siècle, comme elle avait commencé au 3e siècle, et comme elle continuera encore, dans l'immense mouvement de peuples du premier millénaire de l'ère chrétienne. Dans ces conditions, il n'est peut-être même pas exact de poser en termes démographiques, à la suite de l'historiographie byzantine, un problème qui a été en fait géopolitique. Dans cette dernière perspective, on peut conclure que l'Empire accuse peut-être avant le 7e siècle un certain rétrécissement dans sa marche balkanique. Son territoire n'y est pas encore amputé, mais sa société, celle que nous étudions, n'y est plus tout à fait elle-même, surtout après 550. En Orient d'autre part, les vicissitudes de la guerre et de la paix ne se marquent aucunement par une désertion durable des campagnes. Celles-ci continuent leur vie au contraire, comme on va le voir par les informations d'archéologie rurale dont nous disposons, même si leur vitalité semble amoindrie dans la seconde moitié du 6e siècle. Elles conservent l'organisation traditionnelle des villages, et elles développent l'organisation nouvelle des monastères.

L'étude de la continuité villageoise ne peut en effet se fonder sur les seules sources écrites. Celles-ci attestent seulement la continuité d'une très vieille structure, que personne n'a mise sérieusement en doute. Mais un essai d'appréciation des faits a besoin de l'archéologie. Or, les investigations de celle-ci sont inachevées, inégalement et fortuitement distribuées au surplus à travers les anciennes provinces byzantines au gré des inspirations politiques et culturelles du monde contemporain. Ce que l'on va lire ici ne dépassera guère, en conséquence, les limites d'une discussion de méthode.

L'archéologie montre d'abord que, dans les régions exposées aux invasions,

547. Devreesse, *Patriarcat d'Antioche*, p. 241-304 ; Dussaud, *Pénétration des Arabes en Syrie ;* Pigulevskaja, *Araby u granic Vizantij* [Les Arabes aux frontières de Byzance] ; De Planhol, *Fondements géographiques*, p. 11-35.

548. Theoph., A.M. 6021.
549. Marcell. Com., ad A. 536, 11.
550. *JGR* I, *Coll.* I, *Nov.* XI.
551. Agath., V 13-14 (p. 369-371).
552. Proc., *HA* XXIV 7-11.
553. Theoph. Simoc., III 2.

Thrace ou frontière syrienne, les villages survivent en se fortifiant. Pour la première on connaît l'exemple significatif de Golemanovo Kale[554]. La seconde a été explorée comme on sait, minutieusement, dans la région de Chalcis, par les pères Mouterde et Poidebard, qui ont retrouvé des fortifications ceignant aussi bien des refuges[555], dès le 4e siècle, que des villages[556], et même des monastères[557]. Il est difficile d'aller plus loin, de proposer déjà une véritable histoire du peuplement villageois sur la base de l'investigation archéologique. Celle-ci n'a encore produit que des résultats discontinus, dans les régions où des raisons variées ont multiplié depuis longtemps les recherches, Syrie, Liban, Israël, Jordanie, et qui se trouvent avoir été sans doute parmi les plus actives du domaine byzantin que nous étudions. Au nord, le Massif Calcaire a révélé un ensemble de villages où nous avons pris des exemples à bien des reprises, pour l'étude sociale del'habitat comme pour l'équipement. Nous nous contenterons de rappeler ici le s conclusions de Tchalenko, désormais bien connues : selon lui, le développement remarquable du Massif, puis son déclin au début du 7e siècle, ne seraient que l'écho des vicissitudes d'Antioche, le grand marché urbain qui achète au Massif l'huile dont la production passe à cette époque à l'état de monoculture, ou du moins de culture intensivement commerciale. Aussi la conquête arabe aurait-elle mis un terme à la prospérité de la région, moins par le déclin du centre urbain que par l'interruption progressive du trafic qui distribuait l'huile du Massif, par Antioche, sur les autres marchés de la Méditerranée[558]. Quoi qu'il en soit de cette conclusion «pirennienne» qui se retrouve – de façon d'ailleurs un peu abrupte – dans l'étude architecturale de Harrison sur les églises et chapelles de Lycie centrale[559], le livre de Tchalenko a fait connaître un cas de peuplement villageois – et monastique, on le verra plus loin – dans l'accroissement duquel le voisinage d'un gros acheteur urbain a joué un rôle décisif, trop même peut-être, puisqu'il empêche d'apercevoir une continuité rurale livrée à elle-même. L'exemple n'en est pas moins précieux, et typique d'une société où la campagne s'organise normalement en territoires articulés autour de centres citadins.

D'autres échantillons historiques de peuplement sont procurés par les recherches systématiques d'histoire de l'occupation du sol entreprises par les archéologues israéliens. Ils ont essayé le comptage des points d'occupation sur un territoire donné aux différents niveaux datés. Une objection immédiate se présente évidemment : c'est qu'il y a quelque artifice à comptabiliser ensemble des points où l'importance des trouvailles est inégale, et inégalement significative de l'occupation au surplus ; le comptage simple, en outre, ne fait pas apparaître les points nouveaux, les abandons, les inégalités d'un niveau à l'autre. Enfin, la chronologie est nécessairement simplifiée. Le procédé reste tentant tout de

---

554. Velkov, «Campagnes et population rurale», p. 60 et note 163 (bibliogr.).
555. Mouterde-Poidebard, *Limes de Chalcis*, p. 237-238. Sur le refuge domanial d'Et-Touba, *cf.* note 21.
556. *Ibid.*, p. 55 et 78.

557. *Ibid.*, p. 53.
558. Tchalenko, *Villages antiques* I, p. 426 sq.
559. Harrisson, «Churches and chapels in central Lycia».

même, en dépit de ses faiblesses, et à titre indicatif. Une première étude portait sur la région de Beth-Shean (Scythopolis)[560]. Ses chiffres ne surprennent pas : ils attestent en effet un accroissement très marqué pour l'époque byzantine, c'est-à-dire les 4e-7e siècles, avec une continuité à peine infléchie par un abattement négligeable pour le début de l'époque arabe. Un autre comptage a été effectué dans la zone aride du pays, sur le site de Ramat Matred, proche d'Avdat (Eboda)[561]. Il s'agit d'un plateau à 650 m d'altitude, au pied duquel une route importante court dans le Nahal (Wadi) Avdat. Le dénombrement a été le suivant : « Middle Bronze Age I », 27 ; Israélite, 18 ; Nabatéen-Byzantin (*sic*), 05 ; total, 50. Les auteurs notent en revanche que le lit même du cours d'eau, qui recevait des canaux en provenance du plateau, et celui de son affluent Nord, abondent en points d'agriculture romains et byzantins. Ils en concluent à leur concentration non seulement près des principaux cours d'eau, mais aussi de la route qui mène à la cité la plus proche. Le comptage ne révèle en somme ici qu'un abandon marginal, qui touche le plateau moins favorable à l'irrigation et aux communications, et cela d'ailleurs avant l'époque proprement byzantine déjà. L'occupation du wadi paraît au contraire stable, bien que les axes commerciaux de la région se soient déplacés, on le sait, de l'époque nabatéenne à l'époque byzantine. Cet aperçu concorde avec les conclusions proposées par Alt[562] et par les explorateurs de Nessana[563], sur la prospérité continûment ascendante de la Palestine Troisième jusqu'au 6e siècle, qui serait explicable par l'activité et la sécurité dues au voisinage du *limes*.

L'information s'est affinée dans l'inventaire archéologique du pays, qui recense tous les niveaux, du paléolithique à l'époque ottomane. Le premier volume[564] couvre notamment une grande partie de la Palestine centrale, la Judée à l'exclusion de Jérusalem et de ses abords, le désert de Juda et le sillon de Jéricho, et la Samarie jusqu'à Tibériade et au cours du Jourdain. L'index des cartes distingue typographiquement les sites abondants, moyens, les trouvailles isolées. Nous avons tenté de soumettre le matériel ainsi présenté à un comptage qui devait laisser de côté ces dernières, et considérer en revanche les niveaux et non les sites, sans reprendre toutefois les subdivisions proposées par les éditeurs à l'intérieur de chaque période, le découpage chronologique général étant le suivant :

Niveaux perse :　　　　586-332 avant J.-C.
　　　　hellénistique :　332-37 avant J.-C.
　　　　romain :　　　　37 avant J.-C.-324 après J.-C.
　　　　byzantin :　　　324-640
　　　　arabe (début) :　640-1099

Les résultats sont présentés dans les tableaux 12 et 13.

560. Tsori, « Beth Shean ».
561. Aharoni, Evenari, a. o. « Ancient agriculture of the Neguev ».
562. Alt, « Griechische Inschriften », p. 55.
563. *Excavations at Nessana*, I.
564. *Judaea, Samaria and the Golan*.

Tableau 12. *Les niveaux archéologiques en Palestine centrale**

N° et intitulé de la carte	Nombre de sites	Niveau perse	Niveau hellé-nistique	Niveau romain	Niveau romano-byzantin (*sic*)	Niveau byzantin	Niveau arabe (début)	Total du comptage	Niveaux romains et byzantins %
1. Juda	250	22 *8* (30)	36 *8* (44)	87 *8* (95)	–	110 *18* (128)	3 *1* (4)	301	74
2. Désert de Juda et plaine de Jéricho	209	2 (2)	10 (10)	99 *1* (100)	27 *1* (28)	85 *1* (86)	48 (48)	274	78
3. Terre de Benjamin, Mont Ephraïm	157	14 (14)	12 (12)	58 *2* (60)	–	106 *6* (112)	64 *1* (65)	263	65
4. Ephraïm et Manassé	242	61 *11* (72)	37 *2* (39)	20 *1* (21)	49 *3* (52)	120 *21* (141)	3 (3)	328	65

* Chiffres en italiques : nombre de sites abondants.
Chiffres entre parenthèses : nombre total de sites.

Tableau 13. *Les sites nouveaux des époques romaine et byzantine en Palestine centrale**

| N° de la carte | Nombre de sites | Sites nouveaux | | | Ensemble |
		romains	romano-byzan-tins	byzantins	%
1	250	31 *2*		53 *2*	33,6
2	209	27	10	10	22,4
3	157	24		39	40
4	242	3	18 *2*	64 *8*	35

* En italiques : nombre de sites abondants.

L'interprétation historique du tableau 12 postule évidemment un rapport entre le peuplement et les traces matérielles, et surtout artisanales, de l'activité humaine, au travers de périodes que ne sépare aucune innovation technique majeure. Si l'on veut bien admettre cela, le premier tableau atteste une croissance marquée de l'époque romaine et byzantine, suivie d'une dépression qu'il est difficile d'apprécier en raison des limites trop larges tracées par les années 640-1099. Croissance et dépression paraissent en outre varier d'une région à l'autre. Si les niveaux romains et byzantins comptent partout pour plus de la moitié du total, leur importance s'avère particulière en Judée, dans le désert de Juda et la région de Jéricho, ce qui ne surprend pas. L'appauvrissement postérieur à la conquête arabe frappe surtout la Judée et la région la plus septentrionale de l'enquête ; il n'est guère sensible en revanche dans la Samarie méridionale. Le comptage des sites nouveaux, d'autre part, fait apparaître la plus grande activité de l'époque byzantine proprement dite. Le nombre le plus élevé se rencontre en Judée et en Samarie septentrionale, le plus bas dans le désert de Juda et la plaine de Jéricho. Si le second cas peut s'expliquer par la continuité des installations, le premier évoque bien la densité accrue par la christianisation en Judée, et la longue tension en Samarie.

Un autre procédé d'appréciation des changements dans un peuplement villageois serait le comptage des églises. Prometteur à première vue, il réserve en fin de compte une déception. D'abord, la plupart des dossiers archéologiques régionaux auxquels on pourrait songer ont été rédigés dans la perspective d'une étude typologique et non démographique[565]. Et le répertoire récent des églises byzantines de Terre Sainte[566] doit être *a priori* laissé de côté pour cette question, en l'absence d'un répertoire également à jour des synagogues de la même époque. Ensuite, l'investigation de Tchalenko, hors de pair là encore, montre que la construction d'une église à une date reconnaissable ne saurait être un critère d'histoire du peuplement, et cela pour deux raisons. L'une est que beau-

---

565. Lassus, *Sanctuaires chrétiens de Syrie* ; Harrisson, «Churches and chapels in central Lycia».

566. Ovadiah, *Byzantine churches in the Holy Land*.

coup de villages n'ont jamais eu d'église[567], soit qu'ils fussent rattachés au début à celle d'un village voisin[568], soit qu'il y eût là une marque de leur condition domaniale[569]. L'autre que la construction d'une première ou d'une seconde église est déterminée, outre le préalable de la christianisation qui n'est pas encore général au 4e siècle, moins par l'accroissement du village que par une prospérité parfois déjà ancienne[570], voire par la générosité particulière[571] : le lien entre l'église et le peuplement n'est pas inexistant, il est indirect. Ces réserves faites, voici, à titre d'exemple régional, deux comptages syriens (tableaux 14 et 15), tirés des études les mieux appropriées à notre objet que nous ayons trouvées, l'exploration méthodique du Massif Calcaire par Tchalenko[572], et l'inventaire typologique des églises syriennes de Butler[573], dont la minutie est telle qu'il fait état, semble-t-il, de toutes les églises qui lui étaient connues, ou à peu près, en soulignant d'ailleurs l'importance des disparitions par destruction ou par ruine totale. Il s'est toutefois limité en fait, malheureusement, au nord et au sud-est du pays.

Tableau 14. *Construction d'églises en Syrie du 4e au 7e siècle* (d'après Butler, *Early churches*)*

Région	4e siècle	5e siècle	6e siècle	début 7e siècle
Sud	5	9	9	–
Nord	16	32	32	2
Nord-Est	1	5	18	–
Total	22	46[a]	59[b]	2

* On a exclu du comptage les sites urbains (Umm il-Kutten, Brad, Bosra, Sergiopolis), les églises monastiques, les baptistères, et les deuxièmes mentions pour réfection.
a. Peut-être 42, si 4 monuments doivent être attribués au 6e siècle (note de Baldwin Smith, p. 164).
b. Peut-être 63, *cf.* note précédente.

N. B. Le décompte total des inscriptions datées s'établit comme suit : 2 du 4e siècle ; 14 du 5e siècle ; 10 entre 505 et 540 ; 8 entre 540 et 600 ; 3 postérieures à 600.

Les deux comptages donnent des résultats concordants : le mouvement de construction, insignifiant au 4e siècle, s'enfle ensuite sans défaillance, en dépit des vicissitudes générales que nous connaissons à partir de 500, et surtout de 540, et retombe brutalement après la fin du 6e siècle, car c'est alors seulement que les revers militaires de l'Empire provoquent un engourdissement économi-

567. Tchalenko, *Villages antiques* I, p. 193-199 (Qatura, Refade).
568. *Ibid.*, p. 326, note 1.
569. *Ibid.*, p. 118, cf. l'église villageoise construite à Deir Siman à la fin du 6e siècle seulement (*ibid.*, p. 219).

570. *Ibid.*, p. 290, *cf.* p. 283 (Meez).
571. *Cf.* Lassus, *Sanctuaires chrétiens*, p. 244-262.
572. Tchalenko, *Villages antiques*, I.
573. Butler, *Early Churches*.

Tableau 15. *Construction d'églises dans le Massif Calcaire du 4ᵉ au 7ᵉ siècle* (d'après Tchalenko, *Villages antiques* I)

Siècles	4ᵉ	5ᵉ	6ᵉ (avant 550)	6ᵉ (après 550)	7ᵉ
	5	10	10	5	5

que de la Syrie, dont le contrecoup se retrouve en Lycie[574]. Dans l'un et l'autre cas, la documentation archéologique atteint l'activité des hommes plus que leur nombre, et il faut nous résigner à cet éclairage différent.

La population bouge aussi, et ces mouvements sont une part importante de son histoire. Leur direction nous retiendra d'abord, avant que nous puissions tenter d'apprécier leurs variations d'ampleur selon les régions et les moments. Nous avons vu plus haut les allusions nombreuses des sources à la fuite des paysans vers les villes. Nous avons décrit ensuite des activités qui n'étaient pas agricoles, mais qui étaient exercées par des hommes demeurés membres de communautés villageoises, activités complémentaires comme la construction, ou plus ou moins exclusives comme le commerce et le brigandage. Nous ne voulons pas y revenir ici, mais en décrire maintenant d'autres, qui ont pour trait commun d'être exercées par des hommes devenus au contraire désormais étrangers aux communautés villageoises, même s'ils conservent avec elles les relations locales auxquelles nul ne saurait échapper dans les campagnes byzantines : ce sont les soldats, les solitaires et les moines, ce seront aussi les pauvres, nommément désignés comme tels.

Les soldats ont paru plusieurs fois au cours des pages précédentes. A Nessana, dans une garnison proche du *limes*, ils constituaient un groupe social stable et relativement fermé de petits propriétaires, au sein duquel se concluaient les transactions immobilières et les unions matrimoniales[575]. Ailleurs, leur passage ou leur séjour aggravaient lourdement les charges paysannes[576]. Le moment est venu de dire si le service des armes est l'une des directions dans lesquelles s'écoule le peuple des campagnes[577]. L'armée de l'Empire d'Orient est alimentée, on le sait, par l'hérédité, la levée au titre de l'impôt (*praebitio tironum*), et l'enrôlement volontaire des barbares ou des habitants de l'Empire. Cette dernière catégorie de recrues importe seule à un essai d'histoire économique des campagnes byzantines du 4ᵉ au 7ᵉ siècle. La législation atteste pourtant les résistances à la levée fiscale, les fuites, les mutilations volontaires, et la com-

574. *Cf.* note 559.
575. *Cf.* p. 255 et 265, et chap. 7, p. 349 *sq.*
576. *Cf.* p. 277 *sq.*
577. Pour tout ce qui suit, voir, dans la bibliographie plus ou moins récente, Grosse, *Römische Militärgeschichte* ; Mazzarino, *Aspetti sociali* ch. 6, «Riflessi sociali della *stipendiorum tarditas*» (p. 271-344) ; MacMullen, *Soldier and civilian* ; Teall, «Barbarian in Justinian's armies» (*cf.* Charanis, «Ethnic changes», p. 31-33); Gabba, «Ordinamenti militari».

plicité des propriétaires fonciers[578]. Mais précisément l'on s'accorde à penser que ces derniers ont préféré dans la mesure du possible à la fourniture des hommes dont le travail leur était précieux le versement de l'équivalent en espèces qui permettait de recruter des barbares. Cependant, l'engagement dans l'armée est demeuré un recours traditionnel dans les provinces où les hommes étaient détachés plus facilement de la terre, soit par l'insécurité, et l'effervescence d'une société de frontière, comme en Thrace, soit par l'insuffisance des ressources, comme dans la montagne isaurienne. Quoi qu'il en soit, les soldats ne se séparent pas pour autant de la société rurale, et ils n'y sont pas seulement mêlés par le biais des activités prédatrices qui viennent d'être rappelées. Les études récentes sur l'armée impériale de cette époque ont montré ce qu'il y avait d'excessif dans les idées reçues sur l'installation rurale des soldats aux frontières (*limitaneï*)[579], ce qu'il y avait eu en réalité de fluide dans la pratique des rapports entre les soldats et la terre à partir du 4ᵉ siècle. Elles n'en ont peut-être prouvé que mieux combien ces rapports avaient été étroits. A côté des cas limités d'assignation par l'Etat, on observe en effet des formes courantes et pratiques de possession de la terre par les soldats, attestées par les interdictions qui s'efforçaient de limiter l'activité de ces derniers au service des armes. Dans son commentaire sur le *Code Militaire*, postérieur au 7ᵉ siècle[580], qui interdit aux soldats l'activité salariée (article 55), ainsi que l'agriculture, le négoce et les affaires civiles (article 56), Ashburner montre l'héritage des textes législatifs du 5ᵉ et du 6ᵉ siècle[581]. Une loi de 458 leur interdisait déjà de vaquer «à la culture des champs, à la garde des animaux, au gain des marchandises»[582]. Une autre loi de la même année[583] et une loi sans date de Justinien lui-même[584] attestent que les militaires prennent des terres à bail. Une Novelle de 542[585] répète qu'ils doivent se consacrer à leur tâche, et ne pas avoir d'affaires privées qui impliquent la possession de maisons ou de biens fonciers (κτήσεις). L'une des lois qui interdisent aux militaires de prendre des terres à bail ajoute aux arguments habituels celui de l'oppression qu'ils feraient peser sur leurs voisins[586]. Tout cela pourtant n'a rien de commun avec l'institution publique du lien entre le service armé et la terre qui apparaîtra plus tard[587], et demeure au niveau de la pratique privée. Mais il importe à notre présent propos de souligner que l'armée officielle n'est en fait que l'une des formes du service armé, et que celui-ci peut résulter d'un engagement privé auprès de ce que nous avons appelé plus haut la seigneurie illégitime[588]. Au surplus, les rapports entre le service officiel et le service privé sont constants dans les deux sens à partir du 5ᵉ siècle[589]. Si les

---

578. *CTh* VII XIII, *De tironibus* (*CJ* XII XLIV) ; *CTh* VII XVIII, *De desertoribus et occultatoribus eorum* (*CJ* XII XLVI).

579. Mazzarino, *cf.* note 577 ; MacMullen, *Soldier and civilian*, p. 12-20 ; Gabba, « Ordinamenti militari ».

580. *JGR* II, p. 73-89 (Περὶ στρατιωτικῶν ἐπιτιμίων). Sur la date, *cf.* Zepos, « Byzantinische Jurisprudenz », p. 18.

581. Ashburner, « Byzantine mutiny act ».

582. *CJ* XII XXXV (*De re militari*), 15.

583. *CJ* IV LXV (*De locato et conducto*), 31.

584. *CJ* IV LXV 35.

585. *JNov* CXXXVIII (*N.* 116).

586. *Cf.* note 583.

587. Patlagean, « 'Economie paysanne' ».

588. *Cf.* p. 292 *sq.*

589. Grosse, *Römische Militärgeschichte*, p. 286-291 ; Lécrivain, « Soldats privés ».

généraux de Justinien versent leurs bucellaires dans ses armées, les soldats réguliers sont détournés vers le service privé par leurs officiers eux-mêmes, à en
croire la loi de 458 déjà citée[590]. La transition est donc parfois insensible entre
le service armé de l'Etat et celui de la seigneurie. Mais elle l'est tout autant jusqu'au brigandage. Une loi de 383 adressée au vicaire du Pont condamne quiconque accueille sur son domaine «des déserteurs ou des brigands»[591] ; le lien
entre désertion et brigandage est marqué par une loi de 406, qui est adressée
au préfet du prétoire d'Occident, mais qui sera reprise au *Code Justinien*[592].
Il n'a pu que se resserrer avec l'appauvrissement des soldats dont les historiographes font état pour la seconde moitié du 6e siècle[593]. D'autre part, l'armée
emploie des valets militaires et des ouvriers[594], dont les services plus ou moins
qualifiés sont comparables à ceux que la société villageoise utilisait de son côté.
En somme, le groupe social des soldats, comme tous ceux qui forment la société byzantine de cette époque, admet une différenciation dont le critère est la
possession de la terre, ce que MacMullen a si bien montré[595]. Les ressources
spécifiques des soldats, la paie et les gratifications, suivront dans le détail individuel comme dans la masse globale les variations de la conjoncture militaire,
financière et politique, tandis que le nombre des volontaires, seuls significatifs
pour notre histoire, obéira à ces mêmes variations, amplifiées par la conjoncture démographique. Il suffit de rappeler ici d'un mot la déficience en soldats
qui demeure chronique après la décennie décisive 540-550, en dépit du recrutement barbare[596]. En conclusion, l'armée n'a pas accueilli tout ce qu'il pouvait
y avoir de campagnards en excédent sur les possibilités de travail, même s'il
faut ajouter le recrutement privé et les échappées du brigandage au recrutement
officiel. Mais d'autres issues se sont ouvertes aux hommes de la campagne.

Les « récits utiles à l'âme » dispensent une information sur ce que l'on peut appeler l'artisanat érémitique, sur la production des hommes qui se sont retirés « au
désert », c'est-à-dire hors de la campagne villageoise précisément. Les modèles
des *Apophtegmata Patrum* appartiennent au désert de Scété, placé au sud-ouest
du delta du Nil, et aux confins occidentaux de l'Egypte, terre idéale de l'érémitisme, et les récits les plus anciens remontent au 4e siècle. Mais le « désert » des
ascètes s'étendra aussi, entre le 4e et le 7e siècle, au Sinaï décrit par les moines
Anastase et Nil, à l'espace parcouru par Jean Moschos entre la Mer Morte et
Jérusalem, à la Syrie de Théodoret de Cyr. Les «vieillards» vivent seuls ou à
deux[597], ou proches d'un voisin[598], ou assistés d'un « disciple »[599], voire d'un

590. *Cf.* note 582.
591. *CTh* VII XVIII 3.
592. *CTh* VII XVIII 15 (*CJ* XII XLVI 3).
593. Proc., *HA* XXIV 7-11 ; Agath. V 13-14.
    Cf. Theoph. Simoc., III, 2.
594. Textes cités dans Aussaresses, *Armée
    byzantine*, p. 12.
595. MacMullen, *Soldier and civilian. Cf.*
    Gabba, « Ordinamenti militari ».

596. Teall, « Barbarian in Justinian's armi-
    es »; Guillou, *Régionalisme et indé-
    pendance*, p. 89 ; Pertusi, « Ordina-
    menti militari dei Bizantini », nota-
    mment p. 662 *sq.*
597. *Nau* 281, 340, 341, etc.
598. *Nau* 6, 347, etc.
599. *Nau* 344, etc.

serviteur laïque[600], dans des cabanes plus ou moins dispersées, la plupart du temps non loin d'une église érémitique qui les rassemble pour les offices religieux et les communications avec l'extérieur[601]. La littérature érémitique décrit leurs «jardinets» (*κηπία*), leur petite production de plantes nourricières[602]. Nil d'Ancyre, déjà cité à plusieurs reprises, les a mis en scène dans une Utopie étonnante, significative d'un raidissement archaïsant de la pensée économique dans les milieux d'anachorètes. Les échanges profitables ou simplement mercantiles sont en effet entièrement absents, et la médiation monétaire en conséquence inconnue : «le sou de César n'a point droit de cité parmi eux puisqu'ils ne connaissent ni la vente ni l'achat. Chacun fournit gracieusement le nécessaire à autrui, et il reçoit en retour (*ἀντιλαμβάνων*) ce qui lui fait défaut»[603]. En fait, la vente de menues productions individuelles apparaît dans d'autres histoires, comme celle du «jardinier» qui pratiquait une redistribution exemplaire avant de succomber à la tentation diabolique de l'épargne[604]. Ensuite, les «récits utiles à l'âme» font état d'autres travaux, parmi lesquels ils distinguent clairement «le travail», producteur d'une énergie sans détermination (*ἐργατεία*), et «le travail manuel» (*ἐργόχειρον*), producteur plus moins qualifié d'objets. Ainsi en est-il dans l'exemple de Paul d'Edesse, qui s'emploie en été sur les chantiers urbains, et passe les hivers auprès d'une communauté monastique en dehors de la ville : «il faisait *de gros travaux* parce qu'il ne savait rien *fabriquer de ses mains*»[605]. La première catégorie comprend les activités dont il a déjà été question plus haut, l'emploi sur les chantiers de construction ou pour la moisson[606] ; on peut y ranger le tailleur de pierres[607], ou le coupeur de bois[608] qui va vendre chaque jour la provision ramassée dans la forêt, et qui n'a pas de quoi acheter sa nourriture les jours où le mauvais temps l'empêche de sortir. Les rapports du «travail manuel» avec le marché urbain ou villageois sont encore plus réguliers : les artisans du «désert» y présentent leurs produits, et s'y procurent le pain et le plus souvent la matière première. Derrière les commentaires spirituels se dessinent les faits économiques, la multiplication de petits artisans libres, dispersés et sans famille, rattachés cependant à d'autres hommes seuls par des solidarités religieuses, à un marché par la nécessité des échanges[609], peut-être même assujettis au fisc, puisqu'un récit des *Apophtegmata* conte comment Ammonathas vola en une nuit jusqu'à Constantinople et obtint que se frères fussent exemptés de l'impôt personnel (*ἐπικεφάλια*) que les autorités provinciales voulaient exiger d'eux comme des laïcs[610]. Ces artisans ont des productions diverses[611]. Les palmes, matière gratuite ou du moins peu onéreuse, suffisent à fabriquer les cordes, les sandales, la vannerie, les nattes. Les

600. *Nau* 22, 368, 522.
601. *Cf.* chap. 2, p. 56 *sq.*
602. Anast. Mon., *Narrat.* 13, 15. *Cf. Nau* 520, 526.
603. Nil. Mon., *Narrat.* III (col. 617).
604. *Nau* 261. *Cf.* Nau 67.
605. *V. Paul. Edess.* 3.
606. *Cf.* p. 266.

607. Cod. Paris. Coisl. 126, fol. 324ᵛ-327 (*Cf. BHG 3*, 618).
608. *Nau* 628.
609. *Nau, passim.*
610. *Apopht. Ammonathas* (étaient-ce des cénobites ?).
611. *Cf.* Brown, « Holy man ».

« récits utiles à l'âme » mentionnent différentes corbeilles, parmi lesquelles figuraient sans doute celles qui servaient à la fois au transport et à la mesure des denrées sèches, comme le montrent les ventes de dattes consignées dans un compte de Nessana[612]. Au contraire, le travail du lin suppose un achat préliminaire[613]. Un texte remarquable des *Apophtegmata*[614] dresse la liste des travaux des artisans du « désert », cordes, corbeilles, tamis, calligraphie, tissus de lin. L'auteur en juge selon le degré de qualification requis : qui tresse une corde se tresse une couronne, le travail des corbeilles demande de la force car il est pénible, celui des tamis de la vigilance car on va les vendre dans les villages, celui de la copie l'humiliation du cœur, « car la chose comporte de l'orgueil » ; quant au travail du lin, c'est « du négoce », autrement dit il ne sied pas à un ascète. Il est aisé de voir que les métiers réputés ici indignes sont à la fois plus qualifiés et plus lucratifs. D'autres anecdotes mentionnent le travail du lin[615] et la copie de manuscrits[616] sans sévérité, ainsi que la poterie[617]. Nous connaissons tous ces objets. Et l'exploration du Sinaï méridional illustre en effet les cabanes immémoriales en pierre sèche et les sites monastiques comme celui du Wadi Feiran, qui remonte aux 4e-5e siècles[618]. Elle révèle en outre des points d'installation séculaires de fonte du cuivre, dont il n'est pas question dans les récits ascétiques, mais seulement, peut-être, dans un compte de Nessana[619] ; on y aperçoit, en tout état de cause, le même type de travail indépendant et dispersé.

De telles pages attesteraient un milieu économiquement actif, mais libre, souple, mouvant. Faut-il penser pour autant que la plupart de ces ascètes ont simplement changé de pauvreté ? C'est là poser une question économique à laquelle le monachisme érémitique ou cénobitique a fourni une réponse dont le choix exprime en réalité toute la culture de l'Antiquité chrétienne. Mais nous choisirons nous-même dans ce livre de borner notre regard au soubassement des faits. A en croire la littérature érémitique, on aperçoit une variété d'origines où, peut-on dire, le facteur social et le facteur spirituel varient en sens contraires. L'éloge de l'ascète souligne le renoncement à la richesse dont il jouissait dans le siècle, mais aussi à la culture qui en était inséparable dans une position sociale élevée : le thème apparaît clairement dans les *Apophtegmes* d'Arsenios. Quelqu'un lui demande par exemple[620] : « Comment se fait-il que nous-mêmes ne retirions rien de tant de culture et de sagesse (ἀπὸ τοσαύτης παιδεύσεως καὶ σοφίας), et que ces rustres égyptiens possèdent tant de vertus ascétiques ? » Et Arsenios de répondre : « La culture dont nous ne retirons rien est celle du monde ; les vertus ascétiques de ces rustres égyptiens ont été acquises par leurs propres peines». D'Apollo il est dit qu'il était un ancien berger, venu à Scété à l'âge de quarante ans, après le meurtre d'une femme enceinte, et sans

612. *PPNess* 90-91 (6e-7e s.).
613. *Apopht. Poimen* 10, *Joannes Persa* 2.
614. *Nau* 375.
615. *Cf.* note 613.
616. *Nau* 517, 519, 614.
617. *Apopht. Agathon, passim* ; *Nau* 179, 347.
618. Rothenberg, « South Sinaï ».
619. *PNess* 89/20 (6e-7e s.), *cf.* p. 362 et note 178.
620. *Apopht. Arsenios* 5.

avoir prononcé jusque-là une seule prière[621]. On peut penser que ceux qui con-
servaient la rude ignorance de leurs origines campagnardes se cantonnaient
souvent dans les formes les plus élémentaires de l'artisanat érémitique. Il est
cependant difficile de retrouver la situation concrète à travers des récits composés dans une perspective exemplaire. En tout état de cause, nous l'avons vu à
propos des refus de mariage, la société du haut Moyen Age byzantin manifestait une facilité à se mettre en mouvement qui paraît commune à tous les niveaux sociaux. Car, si les uns sont beaucoup plus pauvres que les autres, si l'écart
des ressources est extrêmement ouvert, nous dirons néanmoins qu'il y avait
une pauvreté globale de la société entière, dont l'instabilité des hommes est
une des conséquences attendues. Mais, une fois arrivé au désert, une fois franchi
le cercle normal des relations sociales, il est possible que chacun ait retrouvé
une fonction correspondant plus ou moins à son origine. Ce sera manifestement le cas dans les monastères.

    « Ils refusent les mariages conclus selon la loi, écrit férocement Zosime[622], et
ils constituent des sociétés nombreuses par les villes et les villages, qui sont formées de célibataires. Mais ce n'est pas en vue de la guerre ni d'aucune autre
nécessité publique. Ils ont simplement progressé depuis lors jusqu'à maintenant au point de s'être approprié la plus grande partie de la terre, et d'avoir
ainsi infligé si l'on peut dire l'indigence à tous, sous le prétexte de tout partager
avec les indigents ». La multiplication des monastères, mais aussi, en réalité,
la diversification de leurs fonctions économiques et sociales constituent en effet
une modification décisive et irréversible imprimée à la campagne byzantine au
début de son histoire, la somme et l'accomplissement d'évolutions qui ont été
décrites dans de précédents chapitres : fin de l'exclusivité familiale, qui se manifeste dans l'apparition de groupements de célibataires, pareillement constitués
en organismes de production et de consommation des producteurs, et des non-
producteurs dont ils assument la charge ; christianisation de la générosité, qui
permet dès lors la fondation des monastères de campagne comme celle des
pieux établissements urbains, et qui assure ensuite aux premiers, chose peut-
être plus importante encore, la marge de sécurité, la provision contre la mauvaise fortune, que l'exploitation paysanne ou l'artisanat de campagne sont incapables d'accumuler. Nous avons vu également les différentes façons dont
l'Eglise devient titulaire de rentes foncières, dons, achats, formes particulières
de patronage fondées sur ses immunités fiscales ou son autorité spirituelle.
Mais il y a aussi, il y a surtout, dans certains cas, le domaine monastique lui-
même, propriété du monastère comme personne morale, et travaillé par les
moines qui reçoivent en échange leur subsistance : en sorte que l'organisation
monastique du travail agricole se présente, avec toute sa particularité, comme
la seule qui revête un caractère complètement domanial dans la campagne
byzantine de cette époque.

    Il y a lieu en fait de distinguer trois types d'activités monastiques, que l'on
peut voir se succéder ou se combiner dans le même établissement, mais qui diffè-

---

621. *Apopht. Apoll.* 2.   622. Zos., V 23.

rent par les besoins de leur équipement initial : la communauté d'artisans, qui organise la fabrication des mêmes objets que nous avons vu produire par l'artisanat érémitique ; la communauté agricole, qui cultive un domaine monastique ; la communauté hospitalière, productrice de services pour les pauvres et les malades. Nous avons traité de cette dernière à propos de la christianisation du don[623], et il n'y a pas en ce domaine de différence juridique ou pratique entre les établissements urbains et ceux qui surgissent hors des villes, et notamment au bord des routes, sinon que la multiplication de ces derniers constitue précisément une originalité supplémentaire du don chrétien, ou de la période pendant laquelle celui-ci devient un rouage de l'organisation sociale. En fait, les fouilles d'habitat monastique comme les textes prouvent que tous les monastères hors les villes ont eu une fonction d'hospitalité, que la plupart des établissements qui se multiplient dans le Massif Calcaire après le milieu du 5e siècle exerçaient parmi d'autres[624], qui prenait plus d'importance dans un lieu de pèlerinage comme le Mont-Admirable[625], mais que l'on retrouve aussi bien au monastère d'Alahan, bâti vers 450 sur une route de la montagne isaurienne[626]. Certains établissements s'y sont consacrés cependant, tel le monastère fondé au seuil du 6e siècle par Théodose le Cœnobiarque sur une de ces routes de Palestine au long desquelles tant d'hommes descendaient[627]. Dans tous les cas, en ville ou hors les villes, le financement de l'hospitalité monastique est par définition monétaire : les sommes initiales paient les constructions, les rentes assurent la dépense quotidienne, c'est-à-dire l'entretien du personnel et des assistés. Nous reviendrons plus loin à la signification sociale de l'hospitalité monastique, mais l'on voit qu'elle n'a pas de place ici dans l'exposé des modes nouveaux de production campagnarde instaurés par le monachisme. Ceux-ci se ramènent donc à deux, artisanat et agriculture, qui correspondent en très gros à la distinction ascétique traditionnelle entre la laure, groupement de solitaires en habitat dispersé, et le *coenobion*, habitat communautaire ; il y avait toutefois des *coenobia* d'artisans dans le désert, et ils admettaient souvent que des solitaires se rattachassent à eux[628]. Il ne paraît en somme pas possible de retrouver une succession chronologique de ces formes dans l'histoire du monachisme byzantin. La distinction géographique paraît mieux fondée dans la mesure où une collectivité agricole a besoin de terres cultivables, tandis que la proximité d'une voie de communication suffit à la communauté d'artisans[629]. Mais les deux modes de production ont pu se combiner dans l'histoire d'un même établissement, comme celui du Rhosos de Cilicie dont Théodoret de Cyr rapporte les débuts[630]. Toutefois, si les hagiographes demeurent trop prudemment fidèles aux modèles ascétiques, l'archéologie et la législation s'accordent à montrer

623. *Cf.* chap. 5, p. 191 *sq.*
624. Tchalenko, *Villages antiques* I, p. 163-164.
625. *Ibid.*, p. 208-222.
626. Gough, « Excavations at Alahan mona-stery... ».
627. *V. Theodori coenobiarchae.*
628. Corbo, « Ambiante materiale ».
629. Theod. Cyr., *HRe* X.
630. Texte cité note précédente.

que le cénobitisme agricole prend son essor véritable après 450-470, là où il était possible.

Composant dans la deuxième moitié du 6ᵉ siècle la *Vie* de Gérasime, mort en 475, Cyrille de Scythopolis décrit le modèle des communautés d'artisans : « Ils fabriquaient dans leurs cabanes de la corde et des corbeilles ; chacun d'eux apportait son ouvrage de la semaine au monastère (κοινόβιον) le samedi ; et le dimanche après-midi regagnait sa cabane, muni de sa provision de la semaine, du pain, des dattes, et une mesure d'eau »[631]. La *Vie de Sabas* du même auteur atteste une organisation plus souple encore, puisque ce régime est pratiqué individuellement par Sabas, avec l'assentiment de l'higoumène, à la laure de Théoctiste[632]. Des textes beaucoup plus rares décrivent le fonctionnement analogue de communautés féminines[633]. En réalité, la plupart du temps, les communautés d'artisans ne sont pas entièrement détachées de la terre. Certains exemples font état d'un travail agricole combiné avec le travail artisanal. Lorsqu'Hypatios s'installe avec deux compagnons dans un monastère abandonné près de Chalcédoine, l'un confectionne des tissus de poil et l'autre des corbeilles, qu'ils vont vendre à la ville, mais le troisième travaille le « jardin »[634]. La communauté monastique du Rhosos de Cilicie réunit elle aussi les deux activités dans une organisation dispersée d'abord, collective ensuite. « Il fallait voir, écrit Théodoret, les uns confectionner des câbles, d'autres travailler les peaux avec leurs poils, d'autres tresser les éventails ou les corbeilles, d'autres encore se consacrer au travail de la terre. Et comme l'endroit se trouvait au bord de la mer, (le saint) établit aussi par la suite un bac, et s'en servit pour le besoin des transports, emportant le produit des travaux de ses compagnons, et rapportant ce qui était nécessaire »[635]. Les communautés du « désert » de Palestine possédaient parfois des « jardins » au bord de la Mer Morte. Jean Moschos rapporte la pratique d'un groupement d'ermites qui en avaient un, et qui envoyaient leur âne se faire charger de légumes par le jardinier, qui était l'un d'entre eux[636]. Sabas fait avec l'or de son héritage l'acquisition de vergers pour la laure, à Jéricho, et il en assure l'irrigation[637]. En un mot, les communautés monastiques ont le choix entre la rente foncière, dont il a été question plus haut, et l'exploitation directe, qui suffit à les occuper dans le cas des monastères agricoles.

La question se pose de savoir sur quelles terres s'établissent alors ces communautés. Les sources sont peu explicites sur ce point. Les textes juridiques restent trop généraux, tandis que les récits hagiographiques s'en tiennent au thème édifiant du don par un pieux laïc, et surtout au thème ascétique de l'installation dans un site jusque-là sauvage. Question moins difficile pour les communautés artisanales, même si elles devaient s'assurer indirectement, on

631. Cyr. Scythop., *V. Geras.* 3-4.
632. Cyr. Scythop., *V. Sabae*, p. 93. *Cf. V. Georg. Chozib.* 20, et p. 319 et note 628.
633. Hieron., *Ep.* 108, 19 ; Joh. Eph., *E. Sts* 27.

634. Callinic., *V. Hypatii* 67.
635. Theod. Cyr., *HRe* X.
636. Joh. Mosch., *Prat. Spir.* 158. *Cf.* Milik, « Monastery of Kastellion ».
637. Cyr. Scythop., *V. Sabae*, p. 109.

vient de le voir, les produits agricoles nécessaires à leur nourriture. Aussi s'établissent-elles n'importe où, dans le désert proprement dit, comme le montrent les vestiges du désert de Juda[638], dans des bâtiments désaffectés, comme la forteresse de Masada[639], où les moines fabriquaient leur céramique et les cubes de mosaïque destinés à leur église, dans un monastère abandonné, comme celui que les compagnons d'Hypatios trouvent près de Chalcédoine[640]. En somme, la laure d'artisans procède directement de l'artisanat érémitique que nous avons étudié plus haut. Elle a sur cette forme plus élémentaire l'avantage de la stabilité, et elle peut ainsi attirer et accumuler des dons qui lui permettent d'assurer en tout état de cause, par des achats de biens de consommation ou de terres, la vie de ses membres, l'assistance, et son propre accroissement : l'histoire de la laure de Sabas telle que la retrace Cyrille de Scythopolis est à cet égard suffisamment significative. Economiquement et démographiquement, ces groupes d'artisans représentent sous sa forme sporadique un peuplement campagnard échappé à l'organisation séculaire du village que la propriété domaniale elle-même n'avait pu briser. Les possibilités d'emploi et de croissance des communautés d'artisans ne sont pas très grandes, et, pour revenir encore une fois au modèle sabaïte, on les voit plutôt servir de noyau spirituel à un centre dont les fonctions hospitalières reposeront sur l'accumulation et la redistribution des dons en espèces faits par les fidèles. Les monastères agricoles joueront dans la société campagnarde de ce temps un rôle tout autre et beaucoup plus important.

S'il existe un érémitisme « jardinier » à côté de l'érémitisme artisanal, comme on l'a vu plus haut[641], il est resté confiné à des régions arides où l'exploitation domaniale des cénobites n'eût pas été possible. Réciproquement, celle-ci ne peut se concevoir, là où la terre la permet, sans une discipline collective des moines qui se manifeste au premier chef par un habitat commun. On sait que l'organisation cénobitique apparaît en Egypte vers la fin du 3ᵉ siècle, et qu'on la trouve mise en forme dans la célèbre *Règle de S. Pacôme*[642], dont Jérôme devait rapporter le modèle : cette règle prévoit, pour des hommes manifestement nombreux puisqu'ils sont groupés en maisons de cinquante, une discipline rigoureuse de la vie personnelle et des travaux des champs, et elle met au moins autant l'accent sur la répression des instincts des campagnards que sur le perfectionnement spirituel lui-même. On sait également que, si les premières manifestations de l'organisation cénobitique apparaissent au 4ᵉ siècle, le véritable essor se produit au 5ᵉ, aussi bien en Palestine[643], en Mésopotamie et en Syrie[644], qu'en Asie Mineure[645]. Et même alors on ne voit rien qui ressemble aux casernes laborieuses de Pacôme. L'organisation monastique du travail agricole viendra plus tard encore que celle du travail artisanal, dont

---

638. Corbo, « Ambiente materiale ».
639. Yadin, « Excavation of Masada ».
640. Callinic., *V. Hypat.* 67.
641. *Cf.* p. 316.
642. *Pachomiana latina*, p. 11-74, et 153-182.

643. Corbo, « Ambiente materiale ».
644. Vööbus, *Asceticism in the Syrian Orient*.
645. Amand de Mendieta, « Système cénobitique basilien ».

les exemples palestiniens remontent au 4ᵉ siècle, plus tard aussi que les premiers essais d'établissements d'assistance hors les villes. Si la fameuse Basiliade, hôpital et probablement surtout léproserie, ressemblait sans doute assez à ce qu'allaient être les monastères hospitaliers[646], la petite communauté d'Annesioi constituait au contraire un groupe de chrétiens cultivés et soucieux d'ascèse, qui n'annonçait en rien les grands monastères producteurs de l'avenir[647]. Ceux-ci se multiplient au contraire entre le milieu du 5ᵉ et le milieu du 6ᵉ siècle. Après cette date, il n'y a plus de fondations importantes, mais le déclin de ceux qui existent ne s'annonce pas pour autant immédiat. Nous reviendrons sur cette chronologie plus loin dans la mesure où elle intéresse l'histoire du peuplement ; nous voulions seulement marquer ici les étapes du développement des formes.

Celle du monastère agricole des 5ᵉ-6ᵉ siècles est connue par des fouilles régionales ou isolées qui ont porté sur des sites de Syrie du Nord et de Palestine centrale, sans avoir jusqu'ici de point de comparaison véritable en Asie Mineure, et par les allusions nombreuses et familières des récits hagiographiques qui en fournissent le commentaire. Nous avons examiné plus haut l'habitat monastique au point de vue des individus qui constituent la communauté[648]. A les considérer maintenant dans une vue d'ensemble, les établissements retrouvés révèlent une exploitation dont le caractère domanial n'a pas d'équivalent laïque dans les mêmes régions. Voici par exemple Qasr el-Banat[649], modèle de «curtis» conventuelle, ensemble enclos de murs enfermant communs et bâtiments d'exploitation, ainsi que des «ruines de maisons rustiques» (*sic*), le tout situé en bordure de la plaine où pousse son blé, entouré des collines où sont plantés ses oliviers. Les textes aident à animer le paysage. Ils mentionnent le « jardin », dont nous avons vu aussi l'importance dans la production paysanne. Il y pousse des légumes, attestés au Mont-Admirable[650], des fruits, comme ceux qui induisent le jeune Sabas en tentation à ses débuts dans l'ascèse[651]. Au hasard des récits, nous relevons aussi des vignes[652], des céréales[653], une basse-cour[654]. Tout cela ne permet pas au monastère de se suffire à lui-même, et il a besoin en conséquence d'un service de transport des matériaux et des denrées. Aussi l'acquisition de bêtes porteuses, des ânes la plupart du temps, est-elle une des premières dépenses de l'équipement[655]. Les ânes travaillent aussi à la meule[656], et ils portent l'eau[657]. L'équipement comporte en outre des installations attestées par les textes et par les fouilles, meules[658] et fournils[659], cuisines[660], magasins[661], pressoirs pour le

646. Greg. Naz., *PG* 36, 577-580 (*Or.* XLIII 63).
647. Amand de Mendieta, *cf.* note 645.
648. *Cf.* chap. 2, p. 56 *sq.*, 63 *sq.*
649. Tchalenko, *Villages antiques* I, p. 173-175.
650. *V. Sym. Styl. jr* 176.
651. Cyr. Scythop., *V. Sabae*, p. 88.
652. Joh. Eph., *E. Sts* cité note 713.
653. *Prat. Spir. Add. Marc.* I.
654. *V. Georg. Chozib.* 23.

655. Cyrill. Scythop., *V. Sabae*, p. 209, etc.
656. *V. Marcell. Acoem.* 10.
657. Joh. Mosch., *Prat. Spir.* 107.
658. Corbo, *Kh. Siyar el-Ghanam* ; *V. Marcell. Acoem.* 10 ; etc.
659. Cyrill. Scythop., *V. Sabae*, p. 89 et 123 ; *V. Sym. Styl. jr* 100 ; *V. Georg. Chozib.* 23.
660. *V. Sym. Styl. jr* 100. *Cf.* la fouille d'Alahan, Gough, «Excavations... 1964 ».

vin[662] ou l'huile[663], hospice pour les moines[664]. Enfin, le monastère possède également un trésor, où sont renfermées les réserves monnayées ou orfèvrées de métaux précieux[665].

La règle basilienne prescrivait sans préciser un travail qui fût adapté aux conditions locales[666]. La distribution des tâches nécessaires à la vie quotidienne (διακονίαι) se révèle à travers les récits hagiographiques. Certains d'entre eux montrent des moines passant de l'une à l'autre, Georges de Choziba par ascèse, semble-t-il[667], Sabas au cours de son apprentissage monastique[668]. Dans la *Vie de Jean le Silentiaire*, Cyrille de Scythopolis atteste clairement la pratique[669] : à son arrivée à la Laure de Sabas, Jean est d'abord confié à l'économe qui lui assigne des tâches de novice, « porter l'eau du torrent, cuisiner pour les constructeurs, les servir pour les pierres et les autres services de la construction » ; puis, « quand le moment du changement des tâches fut venu », l'économe lui confie le soin des hôtes et de la cuisine. Les comparses des hagiographies monastiques sont désignés par une fonction déterminée : ils sont âniers[670], boulangers[671], magasiniers[672], cuisiniers[673], et ils travaillent pour les moines et pour les hôtes. Les tombes monastiques de Choziba portent occasionnellement des mentions comparables, elles attestent un jardinier[674], un sommelier[675]. En revanche, nous ne savons pas si le charpentier[676] et le marbrier[677] qui s'y trouvent mentionnés aussi ont rappelé leur activité dans le siècle, ou bien ont été, à cause d'elle, voués aux mêmes travaux dans le monastère. La *Vie de Syméon Stylite le jeune* fait état d'un moine sculpteur, mais pour rapporter que la grâce céleste, et non l'expérience technique, lui a permis d'effectuer son travail[678]. D'autre part, les gros travaux de la terre et des constructions supposent en plus une masse d'énergie assurée par les moines et les travailleurs temporaires. L'hagiographie monastique est assez discrète sur ce point. La *Vie de Syméon Stylite le jeune* souligne que le chantier du Mont-Admirable est alimenté par des volontaires qui offrent leur travail en remerciement de leur guérison, et qui « portent avec eux leur nourriture et leurs outils »[679], ce qui n'était donc pas habituellement le cas. La *Vie de Georges de Choziba* mentionne sans préciser les « étrangers » qui participent une fois l'an à la coupe des buissons qui fournissent le combustible du monastère ; la journée se termine par un repas[680]. A la Nouvelle Laure de Sabas, les travailleurs employés à cette même tâche

661. D'après les miracles de subsistance, *V. Sym. Styl. jr* 120, 123, *V. Marcell. Acoem.* 26.

662. Corbo, *Kh. Siyar el-Ghanam*.

663. Tchalenko, *Villages antiques*, I, p. 41 et note 7.

664. *V. Theod. Coenob.* a. Theod. ep. Petr., p. 41 ; Cyr. Scythop., *V. Sabae*, p. 109.

665. Cyr. Scythop., *V. Euthym.*, p. 68.

666. Bas. Cae , *PG* 31, 1009-1017 (*Regula fusius tract.* 37-38).

667. *V. Georg. Chozib.* 23.

668. Cyrill. Scythop., *V. Sabae*, p. 92.

669. Cyrill. Scythop., *V. Joh. Silent*, p. 205.

670. Joh. Mosch., *Prat. Spir.* 125 ; *V. Georg. Chozib.* 27.

671. Cyrill. Scythop., *V. Sabae*, p. 89.

672. *Cf.* note 661.

673. Cyrill. Scythop., *V. Sabae*, p. 138, etc.

674. Schneider, « Choziba », n° 183.

675. *Ibid.*, n° 210.

676. *Ibid.*, n° 89.

677. *Ibid.*, n° 31.

678. *V. Sym. Styl. jr* 108.

679. *Ibid.*, 96.

680. *V. Georg. Chozib.* 14.

sont nourris au bâtiment des hôtes[681], d'autres ouvriers par le cuisinier de la laure[682]. Ailleurs, Cyrille de Scythopolis rapporte une embauche normale pour la construction de la Nouvelle Laure, sur des fonds donnés par le patriarche de Jérusalem[683]. Il ne faut du reste pas voir dans les mentions plus ambiguës un simple souci d'affabulation pieuse : elles expriment certainement la pratique incertaine et discontinue de l'errance en quête d'attache. Enfin, on n'oubliera pas que les monastères pouvaient encore disposer en réalité de prestations paysannes, au titre de rentes foncières, légitimes ou non.

Ce qui précède est dévidemment un schéma abstrait. En fait, il y a eu de grandes différences entre les monastères. Tout d'abord, il se constituait des spécialisations. On connaît depuis la publication de Tchalenko les monastères producteurs d'huile de la Syrie du Nord, et l'on peut ajouter à son excellente typologie[684] que les mêmes fonctions ont tendu vers les mêmes formes dans les collines des environs de Bethléhem, au même moment, c'est-à-dire surtout au 6e siècle[685]. On n'a malheureusement pas procédé à une comparaison significative. Enfin, certains monastères ont été uniquement charitables, on l'a vu[686]. D'autre part, il y avait entre les monastères des inégalités de fortune, déterminées par leur site, leurs dimensions, et leurs rentes, par l'excès de charité selon les hagiographes[687]. Ces inégalités signifiaient une différence dans leurs entreprises qui a été soulignée par Levčenko, dans un essai d'interprétation économique du monachisme byzantin de cette époque, où des réflexions très suggestives sont malheureusement desservies par une documentation limitée à la législation et à quelques références historiographiques et patristiques[688]. Il reste à écrire une véritable histoire économique des monastères au commencement de Byzance, et il faudrait pour cela dresser d'abord un vaste inventaire fondé sur l'hagiographie, les inscriptions, et surtout les fouilles. Faute de cela, il a fallu se borner ici aux généralités que l'on vient de lire sur les formes monastiques. Il est cependant possible d'esquisser, d'après les relevés régionaux dont on dispose, le développement dans le temps du mouvement monastique ; mais on n'oubliera pas que les séries ainsi obtenues sont présentées avec une égalité apparente entre des établissements différents par leur importance et leur activité. Elles concernent la Syrie et la Palestine.

Deux listes d'établissements monastiques existent pour la Palestine. L'une, dressée jadis par le père Vailhé[689], est essentiellement fondée sur les sources littéraires du 6e et du début du 7e siècle, l'œuvre de Cyrille de Scythopolis qui permet de fixer à peu près les dates de fondation des monastères qu'il mentionne, le traité des *Edifices* de Procope qui énumère les restaurations justiniennes sans que l'on puisse aller pour les bâtiments en question au-delà d'une conclusion

---

681. Cyr. Scythop., *V. Sabae*, p. 130.
682. *Ibid.*, p. 138. *Cf.* Cyrill. Scythop., *V. Joh. Silent*, p. 206.
683. *Ibid.*, p. 123.
684. Tchalenko, *Villages antiques* I.
685. Corbo, *Kh. Siyar el-Ghanam* ; du même, « Ambiente materiale ».

686. *Cf.* p. 193. *sq.*
687. *V. Marcell. Acoem.* 20 ; Joh. Eph., *E. Sts* 8.
688. Levčenko, « Cerkovnije imuščestva » [Les biens ecclésiastiques].
689. Vailhé, « Répertoire alphabétique ».

d'antériorité à Justinien, enfin le répertoire ascétique de Jean Moschos, qui ne peut attester que l'existence de l'établissement à sa date, c'est-à-dire à la fin du 6e siècle et avant 619, date de la mort de Moschos à Rome. Pour le 4e siècle finissant, l'auteur a utilisé les écrits de Jean Cassien, de Jérôme, de Palladios, ainsi que la *Peregrinatio Aetheriae*, qui remonte à la fin du 4e siècle. L'autre liste est le répertoire déjà cité des églises de Terre Sainte, récemment dressé par A. Ovadiah sur la base des découvertes archéologiques, dont les dates peuvent être évidemment précisées à l'occasion par les sources littéraires qu'on vient d'énumérer[690]. Chaque église y est définie par un certain nombre de caractères, parmi lesquels le lien avec des bâtiments manifestement ou vraisemblablement monastiques. Même là où il ne reste pas de problème critique en suspens, cette information ne répond qu'imparfaitement à notre enquête chronologique, car nous n'apercevons pas toujours le rapport de date entre l'établissement monastique et l'église qui le signale dans le répertoire. L'église répertoriée marque généralement non le début du monastère, mais une période de prospérité suffisante pour que celui-ci se soit doté de l'édifice qui a résisté au temps jusqu'à aujourd'hui, et qui a pu n'être pas le premier. A Ramat Rahel par exemple[691], la basilique probablement construite au milieu du 5e siècle a révélé sous son plancher un pressoir du 4e siècle qui indique déjà, sinon un établissement monastique, au moins une forme quelconque d'occupation du site. A Ruhama[692], la chapelle monastique est un ancien réfectoire : une tombe découverte sous le plancher date des 6e-7e siècles non l'édifice lui-même, mais son affectation à un usage religieux. A Khirbet Siyar el-Ghanam[693] la chapelle présente deux états, l'un des 4e-5e siècles, l'autre du 6e. De même à S'de Nahum[694], l'église du 6e siècle est construite sur un édifice antérieur, également décoré de mosaïque, qui a toute chance d'avoir eu déjà la même fonction. Pour tirer de telles informations une chronologie des commencements monastiques, il faudrait opérer une correction que nous n'avons pas le moyen d'établir. Il convient en conséquence de les prendre comme elles sont, et d'y voir non la chronologie des débuts mais celle des affirmations des établissements monastiques. Toutefois, l'importance et l'activité spécifique de chacun n'ont pu toujours être précisées, et nous en avons donc fait abstraction. Telles sont les conditions dans lequelles nous avons essayé d'établir, d'après ces deux listes, la chronologie des monastères réunis par le critère commun de se trouver extérieurs à la ville, qu'ils prennent la forme de la laure ou celle du coenobion, qu'ils appartiennent à la solitude ou au village.

La liste de Vailhé atteint 137 numéros, dont 71 pouvaient être retenus ici : nous avons en particulier écarté les mentions de restauration de Procope, qui ne procurent aucune indication précise. Ce total est décomposé dans le tableau 16. Il suggère clairement l'arrêt des fondations après 550, et en tout état de cause leur fréquence maximale entre 450 et 550, au terme d'un développement qui commence déjà avec le 4e siècle. Il faut souligner l'importance du 5e siècle tout

---

690. Ovadiah, *Byzantine Churches*.
691. Ovadiah, n° 152.
692. Ovadiah, n° 157.

693. Ovadiah, n° 126 a/b.
694 Ovadiah n° 160.

Tableau 16. *Fondations de monastères en Terre Sainte d'après les sources écrites, 4ᵉ-7ᵉ siècles*

Siècles	4ᵉ	5ᵉ (moitiés)			6ᵉ (moitiés)			7ᵉ	après 7ᵉ
		1	milieu	2	1	milieu	2		
	6	4	9	11	14	2	0	0	1

entier, et en particulier de sa deuxième moitié, de cette préface séculaire et grise mais solide à l'apogée justinienne. En dépit des attaques barbares, des calamités, des vicissitudes politiques, le 5ᵉ siècle prépare les formes et accumule le matériel, qu'il s'agisse des hommes ou des métaux monnayables ; nous en verrons encore bien d'autres indications. En revanche, après 550, toutes les réserves sont épuisées parce que, quelle que fût leur importance relative, elles ne pouvaient résister à des calamités plus catastrophiques et à des dépenses plus fortes. Voilà ce que nous enseigne, semble-t-il, la fréquence des commencements, telle qu'on peut la tirer des sources littéraires.

L'inventaire d'Ovadiah couvre 181 sites. Nous avons exclu de notre relevé les édifices urbains, et respecté d'autre part le découpage chronologique adopté par l'auteur. Un total de 64 mentions se présente alors, dont 2 pour les chapelles successives de Khirbet Siyar el-Ghanam. Il est décomposé dans le tableau 17.

Tableau 17. *Dates des églises monastiques (des monastères par exception) en Terre Sainte, d'après les données archéologiques : 4ᵉ-7ᵉ/8ᵉ siècles*

siècles	4ᵉ-5ᵉ	5ᵉ(1)	5ᵉ(2)	5ᵉ	5ᵉ-6ᵉ	6ᵉ(1)	6ᵉ(2)	6ᵉ	6ᵉ-7ᵉ	7ᵉ-8ᵉ	«Byzantin»
	2	2	4	5	11	2	4	9	2	4	17

(1) = première moitié du siècle.
(2) = seconde moitié du siècle.

Ce tableau ressemble au précédent par l'importance du 6ᵉ siècle et, autant que l'on en puisse juger, de ses antécédents immédiats, et par le déclin marqué qui s'installe sur sa fin et après lui. On y lit cependant une plus grande concentration au cours du siècle d'apogée, et un contraste plus affirmé avec le 4ᵉ et même le 5ᵉ siècle. On ne s'en étonnera pas en considérant ce qui a été dit sur la signification de cette seconde chronologie : il est normal que l'époque du plus grand éclat soit la mieux représentée dans la série des édifices qui ont été les plus durables.

L'inventaire archéologique permet encore de dresser un second tableau significatif (tableau 18), celui des fins d'occupation des sites, et éventuellement de ¡eurs causes. Celui que procure Ovadiah est à la vérité peu fourni, mais il nous

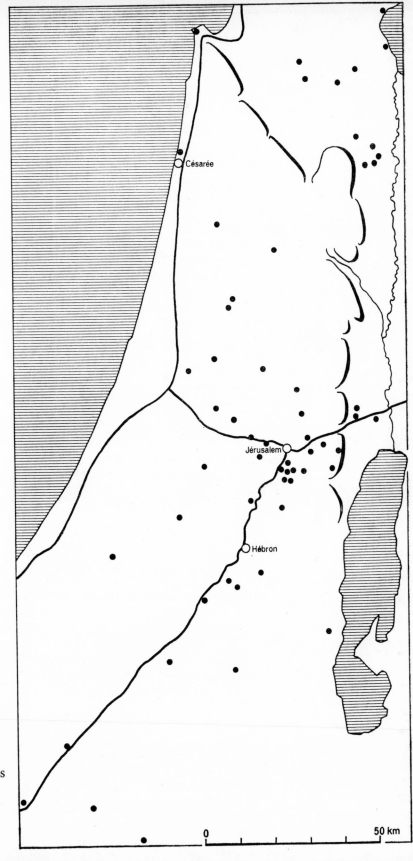

Carte 4.
Les monastères de
Terre Sainte du
4e—7e siècle,
d'après l'inventaire
d'Ovadiah,
Corpus of
Byzantine Churches

Césarée

Jérusalem

Hébron

0   50 km

a paru néanmoins suggestif ; nous l'avons limité aux dates finales immédiatement postérieures à la fin du 6e siècle.

Tableau 18. *Débuts et fins d'occupation de sites monastiques en Terre Sainte d'après les données archéologiques (5e-7e siècles)*

Inv. n°	Localité	Début/Activité en cours	Fin	Activité prolongée
25	environs de Beth Shean	milieu 5e siècle	fin 6e/début 7e siècles	
34	désert de Juda	5e siècle		après 614
94	plaine côtière de Judée	6e siècle		époque arabe
97	désert de Juda	fin 5e siècle		détruit en 614, reconstruit
116	monts de Judée	6e siècle	614	
152	monts de Judée	milieu 5e siècle		époque arabe
175	vallée de Beth Shean	début 5e siècle	fin 6e/début 7e siècles	

On peut à peine commenter des données aussi peu nombreuses. Remarquons cependant que les deux abandons précoces se situent dans la région plus fertile de Beth Shean ; peut-être commençait-elle dès lors à devenir fiévreuse. Les sites arides de Judée se maintiennent en revanche, à l'exception d'une destruction par les Perses en 614 ; mais un autre monastère qui subit le même sort est au contraire reconstruit. Est-ce sécurité plus grande de cette région intérieure, ou stabilité du prestige religieux ? Je penche pour la seconde explication, en considérant que les n°s 34 et 97 perpétuent le souvenir d'Euthyme le Grand, mais il faudrait évidemment disposer d'exemples plus nombreux. Il est vrai aussi que la survie du site ne veut pas dire le nombre stable ou croissant des hommes : par exemple, au n° 152, l'occupation d'époque arabe est attestée dans l'église elle-même. Mais en somme l'allure générale du mouvement monastique en Terre Sainte pourrait avoir été la suivante : un commencement au 4e et surtout au 5e siècle, une forte accentuation à partir de 450 avec les fondations euthymiennes, et déjà une grande fréquence à la fin du 5e et au début du 6e siècle. Après 550 s'instaure la stagnation, mais nullement la fin : en ce sens nous suggérions plus haut que le monachisme a marqué les provinces byzantines d'une empreinte irréversible ; il peut ne plus se développer si la conjoncture change, mais il ne peut pas disparaître. Il ne faut pas oublier toutefois le caractère particulier de la Palestine au sein de la constellation monastique et chrétienne : le monachisme de Terre Sainte n'est pas soutenu au premier chef par les possibilités de la production agricole et des échanges, à l'exception de Bethléhem, davantage par l'importance des communications au long de routes qui étaient culturelles autant que commerciales, et charriaient autant et plus de pèlerins et d'errants que de marchands ou de travailleurs. M. Avi-Yonah a bien montré le tour particulier que l'attraction culturelle exercée sur le monde chrétien par la Palestine imprimait à l'économie du pays pendant la période byzantine[695]. Il a souligné que l'activité essentielle était la construction subventionnée par les dons des fidèles, mais il en a tiré une conclusion défavorable, qui méconnaît en fait combien cet équilibre économique était différent de ce que nous connaissons, et fondé précisément sur l'accumulation et la redistribution des dons par les monastères, qui font ainsi vivre un grand nombre d'hommes, les moines qui leur appartiennent, et les pauvres qui viennent à leur porte. Le monachisme de Syrie du Nord appelle des commentaires tout autres. En dépit du prestige des saints hommes et du rayonnement du Mont-Admirable, il ne dispose pas pour drainer à lui les foules en quête d'engagement monastique, de travail ou d'assistance, d'une attraction culturelle comparable à celle de la Terre Sainte. En revanche, l'enquête archéologique le montre franchement constitué en unités de production, autour desquelles d'ailleurs le pèlerinage et l'assistance s'organisent. Et cela en gros à partir du milieu du 5e siècle. Sans que l'on puisse tirer du livre de Tchalenko une liste comparable à celle d'Ovadiah, on remarque par exemple que le couvent de Qal'at Sim'an est construit sous Zénon[696]. Puis la poussée monastique ne se ralentit pas dans la seconde moitié du 6e siècle. Tchalenko conclut au contraire que le 6e siècle voit simultanément la continuation du mouvement monastique, et un déclin des campagnes dont lui-même n'apporte pourtant pas la preuve[697]. Il faudrait pouvoir en fait, pour trancher la contradiction, distinguer entre la permanence, voire la diffusion des formes, et le nombre des hommes. Mais cette dernière dimension ne peut que nous échapper.

L'essor du monachisme à cette époque, ce ne sont pas seulement des hommes disponibles, ce sont aussi les moyens matériels que nous allons examiner maintenant.

L'immeuble monastique peut provenir d'un don. Jean d'Ephèse reçoit ainsi du patrice Callinicus une « villa » qu'il transforme en monastère[698], et il conte ailleurs l'histoire d'un homme riche qui édifie à ses frais un monastère fortifié, où il se retire avec toute sa maison[699]. Parfois aussi la prise de possession des moines est brutale, et leur ascendant original s'affirme alors contre d'autres éléments de la société chrétienne. Un curieux épisode de la *Vie de Daniel le Stylite*[700] montre celui-ci plantant sa colonne sur un terrain privé, dont le propriétaire se rebiffe sans succès, puisque l'empereur lui-même l'oblige en fin de compte à entériner la cession. Auparavant[701], Daniel avait proposé de construire sur un terrain qui appartenait à l'Eglise locale, ce qui avait été repoussé; on se rappelle à ce propos l'antagonisme des clercs et des moines autour des offrandes des fidèles. Toutefois, ce qui nous intéresse ici est de voir si le regrou-

695. Avi-Yonah, « Economics of Byzantine Palestine ».
696. Tchalenko, *Villages antiques* I, p. 229 sq.
697. *Ibid.*, p. 135, 145-154, et *cf.* p. 308.
698. Joh. Eph., *HE* III II 41.
699. Joh. Eph., *E. Sts.* 21.
700. *V. Dan. Styl.* 27.
701. *Ibid.*, 20.

pement d'une main-d'œuvre de type nouveau, étrangère encore une fois au cadre traditionnel de la vie rurale qui est le village, a signifié au total une extension des terres cultivées, ou seulement, par divers procédés de cession de la terre, la substitution du travail monastique au travail villageois, ce dernier servant d'ailleurs, on se le rappelle, de force d'appoint. Dans une telle perspective, l'attention s'attache aux récits qui développent le thème hagiographique de l'installation au désert en le situant, dans un lieu précis, aux origines d'un établissement monastique. La résonance est évidemment différente selon ce lieu. Les possibilités de création d'un domaine agricole sont négligeables dans l'aridité du Sinaï ou du désert de Juda, et le regroupement monastique, lorsqu'il se produit, se tient aux formes artisanales et hospitalières de la communauté. Mais une autre série de textes rapporte des fondations en Syrie du Nord ou en Asie Mineure, dans des montagnes boisées qui ont justement été investies à cette époque par un progrès des cultures[702]. C'est ainsi que l'hagiographe de Syméon Stylite le jeune décrit le site du futur monastère comme « une montagne sans eau et sans trace humaine, tout à fait sauvage, pleine de bêtes féroces et de reptiles venimeux, dépourvue de routes frayées »[703]. Même développement sur le Rhosos de Cilicie dans l'*Histoire Religieuse* de Théodoret de Cyr[704]. La *Vie d'Hypatios* rapporte la construction d'un monastère en Thrace[705], refuge fortifié qui s'élève sur un défrichement d'abord individuel puis collectif, dans une montagne boisée, sauvage, et de plus hantée de démons. Nous avons déjà cité une anecdote de la *Vie de Théodore le Sycéote* qui laisserait penser que les démons agrestes signalent peut-être des terres anciennement désertées plutôt que véritablement vierges[706]. Et en effet le stylite Alypios, après avoir séjourné dans la montagne « exempte de tout tracas » au sud d'Euchaïs[707], s'installe dans un site proche de la ville, «un endroit désert, plein de sépultures très anciennes, qu'une nuée d'esprits rôdant par là rendait déplaisant, ou plutôt effroyable pour tous les hommes »[708]. Il y appropriera d'abord à son usage une ancienne colonne[709], puis il y fondera un sanctuaire à la suite d'une vision[710], et en fin de compte un monastère d'hommes et un autre de femmes se trouveront établis autour de sa colonne[711], sur laquelle il subira du reste pendant des années les attaques des démons qu'il a chassés[712]. En un mot, il y a eu là prise de possession monastique d'un sol inoccupé, et l'on s'interroge – en vain – sur les aspects juridiques qu'elle a pu revêtir. Ailleurs, Jean d'Ephèse raconte non pas l'installation d'un monastère, mais l'extension fructueuse et sans obstacle apparent d'un vaste vignoble monastique, destiné au commerce avec la Cappadoce, dans la montagne de l'Anzetène[713] : est-il possible qu'une terre propre à la vigne ait été effectivement disponible pour la colonisation ? Cela signifierait

702. De Planhol, *De la plaine pamphylienne aux lacs pisidiens*, p. 82.
703. *V. Sym. Styl. jr* 65.
704. Theod. Cyr., *HRe* X.
705. Callinic., *V. Hypat.* 60.
706. *Cf.* p. 262.
707. *V. Alyp. Styl.* 7.

708. *Ibid.*, 8.
709. *Ibid.*, 9.
710. *Ibid.*, 10-11.
711. *Ibid.*, 17 *sq.*
712. *Ibid.*, 14.
713. Joh. Eph., *E. Sts* 8.

que les hommes étaient, au moins par endroits, en nombre inférieur à la capacité de production de la terre disponible, ce qui nous paraissait résulter déjà des épisodes villageois racontés dans la *Vie de Théodore le Sycéote*. Les fondations consécutives à la mission de Jean d'Ephèse contre les païens et les hérétiques d'Asie Mineure, vers 542, semblent pourtant résulter, au moins en partie, d'une spoliation et non d'une occupation de terres vides[714]. En revanche, les monastères du Massif Calcaire étendaient leurs olivettes sur des terres jusque-là incultes. Et en somme, dans bien des cas, nous ne savons pas ce qui s'est réellement passé avant la décision impériale qui reconnaissait les limites du nouveau domaine.

Un certain nombre de bornes relatives à des domaines d'Eglise ont en effet été conservées, car il importait de marquer sur le sol non pas les limites d'une propriété à proprement parler, mais celles d'un régime fiscal particulier – ainsi en usait-on pour les domaines impériaux ou les domaines d'*annone privée* – celles aussi d'un droit d'asile. De telles limites englobaient les terres d'exploitation directe d'un monastère, qui constituaient une forme de réserve domaniale, et les villages qui lui appartenaient, aussi bien que les terres d'une église urbaine ou villageoise. Une partie de ces inscriptions a été examinée par Wenger, dans une étude nourrie sur les bornes de l'asile[715]. Il remarquait que beaucoup d'entre elles ne mentionnaient pas explicitement le droit d'asile, et se contentaient de constater des « limites » sans précision ; que certaines aussi faisaient état d'une «générosité»de l'empereur, dont la pose de la borne était l'application. Concluant à l'irrégularité de la terminologie employée, Wenger admettait que toutes les bornes de «limites» placées sous un vocable chrétien étaient susceptibles de se référer à l'asile, dont l'extension au terrain compris entre le bâtiment ecclésial et les murs extérieurs de l'enceinte avait été reconnue par la loi de 431[716]. En fait, considérant ensemble le cas des terres campagnardes et celui des bâtiments urbains, Wenger ne pouvait poser clairement le problème que nous voudrions considérer maintenant, celui des rapports entre la dévolution de la terre et la délimitation de l'asile, facteur d'attraction des hommes dont le concours permettait de la cultiver. Aussi proposerons-nous ici un autre classement des bornes de ce type. Nous écarterons d'abord, évidemment, les délimitations d'asile qui ne concernent pas des terres campagnardes, qu'il s'agisse de bâtiments sis dans les villes, comme l'église de la Vierge et des SS. Cosme et Damien à Hama[717], ou dans les villages, comme l'église 5 d'El-Anderîn[718], ou l'église de la κώμη Χεδάρων en Phénicie Maritime[719]. Il convient en revanche de réunir les délimitations de terres campagnardes appartenant à des églises urbaines ou villageoises et à des monastères, le premier cas étant précisé dans les

714. Joh. Eph., *HE* III, III 36 ; Joh. Eph., *E. Sts* 43. *Cf.* p. 300-301.
715. Wenger, « OPOI ΑΣΥΛΙΑΣ ».
716. *CTh* IX XLV 4 pr., A. 431 (texte grec dans les Actes du concile d'Ephèse, §5 de l'éd. Schwartz, cité par Wenger.)

717. *IGLS* 2002.
718. *IGLS* 1694.
719. Dain-Rouillard,«Inscription relative au droit d'asile ».

inscriptions par l'addition au vocable de la mention ἐκκλησία[720] ou εὐκτήριον[721], tandis que le vocable seul nous semble désigner plutôt les domaines monastiques, comme dans la célèbre inscription de l'Hellespont relative au « peuple de S. Tryphon »[722], et sur des bornes d'Asie Mineure[723] et de Syrie[724]. C'est alors que nous distinguerons deux formules. L'une dresse le simple constat des limites foncières ou des limites de l'asile, l'autre présente ce constat comme l'application d'une décision impériale, qui octroie à l'établissement une délimitation foncière, ou une délimitation de l'asile. Mais n'est-ce pas implicitement la même chose ? Je le pense, et je rejoins sur ce point la conclusion de Wenger, qui souligne que le droit d'asile est le fruit d'une mesure particulière, si notoirement que la précision peut quelquefois n'être pas exprimée. Ajoutons que les bornes de campagne indiquent par leur position l'extension de l'asile aux limites d'une terre, et non seulement aux murs extérieurs de bâtiments urbains. La mesure impériale définit là un espace où elle permet d'attirer des hommes, et elle crée ainsi en certains endroits des situations nouvelles. C'est donc la mention de cette mesure qui justifie la série que l'on trouvera présentée dans le tableau 19 ; les lettres redoublées y signalent les textes qui font expressément mention du droit d'asile.

Ces textes échelonnés entre le 5ᵉ et le dernier quart du 6ᵉ siècle ont une distribution géographique significative. Si la borne Dd provient d'une dépression intérieure fertile, les autres ont été posées dans des régions montagneuses de Syrie du Nord ou d'Asie Mineure. Ils ont en commun d'être fondés sur une concession impériale, à la suite de laquelle les limites sont « accordées »[725], font l'objet d'un « don »[726], d'une «générosité»[727]. Il est à noter que les mêmes mots reparaissent dans les concessions d'autonomie fiscale attestées de la même façon par des bornes aux limites des domaines[728]. Le document A n'est qu'un fragment d'un acte dont il manque une vingtaine de lignes au commencement, ainsi que la fin, et il doit être rapproché du document C en faveur des biens du sanctuaire pamphylien de S. Jean. Le terme « inviolable » (ἄσυλον) y est bien employé, mais si on considère son contexte (ἄ. καί ἄβλαστον), le terme de «sacrilège » (ἱεροσυλίας) préservé dans la lacune initiale, et la teneur des lignes conservées, on conviendra qu'il ne s'agit pas de l'asile mais de l'immunité, d'une protection accordée par décision impériale contre les dommages qui menacent les terres campagnardes. L'inscription pamphylienne porte seulement sur le passage des soldats, auxquels le domaine de S. Jean est désormais interdit. L'inscription syrienne est plus circonstanciée. «Nous ordonnons, dit le texte, que

720. *IGC* 334 (Parsada en Lydie, 5ᵉ s.); *IGLS* 1481 (Ed-Deir).
721. *IGLS* 2984 ; *FIRA* I n° 97 (*cf*. inscr. C du tableau 19).
722. *IGC* 2.
723. *IGC* 243 (Stratonicée de Carie, 6ᵉ s.) ; Anderson, Cumont, Grégoire, *Pont* ... 19 (territoire d'Amisos) ; *IGC* 61 bis (territoire d'Elaia) ; *MAMA* V 55 (Dorylaeum).

724. *IGLS* 2513 (Salamias) ; *IGLS* 2002 (Hama, site urbain), bloc coupé en deux, remployé dans des maisons au nord de la localité.
725. Anderson, Cumont, Grégoire, *Pont*... 254 (παρασχ(ε)θέντες).
726. *IGLS* 2984 (δωρηθέντες).
728. *IGLS* 262 (φιλοτιμία παρασχήθ(η), 208 (παρασχηε).

Tableau 19. *Bornes monastiques de Syrie et d'Asie Mineure, 5e-6e siècles*

N°	Réf. public.	Vocable	Localité	Site de la trouvaille	Date
A	*IGLS* 2501 bis	–	région de Homs (?)	probablement aux confins de la steppe et des terres habitées (éd.)	5e siècle (?)
Bb	*IGLS* 589	SS. André et Dometios	Dj. Bariša (Kfar Aroûq)	sur la terrasse d'une maison	521/522
C	*FIRA* I n° 97	S. Jean	Pamphylie (Ali-Faradin-Yaila)		527
Dd	*IGLS* 1481	aucun (église de la κώμη)	el-Bâra (Kapropera)	entre le village (el-Bâra) et la localité antique (el-Kefr, au point nommé ed-Deir)	–
E	*IGLS* 1675 ter	S. Jacques	Oumm el-Groun	«à 500 m au nord de Oumm el-Groun, au nord-ouest d' el-Anderîn»	entre 527 et 548
F	*IGLS* 618	S. Etienne	Dj. Bariša (Djûwâniyeh)	quartier sud-est de la localité à 15 m au sud de l'église, grande stèle qui n'est peut-être pas *in situ*.	entre 548 et 559
Gg	*IGLS* 620	*id.*	*ibid.*	à environ 80 m à 1'est, fragments (déplacés ?) trouvés des deux côtés d'un sentier	554
H	Anderson, Cumont, Grégoire, *Pont. . .* 254.	SS. Procope et Jean	territoire de Verinopolis (frontière Pont/Galatie)	dans la cour d'une maison	–

soient écartés d'eux à l'avenir tous les dommages, les torts, les tourments que pourraient causer la force militaire, ou les hommes de la nation sarrasine, ou quiconque tenterait de leur faire subir une injustice ou de se rendre leur maître sous quelque forme que ce soit» ; le domaine est en outre déclaré immune (ἀζημίωτον) de toute autre obligation que l'impôt régulier (συντέλεια). Dans la lacune finale on peut lire : «...don du très-pieux... octroyé en grâce...». L'éditeur a compris à tort que l'acte avait étendu les privilèges en question à une donation (δωρεά), ce qui lui paraît sans exemple[729]. Et en effet il ne s'agit pas de cela. Le don en question est le privilège lui-même, octroyé par l'empereur : la terminologie de la générosité a été signalée dans les inscriptions citées plus haut. De telles décisions favorisaient sans doute la mise en valeur des terres d'Eglise, en encourageant les hommes à venir y proposer leur force de travail. A cet égard, il est extrêmement important que les limites de l'asile rural aient été fixées sur le terrain, comme on le voit par les deux bornes de Djūwānieh, et non à des murs extérieurs d'immeubles, ainsi qu'on faisait pour les églises urbaines ou villageoises[730]. Il en résulte en effet logiquement, en fait sinon en droit, que les limites de l'asile se confondaient dans la pratique avec celles du domaine. Les décisions impériales instauraient ainsi des conditions favorables au développement du monastère. On voudrait savoir si une partie de ces documents fixe les limites de domaines nouveaux. Cela n'est certainement pas le cas pour le domaine proche d'Homs (A), ni pour celui qui appartenait à S. Jean (C) ; rien n'indique la nouveauté de l'établissement dans leur libellé plus circonstancié. En revanche, la brièveté des textes gravés sur les bornes montagnardes souligne davantage le caractère gracieux de la mesure impériale, et l'on est tenté de penser que celle-ci a entériné des commencements monastiques. Mais ce sont de simples présomptions. Dans l'ensemble, on peut conclure que, si la naissance des monastères a signifié en bien des endroits un simple changement de main de la rente foncière et aussi de la terre cultivée elle-même, qui passait sous l'exploitation directe des travailleurs monastiques, elle traduit en d'autres cas une avancée colonisatrice, effectuée par cette organisation nouvelle du travail : ceci est sans doute vrai surtout de la montagne boisée, mais aussi des collines oléicoles, et sans doute dans une certaine mesure de la steppe aride ; cependant, cette dernière région avait toujours connu un peuplement dispersé, et d'autre part son attrait culturel est trop fort à cette époque pour que l'installation de communautés monastiques y revête une signification purement démographique et sociale.

Nous poserons en effet maintenant la question fondamentale pour l'histoire de la pauvreté : d'où viennent les moines ? La monastère a-t-il été le terme des itinéraires spirituels ou le havre des déracinements sociaux ? Il n'est pas facile de répondre à cela au vu de l'information qui se trouve dans la législation impériale, les règles canoniques et l'hagiographie, qui met en relief le double recrutement par la vêture et par le refuge, et l'identité des empêchements. A en

---

729. *IGLS* t. V, p. 215.
730. *Cf.* la loi de 431 (*CTh* IX XLV 2, *CJ* I

XII 3), et le commentaire de Wenger, «ΟΡΟΙ ΑΣΥΛΙΑΣ».

juger par les principes, toutes les conditions sociales étaient susceptibles de se retrouver sous l'habit, comme on l'a vu à propos du refus de mariage[731], et d'y apporter en conséquence soit la fortune donatrice, soit la capacité de travail qui s'étaient jusque-là exercées dans le monde. La formule hagiographique est de Jérôme : Paula a rassemblé autour d'elle en Palestine une multitude de vierges venues de différentes provinces, « tam nobiles quam medii et infimi generis »[732]. Les règlements d'admission montrent le souci commun au législateur et à l'Eglise d'éviter que l'entrée au monastère ne soit le moyen de s'affranchir d'une autre condition quelle qu'elle soit. L'engagement conjugal est un obstacle, on s'en souvient, que seul peut lever le consentement du conjoint[733]. L'appartenance à une curie municipale en est un autre. Toutefois, une législation minutieuse préserve en pareil cas les intérêts de l'Eglise, et ceux de la famille dans la disposition des biens du moine[734]. Nous ne pouvons mettre en doute la présence des riches dans le recrutement monastique, car elle est attestée par trop d'exemples hagiographiques que l'on peut considérer en principe véridiques, ceux des grandes dames notamment, Paula, Olympias ou Mélanie la Jeune[735], des hommes riches comme celui qui se retire avec ses fils dans le monastère de Marcel l'Acémète[736]. Il resterait seulement à expliquer ce refus du monde à des niveaux de fortune où il est un choix culturel, et à mettre ce choix en rapport avec le système pratique des relations sociales : c'est chose en fait extrêmement difficile pour l'historien, en dépit des explications prodiguées par les hagiographes, ou peut-être justement à cause d'elles. Mais enfin là n'est pas notre propos. S'il est vrai que les rôles sociaux sont transposés et non effacés lors de l'entrée au cloître, la société monastique doit logiquement recevoir en plus grand nombre des pauvres, venus en quête de travail s'ils le peuvent, on d'assistance s'ils sont invalides. L'hagiographie ne met pas au premier plan les pauvres valides qui embrassent l'état monastique, car le changement matériel de leur condition est trop peu marqué, et leur apport individuel trop mince pour que leur cas soit exemplaire. Seules quelques silhouettes se dessinent, le rustre dont la fervente ignorance est citée en exemple, le bouvier qui a été touché par le repentir après avoir commis un meurtre : peu de chose[737]. D'autre part, la législation et le droit canon définissent des cas, mais ne permettent nullement d'apprécier leur fréquence. Cependant, leurs dispositions éclairent ensemble un aspect significatif de la pratique, la confusion qui s'établit entre l'entrée au cloître et l'asile, et qui est attestée par l'identité des restrictions qui les frappent, et que répètent les lois successives. « Si un homme s'enfuit en raison d'un délit, écrit en effet Jean d'Ephèse[738], ou de sa condition d'esclave, ou d'une querelle avec sa femme, ou de vols et de la menace de la loi, s'il se rend alors dans un

731. *Cf.* chap. 4, p. 128 *sq.*
732. Hieron., *Ep.* 108, 19.
733. *Cf.* chap. 4, p. 144.
734. Voir Orestano, « Beni dei monaci e monasteri ».

735. Voir Bibliographie, Sources, p. 437, 439.
736. *V. Marcell. Acoem.* 12.
737. *Cf.* p. 317-318.
738. Joh. Eph., *E. Sts.* 20 (d'après la trad. anglaise de Brooks).

monastère où on lui rase la tête et où on le reçoit tandis que son esprit est tout plein de la sensualité du monde, dès qu'il se voit dépouillé de sa chevelure et revêtu de l'habit, il pense qu'il a désormais franchi le seuil de la perfection et du monachisme». Le cas le plus fréquemment considéré est celui des non-libres. Déjà la règle basilienne prescrivait de renvoyer à son maître, sauf mauvais traitements excessifs, un esclave devenu moine à l'insu de ce dernier, et ceci restera la position de l'Eglise[739]. Le législateur s'efforce de concilier l'inviolabilité de l'asile et le respect des statuts sociaux de non-liberté qui rapprochent de l'esclave le colon et surtout l'*adscripticius*, ces deux catégories voisines de paysans dépendants. Une loi de 466 prescrit aux églises de rendre à leur maîtres tous les dépendants qui s'y réfugieraient après avoir commis une faute, après «avoir brisé ou dérobé des objets, ou volé leur propre personne»[740] ; dès que la chose sera avérée, ils seront restitués, avec recommandation d'en avoir merci. «Car, poursuit le législateur, il ne convient pas qu'ils séjournent plus longtemps dans l'église, afin que leurs patrons ou leurs maîtres ne soient pas privés par leur absence de l'obéissance qui leur est due, et qu'eux-mêmes ne soient pas nourris, pour le préjudice de l'Eglise, aux frais des indigents et des pauvres». On trouve les mêmes idées dans un texte que Zachariä von Lingenthal jugeait apocryphe, et que la tradition manuscrite présente comme un chrysobulle de Justinien pour la Grande Eglise de Constantinople[741]. D'inspiration vraisemblablement ecclésiastique, ce texte sanctionne aussi bien la réduction abusive en esclavage et les mauvais traitements à esclave que la requête injustifiée de l'asile par l'esclave. Et il conclut en appelant les autorités ecclésiastiques à la vigilance : «Il faut minutieusement examiner les réfugiés pour savoir à qui ils appartiennent, et avertir aussitôt leurs maîtres de les retirer. En effet, lorsqu'ils demeurent et se font nombreux, ils détruisent tout ce qui est dans l'enceinte (de l'asile), ils assaillent ceux qui surviennent et leur infligent des dommages, et, soulevés dans leur multitude contre les titulaires des droits de propriété, ils les outragent, ce qui est le plus pénible. Il est donc préférable de châtier comme le veut la règle». Image urbaine, certes, mais singulièrement vivante, de l'état de fait créé par l'asile ecclésiastique. A l'adresse des monastères, la Novelle de 546 laisse un délai de trois ans pendant lequel le nouveau moine devra être restitué à quiconque pourra faire la preuve « qu'il lui appartient comme esclave, colon ou *adscripticius*, ou qu'il est entré au monastère parce qu'il a fui le travail de la terre ($\gamma\varepsilon\omega\varrho\gamma\iota\alpha$), ou bien commis un vol ou quelque autre faute»[742] ; le maître devra toutefois s'engager à ne lui infliger aucun mauvais traitement. L'ascendant spirituel de l'Eglise lui assure ainsi, on le voit, un délai de prescription dix fois plus court que celui du propriétaire foncier laïque recéleur du colon d'autrui[743]. Il faut encore voir, cependant, comment ces dispositions pouvaient être appliquées. La *Vie de Théodore de Sykéôn* en donne une illustra-

---

739. Bas. Caes., *PG* 31, 948 (*Regula fusius tract.* 11), *cf.* Gaudemet, *Eglise et Empire*, p. 200 ; Martroye, «Asile et législation impériale».

740. *CJ* I XII 6, A. 466.

741. Zachariä von Lingenthal, éd. Imp. Justiniani *Novellae*, t. I, p. XI-XII.

742. *JNov* CLV (*N.* 123), c. 35.

743. *Cf.* p. 286.

tion idéale[744], en rapportant comment l'odieux *exactor* Megethios arracha un paysan au monastère de Théodore où il s'était réfugié, moyennant la promesse de ne pas lui faire subir de représailles violentes, et comment il s'empressa ensuite de violer son engagement, ce dont il fut évidemment puni. Mais on observera que cette histoire se déroule toute entière dans un petit monde provincial écarté et clos. En allant un peu plus loin le long des routes, en descendant jusqu'en Palestine, il ne devait pas être difficile de se perdre dans l'inconnu.

Or, les hommes se déplaçaient sur des distances considérables, soit qu'ils voulussent échapper aux recherches comme on vient de le supposer, soit qu'ils fussent poussés à l'errance par les catastrophes ou les difficultés communes, par la quête du travail ou le désir de pèlerinage. Il est impossible de faire en cela la part des situations objectivement critiques et celle de l'instabilité et du détachement que ces mêmes situations devaient provoquer. Pourtant l'errance ne va pas au hasard. Elle est commandée à la fois par la célébrité des établissements, par les possibilités connues d'emploi ou d'assistance, par la suggestion des routes. Le Mont-Admirable accueillait des Isauriens tout proches, mais aussi des Ibères[745]. La Palestine surtout est une destination à la mesure de l'Empire tout entier depuis le 4e siècle. G. Dagron a rassemblé récemment les témoignages littéraires sur la diversité des langues parlées par les moines de Terre Sainte[746]. Ajoutons qu'une série d'inscriptions, les pierres tombales du monastère de Choziba dans le Wadi-el-Qelt, apporte un échantillon significatif de leurs origines dispersées (tableau 20).

Ces inscriptions s'échelonnent pour la plupart entre le 5e et le 7e siècles, sans permettre malheureusement une ventilation chronologique à l'intérieur de cette période. On peut en tirer une remarque sur la proportion d'originaires des différentes régions, et une conjecture sur la proportion des citadins et des ruraux. Le premier coup d'œil montre la prépondérance écrasante de la Syrie du Nord et de l'Asie Mineure, Cappadoce, Cilicie surtout, Isaurie plus faiblement représentée, semble-t-il, qu'au Mont-Admirable plus proche, du moins si l'on peut comparer des épitaphes individuelles et des mentions hagiographiques de groupes. En un mot, on reconnaît à Choziba le recrutement des montagnes peuplées et pauvres, dont les hommes ont été attirés par la Terre Sainte en dépit de la distance. Le second groupe en importance numérique est au contraire celui de la région voisine, la Palestine méridionale, et notamment Ascalon. En revanche, la steppe, les villes de Syrie méridionale et les pays orientaux n'ont envoyé qu'un petit nombre d'hommes. On ne peut évidemment tirer de conclusions générales d'un exemple isolé, même s'il est situé dans une région dont l'attraction est exceptionnelle. Plus précisément, on ne peut solliciter les mentions peu nombreuses : la Mésopotamie, par exemple, avait une vie monastique suffisamment active pour retenir ses propres habitants. Ainsi s'expliquerait également la rareté des Isauriens, qui pouvaient se suffire en Syrie du Nord. Pourtant, et pour cette même raison, la présence d'un groupe plus nombreux

744. *V. Theod. Syk.* 148.
745. *Cf.* le tableau 11, p. 270.

746. Dagron, «Langue de culture et langue d'Etat», p. 50-51.

Tableau 20. *Mentions d'origines dans un cimetière monastique de Palestine : 73+2 (?) sur un total de 213* (Schneider, «Das Kloster der Theotokos zu Choziba»)

Mentions de cité		Mentions de province ou de pays		Total par région
Antioche	3			
		Cilicie	12	
		Rhosos	1	
Césarée	2			
		Cappadoce	7	
		Isaurie	4	
		Syrie	1	30
Ascalon	13[a]			
Gaza	2			
Maiouma	1			
		Egypte	1	17
Béryte	1			
Biblos	1			
Damas	1			
Héliopolis	1			
Pyrgè	1			
Tyr	1			6
		Grèce	5[b]	
		Chypre	2	
		Besse (Thrace)	1	
Arethuse	1			9
		Mésopotamie	2	
		Ibérie	1	
		Arménie	1	
		Perse	1	
		Inde	1[c]	6
		Arabe	2	
		Sarrasin	1	3
Rome	2			2

a. N° 17 (prêtre) Βορηλίων toponyme inconnu, ère d'Ascalon.

b. Il faut peut-être ajouter le n° 85 ⟨Θεσσαλο⟩νικευς.

c. Ηνδηνος, n° 133.

de Ciliciens, loin des centres monastiques qui eussent pu l'accueillir aux portes de sa propre région, paraît caractéristique de ces réserves montagnardes qui ne savaient que faire de leurs hommes. La répartition des mentions de cités et de provinces ou de pays paraît au premier abord catégorique : les unes pour la Palestine méridionale et la Syrie méridionale, les autres pour la Syrie du Nord et l'Asie Mineure, pour les marches, pour la steppe. Absence de cités dans ce deuxième cas, ou cités trop petites et trop lointaines pour être mentionnées? L'alternative de la ville et de la campagne est sans objet dans les régions de nomades. Mais les campagnards syriens ont coutume de noter leur village, non seulement de leur vivant, comme le montrent les inscriptions de bâtisseurs[747], mais après leur mort aussi, comme on le voit sur des tombes de négociants à Korykos[748], et bien plus loin encore, à Concordia (Caorle), sur la rive italienne de l'Adriatique[749]. L'absence de ces mentions à Choziba pourrait indiquer une origine plus humble et plus rurale encore. En somme, nous ne disposons pas d'une information détaillée sur l'origine sociale des masses monastiques. Tout porte à croire que la part y était grande de ceux qui ne pouvaient trouver ailleurs l'emploi d'une force de travail peu qualifiée, c'est-à-dire des pauvres valides. Quant aux pauvres invalides, nous ne reviendrons pas ici sur ce qui a été dit à leur sujet dans de précédents chapitres. On a vu comment la faim, la vieillesse, la maladie jetaient sur les routes qui menaient aux monastères ceux qui ne pouvaient plus espérer leur subsistance que de l'assistance d'autrui.

L'organisation monastique proposait en somme une solution neuve au problème économique universel des rapports entre les producteurs et les bouches à nourrir. Echappant non seulement au cadre villageois des travaux agricoles, mais plus généralement au cadre familial seul assigné jusque-là aux rapports en question, le monastère réunit des travailleurs et des non-travailleurs, qui présentent les uns et les autres la caractéristique profondément originale pour cette époque de n'être que des individus. Aux travailleurs valides, la communauté monastique assure, on l'a vu, des conditions de vie qui sont en fait celles des pauvres. A côté de différences mineures dans le détail de la consommation, une différence capitale cependant : le moine est libéré de l'incertitude quotidienne qui caractérise la pauvreté individuelle et libre. Les assistés valides reçoivent provisoirement, eux aussi, le minimum nécessaire, les assistés invalides le régime exceptionnel qui convient à leur état. Cela étant, et sans négliger les inégalités de prestige religieux et de moyens matériels qui ont distingué les monastères entre eux, on peut dire que l'ensemble de l'organisation monastique a permis un accroissement en principe illimité des travailleurs comme des assistés. Nous avons essayé de donner plus haut quelque idée de l'ampleur du mouvement monastique hors des villes, et nous avons rappelé après bien d'autres l'importance que la législation lui a reconnue. Incontestablement, l'innovation monastique a réussi. Nous pouvons maintenant nous demander pourquoi.

L'organisation monastique se constitue sous des auspices favorables, dans la mesure où ses premiers équipements sont gratuits, et de plus protégés par des dispositions législatives touchant la terre et les hommes. Ajoutons que le don fournit également les premiers moyens monétaires, dont l'usage ne pouvait être esquivé car ils servaient à financer notamment les constructions et l'achat des bêtes : les 100 sous donnés par un *illustris* à Théodore le

---

747. *IGLS* 324, 1781, 1889, etc.
748. *MAMA* III 248 et le commentaire.

749. *CIL* V 8722, 8732, 8733, etc.

Cœnobiarque paient un hospice et «deux petits ânes»[750] ; la fortune laissée
à Sabas par sa mère en se retirant du monde lui permet de faire construire un
hospice à Jéricho, avec des jardins[751]. Par la suite, l'activité monastique reste
placée sous un régime juridique exceptionnel : la terre est inaliénable et surtout
elle est favorisée par des immunités fiscales. En outre, l'organisation monastique semble capable d'accumulation : les travailleurs reçoivent une rétribution étroitement calquée sur leurs besoins minimaux, en sorte que le surplus
peut être accumulé par le monastère lui-même, compte tenu du fait qu'une
partie du travail, consacrée au service des moines eux-mêmes et des hôtes,
ne produit pas de surplus. La réalité est moins simple. En effet, le rapport
numérique entre travailleurs et assistés est susceptible de se modifier, soit
par un accroissement temporaire brutal de ces derniers dans les circonstances
difficiles de la soudure ou de la famine, soit par un accroissement plus étalé
mais néanmoins accusé, ce qui a été le cas du Mont-Admirable. Le nombre
même des travailleurs est lui aussi susceptible d'un accroissement qui nécessite
de nouveaux équipements d'hébergement et de travail. Il serait difficile de penser
que l'accumulation monastique a pu faire face à des exigences aussi peu réglées.
Et de fait le modèle hagiographique, hostile à toute espèce d'accumulation il est
vrai, ne présente pas celle que le monastère serait capable d'effectuer comme la
ressource utilisée pour les dépenses exceptionnelles. Le fonctionnement de
l'organisation monastique repose en réalité non seulement sur l'exploitation
directe, mais sur la perception de rentes, il ne faut pas l'oublier. Les unes sont
foncières, les autres assurées par des donateurs, au même titre que les versements isolés. Ainsi, dans l'exemple de Théodore le Cœnobiarque cité plus haut,
le don initial privé qu'il reçoit comporte non seulement la somme dépensée
comme on l'a vu, mais l'institution d'une rente en or[752]. Vers 530, un voyageur
en Terre Sainte[753] note que le fisc lui-même verse à l'église de S. Jean
Baptiste, près du Jourdain, une rente annuelle de 6 sous par moine : il ne
précise pas de quelle façon est limité le nombre des bénéficiaires. A la même époque, le monastère de Théodore le Sycéote se voit assurer par l'empereur Maurice un contingent annuel de 600 modii de blé[754], sans doute pris
sur la levée fiscale. De telles rentes, pour peu qu'elles aient été versées
régulièrement, donnaient au monastère une marge de sécurité supérieure à
tout ce que pouvait assurer une accumulation propre, en tout état de cause
toujours faible et aléatoire. En outre, les hagiographes soulignent avec com-
plaisance qu'un don occasionnel se rencontre à point nommé pour fournir
à un besoin de même caractère. Il est peu probant qu'Anastase donne à
Sabas deux fois 1 000 sous pous ses sept monastères afin de réparer les dévastations samaritaines[755], car les mesures impériales de ce type sont tradi-

---

750. *V. Theod. Coenob.* a. Cyrill. Scythop.,
    p. 108-109.
751. Cyr. Scythop., *V. Sabae*, p. 109.
752. *Cf.* note 750.
753. Theodos., *De situ Terrae Sanctae* 20

(*Itin. Hierosol.*, p. 146, et Introd., *ibid.*,
p. XVIII *sq.*).
754. *V. Theod. Syk.* 54.
755. Cyrill. Scythop., *V. Sabae*, p. 143 et
    146.

tionnelles ; mais Théodore le Cœnobiarque reçoit lui aussi 100 sous un jour où il fallait effectuer l'achat annuel de vêtements pour les moines[756]. Sur une plus petite échelle, un don plus modeste sert à l'acquisition ou au remplacement d'un âne[757]. Est-ce à dire que ces dons ne faisaient jamais défaut ? Les hagiographes ne sont pas là pour le dire, mais pour recommander les bons exemples. Le déficit des provisions devant un afflux exceptionnel de pauvres est souvent réparé par un miracle. Ceci toutefois touche au cas particulier de la subsistance. Il en va différemment de l'équipement, pour lequel les disponibilités déterminent les accroissements, et non le contraire. La construction n'est pas le projet qui nécessite la recherche de moyens financiers, mais la consé-quence d'une rentrée d'argent : ainsi, Sabas reçoit un jour 170 sous[758] ; aussitôt il en tire de quoi acheter des cellules et commencer la construction d'un hospice. Il y a là un comportement caractéristique de toute la mentalité économi-que. La construction de S. Sophie elle-même, effectuée par décision impériale et financée par le fisc, est continuellement suspendue aux rentrées, fiscales ou miraculeuses[759]. Les monastères étaient semblables à la société qui leur avait donné naissance, capables de thésauriser mais non d'accumuler, de décider une dépense mais non d'en prévoir le montant et les étapes. Ils ont réussi dans l'ensemble, grâce à la richesse et à la sécurité relative qu'ils tiraient de leur ascendant religieux et de leur fonction sociale. Leur réussite a été de régler la pauvreté à l'image de laquelle ils avaient été conçus, parce que la société qui leur donnait naissance n'en possédait pas d'autre, de transformer ce qui était désordre et calamité en un modèle de vie régulière et donc supportable. Mais pour cela ils ont dû substituer un cadre nouveau et hardiment abstrait à ce que l'on avait toujours connu, la famille, le village, la société elle-même. Le paradoxe culturel que je ne prétends pas avoir expliqué ici est que la société accepta cette abstraction.

---

756. *V. Theod. Coenob.* a. Theod, p. 81.
757. Joh. Mosch., *Prat. Spir.* 107; Cyrill. Scythop., *V. Geras.* 7.

758. Cyrill. Scythop., *V. Sabae*, p. 116.
759. Anon. *Enarr. S. Sophiae* 11, 25.

1. *La chasse et la cuisine dans la «Genése de Vienne» (6ᵉ siècle) : Esaü et Jacob* (Cod. Vindob. theol. graec. 31, fol. 15).

2. *Un éventaire en plein vent sous un portique d'Antioche (5ᵉ siècle). Bordure d'une mosaïque de pavement dans une résidence de Daphnè—Yaktô, banieue de la ville.*

3. *Diptyque consulaire de Fl. Taurus Clementinus, Constantinople, 513* (Liverpool, Musée).
Le nouveau consul tient dans sa main droite la mappa *avec laquelle il donnera le signal des jeux offerts par lui. Dans le registre inférieur, préparatifs des largesses consulaires.*
4. *Jetons de distributions d'assistance* (Collection de Dumbarton Oaks, Washington, D.C., nᵒˢ 3862 [Constantinople, 7ᵉ siècle, à suspendre au cou] et 4128).
5. *L'usage de la houe à deux dents* (bidens); *travail à gestes alternés (6ᵉ siècle). Inspiration hellénistique.* (Constantinople, mosaïque du Grand Palais construit pour Justinien)

6. *Le semeur de décembre et l'homme à la houe* bidens *de février dans une mosaïque palesti-nienne des mois (6ᵉ siècle)* (Monastère de la dame Marie à Scythopolis, Beth-Shean).

7. *Moulin à eau équipé d'une roue (6ᵉ siècle)* (Constantinople, mosaïque du Grand Palais construit pour Justinien. Le type antique à godets y est également représenté).

8. *Un puits et sa poulie dans la «Genèse de Vienne» (6ᵉ siècle) : l'arrivée des anges chez Abraham* (Cod. Vindob. theol. graec. 31, fol. 11).

9. *Pressoir à vis pour le raisin (A. 576).* (Qabr Ḥiram, Phénicie, mosaïque de pavement de l'église).

10. *Un portefaix en ville (5ᵉ siècle)*. (Bordure de la mosaïque de Daphné—Yaktô, *cf*. ci-dessus).

11. *Un âne chargé des raisons de la vendange (A. 576)*
    (Qabr Ḥiram, Phénicie, mosaïque de pavement de l'église).

12. *Les dromadaires porteurs dans la «Genèse de Vienne» (6ᵉ siècle) : la mission d'Eliézer* (Cod. Vindob. theol. graec. 31, fol. 12).

13. *Stèle de basalte dédiée à Syméon Stylite par Abramios fils d'Aziz* (haut. 122 cm; larg. 37 cm).

14. *Ampoule votive en argent avec figures de saints* (Trésor de Hama, *cf. IGLS* 2035): *offrande de Mégalè pour elle-même, ses enfants et ses neveux, et le repos d'Héliodore et d'Acace* (haut. 22,5 cm; diam. à la base 6 cm).

15—18. *Bijoux en or de prove-*
nance syrienne (6ᵉ siècle).

15. *Médaillon d'or de Justinien*
Iᵉʳ, monté en pendentif (diam.
76 mm; largeur de la bélière:
54 mm).

16. *Ceinture de mariage en or.*
Sur les médaillons du fer-
moir, bénédiction des époux
par le Christ.

17. *Boucle d'oreille*
    (haut. 36 mm;
    long. 31 mm;
    long. max. de la
    chaînette: 32 mm).

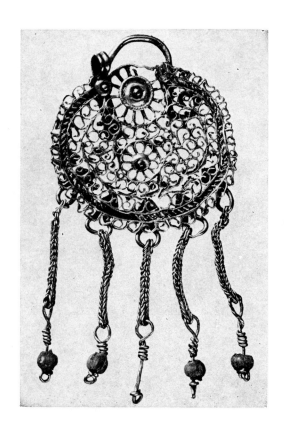

18. *Fibule* (long. 65 mm; larg. 35 mm).

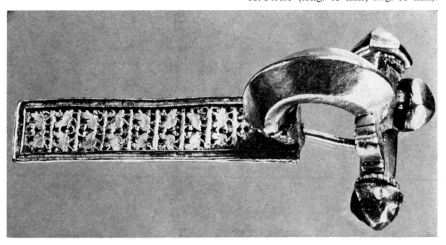

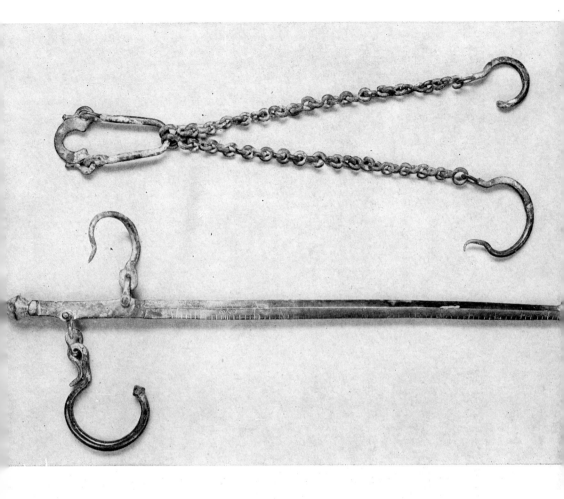

19. *Poinçons sur le fond d'une lampe d'argent* (Trésor de Hama), *marquée du monogramme de l'empereur Phocas (602—610) et du nom d'Antioche (Théoupolis)*.
20. *Le changeur, sa table, et son abaque tombé à terre (6ᵉ siècle): les marchands chassés du Temple* (détail) (Evangéliaire de Rossano à fond pourpre, Cod. Rossan. 1, fol. 2).
21. *Balance de bronze (Constantinople, 5ᵉ siècle). Sur le bras* (long. 60 cm) *un nom (individu ou monastère?), deux graduations d'échelle différente, et un crochet correspondant à chacune; d'autres crochets sont disposés aux extrémités de la chaîne montée sur coulisse.*

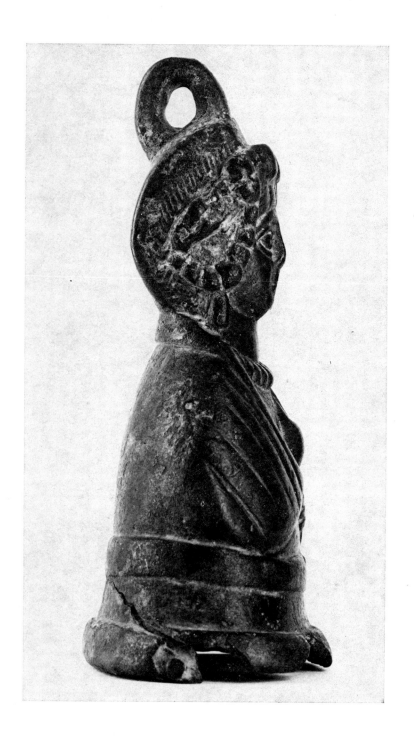

22. *Poids de bronze coulissant, figurant un buste d'impératrice* (haut. 13 cm; poids: 1402 grs).

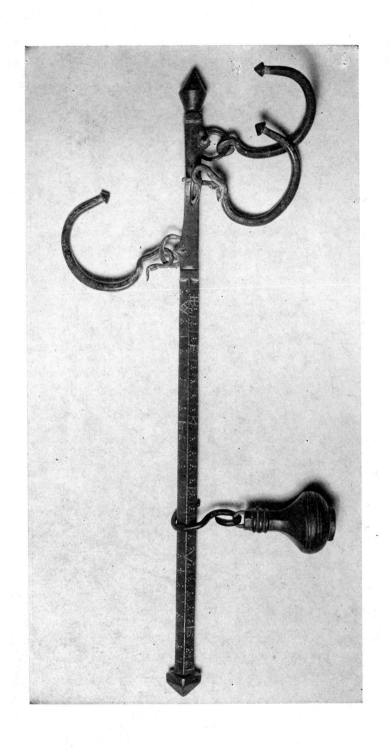

23. *Balance de bronze avec un poids (5e—6e siècles). Sur le bras (long. 48 cms), un nom, et des graduations d'échelles différentes, à cha-cune desquelles correspond un crochet.*

7. Moyens et mesure des paiements

1. QUELQUES DÉFINITIONS

Les précédents chapitres étaient consacrés aux modes de la circulation des biens, animée par l'alternance de l'accumulation et de la redistribution. Nous avons voulu montrer que l'échange était à lui seul incapable de produire une accumulation suffisante pour alimenter efficacement la consommation et la production elle-même, et que l'axe véritablement important était celui de l'accumulation produite par versements souvent gracieux, et plus souvent encore imposés, et de la redistribution assurée par des procédés de don apparent ou réel. Cette analyse mettait en évidence une première variable conjoncturelle de l'économie et de la différenciation sociale à Byzance entre le 4e et le 7e siècle, les variations d'importance relative de chacun des modes de transfert des biens, selon les régions, les moments, et les secteurs. Une variable que l'on peut définir en principe, mais dont la discontinuité de l'information ne permet pas de rendre compte. Nous aborderons maintenant l'autre volet de l'analyse, et, après les modes de transfert des biens, les moyens de ces transferts : sous quelles formes les biens sont-ils accumulés d'une part, mis ou remis en circulation d'autre part ? Et peut-on appréhender là une deuxième variable, que son caractère quantitatif pourrait nous rendre immédiatement exprimable et intelligible ?

Ce problème s'énonce d'un mot comme celui de l'usage des espèces monnayées, tellement central à l'analyse économique de n'importe quelle société, et plus encore peut-être des diverses sociétés non-industrielles, que nous avons à prendre ici la suite de multiples études d'origine et d'inspiration différente.

Et avant tout il figure depuis longtemps au programme de l'histoire du Bas-Empire, du débat sur la fin de l'Antiquité et le début du Moyen Age. Les historiens de l'Antiquité finissante, traditionnellement attachés à une perspective politique, ont généralement pris leur point de départ dans la fiscalité. Mazzarino a rappelé avec éloquence au début de son livre les exposés les plus marquants du jeu complexe de versements en espèces, de prélèvements en nature,

d'équivalences imposées entre les uns et les autres qui constituent le fonctionnement de celle-ci[1]. Cependant, la réforme monétaire de Constantin, créatrice
d'un sou d'or durable, et même promis en Orient à un avenir plusieurs fois séculaire, a invité aussi à une réflexion plus nettement économique sur les relations
diverses entre les espèces monnayées, monnaie d'or et monnaie divisionnaire
de bronze essentiellement[2], les métaux précieux non monnayés, et les transactions en nature. Cette dernière a été stimulée par la lecture de l'Anonyme *De
Rebus Bellicis*, auquel Mazzarino réservait une place d'honneur dans son livre[3],
comme par le progrès des connaissances numismatiques. L'interprétation de
Piganiol est encore résolument et simplement négative[4], fondée sur l'opposition entre une fiscalité immédiatement naturelle et une abondance privée de
l'or-marchandise, refuge de la valeur thésaurisée, et moyen d'échange riche,
dont l'usage creuserait la dénivellation sociale entre ses détenteurs et les couches pauvres de la société, bornées par la monnaie de bronze. Mickwitz en
revanche avait déjà indiqué la complexité des usages sociaux de l'or au 4e
siècle, médiation fiscale et judiciaire aussi bien que marchande[5]. Ces divers
aspects ont été développés par la suite. Si le livre puissamment suggestif de
S. Bolin[6], et celui de J. P. Callu[7], n'atteignent pas au seuil de la période
que nous étudions, Mazzarino lui-même a élargi l'analyse de la fiscalité
antique tardive jusqu'à ses rapports avec la circulation des espèces et des
biens au sein de l'économie entière, et notamment avec l'étude des prix. L'ample
recherche de L. Ruggini[8] sur l'Italie du Nord est allée en ce sens aussi loin que
possible, avec des choix de méthode sur lesquels nous aurons l'occasion de
revenir. Le même Callu, au terme d'une étude postérieure[9], a d'ailleurs approfondi les problèmes économiques et politiques posés au 4e siècle par l'usage et
le choix des espèces monétaires.

L'histoire de Byzance déborde sur ce point comme sur tant d'autres les limites assignées à l'étude de l'Antiquité, sans pouvoir être pour autant accrochée
à l'histoire monétaire du haut Moyen Age occidental, sinon comme un élément
extérieur de celle-ci. La stabilité du sou d'or, garantie par le pouvoir impérial
dont elle est le symbole international, confère en effet à l'histoire monétaire
byzantine un caractère original, dont on trouvera le meilleur commentaire politique dans l'étude de R. Lopez[10], et dont la conséquence économique est que
toute histoire des prix, des salaires et du pouvoir d'achat à Byzance, toute histoire sociale de la monnaie en un mot, exigerait au moins comme première série

1. Mazzarino, *Aspetti sociali*, p. 7-46 («Il
   problema del Basso Impero»).
2. *Cf.* Grierson, «Coinage and money».
   Rappelons que le sou d'or est associé à
   une monnaie divisionnaire en or (moitiés et surtout tiers de sous), et à une
   monnaie de compte (1 sou = 1/72 de
   livre = 24 keratia). Sur la monnaie de
   bronze voir p. 000 *sq.*
3. Mazzarino, *Aspetti sociali*, p. 47-136

(«I due testi fondamentali»).
4. Piganiol, «Problème de l'or au IVe
   siècle».
5. Mickwitz, *Geld und Wirtschaft*.
6. Bolin, *State and currency*.
7. Callu, *Politique monétaire des empereurs
   romains*.
8. Ruggini, *Economia e società*.
9. Callu, «Fonction monétaire».
10. Lopez, «Dollar of the Middle Ages».

de données les cours du sou en monnaie divisionnaire, ou en tout cas les valeurs intrinsèques de la pièce d'or, alors que nous ne pourrons jamais avoir sur ce point une information suffisante[11]. Il y a longtemps il est vrai, avant même les études fiscales qui viennent d'être mentionnées, les historiens de Byzance se sont attaqués assez ingénument au problème des prix, en prenant pour le fondement du système des transactions ce qui était en réalité son faîte. Les études d'A. Andréadès sur le budget de l'Empire byzantin[12] et sur le prix du blé à Byzance[13] remontent à une époque où l'histoire des prix se contentait avec confiance de traduire ses données en francs de 1914, affectés au besoin du coefficient de dévaluation jugé nécessaire après la première guerre mondiale, et de chercher alors leur pouvoir d'achat à travers les siècles. La collection importante effectuée plus tard par G. Ostrogorsky[14] repose encore sur des postulats implicites, en vertu desquels seules des lacunes accidentelles de l'information, et non la nature même des choses, empêcheraient l'historien de retracer une histoire des prix entièrement lisible et significative : un secteur monétaire majeur et déterminant, mais surtout assorti du fonctionnement d'un marché, un mouvement linéaire et ascendant de l'économie, lié à la quantité totale de monnaie, une variation séculaire des prix considérée comme indice suffisant de ce mouvement ou de son contraire. Et cette direction a été poursuivie, particulièrement par les numismates et les historiens de la monnaie. Au premier rang de ceux-ci, Ph. Grierson, qui s'est livré à propos des faits anglo-saxons à une critique pénétrante des anachronismes trop souvent commis dans le commentaire des transactions du haut Moyen Age[15], est pourtant demeuré fidèle à une conception traditionnelle de l'histoire des prix, au service de laquelle il a placé toute sa science : mettre en rapport des prix particuliers, aussi nombreux que possible, avec le cours du sou d'or en monnaie de bronze, facteur décisif des changements Il aboutit à un aveu d'impuissance, et il s'excuse sur l'insuffisance définitive de l'information[16]. Mais il ne met pas en doute la légitimité de la perspective choisie. Or, c'est précisément une révision fondamentale qui est suggérée à l'historien de Byzance par des travaux déjà nombreux sur les sociétés de l'Europe médiévale et pré-industrielle, et sur les sociétés traditionnelles du monde contemporain. Quelles que soient les différences inhérentes à la diversité des domaines choisis, tous convergent en effet vers une double et complexe remise en question : celle du marché où tous les biens et services sont présentés et cotés en vue de l'échange bilatéralement profitable ; celle des signes monétaires métalliques comme instrument idéal de telles cotations, et donc de l'échange ainsi défini. Absence de cotation sur le marché, absence d'échange profitable, absence de signes monétaires, trois caractères négatifs au regard de nos propres habitudes définissent ainsi un autre type de circulation des biens, une typologie plutôt, car les combinaisons étudiées sont en réalité multiples.

11. Grierson, « Coinage and money ».
12. Andréadès, « Budget de l'Empire byzantin ».
13. Andréadès, « Monnaie et puissance d'achat des métaux précieux byzantins ».
14. Ostrogorsky, « Löhne und Preise ».
15. Grierson, « Commerce in the Dark Ages ».
16. Grierson, « Monetary reforms of Anastasius ».

Il faut remonter à l'admirable *Essai sur le don*, par lequel Marcel Mauss éclaira d'un jour nouveau, il y a plus de cinquante ans, à la fois la finalité et les médiations de l'échange[17]. Mauss critiquait vigoureusement deux idées reçues, l'universalité du profit mercantile, et «l'économie soi-disant naturelle», en montrant comment des biens qui semblent «naturels» peuvent en fait se constituer en valeurs et moyens d'échange, ou plus exactement en un surplus dégagé pour les transactions nécessaires à la continuité sociale, les critères de nécessité étant d'ailleurs tout autres que dans les sociétés où l'échange mercantile sur le marché est la forme de transaction déterminante. La démonstration établissait ainsi de façon décisive la relation entre la finalité des transactions et leurs médiations.

L'anthropologie économique a depuis approfondi les indications de Mauss. Enquêtes sur le terrain et réflexions théoriques se sont attachées aux formes de circulation des biens autres que l'échange profitable, aux rapports entre médiations monétaires et non monétaires des diverses transactions, aux fonctions sociales de la monnaie. Il suffira de citer ici deux synthèses, le livre de Polanyi, Arensberg, Pearson paru en 1957[18], en dépit de son information historique quelque peu naïve, qui ne faisait aucune place d'ailleurs à Rome et à Byzance, et celui de M. Godelier en 1966[19], qui ne les considère pas davantage, mais dont la visée est assez vaste pour que l'historien de Byzance entre autres y trouve matière à réflexion. De telles recherches débouchent sur l'économie politique contemporaine, et sur les particularités des sociétés non-industrielles[20]. La question des moyens d'échange et du marché est ainsi présente dans les travaux de Čajanov[21] et de Thorner[22], dont il a été fait usage dans le précédent chapitre. Tout cela peut enrichir les historiens de l'Europe médiévale et moderne, parmi lesquels la discussion avait été allumée, et tout de suite assez vivement, par le livre de Dopsch[23], postérieur de très peu à l'essai de Mauss, et cependant encore dogmatique. La rigidité de l'opposition entre «l'économie naturelle» et «l'économie monétaire» suscita d'emblée les critiques devenues classiques de deux médiévistes, Marc Bloch[24] et Hans Van Werveke[25], qui soulignaient le caractère constamment réversible du monnayage des métaux précieux pendant le haut Moyen Age. Le problème monétaire posé était essentiellement un problème de l'or[26], et c'est ainsi qu'il devait se présenter également dans la controverse commencée pendant la même décennie autour des idées d'Henri Pirenne sur la fermeture commerciale de la Méditerranée consécutive

17. Mauss, «Essai sur le don».
18. Polanyi, Arensberg, Pearson, *Trade and market in early Empires*.
19. Godelier, *Rationalité et irrationalité en économie*, en particulier I, «Le thème» (p. 11-100), et III, «Rationalité des systèmes économiques» (p. 229-293).
20. Voir en dernier lieu Sachs, *Découverte du Tiers Monde*.
21. Chayanov (*sic*), *Peasant economy*.

22. Thorner, «Peasant economies».
23. Dopsch, *Naturalwirtschaft und Geldwirtschaft*.
24. Bloch, «Economie-nature ou économie-argent».
25. Van Werveke, «Economie-nature et économie-argent», *cf.* du même, «Monnaie, lingots et marchandises».
26. Bloch, «Problème de l'or au Moyen Age».

à la conquête arabe[27]. Mais on touche là autre chose, les variations de la masse totale de métal précieux disponible et la «théorie quantitative de la monnaie». L'histoire, comme l'anthropologie, a ensuite étoffé ses dossiers. L'une des monographies les plus significatives parues depuis la guerre est celle que Cinzio Violante a consacrée à l'économie et singulièrement aux échanges de Milan avant l'époque communale[28]. Mais surtout la *Settimana* de 1960 à Spolète a marqué une étape décisive pour les connaissances et les points de vue sur les échanges du haut Moyen Age[29]. Gino Luzzatto prononça en introduction la véritable oraison funèbre du concept «d'économie naturelle»[30], tandis que la plupart des leçons, notamment celles de Grierson sur l'Angleterre[31], de Gieysztor[32] et de Yanin[33] sur les pays slaves, contribuaient à situer de façon exemplaire l'usage des moyens monétaires de l'échange au sein des économies et des sociétés de type alto-médiéval. Au cours des mêmes années, l'histoire des périodes préstatistiques de l'Europe procédait à ses propres révisions, en prenant comme thème critique la délimitation du secteur de marché et la signification des prix qui s'y établissent, compte tenu des variations de la monnaie métallique. Que la discussion se présente sous une forme générale comme dans l'essai de Ruggiero Romano[34], ou qu'elle prenne son essor dans l'ample commentaire tiré d'un cas particulier par l'étude de Witold Kula sur le grand domaine polonais des 16e-18e siècles[35], les conclusions sont pareillement restrictives, le diagnostic de fausse clarté pareillement sévère. Toute histoire des moyens d'échange doit désormais procéder dans ces perspectives, et c'est ainsi qu'il me semble nécessaire de présenter ici en premier lieu non pas la récolte des indications éparses de versements en espèces, mais le répertoire des choix effectués par cette société byzantine entre les moyens des transactions, pour les différentes formes de celles-ci que nous avons décrites au cours des deux précédents chapitres. Précisons d'abord les termes.

On peut appeler *transactions en nature* des opérations où les biens et services sont transférés directement s'il s'agit de versements obligatoires ou gracieux, où leur valeur est mesurée par d'autres biens et services reçus en contrepartie s'il s'agit d'un échange. Ces opérations interdisent aux partenaires le choix dans les acquisitions ultérieures, sinon par un enchaînement d'autres échanges, qui s'est donc avéré une vue de l'esprit dès que l'on dépasse un très court terme local. L'accumulation et la prévision, d'autre part, ne sont alors possibles que sous deux formes, la provision de nourriture, qui présente d'ailleurs de grandes difficultés matérielles, et la thésaurisation de biens rares, ou proclamés tels par le consentement collectif. Un tel niveau de transaction entraîne logiquement

27. Voir la bibliographie récente dans Boutruche, *Seigneurie et Féodalité*, p. 33-46 et 419-421.
28. Violante, *Società milanese*.
29. *Moneta e scambi...*
30. Luzzatto, «Economie monetaria e economia naturale».
31. Grierson, «Fonction sociale de la monnaie».
32. Gieysztor, «Structures économiques en pays slaves».
33. Yanin, «Echange monétaire russe».
34. Romano, «Storia economica e storia dei prezzi».
35. Kula, *Système féodal*.

une demande inélastique, une stagnation du volume total des biens en circulation, et l'impossibilité de préciser beaucoup les variations de valeur. Nous aurons à voir la place de telles opérations dans la société que nous étudions, et dont le lecteur sait déjà qu'elle fait en tout état de cause une place économiquement et politiquement importante aux espèces monétaires. Il faut toutefois distinguer la *transaction naturelle vraie*, que nous venons de définir, et ce que nous appellerions la *transaction naturelle apparente*. La première ignore l'existence même d'une médiation monétaire : ainsi, le journalier recruté pour la moisson est payé de sa peine par une provision de blé qui semble calculée en fonction de ses besoins minimaux plutôt que du cours du blé sur le marché. La seconde préfère des biens et services à leur contrepartie monétaire pour des raisons contingentes et circonstancielles : le lecteur pensera aussitôt à la levée de l'impôt, et aux cas où le paysan devait aller acheter le produit qu'on lui réclamait et dont il ne disposait pas. Mais on mettra aussi dans cette catégorie l'aumône ou le salaire domestique versés en biens de consommation qui ont été au préalable achetés. Car une telle opération ne se distingue en rien, dans le circuit général des échanges, d'un versement en espèces de l'aumône ou du salaire, que le bénéficiaire aurait employés ensuite à la même acquisition. Les *transactions monétaires* enfin admettent que l'une des parties soit représentée par un paiement en espèces, voire les deux s'il s'agit d'une opération de change. Encore n'est-il pas évident que la somme en espèces exprime une cotation de valeur sur le marché, même abusivement majorée, en cas de pénurie par exemple, et non une exigence arbitrairement maximale, à laquelle l'appui d'un rapport de force et la recherche d'un accroissement de prestige confèrent une détermination sociale plus qu'étroitement économique. Quoi qu'il en soit, la monnaie byzantine, sous les deux espèces de l'or et du bronze qui suffisent à caractériser la circulation depuis le 4e siècle jusqu'au règne d'Héraclius, est un moyen d'échange généralisé. Le détenteur dispose en d'autres termes d'une liberté dans le choix des acquisitions, seulement limitée par la quantité détenue ; il peut même choisir de les différer, c'est-à-dire d'accumuler le numéraire. Il devient dès lors concevable de mesurer toutes les valeurs des biens et services sur une échelle unique, constituée par la série des quantités croissantes de l'unité monétaire, à valeur supposée constante. Pareil système de transactions encourage la diversité dans le choix des acquisitions et multiplie les opérations d'échange. En réalité, on voit intervenir alors d'autres variables : la valeur intrinsèque du signe métallique ; la masse totale de métal précieux sous ses différentes formes d'espèces monnayées ou d'objets, de quantités mises en circulation ou thésaurisées ; enfin, le rapport de valeur entre les différentes espèces monnayées, dont il faudra donc distinguer les usages dans notre répertoire.

2. Les formes de l'accumulation

Quelques textes donnent des états de biens mobiliers, et montrent ainsi les formes sous lesquelles ils s'accumulent. Celles-ci ne varient guère, malgré des dates et des niveaux de fortune différents. On trouve d'abord le testament de Grégoire de Nazianze[36], en date de 382, monument d'une fortune moyenne de province. Puis, trois épisodes hagiographiques traitent le thème de la fortune consacrée aux pauvres avec des détails inhabituels, et que l'on peut croire authentiques, puisque les auteurs sont des témoins directs des *Vies* qu'ils racontent : la distribution de son héritage par l'évêque Porphyre de Gaza à la fin du 4e siècle[37], le don de sa propre fortune par la dame Olympias de Constantinople[38], contemporaine de Jean Chrysostome, et, après son veuvage, par la dame Sosiana que Jean d'Ephèse a placée dans sa galerie de saints orientaux[39]. Trois personnages de condition sociale comparable, on le voit. Les *Apophtegmata Patrum* en mettent en scène de plus humbles : un récit conservé dans la collection alphabétique, la plus ancienne, fait état du surplus qu'un ascète potier garde par devers lui, et qu'il donnera à un moine qui le volait[40]. La *Vie d'Abraham et de sa nièce Maria* montre l'accumulation d'une prostituée[41]. Les témoignages sur une accumulation en cours concernent surtout la fortune ecclésiastique, objet de privilèges et de servitudes qui la distinguent des autres. Le premier exemple que nous ayons relevé décrit pourtant une accumulation laïque, et plus précisément militaire, puisqu'il se trouve autour de 392 dans le discours de Libanios *Sur les patronages*[42]. Pour le 6e et le 7e siècle, les indications sont plus nombreuses, mais toujours partielles. Il faut glaner dans les hagiographes les mentions d'acquisitions faites par les églises et les monastères, de trésors ; il s'y joint, pour ces derniers, des trouvailles archéologiques. L'historiographie, les papyri de Nessana apportent leurs contributions de détail au tableau que l'historien s'efforce de reconstituer.

Il se dégage en effet de tout cela des préférences en matière d'accumulation. Les exemples complets que nous avons cités en premier sont évidemment les plus significatifs. Les biens meubles s'y répartissent sous les rubriques suivantes : sommes en espèces d'or et d'argent, or et argent non monnayés, objets précieux divers. Ces derniers sont en fait des vêtements. Ils figurent dans l'avoir du pauvre ascète comme dans celui de la prostituée, dans les legs de Grégoire de Nazianze comme dans la donation de Sosiana. Le récit que Jean d'Ephèse consacre à cette dernière montre bien comment ils sont thésaurisés. Sosiana possédait des vêtements de soie de couleur historiés, dont la valeur précisée était de 1 livre pièce. Lorsqu'elle réalise sa fortune, les clercs eux-mêmes lui suggèrent de les vendre et d'en donner le prix aux pauvres, et elle refuse de peur qu'ils ne viennent à être portés par quelque prostituée. Ils rejoignent alors le trésor de l'église, après qu'on les ait couverts d'or pour accroître encore leur valeur. On reconnaîtra peut-être par-delà le motif moral invoqué une préférence de la riche dame et de l'Eglise pour la thésaurisation, ou du moins l'illustration d'une telle préférence par le narrateur. La circulation des vêtements de soie

36. *PG* 37, 389-396. *Cf.* Martroye, « Testament de Grégoire de Nazianze ».
37. Marc. Diac., *V. Porph. Gaz.* 6.
38. *V. Olymp. diacon.* 5-7.
39. Joh. Eph., *E. Sts* 55.

40. *Apopht. Daniel* 6 (PG 65, 156), *cf.* Guy *Apophtegmata Patrum.*
41. *V. Abraham et Mariae*, 39.
42. Lib., *Or.* XLVII, 4 et 29.

comme objets précieux, tirés des coffres à cet effet, apparaît dans d'autres exemples encore : les cadeaux de Tibère à son entourage[43] et à un prétendu fils de Chosroès I[er44], ou leur mention dans une dot[45]. Ils semblent à peu près seuls investis de ce rôle avec les objets de métaux précieux. Libanios cite pourtant parmi les extorsions militaires « des chargements de chameaux ». S'agit-il d'épices, comme la provision que l'on trouvera avec de la soie, des tapis et des métaux précieux, dans le trésor des rois de Perse, lors de la prise de Dastagerd par Héraclius[46], ou simplement de dattes, extorquées comme les denrées alimentaires locales ? Quoi qu'il en soit de ce cas particulier, la réserve de vivres est une sécurité mais non un élément de fortune ; tout au plus laisse-t-elle une possibilité de spéculation à court terme, illustrée par l'histoire du méchant marchand dans la *Vie de S. Spyridon*[47].

Les métaux précieux monnayables, or et argent, apparaissent fréquemment sous forme d'objets dont la valeur intrinsèque peut être accrue par la façon, et par la présence de pierres précieuses[48]. Une série de témoignages montrent un comportement identique à ceux qui ont été étudiés sur le matériel du haut Moyen Age par H. Van Werveke pour l'Occident[49], S. Tabaczynski pour la Pologne[50], Ph. Grierson pour l'Angleterre[51]. Les dirigeants ecclésiastiques, évêques ou higoumènes, ont le souci du trésor, que Cyrille de Scythopolis montre dans sa *Vie d'Euthyme*[52], serré dans les armoires du *diaconicon* du monastère, et composé à la fois d'objets et de sommes dans leurs bourses. Ils l'enrichissent en faisant fabriquer des vases avec le métal monnayable dont ils disposent, tel Porphyre de Gaza, qui transforme ainsi l'argent de son héritage[53], ou les clercs qui tirent vases, plats et cuillers d'argent de la donation de Sosiana[54], et la distribuent sous cette forme à d'autres établissements religieux. Ainsi a été constitué par exemple le trésor d'argent de Hama, dont la fabrication s'échelonne d'Anastase à Constantin II[55] ; une mention collective d'habitants d'un même village[56] montre que l'église de S. Serge de Kaperchora, propriétaire du trésor, accumulait sous cette forme les offrandes, et peut-être même les redevances, qui lui étaient apportés. Au 6e siècle, des objets d'or et d'argent (κειμήλια) constituaient aussi le trésor de la grande Eglise d'Antioche pillé par Chosroès[57], celui de S. Serge de Resafa (Sergiopolis)[58], ceux des sanctuaires hérétiques[59], ceux de laïques aussi, car les Perses en prennent de toute origine à la chute de

43. Joh. Eph., *HE* III, III 14.
44. *Ibid.*, *Hist.* XXIX.
45. *PNess* 33, 6ᵉ s.
46. Theoph. A.M. 6118.
47. Van den Ven, *Légende de S. Spyridon*, chap. 2 du texte.
48. Cyrill. Scythop., *V. Euthym.* 48 (p. 69) ; Joh. Mosch., *Prat. Spir.* 200 ; Anon. *Enarr. S. Sophiae* 24.
49. Van Werveke, « Monnaie, lingots, marchandise ».
50. Tabaczynski, « Fonctions pécuniaires

des trésors ».
51. Grierson, « Fonction sociale de la monnaie ».
52. Cyrill. Scythop., *V. Euthym.* 48 (p. 68).
53. Marc. Diac., *V. Porph. Gaz.* 9.
54. *Cf.* note 39.
55. *IGLS* 2029, 2031, 2033, 2045.
56. *IGLS* 2033.
57. Proc., *Bell.* II, IX 14.
58. Proc., *Aed.* II IX 5.
59. Proc., *HA* IX 18.

Daras[60]. Il faut souligner le souci de convertibilité qui préside à cette accumulation. Lorsque Théodore le Sycéote achète à un argentier de Constantinople des vases pour son monastère[61], le poinçon garantit leur valeur, estimée à la fois par la quantité d'argent et par le travail de l'ouvrier. Le *Récit anonyme* sur la construction de S. Sophie, au demeurant tardif et peu sûr, montre bien l'immobilisation du numéraire dans la décoration intérieure d'or et d'argent, enrichie de pierres précieuses, qui est fabriquée au fur et à mesure des rentrées fiscales, et il précise scrupuleusement les poids en livres[62]. Réciproquement, Héraclius promet un revenu annuel à la Grande Eglise en échange des biens qu'il saisit pour sa guerre perse[63]. La fonction de réserve des trésors, la disponibilité qu'ils confèrent à leurs possesseurs sont auréolées de prestige social et politique, à Byzance autant qu'ailleurs à la même époque. De l'église de Resafa Procope note que « l'accroissement de son trésor d'objets précieux (κειμηλίων προσόδῳ) lui valait une puissance et une renommée sans pareilles »[64]. Et cela est vrai aussi des trésors des souverains; « un royaume ne subsiste que par son trésor » disent à Chosroès les grands de sa cour, après la tentative d'usurpation de Vahram[65]. D'un autre côté, l'accumulation convertible n'est pas propre aux avoirs importants. Procope raconte comment, en 539, les habitants d'Edesse s'efforcent de réunir la somme nécessaire au rachat de leurs concitoyens faits prisonniers par les Perses[66]. Il rapporte que, à défaut d'espèces, les prostituées donnaient leurs bijoux, de même que les paysans, manquant de numéraire et d'objets précieux, amenaient s'ils le pouvaient un âne ou une brebis. Et de cette façon, conclut Procope, « on rassembla une grande masse d'or, d'argent, et d'autres richesses ». Les récompenses militaires permettent la même accumulation. Pour choisir un exemple parmi bien d'autres, Narsès stimule ses soldats avant la bataille, dans un épisode italien de 553, en leur montrant les colliers, les mors et les autres objets d'or qui sont destinés aux plus valeureux[67]. A Nessana, des actes privés du 6e siècle, contrats de mariage et actes de divorce, réunissent dans la constitution ou la liquidation des avoirs conjugaux des sommes en or et des bijoux, dont le poids est exprimé en sous ou en onces[68]. Enfin, les trésors particuliers que l'on a retrouvés combinent à l'occasion de façon analogue les objets et les pièces de monnaie. Par exemple, un trésor de Beth-Shean joignait à 10 pièces d'or de Maurice, Phocas, Héraclius, une chaîne et un bracelet d'or, ainsi qu'un encensoir de bronze[69]. Aux monnaies d'or s'ajoutent les médaillons, immobilisés dans des pièces de joaillerie comme les ceintures de mariage syriennes du 6e et du début du 7e siècle[70].

---

60. Joh. Eph., *HE* III, *Hist*. V.
61. *V. Theod. Syk*. 42. *Cf*. Dodd, *Byzantine silver stamps*, p. 23-35.
62. Anon. *Enarr. S. Sophiae* 24-25, etc.
63. Niceph., *Breviarium* p. 22 ; Theoph. A.M. 6113.
64. *Cf*. note 57.
65. Sebeos, *Hist. d'Héraclius*, chap. III,

p. 23.
66. Proc., *Bell*. II XIII 4.
67. Proc., *Bell*. VIII XXXI 9.
68. *PPNess* 18 (A. 537), 20 (558), 33 (6e s.).
69. Mosser, *Byzantine coin hoards*, s. v. Beth-Shan (*sic*), p. 10.
70. *Cf*. Ross, *Catalogue ... Dumbarton Oaks*, t. II, n° 38 (p. 37-39).

Les sommes en espèces occupent néanmoins une place attendue dans tous les avoirs. Sous d'or chez Grégoire de Nazianze et Porphyre de Gaza, qui trouve dans son héritage 3 000 sous d'or, et de l'argent non monnayé ; livres dans les grosses fortunes, comme celle de Sosiana, chiffrée en livres d'argent, celle d'Olympias, qui possède 10 000 livres d'or et le double d'argent[71]. La petite épargne peut se faire aussi en or. Les *Apophtegmata* en content des exemples : un ascète accumule de l'or dans une jarre[72] ; un autre risque d'être damné parce qu'il atteint la somme de 50 sous[73], qui se trouve être, on s'en souvient, le plafond légal de la pauvreté[74] ; un autre encore voit dispersées brutalement par la maladie des économies que la morale ascétique réprouvait, constituées d'1 sou, puis 1 sou encore, puis 5 sous[75]. Il s'agit bien de monnaie d'or et non de monnaie de compte, puisque l'or voisine effectivement ailleurs avec la monnaie de bronze ($\varkappa \acute{\epsilon} \varrho \mu \alpha$)[76]. L'or est aussi mentionné dans l'épargne d'une prostituée[77]. Un campagnard venu s'employer aux constructions d'Antioche amasse 12 sous, que Syméon Stylite le jeune lui fait miraculeusement retrouver[78]. Le malheureux vétéran lydien torturé par les agents de Jean aux Mâchoires de Plomb ne possède même pas chez lui la somme de 20 sous que le fisc lui réclame : aussi est-il qualifié de « pauvre » ($\pi \acute{\epsilon} \nu \eta \varsigma$) par Jean Lydus[79]. A Nessana, des actes du 6ᵉ et du 7ᵉ siècle attestent l'usage de l'or dans des transactions exceptionnelles, mais de faible ampleur, quelques sous pour des compensations entre héritiers[80] ou des prêts[81], pour des dispositifs de mariage ou de divorce[82]. On objectera avec raison que les contractants sont des soldats, qui touchent de leur côté aux paiements d'Etat en or, et le prêteur un higoumène qui dispose de l'or d'Eglise. Mais les exemples précédents montrent que, en quantités variables et parfois faibles, l'or est accumulé à tous les niveaux. Les avoirs humbles le mêlent au bronze, il est vrai, comme en témoigne encore un récit des *Apophtegmata*[83]. Il existe aussi une épargne faite exclusivement en bronze. On en trouve l'exemple dans les *Apophtegmata*[84], et elle est illustrée par les trouvailles monétaires. Inégales et peu nombreuses, ces dernières semblent cependant groupées dans les décennies appauvries et troublées qui terminent le 6ᵉ siècle et commencent le 7ᵉ : 3 pièces (Justin Iᵉʳ) dans une trouvaille anatolienne enterrée vers 527[85], 355 pièces (Anastase-Héraclius) sur le Mont-Carmel, enterrées vers 611-612[86], 69 et 800 pièces (mêmes règnes) sur des sites de Palestine et de Syrie respectivement[87], 216 pièces (Justin II-Héraclius) à Sardes, enterrées vers 615[88], 273 pièces près de Baalbek, échelonnées entre 498 et 631, et pour les deux

71. *Cf.* note 36-39.
72. *Nau* 30.
73. *Nau* 74.
74. *Cf.* chap. 1, p. 16 et note 24.
75. *Nau* 493.
76. *Cf.* note 83.
77. *V. Abraham et Mariae* 39.
78. *V. Sym. Styl. jr* 180.
79. Joh. Lyd., *Mag.* III 60.
80. *PNess* 16, 11 Juil. 512.

81. *PPNess* 44, A. 598, 46, A. 605.
82. *Cf.* note 68.
83. *Apopht. Daniel* 6.
84. *Nau* 261.
85. Mosser, *Byzantine coin hoards*, s. v. Alishar..., p. 3-4.
86. *Ibid.*, s. v. Khirbat Dubel..., p. 45-46.
87. Citées par Grierson, « Monetary reforms », p. 294.
88. *Ibid.*, s. v. Sardis (Anc.), p. 77.

tiers entre 583 et 616[89], 18 pièces d'Héraclius en Anatolie, toutes refrappées dont 12 sur des monnaies de Phocas, et datées des années 612-617[90]. Un seul texte fait clairement état d'une épargne en bronze en vue d'une dépense chiffrée en or, c'est le récit de Jean Moschos[91] relatif à l'ascète qui amassait sur son salaire quotidien en folleis les 3 sous nécessaires à l'achat d'un Nouveau Testament ; mais le paiement lui-même n'est pas décrit. Il existe enfin, on l'a vu, une accumulation monétaire en argent, probablement plus marquée dans les régions voisines de la Perse, comme l'usage de la monnaie d'argent elle-même[92].

Tout cela n'empêche pas de conclure que l'or est par excellence la forme de l'accumulation métallique byzantine à cette époque, de même que le sou est la monnaie par excellence, la monnaie déterminante. Et cela est vrai à tous les niveaux de l'échelle des valeurs. Néanmoins, celle-ci n'est pas exclusivement constituée dans la pratique, tant s'en faut, par des sommes en or. C'est pourquoi l'histoire des paiements, dont Marc Bloch écrivait qu'elle devait être au premier chef «sociale», le répertoire des moyens de paiement choisis dans les diverses transactions citadines et campagnardes, précédera ici la récolte, le classement et le commentaire des chiffres eux-mêmes.

3. Les moyens des paiements

Le paiement en nature des fonctionnaires et des militaires a contribué plus que tout à nourrir la doctrine moderne du «retour à l'économie naturelle» du Bas-Empire[93]. Pourtant, nous n'en parlerons pas ici, car cette institution intéresse l'équilibre des paiements d'Etat, ou les charges fiscales des sujets, mais non la pratique économique privée, qu'elle n'illustre aucunement, comme le remarquait déjà Piganiol[94]. Or, c'est cette dernière que nous prenons maintenant pour objet, et au sein de laquelle nous nous proposons d'examiner d'abord la place tenue par l'*échange naturel*.

La circulation des biens et services sans aucune médiation monétaire s'affirme d'abord dans les sources de notre période comme une limite idéale et théorique, proposée par le courant le plus catégoriquement anti-citadin et archaïsant de la pensée monastique ; ses tenants poussent jusqu'au bout la négation de l'échange, et de l'accumulation qui en est le corollaire, pour n'admettre qu'un seul mode de circulation, le *don bilatéral* selon l'expression de Mauss, ou pour mieux dire ici généralisé, par lequel chacun donne et reçoit continuellement ce qui lui est nécessaire à tout moment. Le principe inspire une série de textes hagiographiques, dont les uns portent effectivement témoignage sur une aile extrême du mouvement érémitique, dont les autres s'efforcent de dissimuler, de façon également significative, la réalité de l'échange au sein de situations érémitiques

89. Bates, «Byzantine hoard».
90. Bridge-Whitting, «Early Heraclius folles».
91. Joh. Mosch., *Prat. Spir.* 134.
92. *Cf.* p. 364-365.
93. *Cf.* Mazzarino, *Aspetti sociali*, p. 7-46 («Il problema del Basso Impero»).
94. Piganiol, «L'or au IVe siècle».

ou cénobitiques toutefois assez exactement décrites pour que nous puissions
dépasser l'interprétation qui en est donnée. En fait, tous ces auteurs comprennent
clairement que l'usage de la monnaie est la condition obligatoire d'un
échange ininterrompu et diversifié, fondé sur la tension continuelle, dans le
circuit des biens, entre mise en circulation et accumulation plus ou moins prolongée.
Ils sont ainsi amenés à bannir la monnaie de l'Utopie érémitique, de
cette république pourtant réelle, dont Nil d'Ancyre a donné la description la
plus remarquable dans une page que nous avons citée au chapitre précédent[95].
Et cependant, nous savons que, grâce à l'axe nord-sud du pèlerinage, et à
l'axe ouest-est du transit caravanier, le Sinaï n'est pas dans son ensemble à
l'écart de la circulation monétaire, à preuve les dépenses en espèces notées dans
le carnet d'une caravane, retrouvé à Nessana, et remontant au 7e siècle[96]. Mais
la même affirmation théoricienne inspire une anecdote qui se situe elle aussi
dans le désert[97] – plus précisément, semble-t-il, dans la zone marginale d'habitat
érémitique, aux confins de l'habitat villageois égyptien, où nous montrerons
dans un instant de fréquents échanges en nature mais aussi en espèces entre le
monde et les solitaires. De ce récit, où le propos de travestir l'échange en don
bilatéral apparaît clairement, on retiendra ici la transaction en nature qui est,
elle, sans équivoque. Un habitant d'Egypte vient mener à la porte de l'anachorète
Silvanos un âne chargé de pains, et le laisse là après avoir frappé. Sortant au
bruit, le solitaire considère le don qui lui est ainsi fait, et charge l'âne à son
tout de cent tamis, qu'il avait fabriqués en se nourrissant de pois chiches – c'est-
à-dire d'une nourriture inférieure au pain – puis le renvoie à son maître ; ainsi
répond-il par un don à celui du pieux laïque. En fait, il s'agit bien d'un échange
en nature, sans estimation de part et d'autre, comme en fait foi un parallèle
qui se trouve dans les *Apophtegmes* de Macaire, à propos du même genre
d'artisanat monastique : «Faites des corbeilles, dit le saint homme à ses disciples,
présentez-les aux gardes, et ils vous apporteront des pains»[98].

Le même schéma économique habille et dissimule certains aspects de la circulation
des biens en milieu monastique, ou plus exactement des échanges de
biens entre le monastère et le monde. Les fidèles font au monastère des offrandes
isolées ou périodiques qui, devenues parfois obligatoires[99], sont toujours
présentées comme des dons, répliques au don spirituel de la grâce reçue. Ces
offrandes sont faites en nature à l'intérieur de limites sociales et pratiques
précises, mais les hagiographes expliquent alors ce choix par la même proscription
de la monnaie. Ainsi, Syméon Stylite le jeune refuse en principe les
offrandes en espèces[100], alors qu'il agrée une provision de blé apportée pour
les moines et les hôtes pauvres par un paysan délivré du démon[101], ou des journées
de travail offertes par des malades guéris aux constructions du monastère,
véritablement gratuites puisque les ouvriers bénévoles fournissent leur nourri-

---

95. *Cf.* chap. 6, p. 316 et note 603.
96. *PNess* 85.
97. *Apopht. Silvan.* 7 (col. 412).
98. *Apopht. Macar.* 33 (col. 276).

99. *Cf.* chap. 6, p. 273 *sq.*, *cf.* chap. 5, p. 198.
100. *V. Sym. Styl. jr* 93.
101. *Ibid.*, 49.

ture, contrairement à l'usage que montrent d'autres chapitres de la même *Vie*, et même leurs outils[102]. Ailleurs, le monastère lui-même met gracieusement en circulation un surplus de biens produits sur ses terres, du blé et de l'orge. Tel est le point de départ d'un récit ajouté au *Pré Spirituel*, qui est donc d'inspiration tout à fait ascétique, et qui mêle comme les *Apophtegmes* cités plus haut la désapprobation de l'échange à celle de la monnaie[103] : le monastère en question, situé dans les environs de Nisibe, avait en effet coutume de distribuer sa production de céréales aux monastères environnants, réserve faite de la provision nécessaire à sa propre subsistance. Mais il accepte un jour un revenu en espèces qui est fondé à son profit par un général en route pour la Perse ; à partir de ce moment, l'avarice naît chez les moines, et leur terre devient improductive. Ainsi, nos sources monastiques prennent-elles position, négativement, sur le rôle de la monnaie dans la circulation des biens. Nous avons analysé leur propos non seulement à cause de son intérêt théorique, car il s'agit là d'un groupe social important, mais, ici du moins, pour en examiner la valeur documentaire. De tels récits attestent-ils vraiment l'existence d'un secteur non monétaire dans l'économie byzantine de cette époque, et ce secteur est-il le milieu monastique ? Pour répondre à ces questions, il faut reprendre les faits décrits dans les textes qui viennent d'être cités et les situer, avec d'autres que nous allons voir maintenant, dans un classement économique et social plus objectif et plus complet. Et nous considérerons d'abord les échanges.

Au sens sévèrement restreint où nous l'avions définie, la circulation entièrement naturelle est cantonnée d'une part dans les échanges campagnards, ceux notamment dont le rayon est très court, et l'interlocuteur assez pauvre pour se satisfaire de biens qui relèvent, sans diversité ni choix possible, de la consommation immédiate et élémentaire ; d'autre part dans le prélèvement autoritaire effectué directement sur la production campagnarde, là où circulent seulement quelques produits de base, et surtout les céréales. L'exemple le plus clair est celui du journalier agricole, employé selon les besoins saisonniers, et rétribué en nature sur la récolte. Nous le connaissons par plusieurs récits édifiants, où apparaissent des anachorètes qui partent seuls ou en équipes s'embaucher pour la moisson, et retirent de ce travail temporaire le blé de toute leur année[104], solution d'extrême pauvreté dans la mesure où l'ouvrier ainsi rétribué ne conserve aucune possibilité de surplus, et de choix dans ses propres acquisitions. Un salaire en blé est mentionné, probablement pour une tâche analogue, dans un compte de battage de Nessana au début du 7e siècle[105]. Il est vraisemblable que la rétribution assurée aux errants qui s'embauchaient temporairement dans les monastères, pour les constructions ou les travaux des champs, revêtait cette même forme, et se limitait à la consommation quotidienne du travailleur[106].

Les dépenses d'équipement de la campagne sont engagées elles aussi dans le secteur des échanges en nature, sans y être entièrement contenues. Nous avions

102. *Ibid.*, 96.
103. *Prat. Spir. Add. Marc.* 1.
104. Textes cités chap. 6, note 226.

105. *PNess* 40, *passim* (τϱοφîα).
106. *Cf.* chap. 6, p. 323.

vu se faire en nature des transactions de première importance, celles qui portent sur le grain : nous en avions trouvé des exemples[107] dans un compte de
battage de Nessana qui attestait une transaction naturelle de bout en bout, puisque les cultivateurs restituaient en nature le blé de la semence, et acquittaient
de la même façon le droit d'usage de l'aire ; dans un récit de Jean Moschos,
où un paysan avançait le blé de la semence à un voisin pauvre ; enfin, dans une
Novelle de 535, qui soulignait les difficultés irréparables que les transactions en
nature pouvaient entraîner pour les paysans quand se produisait une conjoncture défavorable. Interdisant de gager les emprunts sur l'équipement paysan,
bœufs, esclaves, et en fin de compte la terre elle-même, la mesure de portée
générale distingue alors strictement les dettes en nature et les dettes en espèces,
que nous voyons ainsi se combiner : sur la base d'une année, chaque mesure de
blé rapportera un intérêt d'1/8 de boisseau, chaque sou d'or un intérêt de 1
kération, soit 1/24, ce qui est un taux comparativement faible[108]. La transaction
en nature peut aussi porter sur la terre elle-même, lorsqu'on échange des parcelles l'une contre l'autre[109]. Mais l'absence de numéraire n'est plus certaine
dans les partages après mise en valeur, si l'on admet la comparaison proposée
par Tchalenko avec les contrats de complant des olivettes syriennes d'aujour-
d'hui[110] : l'arboriculteur n'apporte en effet que son savoir-faire, la dissolution
de la société se solde sans recours au numéraire, mais le bailleur du terrain est
susceptible d'ajouter à celui-ci une avance en espèces pour passer la période
improductive.

A le définir strictement, l'échange naturel est donc de portée et de rayon limités. Il en va de même du don, et pour les mêmes raisons. Seule l'offrande du
paysan au monastère voisin comme au Mont-Admirable, où les espèces ne sont
en principe pas acceptées, on s'en souvient[111], ou encore la table hospitalière
approvisionnée par la production du monastère lui-même[112] entrent réellement
dans cette catégorie. Le texte déjà cité où Procope décrit la collecte pour les
captifs d'Edesse en 539[113] éclaire le choix entre la monnaie, le métal non monnayé, et les autres biens. Les paysans viennent en effet offrir qui un âne, qui
des brebis, dans le cas où ils manquaient, remarque l'auteur, des moyens de
contribution utilisés par le reste de la population. Pareille anecdote confirme
que la monnaie est elle-même un bien rare, et non seulement un signe, et que
l'on n'en dispose pas toujours à suffisance. Mais les transactions naturelles, au
sens ainsi rigoureux du terme, manquent par trop d'élasticité, et la monnaie se
rencontre bientôt, soit comme possibilité de rechange, soit pour une estimation
implicite qui commande en fait la transaction en nature, soit pour un achat
préalable à l'opération apparemment naturelle, soit enfin, et c'est un cas, semble-
t-il, fort courant, et socialement significatif, comme élément d'une transaction
mixte, où biens et services sont acquis partie en nature et partie en espèces. La

---

107. Textes cités ci-dessus *ibid.* aux notes
    des p. 253-254.
108. *Cf.* Cassimatis, *Intérêts dans la législa-
    tion de Justinien,* p. 49-56.
109. Cas du *Code Rural* (*N. G.* 3-6).

110. *Cf.* chap. 6, p. 263.
111. *Cf.* note 101.
112. *Cf.* note 103.
113. *Cf.* note 66.

plus grande partie des transferts apparemment naturels, et qualifiés couramment de tels, relèvent en réalité de l'une de ces solutions[114].

Et tout d'abord l'échange, où la transaction monétaire, le plus souvent, n'est jamais bien loin. Prenons les contrats. Dans le cas envisagé il y a un instant, l'intervention du numéraire n'était qu'une vraisemblance pratique. Mais la référence monétaire devient explicite dans des transactions de même type, qui portent sur les jardins maraîchers des environs de Constantinople. Une Novelle de 538[115] constate en effet, pour en freiner les abus, la pratique d'une double estimation du terrain, au début et à la fin de la période sous contrat, à laquelle procède un expert mandaté par la corporation des maraîchers ; l'estimation s'en ressent, mais cela n'importe pas à notre présent propos ; bornons-nous à souligner que le partage entre le bailleur et le jardinier, au terme du contrat, est fondé sur l'accroissement de valeur estimé d'après la façon, les plantations, etc. alors qu'il semble porter, à la limite au moins, sur le terrain lui-même, puisque l'empereur s'alarme de voir les propriétaires menacés d'une éviction complète. Sous une autre forme, il convient de retrouver l'échange monétaire à l'arrière-plan de transactions qui apparaissent purement naturelles. Elles sont pratiquées pour la rétribution de certains services, dont les prestataires ne reçoivent effectivement que des biens en nature, alors que leurs employeurs sont pour leur part présents dans le circuit monétaire. L'exemple le plus notoire est celui des moines, qui s'efforcent de préserver dans des monastères dont la capacité économique est certaine, sinon toujours considérable, l'idéal exposé plus haut comme celui des théoriciens de l'érémitisme. La double situation apparaît bien dans la pratique décrite par la *Vie de Sabas*. Au monastère de Passarion, les moines fabriquent des corbeilles, chacun pour son compte, et reçoivent en fin de semaine, en échange de leur production, la nourriture et la matière première de la semaine à venir[116]. Or, nous savons par bien des récits édifiants que ces corbeilles se vendaient sur le marché ; ainsi en usent d'ailleurs les solitaires[117]. La nourriture, d'autre part, fût-elle à base de blé ou de dattes, devait être achetée, à moins que le monastère n'étendît son domaine, et à plus forte raison les vêtements. Plus le monastère se développait, plus il se trouvait quotidiennement présent dans le circuit monétaire, comme le montre la même *Vie de Sabas*, lorsque Cyrille de Scythopolis en arrive à la période de grand essor du monachisme sabaïte. Ainsi, dès que l'on envisage non pas l'ascèse individuelle du moine, mais le monastère dans son ensemble, le caractère naturel des échanges s'évanouit, ou demeure du moins partiel, et tributaire de circonstances locales. L'observation est vraie aussi de certaines rétributions urbaines, qui paient un travail peu qualifié par la satisfaction étroite des besoins quotidiens. Ainsi, Syméon d'Emèse est nourri par le patron de la gargote qui l'emploie, alors que ce dernier est pour sa part engagé dans l'échange monétaire[118]. Il en

---

114. *Cf.* les observations de Luzzatto, « Economia monetaria e economia naturale ».

115. *JNov* LXXXIII (*N.* 64).

116. *Cf.* chap. 6, p. 320.

117. *Ibid.*, p. 316.

118. Leont. Neap., *V. Sym. Sal.*, p. 146.

va de même encore pour les distributions gracieuses qui fournissent une nourriture quotidienne aux indigents. Ceux-ci sont effectivement exclus du circuit monétaire si la distribution se fait en nature, ce qui est le cas dans les monastères. Mais il n'en va pas de même du donateur, sauf si le monastère distribue son propre produit, comme dans le récit de Jean Moschos déjà cité[119]. En ville, l'aumône de nourriture repose sur un achat. On en choisira pour preuve une anecdote particulièrement explicite de Jean Rufus[120]. Il y conte la charité d'un foulon envers un ascète qui refusait de toucher aux espèces monnayées, et n'en acceptait pas en aumône : le foulon alors, après sa journée de travail, prenait sur son gain quotidien et allait lui acheter de la nourriture. Et cela est encore plus vrai des distributions de vêtements, par exemple, assurées par les organisations charitables urbaines[121].

Il n'est pas indifférent d'indiquer, en conclusion, la place de l'échange naturel dans la circulation internationale des biens, en raison des répercussions de celle-ci sur la balance des paiements en or de l'Empire. L'échange naturel y rencontre les mêmes limites de pauvreté et de rigidité, au moins chez le partenaire barbare, tandis que le partenaire byzantin ne s'y livre pas sans une estimation qui lui montre le profit à tirer. C'est ainsi que, au témoignage de Procope[122], les marchands byzantins ont alimenté longtemps les besoins fort simples en blé et en sel des montagnards de Lazique, et se procuraient de cette manière une marchandise plus précieuse, des peaux et des esclaves. Cependant, une étude historique montrerait chez les voisins barbares de Byzance et de la Perse un besoin croissant de la monnaie, ou du moins des métaux monnayables. La hausse des tributs payés aux Huns au cours du 5e siècle[123], les prélèvements énormes opérés par les Perses au cours du 6e, dans leurs expéditions comme dans les traités de paix[124], les trouvailles monétaires et métalliques des 5e-7e siècles, en Scandinavie[125] et dans les pays danubiens[126] par exemple, fourniraient les indices d'une histoire qu'il faudrait nuancer fortement selon les régions et les peuples, et qui suivrait l'évolution des habitudes matérielles et sociales provoquée précisément dans le monde barbare par les contacts avec Byzance et avec la Perse. Un tel travail reste à faire. Notons seulement ici d'un mot que l'échange naturel, apparent ou véritable, se maintient dans les circonstances critiques : c'est ainsi que la famine pousse les Goths, en 376, à échanger des hommes contre un pain ou dix livres de viande aux marchands de l'Empire ; le trafic se fait d'abord par l'intermédiaire des chefs eux-mêmes, puis, la famine se prolongeant, ceux-ci doivent y engager leurs propres fils[127]. En revanche, lorsque, sous Maurice, l'armée byzantine affamée au sortir de l'hiver procède avec son propre adver-

119. *Cf.* note 103.
120. Jean Rufus, *Pleroph.* 88.
121. *Prat. Spir. Add. Vind.* 12.
122. Proc., *Bell.* II XV 1-13 ; II XXV 28-30.
123. Voir Thompson, *History of Attila and the Huns*, p. 161 sq.
124. Proc., *Bell.* I et II, *passim* ; Menandr., *passim*.
125. Fagerlie, *Late Roman and Byzantine solidi found in Sweden and Denmark* ; Adelson, *Light weight solidi and Byzantine trade.*
126. Werner, *Archäologie des Attila-Reiches*, notamment p. 85-87 (« Goldreichtum u. polit.-soz. Stellung ») ; Csallány, *Denkmäler der Awarenzeit.*
127. Amm., XXXI IV 9 ; Jordan., *Get.* XXVI.

saire, le khagan des Avars, au troc de quatre cents chariots de vivres contre un assortiment d'épices «indiennes»[128], l'échange a beau être présenté comme un don réciproque, les deux parties savent manifestement à quoi s'en tenir sur les valeurs des biens échangés, l'une normalement élevée, l'autre momentanément haussée par les circonstances. Mais le niveau de consommation des Barbares, ou du moins de leurs chefs, est alors tout autre.

Entre les transactions naturelles vraies, qui demeurent cantonnées dans des secteurs limités de la circulation des biens, et les transactions naturelles en apparence, mais liées en réalité à la monnaie par l'achat préalable ou par l'estimation, l'attention de l'historien doit aller aux opérations mixtes, les seules où le rapport des deux formes d'échange se laisse saisir dans sa nécessité quotidienne. La variété des faits devient aussitôt considérable.

La transaction mixte apparaît comme une commodité dont le besoin n'est pas limité aux interlocuteurs pauvres. On la trouve par exemple dans la coutume du prêt maritime que ratifie une Novelle de 540[129]. Une enquête du préfet du prétoire a fait ressortir en effet l'usage de transporter gracieusement 1 modios de blé ou d'orge par sou prêté, outre un intérêt en espèces. Cependant, elle est incontestablement fréquente dans la rétribution de services peu qualifiés, donc de prestataires pauvres. Un premier cas est celui d'employés jeunes, sur lesquels le père conserve un droit, que l'employeur rachète par le versement préalable d'une somme en espèces, et plus précisément en or. Voici d'abord le *paramonarios*, garçon à tout faire, et non apprenti d'un métier, auquel son employeur donne quittance dans un document de Nessana, tardif encore une fois, mais d'un type attesté antérieurement[130] : il avait été embauché moyennant une somme de 50 sous versée à son père, et décomposée en un prêt sans intérêt de 30 sous, reçu au terme du contrat, et une somme de 20 sous, qui représente la partie de son salaire payée en espèces. De même, les pères des jeunes paysannes racolées autour de Constantinople par les proxénètes de la capitale les laissent partir au prix de quelques pièces d'or, tandis qu'elles-mêmes sont désormais liées par une dette contractée sans médiation monétaire, puisqu'il s'agit de vêtements et chaussures, et de leur nourriture quotidienne[131]. De tels employés sont eux-mêmes effectivement exclus de toute rétribution monétaire, et par conséquent rétribués au plus juste. Les espèces servent en revanche à acquitter le droit d'user de leur force de travail ; elles servent en d'autres termes à dégager un profit qui revient au titulaire d'un droit sur la force de travail en question. Le montant de ce profit est fondé sur une estimation de ce que ce travail peut rapporter à l'employeur. Dans le cas des jeunes prostituées, les employeurs touchent en espèces le prix des prestations, et le législateur note qu'ils ont refusé toutes les offres de rachat en or qui leur étaient faites par des âmes charitables. D'autres exemples attestent une rétribution effectivement mixte. Pour subvenir à l'embauche d'un chantier de construction, Grégoire de

---

128. Theoph. Simoc., VII, 13 ; Theoph., A.M. 6092.
129. *JNov* CXXIV (*N*. 106).
130. *PNess* 56, 18 janvier 687.
131. *JNov* XXXIX (*N*. 14), A. 535 ; Malalas, 440.

Nysse[132] ou Nicolas de Sion[133] fournissent à la fois des vivres et de l'or. Et le gardien d'un grenier public que met en scène un récit des *Miracles de S. Artemios*[134] loge dans l'immeuble à titre de service et de rétribution à la fois, et reçoit en même temps des pourboires en espèces. De telles pratiques ont dû être continuelles et insaisissables, et ce sont elles, beaucoup plus que la circulation peu commode et forcément limitée des biens en nature, qui ont probablement pesé sur l'ensemble des échanges et sur le fonctionnement du marché.

En somme, la transaction en nature ne définit pas, sauf sur une marge de pauvreté rurale assez étroite, un secteur économique ou social des paiements libres, et cela pour deux raisons : d'une part, elle n'est souvent qu'une apparence, l'aspect extérieur d'une opération dont la véritable portée ne se comprend pas en dehors de l'estimation monétaire ; d'autre part, un secteur essentiel des échanges au contraire, dans la vie quotidienne, et peut-être plus particulièrement celle des petites gens, est couvert par ce que nous avons appelé les transactions mixtes, partie nature et partie argent, ou encore alternance de l'un et de l'autre. Il est alors vrai, toutefois, que les transactions mixtes définissent des échanges pauvres, parce que l'alternance est définie au gré du plus fort socialement, et parce que la combinaison des deux dans une même rétribution réunit deux situations de pauvreté, l'étroitesse de la rétribution en nature, et le faible montant de la rétribution en espèces. Tout cela prépare à penser que les problèmes de l'échange monétaire doivent être au centre d'une étude des paiements libres. Ce sont eux que nous allons aborder maintenant.

A qui veut en faire l'histoire sociale, et même économique, l'échange monétaire ne se présente d'ailleurs pas comme un fait unique, mais comme un système lui-même complexe, constitué d'opérations inégales par leur puissance et leur portée, auxquelles correspondent précisément des moyens monétaires différents, le bronze, les petites sommes en or, les grandes sommes du même métal, et accessoirement l'argent. La documentation numismatique recueillie sur les sites[135], les commentaires consacrés aux mesures monétaires de Julien d'une part[136], d'Anastase et Justinien d'autre part[137], ont accrédité l'idée que la circulation du bronze doit être le pivot de toute histoire économique et sociale de notre période, parce que la monnaie de bronze sert aux petites dépenses quotidiennes, notamment sur le marché urbain. Et les faits allégués en ce sens sont vrais, d'une vérité décisive pour une étude conjoncturelle, si notre documentation permettait de la faire. Pourtant, il convient d'esquisser d'abord, au moyen des textes, une délimitation structurelle plus précise des paiements en bronze, et de leurs rapports avec les petits paiements en or, sous et fractions de sous.

---

132. Greg. Nyss., *Ep.* 25, cité par Cracco Ruggini, *Associazioni professionali*, p. 169.
133. *V. Nicol. Sion.* 58 (*cf. ibid.*, 45, miracle des pains en faveur des ouvriers du chantier).
134. *Mirac. Artem.* 16.

135. Waagé, *Antioch-on-the-Orontes* ; Bell, *Sardis* ; Bellinger, *Gerasa*.
136. Mazzarino, *Aspetti sociali* ; Piganiol, «Problème de l'or au IVᵉ siècle».
137. Grierson, «Coinage and money», p. 431 *sq.*, et «Monetary reforms» ; Blake, «Monetary reforms of Anastasius I».

Car ce sera là selon nous le point d'interrogation crucial, dans cette frange où les pauvres touchent au circuit politiquement majeur de l'or, mais sans y participer pleinement.

Deux types de paiements nous sont décrits : les uns procurent des services et des biens de consommation ou d'équipement à des acheteurs, et d'autres procurent à ces mêmes acheteurs leurs moyens d'achat, soit par la rétribution d'un travail, soit par le don gracieux d'une aumône. Le bronze apparaît comme un moyen d'échange qui trouve très vite ses bornes, pour des raisons simplement matérielles de manipulation. Mais dans les limites de petits paiements énoncés en or, l'équivoque demeure possible, justement, entre l'usage effectif des espèces et celui d'une monnaie de compte, et il importerait à notre propos de pouvoir la dissiper.

Le bronze est incontestablement le moyen des petits achats alimentaires quotidiens, le pain d'abord, dont le prix est énoncé en folleis[138], alors que celui du blé est coté en nombre de modii du sou, sans que des achats de blé au détail soient attestés autrement qu'en période de famine[139]. Et ils sont alors exprimés également en or, à cause des prix élevés, à l'exception d'une indication en dirhems d'argent qui concerne la famine de 547, mais qui a été notée à l'époque arabe[140]. En revanche, un carnet de vente de dattes de Nessana notait à la fin du 6e ou au début du 7e siècle, pour chaque opération, le cours du jour en paniers de dattes du sou, et la quantité de paniers vendus : pour un cours de 8 paniers du sou, l'achat au comptant d'un panier unique par exemple n'a pu être effectué qu'en monnaie de bronze. On remarque toutefois que les noms des mêmes acquéreurs reviennent ; ils acquittaient peut-être une note globale, tenue à jour grâce au carnet[141]. Les denrées autres que le blé se paient en bronze au détail, témoin l'anecdote de Jean d'Ephèse qui renseigne sur un ordinaire il est vrai ascétique, composé de pain, de bouillie et d'herbes[142]. Mais un autre récit atteste le même moyen pour l'achat d'un repas normal, et même abondant, composé de pain, de vin et de viande[143]. La précieuse *Chronique* dite de Josué le Stylite reflète aussi un double usage dans ses relevés sur une famine à Edesse, bien qu'elle traite d'une période exceptionnelle par la raréfaction des denrées, et donc par leur prix[144]. Le blé et l'orge, ainsi que le vin, y sont cotés en quantités du sou, la viande, les œufs, et même les légumes secs en nummia. Ils sont sans doute payés en folleis dans ces années qui suivent la réforme d'Anastase, d'autant plus certainement que tous les prix sont multiples de 20 ou de 40 nummia[145]. Soulignons toutefois que le chroniqueur syrien a noté des cours, et non décrit des opérations effectives de paiement. Les acquisitions autres que la nourriture, plus exceptionnelles, sont énoncées en or. Dans un récit de Jean

138. *Cf.* p. 405-406.
139. *Ps. Jos. Styl. in Chron. ps. Dion.*, p. 199 (A. 812).
140. Agap. Memb., A. 20 Justinien (*PO* 8, p. 432).
141. *PNess* 90/5, 10, 26, etc. *PNess* 91/4, 15, 33, 34, etc.
142. Joh. Eph., *E. Sts* 12.
143. *Nau* 641.
144. *Ps. Jos. Styl. in Chron. ps. Dion.*, p. 196-227, *passim*.
145. Grierson, «Coinage and money», p. 432-433 (1 follis : 40 nummia).

Moschos, un ascète épargne sur son salaire quotidien en folleis les 3 sous nécessaires à l'achat d'un Nouveau Testament[146] ; mais nous ne voyons pas s'il a
procédé à une conversion en or avant l'achat. Dans un carnet de caravane retrouvé à Nessana, les recettes et dépenses sont notées en sous, moitiés et tiers de
sou, mais on relève la somme de 1 sou 1/6[147], où la monnaie de bronze a au
moins servi d'appoint, et surtout l'indication insolite de 200 folleis, pour un
harnachement de chameau, soit environ 1 sou[148]. S'agit-il d'une circonstance
exceptionnelle, le manque de monnaie d'or au cours de ce voyage vers le Sinaï,
ou bien est-ce la notation pour une fois explicite de paiements relativement élevés en bronze, qui seraient habituellement dissimulés sous l'énoncé en monnaie
de compte, nous l'ignorons. Biens de consommation encore, quoique moins
quotidiens, les vêtements se paient en principe en or. Peut-être jugera-t-on peu
probante, à cause de son caractère officiel, l'équivalence stipulée en or à la
fin du 4e siècle, 1 sou au lieu de deux moitiés de sou par an[149] ; mais on en rapprochera le prix de 1 sou attesté par Jean Moschos pour un vêtement d'occasion[150], et celui d'un vêtement ou d'un tissu dans un compte de Nessana, moins
de 2 sous peut-être[151]. Ces chiffres sont encore une fois tels qu'on ne peut exclure un paiement effectif en bronze. En somme, les biens de consommation alimentaire se paient en or, dès que l'on atteint une certaine quantité, comme les
dattes de Nessana, et la plupart du temps s'ils ne se vendent pas au détail, ce
qui semble être le cas du blé : tout cela résulte de ce qui a été dit plus haut des
achats en bronze. On pourrait penser que les produits de luxe se paient nécessairement en or, comme ces épices qu'un riche Syrien envoie prendre d'Edesse
à Alexandrie pour la somme de 100 sous[152] ; toutefois la quantité n'est pas précisée, et c'est le seul prix d'épices que nous ayons trouvé. De même, les vêtements de la dame Sosiana ne peuvent être payés qu'en or parce que leur valeur
atteint 1 livre, tandis que le nombre seul rend nécessaire une somme en or pour
l'achat annuel des vêtements des moines au couvent de Théodore le Coenobiarque[153]. Interférence aussi dans les prix des biens d'équipement. Le prix des
matières premières du tissage est énoncé en or, et le choix des espèces demeure
pratiquement possible lorsqu'un solitaire qui doit acheter le lin nécessaire à
son industrie emprunte pour cela 1 sou à l'un de ses compagnons, 1 sou d'or
ici, où le texte semble clair[154]. Mais quelqu'un d'autre aura pu faire en bronze
un achat analogue. Aucun choix ne s'offre en revanche à l'ouvrier qui doit se
procurer de la soie, dont le prix est énoncé en or à la livre ou à l'once[155]. Les
prix des animaux et des esclaves s'élèvent souvent au-dessus du niveau d'interférence entre le bronze et l'or : 3 sous pour une « gamine » dans le sud de la
Palestine[156], mais 20 sous, au tarif légal, pour tout esclave non qualifié au-dessus

146. Joh. Mosch., *Prat. Spir.* 134.
147. *PNess* 89/40.
148. *PNess* 89/46.
149. *CJ* XII XXXIX 3, A. 396.
150. Joh. Mosch., *Prat. Spir.* 116.
151. *PNess* 89/39 (σινδόνιον).
152. Joh. Eph., *E. Sts* 21

153. *V. Theod. Coenob.* a. Theod., p. 81.
154. *Apopht. Joh. Persae* 2 (col. 236).
155. *JNov* CLIV (édition Zachariä, t. II,
     p. 293), *cf.* Proc., *HA* XXV 16, et Lopez,
     « Silk industry » p. 13, note 1.
156. *PNess* 89/21.

de dix ans[157] ; 2 sous 1/3 pour une ânesse[158], ou même 1 sou pour un poulain[159], mais 15 sous pour un chameau de grande taille[160].

En un mot, le choix des moyens monétaires semblerait au moins infléchi par l'importance des sommes, la commodité de l'or s'imposant probablement très vite, d'autant plus qu'il est aussi, nous l'avons montré, le moyen préféré de l'accumulation. Et un dernier exemple suffira pour conclure : si l'on amassait peut-être en bronze le prix d'un Nouveau Testament lorsqu'il coûtait 3 sous[161], la chose devenait sans doute pratiquement impossible lorsqu'il en coûtait 18[162].

Les revenus modestes sont eux aussi énoncés en bronze, ou en keratia, fractions de compte du sou, et versés au jour le jour. Au 6e siècle, l'ascète déjà cité gagne 5 folleis par jour sur des chantiers palestiniens[163]. Paul d'Edesse, dont la *Vie* se déroule sous l'épiscopat de Rabboula, donc avant la réforme d'Anastase, gagne 100 folleis par jour, et une mesure de pain pour son travail non qualifié[164]. Un tailleur de pierres chiffre à 1 keration une somme effectivement perçue en nummia[165], en tout état de cause inférieure à la plus petite fraction du sou. Les hommes venus pour les travaux de Daras sous le règne d'Anastase sont payés 4 keratia sans âne, et 8 s'ils en ont un[166] : le second paiement peut représenter 1/3 de sou, le premier ne peut être effectué qu'en bronze. Des exemples de prestations isolées rétribuées en tiers de sou datent tous trois du 7e siècle : le paiement d'une toilette funèbre par un homme charitable et riche[167] ; la rétribution abusive d'un médecin[168] ; l'achat de remèdes inefficaces[169]. Les rétributions supérieures à quelques sous sont en tout état de cause au-dessus des niveaux de pauvreté. Citons à cet égard le témoignage caractéristique de Jean d'Ephèse sur la hausse des salaires à Constantinople pendant la grande épidémie de 542[170] : qui n'aurait prétendu naguère qu'à 1 follis, remarque-t-il avec indignation, un blanchisseur par exemple, se faisait alors payer 1 sou ; on ne peut mieux exprimer la dénivellation entre les deux monnaies. Les rétributions d'Etat ont jusqu'ici trop exclusivement occupé l'attention, alors qu'elles ont une signification politique au premier chef. Parmi les rétributions privées, l'or correspond à des prestations de caractère exceptionnel, isolées, ou bien qualifiées, ou les deux à la fois. Ainsi paie-t-on en or le médecin. C'est du moins ce qui ressort de la collection de miracles compilée au 7e siècle à la gloire du sanctuaire de S. Artemios à Constantinople, dans un esprit de polémique il est vrai. L'auteur cite avec réprobation des sommes de 8 et 12 sous[171], et dans un autre récit[172] 1/2 et 1/3 de sou, ainsi d'ailleurs qu'une somme de 4 keratia, qui désigne un paiement en bronze. Dans un autre cas, la réalité paraît moins claire. Il s'agit des deux frères dont Jean d'Ephèse conte la pieuse

157. *CJ* VII, VII 1, A. 530.
158. *PNess* 89/31.
159. *PNess* 89/37.
160. *PNess* 89/29.
161. *Cf.* note 146.
162. *Apopht. Gelasios* 1.
163. Joh. Mosch., *Prat. Spir.* 134.
164. *V. Paul. Edess.* 3 et 5.

165. *BHG 3* 618.
166. Zach. Mityl., *HE* VII 6.
167. *Prat. Spir. Add. Marc.* 3.
168. *Mirac. Artem.* 23.
169. *Ibid.*, 32.
170. Joh. Eph., *HE Fgmt. G* (p. 235/9-11).
171. *Mirac. Artem.* 36.
172. *Ibid.*, 23.

histoire[173], et qui faisaient métier de guider les caravanes jusqu'à la frontière perse. Leur compétence était telle que leur salaire annuel, initialement de 5 ou 6 sous, passa à 10, à 20, puis à 30 sous, ce dernier paiement assurant à la compagnie qui les employait l'exclusivité de leurs services. Ceci laisse supposer qu'ils n'avaient auparavant qu'un emploi discontinu, et il ne serait pas invraisemblable que les deux premières sommes surtout eussent été payées au détail en bronze, si le nombre de caravanes à guider était élevé. Toutefois, un compte de Nessana, où les paiements en bronze sont en principe explicites, énonce en or la rétribution d'un tel guide, employé sur la route du Sinaï[174] : elle se monte à 3 1/2 sous, pour une prestation selon toute apparence isolée, mais dont la durée n'est pas précisée. Un service annuel exclusif en tous les cas a toute chance d'avoir été payé effectivement en or. Un salaire de ce type, par exemple, est demandé par le juif Jacob, sous le règne d'Héraclius[175], pour aller de Constantinople en Occident vendre des vêtements d'une valeur de 2 livres, que son employeur lui confie ; c'est un type d'opération bien attesté dans la Méditerranée médiévale. Le chiffre même soutient la comparaison avec ceux de Jean d'Ephèse: Jacob réclame en effet 15 sous pour l'année. Mais, dans ce cas particulier, il convient de considérer si la somme est calculée par rapport à la valeur des vêtements, ou au risque d'une opération avec trajet maritime. Nous avons malheureusement peu de références à des rétributions privées en or, et d'autant moins qu'il faut distinguer salaire et accumulation par le salarié. On peut cependant se demander s'il n'y a pas une certaine cherté du travail qualifié. Il est difficile, à cause de la date et du contexte de générosité miraculeuse, de trop fonder sur un récit des *Miracula Artemii*[176], où un malade guéri, après avoir offert en action de grâce son travail de menuisier dans le sanctuaire, se voit en rêve recevoir un paiement de 3 sous. On peut toutefois rapprocher, pour le 6e siècle, le récit de Jean d'Ephèse[177] où deux sœurs gagnent 1 sou par jour à filer 2 livres de poil de chèvre : la somme semble bien payée en or. Le compte déjà cité de Nessana note une recette de 5 1/3 sous pour la fonte d'1 livre de ferraille[178] – y compris la valeur du métal sans doute. Travail qualifié également, bien qu'il entre dans une réglementation officielle, celui des religieuses chargées de psalmodier aux funérailles payées par les familles. La Novelle de 537[179] fixe en effet des tarifs tels qu'ils impliquent pour elles un paiement en or, et au contraire un paiement en bronze pour le personnel de convoi.

Les paiements en or des fonctionnaires, du reste complétés par extorsion, sont bien connus, et il est inutile d'y insister ici[180]. On soulignera en revanche l'emploi de l'or dans les paiements de prestations peu qualifiées. Le versement isolé en or apparaît ainsi pour ouvrir le droit à un service qui sera rétribué autrement par la suite : nous en avons vu le cas plus haut, pour les sommes

173. Joh. Eph., *E. Sts* 31.
174. *PNess* 89/23.
175. *Doctrina Jacobi* 19 (A. 619 ou 634).
176. *Mirac. Artem.* 27.
177. Joh. Eph., *E. Sts* 12.

178. *PNess* 89/20, lecture conjecturale. *Cf.* notes éd. 19-20, p. 258-259.
179. *JNov* LXXVI (*N.* 59).
180. *Cf.* Ostrogorsky, «Löhne und Preise»; Jones, *Later Roman Empire*, p. 396-398.

versées aux parents des jeunes prostituées, ou du *paramonarios* de Nessana[181]. La *Vie de Syméon Stylite le jeune*[182] rapporte le cas d'un mauvais garçon charitable, qui met en nourrice un enfant abandonné : la femme recevra pour cela « une juste rétribution », qui n'est pas autrement précisée, et un versement initial de 2 sous, peut-être destiné à la dédommager du manque à gagner que provoquerait la mort de l'enfant. Ailleurs, la rétribution en or s'explique par le caractère exceptionnel de la prestation, et accessoirement par les disponibilités de l'employeur. La peste de 542 offre l'exemple classique de services raréfiés au point qu'une rétribution adéquate ne peut plus être en bronze, et doit s'effectuer en or. Nous avons cité à ce sujet le témoignage de Jean d'Ephèse[183]. Le chroniqueur monophysite fait état des profits effarants des porteurs de cadavres, qui sont comptés en sous, cinq, six, sept, et jusqu'à dix par chargement, et qui s'expliquent à la fois par la rareté des services, et par les ressources illimitées mises à la disposition du référendaire chargé de l'organisation funèbre[184]. Les deux facteurs se sont additionnés. Le paiement des travailleurs de la construction pose à cet égard un problème particulièrement important parce qu'il s'agit du secteur de production non-agricole de loin le plus actif. Du côté du constructeur, les sommes à dépenser sont chiffrées, nous le verrons, en dizaines, centaines, ou milliers de sous, ou l'équivalent en multiples de compte du sou. Mais nous n'avons pas de preuve décisive qu'il y ait eu des paiements effectués en or à côté des paiements mixtes, ou du cas isolé de paiements en argent, signalés plus haut : l'or qui se rencontre dans l'épargne des ouvriers de la construction peut être le résultat de conversions ultérieures. En conclusion, dans le paiement privé des services, l'or ne vient pas rétribuer des prestations non qualifiées, sauf exception catastrophique. Mais l'épargne peut se transformer en or. Et puis il y a les paiements gracieux, aumônes chrétiennes et largesses civiles, par le canal desquels l'or pénètre fortuitement dans le champ monétaire des pauvres.

Les revenus quotidiens ou les sommes isolées des paiements gracieux prêtent en effet à des observations parallèles à celles qui viennent d'être faites. Les revenus fondés pour les pauvres, et versés aux individus, sont payés en bronze, à Gaza lorsque l'évêque Porphyre emploie ainsi son héritage dans les dernières années du 4ᵉ siècle[185], à Constantinople lorsque Justinien consent une rente à des demoiselles appauvries par la mort de leur père[186] ; la somme est alors simplement plus élevée. Les aumônes isolées peuvent aussi être faites en bronze, comme dans le récit où Jean d'Ephèse rapporte que deux femmes gagnent 1 sou par jour dont la moitié est distribuée en charités[187], ou dans la distribution massive pour laquelle l'empereur Maurice fait changer une somme en or[188]. On relève néanmoins un certain nombre d'exemples de tiers de sou donnés en aumônes[189]. Les aumônes en or auraient été relativement nombreuses à en croire les récits édifiants. Toutefois, il ne faut pas confondre la distribution,

---

181. *Cf.* p. 357.
182. *V. Sym. Styl. jr* 164.
183. *Cf.* note 170.
184. *Ibid.*, p. 237/1-2.

185. Marc. Diac., *V. Porph. Gaz.* 94.
186. Malal., 439.
187. Joh. Eph., *E. Sts* 12.
188. Theoph. Simoc., **V** 16.

dont on vient de voir quelques exemples, et la dépense faite par le donateur. En outre, la dispersion par aumônes individuelles, donc la distribution de l'or, ont sans doute été restreintes par la pratique de donner ou léguer à l'Eglise l'ensemble d'un patrimoine, comme font Olympias et Porphyre de Gaza, et même par les fondations de rente destinées aux pauvres d'une cité, on vient de le voir, ou à un établissement charitable. Enfin, on constate tout de même une tendance à exclure l'or des largesses au peuple. On a vu les restrictions apportées aux largesses consulaires autres que celles de l'empereur lui-même ; elles portent sur l'emploi de l'or, même si celui-ci reparaît dans des circonstances exceptionnelles comme le triomphe de Bélisaire[190]. Paul Diacre rapporte que Tibère aurait épuisé l'or du trésor impérial, au grand mécontentement de Sophie, veuve de Justin II, et qu'il aurait été récompensé de sa générosité par la découverte miraculeuse d'un nouveau trésor[191] ; mais Jean d'Ephèse souligne que ses largesses somptueuses auraient profité à l'entourage aulique plus qu'aux pauvres[192].

L'insignifiance de l'argent dans les paiements privés à l'intérieur de l'Empire est frappante. Ph. Grierson a remarqué que les seuls paiements privés en espèces d'argent attestés pour le 6e siècle se trouvent dans un récit de Jean Moschos situé à Nisibe, c'est-à-dire au voisinage de la Perse[193]. On peut y ajouter la gratification d'un *miliarision* par homme versée aux ouvriers qui portent les pierres pour la construction de S. Sophie, du moins s'il faut en croire une compilation tardive[194]. Car l'information déjà citée d'Agapius de Membidj, un prix de blé en dirhems pour l'époque justinienne, n'est pas à prendre en considération ici[195]. En dehors de cette époque, nous signalerons, comme paiement privé, la mention d'un revenu quotidien à Gaza, dans les dernières années du 4e siècle : il se monte à 4 *miliarisia*, assignés à une jeune fille de 14 ans et à sa grand'mère[196]. On touche là un autre domaine de l'argent, celui de la drachme syrienne, bien jalonné au cours du 4e siècle, avec quelques données postérieures à 360, par les textes rabbiniques et les comptes sur papyrus dont D. Sperber a réuni les données[197]. Mais dès le 4e siècle, l'argent est en voie d'élimination dans la *pars Orientis*[198]. Comment se faisaient les paiements effectifs ? C'est là une autre question, mais les séries sont en tout état de cause suffisamment courtes et localisées pour ne pas intervenir de façon significative dans l'interprétation générale des transactions monétaires de notre période. Nous avons pourtant signalé l'usage de l'argent dans l'accumulation des fortunes[199]. On le retrouvera aussi dans les gros paiements, et notamment la circu-

189. *Nau* 39 ; *V. Theod. Coenob.* a. Theod., p. 27 ; Joh. Eph., *E. Sts* 53, etc.
190. *Cf.* chap. 5, p. 188.
191. Paul. Diac., *Hist. Langob.* 12.
192. Joh. Eph., *HE* III, III 14, mais *ibid.*, V 20.
193. Joh. Mosch., *Prat. Spir.* 185, *cf.* Grierson, « Coinage and money », p. 425.
194. Anon. *Enarr. S. Sophiae* 9 ; *cf. ibid.*, 20.

Sur ce texte, Preger, « Erzählung vom Bau der Hagia Sophia ».
195. *Cf.* note 140.
196. Marc. Diac., *V. Porph. Gaz.* 100.
197. Sperber, « Costs of living in Roman Palestine ».
198. Callu, « Problèmes monétaires du IVe siècle ».
199. *Cf.* p. 348 et 349.

lation internationale. Il apparaît également dans certains paiements officiels, comme les largesses consulaires, sous une forme qui n'est d'ailleurs peut-être pas monnayée[200]. Plus tard, Héraclius crée une monnaie d'argent[201], à un moment où les guerres mettent en difficulté le trésor impérial, et ouvrent Byzance de gré ou de force aux influences venues de Perse, c'est-à-dire d'un Empire appuyé sur un monnayage d'argent. Mais jusque-là les paiements privés à l'intérieur de l'Empire vérifient dans l'ensemble, on vient de le voir, l'opposition exprimée de façon désormais classique par l'Anonyme *De Rebus Bellicis*[202] : au niveau des petits paiements, le bronze ne rencontre pas d'autre métal que l'or.

L'ambiguïté de l'énoncé en monnaie d'or cesse donc, pour des raisons matérielles évidentes, dès que la somme en jeu dépasse peu d'unités. Mais l'usage quotidien et populaire du bronze se prolonge dans une interférence socialement très importante avec les sous et surtout les fractions de sou. Le bronze est bien la monnaie des pauvres, à tel point que, dans un récit de Jean d'Ephèse, un ascète l'accepte tandis qu'il refuse le tiers de sou qui eût probablement mis à sa disposition un pouvoir d'achat trop fort[203]. Pourtant, la vérité sociale réside au moins autant dans le va-et-vient entre les sommes en bronze et les faibles sommes en or, illustré par la *Vie d'Alypios le Stylite*[204], dont la mère, se trouvant un jour en possession d'un tiers de sou, doit le changer pour les emplettes à la ville. L'opération tournait d'ailleurs au préjudice des pauvres lorsqu'elle était effectuée par les doigts trop habiles d'un changeur malhonnête, s'il faut en croire les accusations consignées par Procope contre Pierre Barsymès[205]. Ainsi les pauvres ne sont pas davantage cantonnés dans les paiements en bronze qu'ils ne l'étaient dans les échanges naturels, ils sont présents dans la circulation générale des biens, dominée par les paiements en or que nous allons examiner maintenant.

L'or couvre d'ailleurs une si grande partie du domaine des paiements que son emploi ne définit pas une catégorie unique. Dans un système de paiements en monnaie réelle, un classement s'opère selon les quantités d'or mises en cause, à la fois dans les transactions et dans l'accumulation, et cela pour des raisons avant tout matérielles de modes de transfert. Nous distinguerons d'abord la tranche des paiements relativement peu élevés : on pourrait les définir d'un mot comme inférieurs au seuil d'usage de la première unité de compte spéciale à l'or, la livre de 72 sous. En fait, l'énoncé en sous d'or de sommes inférieures à 1 livre peut dissimuler dans une certaine mesure, on l'a vu, pour les sommes les plus faibles, des paiements effectués en bronze. Il convenait donc de séparer en deux cette première série de paiements, et de distinguer les cas où l'énoncé en monnaie d'or ne suffit pas à renseigner de façon décisive sur le moyen de paiement effectivement employé, et ceux qui ne prêtent au contraire à aucune équivoque. On a vu que les circonstances du paiement per-

200. *Cf.* Maricq, « Noms de monnaie et noms de vases ».
201. Grierson, « Coinage and money », p. 425 *sq.*
202. Anon. *Reb. Bell.* 2.
203. Joh. Eph., *E. Sts* 53.
204. *V. Alyp. Styl.* 16.
205. Proc., *HA* XXII 3-4.

mettent dans une certaine mesure une interprétation au moins vraisemblable ;
il a d'autant plus de chance d'être effectué en or qu'il est plus exceptionnel par sa
nature même, ou par la valeur des biens et services acquis, par leur volume, par
les deux à la fois. Quant à proposer un seuil chiffré, c'est une autre question, et
qu'il faudra envisager lorsque nous poserons plus loin celle des prix. D'autre part,
au-dessus d'une livre, on peut introduire une nouvelle distinction, en séparant
les paiements moyens exprimés en livres, et les gros paiements exprimés en *centenaria*, ou centaines de livres. Distinction d'une efficacité relative dans la mesure
où l'usage des unités de compte spéciales à la monnaie d'or n'est ni obligatoire,
ni toujours possible : les sommes chiffrées en milliers de sous ne se réduisent
pas, le plus souvent, à des sommes rondes en livres, ni les sommes en livres
à des *centenaria*. En outre, les auteurs préfèrent parfois s'en tenir à des chiffres
qui font plus gros effet.

La réalité des paiements moyens ou importants est illustrée par différentes
anecdotes qui montrent les quantités déterminées de numéraire scellées dans des
sacs, et utilisées de la sorte pour l'échange ou la thésaurisation : ainsi les sacs
rangés dans le trésor du monastère de S. Euthyme[206], ou la bourse de 500 sous
remise à un dépositaire infidèle, qui rendra miraculeusement gorge[207] ; ainsi
le sac de 100 livres, que Théodora envoie chercher pour en faire don au vertueux
ascète Mar Abe, qui, malgré le poids, le rejette loin de lui[208]. Quant aux types
d'échanges où on les trouve, nous en donnerons ici quelques exemples, sans
toucher encore aux dépenses d'Etat, ou à l'échelle des valeurs et des prix.

Il est d'abord évident que n'importe laquelle des transactions citées plus
haut comme occasion de petits paiements peut prendre parfois une importance
exceptionnelle : la dépense de vêtements pauvres, s'ils sont achetés pour tout
un monastère à la fois[209] ; ou la dot d'une épousée, si elle apporte 100 livres à
son mari, comme la femme de Jean Lydus[210]. Mais il y a des circonstances
plus spécifiques, et plus significatives par conséquent. De trop rares indications
de sommes risquées dans des opérations commerciales : 2 livres en vêtements
confiés au juif Jacob par son patron[211] ; un prêt de 5 livres englouti dans un
naufrage par le malheureux marchand d'un récit de Jean Moschos[212]. Cependant, la plupart des chiffres moyens ou importants expriment des dépenses
immobilières, dont le montant est sans doute fonction de l'endroit plus que de
la date : terres de rapport, domaines, ou villages, dont le prix varie de 5 livres
pour un petit domaine de montagne[213] à 3 *centenaria* pour un village de la
côte syrienne[214] ; terrains à bâtir, comme l'emplacement nécessaire à une église,
que l'on paie 400 sous à Pinara, petite ville de Lycie[215], et 2 000 sous à Constantinople[216], au 6e siècle ; immeubles déjà existants, comme l'hospice que le
monastère de S. Euthyme acquiert pour 200 sous à Jérusalem[217], ou les cellules

206. Cyr. Scythop., *V. Euthym.* 48.
207. *Nau* 48.
208. Joh. Eph., *E. Sts.* 36.
209. *Cf.* note 153.
210. Joh. Lyd., *Mag.* III 28.
211. *Doctrina Jacobi* 19.

212. Joh. Mosch., *Prat. Spir.* 186.
213. Joh. Eph., *E. Sts* 36.
214. Proc., *HA* XXX 19.
215. *V. Nicol. Sion.* 69.
216. *Patr. CP.* III 43.
217. Cyr. Scythop., *V. Cyriaci*, p. 226.

que Sabas y achète dans le même dessein pour 170 sous[218], comme aussi ces maisons de Constantinople englobées dans la construction de S. Sophie, dont le prix varie de 85 sous, estimation d'un ensemble en 539[219], à 38 livres, soit 2 736 sous, pour la demeure de l'eunuque Antiochos[220]. Enfin, il faut compter là les sommes employées à des constructions. Le montant global de la part de salaire payée en espèces, 1 livre pour des ouvriers engagés durant cinq mois aux travaux du four et de l'église à la Nouvelle Laure de Sabas, entre 511 et 532[221], 80 1/2 sous pour la restauration de l'église de Sabandos en Lycie avant 550[222], est sans doute mis en or à la disposition du pieux entrepreneur, même s'il est détaillé en bronze par la suite, ce qui peut n'être pas le cas, on l'a vu ; nous avons montré qu'on ne pouvait donner une réponse unique à la question des espèces employées pour rétribuer les ouvriers du bâtiment. L'échelle des sommes dépensées pour des constructions est fort étendue, et se justifie par la nature des bâtiments, et le lieu où ils sont édifiés, plus que par la date de l'opération : 300 sous pour un édifice funéraire à Mothana, dans la steppe syrienne, en 485-486[223], 700 pour une synagogue, ou plus probablement une annexe, à Dmer près de Damas, au 5e ou au 6e siècle[224], 3 000 aux termes d'Aphrodisias de Carie[225], 3 *centenaria* soit 21 600 sous pour une église de la capitale, dédiée à S. Théodore par le patrice Sphoracios dans la première moitié du 5e siècle[226], douze cents centaines de livres (*sic*) à S. Sophie au milieu du 6e[227]. En somme, nous pouvons adopter les critères suivants : en laissant de côté ce que nous avons appelé la frange d'interférence avec la monnaie de bronze, on peut distinguer parmi les paiements incontestablement effectués en or les petits paiements inférieurs à 1 livre, les paiements moyens qui atteignent et dépassent cette somme, les paiements importants qui s'échelonnent d'une dizaine de livres à l'infini. D'autre part, la nourriture quotidienne relève des paiements en bronze, ou de l'interférence bronze/or, sauf exceptions de pénurie, de luxe, ou d'achats massifs. Au contraire les biens d'équipement sont payés en or : si quelques matières premières modestes et acquises en petites quantités ou les producteurs d'énergie les plus humbles se tiennent encore dans la zone d'interférence, les prix s'élèvent très vite au-dessus de celle-ci, et notamment pour les travaux de construction. Enfin, les services peu qualifiés appartiennent au registre de la monnaie de bronze, ou à la zone d'interférence ; les services qualifiés sont payés en or au-dessus de celle-ci. Telle est l'échelle où l'on doit situer le pauvre et le seuil de pauvreté de 50 sous.

Il reste à étudier les moyens de cet autre circuit des biens, que nous avons appelé celui des paiements obligés. La partie prenante, Eglise, Etat, groupe

218. Cyr. Scythop., *V. Sabae*, p. 116.
219. Anon. *Enarr. S. Sophiae* 3.
220. Anon. *Enarr. S. Sophiae* 4.
221. Cyr. Scythop., *V. Sabae* 123.
222. *V. Nicol. Sion.* 58.
223. Dunand, « Nouvelles inscriptions », n° 206.

224. Lifshitz, *Synagogues juives* n° 61 (*LW* 2562 b).
225. *IGC* 277 (*Hellenica* IV, p. 130).
226. *Patr. CP* III 30.
227. Anon. *Enarr. S. Sophiae* 25.

social des puissants, y apparaît, nous l'avons vu, dans un double rôle économique : d'une part, elle soustrait sous forme directe ou monétaire une certaine quantité de biens à la circulation libre ; d'autre part, elle redistribue à son tour ces biens de façon immédiate ou différée. Ils sont en effet employés à des paiements libres, financement d'équipements, en particulier de constructions, rétribution de services, redistribution gracieuse à des non-producteurs. Les biens levés par l'Etat sont employés d'autre part à des paiements particuliers, et d'une grande importance conjoncturelle, ceux qui sont faits au-delà des frontières de l'Empire. Nous avons décrit au chapitre précédent les procédés qui imposent des paiements obligés dont la plus grande masse pèse sur les campagnes. Nous rappellerons ici les moyens de paiement, dont le choix contribue à définir l'obligation elle-même et ses répercussions économiques.

La rente du sol apparaissait versée en nature, sous forme de part de fruits, dans un récit de Théodoret de Cyr[228], et une homélie de Jean Chrysostome laissait penser que le propriétaire vendait cette part abusivement accrue de ce qu'il rachetait arbitrairement au paysan[229]. Le versement en nature est en effet conforme à un type séculaire de contrat agraire méditerranéen. Toutefois, une loi de 529[230] stipule que la redevance des colons doit être versée en espèces si un litige éclate entre eux et le propriétaire, afin d'être réservée jusqu'à la décision. Les moyens des paiements extorqués sont en revanche variables, mais les espèces d'or semblent en fin de compte préférées. Les gouverneurs extorquent des journées de travail aux contribuables[231], et les patrons militaires décrits par Libanios les produits de leur terre aux paysans[232]. Mais ces mêmes militaires réclament aussi de l'or, « ou la valeur de l'or »[233]. Les gouverneurs reçoivent de l'or des justiciables[234] ; ils en ont besoin pour rentrer dans les frais d'achat de leur charge, parfois pour les rembourser à qui en a fait l'avance[235]. Enfin, les moyens des divers versements à l'Eglise sont variables eux aussi. Nous avons vu dans les campagnes des versements en fruits, en journées de travail, autant qu'en espèces – et dans ce dernier cas nos exemples attestaient l'or des offrandes villageoises[236].

En fait, la discussion historique s'est nouée, on le sait, autour des versements fiscaux. On s'est plu à opposer, compte tenu de la pratique de l'équivalence en espèces (*adaeratio*), une fiscalité fortement naturelle au 4e siècle, qui se ressentirait encore de la débâcle monétaire et des transformations du 3e, et l'aisance monétaire qui s'installerait en Orient à partir du 5e siècle, et jusqu'à la fin du 6e, ou du moins jusque vers 560, et qui provoquerait la généralisation du paiement

228. Theod. Cyr., *HRe* XIV, *cf.* chap. 6, p. 285 *sq.*
229. Joh. Chrysost., *PG* 58, 591-592 (*Hom. in Matth.* LXI).
230. *CJ* XI XLVIII 20, *cf.* chap. 6, p. 284.
231. *CJ* XI LV 2, A. 368 ; *CJ* X XXIV 1, A. 369.
232. Lib., *Or.* XLVII 4.

233. Texte cité note précédente χρυσὸς ἢ χρυσοῦ τιμή «or au poids ou monnayé», *cf.* comm. Harmand, p. 27, note 6.
234. *Cf.* chap. 6, note 347.
235. *Cf.* chap. 6, p. 279-280 *sq.*
236. *Cf.* chap. 6, p. 273 *sq.*

en espèces[237]. Pour tant, on aurait tort d'écrire l'histoire fiscale de cette période à l'aide des seules mesures impériales relatives au mode de paiement des impôts, qui ont été dictées par les circonstances, sans les confronter avec les témoignages, eux aussi circonstanciels, qui se rencontrent dans d'autres sources. Une série d'exemples, discontinue sans doute, prouve pourtant que, à toutes les époques, le paiement fiscal n'est incontestablement naturel que dans des cas particuliers : services gratuits des collèges[238], paiement en fer réclamé en 372 aux habitants d'un district minier du Taurus[239], et toujours les réquisitions pour les besoins de l'armée lorsqu'elles sont clairement infligées aux producteurs eux-mêmes : en Asie Mineure sous Justinien[240], où elles sont aggravées de l'obligation de convoi[241]; aux abords de Constantinople lors de l'avance avare de 585[242]; à Nessana au témoignage d'un document du 6e siècle[243], qui réquisitionne au titre de l'impôt des chameaux et des dromadaires à l'usage du camp militaire et des églises de la ville. Il ne manque pas davantage de textes qui témoignent de contributions comptées en or. Pour les campagnes, Basile de Césarée en fait état comme d'une chose ordinaire dans une intercession de 372[244]. Quelque soixante ans plus tard, Théodoret de Cyr rapporte l'histoire d'un village de paysans libres en quête d'un patron qui les protégeât contre les agents du fisc venus réclamer un versement de 100 sous[245]. On compte en sous d'or également les sommes dues au 6e siècle par les bourgades de Palestine Troisième, et destinées au paiement des fonctionnaires locaux[246]. Les impôts des provinces se comptent en livres d'or, comme on s'y attendrait[247]. Enfin, la vente à prix fiscal est un versement en nature dans la mesure où le contribuable ne reçoit pas en espèces la valeur de ses produits sur le marché[248] : on peut donc considérer qu'une partie en est versée sans compensation. Tout cela apparemment fort clair, beaucoup moins en réalité, car il faut considérer de plus près d'une part les espèces, d'autre part la complexité des rapports entre le fisc et le marché.

Dans les campagnes, le fisc procède la plupart du temps à un choix unilatéral des moyens de paiement, déterminé par une estimation ingénument avantageuse pour lui en fonction du marché, et complété dans le même sens par la pratique fiscale de la vente forcée (συνωνή). Dans une lettre datée de 434, Théodoret de Cyr dépeint la détresse de villageois obligés d'emprunter par petites sommes de 5, 10 et 20 sous un or qu'ils n'ont pu tirer du marché, en raison d'un

237. Discussion dans Mickwitz, *Geld und Wirtschaft* ; Mazzarino, *Aspetti sociali* ; Karayannopoulos, « Chrysoteleia der iouga » (conteste qu'il y ait eu commutation générale en or sous Anastase) ; Várady, « Late Roman military economy » (*adaeratio* de la paie militaire en Orient).

238. Waltzing, *Corporations professionnelles*, t. 2, p. 259 *sq*.

239. Bas. Caes., *Ep*. 110.

240. Joh. Lyd., *Mag*. III 61.

241. *Ibid*., 70 ; Proc., *HA* XXXIII 1-16.

242. Joh. Eph., *HE* III, VI, XLV-XLIX.

243. *PNess* 35.

244. Bas. Caes., *Ep*. 88.

245. Theod. Cyr., *HRe* XVII.

246. Alt, « Griech. Inschr. ... Palästina Tertia », 1-3. *PPNess* 36 et 39.

247. Cyrill. Scythop., *V. Sabae*, p. 145-146, etc.

248. Chap. 6, p. 277 et ci-dessous.

effondrement des prix[249]. Une autre fois, en revanche, le même Théodoret plaide pour des contribuables qui doivent fournir aux soldats des garnisons locales un contingent d'huile, qui dépasse leurs possibilités parce que la récolte de l'année en cours et celle de l'année précédente ont été mauvaises[250]. Agathias décrit comment Jean le Libyen pourvoit aux besoins de l'armée, non sans arrondir encore, au lieu de la dépenser, la somme qui lui a été confiée à cet effet par Justin II[251] : il lui suffit de réclamer dans chaque village ce qui se trouve y faire défaut, bœufs, chameaux, mules, et de fixer ensuite lui-même la somme en or qu'il acceptera comme contrepartie. Les villageois n'ont alors d'autre moyen de payer que de vendre leurs biens les plus précieux. Un abus analogue est déjà condamné dans une Novelle de 545 relative au passage des soldats[252]. Le témoignage de Jean Lydus prend place dans sa démonstration du manque croissant d'or dans l'Empire[253] : au moment où la poste impériale est supprimée par le préfet du prétoire Jean de Cappadoce, et où les possibilités de vente du contribuable se trouvent réduites de ce fait, on lui demande un versement en or. En outre, on amoindrit le volume de sa marchandise en prélevant directement ce qui est nécessaire à la subsistance militaire locale. Ailleurs, le préjudice apporté par la vente forcée est aggravé par le coût du transport, puisque le contribuable est appauvri par elle au point de ne pouvoir payer ce dernier, et convoie alors lui-même jusqu'à la côte les produits exigés[254]. L'*Histoire Secrète* enfin expose avec indignation différentes pratiques de même ordre qui relèvent de la vente forcée[255]. Si l'obligation parfois faite aux paysans de transporter eux-mêmes leur grain à Byzance peut être considérée comme entièrement naturelle, il n'en va nullement de même pour les contributions en nature qui leur sont réclamées sans tenir compte des conditions locales, et en particulier de la saison. Les contribuables qui ne disposent pas du produit exigé sont contraints d'aller l'acheter au loin, à un prix abusivement élevé, qui sera encore alourdi par la mensuration fiscale arbitraire, et par l'obligation de transport. L'auteur évalue le coût d'un versement de ce genre à dix fois le montant initialement fixé. En d'autres termes, un tel procédé revient à réserver au seul contribuable, en les amplifiant de surcroît, les effets d'une variation régionale ou saisonnière des prix, tandis que le coût des produits pour les organismes d'Etat demeure de ce fait artificiellement stable.

En somme, l'estimation monétaire exacte ou abusive demeure en réalité fondamentale, puisqu'elle détermine implicitement dans la majorité des cas la forme même du prélèvement fiscal. Elle suit un mouvement conjoncturel très simple et de faible rayon, celui des prix agricoles directement commandés par le volume des récoltes. L'Etat est donc bien partie prenante sur le marché, mais de façon particulière, puisque le mouvement conjoncturel est contredit, et non accompagné, par lui. Ainsi l'autorité politique permet-elle à l'Etat d'être bénéficiaire sur le marché. Il apparaît cependant difficile de retrouver véritablement

249. Theod. Cyr., *Ep. Sakk.* 37.
250. *Ibid.*, 18.
251. Agath. IV 22.
252. *JNov* CL (*N.* 130), 2.
253. Joh. Lyd., *Mag.* III 61.
254. Joh. Lyd., *Mag.* III 70.
255. Proc., *HA* XXIII 1-16.

une histoire de la forme naturelle ou monétaire des versements fiscaux d'après les témoignages étalés sur toute la période, avant et après la décision d'Anastase. Il eût fallu des séries de témoignages plus nombreuses, et mieux fournies régionalement. Notre documentation permet seulement d'affirmer que l'alternative a subsisté dans les campagnes pendant toute la période. La double forme de l'impôt n'est pas absente non plus de l'économie urbaine, dans la mesure où celle-ci supporte des impôts directs, comme le chrysargyre supprimé par Anastase, et d'autres versements en espèces, des impôts indirects, tels que droits de douane et taxes sur les ventes[256], des obligations de fournitures, aux militaires par exemple, enfin des prestations de service imposées aux membres des curies et des corporations[257]. La forme monétaire conserve toutefois ici une primauté absolue : tantôt elle est directement imposée, tantôt elle est la référence implicite des prestations apparemment faites en nature, qu'il s'agisse des services que les corporations assurent au titre de l'impôt, et qui sont pour elles un manque à gagner, ou des fournitures qui peuvent faire l'objet d'un achat préalable : lorsque les propriétaires d'Edesse logent les soldats en campagne en 506[258], certains d'entre eux ont peut-être fait venir de leur propriété l'huile et le bois qui leur étaient demandés ; mais la literie, de manière ou d'autre, a dû être achetée. La monnaie se retrouve encore dans les ponctions abusives, comme la spéculation sur le pain de Constantinople, dont l'*Histoire Secrète* attribue à Justinien les scandaleux bénéfices, chiffrés en centaines de livres d'or. Mais dans les villes, et surtout dans les campagnes, le point important demeure, dans le cas des versements monnayés, le choix entre les espèces monétaires.

Si l'on excepte des lettres de Basile de Césarée autour de 370, et de Théodoret de Cyr entre 430 et 450[259], nos documents sur la fiscalité byzantine des 4e-7e siècles se rapportent à un 6e siècle qui commence avec Anastase : à diverses références littéraires et juridiques s'ajoutent des papyri palestiniens et des inscriptions. Parmi ces dernières, deux tarifs d'impôt indirect, l'édit sur les taxes à payer par les cargaisons au passage des Détroits[260], le règlement des droits sur les ventes à Beyrouth[261] ; une inscription de Césarée de Palestine relative au financement de l'hippodrome sur des paiements fiscaux, dont l'origine est précisée[262] ; des inscriptions de Be'er Sheba dans le Sud du pays[263], qui précisent de façon analogue, pour éviter les abus, des sommes dues par les bourgades de la province et leurs destinataires. Les papyri proviennent encore une fois de Nessana, et on y trouve notamment des états d'impôts[264], avec des chiffres globaux de sommes à payer par les bourgades mentionnées dans les inscriptions

256. Voir Karayannopulos, *Finanzwesen*, p. 148-168 ; Antoniadis-Bibicou, *Les douanes à Byzance*, p. 59-95.

257. *Cf.* note 238.

258. *Ps. Jos. Styl. in Chron. ps. Dion.* A. 817 (p. 229).

259. *Cf.* chap. 6, p. 278 *sq.*

260. *IGC* 4 (l'attribution traditionnelle à Anastase n'est pas démontrée).

261. Mouterde, « Tarif d'impôt sur les ventes ».

262. Lifshitz, « Inscription byzantine de Césarée en Israël ».

263. Alt, « Griech. Inschr. ... Palästina Tertia », inscr. 1-3.

264. *PPNess* 36 et 39 (milieu 6e siècle ?), 35 (6e s.).

qui viennent d'être citées. Dans tout cela il est impossible d'apprécier les chiffres eux-mêmes ; tout au plus peut-on classer d'après l'importance des impositions les bourgades de Palestine Troisième énumérées dans le *PNess* 39. En revanche, la question des espèces monétaires se trouve constamment posée, tant pour les versements collectifs que pour les contributions individuelles dont ils sont composés. Les sources littéraires énoncent volontiers des chiffres ronds d'imposition collective, 100 livres pour une province[265], 100 sous pour un village[266]. Les documents fiscaux démentent cette simplification, qu'il s'agisse de sommes dues par les collectivités, comme dans la liste de Nessana, ou dévolues à tel ou tel usage, comme dans les inscriptions de Césarée et de Be'er Sheba. Elles y sont en effet énoncées en sous, mais avec l'usage de fractions qui ne sont pas toujours des moitiés ou tiers de sous. Nous ne sommes guère informés sur les versements individuels. Nous savons qu'après ses épreuves la cité d'Edesse reçut d'Anastase une remise d'impôt de 2 folleis par tête[267]. En revanche, une lettre de Théodoret en date de 434 semble faire état de paiements individuels en or, puisqu'il rapporte que, dans la « disette d'or » où ils se trouvent, les paysans doivent emprunter « par 5, 10 et 20 sous » pour payer leurs impôts[268]. Dans les villes, les impôts directs sont globalement énoncés en or : ainsi lisons-nous dans la *Chronique* du pseudo-Josué le Stylite[269] que la ville d'Edesse payait 140 livres d'or tous les quatre ans au titre du chrysargyre, au moment où celui-ci fut heureusement supprimé. La législation justinienne chiffre en or des contributions imposées aux collèges de la capitale ; par exemple, en vertu d'une loi de 537[270], 300 boutiques (ἐργαστήρια) doivent payer chaque mois un total de 809 sous à répartir entre les personnels attachés aux pompes funèbres de la ville. Chiffres ronds encore une fois, que rien ne vient éclaircir sinon la remise d'impôt individuel en bronze déjà citée. Les sommes sont plus petites dans les impôts indirects, et les énoncés par conséquent plus détaillés. Le barème des taxes levées au passage des Détroits chiffre en folleis et keratia, monnaie de bronze et monnaie de compte ; pour le blé et le vin, taxés à l'unité de mesure, il est évident que les paiements atteignaient très vite des sommes en or. En revanche, les droits imposés dans le Tarif de Beyrouth[271], comptés en keratia et demi-keratia par sou de chiffre d'affaires, portent sur des transactions de détail au taux d'1/100ᵉ, et semblent donc contenus dans les limites des paiements de bronze. En un mot, les petits paiements fiscaux obéissent à l'indétermination entre le bronze et l'or qui caractérise les paiements libres de même niveau. On peut préciser davantage en considérant, d'autre part, les moyens choisis par l'Etat lui-même dans ses petits paiements.

On a vu plus haut la répercussion des exigences fiscales en nature sur la circulation des biens et le marché. On sait toutefois que, à partir du 5ᵉ siècle, l'Etat paie en espèces, c'est-à-dire en or, les soldes militaires et les salaires des

265. Cyrill. Scythop., *V. Sabae*, p. 145-146.
266. Theod. Cyr., *HRe* XVII.
267. *Ps. Jos. Styl. in Chron. ps. Dion.* A. 811 (p. 196).
268. *Cf.* note 249.
269. *Ps. Jos. Styl. in Chron. ps. Dion.* A. 809 (p. 190).
270. *JNov* LXXVI (*N.* 59), 2.
271. Mouterde, « Tarif d'impôt sur les ventes ».

fonctionnaires[272]. Si une équivoque pouvait subsister à cet égard pour les petites sommes, elle est quelque peu levée par la série des textes relatifs aux paiements ordinaires ou extraordinaires des soldats, qui attestent clairement la préférence de ces derniers pour l'or, et par leur mécontentement quand il vient à manquer, par exemple sous Maurice[273]. L'or paie aussi les largesses consulaires des empereurs[274], leurs constructions[275], des rentes annuelles versées par le fisc, comme la somme de 6 sous par tête, fondée par Anastase pour les moines de l'église S. Jean Baptiste dans la vallée du Jourdain[276]. Les paiements d'Etat en argent, insignifiants au regard de l'ensemble, revêtent toujours un caractère de pis-aller. C'est le cas des paiements effectués par Héraclius avec sa nouvelle monnaie, en un moment de pénurie d'or causée par ses guerres, où la gêne du trésor est manifestée par la réduction de moitié des soldes ainsi payées[277]. Un sièce et demi plus tôt déjà, en 363, les soldats de Julien n'avaient guère apprécié le *donativum* en argent qui leur était fait au début de l'expédition de Perse, et l'empereur avait dû leur montrer la perspective des profits futurs[278]. En un mot, si nous ne pouvons préciser comment varie la part des versements en nature dans les petits paiements d'Etat entre le 4e et le 6e siècle, nous sommes suffisamment assurés que l'exigence fiscale, là où elle est monétaire, demeure fondée sur l'or, auquel l'énoncé se réfère toujours, et dont les petits paiements font le plus souvent un usage effectif.

La primauté de l'or dans l'ensemble des paiements obligatoires, notamment dans les paiements au fisc et les extorsions parallèles, est une conséquence de sa place dans les transactions libres où il va être dépensé à plus ou moins longue échéance. Cette primauté repose d'abord, nous l'avons vu, sur son usage dans l'achat de biens d'équipement et le paiement massif d'emplois, notamment dans la construction. L'Etat ajoute les dépenses militaires, qui rétribuent des services en partie barbares, et le paiement de ses fonctionnaires. Enfin, les largesses publiques et privées se font également en or. Toutes ces dépenses supposent des ressources métalliques, que doivent fournir l'impôt, les rentes, les extorsions. En d'autres termes, la partie la plus importante de la population productrice, c'est-à-dire les campagnards, doit alimenter en moyens monétaires un circuit dans lequel son propre accès demeure subalterne et partiel, et satisfaire une exigence politique toujours susceptible d'un accroissement brutal et supérieur au rendement des mines des Balkans et d'Arménie, dont la production était du reste toujours menacée[279], et des transactions muettes[280] qui, par l'intermédiaire d'Axoum, mettaient l'or du Soudan à la disposition de Byzance.

Le circuit dépasse en effet les frontières de l'Empire. Nous avons dit plus haut que les transactions véritablement naturelles occupaient en fin de compte à cette époque une place relativement réduite dans la circulation internationale des biens autour de Byzance, puisqu'elles se limitaient aux peuples encore frustes

272. Jones, *Later Roman Empire*, p. 396-398, 643-644, 623-624.
273. Theoph. Simoc., VII 1.
274. *Cf.* chap. 5, p. 188.
275. *Cf.* p. 196 *sq*.

276. Texte cité ci-dessus chap. 6, note 753.
277. *ChronP* A. 615.
278. Amm., XXIV, III 3-5.
279. Vryonis, «Byzantine mines».
280. Cosm. Indicopl., II 100 (p. 70-71).

dans leurs échanges et surtout dans leurs besoins, ou bien aux circonstances critiques[281]. La demande des voisins, partenaires ou agresseurs de Byzance, est au contraire métallique pour sa plus grande part ; elle se satisfait à cet égard par des moyens divers, dont nous trouvons cent exemples dans l'historiographie, tributs, rachat de prisonniers, pillage ou rançon infligée aux villes prises, paiement de mercenaires déjà, et sans doute aussi en partie commerce, en dépit de l'interdiction faite aux particuliers d'exporter de l'or[282]. Tout cela débordant notre propos d'histoire sociale byzantine, et pourtant nécessairement mis en jeu si l'on veut comprendre la circulation métallique intérieure de l'Empire, doublement liée à la circulation hors des frontières par les sorties et par les entrées du métal précieux préféré au dehors. Le choix de ce métal est donc, ici aussi, un facteur historique décisif. Et c'est incontestablement, et partout, l'or qui est demandé à Byzance. On connaît la page célèbre du marchand Cosmas Indicopleustès, où sont mis en scène un Byzantin et un Perse qui exaltent leurs souverains respectifs devant le roi de Ceylan : leur différend est tranché par la supériorité évidente du sou d'or sur la drachme d'argent[283]. Et Cosmas de noter ailleurs[284] : « Un autre signe de la puissance des Romains, dont Dieu leur a fait la grâce, est que toutes les nations utilisent leur sou pour le commerce, en tout lieu, chez tout le monde, en tout empire, et aucun autre empire n'est dans ce cas». Le problème ainsi posé est dès lors celui de la «quantité de monnaie», et nous l'aborderons plus loin, dans la mesure où cela s'avère possible. Quelques remarques sur le choix international des métaux précieux ne seront toutefois pas inutiles ici.

Une liste des tributs et paiements divers d'après les sources écrites, un relevé des trouvailles monétaires dans les territoires barbares, et une étude archéologique des objets précieux, importés ou indigènes, dans ces mêmes territoires, apporteraient plus largement encore la preuve d'une faveur générale de l'or pendant toute cette période chez les partenaires barbares de Byzance[285]. On pourrait d'ailleurs distinguer des variations régionales : dans les trouvailles scandinaves, le plus grand nombre des sous orientaux datent des règnes de Léon Ier et Zénon, tandis que le 6e siècle est relativement mal représenté[286]. De la Vistule à la Volga, et au Caucase, les pièces de Théodose II dominent de loin la période délimitée par les règnes de Valens et d'Anastase, tandis que les pièces de Phocas et d'Héraclius sont plus de trois fois supérieures en nombre à celles de Justinien[287].

Sans pouvoir entrer ici dans le détail, nous soulignerons cependant un point important, et quelque peu inattendu, c'est que la Perse ne fait pas exception à la règle en dépit de son monnayage d'argent. A en juger par les témoignages historiographiques, ses exigences métalliques à l'égard de Byzance font sans conteste la première place à l'or. Il arrive certes que des rançons soient exigées

281. *Cf.* p. 356-357.
282. *CJ* IV LXIII 2, A. 374 (?).
283. Cosm. Indicopl., XI 448 CD-449 (p. 322-323).
284. *Ibid.*, II 116 A (p. 81).

285. *Cf.* p. 356.
286. Fagerlie, *Late Roman and Byzantine solidi*, p. 107-108.
287. Kropotkin, *Ekonomičeskije svjazi* [Relations économiques], tableau 8.

en argent. Procope rapporte ainsi une demande de 2 000 livres d'argent faite par Chosroès pour la libération d'un otage[288] ; l'affaire se place à Edesse, dans la frange où interfèrent l'usage byzantin de l'or et l'usage perse de l'argent[289]. L'empereur met d'ailleurs son veto à la transaction, « afin d'éviter que la richesse des Romains ne soit transférée aux barbares ». Mais le pillage perse saisit indistinctement l'un et l'autre métal[290], les exigences des traités sont formulées en or[291], et les mines d'or de la frontière âprement disputées aux Byzantins par les Perses[292]. Le monnayage d'or en Perse, sans être inexistant, ne justifie pas une demande aussi forte. Le répertoire de Paruck[293], dressé par règne, recense entre 379 et 628 151 grosses pièces d'argent et 28 pièces d'or. Les fouilles effectuées dans la région de Persépolis[294], par exemple, n'ont livré aucune pièce d'or, mais seulement de l'argent et du bronze, sur un total de 214 que la publication décompose comme suit :

« Sasanian » :	98
« Sasanian or Arab-Sasanian » :	42
« Arab-Sasanian » :	74

Que devenait donc l'or byzantin parvenu entre les mains des Perses ? Des monnaies de prestige tout de même, à l'imitation de Byzance[295]. Des objets précieux aussi, pièces d'orfèvrerie, ou du moins rehauts sur l'argent pour lequel l'art sassanide manifeste une prédilection logique[296], et qui est seul mentionné par Théophane dans le trésor royal pillé par l'armée d'Héraclius[297]. Il est vraisemblable aussi que la demande perse pouvait se fixer simplement comme but d'atteindre Byzance dans ses œuvres vives, en lui ôtant le moyen fondamental de sa politique, de sa diplomatie, et de son armement[298]. Mais enfin l'idée s'impose que la Perse avait elle-même besoin d'or pour les échanges et les paiements de tributs qui intervenaient entre elle et ses propres partenaires barbares. On trouverait à cet égard quelques indications dans l'historiographie byzantine. Ainsi, Procope rapporte que les Perses versèrent en 484-486 un tribut aux Huns Hephthalites[299]. Les espèces n'en sont pas précisées. Mais dans une autre circonstance où Khavad Ier se trouvait incapable de s'acquitter envers eux[300], il chercha à contracter un emprunt auprès d'Anastase, et cela pourrait indiquer qu'il s'agissait d'or. L'or s'accumule aussi entre les mains des barbares sur les diverses routes de la soie. Nous ignorons en quelles espèces voulaient être payés les Hephthalites qui, en 568, proposèrent successivement la soie qu'ils s'étaient procurée au roi de Perse qui les renvoya, puis à l'empereur qui acheta

288. Proc., *HA* XII 8.
289. *Cf.* p. 364.
290. Proc., *Bell.* II XIII 5 (Edesse).
291. Stein, *Histoire du Bas Empire, passim*. Rançons de villes en or, Proc., *Bell.* II XII 2 (Chalcis), II XII 34 (Edesse), etc.
292. *Cf.* Vryonis, « Byzantine mines ».
293. Paruck, *Sasanian coins*.
294. Miles, *Excavations coins*.

295. Göbl, *Sasanidischen Numismatik* ; Göbl « Numismatica byzantino-persica ».
296. *Cf.* Erdmann, *Die Kunst Irans*, p. 90-108.
297. Texte cité ci-dessus note 46.
298. *Cf.* Vryonis, « Byzantine mines ».
299. Proc., *Bell.* I IV 35.
300. *Ibid.*, I VII 1.

26*

la précieuse matière, et la fit brûler devant eux, pour leur ôter tout espoir de jouer les intermédiaires[301]. Mais Théophylacte Simocatta a bien noté l'accumulation d'or et d'argent que le négoce valait à une population située aux confins orientaux de l'Iran[302]. Et surtout il faut attendre, pour mieux juger de cette histoire monétaire, la synthèse des recherches de R. Göbl sur les monnayages de la Perse et des peuples hunniques situés dans son orbite du 4e au 7e siècle. Ce qu'il a publié montre déjà que l'or garde sa place chez certains de ces derniers, même si l'argent domine à l'exemple des Sassanides[303] : était-il en partie de provenance byzantine indirecte ? Puis il faudrait chercher plus loin encore. Une partie de l'or et de l'argent amassés par les Barbares servait à l'ornementation, comme le montrent, entre bien d'autres exemples, les descriptions de Priscos ou de Ménandre[304]. Mais, en Orient comme sur les Balkans, l'or rentrait aussi dans l'Empire pour procurer aux Barbares des produits dont ils avaient besoin comme le sel, ou auxquels ils avaient pris goût, comme le vin que les Goths installés dans l'Hémus de Thrace achetaient parfois aux Romains à l'époque de Jordanès[305], rompant ainsi avec leur régime traditionnel de laitage. De même, au 5e siècle, les exigences en or d'Attila sont contemporaines de l'évolution dans la consommation des Huns ou du moins de leur aristocratie, qui fait celle-ci cliente du marché byzantin[306]. Au 6e siècle, les envoyés des Lazes, venus offrir au roi de Perse les services de leur peuple, se plaignent même que les Byzantins leur extorquent de l'or par des transactions forcées[307].

En un mot, ces indications trop rapides se proposaient de souligner que, si l'on voulait poser – sinon résoudre – le problème de la « quantité de monnaie » effectivement ou virtuellement disponible dans l'Empire byzantin, il faudrait, au 5e et au 6e siècle surtout, envisager une circulation métallique aussi vaste que les migrations des peuples[308], et prêter notamment la plus grande attention à ses aspects orientaux, plus complexes et moins habituellement pris en considération que la demande d'or bien connue des royaumes barbares d'Occident et des Balkans[309]. Notre discussion doit donc s'arrêter ici non pas devant le néant, mais devant un inconnu qui deviendrait en partie définissable par une étude plus poussée. Le peu qui vient d'être dit était toutefois nécessaire pour appuyer ce que R. Lopez a naguère si bien exposé sur la signification politique du sou byzantin, et sur la stabilité qui en est la conséquence[310]. Nous avons montré plus haut que les prix de marché ne cotaient qu'une partie des biens en circulation. Mais en outre les mouvements de ce marché restreint ne sont pas également libres, ni en tout cas identiques au niveau de l'or et du

---

301. Menandr., 18.
302. Theoph. Simoc., VII 8, 9 (p. 261-262).
303. Notamment Göbl, «Munzprägung der Chioniten» ; «Hephthalitischen Münzkunde» ; «Münzgruppen».
304. Prisc., 8 (p. 316) ; Menandr. 20 (p. 50-52).
305. Jordan., *Get.* III 21.
306. *Cf.* Thompson, *Attila and the Huns*, et les remarques critiques de Harmatta, «Hun society», sur le témoignage d'Ammien.
307. Proc., *Bell.* II XV 24-25.
308. Voir l'esquisse de Lopez, «East and West».
309. Le Gentilhomme, *Monnaie et circulation monétaire ;* Fagerlie, *Late Roman and Byzantine solidi ;* Adelson, *Light weight solidi.*
310. Lopez, «Dollar of the Middle Ages».

bronze, et l'on comprend pourquoi. On comprend aussi que le mouvement de l'or détermine celui du bronze, que le mouvement du bronze se subordonne à l'or. C'est dans cette perspective seulement que l'on pourra interpréter les indications de prix et de valeur des monnaies, dont l'ensemble laissé incomplet par notre documentation ne couvrirait même pas, en tout état de cause, le champ entier des transactions à l'intérieur de l'Empire.

On voit maintenant en effet dans quelle mesure l'échelle des sommes en espèces, salaires, aumônes, revenus, prix, peut être pertinente à l'histoire de la pauvreté byzantine et de sa conjoncture. La variation diachronique de ces chiffres serait constituée en principe par le rapport entre l'offre et la demande des biens et services, par les valeurs respectives des espèces d'or et de bronze, par les fluctuations de la masse totale d'or en circulation. Toutes données que l'historien ne trouvera jamais réunies au complet. Mais ce qui précède montre que, si elles l'étaient, elles n'eussent pas pour autant épuisé le problème – ce qui revient à dire qu'il n'était pas concevable qu'elles le fussent, que leur pertinence elle-même est tout à fait partielle dans un système comme celui que nous décrivons. Les paiements monétaires y demeurent en effet engagés, malgré toute leur importance, dans une circulation des biens dont une partie échappe entièrement au marché par des soustractions préalables, où de nombreuses transactions, des rétributions en particulier, combinent paiements en espèces et en nature à la fois, où les sommes en espèces résultent souvent moins d'une cotation sur le marché que d'un rapport de force social entre les parties, où l'accumulation en espèces et métaux précieux enfin ne dissocie guère l'usage financier de l'usage politique ou social, la possibilité et l'action de dépenser de la manifestation de puissance. Il est donc possible de disposer les chiffres qui nous sont parvenus dans les cases d'un tableau quantitatif dont nous venons d'énumérer les rubriques. Mais les cases demeurées vides sont en fin de compte moins inquiétantes que les ombres informulées aux marges du tableau tout entier.

4. Sur une estimation chiffrée de la pauvreté byzantine

Un tableau chiffré des paiements métalliques connus par les sources byzantines entre le règne de Julien et, si l'on veut, la réforme monétaire d'Héraclius, est donc une entreprise en tout état de cause et par définition partielle, qui se proposerait un double but : apprécier le pouvoir d'acquisition monétaire du pauvre, en confrontant ses disponibilités avec l'ensemble des prix, mais plus particulièrement avec ceux des produits qui lui sont indispensables ; suivre d'autre part la variation de ce pouvoir d'achat dans le temps. A cette limitation structurelle s'ajoute la difficulté pratique d'une dispersion capricieuse et disparate des données. Notre documentation se distingue cependant à la fois de l'Antiquité romaine et du haut Moyen Age occidental. La documentation antique est pauvre en effet, en dehors des papyri égyptiens, qui peuvent inspirer des comparaisons, mais non des conclusions générales. Szilagyi a rassemblé les données des sources épigraphiques et littéraires sur le niveau quotidien de la vie à l'époque impériale[311], tandis que Duncan Jones s'est attaché aux séries relativement longues mais monotones des dépenses évergétiques commémorées dans les inscriptions d'Afrique du Nord[312]. Cette documentation est trop éloignée de notre domaine, par les espèces monétaires et par le contexte historique, pour pouvoir nous être utile. Mais nous reviendrons dans un instant à la méthode employée. Les études de prix sur le haut Moyen Age occidental, celles de Sanchez Albornoz par exemple[313], reposent sur des documents d'archives, trop peu nombreux certes, mais d'une utilisation plus immédiate, alors que nous-même n'en disposons que de façon exceptionnelle. Pour la période des 4e-7e siècles, la plupart des essais d'histoire des prix et salaires, ceux de Segré[314], de Mickwitz[315], de Johnson et West[316], ont été attirés par la relative abondance du matériel égyptien, et ne nous sont donc pas utiles. Dans son bel essai d'histoire économique de l'Italie du 4e au 6e siècle, Lellia Ruggini esquisse une comparaison dont les éléments orientaux ne sont pas inédits[317]. On les trouve essentiellement rassemblés dans le dossier constitué voici près de quarante ans par Ostrogorsky[318], et demeuré depuis la base de toute étude sur les salaires et les prix byzantins. S'il méritait de remplacer immédiatement les études d'Andréadès[319], il n'en est pas moins vieilli aujourd'hui dans sa méthode, et même dans son information. En laissant de côté encore une fois les données égyptiennes, on pouvait beaucoup accroître le nombre de celles qu'il a relevées, non seulement en procédant à des dépouillements plus poussés des textes législatifs, épigraphiques, historiographiques, et surtout hagiographiques, ainsi que des sources orientales accessibles en traduction, mais aussi en élargissant le questionnaire : il convenait d'y faire entrer non seulement les paiements de services et de biens, et les salaires de fonctionnaires ; mais les versements fiscaux, les extorsions abusives, les dépenses diplomatiques, les donations et aumônes, plus significatives dans une échelle générale des valeurs que le montant des amendes, qui demeure punitif, et donc arbitraire, et que nous n'avons pas retenu ; bien des informations d'ailleurs étaient déjà éparses dans l'exposé monétaire de Grierson, et surtout dans les pages touffues du grand ouvrage d'A. H. M. Jones[320]. En outre, une découverte considérable est venue enrichir le matériel de cette première époque de Byzance, celle des papyri de Nessana (Auja el-Hafir), dans le Sud palestinien. Il faut y ajouter l'importante collection de données palestiniennes et babyloniennes recueillie par D. Sperber dans les sources rabbiniques du 3e et du 4e siècle, avec une science philologique et numismatique qui lui permet de surmonter, mieux et plus complètement que jadis Heichelheim, les embûches de leur terminologie monétaire[321].

311. Szilagyi, « Prices and wages ».
312. Duncan Jones, « Costs and outlays » ; « Wealth and munificence ».
313. Sanchez Albornoz, « Moneda de cambio y de cuenta ».
314. Segré, *Circolazione monetaria e prezzi*.
315. Mickwitz, *Geld u. Wirtschaft*.
316. Johnson-West, *Byzantine Egypt*.

317. Ruggini, « *Italia annonaria* », p. 360-406.
318. Ostrogorsky, « Löhne u. Preise ».
319. Citées p. 343 et notes 12-13.
320. Grierson, « Coinage and money »; Jones, *Later Roman Empire, passim*.
321. Sperber, « Costs of living in Roman Palestine ».

De tout cela quel parti peut-on tirer pour l'appréciation d'un niveau de vie, et de ses variations historiques ? Peu de chose à la vérité, on vient de le voir, si l'on s'entête à interroger les sources dans l'optique habituelle, ou plutôt routinière, des rapports synchroniques et diachroniques entre coûts de production, prix et salaires. Nous avons montré en effet que, si la société byzantine des 4e-7e siècles tend comme toutes les autres à multiplier autant que possible la circulation des biens et services, trame de la vie sociale, elle a plié cette circulation à des règles originales, accordées aux règles générales de son organisation, et beaucoup plus complexes que celles d'une économie simplement et uniquement mercantile. Les chiffres que nous allons examiner maintenant devraient donc, en principe, préciser la position du pauvre sur le marché, dans la mesure où il y en a un, mais aussi sa place dans une échelle générale des valeurs, reconnues par un consensus collectif dont le mécanisme du marché n'est que l'une des composantes. Mais quelle méthode choisir ?

Parmi les travaux que nous avons cités, l'essai le plus attachant, et le plus soucieux d'histoire sociale, est celui de Szilagyi sur les prix et salaires de l'Occident romain à l'époque impériale. L'auteur tente de calculer en quelque sorte les variations du salaire réel en confrontant, au niveau le plus bas, le prix des journées de travail et celui des denrées de première nécessité, et notamment du pain. Cette méthode contourne pour ainsi dire les variations monétaires, redoutables à qui prend en compte le 3e siècle, et permet à l'auteur d'avancer comme une hypothèse assez plausible la baisse progressive du salaire réel et du niveau de vie des classes les plus pauvres de la société romaine. Elle suscite évidemment différentes objections. Tout d'abord, comme on l'a vu au chapitre précédent, le travail pauvre est caractérisé entre autres par son intermittence ; ensuite, l'auteur est tout de même trop désireux de présenter une construction achevée pour ne pas manipuler quelque peu ses données. La tentative de Sperber, dont le propos est avant tout monétaire, et qui présente une histoire des prix strictement conçue en ce sens, a le mérite de ne pas forcer la documentation, et de ne pas succomber aux délices des reconstitutions : il s'attache moins en effet à la variation des prix qu'à celle du rapport entre les prix des denrées principales, pain, vin, viande, ce qui est un procédé notablement plus souple, et mieux adapté aux données, sans qu'il puisse toutefois surmonter vraiment la difficulté majeure, qui est de restituer des mouvements et une tendance, si du moins l'un et l'autre existaient. Lellia Ruggini a tenté d'uniformiser ses données à cette fin par la conversion des prix en or en monnaie de bronze, espèces monétaires de la vie quotidienne. Là encore, c'est faire la part belle à la conjecture, puisque nous savons sur la monnaie de bronze à peine ce qu'il faut pour en retracer l'histoire monétaire, mais non ce qui permettrait de confronter les données numismatiques et les indications de prix, les unes et les autres trop clairsemées. Inversement, la confrontation des prix avec les valeurs intrinsèques des espèces monétaires n'apporte pas non plus une solution. Ruggiero Romano a montré en effet qu'elle postule une adéquation rien moins que certaine, en réalité, entre les grandes variations des valeurs intrinsèques et l'expérience économique quotidienne des consommateurs et des salariés ; en sorte qu'elle pourrait satisfaire à l'histoire monétaire des prix, mais point du tout à leur histoire sociale[322]. Au surplus, notre période présente à cet égard, outre l'insuffisance documentaire, une difficulté spécifique. Les prix y sont exprimés par la monnaie d'or, alors qu'elle est pratiquement stable entre le 4e et le 11e siècle[323] ; la monnaie d'argent étant accessoire, les variations significatives seraient en tout état de cause celles du cours de l'or en termes de monnaie de bronze, qui nous demeurent imparfaitement connues. Il en va de même des volumes d'émission[324]. Aussi nous a-t-il paru préférable de présenter d'une part les indications chiffrées telles qu'elles sont données dans les sources, donc sous la forme reconnue par les contemporains, en nous bornant simplement à les classer dans chaque groupe par ordre de grandeur ou par date, selon l'état de la documentation ; d'autre part, ce que nous pouvons conjecturer par la numismatique des variations intrinsèques des espèces monétaires, de leur cours, et de la circulation monétaire. L'impossibilité où nous pensons être d'intégrer ces deux aspects des choses en un exposé unique est déjà peut-être l'ébauche d'une conclusion sur la structure de l'échange byzantin à cette époque.

La législation elle-même invite à une estimation chiffrée de la pauvreté, puisqu'elle conserve le critère posé par le Digeste, selon lequel la pauvreté commence au-dessous d'une somme de 50 pièces d'or[325] : «. . .qui minus quam L aureos habent» semble désigner clairement une somme accumulée, disponible au moment où la capacité judiciaire de l'individu doit être prise en considération. On se demande évidemment si l'estimation de biens immobiliers, par exemple, pouvait être prise en compte. Je pense que non, et l'on verra d'ailleurs que les prix des immeubles courants restaient fort en-dessous du chiffre à atteindre. Signalons toutefois un parallèle curieusement proche par l'objet et par la date dans le traité talmudique *Pe'ah* (*Le coin du champ*), où la discussion porte sur le seuil au-dessous duquel l'individu a droit à l'assistance, donc sur un seuil de pauvreté[326]. Là aussi les docteurs qui participent à la discussion proposent une somme en espèces, les 200 pièces d'argent traditionnelles, reconnues par exemple à l'épousée dans les contrats de mariage. Ils font droit à l'objection selon laquelle une partie de cette somme peut se trouver mobilisée dans un commerce, mais le cas est présenté comme une dérogation au principe. La façon la plus littérale de poser le problème des fortunes byzantines, la plus fidèle à ses termes antiques, la plus éloignée en même temps de nos propres conceptions, serait donc de dresser un inventaire de données relatives à des sommes accumulées par des particuliers, sans oublier certes qu'en réalité les mêmes personnes possédaient aussi, on l'a vu, des biens immobiliers et même des quantités de métaux précieux non monnayées. De tels chiffres sont présents à tous les niveaux sociaux, puisque nous avons des exemples d'accumulation en espèces par les pauvres, peut-être même facilitée par les rétributions mixtes.

322. Romano, «Storia economica e storia dei prezzi».
323. Bertelè, «Lineamenti principali» ; Grierson, «Coinage and money».
324. *Cf.* la discussion de méthode de Metcalf, *Coinage in the Balkans.*
325. *Dig.* XLVIII 2, 10.
326. *Traité Péa* (*sic*) VIII 8 (p. 114 *sq.*).

Ils sont par définition instables dans la vie de chaque individu, ils sont aussi et surtout incomplètement significatifs. Nous en avons fait ci-dessous un classement par nombres-indice, sur la base de 50 sous = 100. La rareté et la dispersion des données, et la stabilité intrinsèque de la monnaie d'or pendant toute la période nous incitent à négliger le classement chronologique ; mais on va voir que le cours du sou en monnaie de bronze a varié, et que le bronze s'est constamment dévalué, malgré les coups de frein d'Anastase et de Justinien[327]. D'autre part, nous nous bornons aux sources écrites en négligeant les trésors, puisque nous ignorons tout de leurs propriétaires. Ceci nous amène à réunir des données de précision inégalement authentique, mais qui peuvent peut-être laisser imaginer l'écart des avoirs en espèces possédés de bas en haut de l'échelle sociale.

Le tableau 21 montre un éventail des avoirs en espèces incommensurablement ouvert, à quoi il faut ajouter sans doute que les avoirs non-monnayés, objets précieux et biens immobiliers, variaient dans la même proportion d'un niveau social à l'autre, et que l'accumulation était d'autant plus lente et fragile qu'elle était plus faible. On peut relever aussi les parties d'avoir que sont les dots et les biens reconnus aux épouses. La femme de Jean Lydus lui apporte 100 livres d'or (7 200 sous), et il s'en félicite[328]. Les filles des soldats de Nessana reçoivent de leur père, en espèces et bijoux d'or, des sommes 160 à 170 fois inférieures : 6 onces et 6 sous, soit 42 sous, dans un acte de 537[329], 6 onces et 9 sous, soit 45 sous, dans un acte de 558[330]. On observera que de telles disponibilités, dont le montant est accru par le trousseau, coussins, vêtements, etc. approchent à elles seules le seuil de 50 sous, ce qui laisse supposer que l'avoir total de la famille le dépassait, quel que fût l'effort consenti pour marier une fille. On y voit aussi que les bijoux sont seuls à faire l'objet d'une estimation en espèces dans des contrats de mariage, et que les dots connaissent seulement ces deux formes de l'or. Dans les liquidations d'héritage et d'indivision, des compensations en espèces sont versées pour des parts de biens immobiliers, maisons ou terrains. Nous reviendrons plus loin à ces derniers, car ils représentent aussi un équipement productif. Nous pouvons en revanche considérer ici le prix des maisons, dans la mesure où celles-ci apparaissent à l'occasion comme des avoirs convertibles en espèces (tableau 22).

Les valeurs des immeubles variaient selon le lieu et l'importance. Une loi de 393, adressée au préfet de la ville et reprise par le Code Justinien[331], fixe à 50 livres d'argent la valeur au-dessus de laquelle un édifice de la capitale ne peut être démoli en vue d'une construction publique sans autorisation impériale. Si nous adoptons un cours de l'argent proche de celui qui est prescrit pour les inventions de trésors en 397[332], soit 1 livre pour 5 sous, le seuil de valeur s'établirait autour de 250 sous. On peut en tout cas penser qu'il existait des immeubles de faible valeur relative, comme le montrent les chiffres du tableau

---

327. *Cf.* p. 409 *sq.*
328. Joh. Lyd., *Mag.* III 28.
329. *PNess* 18, *cf.* p. 59, note 8 de l'éd.
330. *PNess* 20.
331. *CJ* VIII XI (*De operibus publicis*) 9.
332. *CJ* X LXXVIII 1 (*CTh* XIII II 1).

Tableau 21. *Avoirs en espèces attestés par les sources écrites byzantines entre 382 et la deuxième moitié du 6ᵉ siècle*

Réf.	Détenteur	Sommes en or (50 sous = 100)	Autres biens mentionnés
1	artisan ascète	10	
2	ascète	20	
3	paysan tailleur de pierres	24	
4	vétéran	40 (moins de)	
5	ascète	*100*	
6	un moine novice	200	Somme retenue par lui de son avoir dans le siècle.
7	un évêque (Grégoire de Nazianze)	270	Vêtements, terres, esclaves. Sommes non spécifiées, fondation d'une rente pour une femme.
8	un évêque (Porphyre de Gaza)	6 000	Dans l'héritage de ses parents (Grèce) figurent aussi des vêtements, des vases d'argent, des terres.
9	un homme riche	72 000	
10	Bélisaire	432 000 (plus de)	Part confisquée de sa fortune ; le reste lui est rendu.
11	Olympias, apparentée à la famille impériale	1 450 000	Une somme double en argent. Immeubles à Constantinople, domaines importants dans les provinces.

1. *Nau* 493 (5ᵉ-7ᵉs.).
2. Joh. Mosch., *Prat. Spir.* 42 (deuxième moitié du 6ᵉ siècle).
3. *V. Sym. Styl. jr* 180 (même époque).
4. Joh. Lyd., *Mag.* III 60 (πένης).
5. *Nau* 74 (5ᵉ-7ᵉ) : cette somme, trouvée après sa mort, pourrait le faire damner.
6. *Nau* 17 (même date).
7. Testament de Grégoire de Nazianze (*PG* 37, 389-396), A. 382.
8. Marc. Diac., *V. Porph. Gaz.* 6 (dernières années du 4ᵉ siècle).
9. Joh. Eph., *E. Sts* 13 (règne de Justin II).
10. Proc., *HA* IV 31.
11. *V. Olymp. diacon.* 5-7 (premières années du 5ᵉ siècle).

N.B. Des avoirs pauvres en bronze, ou plus largement en petite monnaie (κέρμα), sont attestés dans les récits ascétiques (*Nau* 6, 7, 224). Des avoirs en argent monnayé se rencontrent dans les *Vies* de Jean d'Ephèse (Joh. Eph., *E. Sts* 55, « beaucoup de livres d'argent » dans la fortune d'une dame), et dans la *Vie d'Olympias*, contemporaine de la loi relative aux trouvailles de métaux précieux, qui fixe l'équivalence 1 Lb d'argent : 5 sous d'or, soit un rapport AV/AR : 14,5 (*CTh* XIII II 1 (*CJ* X LXXVIII 1), A. 397).

ci-dessus, qui sont tous du 6ᵉ siècle. Ils s'échelonnent en effet de 28 sous, valeur totale tirée d'un versement de 7 sous pour une des quatre parts dans l'héritage d'un soldat de Nessana, jusqu'à 38 livres (2 736 sous), payées à l'eunuque Antiochès pour le rachat de sa maison de Constantinople. Cette échelle de 1 à 100 doit probablement être encore étendue dans la réalité. Les habitations de Nessana, et celles qui totalisaient à Constantinople la somme de 85 sous, et se

Tableau 22. *Prix d'immeubles attestés au 6ᵉ siècle à Byzance*

Réf	Somme (sous d'or)	Lieu	Immeuble
1	28	Nessana	Habitations appartenant à un soldat
2	85	Constantinople	Habitations appartenant à une veuve (sur l'emplacement de S. Sophie)
3	170	Jérusalem (hors la ville)	Achat de cellules (et début de construction d'un hospice)
4	200	Jérusalem	Achat d'un bâtiment à usage d'hospice
5	2 736	Constantinople	Rachat de la maison de l'eunuque Antiochos (sur le terrain destiné à S. Sophie)

1. *PNess* 21, A. 562.
2. Anon. *Enarr. S. Sophiae* 3 (A. 539).
3. Cyr. Scythop., *V. Sabae*, p. 116.
4. Cyr. Scythop., *V. Cyriaci*, p. 226.
5. Anon. *Enarr. S. Sophiae* 4.

jouxtaient sur le terrain nécessaire à l'édification de S. Sophie, auraient pu en effet faire l'objet d'acquisitions séparées, et donc d'un montant très inférieur. D'autre part, les chiffres intermédiaires que nous avons sont des sommes de 100 et 200 sous dépensées à Jérusalem pour des bâtiments à usage d'hospice, donc plus vastes, quelle qu'en ait été la configuration, que des habitations personnelles, ou du moins familiales. Un exemple d'habitat composite, acheté pour une somme globale inférieure à 170 sous, et pourtant susceptible d'être fractionné en unités est celui des cellules acquises en bloc par Sabas dans la même ville. Ceci dit, une fois de plus, nous ne percevons pas dans ces chiffres de même époque une variation de prix. Le mouvement des prix des immeubles déjà construits a été en fonction étroite du mouvement démographique et des fluctuations de l'économie urbaine. Il est aisé de supposer que, partout où les hommes affluaient, il se produisait des augmentations analogues à celles que la Novelle de 536[333] constate à Jérusalem. Et en dessous du plus petit prix d'achat d'un immeuble se placeraient soit les chiffres de loyer, que nous n'avons pas, soit le logement compté dans une rétribution mixte, soit l'occupation de fait d'un local, soit l'absence d'habitat, qui caractérisent, nous l'avons vu, le niveau de vie des plus pauvres. Nous avons montré, d'autre part, que les vêtements sont également considérés comme des éléments d'un avoir accumulé, et non des biens de consommation, même parmi les pauvres. Leur place est donc ici, mais nous avons bien peu de données. Nous rappellerons la valeur de 72 sous (1 livre) la pièce pour les vêtements de soie dispersés par la riche Sosiana. A l'autre extrémité de l'échelle, 1 sou par an est imposé aux contribuables en paiement du vêtement militaire. On pourrait objecter qu'il ne s'agit pas d'un prix libre,

333. *JNov* LI (*N.* 40).

mais nous savons qu'il existait un tissu spécial, le plus humble, dont étaient faits entre autres les vêtements des soldats[334]. Une somme de 100 sous suffisait à la dépense vestimentaire annuelle de tout un monastère, dans la Palestine du 6e siècle[335] ; nous ignorons le nombre de ses moines mais, d'après les exemples qui se rencontrent çà et là, il pouvait osciller entre 70 et 100. Ajoutons que les vêtements des plus pauvres ne se prêtaient sans doute guère à l'accumulation, ni par la qualité ni par le nombre dont chacun disposait, même s'ils partageaient sur ce point les habitudes de l'époque[336] : ici encore, la possibilité même d'accumuler est inégale selon les niveaux économiques.

Tous les avoirs chiffrés que l'on vient d'énumérer composent à nos yeux un tableau parfaitement statique dans son imprécision, alors que nous trouvons insolite la permanence séculaire du seuil de 50 sous, même si nous savons que son immobilité officielle et juridique constitue la façade derrière laquelle se produisent les variations de la masse totale de l'or, et surtout du cours du bronze. Nous sommes alors incités à rechercher les traces, l'ampleur et la tendance des mouvements des cotations chiffrées que nous appelons prix, salaires, revenus, impositions diverses.

Parallèlement aux chiffres d'avoirs accumulés, l'historiographie et surtout l'hagiographie ont conservé des chiffres de dépense quotidienne globale (tableau 23), dont certains sont en même temps des chiffres de rétributions quotidiennes, que nous retrouverons plus loin à ce titre. Il s'agit évidemment de données complexes, puisque les plus modestes couvrent seulement la nourriture tandis que les plus élevées englobent le train de maison entier. En outre, ils doivent être entendus avec l'intention qui les dicte. Ascètes volontaires ou pauvres édifiants trouvent toujours le moyen non seulement de vivre sur ces sommes, mais d'en tirer des aumônes pour autrui, et il faut donc comprendre les chiffres correspondants comme minimaux. Le revenu versé par Justinien à son chambellan doit être élevé, et celui que la femme curiale reçoit en échange de son héritage confisqué au contraire abusivement bas. Cela dit, l'interprétation même du tableau est compliquée par la juxtaposition de sommes assurées à l'année ou perçues au jour le jour, donc incertaines, et par les énoncés en or, en bronze, en monnaie de compte, les espèces d'argent demeurant négligeables, ce qui pose aussitôt le problème du cours du bronze. Nous avons dit que nous préférions renvoyer ce dernier à un développement séparé plutôt que d'entreprendre une série de conversions par trop conjecturales. Tel qu'il est, le tableau atteste d'une part une dénivellation considérable des revenus, d'autre part une certaine cohérence des chiffres socialement comparables.

A ce tableau de revenus on comparera le tableau 24 qui réunit des paiements en espèces de services. Nous en avons exclu les salaires de la fonction publique attestés dans les Novelles de Justinien et dans l'œuvre de Jean Lydus[337], parce que les revenus des fonctionnaires sont en principe exclus

---

334. *Cf.* chap. 2, p. 54.
335. *V. Theod. Coenob.* a. Theod., p. 81.

336. *Cf.* p. 347.
337. Ostrogorsky, « Löhne u. Preise ».

des transactions libres, et en réalité notoirement composites, et rebelles à toute limitation régulière.

Il est malheureusement difficile d'aller au-delà de la simple juxtaposition entre les tableaux 23 et 24 qui suivent. Le premier couvrait des trains de vie extrêmement inégaux, et les chiffres du second ne sont pas totalement significatifs. En effet, certains paiements en espèces s'entendent avec la nourriture fournie en sus, tandis que d'autres travailleurs se procurent celle-ci à leurs frais. Ensuite il faudrait prendre aussi en compte la discontinuité des emplois, qui creuse plus profondément encore la dénivellation que notre tableau révèle au premier coup d'œil selon la qualification du travail. Il montre en effet aussi que seuls les emplois relativement qualifiés reçoivent une rétribution annuelle, tandis que les autres s'avèrent au contraire journaliers, donc exposés par exemple à une discontinuité saisonnière ; en revanche, le *Récit anonyme* donne un exemple qui n'est probablement pas isolé de gratifications exceptionnelles, distribuées aux ouvriers bâtisseurs de S. Sophie pour les stimuler[338], ou mises de côté pour eux[339]. Enfin, dans une troisième catégorie, les services de type artisanal apparaissent rétribués à la prestation. La comparaison des rétributions à l'année les plus favorablement présentées, celle des deux guides de caravanes ou du juif Jacob, avec les chiffres de dépense quotidienne réunis plus haut, montre bien qu'elles ne procureraient qu'une dépense quotidienne dérisoire au travailleur ainsi payé si elles étaient son unique ressource. Que l'on compare ainsi, entre le début du 6e siècle et le milieu du 7e, les 15 sous annuels de Jacob et les 30 sous qui couronnent la carrière des deux guides avec les 24 sous qui réjouissaient Jean Lydus au début de la sienne[340], la dépense annuelle de 40 sous qui exprime l'ascétisme de Théodore le Sycéote, et le sou quotidien qui représente la déchéance pour la dame curiale : on conclura que les chiffres de rétribution ne disent pas tout. Un document de Nessana signale un paiement collectif de 3 sous 1/2 pour un guide qui a mené jusqu'au Sinaï un groupe de voyageurs. Cette prestation unique est comparable au service des deux frères au début de leur carrière. On pensera qu'en fait le service libre et rétribué en espèces n'est jamais conçu autrement que sous la forme d'une suite de prestations isolées, et que le travailleur ne se contente ainsi jamais d'un seul employeur.

De telles conditions n'empêchent pas de chercher si le prix des services rétribués en espèces a bougé au cours de notre période. On a vu plus haut que les services individuels libres sont soumis aux oscillations courtes et fortes de la demande sur le marché, comme en témoignent les rétributions, relativement élevées au dire du chroniqueur, qui attirent les ouvriers sur le chantier ouvert par Anastase à Daras, ou encore la hausse des biens et services provoquée à Constantinople par la grande épidémie de 542. Si l'on s'interroge sur une tendance plus longue, il convient de considérer séparément les services qualifiés et non qualifiés. Le travail qualifié est cher, et le coût des produits est accru encore par la nécessité où se trouve l'artisan d'acheter ses matières premières.

---

338. Anon. *Enarr. S. Sophiae* 9.
339. *Ibid.*, 20.

340. Joh. Lyd., *Mag.* III 27.

Tableau 23. *Dépenses quotidiennes en or, argent, bronze, attestées à Byzance entre la fin du 4e et le 7e siècle*

Réf.	Date	Lieu	Personne	Espèces d'or	d'argent	de bronze	Indications de dépenses
1	fin 6e s.	Gaza, temps ordinaire	pauvres de la ville			oboles 6	
2	fin 4e s.	Gaza, 40 jours de Pâques	pauvres de la ville			oboles 10	
3	fin 4e s.	Gaza	1 jeune fille de 14 ans et sa grand'mère		miliarisia 4		
4	5e s.	Egypte ?	1 solitaire artisan				aumônes
5	6e s. (Justinien)	Ascalon	1 femme de rang curiale	sou 1		keratia 2	
6	6e s. (Justinien)	Constantinople	prostituées pauvres			folleis 3	juste de quoi subsister
7	6e s. (Justinien)	Constantinople	chambellan et castrensis	sous 1000 par an			
8	6e s. (Justin I)	Constantinople	riche devenu ascète	sou 1/2			pour sa table ouverte, non compris la dépense des domestiques et le reste
9	vers 570	confins égyptiens ?	1 tailleur de de pierres			keration 1	aumônes
10	6e s.	Constantina	2 fileuses	sou 1/2			aumônes

Tableau 23 (*suite*)

Réf.	Date	Lieu	Personne	Espèces d'or	d'argent	de bronze	Indications de dépenses
11	6e s. (Maurice)	Anastasiou-polis	1 évêque	365 sous par an			table épiscopale
12	6e s. (Maurice)		1 évêque ascète	40 sous par an			
13	6e-7e ss.	Nisibe	pain, vin, poisson pour 1 couple		grand miliarision 1		

1. Marc. Diac., *V. Porph. Gaz.* 94.
2. *Cf.* réf. précédente.
3. Marc. Diac., *V. Porph. Gaz.* 100. Un MS porte la leçon « 80 drachmes » (cod. Hierosol. cap. 103).
4. *Apopht. Pambo* 2 (ἐργόχειρον, *cf.* tableau 24, n. 1).
5. Proc., *HA* XXIX 25.
6. Proc., *HA* XVII 5.
7. Joh. Eph., *E. Sts* 57.
8. Joh. Eph., *E. Sts* 13.
9. *Récits de Daniel le Scétiote, BHG* 3, 618.
10. Joh. Eph., *E. Sts* 12.
11. *V. Theod. Syk.* 78.
12. *Cf.* réf. précédente.
13. Joh. Mosch., *Prat. Spir.* 185 (la ville est à cette date aux mains des Perses, *cf.* Grierson « Coinage and money », p. 425).

Tableau 24. *Rétributions en espèces (folleis de bronze, sous d'or, monnaie de compte divisionnaire du sou) attestées à Byzance entre le milieu du 5e et le 7e siècle*

Réf.	Date	Lieu	Paiement		Travail peu ou non qualifié	Travail qualifié
			Espèce	Montant		
1	412-436	Edesse	folleis (*sic*) (et du pain)	100 (saisonnier, par jour)	travail de force	
2	5e s.		keratia	2 par jour	travail manuel	
3	505-507	Daras	keratia	4 par jour	ouvrier à la construction sans âne	
4	505-507	Daras	keratia	8 par jour	le même avec âne	
5	537	Constantinople (à l'intérieur des Murs Neufs et au faubourg de Sykai)	sous	3 par service		concours d'une religieuse à un service funèbre
			keration	1 par service	concours d'un acolyte...	
6	537	Constantinople (hors du périmètre susdit)	sou	½ par service		concours d'une religieuse...;
			keratia	4 par service	concours d'un acolyte...	
7	vers 570		keration	1 par jour	tailleur de pierres	
8	2e moitié du 6e s.	Constantina	sou	1 par jour		2 fileuses de poil de chèvre
9	6e s.	Amida	sous	5-6, 10, 20, 30 par an		2 frères escortant des marchandises jusqu'à la frontière perse
10	6e-7e s.	Palestine méridionale	folleis	5 par jour	travail aux constructions	
11	fin 6e/début 7e s.	Sinaï	sous	3½ par service		guide d'une caravane
12	619 ou 634	Constantinople	sous	15 par an/service	vente au loin (vêtements)	

Tableau 24. (suite)

Réf.	Date	Lieu	Paiement Espèce	Montant	Travail peu ou non qualifié	Travail qualifié
13	7e s.	Constantinople	sou	$\frac{1}{3}$ par service	à un cabaretier pour une toilette funèbre (eau, lumière, travail)	
14	7e s.	Constantinople	sous	3 par service		travail de menuiserie au sanctuaire
15	7e s.	Constantinople	sous keratia	$\frac{1}{2}$, $\frac{1}{3}$ par service 4		soins d'un médecin
16	7e s.	Constantinople	sous	8, 12 par service		soins d'un médecin

1. *V. Paul. Edess.* 3 (sous l'épiscopat de Rabboula) : ἐργατείας «travail de force», opposé à ἐργόχειρον «travail artisanal» dont il est incapable.
2. *Apopht. Pambo* 2 (ἐργόχειρον).
3. Zach. Mityl., VII 6.
4. Même réf.
5. *JNov* LXXVI (*N.* 59), 5.
6. Même réf.
7. *BHG* 3, 618.
8. Joh. Eph., *E. Sts* 12.
9. Joh. Eph., *E. Sts* 31.
10. Joh. Mosch., *Prat. Spir.* 134.
11. *PNess* 89/23.
12. *Doctrina Jacobi* 19.
13. *Prat. Spir. Add. Marc.* 3.
14. *Mir. Artem.* 27.
15. *Mir. Artem.* 23.
16. *Mir. Artem.* 36.

27

En ce sens, la cherté a sans doute été inégale. Ainsi, elle n'a peut-être pas été sensible dans le cas des livres, dont les copistes semblent avoir été le plus souvent des moines ou des solitaires : si nous connaissons un prix exceptionnel de 18 sous[341], un autre livre, pourtant qualifié de très beau, en coûte seulement 3[342] ; et surtout la somme de 200 sous gagnée – et distribuée aux pauvres – pendant toute sa vie par un copiste parvenu à l'âge de 80 ans[343] ne représente en tout état de cause pas plus de quelques sous par an, même si l'on ajoute qu'il achetait en outre son pain quotidien. En revanche, les frais de matière première peuvent être lourds dans l'artisanat textile, puisque la soie brute a été vers 545 trop chère pour la production particulière et le marché[344]. Le tableau 25 permettra de comparer le prix de la soie et des matières textiles humbles, et de constater le rapport de 1 à 70 environ entre des valeurs extrêmes de vêtements.

Les services qualifiés sont également chers, comme le prouvent les gains des médecins, attaqués il est vrai par l'auteur des *Miracula Artemii*, ou le prix des esclaves qualifiés, entre 50 et 70 sous, soit plus du double d'un esclave non qualifié (voir tableau 26). La rareté du travail qualifié explique l'attitude monopolistique des corporations du 6ᵉ siècle et la part que Justinien y prend[345]. Elle existe à Constantinople avant la peste, à laquelle la Novelle sur les maraîchers est antérieure, elle affleure dans la solidarité corporative exprimée à Sardes en 459, alors que le malaise des corporations du 4ᵉ siècle, illustré par toute la législation sur la fuite des *collegiati*, semble bien attester un rapport moins favorable aux producteurs entre l'offre et la demande sur le marché urbain. Même les mesures d'Anastase, la suppression du chrysargyre notamment, montreraient alors que le marché des biens et services urbains avait encore besoin d'être soutenu[346]. Qu'advient-il après les décennies éclatantes de Justinien ? Rien dans nos maigres données n'autorise à croire que la cherté des services qualifiés ait diminué au 7ᵉ siècle, comme le montre l'indignation exprimée par l'auteur des *Miracula Artemii*. Il est toutefois possible que leur prix se soit ressenti de la baisse générale des échanges attestée par la diminution de la circulation monétaire au cours du 7ᵉ siècle sur certains sites urbains. Mais c'est là un phénomène global auquel nous aurons à revenir[347]. Cela dit, la cherté du travail qualifié s'expliquerait assez bien dans une période où se rencontreraient la stagnation technique et une relative abondance d'hommes, une stabilité de la demande en produits qualifiés et la pauvreté du plus grand nombre : elle semble du reste un trait assez général des sociétés de cette époque, comme le montrent les observations de Jacques Le Goff sur l'Occident[348].

Le coût du travail non qualifié ne se détermine pas de la même façon. Il est

341. *Apopht. Gelasios* 31.
342. Joh. Lyd., *Prat. Spir.* 134.
343. *Nau* 517.
344. Proc., *HA.* XXV 16. Sur la date, *cf.* Stein, *Histoire du Bas-Empire*, II, p. 843-845, et Lopez, « Silk industry », cité p. 176, note 144.

345. *Cf.* chap. 5, p. 175-176.
346. *Cf.* chap. 5, p. 174.
347. *Cf.* p. 415 *sq.*
348. Le Goff, « Paysans et monde rural » ; Le Goff, « Travail, techniques et artisans », p. 247-254.

Tableau 25. *Matière première et produit fini : les textiles*

Réf.	Prix	Matière	Produit fini	Date	Lieu
1	keratia 20¾		5 pièces de literie	fin 7e s. (?)	Nessana
2	sous 1	filé de poil de chèvre, 2 lbs	vêtement de soldat	6e s.	Constantina
3	1			4e-6e s.	Illyricum
4	1	lin (quantité non précisée)		6e s.	«Arabie d'Egypte»
5	1		manteau (πάλλιον) déjà porté	fin 6e-début 7e s.	Palestine
6	1⅙	toison, 1		fin 6e-début 7e s.	Palestine III
7	2		pièce de linon	fin 6e-début 7e s.	
8	8	soie, 1 lb		avant 543-546	
9	15	soie, 1 lb		565-610	
10	6	soie (teinture ordinaire), 1 once		543-546	
11	24	soie (pourpre), 1 once		543-546	
12	1 Livre (72)		vêtement de soie historiée	6e s.	Constantinople
13	2 Livres (144)		quelques vêtements	619 ou 634	

1. *PNess* 85/2 (τυλάριον στ[ρωμάτων]).
2. Joh. Eph., *E. Sts* 12.
3. Loi de 396, reprise dans *CJ* XII XXXIX 3.
4. *Apopht. Joh. Persa* 2 (PG 65, 236).
5. Joh. Mosch., *Prat. Spir.* 116.
6. *PNess* 89/40.
7. *PNess* 89/39.
8. Proc., *HA* XXV 16. Prix maximum à l'importation.
9. *JNov.* (?) CLIV (*cf.* note 344). Prix maximum à l'importation.
10. Proc., *HA* XXV 16. Prix spéculatif et monopole d'Etat.
11. Même réf. Prix spéculatif et monopole d'Etat.
12. Joh. Eph., *E. Sts* 55.
13. *Doctrina Jacobi* 19. Cargaison du juif Jacob.

27*

certes en relation avec l'abondance relative des hommes et avec l'offre de travail, mais il s'agit d'une demande différente, on l'a vu au chapitre précédent, provenant des secteurs qui consomment en quantité élevée une énergie motrice, et qui sont l'agriculture et la construction ; nous avons montré que l'une et l'autre ont pu absorber sous des formes diverses l'énergie humaine disponible entre le 4e et le 6e siècle. Ils sont en revanche caractérisés par le bas prix du travail, et d'ailleurs, on s'en souvient, par une rétribution partiellement ou totalement naturelle, c'est-à-dire pauvre et inélastique. Les chiffres dont nous disposons documentent d'une part l'ouverture de la production, c'est-à-dire le prix des terres et les dépenses de construction, d'autre part le prix des producteurs, c'est-à-dire les rétributions, présentées plus haut (tableau 24), mais aussi, quelquefois, une estimation globale de leur valeur sur le marché du travail. Nous rangerons dans cette deuxième série (tableau 26) les prix des esclaves et des animaux qui constituent des biens d'équipement, mais aussi les paiements effectués pour engager ou dégager des travailleurs libres, et, à titre de comparaison, des taux de rachat de prisonniers de guerre ou de fugitifs.

Le tableau 26 est construit sur la dispersion chronologique et non géographique des données. Pour que cette dernière fût préférable, il eût fallu avoir en plus grand nombre des prix d'animaux ; dans l'état de notre information, les différences géographiques ne pouvaient guère prendre de signification. Tel qu'il est, ce tableau illustre l'échelle des valeurs qui va des petits animaux communs que sont les ânes aux chevaux et aux chameaux, pour lesquels l'inégalité des prix exprime celle des qualités. Ces dernières semblent déterminantes, à en juger du moins par la seule comparaison horizontale possible, qui montre des prix en or comparables pour des ânes au 4e, au 5e et à la fin du 6e siècle, et en revanche, dans un même compte de Nessana, une différence de plus du double entre deux ânesses. Ensuite, une lecture plus large fait apparaître une cohérence intéressante entre les prix des animaux et ceux des êtres humains. Le plus bas prix d'esclave, une «gamine» dont l'achat figure dans un compte de Nessana, est identique à celui d'une jument dans le même compte. Le dédommagement payé à Constantinople sous Justinien pour libérer de jeunes prostituées de leur sujétion est proche du prix d'un garçon, dans ce compte encore. Le prix reconnu par une loi de 530 à l'esclave garçon ou fille au-dessous de 10 ans, donc sans qualification, est la médiane des compensations que les Huns estiment leur être dues au milieu du 5e siècle pour la fuite de prisonniers dont la qualification est indéfinie, et qui n'ont d'autre valeur que leur existence même. Le prix reconnu par la même loi à l'esclave non qualifié âgé de plus de dix ans est celui qu'on paye à Nessana, en 687, pour l'engagement de longue durée d'un jeune garçon à tout faire. C'est aussi vers la même date celui d'un cheval de valeur. En revanche, au-dessus de 20 sous, on ne trouve plus que des prix d'esclaves qui varient selon la qualification, dont les prix particulièrement élevés des esclaves eunuques. Rien dans cette partie du tableau ne permet une appréciation diachronique, puisqu'en fait les prix d'esclaves les plus élevés proviennent tous d'un unique texte. Le prix de 20 sous se retrouve cependant au 9e siècle, mais toujours dans la législation, et au 10e siècle dans les traités de commerce passés

Tableau 26. *Prix et valeurs de travailleurs libres, d'esclaves et d'animaux attestés à Byzance entre 350-370 et 687*

Réf.	1	2	3	4	5	6	7	8	9	10	11
	350-370	359	4e s.	5e s. avant 475	440-450	530	époque justinienne	fin 6e-début 7e s.		670	687
	Palestine	Palestine, Ascalon		Palestine	Balkan		Constantinople	Palestine méridionale	Palestine, Jérusalem	Constantinople	Palestine méridionale, Nessana
Prix (en sous)											
1											
$2\frac{2}{3}$								poulain			
3				âne				ânesse			
4			âne					jument			
$4\frac{1}{8}$								fille			
5								esclave / chameau			
$5\frac{1}{8}$							dégagement d'une jeune prostituée	ânesse			
6								chameau / chameau			
$6\frac{1}{8}$								garçon / esclave			
7								chameau / chamelle			
8	vache / âne				compensation par fugitif aux Huns						

Tableau 26. (*suite*)

Réf.	1	2	3	4	5	6	7	8	9	10	11
10						esclave garçon/fille avant 10 ans					
12					somme par fugitif non vendu, réclamée par les Huns						
15								chameau			
18			esclave (homme ou femme)								
20							esclave non qualifié au-dessus de 10 ans (M/F)		esclave homme adulte	cheval de guerre	engagement d'un garçon à tout faire
30						esclave	esclave M/F qualifié au-dessus de 10 ans				
30						eunuque avant 10 ans					

Tableau 26. (*suite*)

Réf.	1	2	3	4	5	6	7	8	9	10	11
50						esclave	eunuque non qualifié au-dessus de 10 ans				
						esclave	notaire (M/F)				
60						esclave	médecin (M/F)				
70						esclave	eunuque qualifié				

1. *Talm. Jerus. Baba Mezia* 4. 1, 9c 53-8, cité par Sperber, «Costs of living», 1965, p. 254-255 et 1968, p. 246.
2. Cité par Sperber, «Costs of living», 1965, p. 254 (*BGU* 316).
3. *Chron. Nestor.* I, 56.
4. *V. Gerasim.*, p. 182.
5. Prisc. 1 (p. 277) et 5 (p. 283).
6. *CJ* VII, VII 1 (*De servo communi manumisso*).
7. Malal. 440.
8. *PNess* 89/*passim*.
9. Leont. Neap., *V. Joh. Eleem.* 22 (p. 44) : un bon prix.
10. Adamn., *De Locis Sanctis*, III 4.
11. *PNess* 56.

entre Byzance et la Russie[349]. Au 12ᵉ siècle encore, des documents de la Geniza
du Caire, qui concernent surtout des servantes, attestent des prix comparables,
puisqu'ils oscillent couramment autour de 20/25 dinars[350]. Une longue stabilité
du prix ordinaire des esclaves caractérise en somme les pays riverains de la
Méditerranée orientale. A en juger par le tarif de l'époque justinienne, la qualification demeure le facteur essentiel du prix, auquel se subordonnent le sexe
et l'âge. On voit aussi que la condition servile n'instaure pas une différence de
valeur marquée du travail. A un niveau de qualification faible ou nulle, la
valeur d'un individu oscille entre 3 et 10 sous pour un enfant, 10 et 20 sous
pour un adulte. Ces chiffres paraissent très bas si on les compare aux prix de
services qualifiés qui ont été présentés plus haut. Il est d'ailleurs impossible
d'apercevoir en ce domaine le moindre mouvement. Le travail non qualifié a
été un facteur conjoncturel dans la mesure où il répondait à la demande
primaire d'énergie lorsque celle-ci se faisait sentir. Mais il se situait lui-même
à un niveau trop bas pour que la diminution du nombre des travailleurs provo-
quât le renchérissement de leurs services, et non l'arrêt ou le ralentissement de
la production à laquelle ils se trouvaient employés.

Il nous reste à examiner plus méthodiquement la valeur des moyens de
production qui ouvrent dans cette société le plus grand nombre d'emplois, la
terre (tableau 27) et la construction (tableau 28).

Ces prix, on le voit, appartiennent tous au 6ᵉ siècle, et s'ils ne peuvent de ce
fait témoigner d'aucune évolution, ils permettent de remarquer en revanche une

Tableau 27. *Prix et rapports de terres cultivées attestés à Byzance au 6ᵉ siècle (en sous d'or)*

Réf.	Date	Lieu	Somme	Nature du terrain
1	512	Nessana	sous	
2	512	Nessana	1½	part de terrain
3	538	Constantinople	8	«jardin»
4	538	Constantinople	50	terrain maraîcher
5	6ᵉ s.	Syrie	300	le même après façon
6	6ᵉ s.	Côte syrienne	360	domaine de montagne
7			21 600	village
			40/50	rapport d'un grand vignoble monastique par an

1. *PNess* 16/15-16.
2. *PNess* 16/10-11 (rachat de la moitié pour 4 sous).
3. *JNov* LXXXIII (*N.* 64).
4. *JNov* LXXXIII (*N.* 64).
5. Joh. Eph., *E. Sts* 36.
6. Proc., *HA* XXX 19.
7. Joh. Eph., *E. Sts* 8.

349. *Cf.* Antoniadis-Bibicou, *Douanes à Byzance*, p. 97-98.

350. Cités par Goitein, *Mediterranean society*, p. 133 et 139.

échelle extrêmement étendue là encore, depuis le village qui rapportera une rente à son acheteur jusqu'à la parcelle probablement minuscule qui figure dans l'héritage d'un soldat de Nessana. Le cas du terrain maraîcher de Constantinople est particulier. Certes, nous ignorons sa dimension, comme celle des autres d'ailleurs ; mais tout porte à croire que le proximité de la ville, les cultures entreprises pour le marché urbain, le contrat à court terme qui en règle l'occupation concourent à lui donner une valeur élevée. Toutefois, étant donnée l'intention du texte législatif, il est probable que l'estimation initiale de 50 sous est une limite inférieure ; l'estimation finale de 300 sous – soit une valeur augmentée 6 fois – est présentée comme abusive, mais aussi comme effectivement pratiquée, et elle indique moins, on l'a vu, l'accroissement de valeur du terrain que la cherté d'un travail qui, pour être la façon d'une terre, n'en revêt pas moins une physionomie de qualification quasiment urbaine. Cela dit, la valeur de la terre est par excellence susceptible d'échapper au marché, car elle n'est pas rare dans l'ensemble, et elle ne vaut rien sans la façon de l'homme, comme le prouvent les contrats de bonification, et notamment de complant. Plus exactement, elle ne paraît sur le marché, dans le circuit des échanges, qu'après avoir été façonnée, comme le montrent en tout cas les quelques exemples réunis ici.

Après la terre vient la construction, où le travailleur non qualifié peut vendre son énergie sans avoir pour cela besoin au préalable d'acquérir lui-même un équipement. Nous avons en effet montré au chapitre précédent le va-et-vient des hommes, au niveau social et technique le plus bas, entre la terre et la construction. Et nous avons vu que, s'il y a durant toute la période une activité continuelle des constructions, leur mouvement constitue néanmoins un bon indice des conjonctures régionales. Les données chiffrées que nous avons réunies en ce domaine ont beau constituer notre ensemble le plus fourni, elles n'en sont pas moins tout à fait insuffisantes pour commenter le mouvement en question, que l'archéologie permet de lire sur le sol. Elles serviront cependant à mieux apprécier l'échelle économique et sociale de ces dépenses si importantes, et la façon dont elles se décomposent.

Nous avons assez dit dans un précédent chapitre les motifs culturels, antiques ou chrétiens, et la diversité du don monumental pour ne pas y revenir ici, et pour ne pas insister sur l'inégalité des sommes réunies dans le tableau 28. Peu d'entre elles, on le remarquera, sont présentées comme la totalité des frais d'une construction. Les chantiers s'arrêtent et repartent en effet au gré des arrivées d'espèces nécessaires à la paie intégrale ou partielle des ouvriers ; le récit du miracle qui aurait permis de poursuivre la construction de Sainte-Sophie est typique à cet égard[351]. On voit ici que, selon Cyrille de Scythopolis, le patriarche de Jérusalem donna un jour à Sabas 1 livre d'or, et que cette somme finança 5 mois de travail au four à pain et à l'église dans la laure qui était en construction. Les sommes citées au tableau sont en effet plutôt des contributions partielles : cela est clair dans l'inscription qui commémore la dépense de 3 000 sous faite par le gouverneur aux thermes d'Aphrodisias de Carie, dans

---

351. Anon. *Enarr. S. Soph.* 11.

Tableau 28. *Dépenses de construction attestées à Byzance entre le 4e et le 7e siècle**

Réf.	Somme (sous d'or)	Lieu	Réparations	Terrains à bâtir	Constructions	Date
1	4	Asie, Smyrne			morceau de pavement en mosaïque	4e s.
2	7	Asie, près Smyrne			morceau de pavement en mosaïque	
3	72	Laure de Sabas (environs de Jérusalem)		il donne le terrain à Sabas	du patriarche : 5 mois de travaux au four à pain et à l'église	511-532
4	80½	Lycie, Sabandos	restauration d'un sanctuaire			6e s. (avant 550)
5	100	Jérusalem (hors de)			construction d'un hospice	6e s.
6	170	Jérusalem			fondation d'un hospice	6e s.
7	300	Syrie, Mothana			édifice funéraire, dépense de 3 frères	485/486
8	400	Lycie, Pinara		prix du terrain pour 1 église		
9	700	Syrie, Dmer près Damas			synagogue (ou annexe)	6e s. (avant 550)
10	720	Edesse			église	505 c.
11	1 000	Palestine			fortin	529
12	1 440	Edesse	le mur de la ville			
13	2 000	Constantinople		rachat d'un terrain commercial pour 1 église		
14	3 000	Aphrodisias de Carie			dépense du gouverneur aux thermes	
15	14 400	Gaza			don de l'impératrice; crédit non limitatif pour 1 église et 1 hospice	390-400

Tableau 28. (*suite*)

Réf.	Somme (sous d'or)	Lieu	Réparations	Terrains à bâtir	Constructions	Date
16	14 400	Edesse	le mur, 2 aqueducs, bain, palais du gouverneur		constructions	505 c.
17	14 400	Constantinople			églises du patrice Sphorakios :	5e-7e s.
18	21 600				1 église	1ère moitié du 5e s.
19	8 640 000	Constantinople			S. Sophie	2e moitié du 6e s.

* Les sommes énoncées en livres dans les sources (1 livre = 72 sous) ont été converties en sous.

1. Lifshitz, *Donateurs* 14.
2. *IGC* 91.
3. Cyrill. Scythop., *V. Sabae*, p. 123.
4. *V. Nicol. Sion.* 58. A cela s'ajoute la nourriture des ouvriers.
5. *V. Theod. coenob. a. Cyrill.* p. 108-109.
6. Cyrill. Scythop., *V. Sabae*, p. 116.
7. Dunand, «Nouvelles inscriptions du Djebel Druze», n° 206.
8. *V. Nicol. Sion.* 69.
9. Lifshitz, *Donateurs* n° 61 (*LW* 2562b).
10. *Ps. Jos. Styl. A. 816, in Chron. ps. Dion.*, p. 227.
11. Cyr. Scythop., *V. Sabae*, p. 177-178.
12. *Ps. Jos. Styl. A. 816 in Chron. ps. Dion.*, p. 227.
13. *Patr. CP* III 43.
14. *IGC* 277 cf. Robert, *Epigrammes*, p. 130.
15. Marc. Diac., *V. Porph. Gaz.* 53. L'impératrice ajoute à cette somme 53 colonnes de porphyre.
16. *Ps. Jos. Styl. in Chron. ps. Dion.*, p. 226.
17. *Nau* 620.
18. *Patr. CP* III 30.
19. *Anon. Enarr. S. Sophiae* 25.

la mention d'une somme de 200 livres consacrée à différents édifices d'Edesse en 505, après les ravages de l'invasion. Et quand l'impératrice Eudoxie offre cette même somme à Porphyre de Gaza pour bâtir une église dans sa ville, il est entendu qu'elle pourra être dépassée. La dépense est en effet déterminée par les possibilités ou la générosité du donateur, non par le calcul des coûts. Cependant, que représentent les sommes attestées au point de vue de l'emploi ? Nous n'en pouvons proposer une interprétation en ce sens qu'en les confrontant aux chiffres de rétribution relevés plus haut. Encore faut-il supposer que les espèces servent uniquement à rétribuer les travaux d'extraction, de portage, de construction, à l'exclusion de tout achat de matériau à longue distance. Cela est vraisemblable dans des pays où la pierre ne manque pas : certains sites conventuels et villageois de Syrie du Nord comportent leur propre carrière[352] ; et le décor pouvait éventuellement être offert en sus, comme en témoignent les offrandes de mosaïque[353], ou les colonnes de porphyre que l'impératrice Eudoxie fait venir à Gaza, pour l'église dont elle finance la construction. Il faut également négliger, et c'est plus fâcheux, l'acquisition du terrain, l'inégalité des rétributions, les rétributions mixtes. A ces conditions, nous pouvons avancer quelques hypothèses. Prenons d'abord l'exemple plus facile des rétributions chiffrées en monnaie de compte : une rétribution de 4 keratia par jour sur le chantier de Dara en 505 était présentée comme excellente, tandis qu'un travailleur besogneux, comme le coupeur de bois charitable, gagnait 1 keration par jour, salaire probablement très bas puisqu'il s'agit d'édifier le lecteur[354]. Admettons alors qu'entre ces deux extrêmes un salaire de 2 keratia fournirait au calcul une base raisonnable. Les 700 sous dépensés à la synagogue de Dmer représenteraient alors 8 400 journées de travail payées au plus bas, ce qui fait, si l'on nous permet de pousser l'approximation, à peu près 23 hommes pendant 1 an, c'est-à-dire peu de chose. La somme offerte par Eudoxie permettait en revanche dans la même hypothèse 172 800 journées de travail, soit 480 hommes pendant 1 an. Un calcul différent peut être fait sur la base de 5 folleis par jour, gagnés sur un chantier de Palestine par un personnage de Jean Moschos. Pour esquiver le problème du cours de l'or en monnaie de bronze, nous l'essaierons sur les sommes les plus proches par la date de la réforme d'Anastase, soit les dépenses faites à Edesse sous le règne de celui-ci, à une époque antérieure il est vrai à celle de Moschos. La dépense de 10 livres (720 sous) faite pour une église de la ville aurait permis à ce taux 30 240 journées de travail, soit 84 hommes pendant 1 an. La dépense de 200 livres consacrée aux autres édifices aurait payé plus de 1 500 hommes pendant 1 an. Rien de moins certain, on le voit, que ces estimations. Nous ignorons d'ailleurs, en fait, quelle était la discontinuité du travail et la durée des chantiers, le nombre d'ouvriers et le laps de temps effectivement nécessaire pour achever de telles constructions. Le *Récit* rapporte que dix mille ouvriers, en cent équipes de cent, auraient travaillé à construire S. Sophie[355], et Tchalenko évalue à plusieurs milliers les

352. Tchalenko, *Villages antiques* I, p. 42.
353. *Cf.* chap. 5, p. 200.
354. *Cf.* le tableau 24, p. 387-388.

355. Anon. *Enarr. S. Sophiae* 7 et 20 (7 ans 1/2 pour les matériaux, 9 ans et 2 mois pour la construction proprement dite).

bâtisseurs de Qal'at Siman[356]. En tout état de cause, la place de la construction dans l'emploi des pauvres était importante.

Nous pouvons maintenant aborder l'autre catégorie de prix, ceux des denrées alimentaires, dont la signification et les mécanismes sont tout différents. Ils obéissent en effet de la façon la plus immédiate au volume de la production et au nombre des consommateurs, et ils sont d'autre part soumis à la surveillance du pouvoir impérial et de ses représentants. En outre, une partie importante du volume produit est soustraite au marché, par les rétributions naturelles et mixtes et par les ponctions fiscales, non sans que le jeu de ces dernières atteste en fait la référence à une cotation très grossièrement parallèle à celle du marché. Le pain dont un homme fait son repas peut être, on s'en souvient, acheté par lui sur un paiement en espèces, ou reçu par lui comme tout ou partie de ce paiement. Et celui qui paie ainsi peut avoir, de son côté, produit ou acheté le blé ou le pain. Les solutions varient selon que le cas est urbain ou rural, et selon les situations respectives, mais en tout état de cause les prix alimentaires que nous allons présenter constituent plus que d'autres une série incomplète et fondamentalement inadéquate, et non simplement trouée par une information indigente. A quelques exceptions près, dont celle du pain qui est significative, les prix des denrées sont indiqués en quantités mesurées pour 1 sou, et nous commencerons par négliger le problème des espèces effectivement versées, c'est-à-dire la variable constituée par le taux de change du bronze en or.

Nous avons vu en étudiant les famines que les prix des denrées de première nécessité étaient susceptibles de variations extrêmement abruptes en cas de déficience de la récolte ou de l'approvisionnement, et soumis d'autre part à des variations saisonnières qui demeurent sensibles même en période de famine, comme le montre l'exemple d'Edesse[357]. Un document de Nessana, inappréciable même dans son état mutilé, permet en revanche de voir comment fonctionnait normalement le marché local d'une denrée de ce type (tableau 29)[358]. Il ne s'agit pas malheureusement de blé, mais de dattes ; toutefois, Nessana se trouve dans une région où celles-ci figurent bien parmi les denrées primordiales, et le document conserve ainsi toute sa portée. C'est un carnet de vente dont deux fragments sont publiés sous des cotes consécutives. Il est divisé en mois selon le calendrier égyptien, et en quantièmes, et il porte pour chaque entrée le nom de l'acheteur, et quelquefois de son intermédiaire, le nombre de paniers achetés, le prix – en nombre de paniers[359] pour 1 sou – et la qualité de la datte, « nettoyée » ou « grossière ». A la fin de la rubrique mensuelle se trouve la somme des paniers vendus, et le chiffre d'affaires total en sous, dont est déduite ensuite la somme totale reçue « pour frais de nettoyage » : celui-ci consistait-il à enlever les noyaux, ce qui n'altérait guère le volume total, ou la distinction est-elle faite ainsi entre des fruits cueillis ou ramassés à terre? Quoi qu'il en soit, le décompte devait être fait à part pour chaque achat, car le prix ne varie manifestement pas en fonction de la qualité. Autre fait intéressant, il ne semble pas varier non plus

---

356. Tchalenko, *Villages antiques* I, p. 229.
357. *Cf.* p. 407.
358. *PPNess* 90-91, 6ᵉ-7ᵉ s.

359. Κούκια (1 κούκιον = 1 artabe, *cf.* p. 283-284 de l'éd., note 3).

en fonction de la quantité achetée. On ne peut distinguer dans ces comptes le gros et le détail, alors que le volume des achats individuels est extrêmement inégal. Assez curieusement, au cours d'une même journée, des prix différents sont fixés à différents acheteurs, sans que la quantité achetée paraisse intervenir. Est-ce le résultat d'un marchandage, ou la différence entre des opérations faites à crédit ou au comptant, nous l'ignorons. Les acheteurs, en tout cas, forment un groupe restreint, où les mêmes noms reviennent ; toutefois, la fréquence des achats de chacun est en raison inverse de l'importance des quantités achetées. Enfin, les prix pratiqués montrent clairement le mouvement saisonnier auquel nous faisions allusion : la récolte est mise sur le marché au début de l'automne, et le prix moyen ne cesse de baisser jusqu'à notre dernière rubrique utilisable, qui se place en avril-mai, en même temps qu'augmentent le nombre des transactions, le volume total de la marchandise, et le nombre des acquéreurs. Parallèlement, on peut faire la moyenne des écarts au prix moyen, et l'on constate qu'elle est au plus bas le premier mois, qu'elle augmente ensuite, enfin qu'elle se stabilise pour les trois dernières rubriques mensuelles dont nous disposions, au quadruple environ du taux attesté dans la première. Le tableau 29 groupe ces observations.

Tableau 29. *Ventes de dattes à Nessana (PPNess 90-91, 6e-7e s.)*

a. *Le volume des transactions*

Mois	Nombre de transactions	Nombre total de paniers	Nombre d'acheteurs	Quantité par opération	
				min.	max.
Phaophi (du 20 au 27 ?)	20	56	5	1	4
Choiak	32	202,5	10	1	84
Pharmouthi (les 15, 25, 26 du mois)	9	48	7-8	3	12
Pachôn	47	375	18	1	72

b. *Trois types d'acheteurs*

Acheteurs	Mois de Choiak		Mois de Pachôn	
Alexandros fils de Dionysios	opérations	12	opérations	7+n...
	paniers	10+n...	paniers	9
Timotheos fils de Rufinos	opérations	5	opérations	3
	paniers	101	paniers	74
	(1 achat de 84 paniers)		(1 achat de 72 paniers)	
Calocyros fils d'Asclas			opérations	2
			paniers	120
			(1 achat de 100 paniers)	

c. *Evolution saisonnière des prix*

Mois	Phaophi (sept.-oct.)	Athyr (oct.-nov.)	Choiak (nov.-déc.)	Tubi (part.) (déc.-janv.)	Pharmouthi (mars-avril)	Pachôn (avril-mai)
Nombre moyen de paniers pour 1 sou	7,9	8	9,1	9	10,1	11,15
Moyenne décimale des écarts à la moyenne	0,12	0,42	0,89	0,55	0,58	0,51

L'importance majeure parmi les prix alimentaires revient à ceux du blé et du pain, le premier exprimé en sous d'or, le second en folleis de bronze dans les achats quotidiens, en sommes annuelles d'or pour les *pains politiques*. Ces prix sont en effet la base classique de tout calcul de revenu réel dans les économies traditionnelles de l'Europe et du Proche-Orient ; nous avons montré ici même que le pain est la base de l'alimentation pendant notre période, à plus forte raison chez les pauvres, et nous avons même proposé des chiffres de rations de pain, ce qui pose le problème du rendement du blé en pain[360]. Nous commençons par les données disponibles sur le prix du blé (tableau 30).

On n'est pas étonné que ce tableau si mal garni atteste surtout des prix de disette, puisqu'il est composé de données recueillies dans les sources historiographiques. Ces prix eux-mêmes attestent des oscillations dont l'amplitude dépasse 1 : 6, mais on peut observer que leur dispersion chronologique ne correspond aucunement à un ordre de grandeur croissante ou non, puisque les prix de 1 et 2 modii pour 1 sou, situés aux deux extrémités chronologiques de la série, sont les plus élevés, si on laisse de côté pour la commodité le prix extrême inférieur à 1 modius pour 1 sou. On ne saurait calculer de moyenne sur de pareilles données, mais seulement proposer deux médianes, l'une calculée pour toute la série, l'autre pour les prix de disette. On trouve alors que le prix normal aurait oscillé autour de 12 modii du sou, et que le prix de disette – toujours en négligeant la donnée inférieure à l'unité – aurait été de 4 modii du sou, soit un rapport de 1 à 3, qui est précisément celui que l'on tire de la petite série d'Edesse.

L'orge intervient également dans la fabrication du pain, mais les indications sont beaucoup plus rares. Elles se bornent à vrai dire au témoignage du pseudo-Josué le Stylite, dont les observations faites à Edesse attestent un rapport de prix vraisemblablement typique entre les deux céréales, resserré en période de disette, desserré par l'abondance (tableau 31)[361]. Là encore, aucune observation diachronique n'est possible.

---

360. *Cf.* chap. 2, notamment p. 51-52.

361. *Ps. Jos. Styl. in Chron. ps. Dion.*, p. 187-200, *passim*.

Tableau 30. *Prix du blé (nombre de modii pour 1 sou d'or) attestés dans l'Empire byzantin entre 362 et 619*

	Antioche		Constantinople			Edesse							Constantinople	Cilicie
	361	362	364(?)-375	491-518	495	500	501	après récolte	automne	502	505	après récolte	547	6e-7e s. (avant 619)
	été	hiver				avril	février			printemps	avant récolte			
Réf.	1	2	3	4	5	6	7	8	9	10	11	12	13	14
	15	15			30									
		10												
				1 (en-dessous de 1)		4		5	4	12	4	6	2	2

1. Jul., *Misop.* 369.
2. *Cf.* réf. précédente.
3. *Suda* s. v. Μαναῖμ («*Suidas*» pars III, p. 316), cité par Mazzarino, *Aspetti sociali*, p. 191.
4. *Patria CP* III 84.
5. *Ps. Jos. Styl.* A. 806 *in Chron. ps. Dion.*, p. 187.
6. *Ps. Jos. Styl.* A. 811 *in Chron. ps. Dion.*, p. 195.
7. *Ps Jos. Styl.* A. 812 (mois de šebat) *in Chron. ps: Dion.*, p. 199.
8. *Ps. Jos. Styl.* A. 812 (mois de haziran-tammuz) *in Chron. ps. Dion.*, p. 199 : blé de la récolte nouvelle.
9. *Ps. Jos. Styl.* A. 813 *in Chron. ps. Dion.*, p. 199-200 : après la vendange.
10. *Ps. Jos. Styl.* A. 813 *in Chron. ps. Dion.*, p. 200 : ce prix suit une récolte médiocre, mais aussi la suppression d'une fête impie, qui a lieu en mai, *cf. ibid.*, A. 810, *Chron ps. Dion.*, p. 191.
11. *Ps. Jos. Styl.* A. 816, *in Chron. ps. Dion.*, p. 227.
12. *Cf.* réf. précédente.
13. Agap. Memb., A. 20 Justinien (*PO* VIII, p. 432) : le modius de blé s'est vendu au prix de 13 dirhems d'argent.
14. Joh. Mosch., *Prat. Sptr.* 85.

Tableau 31. *Rapports entre les prix du blé et de l'orge (nombre de modii pour 1 sou d'or)*
relevés à Edesse par le pseudo-Josué le Stylite entre 495 et 505

Année de la chronique	Saison ou mois	Prix du blé	Prix de l'orge	Rapport du prix de l'orge au prix du blé (prix du blé = 1)
806	–	30	50	0,60
811	avril	4	6	0,66
812	février	Kabs 13	Kabs 18	0,72
813	automne	4	6	0,66
813	printemps	12	22	0,54
816	avant récolte	4	6	0,66
816	après récolte	6	10	0,60

Le prix de la farine ne nous est pas d'un grand secours. Nous en avons seulement deux indications isolées et peu utilisables. L'une est le témoignage d'Ammien[362] selon lequel les soldats de Julien, affamés au cours de leur retraite en 363, auraient payé jusqu'à 10 sous 1 modius de farine : la formule, contraire à l'habitude, souligne encore l'insolite de ce prix que l'on ne saurait retenir, car le marché était trop exceptionnel par les conditions d'approvisionnement et les disponibilités des acheteurs. L'autre est le prix d'une jarre (*sic*) de farine, dans un compte de Nessana de la fin du 7e siècle[363], qui s'élève à 1 keration 3/8 ; mais nous ignorons la capacité du récipient. En revanche, les données, pourtant aussi peu nombreuses sur le prix du pain chiffré en folleis, permettent paradoxalement une appréciation plus significative.

Le prix du pain est en effet exprimé en espèces de bronze à la pièce lorsqu'il s'agit du marché libre en ville, en espèces d'or à l'année pour les *pains politiques*[364]. Les prix cotés en bronze ne sont en tout que deux, mais le hasard de leur dispersion leur confère quelque portée. Le prix de 3 folleis la pièce est signalé à Constantinople en 463 comme un prix de disette[365]. Dans la même ville, en 615 peut-être plutôt qu'en 625, il apparaît comme un prix de faveur consenti aux scholes, qui se soulèvent lorsqu'on veut le porter à 8 folleis[366] ; le chroniqueur donne sans doute à entendre que le prix du marché libre était encore plus élevé. Une augmentation du prix du pain s'est évidemment produite entre ces deux dates, d'autant plus remarquable qu'Anastase et Justinien se sont efforcés dans l'intervalle de fortifier la monnaie de bronze, qui accuse cependant dans l'ensemble une diminution de poids au cours du 6e siècle et dans les premières années du 7e[367]. Pour l'époque justinienne, on relève en outre

362. Amm., XXV 8, 15.
363. *PNess* 85. *Cf.* le tableau 32, p. 407.
364. *Cf.* chap. 5, p. 185-186.
365. Marcell. Com., ad A. 463.

366. *ChronP* A. 625. *Cf.* Ericsson, « Revising a date in the Chronicon Paschale ».
367. Metcalf, « Metrology of Justinian's follis », *cf.* p. 410 *sq.*

les accusations de Procope, selon qui Justinien aurait été coupable d'une spéculation particulièrement oppressante sur le pain, nourriture « des artisans et des pauvres », dont il aurait augmenté le prix, et pour lequel il aurait fourni, sous monopole impérial, un blé mêlé de cendre[368]. Le prix en or des *pains politiques* revêt évidemment un caractère officiel. Signalons cependant que, vers la fin du règne de Justinien, 5 pains furent cédés entre particuliers pour 300 sous, soit un forfait de 60 sous par pain[369]. Chaque pain valait plus de 4 sous par an pour son titulaire, lorsque cette somme fut levée comme taxe par Justin II[370] ; elle correspond en tout état de cause à cette date à une somme quotidienne qui dépassait 2 folleis[371]. En 618, avant leur suppression, la taxe demandée pour la dernière année est de 3 sous seulement[372]. La différence d'1 sou peut s'expliquer par les difficultés générales du moment, et par la chute du follis.

Les données sur les prix des autres denrées sont insignifiantes, parce que peu nombreuses et pour la plupart isolées, à l'exception de deux petits ensembles, les observations du pseudo-Josué le Stylite (tableau 33) d'une part, et d'autre part deux carnets de comptes de Nessana, dont l'un tardif pour nous à vrai dire, puisque son éditeur le date de la fin du 7e siècle (tableau 32)[373]. Dans le tableau 32, à peine pouvons-nous faire une remarque sur le prix du poisson. En effet, une loi de 413[374] relative au poisson de la table impériale constate que les *ministeriales* ne peuvent fournir la quantité qui leur est imposée, soit 30 lbs pour 1 sou, et ramène celle-ci à 20 lbs, et 10 lbs pour le *spatangius*. Le prix médian du marché était donc compris à cette date entre 20 et 30 lbs du sou. Un prix dix fois moindre est conservé dans la chronique de Michel le Syrien[375], pour une abondance exceptionnelle de thon, qui se produit au large de Constantinople à la fin de la famine de 582 : un poisson de 9 lbs s'est alors vendu 1 keration (1/24 de sou). Le carnet de Nessana ne fournit malheureusement pas de données comparables, car il compte du poisson mariné, en jarres ; il atteste seulement des qualités différentes, en notant d'une part 2 1/2 keratia pour 2 jarres, d'autre part 5 keratia pour 1 jarre. En revanche, il compte une somme de 10 1/2 keratia pour 1 jarre de farine. Si le même mot désigne le même récipient pris comme mesure, ce qui semble habituel dans les documents de Nessana, le prix du poisson mariné serait alors, selon la qualité, de 2 à près de 8 fois inférieur à celui de la farine, alors que la ration nécessaire est moindre. Ceci illustrerait le témoignage plus ancien de Libanios sur le prix modique du poisson frais à Antioche, qui en faisait un aliment accessible aux pauvres[376]. Les autres prix notés, à Edesse comme à Nessana, autorisent seulement un classement par ordre de valeur croissante, qui est du reste compromis à Nessana par l'imprécision des mesures, exactement relevées au contraire par le chroniqueur d'Edesse. Dans le tableau de Nessana, nous avons donc laissé les données telles

368. Proc., *HA* XXVI 21-22.
369. Joh. Eph., *HE* III, II 41.
370. *Ibid.*, III 14.
371. Voir p. 186.
372. *ChronP* A. 618.

373. *PPNess* 89 (fin 6e-début 7e s.), et 85 (fin 7e s.).
374. *CTh* XIV XX *un.* (*De pretio piscis*).
375. Mich. Syr., X 19.
376. Lib., *Or.* XI 254, *cf.* chap. 2, p. 41, note y.

que les présentent les comptes, afin de montrer les quantités achetées et les dépenses pour chaque denrée. Le seul commentaire possible a été fait plus haut à propos du prix du poisson.

Tableau 32. *Prix de denrées diverses, fin du 6ᵉ-7ᵉ siècle (PPNess 89 et 85)*

Réf.	Prix		Denrée	Quantité
1	keratia	1	miel	$\frac{7}{8}$ setiers
		2	poisson mariné	2 jarres
		5	poisson mariné	1 jarre
		1	farine	1 jarre
2	sous	1	vin	
		1	provisions de route (dont poisson et amandes)	pour plusieurs voyageurs

1. *PNess* 85 (fin 7ᵉ s.) (?)
2. *PNess* 89 (fin 6ᵉ-début 7ᵉ s.)

Tableau 33. *Prix de famine d'Edesse, 499-502 (d'après le pseudo-Josué le Stylite)*

Réf.	Saison	Prix		Denrée	Mesure	Appréciation
1	hiver	nummia	40	œuf	l'un	
1	hiver		100	viande	1 lb	sans doute le renchérissement annoncé, *cf.* ci-dessous cherté maximale des céréales
1	hiver		300	poule	1 lb	
2	après la vendange		300	raisins	1 kab	
3	printemps		360	lentilles	1 kab	cherté du blé ; la viande n'avait pas encore augmenté
3	printemps		400	fèves	1 kab	
3	printemps		500	pois chiches	1 kab	
2	après la vendange	sous	1	vin	6 mesures (?)	
4	après la vendange		1	vin nouveau	15	prix d'abondance
5	avant la récolte		1	vin	2	cherté

1. *Ps. Jos. Styl.* A. 812 (mois de šebat), *in Chron. ps. Dion.*, p. 199.
2. *Ps. Jos. Styl.* A. 812, *in Chron. ps. Dion.*, p. 197.
3. *Ps. Jos. Styl.* A. 811, *in Chron. ps. Dion.*, p. 196 (mois de nisan).
4. *Ps. Jos. Styl.* A. 813, *in Chron. ps. Dion.*, p. 199-200.
5. *Ps. Jos. Styl.* A. 816, *in Chron. ps. Dion.*, p. 227.

28*

Les prix d'Edesse s'avèrent plus significatifs malgré le caractère exceptionnel de la plupart d'entre eux. Tout d'abord, leur série, dont notre présentation néglige l'ordre chronologique pour mettre en évidence l'échelle des valeurs, atteste en fait un ordre de renchérissement qui est une première indication. Le renchérissement des céréales signale l'état de disette. Elles sont suivies par les légumes secs, puis par les produits animaux, tandis que le renchérissement du vin apparaît indépendant et parallèle, puisqu'il résulte des mêmes conditions naturelles défavorables. Quant aux rapports des prix, il faut les observer entre les denrées susceptibles de se substituer l'une à l'autre. Nous les avons calculés en prenant comme base le prix du blé noté au même moment que celui des légumes secs, et en élevant de même au kab les deux prix de viande notés à la livre. Les prix s'ordonnent alors selon l'échelle suivante :

Prix (prix du blé au kab = 1)	Céréales	Légumes secs	Viandes
0,6	Orge		
1	Blé	Lentilles	
1,1		Fèves	
1,3		Pois chiches	
1,4			Viande

Le lecteur a maintenant eu sous les yeux toutes les données chiffrées qui nous ont paru intéresser notre propos. Elles ont permis de suggérer une échelle de valeurs des biens et services payés en espèces. Mais peuvent-elles supporter aussi une interprétation globale, soit pour découvrir une tendance, de durée plus ou moins longue, soit pour prendre « la mesure du siècle » ? La première lecture des tableaux qui précèdent semblait révéler d'une part une certaine stabilité des prix en or, entre autres une constance assez frappante de la médiane et des extrêmes du prix du blé, même si les références sont en partie à des prix imposés, et elle présentait d'autre part l'indication unique d'une hausse du prix du pain, payé en monnaie de bronze, entre des références à 463 et à 625. La stabilité des prix en or est-elle due, comme le pensait R. Lopez[377] à la conservation politique du sou, ou bien est-elle le résultat de facteurs historiques plus complexes, dont L. Ruggini[378] a si bien fait l'inventaire, stagnation de la demande, accroissement inflationniste du pouvoir réel d'achat de l'or, ou au contraire déflation des prix due à sa rareté ? Quelle qu'en soit l'explication décisive, cette stabilité présumée interdit en tout état de cause le procédé classique de calculer les prix réels des biens et services sur la base du prix du blé. Justifié par l'importance primordiale de celui-ci dans l'alimentation, ce parti aurait eu encore l'avantage de maintenir le raisonnement dans le registre de l'or où se rencontrent la plupart de nos données, ce qui éviterait d'ajouter à des incertitudes déjà assez grandes la marge supplémentaire des conversions

377. Lopez, « Dollar of the Middle Ages ».   378. Ruggini, *« Italia annonaria »*, p. 380-406.

toujours hypothétiques en espèces de bronze et en pains. Mais en l'occurrence le calcul n'eût été autre chose qu'une translittération de ce que nous savons déjà. Eût-il pu être satisfaisant d'ailleurs qu'il n'eût pas épuisé l'histoire sociale des paiements en espèces telle qu'elle se présente dans une société ancienne, où elle repose sur les combinaisons successives et changeantes de la disponibilité monétaire sur le marché, de la valeur intrinsèque des monnaies, de leur pouvoir d'achat, et surtout des rapports de change et d'usage qui existent entre elles. En outre, la corrélation entre ces deux derniers facteurs n'est nullement cons-tante. Au contraire, la marge fiduciaire varie au gré des circonstances économi-ques et politiques, à l'intérieur de certaines limites, et il y a crise lorsque ces limites sont dépassées ; quelles que soient les objections soulevées par leur application, les idées de S. Bolin demeurent sur ce point historiquement convaincantes[379]. Davantage, les historiens de Byzance et de l'Antiquité finissante savent aujourd'hui renoncer pour la plupart, à la suite de R. Lopez[380], à l'idée que toute altération de poids ou de titre des monnaies, et surtout de la monnaie d'or, était nécessairement un événement néfaste. S'ils y reconnaissent dans certains cas un aveu d'indigence du Trésor, ils y déchiffrent dans d'autres le besoin de desserrer le carcan monétaire des échanges à un moment où ceux-ci demandaient à s'accroître. La corrélation entre la valeur intrinsèque de la monnaie et son pouvoir d'achat constitue donc vraiment le cœur d'une histoire sociale des paiements, alors qu'elle est des plus difficiles à connaître. Nous ne prétendons pas lui apporter ici des lumières nouvelles. Nous nous contenterons d'ajouter aux informations écrites que nous avons réunies ce que la numismatique peut nous apprendre aujourd'hui.

5. LES ÉLÉMENTS MONÉTAIRES D'UNE CONJONCTURE, 4e-7e SIÈCLES

Le sou d'or est l'astre fixe du système monétaire byzantin, et l'on peut dire qu'il est resté stable pendant toute la période[381]. A y regarder de près certes la chose n'est pas exacte. Dans les dernières décennies du 4e siècle, par exemple, au moment même où l'or prend dans les échanges de l'Orient un essor durable, la stabilité du sou est loin d'y être garantie, comme le veulent les empereurs, contre les tentatives du public[382]. Tendance significative dans la mesure où l'on discerne alors en Orient une grande abondance monétaire et un air général de prospérité. Il n'en reste pas moins que les limites de variation dont il était question plus haut n'ont pas été franchies entre le 4e et le 7e siècle, et que cette stabilité exprime le concours d'une volonté politique, celle des empereurs, et d'un consentement collectif, celui de toute une société qui, des plus riches aux plus pauvres, place l'or au sommet de son échelle des signes monétaires de la

379. Bolin, *State and currency*.
380. Lopez, «Dollar of the Middle Ages».
381. Grierson, « Coinage and money », p. 414
    sq.

382. Callu, «Problèmes monétaires du IVe siècle ».

valeur circulante ou accumulée. Ce postulat est sans doute conforme à la faiblesse du potentiel économique de l'époque. Il constitue en tout cas un facteur mental décisif de l'histoire monétaire byzantine, puisque les faits qui eussent pu l'ébranler ou le contredire semblent déviés par l'effort de le conserver intact. Par lui s'explique probablement l'élimination progressive et dans l'ensemble précoce de l'argent jusqu'à la tentative d'Héraclius, le rôle d'espèce intermédiaire rempli par la monnaie d'or divisionnaire des moitiés puis des tiers de sou, dont la frappe commence sous Théodose I[er383] et demeure abondante jusque dans les décennies troublées du règne d'Héraclius[384]. Par lui s'explique aussi la dépréciation irrésistible du bronze, monnaie des petits achats et des petites rétributions, qui semble suivre du 5e au 7e siècle, on va le voir, une évolution non pas linéaire mais cyclique, dont l'interprétation est complexe.

Mazzarino a consacré un commentaire retentissant[385] à la page effectivement remarquable dans laquelle l'Anonyme *De Rebus Bellicis*[386] analyse la dénivellation sociale croissante provoquée depuis Constantin par l'abondance et la position déterminante de l'or, et il a inculqué à ses lecteurs la vision dualiste de l'histoire monétaire du Bas-Empire qu'il en avait lui-même retirée. Il me semble que son interprétation doit être non pas remise en question, mais poussée plus avant, et que l'histoire dont il s'agit ne repose pas sur la simple opposition de l'or et du bronze. Je ne pense pas en écrivant cela à l'élimination oriental progressive et somme toute précoce de l'argent, mais à la complexité du monnayage de bronze lui-même. On peut la négliger dans une certaine mesure lorsqu'on cherche à connaître le cours de l'or en bronze. Elle est en revanche primordiale si l'on considère le domaine propre des transactions en bronze, dont les exemples littéraires ont montré qu'il était passablement étendu, ce que confirme la composition des relevés de monnaies sur les sites urbains dont il sera question plus loin. A cet égard en effet la distinction entre petite et grosse monnaie de bronze paraît capitale. L'existence d'une grosse monnaie de bronze est favorable à l'Etat, dans la mesure où elle consolide la valeur de l'or et limite son usage, en se substituant à lui dans la frange des échanges aux confins de l'or et du bronze, dont on a souligné plus haut l'importance[387]. Elle est agréable aux moins pauvres, qu'elle pourvoit en monnaie intermédiaire, moins onéreuse que l'or et pourtant relativement forte, mais défavorable en revanche aux plus pauvres. Même si elle freine les prix cotés en or dans les échanges moyens, celui du blé par exemple, elle se trouve en effet trop forte encore pour leurs échanges quotidiens, et pas assez pour les aumônes et les largesses dont ils peuvent éventuellement bénéficier. L'histoire sociale de la monnaie de bronze du 4e au 7e siècle doit donc être envisagée sous deux aspects d'ailleurs étroitement liés, le cours de l'or en monnaie de bronze, et la composition du monnayage de bronze lui-même. Elle fait apparaître d'un côté la volonté de stabilité au moins nominale des empereurs, de l'autre

383. *Roman imperial coinage* IX, p. XXVI.
384. *Catalogue of Byzantine coins* II, Introduction, p. 3-7.
385. Mazzarino, *Aspetti sociali*, cap. II («I

due testi fondamentali»).
386. Anòn. *Reb. Bell.* 2.
387. *Cf.* p. 359-365.

une tendance du cours libre du sou, qui semble avoir été basse jusqu'aux dernières décennies du 5e siècle, et renversée ensuite par la réforme monétaire d'Anastase, et peut-être par les facteurs conjoncturels du 6e siècle.

Les vicissitudes du bronze dans la seconde moitié du 4e siècle sont encore imparfaitement connues. La période que nous étudions s'ouvre par une réforme monétaire de Julien, qui frappe deux pièces de bronze de poids inégal, la *maiorina* de 8,39 g et le *centenonialis* de 3,03 g selon Elmer[388], dont l'étude déjà ancienne n'est pas remplacée à ce jour. Y a-t-il quelque rapport entre cette nouvelle monnaie et les mesures qui fixaient les prix à ne pas dépasser sur le marché d'Antioche[389], et y déversaient d'autre part une quantité de blé destinée à provoquer la baisse[390] ? Cela est au moins vraisemblable, mais Julien témoigne seulement dans son pamphlet contre les Antiochéens de l'hostilité qu'ils manifestèrent à la fois à ses pièces et à ses décisions[391]. Le même Elmer cependant souligne le nombre relativement élevé de contrefaçons de la *maiorina* sans indiquer, il est vrai, la provenance des pièces[392]. Mais l'initiative de Julien ne sera pas poursuivie. L'Orient se caractérise même par une rareté de la frappe officielle du bronze entre 367 et 379, que les rapports politiques entre les deux *partes* expliquent peut-être en partie[393], et qui suscite d'ailleurs des contrefaçons assez nombreuses, sans atteindre un volume aussi considérable que dans les régions déjà politiquement et administrativement déséquilibrées comme la Bretagne de la même époque[394]. Les contrefaçons de bronze semblent jouer dès ce moment un rôle d'appoint non négligeable dans les petits échanges urbains de certaines villes, comme le montrent les trouvailles de Césarée de Palestine[395].

Le cours de l'or en bronze est lui aussi mal connu avant les dernières années du 4e siècle. Un premier repère, promis à une validité officielle séculaire, est marqué par la loi de 396[396], qui fixe l'équivalence fiscale de 25 lbs de bronze pour 1 sou, soit 7 200 *nummi*, valeur nominale que les empereurs s'efforceront de maintenir, puisqu'on la retrouve dans la Novelle occidentale de Valentinien III datée de 445[397], dans la réforme d'Anastase en 498[398], dans la mesure restauratrice de Justinien vers 539[399]. En fait, le cours libre atteste incontestablement la tendance à la baisse dont une loi d'époque valentinienne, reprise au Code Justinien, reconnaissait déjà l'éventualité[400], et que J. P. Callu considère dans l'ensemble caractéristique de la fin du 4e siècle[401]. Ajoutons que la Novelle de 445 elle-même se place dans cette perspective et fait écho à la loi valentinienne : elle interdit en effet de mettre en circulation à un cours inférieur à 7 000 *nummi* le sou acheté aux changeurs du fisc à 7 200 *nummi*. La différence représentant le profit de ces derniers, il reste que le législateur se préoccupe de soutenir le

388. Elmer, « Kupfergeldreform » ; Kent, « Coinage of Julian the Apostate ».
389. Jul., *Misop.* 357 D, 365 D.
390. Jul., *Misop.* 369.
391. Jul., *Misop. loc. cit.* et 355 D.
392. Elmer, « Kupfergeldreform », p. 31-32.
393. *Roman Imperial Coinage* IX, Introduction, p. XVII-XIX.
394. Voir Hill, « Barbarous imitations ».

395. Hamburger, « Minute coins from Caesarea ».
396. *CTh* XI XXI 2.
397. *Nov. CTh.* Valent., XVI.
398. *Cf.* p. 413 *sq.*
399. Voir notes 416 et 417.
400. *CJ* XI XI 2.
401. Callu, « Problèms monétaires du IVe siècle ».

cours libre ; et il se fait l'écho exact de la loi du 4ᵉ siècle en affirmant que la stabilité du sou garantit celle des prix. En réalité, le sou semble avoir bel et bien baissé au cours du 5ᵉ siècle, dans la mesure où la stabilité nominale s'accompagne d'une dégradation de plus en plus forte du *nummus*. Si le poids des espèces de bronze diminue dès la fin du 4ᵉ siècle[402], l'effondrement s'accélère après 450 : excepté pendant le règne prudent de Marcien, les difficultés des paiements extérieurs et des dépenses militaires ont incité alors les empereurs à frapper des pièces de plus en plus légères pour une valeur nominale inchangée[403]. Les choses iront si loin en ce sens qu'Anastase ne peut pas restaurer la convertibilité du bronze, même en réformant le monnayage. Lorsque la loi de 396 est reprise au Code Justinien, l'équivalent en bronze d'un sou n'est plus que de 20 lbs au lieu de 25[404].

Cette déflation de l'or que l'on peut encadrer conventionnellement entre les dates politiques de 367 et 498 constitue un premier commentaire à la stabilité des prix dont il a été fait état plus haut. Elle correspond sans doute à une stabilité de la demande publique d'or, dont l'explication doit être en partie fiscale, et aussi de la masse d'or disponible. L'étude métrologique du monnayage de bronze lui-même permet peut-être de préciser encore le tableau social. La vitalité des échanges pauvres et très pauvres est en effet attestée par l'abondance des *minimi* (Æ 3 et Æ 4)[405], dont le 5ᵉ siècle est la grande époque[406]. Ces petites pièces, bientôt dépourvues de toute valeur intrinsèque, et réduites à la fonction de signes monétaires au niveau le plus humble, constituent certes un symptôme incontestable des difficultés du trésor public. Leur poids est d'abord abaissé jusqu'à les rendre en fin de compte exclusivement fiduciaires. Leur frappe est dès lors dépourvue de profit pour l'Etat, surtout dans l'embarras monétaire et financier où il se trouve, et un procédé moins onéreux est instauré à partir de Léon Iᵉʳ, celui de rogner les pièces de module Æ 3 déjà existantes pour les réduire au module Æ 4, sur lequel portait donc, peut-on penser, la demande publique[407]. Pourtant, vues du côté des usagers, ces pratiques me paraissent contredire absolument l'interprétation trop sombre, ou plus exactement trop simple, d'une monnaie de bronze essoufflée, impuissante à rattraper l'or qui l'entraînerait dans un mouvement de hausse dure aux humbles. La pratique de rogner les pièces plus grandes, la présence dans les trésors eux-mêmes de pièces Æ 4 coupées en deux pour utiliser les moitiés comme des signes de valeur encore plus petite, et de quelques contrefaçons de ces mêmes pièces[408], autant d'indices d'une circulation active au plus bas niveau des échanges et des prix, peut-être même d'une certaine stagnation de ces derniers à ce niveau. Le besoin de signes monétaires de valeur décroissante et dans l'ensemble aussi infime, alors que le monnayage lui-même ne cesse de se détériorer,

402. Mattingly, « Monetary systems ».
403. Adelson-Kustas, « Bronze hoards... Leo I » ; *Bronze hoard... Zeno I.*
404. *CJ* X XXIX *un.*
405. Désignations conventionnelles, *cf.* Mattingly, « Monetary systems », p. 117 *sq.*
406. Adelson-Kustas, *cf.*note 403 ; Carson-Kent, « Bronze coinage », p. 43.
407. Adelson-Kustas, *Bronze hoards...* (*cf.* note 403).
408. *Cf.* note précédente.

voilà qui oblige à délaisser ici le concept moderne de l'inflation exprimée par la dépréciation des espèces et la montée des prix associées, et à lui substituer celui d'un écart grandissant, hors de toute mesure si l'on veut, entre les extrémités de l'échelle sociale des paiements. Les plus pauvres souffriront de cet écart seulement lorsqu'une situation nouvelle conjuguera la hausse nominale du sou provoquée par une demande d'or accrue, motivée en particulier par des obligations fiscales, et la réévaluation de la monnaie de bronze assurée par la réforme du monnayage. Ce seront les suites de la réforme de 498, qui mettra fin progressivement mais sûrement à la déflation effective de l'époque précédente. La physionomie de la monnaie et des paiements pauvres au 6e siècle sera toute différente.

Quel qu'ait été le dessein qui inspira cette création d'une grosse monnaie de bronze[409], la réforme d'Anastase favorisait évidemment les moins pauvres des petits échanges urbains, ceux des boutiquiers auxquels s'adressaient également la suppression du chrysargyre, et les paiements fiscaux en bronze[410]. Elle portait aussi comme conséquence la stabilisation des prix dans les échanges urbains à un niveau relativement élevé. Aussi les brocards lancés par les Verts à l'empereur témoignent-ils peut-être d'une certaine hostilité populaire[411]. La satisfaction se lit en revanche dans le fameux passage du comte Marcellin[412], où il rapporte qu'Anastase « mit en circulation une monnaie divisionnaire qui fit plaisir au peuple » (« placibilem plebi commutationem distraxit »)[413]. Pourtant, les choses ne se passèrent pas exactement, en fait, comme on aurait pu le prévoir. Les *minimi* continuèrent non seulement à circuler, mais à être frappés, rognés, coupés, et même imités, pendant un certain temps encore[414]. Et un marché de l'importance d'Antioche n'utilisa pratiquement que la pièce de 5 *nummi* (*pentanoummion*) comme multiple le plus élevé pendant les règnes d'Anastase et de Justin Ier, et jusqu'à la frappe plus lourde de 539[415]. Néanmoins, les témoignages de hausse nominale du sou en *folles* sont tous postérieurs, à notre connaissance, à 498. Le cours de 180 *folles* que fixait la réforme était nominalement conforme au taux traditionnel de 7 200 *nummi*, mais il acceptait en fait, par les espèces employées, la déflation du 5e siècle. Au contraire, le sou était monté à 210 *folles* déjà (8 400 *nummi*), quand une mesure impériale prescrivit de revenir au cours de 180[416] ; elle doit sans doute être rapprochée des *folles* plus lourds frappés à partir de 539[417]. Justinien intervenait ainsi dans un sens opposé à celui des empereurs précédents. Un cours momentané supérieur à 8 600 *nummi*

409. Blake, « Monetary reform of Anastasius I » ; Grierson, « Monetary reforms of Anastasius » ; Metcalf, « Anastasian currency ».
410. *Cf.* p. 174.
411. Joh. Lyd., *Mag.* III 46.
412. Marcell. Com., A. 498, 3.
413. Sens technique du verbe. Pour cette traduction enfin satisfaisante, voir Callu,

« Versions gréco-latines ».
414. Adelson-Kustas, « Sixth-century minimi » ; Hamburger, « Minute coins from Caesarea » ; Bates, *Byzantine coins…* *Sardis.*
415. Metcalf, *Anastasian currency*, p. 96.
416. Proc., *HA* XXV 12 ; *cf. HA* XXII 38.
417. Grierson, « Coinage and money », p. 438.

est peut-être attesté dans les prix de famine d'Edesse dès les années 499-502[418]. Et à la fin du 6e ou au début du 7e siècle, un compte de Nessana note une somme de 200 *folles* (8 000 *nummi*)[419], ce qui laisse penser qu'un sou valait davantage encore. Cette hausse du sou au cours du 6e siècle paraît bien s'expliquer dans le contexte relativement récent et sans cesse aggravé de raréfaction de l'or par acroissement des dépenses publiques improductives et des exigences fiscales, accompagné après 540 de la récession dont nous avons montré quelques symptômes dans les villes et dans les campagnes[420]. Les mêmes difficultés provoquent en outre une dépréciation de la monnaie de bronze, qui agit cette fois dans le sens de l'inflation monétaire et de la hausse des prix. La perte de poids, contrôlée par le pouvoir, demeure discontinue et variable selon les ateliers[421]. Elle s'affirme néanmoins dans l'ensemble à partir de 542, donc à l'ouverture des années difficiles du règne, et elle se poursuivra jusqu'à l'effondrement du monnayage issu de la réforme anastasienne, qui sera consommé sous le règne d'Héraclius. Mais la disparition même du *nummus* dès le milieu du 6e siècle est encore plus significative pour l'histoire sociale, plus clairement symptômatique d'une hausse des prix en bronze cette fois-ci dépourvue de toute atténuation par les petites espèces ; le *pentanummium* devient alors la plus petite unité usitée, et même nécessaire, puisqu'un monnayage de bronze exceptionnel émis à Kherson vers 602 n'en conçoit pas de moindre. En outre, la frappe du bronze elle-même se ralentit notablement à partir des années 556-557 ; les émissions de Cyzique cessent en 558, celles de Nicomédie en 559-560, année pour laquelle les *folles* de Constantinople sont eux-mêmes extrêmement rares ; enfin, celles d'Antioche s'interrompent à l'avènement d'Héraclius ; du reste, avec Phocas, le parti de refrapper les monnaies de bronze existantes devient général. L'essai d'une nouvelle monnaie intermédiaire forte, l'hexagramme d'argent d'Héraclius, frappé à partir de 615[422], nous entraînerait vers d'autres problèmes, et nous la laissons en dehors de l'exposé et de ses conclusions.

La dépréciation de la monnaie de bronze explique certes en partie que les émissions diminuent çà et là. L'Etat byzantin, qui ne cesse pas de frapper en abondance des sous et fractions de sou au milieu des difficultés financières de la deuxième moitié du 6e siècle et du début du 7e[423], n'a guère de profit à frapper alors le bronze. Aussi bien la pénurie de métal ne l'épargne-t-elle pas s'il faut en croire l'auteur anonyme qui rapporte qu'Héraclius fit fondre pour en battre

---

418. Si le Ps. Josué a utilisé 1 modius = 6 kabs (Manandjian, « Hlebnie mery ») [Mesures du pain], et si nous supposons qu'1 sou payait une quantité ronde en modii, les prix de famine au kab (*cf.* p. 000) suggèrent une approximation de 8 640 nummi pour le blé, l'orge et les lentilles, de 9 000 nummi pour les pois et les raisins secs, soit 216 et 225 folleis.

419. *PNess* 89/46.

420. *Cf.* chap. 5, p. 232-234 et 6, p. 307 *sq.*, *passim.*

421. Ce qui suit d'après Grierson, « Coinage and money », p. 436-439 ; Metcalf, « Metrology of Justinian's follis » ; Grierson, « Monetary reforms of Anastasius » ; *Catalogue... Dumbarton Oaks*, Introduction, p. 3-7.

422. Grierson, « Coinage and money », p. 426.

423. *Cf. Catalogue ... Dumbarton Oaks*, cité note 421.

monnaie un gigantesque fourneau de bronze qui servait à des exécutions capita-les[424]. Pourtant la hausse des prix, c'est-à-dire l'inflation supportée par la mon-naie de bronze, supposerait au contraire, à demande constante, un approvision-nement accru du marché. Faut-il donc penser que la demande elle-même a diminué, que la hausse des prix en bronze se combinait avec une stagnation, voire une diminution du volume des échanges soldés en espèces, soit par recul de l'échange monétaire, soit par diminution du nombre des hommes ? On ne peut éviter de poser la question, et d'envisager pour y répondre non plus seule-ment la pauvreté ou l'appauvrissement des usagers de la monnaie de bronze, mais toute la conjoncture de ces échanges qui sont en un mot des échanges urbains. Ici encore la numismatique est seule à procurer des éléments de réponse, en étudiant la dispersion fortuite des monnaies à travers les couches historiques d'un même site urbain[425].

Le relevé des trouvailles monétaires isolées dans la stratigraphie d'un site urbain a été fait jusqu'ici à Antioche[426], à Gerasa[427], où le site n'a pas été entièrement exploré, à Sardes[428] qui est dans le même cas, et dont la publication demeure de surcroît provisoirement soumise à la coupure historiquement arbi-traire de 491 entre monnayage antique et monnayage byzantin, enfin dans le terroir balkanique de Syrmia-Slavonia, dont l'étude commence également à cette date[429]. On ne doit pas se dissimuler d'ailleurs les embûches d'un tel matériel. Il n'est pas encore trop grave pour l'historien de rencontrer surtout des pièces de bronze ; la facilité plus grande avec laquelle on les perdait reflète après tout leur usage dans les petits échanges quotidiens, et il me semble que l'on peut sans inconvénient confondre les différentes espèces, dans un premier comptage du moins, compte tenu de la disparition probable des plus petites par dégradation naturelle. Il faut en revanche prêter attention à l'état de l'investiga-tion archéologique. Si le site d'Antioche a été bien exploré, les fouilles de Gerasa, et plus encore de Sardes, ont été restreintes à des lieux qui, pour être significatifs de la circulation des hommes, n'en sont pas moins chronologiquement bornés : à Sardes 5% du terrain seulement ont été fouillés selon le dernier éditeur, dont, il est vrai, les boutiques byzantines ; à Gerasa, un bain du 5e siècle, des églises du 6e ont alimenté les trouvailles, dont la majeure partie provient cependant, et cela est mieux peut-être, d'une porte de la ville. Le matériel lui-même ne se laisse pas classer comme on le désirerait. Tout d'abord, quantité des petites pièces de bronze, qui seraient si importantes précisément pour l'apprécia-tion des échanges, ont mal supporté les siècles. Beaucoup ont disparu sans doute par désintégration, beaucoup d'autres sont devenues indéchiffrables : ainsi risque-t-on en particulier de retrouver déformées les séquences du 5e siècle, s'il est vrai que beaucoup des pièces impossibles à classer remontent à cette époque,

---

424. *Patria CP* II 53 (p. 180, *cf. ibid.*, p. 49).
425. Voir notamment Grierson, « Byzantine coinage », p. 324-325.
426. Waagé, *Antioch-on-the-Orontes...Coins.*
427. Bellinger, *Coins from Jerash.*
428. Bell, *Coins...Sardis* ; Bates, *Byzantine coins...Sardis.*
429. Metcalf, « Byzantine coins in Syrmia and Slavonia ».

comme J. P. Callu le suppose pour Apamée[430]. En outre, le monnayage lui-même comporte des séries de transition, pour la fin du 4e siècle par exemple, qui rendent le découpage chronologique difficile, sans parler des pièces que les éditeurs se sont vus contraints de classer sous une étiquette trop vaste pour l'historien, comme les trouvailles d'Antioche cataloguées « late Roman through Justinian », ou «early Byzantine ». Or, il suffit évidemment de déplacer un peu les césures pour obtenir un tableau différent. Et surtout les dates d'émission qui sont nos seuls repères ne procurent pas un témoignage exact, puisqu'il faudrait pouvoir tenir compte de la durée de circulation des pièces : dans une boutique byzantine de Sardes dont l'état monétaire s'est trouvé figé par la destruction perse, survenue vers 616, 1/3 environ des pièces relevées avaient été frappées plus de 50 ans auparavant, en dépit de la pratique de refrapper[431]. Malgré toutes ces difficultés, on ne verra pas ici une révision numismatique des séries publiées qui eût amené à préciser la périodisation, et les hypothèses relatives à l'histoire et au volume des émissions monétaires elles-mêmes. La tâche dépassait ma compétence, et aussi mon propos, qui était simplement de chercher, avec la marge d'incertitude chronologique que l'on vient de voir, les variations de l'abondance monétaire sur un site urbain, sans considération de provenance des pièces. Je me suis bornée à quelques observations historiques en ce sens, en considérant les matériaux tels qu'ils étaient publiés, et en ramenant la périodisation aux articulations les plus simples.

Et d'abord Antioche, privilégiée par l'abondance du matériel publié pour toute la période que nous étudions (tableau 34).

Tableau 34. *Trouvailles isolées sur le site d'Antioche : monnaies des années 364-641* (d'après Waagé, *Antioch-on-the-Orontes. . . Coins*, planches XI-XII)

Période	Nombre d'années (arrondi)	Nombre total de pièces	Moyenne annuelle
Dynastie valentino-théodosienne (364-450/455)	86/91	3657	41,3/40,1
Marcien, Léon Ier, Zénon (450-491)	41	75	1,8
Anastase-Justinien (491-565)	74	1933	26,1
Justin II – Phocas (565-610)	45	436	9,2
Héraclius (610-641)	31	55	1,7

N.B. Le tableau inclut 355 pièces cataloguées comme «Theodosius II or Valentinian III or later » dans le total de la dynastie valentino-théodosienne; il exclut 202 pièces cataloguées comme «Late Roman, Constantine through Justinian », 25 « Barbarous imitations », totalisées à leur suite, et 25 « early Byzantine », totalisées après Héraclius.

430. Callu, « Remarques numismatiques ».   431. Bates, *Byzantine coins. . .Sardis*, Table IV, p. 7-8 (Byzantine shop E 16).

Il était légitime d'arrêter la dernière rubrique au terme même du règne d'Héraclius, car la prise d'Antioche par les Perses n'est pas en 614 une catastrophe plus décisive qu'en 540. Nous apercevons alors au premier coup d'œil deux périodes de rareté, le début du 7e siècle, et les décennies qui séparent au 5e la fin de la dynastie valentino-théodosienne et l'avènement réformateur d'Anastase. Pour mieux dire, on ne retrouve plus l'abondance monétaire qui se manifeste entre 364 et 450-455. Un examen plus minutieux eût cependant seul permis de préciser des distinctions nécessaires à l'intérieur du 6e siècle. Tel qu'il est, le bilan établi par D. Waagé laisse reconnaître 634 pièces certainement émises par Anastase, 900 pièces certainement émises au nom de Justin Ier seul, 352 pièces certainement émises par Justinien Ier seul. Dans les dernières décennies on distingue 270 pièces certainement émises par Justin II et Tibère II en 13 années, 128 pièces certainement émises par Maurice en 20 années, 34 pièces certainement émises par Phocas en 8 années, le nombre des pièces ambiguës étant peu élevé, soit des moyennes annuelles établies successivement à 20,7, 12,8, et 4,2. Au total, la moyenne annuelle d'un 6e siècle long, de 491 à 610, s'établirait à 19,9, soit la moitié de la période valentino-théodosienne, tandis que les moyennes faibles du 5e et du 7e siècle s'avèrent comparables.

Les trouvailles de Gerasa (tableau 35) couvrent la même période, jusqu'en 641, car la cité ne s'éteint qu'au 8e siècle, sans que les invasions du 7e apportent une catastrophe décisive.

Tableau 35. *Trouvailles isolées sur le site de Gerasa : monnaies des années 364-641* (d'après Bellinger, *Coins from Jerash*).

Période	Nombre d'années (arrondi)	Nombre total de pièces	Moyenne annuelle
Dynastie valentino-théodosienne (364-450/455)	86/91	385	4,4/4,2
Marcien, Léon Ier, Zénon (450-491)	41	10	0,2
Anastase-Justinien (491-565)	74	93	1,2
Justin II – Phocas (565-610)	45	101	2,2
Héraclius (610-641)	31	5	0,1

Les trouvailles de Sardes (tableau 36) et celles de Syrmia-Slavonia ne permettent malheureusement pas de continuer une véritable comparaison. A Sardes elles ont été relevées en deux investigations distinctes, l'une en 1910-1914, l'autre en 1958-1968[432], et la publication de la seconde série a laissé en instance les pièces antérieures à 491 ; si l'on remarque qu'elle ajoute plus de 1000 pièces

432. *Cf.* publications note 428.

aux 57 antérieurement connues pour la période qui commence avec Anastase et s'achève vers 616 avec la destruction de la ville par les Perses, on conviendra qu'il serait imprudent de ne pas attendre que les nouvelles pièces de la période 364-491 soient à leur tour connues. La série publiée par Bell avait toutefois une allure comparable à celles d'Antioche et de Gerasa : 106 pièces pour la dynastie valentino-théodosienne, 1 pièce de Léon Ier seule à se placer dans la période de rareté du 5e siècle, enfin 31 pièces du 6e siècle long, soit un redressement qui paraissait plus faible encore, à en juger par des moyennes respectives de 1,2/1,1 et de 0,2. L'évolution interne de ce 6e siècle paraissait cependant différente de ce que l'on pouvait constater ailleurs : on comptait 16 pièces d'Anastase-Justinien pour 15 de Justin II-Phocas, soit deux séries pratiquement égales, et ensuite on ne constatait aucune raréfaction sous le règne d'Héraclius, limité il est vrai à ses débuts, puisque l'on comptait 26 pièces pour les années antérieures à la ruine de la cité, soit une moyenne annuelle en tout état de cause supérieure à 4. Encore fallait-il ajouter à cela un trésor de 216 pièces de bronze (Justin II-Héraclius), où figuraient 5 pièces de Justin II, 6 de Maurice Tibère, 2 seulement de Phocas, donc une proportion attendue, mais aussi 203 pièces d'Héraclius, ce qui semblait plus insolite. Or, la nouvelle série va exactement dans le même sens. Elle présente en effet, pour le 6e siècle long, le comptage du tableau 36.

Tableau 36. *Trouvailles de monnaies isolées sur le site de Sardes, 491-616* (d'après Bates, *Sardis. . . Byzantine coins*, p. 5-8).

Période	Nombre d'années (arrondi)	Nombre total de pièces	Moyenne annuelle
Anastase-Justinien (491-565)	74	332	4,4
Justin II-Phocas (565-610)	45	353	7,4
Héraclius (ici 611-616)	5	168	33

N.B. On a exclu de ce tableau 1 pièce datée par l'éditeur de 562-614, et 4 pièces datées de 565-616.

Les trois relevés peuvent être comparés par le moyen d'un calcul en pourcentages (tableau 37).

Tableau 37. *Pourcentages comparés des trouvailles de monnaies isolées à Antioche, Gerasa, Sardes (364-641)*

Années	Antioche (total 6156)	Gerasa (total 594)	Sardes (total provisoire 853)
364-450-455	59,4	64,8	–
450-491	1	1,6	–
491-565	31	15,8	38,9
565-610	7	17	41,3
610-641 (à Sardes 610-616)	0,8	0,8	19,6

Ce tableau d'ensemble, ainsi que les précédents, suggèrent quelques commentaires historiques, qui s'avèrent parallèles à ceux de l'investigation archéologique[433]. L'affluence de la période valentino-théodosienne a dû comporter en fait des inégalités qu'il faudrait pouvoir préciser. Elle n'en reflète pas moins une situation vigoureuse, dont aucune catastrophe n'a encore affaibli les bases économiques ou démographiques, ou entamé de façon décisive la disponibilité en or sur laquelle les facteurs d'usure démographique et financière propres à la période n'ont pas encore eu d'effet. L'infériorité en nombre si frappante des pièces datées de la seconde moitié du 5ᵉ siècle pourrait être un écho des mauvaises années signalées par l'historiographie et par la correspondance de Théodoret de Cyr, des dépenses épuisantes soutenues pour la guerre vandale, des tributs levés par les Huns et par les Ostrogoths. Les trouvailles scandinaves recensées par Fagerlie[434] réunissent en effet les quantités suivantes de sous orientaux, sans préjuger des sous d'Occident qui ont pu être frappés avec du métal byzantin : 131 pièces des années 395-455/457 ; 166 pièces des années 457-476 ; 59 pièces des années 476-491 ; 47 encore d'Anastase ; 11 et 5 seulement pour Justin Iᵉʳ et Justinien Iᵉʳ respectivement. La seconde moitié du 5ᵉ siècle est donc de loin la période la mieux représentée. Dans les trouvailles d'Europe orientale et du Caucase il est vrai[435], les pièces des années 395-455/457 sont de loin les plus nombreuses (209) pour les 4ᵉ et 5ᵉ siècles, et les années 457-527 restent même totalement vides. D'un autre côté, la construction du grand complexe monastique de Qal'at Seman, dans l'arrière-pays d'Antioche, se place pourtant sous le règne de Zénon[436]. Si les trouvailles de monnaies isolées de la ville ne semblent pas conserver la trace de la masse d'emplois créés à cette occasion, et rétribués en espèces au moins partiellement, cela tient peut-être à ce que les besoins extérieurs ont provoqué sous Léon Iᵉʳ et Zénon le maintien dans la circulation des pièces antérieures même au niveau du bronze, hypothèse en effet étayée par les trésors dont il a été fait état plus haut[437], et qui attestaient, à partir de Léon Iᵉʳ, la pratique de conserver en les rognant les pièces de bronze déjà en circulation. On touche là cependant au problème du volume total des émissions monétaires pendant les différents règnes du 5ᵉ siècle. Metcalf a naguère exposé une méthode d'évaluation par les coins, à l'aide de laquelle les numismates l'aborderont sans doute[438]. Pour le moment, l'historien est réduit aux remarques partielles et purement empiriques qui viennent d'être faites.

Le règne d'Anastase marque dans ces relevés le début d'un redressement des séries de trouvailles, dont l'ampleur et les suites varient d'un site à l'autre, comme les vicissitudes historiques elles-mêmes. A Antioche, les monnaies de Justin Iᵉʳ en accentuent l'allure. Bien que la ville subisse à ce moment diverses catastrophes, notamment les séismes de 526 et 528, il faut placer effectivement de 518 à 530 environ les années les plus brillantes de l'époque justinienne, pen-

433. *Cf.* chap. 5, p. 231-235.
434. Fagerlie, *Late Roman and Byzantine solidi*, Table B (p. 107).
435. Kropotkin, *Ekonomičeskie svjazi* [Relations économiques], Tableau 8.
436. Tchalenko, *Villages antiques* I, p. 229 *sq.*
437. Adelson-Kustas, *cf.* ci-dessus note 403.
438. Metcalf, *Coinage in the Balkans*, p. 3-13.

dant lesquelles l'Empire récolte les fruits de la politique financière anastasienne. Sans avoir dressé une chronologie fine, où la date de 540 eût notamment été prise en considération, on remarquera que les trouvailles du monnayage propre de Justinien tombent presqu'au tiers des précédentes. La moyenne de ses dernières années a été sans doute proche de celle qui a suivi, avec Justin II et Tibère II. En somme, la raréfaction est évidente, et de plus en plus brutale, comme en témoigne la suite des approximations que nous avons proposées à l'intérieur de la période Justin II-Phocas, puis les trouvailles de monnaies d'Héraclius. A Gerasa, le redressement manifesté à partir de 491 est moins accentué, puisque la moyenne du 6ᵉ siècle long est loin d'approcher, comme à Antioche, la moitié de la moyenne valentino-théodosienne. Et il est vrai qu'en dépit des constructions d'églises l'enquête archéologique existante concluait à une stagnation de la ville au cours du 6ᵉ siècle déjà[439]. Cependant, pour autant que l'on en puisse juger, les trouvailles de Gerasa ne marquent pas la raréfaction progressive au cours du 6ᵉ siècle qui est si claire à Antioche. On y a relevé une série relativement importante de pièces de Justin II qui suffit à différer ce mouvement : sur 101 pièces des années 565-610, elles comptent pour 84, contre 4 pièces de Tibère II, 10 de Maurice, 3 de Phocas, ce qui est plus conforme à notre attente. A Sardes enfin, la tendance du 6ᵉ siècle est comparable à celle de Gerasa, en ce que les trouvailles des années 565-610 sont supérieures, en moyenne annuelle et en pourcentage, à celles des années 491-565. En revanche, les premières années du règne d'Héraclius s'y distinguent par leur abondance, jusqu'à l'interruption de 616.

Enfin, nous ne ferons état que pour mémoire des conclusions de D. M. Metcalf sur les trouvailles de monnaies isolées provenant du terroir balkanique de Syrmia-Slavonia, et déposées aujourd'hui au musée de Zagreb. Sans en publier un catalogue détaillé, il en a tiré un aperçu d'ensemble sur l'évolution à partir de 491, et une comparaison avec Antioche et Sardes, et surtout avec Athènes et Corinthe, plus proches par la géographie, et par l'histoire de cette époque. Notons seulement qu'il propose des moyennes annuelles qui vont dans le même sens que celles d'Antioche : 0,35 pour la période 491-578, 0,09 pour la période 578-610, et 0 entre 610 et 668. Mais on entre là dans un autre problème, et dans une autre période.

En somme, ces exemples locaux sont encore trop peu nombreux pour être concluants, si tant est qu'ils puissent le devenir. La série régulièrement déclinante d'Antioche évoque certes les années mauvaises d'invasions et d'épidémies qui terminent le 6ᵉ siècle syrien, et qui auraient ainsi pu provoquer un engourdissement des petits échanges urbains plus précoce que celui de la production campagnarde. Elle est seule aussi à présenter les pièces de Justin II dans la ligne de cette diminution, et cela est peut-être en rapport, localement, avec la pression perse sous ce règne. Cependant, les exigences extérieures n'expliquent pas tout aux dimensions de l'Empire. Les trouvailles de Scandinavie déclinent fortement de 491 à 565[440]. Les trouvailles d'Europe orientale et du Caucase réunissent après

439. *Cf.* chap. 5, p. 231 *sq*.   440. *Cf.* note 434.

le vide de 491-527, 56 pièces de Justin Ier, aucune de Justin II il est vrai, une seule de Tibère, et 25 de Maurice, contre 109 de Phocas et 73 d'Héraclius[441]. Mais les pièces de Phocas et d'Héraclius, si elles sont raréfiées à Antioche et à Gerasa, se trouvent au contraire en abondance à Sardes, où l'on ne relève que des monnaies de bronze. Peut-être cela s'explique-t-il par une position différente sur les routes de la guerre perse, plus favorable à l'activité de la ville avant de lui être fatale en 616. Il faudrait multiplier les recensements particuliers, et qui le resteraient, pour que leur juxtaposition permît d'esquisser ce tableau général du mouvement des échanges monétaires, qu'ils reconstitueraient mieux si la circulation ne conservait pas les pièces des règnes précédents. En attendant, nous pouvons seulement dire que les cas étudiés, s'ils présentent chacun une particularité, ne contredisent pas dans l'ensemble ce que les textes enseignent, et ce que nous devinons de la conjoncture byzantine entre l'époque valentinienne et le règne d'Héraclius. L'aboutissement au seuil du 7e siècle s'y présente avec les contours nets d'un changement plus ou moins quantifiable, aussi facile à inscrire dans une chronologie que les événements militaires qui se précipitent entre 614 et 638, alors que l'étude politique des villes saisit seulement l'effervescence qui marque ce moment dans le cours d'un long glissement vers la déchéance de leur rôle antique, et que l'étude des campagnes constate l'évolution plus longue encore d'une permanence séculaire. La discordance tient, il est vrai, à la nature même du matériel interrogé. Mais chaque matériel n'entraîne-t-il pas l'historien à un autre niveau de l'histoire ? Sans doute pouvons-nous proposer d'abord ici une conclusion à court terme : à la fin de la période que nous avons étudiée, la situation monétaire des pauvres a considérablement empiré, mais au sein d'une détérioration générale des conditions de l'échange monétaire, que l'on rapprochera par exemple du déclin de la production oléicole dans les campagnes de Syrie du Nord. Pourtant, la construction monumentale ne s'arrête pas encore après 550. Peut-être en revanche une discordance accrue entre le rôle politique des villes et leur importance économique explique-t-elle le paroxysme atteint par l'agressivité urbaine dans les décennies qui précèdent les grands changements géopolitiques du 7e siècle. En somme, déclin économique des villes certes, mais dans quelle mesure et pour combien de temps ? Et le fait doit-il être souligné comme décisif dans un appauvrissement général ? Nous ne le pensons pas. Ou plus exactement, nous voyons à ce moment s'éteindre l'éclat encore antique dont la pensée politique et législative entourait depuis le 4e siècle la définition sociale du pauvre. Et cela certainement est lié à l'éclipse de la cité. Mais la pauvreté économique, dans les campagnes et dans les villes, conservera pendant des générations encore, quelles que soient les variations du nombre des hommes, l'humble et muette physionomie que lui faisaient les conditions techniques de la société byzantine.

---

441. *Cf.* note 435.

29

Conclusion

Voici arrivé le moment de conclure, et pour l'auteur de s'avancer à nouveau, puisqu'il a le périlleux privilège d'être le premier à proposer un bilan de ses recherches et de ses réflexions. Le travail que l'on vient de lire tendait à une double définition de la situation de pauvreté, mentionnée avec tant de persistance par les sources écrites de l'histoire byzantine, entre 360 et 640 environ : une définition économique par la consommation et les activités des individus, qui devait être sinon quantifiable, du moins objectivement intelligible pour nous à travers l'épaisseur des siècles, et comparable dans un classement unique à toutes les situations économiques proches ou éloignées de nous dans le temps ou l'espace et qualifiées par leurs témoins de ce même terme de pauvreté ; une définition sociale, par l'ensemble des relations de force, d'intérêt ou de solidarité qui ont lié les pauvres et les autres hommes de la société byzantine à cette époque, définition qui ne pouvait au contraire être reconnue que de loin, sans commune mesure avec nous, mais qui était cependant susceptible de comparaisons elle aussi, avec d'autres sociétés du même type dont elle aiderait à constituer le modèle général.

Au premier regard, le pauvre s'est défini par sa consommation : le régime alimentaire, fondé sur le blé et sur les légumes secs, est probablement déficient en produits animaux, bien que l'on mange sans doute plus de viande en Asie Mineure, bien que l'on consomme du poisson en Syrie et en Palestine. L'hagiographie, qui est la source la plus explicite sur l'alimentation populaire de cette époque, risque d'induire en erreur sur ce point, dans la mesure où elle présente comme allant de soi des privations propres au milieu monastique. Et pourtant, dans quelle mesure ces dernières sont-elles projection d'une réalité matérielle ? En tout cas, il est tentant d'expliquer par des carences alimentaires une partie des troubles physiologiques et mentaux qui sont décrits à propos des cures miraculeuses. Les rations semblent en outre petites, et surtout elles sont toujours menacées par les crises de subsistance ou par les avatars individuels. Le pauvre se distingue aussi par une habitation dont l'indigence est à la fois matérielle et juridique. Mais la pauvreté apparaît surtout comme une situation spécifique dans le domaine de la production. Là réside la justification la plus claire de sa reconnaissance comme catégorie sociale, ou plus précisément comme échelon de la hiérarchie sociale. Le pauvre se trouve placé à la limite incertaine et changeante du travail et du non-travail, soit privé de travail par l'incapacité physique ou le manque d'emploi, soit employé à des travaux discontinus et dépourvus de qualification, comme simple producteur d'une quantité d'énergie dont le prix est comparable à celui de l'énergie animale et de l'énergie servile, alors que le prix du travail qualifié, libre ou servile, ou même du travail équipé de son propre outil, se situe nettement plus haut. Le travail pauvre ne fait donc en aucune façon à cette époque concurrence au travail servile contemporain. Ce dernier subsiste dans les maisons comme dans les campagnes, mais il se définit au contraire comme éminemment stable. Sa valeur varie elle aussi selon la qualification, et le travail servile qualifié demeure probablement à meilleur marché que son équivalent libre, dans la mesure où il est acquis une fois pour toutes à son employeur. La rétribution du pauvre est de même type que son travail. Intermittente comme lui, elle est dans le meilleur cas relayée par le paiement gracieux du don. De toute manière elle demeure calquée sur les besoins élémentaires, plus ou moins étroitement, et sa pauvreté est d'autant plus marquée que la part du versement en nature, destiné à la simple subsistance et à la consommation immédiate, y est plus grande.

Il serait court, toutefois, d'arrêter aux pauvres eux-mêmes la définition économique de leur pauvreté. La relation spécifique avec le travail, qui constitue en somme cette définition, ne peut se comprendre si on ne la replace au sein de la société où elle apparaît. L'historien dépasse alors le classement pratiqué par les textes, où les pauvres s'opposent aux riches et aux puissants, à des personnages caractérisés par l'excès de consommation, l'accumulation des choses précieuses, le pouvoir de la générosité et de l'oppression brutale. A ses yeux, la société byzantine de ce temps est pauvre toute entière. Les situations locales décrites par les sources attestent combien la production et la productivité y étaient inélastiques face au nombre des hommes, combien elles étaient peu capables d'en accompagner les variations. Incapacité qui se manifeste au premier chef par les difficultés parfois meurtrières de l'approvisionnement en blé, d'une année à l'autre et d'une région à l'autre, mais qui se retrouve aussi dans une inélasticité du secteur artisanal et ouvrier, que nulle transformation technique et nulle consommation nouvelle ne viennent diversifier au cours de la période. Moins productif, mais incomparablement plus étendu, le secteur agricole occupait donc sans aucun doute une place majeure dans la production. Dans le secteur artisanal et ouvrier, la demande en produits qualifiés étant pour le moins stable en raison de la pauvreté générale, seuls ont pu être multipliés le cas échéant les emplois non qualifiés, dont le faible rendement se bornait à une production d'énergie, la main-d'œuvre des constructions stratégiques et surtout ostentatoires, les services, parmi lesquels le service armé des forces privées ; c'est en somme une multiplication horizontale, au niveau de travail le plus bas, et, sauf les cas d'extorsion brutale, le plus faiblement rétribué. Et puis, en pareil cas, le nombre des inactifs, invalides ou inoccupés, augmente à plus forte raison, et leur masse pèse de son côté sur le fonctionnement du système social. Il résulte de tout cela que l'échange profitable n'est pas le seul ni, tant s'en faut, le premier des modes de tranfert des biens. S'il est présent de bas en haut, dans la rétribution naturelle ou mixte des journaliers ruraux comme dans l'achat urbain, il n'est pas déterminant dans la circulation des biens, où domine l'association des deux modes de transfert non mercantiles que sont d'une part le don gracieux qui assure la redistribution minimale du surplus pour la consommation et pour l'emploi des plus pauvres précisément, d'autre part la contrainte non économique de l'impôt, de la rente et de l'extorsion illégitime, qui représente dans une économie de ce type, le moyen le plus efficace de le dégager et de l'accumuler. Le choix social d'associer ainsi ces deux modes de transfert trouve sa justification structurelle dans les conditions de pauvreté économique qui viennent d'être rappelées. Sa justification historique réside dans la tradition du pouvoir souverain, armé d'une administration provinciale et d'une fiscalité, et dans la tradition culturelle de la générosité des notables.

La monnaie de la société byzantine revêt alors un caractère largement politique et social, elle se laisse moins qu'aucune autre enfermer dans une fonction de moyen neutre d'échange, même si des mécanismes de marché se manifestent, d'autant plus accusés qu'ils sont à très court terme, et si la référence monétaire est directement ou implicitement prépondérante dans le champ des échanges, sans y être pour autant souveraine. Elle est pratiquement absente des rétributions rurales les plus pauvres, donc les plus étroitement calquées sur les besoins les plus simples, et de certaines transactions, couramment abusives d'ailleurs, entre les paysans et les maîtres du sol ou les créanciers. Mais surtout le mécanisme de marché lui-même est compromis par la pratique très étendue des rétributions mixtes. Enfin, à l'autre extrémité du champ, un secteur marchand a tiré un profit de type franchement mercantile des produits de valeur et du commerce à longue distance, mais ce n'est pas lui qui faisait l'objet de ce livre, ou qui, tant s'en faut, déterminait l'évolution économique et politique de la société. Restreinte dans l'exercice de la fonction d'échange que nous lui prêtons aujourd'hui au premier chef, la monnaie byzantine est logiquement investie, en revanche, de fonctions politiques et sociales importantes. La hiérarchie des espèces monétaires correspond à une hiérarchie sociale qui se pense immuable, au moins en son sommet. L'histoire monétaire de Byzance est dominée depuis le 4e siècle par la priorité bientôt absolue de l'or, reconnue par le consentement intérieur et international, et sanctionnée par le choix politique des empereurs. Une monnaie d'or abritée des variations paie toutes les dépenses un tant soit peu importantes des particuliers ou de l'Etat et, pour autant que nous puissions en juger, les prix en or demeurent eux aussi stables à travers toute la période. Or, si les pauvres ne sont pas sans accéder au circuit de l'or par l'accumulation et par les échanges, comme le montrent les textes et la frappe abondante de monnaie d'or divisionnaire, ils y figurent bien souvent comme des partenaires passifs, placés dans des conditions défavorables : ils obéissent à l'exigence du fisc et à ses dépassements abusifs, à ses variations aussi, dictées par la demande de l'Etat en vue de ses dépenses intérieures et internationales ; ils sont soumis parfois au paiement en or de rentes légitimes ou non, enfin ils subissent les hausses du sou, dont les conséquences, il est vrai, paraissent d'autant plus amorties que l'on s'enfonce plus bas dans les niveaux de la pauvreté elle-même.

La structure sociale qui correspond à cette structure économique s'enracine elle aussi dans la terre des campagnes, pour culminer dans les villes. L'axe de la société demeure la relation établie par la loi ou la pratique entre le producteur paysan et les titulaires encore citadins des droits fonciers ou fiscaux sur le sol qu'il travaille. Pourtant la société byzantine elle-même ne confère par à cette relation une valeur politique qui corresponde à son importance effective. Tirant ses ressources de la campagne, elle n'a cessé de se penser comme une société citadine, et cette perspective est à son tour un facteur décisif de son histoire. Est-ce une attitude purement culturelle, ou bien des chiffres nous eussent-ils montré que la production agricole, prépondérante dans le volume, du produit total, n'apportait au contraire qu'une part mineure de sa valeur ? La seconde explication, qui n'est pas incompatible d'ailleurs avec la première, a pour elle la logique ; mais une réponse demeure à tout jamais inconcevable. Quoi qu'il en soit, la société byzantine, ainsi définie par ses limites techniques toujours présentes comme par ses antécédents historiques, ne renouvelle pas sa structure économique et sociale entre la fin du 4e et le début du 7e siècle. Et pourtant celle-ci apparaît changée lorsque les invasions du 7e siècle imposent un terme à la première période de son histoire, car elle est entraînée depuis le 4e siècle dans un long glissement, qui d'ailleurs se poursuivra plus loin encore : développement logique et pour ainsi dire interne des possibilités du système, certes, mais aussi résultat de quelques facteurs conjoncturels que nous pouvons deviner.

Le premier à nos yeux est un accroissement du nombre des hommes à partir du 4e siècle, explicable peut-être avant tout par l'absence de perturbations catastrophiques. Nous l'eussions probablement trouvé faible en chiffres absolus, nous le postulons néanmoins parce qu'il peut seul expliquer la tendance et surtout la simultanéité séculaire de plusieurs évolutions, inégalement accentuées localement et régionalement : la permanence, voire la prospérité du peuplement rural, le gonflement des villes, l'essor des monastères, et aussi, bien que l'armée soit en partie barbare ou du moins frontalière, la politique offensive poursuivie dans l'ensemble pendant près d'un siècle à partir de la guerre vandale de 460. Et c'est bien la seconde moitié du 5e siècle qui les voit s'affirmer clairement et fortement, même si l'abondance des hommes et ses solutions se dessinent dès la prospérité de l'époque valentino-théodosienne, qui marque peut-être la naissance véritable de la structure décrite dans ce livre. Mais il a sans doute fallu les trois quarts d'un siècle pour éprouver les effets d'une accumulation. Il en faudra ensuite à peu près autant pour que celle-ci s'épuise, que la marée humaine commence à se retirer, laissant derrière elle comme une trace durable les modifications structurelles qu'elle a contribué à déterminer, et au premier chef l'organisation monastique. L'activité des échanges lointains et la pression barbare, sensible au cours du 5 siècle et particulièrement marquée à partir du 6ᵉ, encourageraient à penser que la montée des hommes n'est pas délimitée par les frontières politiques de l'Empire byzantin. Le dégât des invasions contribue en tout cas à déséquilibrer le peuplement des régions où elles frappent leurs coups les plus redoublés, et cela est plus vrai, semble-t-il, des confins perses et de la Syrie que des régions balkaniques, où l'installation barbare caractérise la fin du 4ᵉ siècle comme la fin du 6ᵉ, et où l'on a trop souvent confondu, sur la foi de l'historiographie byzantine, le recul évident des structures sociales et administratives de Byzance avec un déclin démographique. D'autre part, le développement du monachisme fait office de régulateur de la population en l'absence de calamités majeures ; nous comprenons cela sans expliquer pour autant un choix culturel dont les racines plongent au plus profond et au plus obscur de la société antique christianisée. Mais l'effet accumulé du monachisme arrive à maturité au moment où la ponction humaine et fiscale des guerres et les secousses des invasions doivent s'additionner avec une flambée sans précédent de calamités naturelles, au premier rang desquelles la grande peste de 542 et ses retours des décennies suivantes. Dans une population dont les capacités d'accroissement naturel demeuraient faibles, cette conjonction détermine le déclin à court terme du 6ᵉ siècle finissant, que chacun des facteurs n'eût probablement pas suffi à provoquer. Nous en trouvons des indices dans le manque de soldats, la stagnation plus ou moins visible du peuplement urbain après le règne de Justinien, et surtout l'insignifiance des fondations monastiques postérieures à 550. Tout cela doit évidemment être enfermé dans les limites de constatations régionales, et semble particulièrement sensible en Syrie. Cela dit, si nous pouvions dresser un bilan de la population pour l'époque d'Héraclius, nous y lirions probablement moins une différence quantitative pure et simple qu'un changement ethnique et géographique initiateur de la période suivante, et consommé par les conquêtes des Perses et plus tard des Arabes, et par l'installation des Slaves. Dans les Balkans, la structure sociale byzantine tend à s'effacer dès le 5ᵉ siècle, tandis que du côté oriental les conquêtes du 7ᵉ siècle détacheront de l'Empire des territoires dont l'hétérogénéité culturelle est ancienne, mais dont le peuplement et la structure sociale ne se transformeront pas immédiatement.

En l'absence de modifications significatives de la civilisation matérielle, les variations du nombre des hommes ont ainsi paru constituer le premier des facteurs conjoncturels, le seul important à vrai dire, dans l'histoire de Byzance entre la fin du 4ᵉ et le début du 7ᵉ siècle. Il reste à en résumer les conséquences économiques et sociales proprement dites, dans une société qui se caractérise par l'immobilité des techniques et par la volonté explicite de continuer la culture et les institutions héritées du passé proche. D'un point de vue économique, on peut conclure à une croissance, définie comme il faut le faire dans les sociétés traditionnelles, par l'augmentation de volume de la production dans chaque secteur, et non par sa diversification plus grande. Les textes et l'archéologie montrent que la terre inculte demeurait largement disponible, mais aussi qu'on la mettait en culture : des communautés monastiques et des ermitages s'y installaient, des villageois gagnaient sur elle, parfois sans doute après le recul d'une époque antérieure. Puis, les producteurs d'olives du Massif Calcaire syrien comme les solitaires du Sinaï, les garnisons de la steppe comme la population accrue et souvent démunie des villes de province et la masse des assistés, ont trouvé de quoi se nourrir, si pauvrement que ce fût, sans omettre les barbares pesant sur les confins. La production secondaire a laissé comme la marque la plus visible de sa croissance la quantité des constructions urbaines, villageoises et monastiques, même diminuée aujourd'hui par la ruine du temps. Une telle production repose sur une hiérarchie d'emplois d'autant plus nombreux qu'ils sont moins qualifiés, et c'est même la chronologie monumentale, moins impossible à établir pour le moment que celle de l'occupation agricole, qui suggère en grande partie l'allure que nous avons proposée pour le mouvement démographique, s'enflant jusqu'à son apogée de 450 à 550 environ. En d'autres termes, les vestiges matériels et les textes, les inscriptions en particulier, témoins dont l'insistance peut être trompeuse il est vrai, suggèrent que la construction serait le secteur secondaire le plus sensible aux possibilités de croissance, tandis que le volume de cette dernière ne serait en l'espèce rien de plus que la traduction directe du nombre accru de travailleurs. Peut-être la réalité a-t-elle été plus complexe. Nous sommes condamnés à l'ignorer.

Ceci ne va pas toutefois sans poser la question des aspects monétaires de la croissance, depuis le financement de ces emplois dont le nombre augmente à défaut de la qualification, jusqu'au volume monétaire des transactions sur le marché urbain, en passant par les dépenses d'Etat et leurs répercussions sur la monnaie. La demande de l'Etat demeurera très forte, sous des apparences diverses, à partir de 460, plus encore dans les périodes d'épuisement du Trésor qui se succéderont à partir de 540. Elle se manifeste au 6e siècle par une exigence fiscale d'autant plus lourde qu'elle est contemporaine d'une certaine récession dans les campagnes, et dès le milieu du 5e siècle par une détérioration du monnayage de bronze, dont la tendance séculaire ne pourra être enrayée par la réforme d'Anastase, et se poursuivra de façon irrégulière et néanmoins inéluctable jusqu'à la dissolution complète sous le règne d'Héraclius. Détérioration qui demeure elle aussi politique, puisqu'elle représente le prix de plus en plus élevé payé par l'Etat pour maintenir sa monnaie d'or en dépit des besoins accrus de ses propres dépenses et peut-être du mouvement des échanges. Mais les conséquences économiques en sont complexes, différentes si l'on considère sur le marché urbain le pouvoir d'achat des plus pauvres, ou l'allure générale des mouvements monétaires dont la stratigraphie des monnaies isolées serait le reflet. Sur quelques sites urbains de Syrie et d'Asie Mineure, cette dernière montre l'affluence de la dynastie valentino-théodosienne suivie d'un fléchissement pendant le troisième quart du 5e siècle, qui correspond bien aux grosses dépenses extérieures engagées déjà depuis le milieu du siècle, et aggravées par la guerre vandale. Puis le redressement indiqué par le nombre de pièces d'Anastase et de Justin Ier semble se tasser à nouveau, à des moments variables du règne de Justinien et de ses successeurs, car l'effet des facteurs politiques ou économiques n'est pas égal ni synchrone sur les différents sites. En tout cas, le déclin est net pour le règne d'Héraclius. Cependant, ces vicissitudes conjoncturelles s'organisent autrement que nous ne le penserions avec nos propres catégories. Sous l'immobilité des prix en or que nous avons pu relever, le monnayage de bronze semble attester deux évolutions bien différentes avant et après la réforme d'Anastase. Au 5ᵉ siècle, le pullulement des toutes petites pièces de bronze atteste l'activité des échanges les plus pauvres, protégés peut-être dans une certaine mesure par la stabilité nominale du sou et la stagnation de la demande d'or. Au 6ᵉ siècle au contraire, le cours nominal du sou monte, tandis que la réforme d'Anastase provoque une hausse des prix inférieurs en bronze. Toutefois, il ne faut pas oublier que les transactions entièrement mercantiles d'une part, exclusivement monétaires d'autre part, occupent seulement un secteur limité dans le champ des échanges byzantins de cette époque. L'économie byzantine présente ainsi la caractéristique de n'être organisée en marché que par morceaux discontinus, et d'être en même temps tout entière déterminée par l'usage de la monnaie, et précisément la stabilité politique de l'or. Au long du 5ᵉ siècle, les richesses comme les hommes se sont accumulées à Byzance, en dépit d'une marge de surplus probablement toujours très faible. Mais cette faiblesse explique que l'apogée brillante soit ensuite de si courte durée. Trois quarts de siècle environ suffisent là aussi, de 460 à 540, pour dépenser des réserves que les circonstances ne permettront plus ensuite de reconstituer. Mais les modifications sociales demeurent, irréversibles sinon immuables à leur tour. Et dans cette période elles ont été profondes.

Tout se passe comme si les cadres antiques de l'organisation sociale avaient lentement éclaté sous l'usure créatrice du temps certes, mais aussi sous la poussée des hommes. Si la solidarité familiale se fortifie encore, si la communauté villageoise subsiste dans sa durée séculaire, la multiplication des monastères après le milieu du 5ᵉ siècle exprime une innovation décisive, qui se préparait dès le 4ᵉ siècle par la tendance au refus de mariage, et qui avait été précocement esquissée en Egypte. Ainsi sont réunis dans une organisation inconnue jusque-là, radicalement étrangère à la famille, les riches détenteurs de surplus et les pauvres demandeurs d'assistance ou d'emploi, ainsi naît une nouvelle forme de redistribution des ressources et d'occupation du sol, ainsi s'ouvrent de nouvelles issues à la masse probablement accrue des demandeurs de travail peu qualifié. Mais ce n'est pas tout. La cité, l'antique collectivité citadine est en train de se transformer, et la pauvreté relativement très accentuée des plus pauvres est le pivot de sa transformation. Le statut du pauvre devient l'assise inférieure de la hiérarchie sociale. Les statuts anciens des *humiliores* et des esclaves demeurent vivants, mais celui du pauvre s'élabore à leur suite, comme le plus adéquat à la forme contemporaine de l'inégalité sociale. Il en conserve les éléments d'incapacité civile et de discrimination pénale, mais il s'en distingue par l'innovation de les fonder sur une appréciation ouvertement économique, d'ailleurs variable selon les cas envisagés, en sorte que la pauvreté admet elle-même plusieurs niveaux. Les relations sociales s'établissent elles aussi entre les pauvres et leurs contraires. La nudité économique de la pauvreté, probablement aggravée par le nombre, et dépouillée du voile civique dont Rome savait la recouvrir, entraîne la transformation des relations de générosité qui avaient été et qui demeuraient

centrales : de civiles et de citadines qu'elles étaient, elles tendent à devenir
matérielles et indifférenciées. Elles s'élargissent alors à l'infini, et elles fondent
une redistribution qui ne porte plus seulement sur les biens de consommation,
mais sur les moyens même de produire. Ainsi le don contribue-t-il de façon
décisive à la continuité de la production et des échanges. Au reste, les élites
citadines demeurent semblables à elles-mêmes en se christianisant, et les évêques
y trouvent leur place. La société citadine tout entière domine encore la société
campagnarde, et d'ailleurs l'Eglise des évêques et des clercs s'oppose à celle des
moines. Mais on discerne dès lors le double classement social qui s'affirmera
par la suite, sous les empereurs macédoniens : d'un côté la pratique sociale, les
pauvres en face des puissants, de l'autre l'exercice du pouvoir, l'Empereur
appuyé sur l'Eglise en face de tous les pauvres, sujets par excellence. La législation proscrit ainsi la pratique, non sans concessions d'ailleurs. Cette dernière
est pourtant assez vivante et vigoureuse pour marquer la société de son empreinte.
Le résultat de cette contradiction est le développement de relations sociales
illégitimes de type seigneurial, comparables à des situations occidentales contemporaines, à cela près qu'une déviation originale est imprimée à leur évolution
par la vigueur d'un pouvoir souverain qui tire lui-même sa richesse fiscale et
domaniale de la terre, mais qui demeure assez fidèle à sa tradition pour siéger
dans les villes. Cependant, le contraste grandissant, dans les dernières décennies
du 6ᵉ siècle entre le déclin matériel plus au moins accentué de celles-ci et la
persistance de leur arbitrage politique et culturel n'est qu'un paradoxe temporaire. Avec le règne d'Héraclius, les villes demeurées byzantines, et en premier
lieu Constantinople, cesseront d'être des cités antiques.

Que reste-t-il alors, au bout de ce livre, de la périodisation postulée en le
commençant ? Toute l'évolution sociale que j'ai décrite suppose effectivement la
christianisation de la société que j'avais posée comme seuil, mais que j'ai
artificiellement réduite à un événement initial, dont je développais les conséquences sans lui restituer son épaisseur historique. C'est qu'en réalité tout
reste à comprendre d'une gestation culturelle profonde qui se fait perceptible
dans le monde impérial à la fin du 3ᵉ siècle : le refus de la cité et du mariage,
du métier ou de la fortune, de la subordination ou de la puissance, la vocation
de l'errance, la réprobation du corps et de son besoin de nourriture, la négation
du sexe, la séduction de la mort, et pourtant la compassion obsédante du corps
souffrant d'autrui, autant d'éléments qui composeront peu à peu aux sociétés
héritières de l'Empire romain une culture tellement durable que nous ne saisissons
plus désormais son originalité sans précédent. Mais on se rappellera aussi que
ses prémisses se manifestent largement et clairement dès le 2ᵉ siècle ; que son
élaboration la plus complète se trouve seulement dans la frange extrême où
l'ascétisme licite des moines rencontre l'ascétisme interdit des hérétiques ; que
partout ailleurs elle a été infléchie par les tensions politiques et sociales, en
sorte qu'elle a collaboré à la constitution des équilibres nouveaux ; mais qu'elle
semble avoir pénétré tous les milieux depuis les misérables qui s'en allaient
battre les chemins jusqu'aux grandes dames de la capitale, et aux notables de
province. C'est dire quelle simplification abusive est autorisée par le constat

de christianisation. C'est avouer aussi, pour ma part, que je me suis arrêtée ici au seuil de cette histoire à faire, que j'ai sentie trop difficile et trop neuve. J'espère que l'étude économique et sociale dont j'écris maintenant la conclusion aura pour elle l'utilité d'un préambule.

Veut-on un autre aveu ? La première lecture des sources m'avait déterminée, on s'en souvient peut-être, à commencer avec Julien, en considération de sa réflexion politique et sociale, tellement plus importante que son règne si court. Les faits eussent plutôt indiqué comme un seuil l'époque valentinienne, dont la législation marque tant de jalons significatifs dans les devoirs des collèges urbains ou les droits des propriétaires fonciers. De toute façon, en considérant les dernières décennies du 4e siècle, je vois que j'ai peu songé à l'histoire qui les précédait, qu'elles continuent, et qui continue même après elles à bien des égards, et beaucoup plus longtemps que ne l'ont pensé les historiens de naguère. J'ai été fascinée en effet par les premiers signes de la future société médiévale, particulièrement visibles après 370, et je les ai regardés ensuite s'accumuler au 5e siècle, jusqu'à ce que soit vraiment noué, après 450, le faisceau des transformations sociales. J'ai ainsi choisi, comme le fait tout historien, et je ne pouvais choisir autrement, dès lors que je plaçais les pauvres au centre de mon histoire. Pour qui prend d'autres personnages, la même période s'éclaire encore, au contraire, à la lumière antique.

Des événements tangibles, en revanche, justifient la fin que je lui ai fixée. Ce sont les changements géopolitiques du 7e siècle, qui viennent diversifier durablement une organisation sociale probablement plus ou moins semblable à elle-même, jusque là, sur toute l'étendue de l'Empire. Et pourtant, s'ils entrent à leur tour dans l'enchaînement des causes historiques, ils ne marquent ni une coupure ni même une déviation décisive dans l'évolution ultérieure de la société demeurée byzantine, à laquelle ils imposent toutefois les conditions d'une autre assiette géographique. Le problème devrait également être posé, en termes différents, pour les provinces passées sous un pouvoir nouveau. Mais à s'en tenir à l'histoire de Byzance, comme j'ai voulu le faire, force est de constater que la fin véritable de l'évolution commencée avec le 4e siècle pourrait se situer au 11e, autant et mieux qu'au 7e. Alors seulement paraît accomplie, en effet, la transformation des relations sociales les plus significatives à nos yeux, sur la voie de laquelle la mort des cités au 7e siècle était peut-être une simple étape. La société s'est faite réellement rurale, elle est moins peuplée sans doute, ou du moins allégée des agglomérations denses de l'époque précédente. La relation seigneuriale s'est généralisée. Les pauvres destinataires de la générosité chrétienne ont disparu avec la cité antique. Il reste des assistés, et surtout l'organisation monastique qui s'était développée pour employer et recueillir les pauvres, et qui subsiste comme une force économique et seigneuriale majeure. Il reste de petits propriétaires, opposés aux puissants dans une dichotomie où ils sont voués à l'écrasement. Il reste enfin un pouvoir souverain qui, pour seigneurial qu'il soit lui-même, conserve les amples conceptions du législateur impérial, et manifeste sa prédilection aux assistés et aux petits contribuables indépendants, comme aux seuls sujets sur lesquels il puisse véritablement s'exercer. Et puis le 11e siècle est aussi le seuil d'une évolution nouvelle, caractérisée par une certaine reprise des villes, par le renoncement à la stabilité séculaire de l'or, par de nouvelles avancées des peuples étrangers à Byzance.

Il faut se garder d'oublier en effet que l'histoire de Byzance n'est qu'une partie constituante dans l'histoire du monde chrétien. L'évolution byzantine des 4e-7e siècles accuse les mêmes traits fondamentaux qu'en Occident, l'émergence de l'Eglise et la seigneurisation des rapports sociaux. Mais elle est infiniment plus lente. Elle se trouve par conséquent décalée, et elle arrive donc à maturité dans une conjoncture internationale différente. Cette lenteur est explicable par des traits particuliers au monde byzantin de l'époque : la survie prolongée des villes, et celle de l'autorité impériale, tête d'un appareil fiscal et judiciaire, source d'une puissance législative qui demeure universellement reconnue ; une installation barbare plus tardive dans l'ensemble, moins générale surtout, et constituée de peuples tout différents des Germains d'Occident ; et aussi peut-être une situation démographique toujours meilleure. Quoi qu'il en soit, les concomitances postérieures au 7e siècle entre Byzance et l'Occident s'expliquent à leur tour en dernière analyse par ce décalage initial. Ce qui a retenti sur Byzance de l'histoire occidentale, ce n'est pas la tentative impériale des Carolingiens, puis du Saint-Empire, mais l'accomplissement plus rapide et plus total de l'évolution féodale, et la précocité de la reprise urbaine sur des bases économiques. Le 11e siècle, au cours duquel s'achève en fait l'évolution dont j'ai décrit les commencements, est celui des Croisades et des marchands italiens. L'heure de Byzance a été plus longue à sonner que celle de l'Occident, et elle sonne alors trop tard.

Bibliographie des auteurs et titres cités

La bibliographie qui suit se compose des deux parties obligées, les sources d'une part, les travaux modernes de l'autre. Il a paru inutile d'imposer à ces derniers un classement méthodique dont l'expérience des bibliographies d'autrui suggérait qu'il entrave souvent la libre réflexion du lecteur au lieu de la servir ; ils ont donc été simplement rangés par ordre alphabétique. La documentation, au contraire, a été classée en plusieurs rubriques : les textes normatifs du droit laïque et de l'Eglise ; la littérature, au sens le plus large, classée selon la langue et non le genre ; les papyri et documents d'archives ; la documentation archéologique où l'on a regroupé, en un mot, tout ce que le sol a livré à l'historien, inscriptions, monuments, sites, objets, souvent étudiés dans une même publication, à laquelle on peut ainsi renvoyer une fois pour toutes ; enfin, les monnaies, qui font le plus souvent, au contraire, l'objet de publications indépendantes. Les études d'histoire régionale ou locale, monétaire ou financière, ont pris place en revanche dans les travaux modernes. Pour la liste des abréviations traditionnelles utilisées dans les références aux sources on est prié de se reporter à la page IX.

1. Documentation

1. Droit de l'Empire et de l'Eglise

Ashburner, W., « The Byzantine mutiny act », *Journ. Hellen. Studies*, 46, 1926, p. 80-109.
Codex Theodosianus cum perpetuis commentariis J. Gothofredi ed. nova J. D. Ritter, vol. I-VI, Leipzig, 1736-1743.
Corpus Juris Civilis : t. I, *Institutiones*, éd. P. Krueger, *Digesta*, éd. Th. Mommsen, Berlin, 1877 ; t. II, *Codex Justinianus*, éd. P. Krueger, Berlin, 1877 ; t. III, *Novellae*, éd. R. Schoell, W. Kroll, Berlin, 1895.
Didascalia et Constitutiones Apostolorum, éd. F. X. Funk, Paderborn, 1905.
Ἐκλογὴ τῶν νόμων ἐν συντόμῳ γενομένη . . ., *JGR* t. II, p. 3-62.
Ἐπαναγωγὴ τοῦ νόμου, *JGR* t. II, p. 231-368.
Fontes Iuris Romani Anteiustiniani, éd. S. Riccobono *et al.*, ed. altera, Florence, 1968.
Imp. Iustiniani pp. A., *Novellae quae vocantur*, éd. K. E. Zachariä von Lingenthal, *part. I-II*, Leipzig, 1881 ; *app. I et II ad ed. Novellarum Iustiniani*, Leipzig, 1884.
Institutionum graeca Paraphrasis Theophilo antecessori vulgo tributa, éd. C. Ferrini, Berlin, 1884.

Jus Graeco-Romanum, éd. P. et I. Zepos, Athènes, 1931 : t. I, *Imperatorum leges Novellae*; t. II, *Leges impp. Isaurorum et Macedonum*.

Κανόνες τῆς ἐν Λαοδικείᾳ συνόδου, *RP* III, p. 71-226.

Κανόνες τῆς ἐν τῷ Τρούλλῳ οἰκουμενικῆς συνόδου, *RP* II, p. 295-554.

Κανόνες τῶν ἁγίων ἀποστόλων, *RP* II, p. 1-112.

Κεφάλαια Νόμου Γεωργικοῦ κατ' ἐκλογὴν τοῦ 'Ιουστινιάνου βιβλίου, *JGR* t. II, p. 63-71.

Lauchert, F., *Die Kanones der wichtigsten altkirchlichen Concilien, nebst den apostolischen Kanones*, Freiburg i.B.-Leipzig, 1896.

Liber Syro-Romanus sive Leges Saeculares, *FIRA* II, p. 753-798.

Πρόχειρος Νόμος (ὁ), *JGR* t. II, p. 107-228.

Rhallis, K., Potlis, M., Σύνταγμα κανόνων, 6 vol., Athènes, 1852-1859.

Theodosiani Libri XVI cum Constitutionibus Sirmondianis et Leges Novellae ad Theodosianum pertinentes, éd. Th. Mommsen et P. M. Meyer, Berlin, 1905 : t. I, éd. Th. Mommsen ; t. II, éd. P. M. Meyer.

Φωτίου πατριάρχου Κωνσταντινουπόλεως Νομοκάνων, *RP* I, p. 5-335.

2. Littérature grecque

Acta Sanctorum . . ., Anvers-Bruxelles, 1643 . . ., ed. tertia, Paris et Rome, 1863-1870.

Agathiae, *Historiarum Lib. V* : *Historici graeci minores*, II, p. 132-392.

Alexander Trallianus, Orig. Text u. Übersetz. nebst einer einleitend. Abhdl. Ein Beitrag zur Geschichte der Medizin v. Th. Püschmann, 3 vol., Vienne, 1878-1887.

'Ανάλεκτα ἱεροσολυμιτικῆς σταχνολογίας, éd. A. Papadopoulos-Kerameus, IV-V, St. Pétersbourg, 1897-1898.

«Anastasie la patrice» (*sic*), *Vie et récits de. . . Daniel le Scétiote*, p. 51-59.

Anastasii Monachi, *Narrationes XXXVIII vel XLII de Patribus Sinaitis*, éd. F. Nau, *Oriens Christ.*, 2, 1902, p. 60-83.

Anastasii Monachi, *Narrationes*, éd. F. Nau, *Oriens Christ.*, 3, 1903, p. 61-77 (fin 6e-7e siècles).

Anonymi, *Enarratio de aedificatione templi S. Sophiae* : *Scriptores Orig. CP I*, p. 74-108.

Apophtegmata Patrum, 1. Collection alphabétique : *PG* 65, 71-440 ; 2. Collection anonyme : éd. Nau, *Rev. Or. Chrét.*, 12, 1907, p. 48-69, 171-181 ; 13, 1908, p. 47-57 ; 14, 1909, p. 357-379 ; 17, 1912, p. 204-211 : 18, 1913, p. 137-146. Cod. Paris. Coisl. 126, 11e s., fol. 158-353ᵛ.

Aristoteles graece ex rec. Imm. Bekkeri, I-V, Berlin, 1831-1870.

Aristoteles, *Ethica ad Nicomachum* in Aristoteles graece t. II, p. 1094-1181.

Basile (saint), *Homélies sur la richesse*, éd. Y. Courtonne, Paris, 1935.

Basile (saint), *Lettres*, éd. Y. Courtonne, Paris, 3 vol., 1957-1966.

Βασιλείου (Κανόνες τοῦ Μεγάλου), *RP* IV, p. 88-294.

Basilius Magnus, archiepiscopus Caesariensis, *Opera omnia*, *passim. PG* 29-32.

Basilius Seleuciensis episcopus, *Orationes*, *PG* 85, 19-474.

Callinici, *De vita S. Hypatii liber*, éd. Seminar. philolog. Bonn. sodales, Leipzig, 1895 (m. en 446).

Choricius, *Orationes, declamationes, fragmenta*. . . cur. Jo. Fr. Boissonade, Paris, 1846.

Chronicon Paschale, éd. G. Dindorf, Bonn, 1832.

Cosmas Indicopleustes (*The Christian Topography of*), éd. E. O. Winstedt, Cambridge U. Pr., 1909.

Delehaye, H., *Les saints stylites* («Subsidia Hagiographica» 14), Bruxelles, 1923.

Doctrina Jacobi nuper baptizati, éd. N. Bonwetsch, *Abhdl. kön. Gesellsch. der Wissensch. zu Göttingen*, N.F. XII. 3, Berlin 1910, p. 3-91.

Dorothée de Gaza, *Vie de Dosithée*, in D. G., *Œuvres spirituelles*, éd. trad. comm. L. Regnault et J. de Préville OSB, («Sources Chrét.», 92), Paris, 1963.

Epiphanii episcopi Salaminiensis, *Adversus haereses sive Panarion*, éd. K. Holl, «Griech. Christl. Schriftst.», Berlin. . . t. 25, 1912 ; 31, 1922 ; 37, 1933.

«Eulogius le Carrier», *Vie et récits de. . . Daniel le Scétiote*, p. 254-261.

Eunapii, *Fragmenta : Historici graeci minores*, p. 205-274.

Eusebius Alexandrinus patriarcha, *Sermones*, PG 86, 313-462.

Evagrii, *Historia Ecclesiastica*, éd. J. Bidez-L. Parmentier, Londres, 1898.

Excerpta historica iussu imp. Constantini Porphyrogeniti confecta, IV : *De insidiis*, éd. C. De Boor, Berlin, 1905.

Ficker, G., «Eine Sammlung von Abschwörungsformeln», *Zeitschr. f. Kirchengesch.*, 27, 1906, p. 443-464.

Geoponica, éd. H. Beckh, Leipzig, 1895.

Grégoire de Nazianze, *Discours funèbre en l'honneur de son frère Césaire et de Basile de Césarée*, éd. F. Boulenger, Paris, 1908.

Grégoire de Nazianze (saint), *Lettres*, 2 vol., Paris, 1965-1967.

Gregorius Theologus, vulgo Nazianzenus, *Opera omnia, passim*, PG 35-38.

Grégoire de Nysse, *Traité de la virginité*, éd. trad. comm. M. Aubineau, («Sources Chrét.», 119), Paris, 1966.

Gregorius Nyssenus, *De pauperibus amandis orationes II*, éd. A. van Heck, Leiden, 1964.

Gregorii Nysseni, *Sermones*, vol. 1 (*Opera omnia*, dir. W. Jaeger IX), Leiden, 1967.

Gregorii Nysseni, *Vita Macrinae*, éd. V. Woods Callahan, in Greg. Nyss., *Opera*, dir. W. Jaeger, VIII/I, Leiden, 1952, p. 347-414.

Halkin, F., *Bibliotheca hagiographica graeca*, 3ᵉ éd., («Subsidia hagiographica» 8a), 3 vol., Bruxelles, 1957 ; *Auctarium Bibliothecae hagiographicae graecae*, (*ibid.*, 47), Bruxelles, 1969.

Historici graeci minores, éd. L. Dindorf, Leipzig, 2 vol., 1870-1871.

Jean Chrysostome, *A Théodore*, éd. trad. J. Dumortier, («Sources Chrét.», 117), Paris, 1966.

Jean Chrysostome, *Huit catéchèses baptismales inédites*, éd. A. Wenger, («Sources Chrét.», 50), Paris, 1957.

Jean Chrysostome, *La virginité*, éd. H. Musurillo ; introd., trad., notes : B. Grillet, («Sources Chrét.», 125), Paris, 1966.

Jean Chrysostome, *Les cohabitations suspectes. Comment observer la virginité*, éd. trad. J. Dumortier, Paris, 1955.

Jean Chrysostome, *Lettre d'exil à Olympias et à tous les fidèles (Quod nemo laeditur)*, publ. par A. M. Malingrey, («Sources Chrét.», 103), Paris, 1964.

Jean Chrysostome, *Lettres à Olympias*, 2ᵉ éd. augm. de la *Vie anonyme d'Olympias*, éd. A. M. Malingrey, («Sources Chrét.», 13 bis), Paris, 1968.

Ioannes *(sic)* Chrysostomus, *Opera omnia, passim*, PG 47-64.

Johannis Antiocheni, *Fragmenta*, in *Excerpta de insidiis*, p. 58-150.

Johannis Damasceni, *De haeresibus compendium*, PG 94, 678-780.

Johannes Lydus, *De magistratibus*, éd. Wuensch, Leipzig, 1903.

Johannes Lydus, *De mensibus*, éd. Wuensch, Leipzig, 1898.

Johannis Malalae, *Chronographia*, éd. G. Dindorf, Bonn, 1831 ; *Fragmenta* in *Excerpta de insidiis*, p. 151-176.

Johannes Moschus, *Pratum Spirituale*, PG 87, 2851-3112.

Julian (*The works of the emperor*) in three volumes, éd. Hertlein, 1875-76 ; rev. trad. W. C. Wright, Londres-Cambridge, Mass., 1954.

Julian, *Misopogon or Beard-Hater, ibid.*, t. II, p. 420-511.

Kyrillos von Skythopolis, éd. E. Schwartz, («Texte u. Untersuch. z. Gesch. altkirchl. Literatur», XLIX/2), Leipzig, 1939.

Leontios von Neapolis, *Leben des hl. Johannes des barmherzigen, Erzbischofs von Alexandrien*, éd. H. Gelzer, («Samml. ausgewählt. Kirchen u. Dogmengeschtl. Quellenschr.», 5), Freiburg-Leipzig 1893, p. 1-103.

Leontios von Neapolis, *Das Leben des hl. Narren Symeon*, éd. L. Rydén, Uppsala, 1963.

«L'orfèvre (sic) Andronicus et Athanasie son épouse», *Vie et récits de. . . Daniel le Scétiote*, p. 370-387.

«La religieuse que l'on croyait être une ivrognesse», *Vie et récits de. . . Daniel le Scétiote*, p. 67-70.

«Le saint mendiant», *Vie et récits de. . . Daniel le Scétiote*, p. 62-63.

Libanius, *Discours sur les patronages*, éd. trad. comm. L. Harmand, Paris, 1955.

Libanius, *Opera omnia*, éd. R. Foerster, Leipzig, 1903-1922 : X-XI, *Epistulae* ; I-IV, *Orationes*.

Maas P., «Metrische Akklamationen der Byzantiner», *Byz. Zeitschr.*, 21, 1912, p. 28-51.

Malchi, *Fragmenta : Historici graeci minores*, t. I, p. 383-424.

Marc le Diacre, *Vie de Porphyre*, éd. H. Grégoire et M. A. Kugener, Paris, 1930.

«Marc le Fou», *Vie et récits de. . . Daniel le Scétiote*, p. 60-62.

Menandri, *Fragmenta : Historici graeci minores*, II, p. 1-131.

Miracula S. Artemii, in Papadopoulos-Kerameus, *Varia graeca sacra*, St. Pétersbourg, 1909, p. 1-75 (7ᵉ siècle).

Miracula S. Demetrii : Lib. I a. Johan. ep. Thessalonic., *PG* 116, 1203-1324 ; *Lib. II* a. anon., *PG* 116, 1324-1376 ; cod. Paris. gr. 1517, 12ᵉ s., fol. 135 *sq.* (7ᵉ siècle).

Miracula S. Georgii, éd. J. B. Aufhauser, Leipzig, 1913 (dates diverses).

Miracula Nicolae Myrensis, voir *Vita Nicolae Sionitae*.

Nicephori patriarchae, *Breviarium*, éd. De Boor, Leipzig, 1880.

Nilus abbas, *Epistolarum libri IV*, *PG* 79, 57-582 ; *Narrationes VII de caedibus monachorum montis Sinae et captivitate Theoduli filii eius*, *PG* 79, 589-693.

Oribasius, *Collectionum medicarum reliquiae*, («Corpus medicorum graecorum», 6/1-2), Leipzig-Berlin, 1928.

Palladius, *Historia Lausiaca*, *PG* 34, 995-1262.

Patrologiae cursus completus. . . series graeca, passim.

Philostorgius, *Kirchengeschichte*, éd. J. Bidez, («Griech. Christl.Schriftst.», 21), Leipzig, 1913.

Pratum Spirituale. Additamenta Berolinensia, éd. Th. Nissen, *Byz. Zeitschr.*, 38, 1938, p. 356-367.

Pratum Spirituale. Additamenta Marciana, éd. E. Mioni, *Orient. Christ. Period.*, 17, 1951, p. 83-94 ; *Stud. Bizant. e Neoell.*, 8, 1953, p. 27-36.

Pratum Spirituale. Additamenta Parisiensia. Cod. Paris. Coisl. 257, 11ᵉ s., fol. 79ᵛ-87ᵛ ; *BHG 3*, 1442e *sq.*

Pratum Spirituale. Additamenta Vindobonensia, éd. Th. Nissen, *Byz. Zeitschr.*, 38, 1938, p. 367-372.

Prisci, *Fragmenta : Historici graeci minores*, t. I, p. 275-352.

Procopius. . . in seven volumes, éd. Haury, Leipzig, 1905-1913 ; transl. Dewing, Londres-Cambridge, Mass., 1954 : I-V, *History of the wars* ; VI, *The Anecdota or secret history* ; VII, *Buildings*.

Procopii Gazensis, *Panegyricus in imperatorem Anastasium*, éd. C. Kempen, Bonn, 1918.

Ps. Codini, *Origines : Script. orig. CP*, fasc. II.

Scriptores originum Constantinopolitanarum, rec. Th. Preger, fasc. I-II, Leipzig, 1901-1907.

Socratis, *Historia Ecclesiastica*, *PG* LXVII, 33-841.

Sozomenus, *Kirchengeschichte*, éd. J. Bidez-G. C. Hansen, («Griech. Christl. Schriftst.», 50), Berlin, 1960.

Suidas (*sic*), *Lexicon*, éd. A. Adler, I-V, Leipzig, 1928-1938.

Théodoret de Cyr, *Correspondance*, éd. Y. Azéma, t. I : *Epist. Sakkelion* («Sources Chrét.», 40), Paris, 1955 ; t. II et III : *Epist. Sirmond.*, (*ibid.*, 98 et 111), Paris, 1964 et 1965.

Theodoretus Cyrensis ep., *Compendium haereticarum fabularum*, *PG* 83, 335-556.

Theodoretus Cyrensis ep., *Historia Ecclesiastica*, éd. L. Parmentier-F. Scheidweiler, («Gr. Christl. Schriftst.», 19), 2ᵉ éd., Berlin, 1954.

Theodoreti Cyrensis ep., *Historia Religiosa*, *PG* LXXXII, 1283-1496.

Theodorus Lector: 1) *PG* 86, 165-228 ; 2) *Rev. Archéol.* 26, 1873, p. 273-288 et 396-403 ; 3) *Histor. Jahrb.* 24, 1903, p. 553 *sq.*

Theophanis, *Chronographia*, éd. C. De Boor, 2 vol., Leipzig, 1883-1885.

Theophylactus Simocatta, *Historiae*, éd. De Boor, Leipzig, 1887.

Timothei presbyteri, *De his qui ad ecclesiam accedunt*, *PG* 86/1, 11-74.

Usener, H., «Legenden der Pelagia», in *Festschr. f. XXXIV Versamml. deutsch. Philol. u. Schulmänn.*, Bonn, 1879, p. 3-16.

Van den Ven, P., *La légende de S. Spyridon évêque de Trimithonte*, Louvain, 1953.

Vie de Sainte Mélanie, éd. D. Gorce, («Sources Chrét.», 90), Paris, 1962.

Vie de Théodore de Sykéôn, I, texte grec ; II, traduction, commentaire et appendice par A. J. Festugière, 2 vol., («Subsidia Hagiographica», 48), Bruxelles, 1970.

Vie et office de sainte Marine, par L. Clugnet, («Biblioth. hagiogr. orientale», 8), Paris, 1905 (4e-5e s. *sq*).

Vie et récits de l'abbé Daniel le Scétiote (texte grec), éd. L. Clugnet, *Rev. Or. Chrét.*, 5, 1900, p. 49-73, 254-271, 370-391. (7e s.).

Vie ancienne de Saint Syméon Stylite le jeune (La), publ. par P. Van den Ven, t. I, introduction et texte grec, Bruxelles, 1962 ; t. II, traduction et commentaire, *Vie grecque de sainte Marthe mère de S. Syméon*, Bruxelles, 1970 ; (ensemble «Subsidia Hagiographica», 32).

Vita Abraham et Mariae neptis eius a. ps. Ephrem. *AA. SS.* Mart. II, 1668, 741-748 (antérieure au 6e s.).

Vita Alypii Stylitae (premetaphrastica), Delehaye, *Saints Stylites*, p. 148-169 (7e s.).

Vita Anastasii Persae, ’Ανάλεκτα ‘Ιεροσολ. Σταχυολογίας, t. IV, p. 126-148 (7e s.).

Vita Danielis Stylitae (premetaphrastica), éd. Delehaye, *Saints Stylites*, p. 1-94 (m. en 493).

Vita S. Euphrosynae, éd. A. Boucherie, *Anal. Boll.*, 2, 1883, p. 195-205 (date inconnue).

Vita Eustoliae et Sopatrae, *AA. SS.* Nov. IV, 1925, 217-219 ; cod. Vat. gr. 807, 10e s., fol. 94-96- (7e s. ?).

Vita Georgii Chozibitani a. Antonio monacho, éd. C. Houze, *Anal. Boll.*, 7, 1888, p. 97-144, 336-359 ; corr. *ibid.*, 8, 1889, p. 209-210. *Cf.* cod. Paris. Coisl. 303, 10e-11e s., fol. 135-171 (m. en 625 env.).

Vita Gerasimi monachi a. Cyrillo, ’Ανάλεκτα ἱεροσολ. σταχυολογίας, t. IV, p. 175-184 (m. en 475).

Vita Hilarionis, ’Ανάλεκτα ἱεροσολ. σταχυλογίας, t. V, p. 82-136. (m. en 371).

Vita Marcelli Acoemetorum archimandritae, éd. G. Dagron, *Anal. Boll.*, 86, 1968, p. 271-321.

Vita Marciani oeconomi : ’Ανάλεκτα ἱεροσολ. σταχυολογίας, t. IV, p. 258-270 (m. en 388).

Vita Marthae matris Symeonis Stylitae iunioris, voir *Vie ancienne de S. Syméon*. . .

Vita Matronae higumenae, *AA. SS.* Nov. III, 1910, 790-813 (6e s. ?).

Vita Nicolai Sionitae, in Anrich G., *Haghios Nikolaos*, Bd. I, *Die Texte*, Berlin, 1913, p 3-35 (fin du 6e s.).

Vita Niconis higumeni, cod. Patm. 254, 10e-11e s., fol. 303-308- (7e s.).

Vita Olympiadis diaconissae, voir Jean Chrysostome, *Lettres à Olympias*, 2e éd.

Vita Pauli Edesseni, ’Ανάλεκτα ἱεροσολ. σταχυλογίας, t. V, p. 368-383 (récit placé sous l'épiscopat de Rabboula, 412-436, probablement postérieur).

Vita Sampsonis presb. xenodochi, cod. Athon. Philoth. 8, 11e s., fol. 303-308ᵛ (récit postérieur au règne de Justinien).

Vita Theodorae Alexandrinae, *PG* 115, 665-689 (version du Ménologe de Syméon Métaphraste ; la *Vie* plus ancienne (*BHG 3* 1727-1729) ne m'a pas été accessible).

Vita Theodosii coenobiarchae a. Theodoro ep. Petrarum, in Usener H., *Der Hl. Theodosios*, Leipzig, 1890.

Zosimi comitis et advocati fisci *Historia Nova*, éd. L. Mendelssohn, Leipzig, 1887.

Zosime, *Histoire Nouvelle*, éd. trad. F. Paschoud, t. I, Paris, 1971 (Livres I et II).

3. *Littérature latine*

Adamnani, *De locis sanctis libri tres* : *Itinera Hierosolymitana*, p. 219-297.

Ammianus Marcellinus, éd. J. C. Rolfe, 3 vol. nouvelle éd. revue. Londres, 1950.

Anonymi *De rebus bellicis*, éd. Thompson E.A., *A Roman reformer and inventor*, Oxford, 1952.

Antonini Placentini, *Itinerarium* : *Itinera Hierosolymitana*, p. 157-191.

Chronica minora saec. V, VI, VII, éd. Mommsen, t. I et II, *MGH, Auct. Ant.*, IX et XI (Berlin, 1892-1894).

Hieronymi, *Epistula 108* (*Vita Paulae viduae Romanae*), *PL* XXII, 878-906.

Hydatii Lemici, *Continuatio chronicorum Hieronymianorum ad A. CCCCLXVIII* : MGH, *Chronica minora*, t. 2, p. 3-36.

Johannis abbatis Biclarensis, *Chronica A. DLXVII-DXC* : MGH, *Chronica minora*, t. 2, p. 207-220.

Isidori iunioris episcopi Hispalensis, *Chronica maiora* : MGH, *Chronica minora*, t. 2, p. 394-490.

Itinera Hierosolymitana saec. IV-VIII, éd. P. Geyer, («Corpus Scriptor. Ecclesiasticor. Latinor.» 39), Prague-Vienne-Leipzig, 1898.

Jean Cassien, *Conférences*, éd. E. Pichery, («Sources Chrét.», 42, 54, 64), Paris, 1955-1959.

Johannis abbatis Biclarensis, *Chronica A. DLXVII-DXC* : MGH, *Chronica minora*, t. 2, p. 207-220.

Jordanis, *Getica*, éd. Mommsen, *MGH, Auct. Ant.* V/1 (Berlin, 1882).

Marcellini Comitis, *Chronicon (cum auctario)* : MGH, *Chronica minora*, t. 2, p. 37-108.

Monumenta Germaniae Historica, passim.

Pachomiana latina, éd. Boon (Dom A.), («Biblioth. de la Rev. d'Hist. Eccl», fasc. 7), 1932, avec un appendice par L. Th. Lefort, *La Règle de S. Pachôme (Les fragments coptes. Les «excerpta» grecs).*

Patrologiae cursus completus. . . series latina, passim.

Pauli Diaconi, *Historia Langobardorum*, éd. Bethmann-Waitz, *MGH, Script. rerum Langob.* (Hanovre, 1878), p. 45-187.

Theodosius, *De situ Terrae Sanctae* : *Itinera Hierosolymitana*, p. 135-150.

Victoris Tonnenensis episcopi, *Chronica AA. CCCCXLIV-DLXVII* : MGH, *Chronica minora*, t. 2, p. 178-206.

4. *Autres littératures*

Corpus Scriptorum Christianorum Orientalium, Louvain, 1913 *sq.*

Patrologia Orientalis, Paris, 1907 *sq.*

A. Littérature arménienne

Histoire d'Héraclius par l'évêque Sebéos, traduite de l'arménien et annotée par F. Macler, Paris, 1904.

B. Littérature géorgienne

Prise de Jérusalem par les Perses en 614 (La), trad. G. Garitte, *CSCO* 203, *Script. Iber.*, 12, Louvain, 1960.

C. Littérature juive

L'Apocalypse de Zorobabel, in Lévi I., «L'Ap. de Z. et le roi de Perse Siroès», *Rev. Et. Juives*, 68, 1914, 129-160 ; 69, 1919, 109-121 ; 71, 1920, 57-65.

Les signes du Messie, éd. trad. Marmorstein, *Rev. Et. Juives*, 52, 1906, p. 176-186.

Traité Péa (sic), in *Talmud de Jérusalem*, trad. M. Schwab, t. II, Paris, 1878, p. 1-119.

D. Littérature slave

Grivec, F., «Duo sermones S. Methodii», *Orient. Christ. Period.*, 15, 1950, p. 440-448.

Puech, H. Ch., Vaillant, A., *Le traité contre les Bogomiles de Cosmas le Prêtre*, Paris, 1945.

Russian Primary Chronicle, Laurentian Text (The), trad. S. H. Cross and O. Sherbowitz-Wetzor, Cambridge, Mass., 1953.

Vaillant, A., «Une homélie de Méthode», *Rev. Et. Slaves*, 23, 1947, p. 34-47.

E. Littérature syriaque et arabe

Acts of Thomas (The), Introduction, text, commentary by A.F.J. Klijn, Leiden, 1962.

Agapius de Membidj, éd. Vasiliev, *PO* t. 5, 1910, p. 565-691 ; t. 7, 1911, p. 459-591 ; t. 8, 1912, p. 399-547.

Chronica minora, CSCO Script. Syri, versio, ser. III, vol. 4, Paris-Leipzig, 1903-1905.

Chronicon pseudo-dionysianum vulgo dictum, I, interpr. J. B. Chabot, *CSCO* 121, *Script. Syri* ser. III, t. I, versio. Louvain, 1949 (La *Chronique* dite de Josué le Stylite se trouve aux p. 174-233).

Chronique Nestorienne, éd. Scher. *PO* t. 4/3, 1908, p. 219-313 ; t. 5/2, 1910, p. 221-334 ; t. 7/2, 1911, p. 99-201 ; t. 13/4, 1919, p. 437-639.

Elias Nisibenus, *Opus chronologicum*, éd. trad. Brooks-Chabot, *CSCO* 63, *Scr. Syri* 23/24, Louvain, 1910.

Eusèbe d'Emèse, *Discours conservés en latin*, t. I, éd. E. M. Buytaert, OFM, Louvain, 1953.

Iohannis Ephesini, *Historiae Ecclesiasticae pars tertia*, trad. E. W. Brooks, *CSCO* 106, *Script. Syri* 55, Louvain, 1936.

Iohannis Ephesini. . . *Liber VI partis III Historiae Eccles. de historiis bellorum quae breviter exscribuntur, ibid.*, p. 210-261.

Johannis episcopi Ephesi, *Historiae Ecclesiasticae fragmenta*, éd. W. J. Van Douwen, J. P. N. Land, Amsterdam, 1889.

John of Ephesus, *Lives of the Eastern Saints*, trad. Brooks, *PO* 17, 1923 ; 18, 1924 ; 19, 1925.

Jean Rufus, *Plérophories*, *PO* 8, 1912, p. 5-185.

Liber Graduum, éd. M. Kmosko, *Patrol. Syriaca* III, Paris, 1916.

Michel le Syrien, *Chronique*, éd. trad. J. B. Chabot, 5 vol., Paris, 1899-1924.

Nau, F., « Analyse de la seconde partie inédite de l'Histoire Ecclésiastique de Jean d'Asie, patriarche jacobite de Constantinople († 585) », *Rev. Or. Chrét.*, 2, 1897, p. 455-493.

Nau, F., « Deux épisodes de l'histoire juive sous Théodose II (423 et 438) d'après la Vie de Barsauma le Syrien », *Rev. Et. Juives*, 83, 1927, p. 184-206.

Severi patriarchae Vita, 1) a. Zacharia Scholastico, éd. trad. M. A. Kugener, *PO* 2, 1903, p. 7-115 ; 2) a. Iohanne Beth-Aphtoniensi, éd. trad. M. A. Kugener, *PO* t. c. p. 207-264.

Zachariah of Mitylene (*sic*) (*The Syriac chronicle known as that of*), trad. F. J. Hamilton, E. W. Brooks, Londres, 1899.

5. Papyri et documents d'archives

Actes de Lavra, I, *Des origines à 1204*, éd. P. Lemerle, A. Guillou, N. Svoronos (« Archives de l'Athos » 5), Paris, 1970.

Excavations at Nessana, H. Dunscombe Colt ed., vol. III, *Non-literary papyri* by C.J. Kraemer, Princeton U. Pr., 1958.

Tjäder, J. O. *Die nichtliterarischen lateinischen Papyri Italiens aus der Zeit 445-700*, I, Lund, 1955.

6. Inscriptions, monuments, sites, objets

Aharoni, Y., Evenari, M. *et al.*, « The ancient agriculture of the Negev. V. An Israelite settlement at Ramat Matred », *Israel Explor. Journ.*, 10, 1960, p. 23-36 et 97-111.

Alt, A., « Die griechische Inschriften von Palästina Tertia », in *Wiss. Veröffentl. Deutsch.-Türk. Denkmalschutzkommando*, 2, Berlin, 1921.

Anderson, J. G. C., Cumont, F., Grégoire, H., *Recueil des inscriptions grecques et latines du Pont et de l'Arménie* (« Studia Pontica » 3), Bruxelles, 1910.

Applebaum, S. (communication : fouilles de Scythopolis) « Notes and news », *Israël Explor. Journ.*, 10, 1960, p. 126-127.

Avi-Yonah, M., « Scythopolis », *Israël Explor. Journ.*, 12, 1962, p. 123-134.

Avi-Yonah, M., « The Bath of Lepers at Scythopolis », *Israël Explor. Journ.*, 13, 1963, p. 325-326.

Ben-Arieh, Y., « Caves and ruins in the Beth-Govrin area », *Israël Explor. Journ.*, 12, 1962, p. 47-61.

Buckler, W. H., «Labour disputes in the province of Asia», in *Anatolian studies presented to Sir W. M. Ramsay*, Manchester, 1923, p. 27-50.

Butler, H. C., *Early churches in Syria, fourth to seventh century*, ed. and compl. by E. Baldwin Smith., Princeton, 1929.

Calder, W. M., «The epigraphy of the Anatolian heresies», in *Anatolian studies presented to Sir W. M. Ramsay*, Manchester, 1923, p. 59-91.

Canova, R., *Iscrizioni e monumenti protocristiani del paese di Moab* («Sussidi Antich. Crist. Pont. Istit. Arch. Crist.» 4), Vatican, 1954.

Corbo V., OFM, *Gli scavi di Kh. Siyar el-Ghanam (Campo dei Pastori) e i monasteri dei dintorni*, Jérusalem : Custodia di Terra Santa, 1955.

Corpus Inscriptionum Latinarum, Berlin, 1863 *sq.*

Csallány, D., *Archäologische Denkmäler der Awarenzeit in Mitteleuropa*, Budapest, 1956.

De Vaux, R., «Les hôpitaux de Justinien à Jérusalem d'après les dernières fouilles», *CR Acad. Inscr.*, 1964, p. 202-207.

Diehl, Ch., «Rescrit des empereurs Justin et Justinien en date du 1er Juin 527», *Bull. Corr. Hell.*, 17, 1893, p. 501-520.

Dodd, E. C., *Byzantine silver stamps* (with an excursus on the Comes Sacrarum Largitionum by J. P. C. Kent) («Dumbarton Oaks Studies», 7), Washington, 1961.

Diokletians Preisedikt hrsg. v. S. Lauffer, Berlin, 1971.

Dörner, F. K., *Inschriften und Denkmäler aus Bithynien* («Istanbul. Forschg.», 14), Berlin, 1941.

Dothan, M., «Preliminary report on the excavations in seasons 1962-1963», *Israel Explor. Journal*, 14, 1964, p. 79-89.

Dunand, M., *Le musée de Soueida. Inscriptions et monuments figurés* («Bibl. Arch. Hist.», 20), Paris, 1934.

Dunand, M., «Nouvelles inscriptions du Djebel Druze et du Hauran», *Rev. Bibl.*, 41, 1932, p. 393-416 ; 42, 1933, p. 235-254 ; *Mél. R. Dussaud*, Paris, 1939, t. II, p. 559-576.

Erdmann, K., *Die Kunst Irans zur Zeit der Sasaniden*, 2. ausg. Mainz, 1969.

Excavations at Nessana, I, J. Dunscombe Colt ed., Londres, 1962.

Forschungen in Ephesos, veröffentl. österr. archäol. Institut, Vienne : Bd. IV/1, 1932, «Die Marienkirche», p. 80-106 ; Bd. IV/2, 1937, «Das Cömeterium der Sieben Schläfer», p. 201-211 ; Bd. IV/3, 1951, «Die Johanneskirche», p. 275-295.

Golomb, B., Kedar, I., «Ancient agriculture of the Galilee mountains», *Israel Exploration Journal*, 21, 1971, p. 136-140.

Gough, M., «Excavations at Alahan monastery...», *Anatolian Studies* 12, 1962, p. 173-184 ; 13, 1963, p. 105-115 ; 14, 1964, p. 185-190 ; 17, 1967, p. 37-47.

Grégoire, H., «Rapport sur un voyage d'exploration dans le Pont et en Cappadoce», *Bull. Corr. Hell.*, 33, 1909, p. 3-169.

Grégoire, H., *Recueil des inscriptions chrétiennes d'Asie Mineure*, I (seul paru), Paris, 1922.

Hanton, E., «Lexique explicatif du Recueil des inscriptions grecques chrétiennes d'Asie Mineure», *Byzantion*, 4, 1927-28, p. 53-136.

Harrison, M., «Byzantine churches and chapels in central Lycia», *Anatolian Studies*, 13, 1963, p. 117-151.

Herrmann, P., *Neue Inschriften zur historische Landeskunde von Lydien und angrenzende Gebiete* («Denkschr. Akad. Wien, Philol. Hist. Kl.», 77/1), Vienne, 1959.

Inscriptiones Graecae, vol. XII, *Insulae Maris Aegei praeter Delum* : fasc. 2, *Lesbus, Nesus, Tenedus*, éd. W. R. Paton, Berlin, 1899 ; fasc. 3, *Syme, etc., Astypalea ... Thera ..*, éd. F. Hiller von Gaertringen, *ibid.*, 1898.

Inscriptions grecques et latines de la Syrie :

I, *Commagène et Cyrrhestique* (1-256), Paris, 1929.

II, *Chalcidique et Antiochène* (257-698), Paris, 1939.

III/1, *Région de l'Amanus, Antioche* (699-988), Paris, 1950.

III/2, *Antioche (suite). Antiochène* (989-1242), Paris, 1953.

IV, *Laodicée. Apamène* (1243-1997), Paris, 1955.

V, *Emésène* (1998-2710), Paris, 1959.

VI, *Baalbek et Beqa'* (2711-3017), Paris, 1967.
Les t. I-III/2 ont été publiés par L. Jalabert et R. Mouterde, les t. IV-V par R. Mouterde et
C. Mondésert, le t. VI par J. P. Rey-Coquais.

Judaea, Samaria and the Golan, archaeological survey 1967-1968, éd. M. Kochavi («Publ. of
the archaeol. survey of Israel», vol. 1), Jérusalem, 1972.

Kedar, Y., «Ancient agriculture at Shivtah in the Negev», *Israel Explor. Journ.*, 7, 1977, p.
178-189.

Keil, J., von Premerstein, A., *Berichte über eine Reise in Lydien und der südliche Aiolis* («Denkschr. kön. Akad. Wissensch. in Wien, Phil. Hist. Kl.», Bd 53/2), 1908.

Keil, J., von Premerstein, A., *Bericht über eine zweite Reise in Lydien* («Denkschr. kön. Akad.
Wissensch. in Wien, Phil. Hist. Kl.», Bd 54/2), 1911.

Keil, J., von Premerstein, A., *Bericht über eine dritte Reise in Lydien* («Denkschr. kön. Akad.
Wissensch. in Wien, Phil. Hist. Kl.», 57/1), 1914.

Kelso, J. L., Baramki, D. C., *Excavations at New Testament Jericho and Khirbet en-Nitla*
(«Ann. Amer. School Orient. Res.», 29-30), 1955.

Kenyon, K. M., «Excavations in Jerusalem. 1966», *Palest. Expl. Quart.*, 99, 1967, p. 65-71.

Kenyon, K. M., *Jerusalem*, Londres, 1967.

Kern, O., *Inschriften von Magnesia am Meander*, Berlin, 1900.

Kirk, G. E., Welles, C. B., «The inscriptions», in *Excavations at Nessana*, I, p. 131-197.

Kraeling, C. H., ed., *Gerasa, city of the Decapolis*, New Haven, Conn., 1938.

Lassus, J., *Sanctuaires chrétiens de Syrie*, Paris, 1947.

Le Bas, Ph., Waddington, W. H., *Inscriptions grecques et latines recueillies en Grèce et en
Asie Mineure*, 1e partie, *Textes ;* 2e partie, *Explication des inscriptions*, 2 vol., Paris, 1870.

Lefèvre, G., *Recueil des inscriptions grecques chrétiennes d'Egypte*, Le Caire, 1907.

Levi, D., *Antioch mosaic pavements*, 2 vol., Princeton, 1947.

Lifshitz, B., *Donateurs et fondateurs dans les synagogues juives* («Cahiers de la Revue Biblique», 7), Paris, 1967.

Lifshitz, B., «Une inscription byzantine de Césarée en Israël (Caesarea Maritima)», *Rev. Et.
Gr.*, 70, 1957, p. 118-132.

Maricq, A., «Tablettes de défixion de Fiq», *Byzantion*, 22, 1952, p. 360-368. *Cf.* Robert J. et L.,
Rev. Et. Gr., 67, 1954, «Bull. épigr.», 20.

Mayerson, Ph., «The agricultural regime», in *Excavations at Nessana*, I, p. 211-269.

Milik, J. T., «La topographie de Jérusalem vers la fin de l'époque byzantine», *Mél.Univ. St
Joseph*, 37, 1960-1961, p. 127-189.

Milik, J. T., «The monastery of Kastellion», *Biblica*, 42, 1961, p. 120-127.

Miltner Fr. u. H., «Epigraphische Nachlese in Ankara», *Jahresh. österr. archeol. Inst.*, 30,
1937, *Beiblatt*, p. 8-48.

Mitten, D. G., «A new look at ancient Sardis», *Biblic. Archaeol.*, 29, 1966/2, p. 38-68.

Monumenta Asiae Minoris Antiqua, Manchester:

I, 1928, Calder, W. M., *Laodicea combusta, villages of the Axylon, Polybotus, Metropolis,
Orcistus, Appola*.

II, 1930, Herzfeld, E., Guyer, S., *Meriamlik und Korykos*.

III, 1931, Keil. J., Wilhelm, Ad., *Denkmäler aus dem rauhen Kilikien*.

IV, 1933, Buckler, W. H., Calder, W. M., Guthrie, W.K.C., *Monuments and documents from
Eastern Asia and Western Galatia*.

V, 1937, Cox C.W.M., Cameron, A., *Monuments from Dorylaeum and Nacolea*.

VI, 1939, Buckler, W.H., Calder, W. M., *Monuments from Western Phrygia and Northern
Caria*.

VII, 1956, Calder, W. M., *Monuments from Eastern Phrygia*.

VIII, 1962, Calder, W. M., Cormack, J.M.R., *Monuments from Lycaonia, the Pisido-Phrygian
borderland, Aphrodisias*.

Mouterde, R., «Un tarif d'impôt sur les ventes dans la Béryte byzantine», *CR Acad. Inscr.*,
1945, p. 377-380, *cf.* Robert J. et L., *Rev. Et. Gr.*, 59, 1946-1947, «Bull. épigr.», nos 62 *sq.*

Mouterde, R., Poidebard, A., *Le limes de Chalcis. Organisation de la steppe en Haute-Syrie
romaine*, Paris, 1945.

Ovadiah, A., *Corpus of the Byzantine churches in the Holy Land* («Theophaneia» 22), Bonn, 1970.
Prignaud, J., «Une installation monastique byzantine au Khan Saliba», *Rev. Bibl.*, 70, 1963, p. 243-254.
Robert, J. et L., *Revue des Etudes Grecques*, «Bulletin épigraphique», *passim*.
Robert, L., *Epigrammes du Bas-Empire, Hellenica* IV, Paris, 1948.
Robert, L., «Epitaphes et acclamations byzantines à Corinthe», *Hellenica* XI-XII, 1960, p. 21-52.
Robert, L., «Noms de métiers dans des documents byzantins», in *Charisterion A. Orlandos* I, Athènes, 1964, p. 324-347.
Robert, L., *Noms indigènes dans l'Asie Mineure gréco-romaine*, 1ᵉ partie, Paris, 1963.
Robert, L., *Nouvelles inscriptions de Sardes*, fasc. 1, Paris, 1964, p. 37-57 («Inscriptions de la synagogue»).
Ross, M. C., *Catalogue of the Byzantine and early medieval antiquities in the Dumbarton Oaks collection*, vol. II, *Jewelry, enamels and art of the migration period*, Washington, 1965.
Rothenberg, B., «An archaeological survey of South Sinaï», *Palest. Explor. Quart.*, 102, 1970, p. 4-29.
Saller, SJ., Bagatti, B., OFM., *The town of Nebo, Khirbet el-Mekhayyat, with a brief survey o other monuments in Transjordan* («Stud. Bibl. Francesc.» 7), Jerusalem, 1949.
SARDIS, Publ. of the Amer. Society for the excavation of Sardis, VII/1, *Inscriptions*, publ. by W. H. Buckler and D. M. Robinson, Leiden, 1932.
Sauvaget, J., «Le plan de Laodicée-sur-Mer», in *Mémorial Jean Sauvaget*, I, Damas, 1954, p. 101-145.
Sauvaget, J., *Alep, essai sur le développement d'une grande ville syrienne des origines au milieu du XIXᵉ siècle*, Paris, 1941.
Schneider, A. M., «Das Kloster der Theotokos zu Choziba im Wadi el Kelt», *Röm. Quartalschr.*, 39, 1931, p. 297-332.
SYRIA, Publ. Princeton archaeol. exp. etc. Div. III, *Greek and Latin Inscriptions*, sect. A, *Southern Syria*, by E. Littmann, D. Magie jr. D. R. Stuart, Leiden, 1907-1921.
Tchalenko G., *Villages antiques de la Syrie du Nord. Le Massif du Bélus à l'époque romaine*, I (Texte), II (Planches), Paris, 1953 ; III (Appendices et tables ; H. Seyrig, «Inscriptions grecques» ; «Couvents antiques», avec le concours de A. Caquot et E. Littmann ; «Vestiges médiévaux», avec le concours de J. Sourdel-Thomine), Paris, 1958.
Thomsen, P., «Die lateinische und griechische Inschriften der Stadt Jerusalem», *Zeitschr. deutsche Paläst. Vereins*, 43 (1920), p. 138-158 et 44 (1921), p. 1-168.
Tituli Asiae Minoris, Vienne, 1901 sq.
Tsori, N., in *Biq'at Beth-Shean*, Jérusalem, Isr. Expl. Soc. 1962 (hébr.). D'après le résumé anglais, *Israël Explor. Journ.*, 13, 1963, p. 64.
Wilhelm, Ad. «Griechische Grabinschriften aus Kleinasien», *Sitzungsber. preuss. Akad. d. Wissensch. Philol. Hist. Kl.* 1932, p. 792-865.
Yadin, Y., «The excavation of Masada 1963-1964, preliminary report», *Israël Explor. Journ.*, 15, 1965, p. 99-102 («The Byzantine structures»).

7. Monnaies

Adelson, H. L., *Light weight solidi and Byzantine trade during the sixth and seventh centuries* («Amer. Numism. Soc., Numism. Notes & Monographs» 138), New York, 1957.
Adelson, H. L., Kustas G. L., «A bronze hoard of the period of Leo I», *Amer. Numism. Soc., Museum Notes*, 9, 1960, p. 139-188.
Adelson, H. L., Kustas G. L., *A bronze hoard of the period of Zeno I* («Amer. Numism. Soc., Numism. Notes & Monographs» 148), New York, 1962.
Adelson, H. L., Kustas G. L., «A sixth-century hoard of minimi from the Western Peloponnese», *Amer. Numism. Soc., Museum Notes*, 11, 1964, p. 159-205.

Bates G. E., *Byzantine coins* («Archaeol. explor. of Sardis, Monographs» 1), Harvard, 1971.

Bates, G. E., «A Byzantine hoard from Coelesyria», *Amer. Numism. Soc., Museum Notes*, 14, 1968, p. 67-109.

Bell, H. W., *Coins, Pt. I, 1910-1914 (SARDIS*, XI), Leiden, 1916.

Bellinger, A. R., *Coins from Jerash, 1928-1934* («Amer. Numism. Soc., Numism. Notes & Monographs» 81), New York, 1938.

Bertelè, T., «Lineamenti principali della numismatica bizantina», *Riv. Ital. di Numism.*, ser. 5, vol. 12 (66), 1964, p. 31-118.

Bridge R. N., Whitting P. D., «A hoard of early Heraclius folles», *Numism. Circular*, 74, 1966, p. 131-132.

Callu J. P., «Remarques numismatiques. Les monnaies romaines d'Auguste à Anastase trouvées à Apamée de Syrie, 1966-1971», in *Colloque d'Apamée*, II, Bruxelles, 1972, p. 168-171.

Callu J. P., «Problèmes monétaires du IVe siècle» (à paraître in *Changement et conflit au IVe siècle*).

Carson, R.A.G., Kent, J.P.C., «Bronze Roman imperial coinage of the later Empire, A. D. 346-498», in *Late Roman Bronze coinage, A. D. 324-498*, London, 1960.

Catalogue of the Byzantine coins in the Dumbarton Oaks collection and in the Whittemore collection, vol. II, *Phocas to Theodosius III, 602-716*, by Ph. Grierson, Pt. I : *Phocas and Heraclius, 602-641*, Washington D. C., 1968.

Elmer, G., «Die Kupfergeldreform unter Julianus Philosophus», *Numism. Zeitschr.* 70, 1937, p. 25-42.

Fagerlie, J., *Late Roman and Byzantine solidi found in Sweden and Denmark* («Amer. Numism. Soc., Numism. Notes & Monographs» 157), New York, 1967.

Göbl, R., «Die Beziehungen zwischen den Münzgruppen der sogenannten Kusano-Sasaniden, der Kidariten u. der frühen Hephthaliten», in *Congresso internaz. numismatica 1961*, II, *Atti*, Rome, 1965, p. 469-474.

Göbl, R., *Handbuch der sasanidischen Numismatik*, Braunschweig, 1968.

Göbl, R., «Neue Zuteilungen zur Munzprägung der Chioniten. Material u. Struktur», *Palaeologia*, 4, 3-4, 1955, p. 274-279.

Göbl, R., «Numismatica byzantino-persica», *Jahrb. österr. byzant. Gesellsch.*, 17, 1968, p. 165-177.

Göbl, R., «Zur hephthalitischen Münzkunde und ihre mittelasiatischen Zusammenhängen», *Mitteil. österr. numism. Gesellsch.*, XI, 1959/5, p. 49-51.

Grierson, Ph., «Byzantine coinage as source material», in *Proceeds. XIII intern. congr. Byzant. studies*, Londres, 1967, p. 317-333.

Grierson, Ph., «Coinage and money in the Byzantine Empire, 498-c.1090», *Moneta e scambi*, p. 411-454.

Grierson, Ph., «The monetary reforms of Anastasius and their economic consequences», in *The patterns of monetary development in Phoenicia and Palestine in Antiquity*, A. Kindler ed., Tel-Aviv-Jérusalem, 1967, p. 283-302.

Hamburger, H., «Minute coins from Caesarea», *Atiqot*, 1, 1955, p. 115-138.

Hill, Ph. V., «Barbarous imitation of fourth-century Roman coins», *Numism. Chron.*, 6 ser. 10, 1950, p. 233-270.

Jouroukova, J., «Imitations barbares de monnaies de bronze byzantines du VIe siècle», in *Byzantinoslav.*, 30, 1969, p. 83-87.

Yuroukova, Y., (*sic*), «La circulation des monnaies byzantines en Bulgarie, VIe-Xe siècles», in *I. miezdynarod. kongres archeologii slawianskiej*, Warszawa, 1968, t. 6, p. 128-143.

Jurukova, J., «Les invasions slaves au sud du Danube d'après les trésors monétaires en Bulgarie», *Byzantino-Bulgar.*, 3, 1969, p. 255-263.

Kent, J. P. C., «An introduction to the coinage of Julian the Apostate, A.D. 360-3», *Numism. Chron.*, 6 ser., 19, 1959, p. 109-117.

Le Gentilhomme, P., *Le monnayage et la circulation monétaire dans les royaumes barbares en Occident*, Paris, 1946.

Mattingly, H., « The monetary systems of the Roman Empire from Diocletian to Theodosius I », *Numism. Chron.*, 6 ser. 5, 1945, p. 111-120.

Metcalf, D. M., *Coinage in the Balkans, 820-1355*, Thessaloniki, 1965.

Metcalf, D. M., « The currency of Byzantine coins in Syrmia and Slavonia », *Hamburg. Beitr. z. Numism.*, 14, 1960, Bd. IV, p. 429-444.

Metcalf, D. M., « The metrology of Justinian's follis », *Numism. Chron.*, 6 ser. 20, 1960, p. 209-219.

Metcalf, D. M., *The origins of the Anastasian currency reform*, Amsterdam, 1969.

Miles, G. C., « Excavations coins from the Persepolis region » (« *Amer. Numism. Soc., Numism. Notes & Monographs* » 143), New York, 1959.

Morrisson, C., *Catalogue des monnaies byzantines de la Bibliothèque Nationale*, t. I, *D'Anastase I à Justinien II, 491-711*, Paris, 1970.

Mosser, Sawyer McA., *A bibliography of Byzantine coin hoards*. (« *Amer. Numism. Soc., Numism. Notes & Monographs* » 67), New York, 1935.

Paruck F. D. J., *Sasanian coins*, Bombay, 1924.

Poenaru, G., Barlu, V., « Contributions à l'histoire du Bas-Empire romain à la lumière des deux trésors monétaires des 4ᵉ-5ᵉ siècles découverts à Celeiu », *Dacia*, 14, 1970, p. 251-295.

Roman Imperial Coinage (The), Mattingly, Sutherland, Carson eds., vol. IX : *Valentinian I — Theodosius I*, by J. W. E. Pearce, London, 1951.

Waagé, D. B., *Antioch-on-the-Orontes*, IV/2. *Greek, Roman, Byzantine and Crusaders' coins*. Publ. Committee Excav. Antioch. Princeton, 1952.

II. Travaux

Abel A., « Aspects sociologiques des religions 'manichéennes' », *Mél. R. Crozet* I, Poitiers 1966, p. 33-46.

Achelis, H., *Virgines subintroductae. Ein Beitrag zum VII Kap. des I Korinthierbriefs*, Leipzig, 1902.

Agricoltura e mondo rurale in Occidente nell'alto Medioevo, Settimane di Studio . . . XIII (1965), Spoleto, 1966.

Amand de Mendieta, D., « La virginité chez Eusèbe d'Emèse et l'ascétisme familial dans la première moitié du 4ᵉ siècle », *Rev. Hist. Eccl.*, 50, 1955, p. 777-820.

Amand de Mendieta, E., « Le système cénobitique basilien comparé au système cénobitique pachômien », *Rev. Hist. Rel.* 152, 1957, p. 31-80.

Andréadès, A., « De la monnaie et de la puissance d'achat des métaux précieux dans l'Empire byzantin », *Byzantion*, 1, 1924, p. 75-115.

Andréadès, A., « Le montant du budget de l'Empire byzantin », *Rev. Et. Gr.*, 34, 1921, p. 20-56.

Antoniadis-Bibicou, H., *Recherches sur les douanes à Byzance : l'« octava », le « kommerkion » et les commerciaires*, Paris, 1963.

Appleton, C., « La longévité et l'avortement volontaire aux premiers siècles de notre ère avec un tableau de statistique comparée », *Mém. Ac. belles-lettres et arts de Lyon, Sc. et Lettres*, 17, 1921, p. 195-217.

Artigianato e tecnica nella società dell'alto medioevo occidentale, Settimane di Studio . . . XVIII (1970), Spoleto, 1971.

Ashtor, E., « Essai sur l'alimentation des diverses classes sociales dans l'Orient médiéval », *Annales E.S.C.*, 1968, p. 1017-1053.

Aymard, M., « Rendements et productivité agricole dans l'Italie moderne », *Annales E. S. C.*, 1973, p. 475-497.

Aussaresses, F., *L'armée byzantine à la fin du 6ᵉ siècle d'après le « Strategikon » de l'empereur Maurice* (« Bibl. Univ. du Midi » 14), Bordeaux-Paris, 1909.

Avi-Yonah, M., « The economics of Byzantine Palestine », *Israël Explor. Journ.*, 8, 1958, p. 39-51.

Aykroyd, W. R., Doughty, J., *Les graines de légumineuses dans l'alimentation humaine* (« Etudes de nutrition de la FAO » 19), Rome, 1964.

Bataille, A., *Les papyrus. Traité d'études byzantines*, dir. P. Lemerle, t. 2, Paris, 1957.

Baumstark, A., *Geschichte der syrischen Literatur*, Bonn, 1922.

Baur, Chr., OSB, *Der heilige Johannes Chrysostomus und seine Zeit*, 2 vol. München, Bd. I, *Antiochien*, 1929 ; Bd. II, *Konstantinopel*, 1930.

Beck, H. G., *Kirche und theologische Literatur im byzantinische Reiches*, München, 1959.

Beck, H. G., « Konstantinopel. Zur Sozialgeschichte einer frühmittelalterlichen Haupstadt », *Byz. Zeitschr.*, 58, 1965, p. 11-45.

Besançon, J., *Géographie de la pêche*, Paris, 1965.

Biraben, J. N. et Le Goff, J., « La peste dans le Haut Moyen Age », *Annales E. S. C.*, 1969, p. 1484-1510.

Birot, P., Dresch, J., *La Méditerranée orientale et le Moyen-Orient*, Paris, 1956.

Blake, R. P., « The monetary reform of Anastasius I and its economic implications », in *Studies in the history of culture*, Menasha, Wisc., 1942, p. 84-97.

Bloch, M., *Mélanges historiques*, 2 vol., Paris, 1963 ; en particulier, « Economie-nature ou économie-argent : un pseudo-dilemme » (1933), t. II, p. 868-877, et « Le problème de l'or au Moyen Age » (1933), t. II, p. 839-867.

Bloch, M., *Seigneurie française et manoir anglais*, préf. de G. Duby, Paris, 1960.

Blümner, M., *Technologie und Terminologie der Gewerbe u. Künste bei Griechen u. Römern*, 2 Aufl. I Bd., Leipzig, 1912.

Boak, A. E. R., *Manpower shortage and the fall of the Roman Empire*, Ann Arbor, 1955. CR de M. I. Finley, *Journ. Rom. Stud.*, 48, 1958, p. 156-164.

Bognetti, G. P., « I beni comunali nell'Italia superiore fino al Mille », *Riv. Stor. Ital.*, 77, 1965, p. 469-499.

Blond, G., « L'hérésie encratite vers la fin du 4e siècle », *Rech. Sc. Relig.*, 1944, p. 157-210.

Bois, D., *Les plantes alimentaires chez tous les peuples à travers les âges*, 4 vol., Paris, 1927-1937.

Bolin, S., *State and currency in the Roman Empire to 300 A.D.*, Stockholm, 1958.

Bonfante, P., « Note sulla riforma giustinianea del concubinato », *Studi S. Perozzi*, Palerme, 1925, p. 283-286.

Bonitz, H., *Index Aristotelicus*, in *Aristoteles graece*, t. V.

Bösl, K., « Potens und Pauper. Begriffsgeschichtl. Studien zur gesellschaftl. Differenzierung im frühen Mittelalter u. zum 'Pauperismus' des Hochmittelalter », 1963, in Bösl, K., *Frühformen der Gesellschaft im mittelalterlichen Europa. Ausgew. Beitr. zu einer Strukturanalyse der mittelalterlichen Welt*, Munich-Vienne, 1964, p. 106-134.

Boutruche, R., *Seigneurie et féodalité*, I. *Le premier âge des liens d'homme à homme*. 2e éd. revue et augmentée, Paris, 1968.

Braudel, F., *La Méditerranée et le monde méditerranéen á l'époque de Philippe II*, 2e éd. revue et augmentée, Paris, 1966.

Brown, P. R. L., « Sorcery, demons and the rise of Christianity : from Late Antiquity into the Middle Ages », in *Witchcraft, confessions and accusations* (« Assoc. Social Anthropol. Monogr ». 9), 1970, p. 17-45.

Brown, P. R. L., « The rise and function of the holy man in Late Antiquity », *Journ. Rom. Stud.*, 61, 1971, p. 80-101.

Brown, P. R. L., « The diffusion of Manichaeism in the Roman Empire», *Journ. Rom. Stud.*, 59, 1969, p. 92-103.

Burn, A. R., « *Hic breve vivitur* », *Past & Present*, 4, 1953, p. 1-31.

Butzer, K., « Der Umwelt Faktor in der grosse arabische Expansion », *Saeculum*, 8, 1957, p. 359-371.

Callu, J. P., « La fonction monétaire dans la société romaine sous l'Empire », *Ve Congr. intern. d'hist. écon.*, Léningrad 1970, éditions « Naouka », Dir. de la Litt. Orient., Moscou, 1970.

Callu, J. P., *La politique monétaire des empereurs romains de 238 à 311*, Paris, 1969.

Callu, J. P., « Versions gréco-latines : nummi follares », *Bull. Soc. Fr. de Numismatique*, 28, 1973, p. 370-372.

Camelot, Th. « Les traités *De Virginitate* au *IV*ᵉ siècle », in *Mystique et continence, Etudes Carmélitaines*, 31, 1952, p. 273-292.

Cassimatis, G., *Les intérêts dans la législation de Justinien et dans le droit byzantin*, Paris, 1931.

Carrier, N. H., « A note on the estimation of mortality and other population characteristics given death by age », *Population Studies*, 1938/2, p. 141-163.

Cardascia, G., « L'apparition dans le droit des classes d'*honestiores* et d'*humiliores* », *Rev. Hist. Droit Fr. Etr.*, 4ᵉ série, 28, 1950, p. 305-337 et 461-485.

Cépède, M., Lengellé, M., *Economie alimentaire du globe, essai d'interprétation*, Paris, 1953.

Charbonnel, N., « La condition des ouvriers dans les ateliers impériaux aux IVᵉ et Vᵉ siècles », in Burdeau, F., Charbonnel, N., Humbert, M., *Aspects de l'Empire romain*, Paris, 1964, p. 61-93.

Changement et conflit au IVᵉ siècle (à paraître, *Antiquitas-Reihe*, Bonn).

Charanis, P., « Ethnic changes in VIIth century Byzantium », *Dumbarton Oaks Papers*, 13, 1959, p. 25-44.

Charanis, P., « Observations on the demography of the Byzantine Empire », *XIII internat. congress of Byzantine studies*, Oxford, 1967, p. 445-465.

Charanis, P., « The transfer of population as a policy in the Byzantine Empire », *Compar. Studies in Society and History*, 3, 1960-1961, p. 140-154.

Chastagnol, A., *La préfecture urbaine à Rome sous le Bas-Empire*, Paris, 1960.

Chastagnol, A., « Zosime II, 38 et l'Histoire Auguste », *Antiquitas-Reihe* 4 (« Beitr. z. Historia-Augusta-Forschung » 3), Bonn 1966, p. 43-78.

Chayanov, A. V., *On the theory of peasant economy*, ed. D. Thorner, B. Kerblay, R. E. F. Smith (« Amer. Econ. Assoc. transl. series »), Homewood, Ill., 1966.

Christophilopoulu, A., « Οἱ ἐκτὸς τῆς Κωνσταντινουπόλεος Βυζαντῖνοι δῆμοι », *Charisterion A. Orlandos* II, Athènes, 1964, p. 327-360.

Cipolla, C., Dhondt, J., Postan, M., Wolff, Ph., « Moyen Age », in *IXᵉ Congr. internat. Sc. Histor. I. Rapports*, Paris, 1950, section I, *Anthropologie et démographie*, p. 55-80.

Claude, D., *Die byzantinische Stadt im 6. Jahrhundert*. (« Byzant. Archiv » 13), München, 1969.

Cohen, B., « Betrothal in Jewish and Roman law », *Proc. Amer. Assoc. Jewish Research*, 18, 1949, p. 67-135.

Collinet, P. « Le colonat dans l'Empire romain », « *Le servage* », *Recueils de la Société Jean Bodin*, II, 2ᵉ éd., 1959, p. 85-120, avec une note complémentaire par M. Pallasse, *ibid.*, p. 121-128.

Corbo, V., OFM, « L'ambiente materiale della vita dei monaci di Palestina nel periodo bizantino », *Il monachesimo orientale, Orient. Christian. Anal.*, 153, Roma, 1958, p. 235-257.

Corlieu, A., *Les médecins grecs depuis la mort de Galien jusqu'à la chute de l'Empire d'Orient, 210-1453*, Paris, 1885.

Cracco Ruggini, L., « Le associazioni professionali nel mondo romano-bizantino », *Artigianato e tecnica . . .*, p. 59-227.

Curshmann, Fr., *Hungersnöte im Mittelalter : ein Beitr. z. deutsch. Wirtschaftsgeschichte des 8 bis 13 Jhdts.*, Leipzig, 1900.

Dagron, G., « Aux origines de la civilisation byzantine : langue de culture et langue d'Etat », *Rev. Hist.* 489, 1969, p. 23-56.

Dagron, G., « Les moines et la ville. Le monachisme à Constantinople jusqu'au concile de Chalcédoine (451) », *Travaux et Mémoires*, 4, 1970, p. 229-276.

Dauvillier, J., De Clercq, C., *Le mariage en droit canonique oriental*, Paris, 1936.

De Clercq, C., « Byzantin (Droit) », in *Dict. Droit Canon.* II (1937), coll. 1170-1183.

De Francisci, P., « Intorno alla paternità di alcuni scolii dei Basilici », *VII Congr. intern. studi bizantini*, Palermo, 1951, publ. Roma, 1953, II, p. 293-298.

Degrassi, A., « Dati demografici in iscrizioni cristiane di Roma », *RC Acc. Lincei, Cl. Sc. Morali . . .*, ser. VIII, vol. XVIII, fasc. 1-2, 1963, p. 20-29.

Degrassi, A., « L'indicazione dell'età nelle iscrizioni sepolcrali latine », *Akten des IV. intern. Kongr. griech. u. lat. Epigraphie*, Vienne, 1962, publ. 1964, p. 72-98.

Déléage, A., *La capitation au Bas-Empire*, Paris, 1945.

Demougeot, E., « La politique antijuive de Théodose II », *Akten XI. Intern. Byzant. Kongr.*, Munich, 1958, p. 95-100.

De Visscher, F., « Les fondations privées en droit romain classique », *Rev. Internat. Droits Ant.*, 3e série, 2, 1955, p. 204-218.

Devreesse, R., *Le patriarcat d'Antioche depuis la paix de l'Eglise jusqu'à la conquête arabe*, Paris, 1945.

De Zulueta, F., *De patrociniis vicorum, a commentary on Codex Theodosianus XI, 24 and Codex Justinianus XI, 54*, « Oxford Studies in Social and Legal History », I/2, P. Vinogradoff ed., Oxford, 1909.

Diepgen, P., *Geschichte der Medizin*, Bd. I, *Von den Anfängen der Medizin bis zur Mitte des 18 Jhdts.*, Berlin, 1949.

Djakonov, A. P., « Vizantijskie dimy i fakcii (τὰ μέρη) v V-VII vv. »[« Dèmes et factions (τὰ μέρη) byzantins aux Ve-VIIe siècles »], *Vizant. Sbornik*, Moscou-Léningrad, 1945, p. 144-227.

Dölger, Fr., *Beiträge zur Geschichte der byzantinischen Finanzverwaltung besonders des 10. und 11. Jahrhunderts* (« Byzant. Archiv » 9), Munich, 1927.

Dölger, Fr., « Zu den Urkunden des Vazelonosklosters bei Trapezunt » (1929-1930), in Dölger, *Byzantinische Diplomatik*, Ettal, 1956, p. 350-370.

Dopsch, A., *Naturalwirtschaft u. Geldwirtschaft in der Weltgeschichte*, Vienne, 1930.

Downey, G., « Byzantine architects, their training and methods », *Byzantion*, 18, 1946-1948, p. 99-118.

Downey, G., « The size of the population of Antioch », *Trans. Proc. Amer. Philol. Assoc.*, 89, 1958, p. 84-91.

Duby, G., « Démographie et villages désertés », *Villages désertés . . .*, p. 13-24.

Dujčev, I., « Die Responsa Nicolai I Papae ad Consulta Bulgarorum als Quelle für die bulgarische Geschichte », *Festschr. zur Feier . . . Haus-Hof-u. Staatsarchives*, I, Vienne, 1949, p. 349-362.

Duncan Jones, R. P., « Costs, outlays and summae honorariae from Roman Africa », *Papers Brit. School Rome*, 30, 1962, p. 46-115.

Duncan Jones, R. P., « Wealth and munificence in Roman Africa », *Papers Brit. School Rome*, 31, 1963, p. 159-177.

Durry, M., « Le mariage des filles impubères dans la Rome antique », *CR Ac. Inscr.*, 1955, p. 84-90 ; *Rev. Internat. Droits Antiq.*, 3e série, II, 1955, p. 263-273.

Dussaud, R., *La pénétration des Arabes en Syrie avant l'Islam*, Paris, 1955.

Ericsson, K., « Revising a date in the Chronicon Paschale », *Jahrb. österr. byzant. Gesellsch.*, 17, 1968, p. 17-28.

Esmein, A., *Le mariage en droit canonique*, 2e éd. mise à jour par R. Génestal, t. I, Paris, 1929.

Esmein, A., « Quelques renseignements sur l'origine des justices privées », *Mél. Ec. Fr. Rome*, 6, 1886, p. 416-428.

Etienne, R., « Démographie et épigraphie », *Atti III Congr. intern. epigr. gr. e rom.*, Rome, 1957, publ. 1959, p. 414-424.

Etienne, R. et Fabre, G., « Démographie et classe sociale. L'exemple du cimetière des *officiales* de Carthage », in *Recherches sur les structures sociales dans l'Antiquité classique*, Paris, 1970, p. 81-97.

Feenstra, R., « L'histoire des fondations. A propos de quelques études récentes », *Tijdschr. v. Rechtsgeschied.*, 25, 1956, p. 381-448.

Ferrari dalle Spade, G., « Immunità ecclesiastiche nel diritto romano imperiale », *Atti R. Ist. Veneto Sc. Lett. Arti*, 99/2, *Cl. Sc. mor. e Lett.*, 1939-1940, p. 107-248.

Festugière A. J., OP, *Antioche païenne et chrétienne. Libanios, Chrysostome et les moines de Syrie*, avec un commentaire archéologique sur l'*Antiochikos* (196 ss.) par R. Martin, Paris, 1959.

Fisher, W., « Quelques facteurs géographiques de la répartition de la malaria au Moyen-Orient », *Ann. Géogr.*, 61, 1952, p. 263-274.

Forbes, R. J., *Studies in ancient technology*, III, Leiden, 1955.

Frančes, E., « La ville byzantine et la monnaie aux VIIᵉ-VIIIᵉ siècles », *Byzantinobulg*, 2, 1966, p. 3-14.

Fustel de Coulanges, N. D., *Histoire des institutions politiques de l'ancienne France*, Paris . . ., 4. *L'alleu et le domaine rural pendant l'époque mérovingienne, 1889 ; 5. Les origines du système féodal. Le bénéfice et le patronat pendant l'époque mérovingienne* (rev. et compl. par C. Jullian), 1890.

Gabba, E., «Considerazioni sugli ordinamenti militari del tardo Impero», *Ordinamenti militari in Occidente nell'alto Medioevo* . . ., p. 65-94.

Ganshof, F. L., « Le statut personnel du colon au Bas-Empire, observations en marge d'une théorie nouvelle», *L'Antiquité Classique*, 14, 1945, p. 261-277.

Garnsey, P., *Social structure and legal privilege in the Roman Empire*, Oxford, 1970.

Gaudemet, J., *L'Eglise dans l'Empire romain (IVᵉ-Vᵉ siècles)*, Paris, 1959.

Gaudemet, J., *La formation du droit séculier et du droit de l'Eglise aux IVᵉ et Vᵉ siècles*, Paris, 1957.

Gaudemet, J., « Les transformations de la vie familiale au Bas-Empire et l'influence du christianisme», *Romanitas* IV/5, 1962, p. 58-85.

Gélin, A., *Les pauvres de Yahvé*, Paris, 1953.

Geschichte der lateinische Literatur des Mittelalters (Handbuch der Altertumswissenschaft, IX Abt. 2 T.) von M. Manitius, I. Bd., *Von Justinian bis zur Mitte des 10. Jhdts*, Munich, 1911 (rééd., 1959).

Geschichte der römischen Literatur (Handbuch der Altertumswissenschaft, VIII Abt.) IV/1, M. Schanz, *Die Literatur des 4. Jhdts*, Munich, 1914 (réédition 1959) ; IV/2, M. Schanz, C. Hosius, G. Krüger, *Die Literatur des 5. und 6. Jhdts*, Munich, 1920 (rééd., 1959).

Gieysztor, A., « Les structures économiques en pays slaves à l'aube du Moyen Age jusqu'au XIᵉ siècle et l'échange monétaire», *Moneta e scambi* . . ., p. 455-484.

Gilliam, J. F., «The plague under Marcus Aurelius», *Amer. Journ. Philol.*, 82, 1961, p. 225-261.

Godelier, M., *Rationalité et irrationalité en économie*, Paris, 1966.

Goffart, W., «Zosimus, the first historian of Rome's fall», *Amer. Histor. Review*, 76, 1971, p. 412-441.

Goitein, S. D., A *Mediterranean society* . . ., vol. I, *Economic foundations*, Berkeley-Los Angeles, 1967.

« Gorod i derevnja v Vizantij v IV-XII vv. Kolektivnyj doklad sovetskih učenyh » [« Ville et campagne à Byzance du IVᵉ au XIIᵉ siècle, rapport collectif des savants soviétiques »] (Pigulevskaja, Lipšic, Sjuzjumov, Každan), XIIᵉ *Congr. intern. études byzantines*, Belgrade, 1963, t. I, p. 1-45. «Rapports complémentaires » (Lemerle, Charanis, Angelov), *ibid.*, p. 275-298.

Gouillard, J., « *L'hérésie dans l'Empire byzantin jusqu'au XIIᵉ siècle*», *Travaux et Mémoires* . . ., I, Paris, 1965, p. 299-324.

Grabar, A., *L'empereur dans l'art byzantin* (« Public. Fac. Lettres Strasbourg» 75), Paris, 1936.

Grabar, A., *L'iconoclasme byzantin : dossier archéologique*, Paris, 1957.

Graus, Fr., « Au bas Moyen Age : pauvres des villes et pauvres des campagnes », *Annales E. S. C.*, 1961, p. 1053-1061.

Gribomont, J., *Histoire du texte des Ascétiques de S. Basile* (« Bibl. du Muséon » 32), Louvain, 1953.

Gribomont, J., « Le monachisme en Asie Mineure au IVᵉ siècle : de Gangres au messalianisme», *Studia Patristica*, 64/2, Berlin, 1957, p. 400-415.

Grierson, Ph., «Commerce in the Dark Ages : a critique of the evidence», *Transact. Royal Histor. Soc.*, 9, 1959, p. 123-140.

Grierson, Ph., « La fonction sociale de la monnaie en Angleterre aux VIIᵉ-VIIIᵉ siècles», *Moneta e scambi* . . ., p. 341-362.

Grmek, M. D., « Géographie médicale et histoire des civilisations», *Annales E. S. C.*, 1963, p. 1071-1097.

Grmek, M. D., «Préliminaires d'une étude historique des maladies», *Annales E. S. C.*, 1969, p. 1473-1483.

Grosse, R., *Römische Militärgeschichte von Gallienus bis zum Beginn der byzantinischen Themenverfassung*, Berlin, 1920.

Grossi, P., «Problematica strutturale dei contratti agrari nella esperienza giuridica dell'alto Medioevo italiano», *Agricoltura e mondo rurale* . . ., p. 487-529.

Grumel, V., *La chronologie. Traité d'Etudes Byzantines*, dir. P. Lemerle, t. I, Paris, 1958.

Guillou, A., *Régionalisme et indépendance dans l'Empire byzantin au VIIe siècle : l'exemple de l'Exarchat et de la Pentapole d'Italie*, Rome, 1969. CR de Patlagean, *Studi Medievali*, XI/1, 1970, p. 261-267.

Günther, R., «*Coloni liberi* und *coloni originarii*. Einige Bemerkungen zum spätantiken Kolonat», *Klio*, 49, 1967, p. 267-270.

Guy, J.-Cl., *Recherches sur la tradition grecque des Apophtegmata Patrum* («Subsidia Hagiographica», 36), Bruxelles, 1962.

Hagemann, H. R., «Die rechtliche Stellung der christlichen Wohltätigkeitsanstalten in der östlichen Reichshälfte», *Rev. Internat. Droits Ant.*, 3e série, 3, 1956, p. 265-283.

Hahn, I., «Das bäuerliche Patrocinium in Ost und West», *Klio*, 50, 1968, p. 261-276.

Harl, M., «A propos des *Logia* de Jésus : le sens du mot μοναχός», *Rev. Et. Gr.*, 73, 1960, p. 464-474.

Harmatta, J., «Hun society in the age of Attila», *Acta Archaeol. Acad. Scient. Hungar.*, II/4, 1952, p. 277-304.

Hatch, E., Redpath, H., *A concordance to the Septuagint*, 2 vol., Oxford, 1897.

Hecker, J. F. C., *Die grossen Volkskrankheiten des Mittelalter. Historisch-pathologisch. Untersuch. gesamm. u. in erweit. Bearb. hrsg. v.* Aug. Hirsch, Berlin, 1865.

Henry, L., *Manuel de démographie historique*, Paris-Genève, 1967.

Hérésies et sociétés dans l'Europe pré-industrielle, 11e-18e siècles, édit. par J. Le Goff, Paris-La Haye, 1968.

Herman, E., « De benedictione nuptiali quid statuerit ius byzantinum sive ecclesiasticum sive civile,», *Or. Christ. Period.*, 4, 1938, p. 189-234.

Herman, E., «Il più antico penitenziale greco», *Or. Christ. Period.*, 19, 1953, p. 71-127.

Heyd, W., *Histoire du Commerce du Levant au Moyen Age*, éd. fr. Leipzig 1885-1886, repr. anast., Amsterdam, 1959.

Hirsch, Aug. *Handbuch der histor. geogr. Pathologie*, 2 vollst. n. bearb. 3 vol., Stuttgart, 1881, 1883, 1886.

Honigmann, E., *Die Ostgrenze des byzantinischen Reiches von 363 bis 1071*, Bruxelles, 1935.

Hopkins, K., «Contraception in the Roman Empire», *Comparative Studies in Society and History*, 8, 1965/66, p. 124-151.

Hudson, E. M., « Treponematosis and man's social evolution», *Amer. Anthropol.*, 67/4, 1965, p. 885-902.

Humphreys, S. C., «History, economics and anthropology. The work of Karl Polanyi», *History and Theory*, 8, 1969, p. 165-212.

Jacobs, L., «The economic conditions of the Jews in Babylon compared with Palestine», *Journ. Semitic Studies*, 2, 1957, p. 349-359.

Jacoby, D., « La population de Constantinople à l'époque byzantine : un problème de démographie urbaine», *Byzantion*, 31, 1961, p. 81-109.

Jaeger, H., « Zur Erforschung der mittelalterlichen Landesnatur», *Studi Medievali*, ser. 3, 4/1, 1963, p. 1-51.

Janssens, Yt, « Les Bleus et les Verts sous Maurice, Phocas et Héraclius», *Byzantion*, 11, 1936, p. 499-536.

Jarry, J., *Hérésies et factions dans l'Empire byzantin du IVe au VIIe siècle*, Le Caire, 1968.

Jasny, N., *The wheats of classical Antiquity*, Baltimore, 1944.

Jones A. H. M., «Census records of the Later Roman Empire», *Journ. Rom. Studies*, 43, 1953, p. 49-64.

Jones, A. H. M., *Later Roman Empire (284-602)*, 2 vol. de texte, 1 vol. de notes, 1 vol. de cartes, Oxford, 1964.

Johnson, A. C., West, L. C., *Byzantine Egypt : economic studies*, Princeton, 1949.

Justin-Besançon, L., Pierre-Klotz, H., *Les avitaminoses*, Paris, 1948.

Karayannopulos, J., *Das Finanzwesen des frühbyzantinischen Staates* («Sudosteurop. Arbeiten» 52), Munich, 1958.

Karayannopulos, J., « Die Chrysoteleia der iouga », *Byz. Zeitschr.*, 49, 1956, p. 72-84.

Kavadias, G., *Pasteurs nomades méditerranéens, les Sarakatsans de Grèce*, Paris, 1965.

Každan, A. P., «Vizantijskie goroda v VII-XI vv». [« Les villes byzantines aux VIIe-XIe siècles »] *Sovjetsk. Arheol.*, 21, 1954, p. 164-188.

Každan, A. P., Udalicova, Z. V., « Nouveaux travaux de savants soviétiques sur l'histoire économique et sociale de Byzance (1958-1960), » *Byzantion*, 31, 1961, p. 189-207.

Kemmer, A., «Messalianismus bei Gregor von Nyssa und Pseudo-Makarius», *Rev. Bénédict.*, 72, 1962, p. 278-306.

Kirsten, E., « Die byzantinische Stadt», *Ber. z. XI. internationalen Byzantinisten-Kongress*, Munich, 1958, V/3.

Koledarov, P. S., « Settlement structure of the Bulgarian Slavs in their transition from a clan to a territorial community », *Byzantinobulg.*, 3, 1969, p. 125-132.

Koukoulès, P., *Βυζαντινῶν βίος καὶ πολιτισμός*, t. V, Athènes, 1956.

Kropotkin, V. V., *Ekonomičeskije svjazi Vostočnoj Evropy v I tysjačeletnij n. e.* [*Les relations économiques de l'Europe orientale au Ier millénaire de notre ère*], Moscou, 1967.

Krumbacher, K., *Geschichte der byzantinische Literatur*, 2 Aufl., München, 1897.

Kübler, B., « *Res mobiles* und *immobiles* », *Studi in on. P. Bonfante*, II, Milano, 1930, p. 345-360.

Kula, W., *Théorie économique du système féodal. Pour un modèle de l'économie polonaise, 16e-18e siècles*, éd. fr. Paris-La Haye, 1970.

Kurbatov, G. L., «K voprosu o korporacij hlebopekov v Antiohij IV v ». [«A propos de la corporation des boulangers à Antioche au 4e siècle »], *Vestn. Drevn. Istorij* 1965/1 (91), p. 141-153.

Kurbatov, G. L., *Osnovnye problemy* [*Problèmes fondamentaux*], voir p. 156, note 6.

Laum, B., *Stiftungen in der griechischen und römischen Antike*, 2 vol., Berlin-Leipzig, 1914.

Laurent, V., « L'œuvre canonique du concile *in Trullo* », *Rev. Et. Byz.*, 23, 1965, p. 7-41.

Le Bras, G., « Les fondations privées du Haut-Empire», *Studi S. Riccobono*, Palermo, 1936, t. III, p. 23-67.

Lécrivain, Ch. A., « Les soldats privés au Bas-Empire », *Mél. Ec. Fr. Rome*, 10, 1890, p. 267-283.

Le Goff, J., « Les paysans et le monde rural dans la littérature du haut Moyen Age, V^e-VIe siècles », *Agricoltura e mondo rurale . . .*, p. 723-741.

Le Goff, J., « Travail, techniques et artisans dans les systèmes de valeur du haut Moyen Age (V^e-Xe s.) », *Artigianato e tecnica . . .*, p. 237-264.

Lemerle, P., «Composition et chronologie des *Miracula S. Demetrii*», *Byz. Zeitschr.*, 46, 1953, p. 349-361.

Lemerle, P., «Esquisse pour une histoire agraire de Byzance: les sources et les problèmes», *Rev. Hist.*, 219, 1958, p. 32-74 et 254-284 (cité comme 1) ; 220, 1958, p. 43-94 (cité comme 2).

Lemerle, P., «Invasions et migrations dans les Balkans depuis la fin de l'époque romaine jusqu'au VIIIe siècle», *Rev. Hist.*, 211, 1954, p. 265-308.

Le Roy Ladurie, E., «Aspects historiques de la nouvelle climatologie», *Rev. Hist.*, 225, 1961, p. 1-21.

Levčenko, M. V., «Cerkovnije imuščestva V^e-VIIe vv. v vostočno-rimskoj imperij» [«Les biens ecclésiastiques aux Ve-VIIe siècles dans l'Empire romain d'Orient »], *Viz. Vrem.*, 2 (27), 1949, p. 11-59.

Lévi-Strauss, C., *Les structures élémentaires de la parenté*, 2e éd. rev., Paris-La Haye, 1967.

Loeb, I., *Les pauvres dans la Bible*, Paris, 1898.

Lopez, R. S., « East and West in the early Middle Ages : economic relations », *Relazioni X Congr. intern. sc. stor.*, t. III, *Storia del Medioevo*, Firenze, 1955, p. 113-163.

Lopez, R. S., « Silk industry in the Byzantine Empire », *Speculum*, 20, 1945, p. 1-42.

Lopez, R. S., « The dollar of the Middle Ages », *Journ. Econ. Hist.*, 11, 1951, p. 209-234.

Lopez, R. S., « The role of trade in the economic readjustment of Byzantium in the seventh century », *Dumb. Oaks Papers* 13, 1959, p. 67-85.

Lot, F., *La fin du monde antique et les débuts du Moyen Age*, éd. rev., Paris, 1951.

Luzzatto, G., « Economia monetaria e economia naturale in Occidente nell'alto medioevo », *Moneta e scambi* . . ., p. 15-32.

MacMullen, R., *Soldier and civilian in the Later Roman Empire*, Harvard, 1963.

Magoulias, H. J., « The lives of the saints as a source of data for the history of Byzantine medicine in the VIth and VIIth centuries », *Byz. Zeitschr.*, 57, 1964, p. 127-150.

de Malafosse, J., « Les lois agraires à l'époque byzantine : tradition et exégèse », *Rec. Acad. de Législation de Toulouse*, 19, 1949, p. 3-75.

Manandjian, A., « Rimskovizantijskije hlebnie mery i osnovanije na nih indeksy hlebnih cen » [« Mesures romano-byzantines du pain et liste de prix fondée sur elles »], *Viz. Vrem.*, 2, 1949, p. 60-73.

Mango, C., « Isaurian builders », *Festschr. F. Dölger*, Heidelberg, 1966, p. 358-365.

Manojlović, G., « Le peuple de Constantinople », *Byzantion*, 11, 1936, p. 617-716.

Maricq, A., « Factions du cirque et partis populaires », *Bull. Ac. Roy. Belgique, Cl. Lettres*, V/36, 1950, p. 396-421.

Maricq, A., « La durée du régime des partis populaires à Constantinople », *Bull. Ac. Roy. Belgique, Cl. Lettres*, V/35, 1949, p. 63-74.

Maricq, A., « Noms de monnaies ou noms de vases dans la 'Nov. Just'. (*sic*) 105, 2 ? », *Byzantion*, 20, 1950, p. 317-326.

Marrou, H. I., « L'origine orientale des diaconies romaines », *Mél. Ec. Fr. de Rome*, 57, 1940, p. 95-142.

Martin, V., Van Berchem, D., « Le *panis aedium* d'Alexandrie », *Rev. Philol.*, 68, 1942, p. 5-21.

Martroye, F., « L'asile et la législation impériale du IVe au VIe siècle», *Mém. Soc. Antiquaires de France*, 75, 1915-1918, p. 159-246.

Martroye, F., « Le testament de Saint Grégoire de Nazianze », *Mém. Soc. Antiq. de France*, 76, 1919-1923, p. 219-263.

Martroye, F., « Les patronages d'agriculteurs et de vici au IVe et au Ve siècle », *Rev. Hist. Droit Fr. et Etr.*, 1928, p. 201-248.

Maurizio, A., *Histoire de l'alimentation végétale depuis la préhistoire jusqu'à nos jours*, Paris, 1932.

Mauss, M., « Essai sur le don, forme archaïque de l'échange », *Année Sociol.* n. s. 1, 1923-1924, p. 30-186.

Mazzarino, S., *Aspetti sociali del quarto secolo*, Roma, 1951.

Meyer, P., *Der römische Konkubinat*, Leipzig, 1895.

Mickwitz, G., *Die Kartellfunktionen der Zünfte* (Soc. Scientiar. Fennica, « Commentationes Humanar. Litterar.» VIII, 3), Helsingfors, 1936.

Mickwitz, G., *Geld u. Wirtschaft im römischen Reich des vierten Jahrhunderts n. Chr.*, Helsingfors, 1932.

Mollat, M., « La notion de la pauvreté au Moyen Age: position de problèmes », *Rev. d'Hist. Eglise de France*, 52, 1966, p. 5-23.

Mollat, M. (éd.), *Etudes sur l'histoire de la pauvreté (Moyen Age-XVIe siècle)*, Paris, 1974.

Mols, R., SJ, *Introduction à la démographie historique des villes d'Europe du XVe au XVIIIe siècle*, t. 1, *Les problèmes*, Louvain, 1954.

Momigliano, A., « Popular religious beliefs and the Late Roman historians », *Studies in Church History*, vol. 8, Cambridge, 1971, p. 1-18.

Moneta e scambi nell'alto Medioevo, Settimane di Studio . . ., VIII, 1960, Spoleto, 1961.

Moravcsik, G., *Byzantinoturcica*, t. I ; *Die byzantinische Quellen der Geschichte der Türkvolker*, 2e éd., Berlin, 1958.

Moretti, L., « Statistica demografica ed epigrafia : durata media della vita in Roma imperiale», *Epigraphica*, 21, 1959, p. 60-78.

Morghen, R., « Il cosidetto neo-manicheismo occidentale del sec. XI », *Oriente e Occidente* . . ., p. 84-104.

Naraghi, E., *L'étude des populations dans les pays à statistique incomplète*, Paris-La Haye, 1960.

Noonan jr, J. T., *Contraception. A history of its treatment by the Catholic theologians and canonists*, Harvard, 1966.

Norberg, H., « Biométrique et mariage », *Acta Inst. Rom. Finlandiae*, 1/2, 1963, p. 185-210.

Norberg, H., « Biometrical notes », *Acta Inst. Rom. Finlandiae*, 2/2, 1963, p. 1-76.

Ordinamenti militari in Occidente nell'alto Medioevo, Settimane di Studio ..., XV (1967), Spoleto, 1968.

Orestano, R., « Alcune considerazioni sui rapporti fra matrimonio cristiano e matrimonio romano nell'età post-classica», *Scritti C. Ferrini*, a cura di G. G. Archi, Milano, 1946, p. 366-374.

Orestano, R., « Beni dei monaci e monasteri nella legislazione giustinianea », *Studi in onore di P. De Francisci*, Milan, 1956, t. III, p. 561-593.

Orestano, R., *La struttura giuridica del matrimonio romano dal diritto classico al diritto giustinianeo*, vol. I (seul paru), Milan, 1951.

Oriente e Occidente nell'alto Medio Evo, Acc. Naz. dei Lincei : « Atti dei Convegni », 12, 1957.

Ostrogorsky, G., « Byzantine Cities in the early Middle Ages », *Dumb. Oaks Papers*, 13, 1959, p. 45-66.

Ostrogorskij, G., « La commune rurale byzantine (Loi Agraire – Traité Fiscal – Cadastre de Thèbes) », *Byzantion*, 32, 1962, p. 139-166.

Ostrogorskij, G., « Löhne und Preise in Byzanz », *Byz. Zeitschr.*, 32, 1932, p. 293-333.

Palanque, J. R., « Famines à Rome à la fin du IV° siècle », *Rev. Et. Anc.*, 33, 1931, p. 346-356.

Pallasse, M., *Orient et Occident à propos du colonat romain au Bas-Empire* («Bibl. Fac. Droit Univ. Alger», 10), Lyon, 1950.

Parain, Ch., *La Méditerranée: les hommes et leurs travaux*, Paris, 1936.

Paret, R., « Les villes de Syrie du Sud et les routes commerciales d'Arabie à la fin du VI° siècle», *Akten XI. Intern. Byzant. Kongr.*, Munich, 1958, publ. 1960, p. 438-444.

Patlagean, E., « Ancienne hagiographie byzantine et histoire sociale », *Annales E. S. C.*, 1968, p. 106-126.

Patlagean, E., «'Economie paysanne' et 'féodalité byzantine'«, *Annales E. S. C.*, 1975, p. 1371-1396.

Patlagean, E., « Familles chrétiennes d'Asie Mineure et histoire démographique», in *Changement et conflit au IV° siècle* (à paraître).

Patlagean, E., « L'enfant et son avenir dans la famille byzantine (IV°-XII° siècles) », *Annales de démographie historique*, 1973, p. 85-93.

Patlagean, E., « La pauvreté à Byzance au VI° siècle et la législation de Justinien : aux origines d'un modèle politique », in Mollat M. (éd.), *Etudes sur l'histoire de la pauvreté* ..., t. I, p. 59-81.

Patlagean, E., « Sur la limitation de la fécondité dans la haute époque byzantine », *Annales E. S. C.*, 1969, p. 1353-1369.

Patlagean, E., « Une représentation byzantine de la parenté et ses origines occidentales », *L'Homme*, 6/4, 1966, p. 59-81.

Peeters, P., *Le tréfonds oriental de l'hagiographie byzantine* («Subsidia Hagiographica» 26), Bruxelles, 1950.

Pertusi, A., « Ordinamenti militari, guerre in Occidente e teorie di guerra dei Byzantini, secc. VI-X », in *Ordinamenti militari in Occidente nell'alto Medioevo*», p. 631-700.

Petit, P., *Libanius et la vie municipale à Antioche au IV° siècle*, Paris, 1955.

Philipsborn, A., « Der Fortschritt in der Entwicklung des byzantinische Krankenhauswesens », *Byzant. Zeitschr.*, 54, 1961, p. 338-365.

Philipsborn, A., « ᵉἹερὰ νόσος und die Spezialanstalt des Pantokrator-Krankenhauses » *Byzantion*, 33, 1963, p. 223-230.

Philipsborn, A., « Les premiers hôpitaux au Moyen Age, Orient et Occident », *La Nouvelle Clio*, 6, 1954, p. 137-163.

Piganiol, A., *L'Empire Chrétien, 325-395*, Paris, 1947.

Piganiol, A., « Le problème de l'or au IV° siècle », *Ann. hist. sociale*, 1945 (*Hommage à Marc Bloch*), p. 47-53.

Piganiol, A., « Sur le calendrier brontoscopique de Nigidius Figulus », *Studies . . . A.C. Johnson*, Princeton, 1951, p. 79-87.

Pigulevskaja, N. V., *Araby u granic Vizantij i Irana v IV-VI vv.* (*Les Arabes aux frontières de Byzance et de l'Iran aux IVe-VIe siècles*), Moscou-Léningrad, 1964.

Pigulewskaja, N., (*sic*) *Byzanz auf den Wegen nach Indien* (« Berlin. Byzant. Arbeit. » 36), Berlin, 1969.

Pigulevskaja, N. V., *Les villes de l'Etat iranien aux époques parthe et sassanide*, trad. fr. Paris-La Haye, 1963.

de Planhol, X., « Anciens openfields méditerranéens et proche-orientaux », *Colloque de géographie agraire . . . en l'honneur . . . de M. le Professeur Meynier*, Rennes, 1963, p. 9-34.

de Planhol, X., *De la plaine pamphylienne aux lacs pisidiens. Nomadisme et vie paysanne*, Paris, 1958.

de Planhol, X., *Les fondements géographiques de l'histoire de l'Islam*, Paris, 1968.

Polanyi, K., *Primitive, archaic and modern economies, Essays of . . .*, ed. by G. Dalton, New York, 1968.

Polanyi, K., Arensberg, C. M., Pearson, H. W. (eds.), *Trade and market in the early Empires*, Glencoe, Ill., 1957.

Pollitzer, R., *La peste*, Genève, OMS, 1954.

Preger, Th., « Die Erzählung vom Bau der Hagia Sophia », *Byz. Zeitschr.*, 10, 1901, p. 455-476.

Preisigke, F., *Namenbuch enthaltend alle . . . Menschennamen soweit sie in griechischen Urkunden . . . Egyptens sich vorfinden*, Heidelberg, 1922.

Puech, A., *Saint Jean Chrysostome et les mœurs de son temps*, Paris, 1891.

Puech, H. Ch., « Catharisme médiéval et bogomilisme », *Oriente e Occidente . . .*, p. 84-104.

Puech, H. Ch., *Le manichéisme*, Paris, 1949.

Rasi, P., « Donazione di Costantino e di Anastasio alla chiesa di S. Sofia per le spese funeralizie a Constantinopoli », *Festschr. L. Wenger* II (« München. Beitr. » 35), Munich, 1945, p. 269-282.

Richet, Ch., *Pathologie de la misère*, Paris, 1957.

Robert, L., « Sur des lettres d'un métropolite de Phrygie. Philologie et réalités », *Journ. Sav.*, 1961, p. 97-166, et 1962, p. 1-74.

Rochefort, R., *Le travail en Sicile*, Paris, 1961.

Rochefort, R., « Les bas-fonds de Palerme d'après l'enquête de Danilo Dolci », *Annales E. S. C.*, 1958, p. 349-358.

Romano, R., « Storia economica e storia dei prezzi », *Riv. Stor. Italiana*, 75/2, 1963, p. 239-268.

Rostowtzew (*sic*), M., « Angariae », *Klio*, 6, 1906, p. 249-258.

Rostowtzew, M., *Studien zur Geschichte des römischen Kolonates* (« Archiv f. Papyrusfrschg. » Beih. I), Leipzig, 1910.

Rougé, J., « L'Histoire Auguste et l'Isaurie au IVe siècle », *Rev. Et. Anc.*, 68, 1966, p. 282-315.

Rougé, J., *Recherches sur l'organisation du commerce maritime en Méditerranée sous l'Empire romain*, Paris, 1966.

Rouillard, G., *La vie rurale dans l'Empire byzantin*, Paris, 1953.

Ruggini, L., *Economia e società nell'« Italia annonaria »*, Milan, 1961.
(Voir aussi Cracco Ruggini, L.)

Sachs, I., *La découverte du Tiers-Monde*, Paris, 1971.

Sanchez Albornoz, Cl., « Moneda de cambio y de cuenta en el reino astur-leonés », *Moneta e scambi . . .*, p. 171-202.

Saumagne, Ch., « Du rôle de l'*origo* et du *census* dans la formation du colonat romain », *Byzantion*, 12, 1937, p. 487-581.

Schilbach, E., *Byzantinische Metrologie* (« Byzant. Handbuch » 4), Munich, 1970.

Schleich, E. W., « Wanderheusschrecken u. ihre geographische Verbreitung auf den Erde im Abhängigkeit vom Klima », *Petermanns geogr. Mitteilungen*, 83, 1937, p. 6-9 et pl. 1.

Schlumberger, G., « Monuments numismatiques et sphragistiques du Moyen Age byzantin », *Rev. Archéol.*, 1880/2, p. 193-212.

Schmoller, A., *Handkonkordanz zum griechischen Neuen Testament* (*text nach Nestle*), 7. Aufl., Stuttgart, 1938.

31

Segrè, A., *Circolazione monetaria e prezzi nel mondo antico ed in particolare in Egitto*, Rome, 1922.

Segrè, A., *Metrologia e circolazione monetaria degli Antichi*, Bologne, 1927.

Seston, W., *Dioclétien et la Tétrarchie*, I, *Guerres et réformes, 284-300*, Paris, 1946.

Sharf, A., «Byzantine Jewry in the seventh century», *Byzant. Zeitschr.*, 48, 1955, p. 103-115.

Simon, M., *Verus Israël. Etude sur les relations entre Chrétiens et Juifs dans l'Empire romain*, Paris, 1948, 2ᵉ éd. augm., 1964.

Sjuzjumov, M. Ju., «O haraktere i suščnosti vizantijskoj obščiny po zemledel'českomu zakonu» [«Du caractère et de la nature de la commune byzantine d'après le Code Rural»], *Viz. Vrem.*, 10, 1956, p. 27-47.

Smith, R. E. F., *The origins of farming in Russia*, Paris-La Haye, 1959.

Sorlin, I., «Les recherches soviétiques sur l'histoire byzantine de 1945 à 1962», *Travaux et Mémoires*, 2, 1967, p. 489-568.

Sorre, M., *Les fondements de la géographie humaine*, I, *Les fondements biologiques*, Paris, 1947.

Sperber, D., «Costs of living in Roman Palestine», *Journ. Ec. Soc. Hist. Orient*, 8, 1965, p. 248-271 ; 9, 1966, p. 182-211 ; 11, 1968, p. 233-274 ; 13, 1970, p. 1-15.

Starr, J., Nelson, B., «The legend of the divine surety and the Jewish moneylender», *Annuaire de l'Inst. d'Hist. et Philol. Orient. et Slaves*, 7, 1939-1944, p. 289-338.

Stein, E., *Histoire du Bas-Empire*, I (*275-476*), publ. fr. J. R. Palanque, Paris, 1959 ; II (*476-565*), publ. Palanque, Paris, 1949.

Stein, E., *Studien zur Geschichte der byzantinischen Reiches, vornehmlich unter den Kaisern Justinus II u. Tiberius Constantinus*, Stuttgart, 1919.

Sticker, G., *Abhandlungen aus der Seuchengeschichte u. Seuchenlehre*, I, *Die Pest*, 1 Teil : *Die Geschichte der Pest*, Giessen, 1908.

Sutter, J., Tabah, L., «Les notions d'isolat et de population minimum», *Population*, 6/3, 1951, p. 481-498.

Svoronos, N., «Histoire des institutions de l'Empire byzantin», *Ecole pratique des Hautes Etudes IVᵉ sect.* (*Sc. Histor. et Philol.*), *Annuaire*, 1969-1970, Paris, 1970, p. 331-346.

Svoronos, N. G., «Sur quelques formes de la vie rurale à Byzance. Petite et grande exploitation», *Annales E. S. C.*, 1956, p. 325-335.

Szilagyi, J., «Prices and wages in the Western provinces of the Roman Empire», *Acta Antiqua Acad. Scient. Hungar.*, 11, 1963, p. 325-389.

Tabaczynski, S., «En Pologne médiévale : l'archéologie au service de l'histoire. 2. Les fonctions pécuniaires des trésors», *Annales E. S. C.*, 1962, p. 223-238.

Tables de composition des aliments (*minéraux et vitamines*) *pour l'usage international* («Etudes de nutrition de la F. A. O.» 11), Rome, 1954, rapp. Ch. Chatfield.

Tăpkova-Zaimova, V., «Sur les rapports entre la population indigène des régions balkaniques et les 'Barbares' au VIᵉ-VIIᵉ siècle», *Byzantinobulg.*, 1, 1962, p. 67-78.

Teall, J. L., «The Barbarians in Justinian's armies», *Speculum*, 40, 1965, p. 294-322.

Teall, J. L., «The grain supply of the Byzantine Empire, 330-1025», *Dumb. Oaks Papers*, 13, 1959, p. 87-190.

Thompson, E. A., *A history of Attila and the Huns*, Oxford, 1948.

Thorner, D., «*Peasant economies as a category in economic history*», IIᵉ *Conf. intern. d'histoire économique*, Aix-en-Provence, 1962, publ. Paris-La Haye, 1965, t. II, p. 287-300.

Vailhé, S., «Répertoire alphabétique des monastères de Palestine», *Rev. Orient Chrét.*, 4, 1899, p. 512-542 ; 5, 1900, p. 19-48 et 272-292.

Van Berchem, D., *Les distributions de blé et d'argent à la plèbe romaine sous l'Empire*, Genève, 1939.

Van der Loos, H., *The miracles of Jesus*, Leiden, 1965.

Van Werveke, H., «Economie-nature et économie-argent, une discussion», *Ann. d'hist. écon. et soc.*, 3, 1931, p. 428-435.

Van Werveke, H., «Monnaie, lingots et marchandises», *Ann. d'hist. écon. et soc.*, 4, 1932, p. 452-468.

Várady, L., «Contributions to the late Roman military economy and agrarian taxation», *Acta archaeol. Acad. Scient. Hungar.*, 14, 1962, p. 403-438.

Vasiliev, A. A., *Justine the Ist*, Harvard, 1950.
Velkov, V., «Les campagnes et la population rurale en Thrace au IVe-VIe siècle», *Byzantino-bulg.*, I, 1962, p. 31-66.
Veyne, P., «Vie de Trimalcion», *Annales E. S. C.*, 1961, p. 213-247.
Viard, P., *Histoire de la dîme ecclésiastique, principalement en France, jusqu'au Décret de Gratien*, Dijon, 1909.
Vilar, P., «Quelques problèmes de démographie historique en Catalogne et en Espagne», *Annales démogr. histor.*, 1965, p. 11-30.
Villages désertés et histoire économique (XIe-XVIIIe siècles), Paris, Bibl. EPHE, VIe sect., 1965.
Violle, H., Pieri, J., *Les maladies méditerranéennes*, Paris, 1939.
Violante, C., *La società milanese nell'età precomunale*, Bari, 1953.
Visconti, A., «Il 'collegium pistorum' nelle fonti giuridiche romane e medievali», RC. *Ist. Lomb. Sc. e Lett.*, 64, 1931, p. 519-534.
Vogel, C., «L'âge des époux chrétiens au moment de contracter mariage d'après les inscriptions paléo-chrétiennes», *Rev. Droit Canon.*, 16, 1966, p. 355-366.
Voigt, M., «Die verschiedenen Sorten von Triticum, Weizenmehl u. Brot bei den Römern», *Rheinische Museum* n. f. 31, 1876, p. 105-128.
Volterra, E., «In tema di *accusatio adulterii*. *I. L'adulterium* della *sponsa*», *Studi Bonfante*, II, Milan, 1930, p. 111-122.
Vööbus, A., *A history of asceticism in the Syrian Orient*; I. *The origins of asceticism, early monasticism in Persia* ; II. *Early monasticism in Mesopotamia and Syria*, *CSCO* 184 et 197 («Subsidia» 14 et 17), Louvain, 1957-1960.
Vryonis, Sp., «The question of the Byzantine mines», *Speculum*, 37, 1962, p. 1-17.
Vryonis Sp., «Byzantine circus factions and Islamic futuwwa organizations», *Byz. Zeitschr.*, 1965, p. 46-59.
Waltzing, J. P., *Etude historique sur les corporations professionnelles chez les Romains*, 4 vol., Louvain, 1895-1896.
Wenger, L., *Die Quellen des römischen Rechts*, Vienne, 1953.
Wenger, L., «*ΟΡΟΙ ΑΣΥΛΙΑΣ*», *Philologus* n.f. 86, 1931, p. 427-454.
Werner, Jo., «Beiträge zur Archäologie des Attila-Reiches», *Abhdl. Bayer. Akad. Wissensch.*, 1956, n.f. 38 A.
Weulersse, J., *Paysans de Syrie et du Proche-Orient*, Paris, 1946.
White, K. D., *Agricultural implements of the Roman world*, Cambridge, 1967.
Widengren, G., «The status of the Jews in the Sassanian Empire», *Iranica Antica*, I, 1961, p. 117-162.
Winkler, S., «Byzantinische Demen und Faktionen», in *Sozialökon. Verhältnisse im alten Orient u. im klass. Altertum*, Berlin Akad.-Verlag, 1961, p. 317-328.
Winkler, S., «Die Samariter in den Jahren 529-530», *Klio*, 43-45, 1965, p. 435-457.
Wolff, H. J., «The background of the post-classical legislation on illegitimacy», *Seminar*, III, 1945, p. 21-45.
Yanin, V. L., «Les problèmes généraux de l'échange monétaire russe aux IXe-XIIe siècles», *Moneta e scambi* . . ., p. 485-505.
Zachariä von Lingenthal, K. E., *Geschichte des griechische-römische Rechts*, um ein Vorwort von M. San Nicolò vermehrt. Neudr. der 3 Aufl., Berlin, 1892 ; Aalen, 1955.
Zepos, Pan. J., «Die byzantinische Jurisprudenz zwischen Justinian u. den Basiliken», *Berichte XI internt. Byzantinisten-Kongress*, Munich, 1958, V/1.
Zohary, M., *Plant life of Palestine*, New York, 1962.

Note additionnelle

Je n'ai pu profiter en temps utile des travaux suivants, dont je tiens à signaler l'intérêt:

Biraben, J.-N., *Les hommes et la peste en France et dans les pays européens et méditerranéens*, t. I: *La peste dans l'histoire*, Paris—La Haye 1975; t. II: *Les hommes face à la peste*, Paris—La Haye, 1976.

Bodei Giglioni, G., *Lavori pubblici e occupazione nell'antichità classica*, Bologne, 1974.

Cameron, A., *Porphyrius the charioteer*, Oxford, 1973.

Dagron G., *Naissance d'une capitale. Constantinople et ses institutions de 330 à 451*, Paris, 1974.

Duncan-Jones, R., *The economy of the Roman Empire. Quantitative studies*, Cambridge, 1974.

Lombard, M., *Etudes d'économie médiévale*, t. I: *Monnaie et histoire d'Alexandre à Mahomet*, Paris—La Haye, 1971; t. II: *Les métaux dans l'ancien monde du Ve au XIe siècle*, Paris—La Haye, 1974.

Index des noms

On a réuni dans un premier index les principaux noms de personnes et de lieux, les ethnies (ex. Samaritains) et les dissidences religieuses (ex. Montanistes), les auteurs et œuvres anonymes mentionnés dans le texte. Ont été exclus quelques toponymes, et les vocables des églises (sauf pour Constantinople et Jérusalem) et des monastères (v. sous le nom du fondateur); les noms des préfets et des patriarches (v. ces mots dans l'index des matières); les références textuelles des notes; les termes généraux: Byzance, Europe, Méditerranée, Occident, Orient. Dans la littérature hagiographique les mentions isolées de personnages n'ont pas été retenues; la référence à une *Vie*, sous le nom de son héros, concerne son usage d'un mot grec. Le second index complète la table des matières sans répéter ce qui est évident dans celle-ci. De même n'a-t-on pas dépouillé le contenu des tableaux, qui a paru suffisamment indiqué par la table de leurs titres. On a exclu les termes de pauvre, pauvreté (et leurs équivalents grecs et latins), chrétien, christianisme. On n'a relevé que les plus significatifs des mots latins et grecs, ces derniers insérés phonétiquement, tant bien que mal, dans l'ordre de l'alphabet français (ex. g/γ).

Index des matières*

---

* Pour l'organisation, voir la note explicative, p. 459.

Liste des tableaux documentaires
et des cartes

CARTES

Table des matières

Sources des illustrations

Boudot-Lamotte, Paris N^O 10.

Dumbarton Oaks Collection, Washington, D.C.; N^{OS} 4, 15,
21 à 23 (N^{OS} 71 à 73 dans M.C. Ross, *Catalogue*...)

Giraudon, Paris: N^{OS} 3, 20.

Israel Department of Antiquities and Museums, Jerusalem: N^O 6.

Musée du Louvre, Paris (Photo: Chuzeville): N^{OS} 9, 11, 13, 16, 17, 18.

Österreichische Nationalbibliothek, Wien: N^{OS} 1, 8, 12.

J. Powell, Rome: N^{OS} 5, 7.

Princeton University, Department of Art and Archeology: N^O 2.

The Walters Art Gallery, Baltimore, Md.: N^{OS} 14, 19.